Thomas Karlauf

Helmut Schmidt

Thomas Karlauf

Helmut Schmidt

DIE SPÄTEN JAHRE

Siedler

Die Archivreisen wurden unterstützt von der ING-DiBa.

FSC
www.fsc.org
MIX
Papier aus verantwortungsvollen Quellen
FSC® C083411

Verlagsgruppe Random House FSC® N001967

Erste Auflage
September 2016

Umschlaggestaltung: Rothfos + Gabler, Hamburg
Satz: Ditta Ahmadi, Berlin
Druck und Bindung: GGP Media GmbH, Pößneck
Printed in Germany 2016
ISBN 978-3-8275-0076-2

www.siedler-verlag.de

Inhalt

Anhang

Vorwort

Im August 2014 brachte Helmut Schmidt das Gespräch mit dem Verfasser dieses Buches auf ein Thema, das ihn seit vielen Jahren beschäftigte: warum eigentlich kein Historiker sich so richtig für das interessiere, was er nach seinem Ausscheiden aus dem Amt des Bundeskanzlers 1982 alles gemacht habe. Das sei doch eine Menge, und manches davon halte er für nicht ganz unwichtig. Einige Jahre zuvor war der zweite Band der grundlegenden Biographie von Hartmut Soell erschienen. Das 2000-Seiten-Werk endete mehr oder weniger mit dem Sturz im Oktober 1982, und das wollte Schmidt so nicht hinnehmen. »Als hätte ich danach kein Leben mehr«, klagte er ein ums andere Mal.

Ich würde mich erkundigen, welchen Historiker der jüngeren Generation man mit einer solchen Aufgabe betrauen könnte, sagte ich und fuhr am Abend zurück nach Berlin. Man braucht zwei Stunden. Wie oft ich diese Strecke seit Mitte der achtziger Jahre gefahren bin, um Helmut Schmidt für einen oder zwei Tage in Hamburg zu besuchen, weiß ich nicht, aber an diese Fahrt erinnere ich mich genau. Als ich zu Hause ankam, stand mein Entschluss fest, das Buch, das Schmidt sich wünschte, selber zu schreiben.

28 Jahre hatte ich das Privileg, mit ihm zusammenarbeiten zu dürfen. Von seinem ersten Erinnerungsband *Menschen und Mächte* 1987 bis zu seinem letzten Buch *Was ich noch sagen wollte*, das ein halbes Jahr vor seinem Tod erschien, habe ich fast alle seine Buchveröffentlichungen betreut. Mit seinen Interessen, seinen Vorlieben, seinen Abneigungen war ich einigermaßen vertraut und wusste in etwa einzuschätzen, worauf es ihm ankam. Kenntnisse, die sich andere erst mühsam hätten erarbeiten müssen, brachte ich also mit.

Die nötige Distanz, die eine kritische Biographie verlangt, würde sich mit der Zeit schon einstellen, hoffte ich.

Vier Wochen später trug ich Schmidt meine Kühnheit vor. Es sei mir ja wohl klar, auf wie viel Arbeit ich mich da einließe, meinte Schmidt, ob ich mir wirklich zumuten wolle, Jahre im Archiv zu sitzen. »Als Freund rate ich Ihnen ab.« Schmidts Privatarchiv, das seit einigen Jahren in einem funktionalen Neubau neben seinem Haus in Hamburg-Langenhorn untergebracht ist, kannte ich gut, bei der Vorbereitung vieler seiner Bücher hatte ich dort recherchiert. Ich machte mir keine Illusionen, was den Arbeitsaufwand anging, war aber davon überzeugt, dass es sich lohnen würde.

Auf der Frankfurter Buchmesse Anfang Oktober besprach ich das Projekt mit dem Leiter der Siedler Verlags. Schmidts »Hausverlag« schien mir die passende Adresse: Der Bundeskanzler a. D. hatte dort seine wichtigsten Bücher publiziert und den Verlagsgründer Wolf Jobst Siedler immer als »seinen« Verleger bezeichnet; ich selbst hatte Schmidt 1987 als Cheflektor des Verlages kennengelernt. Mein Angebot wurde angenommen. Als ich am 11. November 2014 wieder in Hamburg war, kam Schmidt gleich zur Sache und fragte, ob ich mir das Ganze noch einmal überlegt hätte. Ich würde es mir zutrauen, antwortete ich. Er selber hatte inzwischen offenbar auch eine Entscheidung getroffen. »Dann ist das hiermit also verabredet«, sagte er.

Im Dezember ging es noch um Korrekturen an Schmidts letztem Buch. Dann nahmen unsere Gespräche unmerklich einen anderen Charakter an. Ich fragte jetzt nicht mehr als hilfreicher Lektor und Zuarbeiter, sondern als Biograph, der keine Behauptung ungeprüft übernehmen durfte und Vorsicht walten lassen musste insbesondere gegenüber allen Versuchen nachträglicher Umdeutung durch den Protagonisten selbst. Der Autor muss sich seinen Helden vom Leib halten, hat der Caesar-Biograph Christian Meier einmal gesagt, und um wie viel mehr galt das für einen noch lebenden.

Alle drei bis vier Wochen fuhr ich für einige Tage nach Langenhorn, um mich durch die Akten zu fressen, und saß jedes Mal auch ein paar Stunden mit Helmut Schmidt zusammen. Viele meiner sehr detaillierten Fragen konnte er nicht beantworten, weil ihm die Zusammenhänge nicht mehr präsent waren, anderes schien ihn nicht zu interessieren. Ich sei auf einer falschen Spur, sagte er dann, die Dokumente, die ich gefunden hätte, seien völlig unerheblich. Ich verteidigte mich, erläuterte, warum sie in meinen Augen wichtig seien – und merkte zu spät, dass er mich gerade examinierte und von mir lediglich hören wollte, ob ich seine Rolle auch angemessen beurteilte.

Während Schmidt auf diese Weise seine Neugier zu stillen und zugleich Einfluss auf den Biographen zu nehmen suchte, war es mein Ehrgeiz, die Stereotypen aufzubrechen, mit denen er seit Jahr und Tag bestimmte Themen abhandelte. Vielleicht würde ich ihm hier und da sogar etwas Neues entlocken können. Schmidt blieb bis zum Schluss auf der Hut. Wenn er sich gelegentlich dazu verleiten ließ, von seinen üblichen Argumentationsmustern abzuweichen, überkam ihn schnell das Gefühl, zu viel von sich preiszugeben. Dann brach er ab und griff zu dem Satz, den er für solche Fälle immer parat hatte: »Das ist mir alles viel zu privat.«

Bücher zu veröffentlichen war für Helmut Schmidt seit vielen Jahren zu einem Lebenselixier geworden. 2008 hatte er im Alter von neunzig Jahren mit *Außer Dienst* eines der erfolgreichsten politischen Bücher in Deutschland vorgelegt. Seither war Jahr für Jahr entweder ein Gesprächsband oder ein Sammelwerk erschienen, und jedes Mal steckte er viel Kraft und Sorgfalt in die Vorbereitung. Kaum war im Frühjahr 2015 sein Nocturne *Was ich noch sagen wollte* erschienen, fragte er, was man denn als Nächstes in Angriff nehmen könnte. Zu konkreten Verabredungen reichte es nicht mehr. So wurde die Biographie der späten Jahre, die er mir übertragen hatte, in gewisser Weise zu seinem letzten Projekt. Wann das Buch denn erscheinen soll, wollte er wissen. Zeitnah zum Tod – so stehe es im Verlagsvertrag, sagte ich –, spätestens jedoch zum 100. Geburtstag. Da grinste er schelmisch: »Es könnte sein, dass ich hundert werde.«

Aus Schmidts Privatarchiv zog ich erst einmal schamlos alle Papiere heraus, die sich später möglicherweise in irgendeinem Zusammenhang als nützlich erweisen konnten. Parallel dazu suchte ich gezielt in anderen Archiven – umfassend in den Nachlässen Bucerius und Dönhoff – und arbeitete mich durch die Literatur, die wissenschaftliche ebenso wie die Memoirenliteratur. Die Recherchen und das Schreiben des Textes hatte ich von Anfang an parallel organisiert: Sobald ich das Quellenmaterial für ein geplantes Kapitel einigermaßen vollständig erschlossen hatte, begann ich zu schreiben. Auf diese Weise entging ich zum einen der Gefahr, irgendwann im Material zu ertrinken, und konnte zum anderen die Fragestellung für die jeweils nächsten Kapitel fortwährend präzisieren und aktualisieren. Die Gespräche mit Schmidt verstand ich als ein nützliches Regulativ dieses Arbeitsprozesses. Machte ich ihn darauf aufmerksam, dass seine Interpretation eines Vorgangs allzu sehr von dem abwich, was sich aus den Quellen ergab, ermahnte er mich, es mit dem Grundsatz *quod non est in actis non est in mundo* nicht zu übertreiben, schließlich sei er im Unterschied zu mir meistens dabei gewesen.

Helmut Schmidt hatte mir exklusiven Zugang zu seinen sämtlichen Archivalien gewährt; ich durfte sehen, was ich sehen wollte, konnte alles kopieren und war keinen Auflagen unterworfen. Das Vertrauen, das er mir auf diese Weise zum Ausdruck brachte, wollte ich rechtfertigen – ohne dabei meine Unabhängigkeit als Autor aufs Spiel zu setzen. »Machen Sie ihn bloß nicht zu einem Heiligen«, hatte mir eine seiner Verehrerinnen als guten Rat mit auf den Weg gegeben. Im Verlauf der Arbeit verschob sich jedoch das Legitimationsproblem. Immer öfter stand ich vor der Frage: Wie kritisch durfte ich eigentlich sein? Schmidt hatte stets Wert gelegt auf Gründlichkeit und ein hohes Maß an Objektivität, und er vertrug die Wahrheit. Dennoch wurde mir irgendwann klar, dass die Veröffentlichung meines Buches sein Verhältnis zu mir zweifellos beschädigen und ich nichts dagegen würde unternehmen können. Die Vorstellung, den Mann, den ich verehrte, zu verletzen, belastete mich.

Als Helmut Schmidt am 10. November 2015 starb – fast auf den Tag genau ein Jahr nach unserer Verabredung –, wusste ich, dass die Verantwortung für das Buch von jetzt an ausschließlich bei mir lag. Wer keine Rücksicht zu nehmen braucht, hat auch keine Ausrede mehr. Ich hatte nicht wirklich damit gerechnet, dass Schmidt das Erscheinen meiner Biographie erleben würde, mir aber auch keine

Gedanken darüber gemacht, welche konkreten Auswirkungen sein Tod auf den Schreibprozess haben könnte. Als ich eine Woche nach der Trauerfeier im Hamburger Michel wieder in Langenhorn saß, wurde mir klar, dass ich von nun an auf mich allein gestellt war. Dabei machte ich eine merkwürdige Beobachtung: Weil ich am Nachmittag nicht mehr durch den Garten einfach rübergehen und ihn noch einmal befragen konnte, las ich gleichsam für ihn mit, so jedenfalls schien es mir, und diese Vorstellung wirkte auf mich befreiend. Als ich Anfang Dezember mit dem Schreiben von Teil II begann, ging mir manches leichter von der Hand.

Zum Schluss zwei Bemerkungen zur Auswahl des Materials und zur Komposition des Stoffes. Helmut Schmidt hat sich gleich zu Beginn seiner politischen Laufbahn ein Archiv angelegt und die Akten über all die Jahre stets sorgfältig geführt. Dabei wurden vier Überlieferungsreihen unterschieden: private Korrespondenz (ab 1983 etwa zehn bis 15 Ordner pro Jahr), eigene Arbeiten (Aufsätze, Reden, Interviews), Reiseordner sowie die Ordner Pressecho. Ab 1983 kamen neue Ordnerreihen hinzu, insbesondere interne und externe Korrespondenz der Wochenzeitung *Die Zeit*, deren Herausgeber Schmidt war, Korrespondenzen diverser Stiftungen sowie die Ordner und Behälter mit den Vorarbeiten und Manuskripten seiner Bücher. Am Ende meiner Arbeit hatte ich rund fünfhundert Aktenordner systematisch durchforstet, das sind vierzig laufende Meter, die Hälfte davon private Korrespondenz der Jahre 1982 bis 2015.

Ich konzentrierte mich auf das Naheliegende und fragte erst einmal, was hat Helmut Schmidt in den letzten 33 Jahren seines Lebens eigentlich gemacht, womit hat er sich beschäftigt. Er verwaltete sein politisches Erbe, pflegte die alten Freundschaften, übernahm neue Verpflichtungen. Vor allem aber wurde er mit zunehmendem Alter zu einem der beliebtesten und populärsten Deutschen. Hier setzte meine zweite Frage an: Wie kam dieser späte Ruhm zustande? Je länger die Kanzlerjahre zurücklagen, desto mehr wuchs Schmidt die Rolle des politischen Vorbilds zu. Je gleichgültiger vielen Deutschen die aktuelle Politik zu werden schien, desto mehr bediente er ihre heimliche Sehnsucht nach Führung. Dieses Paradox interessierte mich. Es lief auf die Frage hinaus, wie es Helmut Schmidt gelang, von der Mehrheit seiner Landsleute am Ende so gesehen zu werden, wie er gesehen werden wollte.

Das vorliegende Buch ist nicht strikt chronologisch aufgebaut. Vielmehr sind die Kapitel nach thematischen Schwerpunkten geordnet, die Vor- und Rückgriffe nötig machen. Die Fragen, die Schmidt in einer bestimmten Phase am meisten beschäftigten und für ihn Priorität hatten, bestimmen den Rhythmus des Ganzen. Entscheidend bei der Auswahl und Ordnung des Materials war aber auch die Relevanz eines Themas. So nehmen etwa Schmidts Auslandskontakte (insbesondere in die USA) oder das Europathema in der Darstellung sehr viel weniger Raum ein, als es ihrer durchgängigen Bedeutung für Schmidt entspricht. Die Zeit ist über vieles hinweggegangen. Andere Probleme – etwa die Frage der Zuwanderung oder die Forderung nach einem EU-Beitritt der Türkei, das Prinzip der Nichteinmischung oder das Verhältnis zu Russland – sind so aktuell, dass es auch politisch lohnend erscheint, sich mit Schmidts Argumenten noch einmal auseinanderzusetzen.

Das erklärte Ziel dieser Arbeit war es, die Biographie Helmut Schmidts um die 33 Jahre seit seinem Ausscheiden aus dem Amt zu vervollständigen. Es sollte eine zuverlässige, auch wissenschaftlichen Anforderungen genügende Grundlage geschaffen werden für die weitere Beschäftigung mit dem Mann ohne Amt. Noch ist es zu früh, ein verlässliches Urteil darüber zu treffen, welche Bedeutung diesen letzten Jahren, die immerhin ein Drittel seines Lebens umfassen, einmal zukommen wird. Bei einer künftigen Bewertung der historischen Leistung des fünften deutschen Bundeskanzlers dürften sie allein deshalb eine gewisse Rolle spielen, weil es keinen anderen Kanzler gegeben hat, der nach dem Ausscheiden aus der aktiven Politik eine neue Karriere »außer Dienst« aufbauen konnte. *Außer Dienst* nannte Schmidt, nicht ohne Ironie, sein politisches Vermächtnis. Einen anderen als ihn konnten sich die meisten Deutschen in dieser Rolle gar nicht vorstellen. Warum das so war und warum es vorerst wohl auch keinen in dieser Rolle mehr geben wird – davon erzählt dieses Buch.

TEIL I

Jahre der Zurückhaltung

(1982–1990)

I
Inszenierung eines Verrats

Der 1. Oktober 1982 war ein Freitag, ein schwarzer Freitag – nicht nur für die deutsche Sozialdemokratie. Millionen, für die an diesem Tag die Glaubwürdigkeit der parlamentarischen Institutionen auf dem Spiel stand, verfolgten an den Bildschirmen die Debatte im Deutschen Bundestag, die am späten Vormittag mit einer Erklärung des Bundeskanzlers begann. Der Bundestag möge beschließen, so der einzige Tagesordnungspunkt, dem ein gemeinsamer Antrag der Fraktionen von CDU/CSU und FDP zugrunde lag, Helmut Schmidt als Kanzler der sozialliberalen Koalition das Misstrauen auszusprechen und den Abgeordneten Dr. Helmut Kohl zu seinem Nachfolger zu wählen.

In Bonn galt es seit Wochen als ein offenes Geheimnis, dass der FDP-Vorsitzende, Außenminister Hans-Dietrich Genscher, beabsichtigte, den Partner zu wechseln. Aber wie wollte er seine Partei davon überzeugen, dass das Wendemanöver richtig war, und vor allem: Wie wollte er verhindern, hinterher als derjenige dazustehen, der dem Kanzler das Messer in den Rücken gestoßen hatte? An einem »Königsmord« werde er sich nicht beteiligen, sagte FDP-Innenminister Gerhart Baum am 2. September im *Stern*, und diese Haltung teilten viele Liberale, nicht nur am linken Flügel. Zwei Wochen später warnte Helmut Schmidt vor dem Deutschen Bundestag vor »Machenschaften«, die geeignet seien, das Ansehen der Bundesrepublik Deutschland zu beschädigen.[1] Das mit Bedacht gewählte Wort von den »Machenschaften«, das unausgesprochen auch den »Verrat« implizierte, entfaltete die beabsichtigte Wirkung. Von diesem Tag an, notierte Regierungssprecher Klaus Bölling kühl, saß Genscher »in einem Glaskäfig«.[2]

Den September über spielten die Partei- und Fraktionsführungen der vier im Bundestag vertretenen Parteien verschiedene Szenarien durch, die nur einem Zweck dienten: dem Wähler die Rolle der eigenen Partei bei dem anstehenden Wechsel plausibel zu machen und sich eine möglichst günstige Ausgangsposition für Neuwahlen zu sichern. Das geringste Risiko lag bei der CDU. Deren Vorsitzender konnte es zwar kaum erwarten, die amtierende Koalition abzulösen, aber Druck ausüben konnte er nicht, schon gar nicht auf die FDP, die er brauchte, um endlich auf die Regierungsbank zu kommen. Unabhängig davon, wie belastbar ihre Beziehung gewesen sein mag und wie eng sie sich in den entscheidenden Septembertagen abgestimmt haben: Sehr viel mehr als die Bereitschaft, bedingungslos mit der FDP zu koalieren, und die Zusage, dass Genscher das Auswärtige Amt behalten dürfe, konnte Kohl dem Duzfreund nicht anbieten. »Im Übrigen musst du wissen, dass du nicht ohne Netz turnst« – mit dieser kecken Aufmunterung hatte er sich von Genscher in die parlamentarische Sommerpause verabschiedet.[3] Viel war das nicht.

Genscher wollte den Sprung nur dann wagen, wenn er absolut sicher sein konnte, die Mehrheit der FDP-Fraktion auf seiner Seite zu haben. Dort aber grummelte es vernehmlich. Die Partei hatte bei den Bundestagswahlen im Oktober 1980 dank einer klaren Koalitionsaussage – »wer FDP wählt, garantiert, dass Schmidt Bundeskanzler bleibt«[4] – deutliche Zugewinne erzielt und war mit 53 (statt bisher 39) Listenabgeordneten im Parlament vertreten. Der fliegende Wechsel mitten in der Legislaturperiode – davon war ein Großteil der Liberalen überzeugt – werde die Glaubwürdigkeit ihrer Partei nachhaltig erschüttern und sich verheerend auf das Abschneiden der FDP bei möglichen vorgezogenen Neuwahlen auswirken. Es war nicht unrealistisch anzunehmen, dass die FDP den Wiedereinzug ins Parlament verpasste. Die Frage, wann Genscher springen würde, hing deshalb entscheidend davon ab, dass zwischen dem Bruch der Koalition und einem Wahltermin möglichst viel Zeit verging. Der Wähler hat ein kurzes Gedächtnis.

Bevor sich Genscher mit Kohl auf einen Termin für Neuwahlen verständigen konnte, musste die amtierende Regierung erst einmal aus dem Amt gehievt werden. Helmut Schmidt machte keine Anstalten aufzugeben. Genschers Kalkül, ihn hinzuhalten und so allmählich »weichklopfen«[5] zu können, zeugte von geringer Menschenkenntnis und bewirkte beim Kanzler das genaue Gegenteil. Entweder ließen sich die sachlichen Differenzen mit den Liberalen überbrücken, so Schmidts Haltung noch zu Beginn der zweiten Septemberwoche, oder aber er werde dafür sorgen, dass sie vor dem Wahlvolk – und vor der deutschen Geschichte – die alleinige Verantwortung für den Koalitionsbruch trugen. Nicht er, der Kanzler, sollte am Ende nackt dastehen, sondern diejenigen, die ihn aus dem Amt vertrieben hatten. Am 15. September rang sich Schmidt endgültig zu der Erkenntnis durch, dass die Koalition nicht mehr zu retten war, und nahm das Heft des Handelns in die Hand.

Über Monate hatten Genscher und Wirtschaftsminister Otto Graf Lambsdorff den Kanzler mit gezielten Nadelstichen zu reizen gesucht; von Schmidt wiederholt zur Rede gestellt, beteuerte Genscher ein ums andere Mal, an der Koalition festhalten zu wollen. Nachdem der Bundeskanzler seinen Wirtschaftsminister bereits Anfang Mai schriftlich hatte ermahnen müssen, sich mit öffentlicher Kritik am Koalitionspartner zurückzuhalten – arbeitsmarktpolitische Überlegungen der SPD waren von Lambsdorff in einem Interview als »Gruselkatalog sozialistischer Marterwerkzeuge« bezeichnet worden[6] –, legte dieser zu Beginn der neuen Sitzungsperiode nach. Unter Hinweis auf rapide sich verschlechternde Wirtschaftsdaten und anwachsende Staatsschulden wiederholte Lambsdorff, wiederum öffentlich, seine Forderung nach notwendigen Umschichtungen im Haushalt, weg von der konsumptiven, hin zu einer investiven Ausgabenpolitik. Vorschläge aus den Reihen der SPD, zur Finanzierung arbeitsmarktpolitischer Maßnahmen eine befristete Ergänzungsabgabe auf höhere Einkommen einzuführen, konterkarierte der Wirtschaftsminister mit dem Ruf nach Steuererleichterungen für Unternehmer und harten Einschnitten in die sozialen Netze.

Am 30. August erinnerte Schmidt den Minister erneut an die Kabinettsdisziplin und legte ihm nahe, seine Vorschläge, wie sich die Konjunktur ohne weitere Kreditaufnahme des Staates ankurbeln lasse, doch einmal zu Papier zu bringen. Das von Lambsdorff zehn Tage später vorgelegte »Konzept für eine Politik zur Überwindung der Wachstumsschwäche und zur Bekämpfung der Arbeitslosigkeit« gilt seither als Scheidungsdokument der sozialliberalen Koalition. Als solches war es jedenfalls angelegt, hatte Lambsdorff seine wichtigsten Thesen doch breit streuen und in der *Zeit* vom 10. September unter der Überschrift »Manifest der Sezession« veröffentlichen lassen, bevor das 34-seitige Memorandum am Abend im Bundeskanzleramt eintraf.

In der Parteispitze der Liberalen hielt man die durch Lambsdorff forcierte Zuspitzung für einen taktischen Fehler. Genscher und der Fraktionsvorsitzende Wolfgang Mischnick, der in diesen Wochen unermüdlich für eine Fortsetzung der Zusammenarbeit mit den Sozialdemokraten warb, hatten ihn vergeblich zurückzuhalten versucht. Am 26. September standen Landtagswahlen in Hessen an, und Genscher wollte mit allen Mitteln verhindern, dass es vor diesem Datum zum Bruch kam; auch die Wahlen in Bayern am 10. Oktober wollte er unbedingt noch hinter sich bringen. Die Zuverlässigkeit der FDP in Bonn durfte nicht zum beherrschenden Wahlkampfthema werden, wenn die Partei nicht Gefahr laufen wollte, in beiden Länderparlamenten an der Fünfprozenthürde zu scheitern.

Während Mischnick die Bedeutung des Lambsdorff-Memorandums herunterzuspielen suchte – es handele sich um einen Entwurf aus dem Wirtschaftsministerium, der am Kabinettstisch zu diskutieren sei, nicht um ein FDP-Positionspapier –, ließ Finanzminister Manfred Lahnstein in seinem Ressort den Wunschkatalog des Grafen analysieren. Das Papier spiegele »die klassische bürgerliche Nationalökonomie zur Bewahrung der gesellschaftlichen Privilegien«, fasste Lahnstein zwei Tage später zusammen. »Das Wort Solidarität kommt nicht ein einziges Mal vor.«[7]

Schmidt war nicht gewillt, sich mit dem widerspenstigen Minister auf ein Klein-Klein einzulassen. Wenn es die FDP-Spitze schon auf den Bruch anlegte, durfte man ihr aus Sicht des Kanzlers keinesfalls die Chance einräumen zu behaupten, die Gegensätze zu den Sozialdemokraten in der Wirtschafts-, Finanz- und Beschäftigungspolitik seien unüberwindlich geworden. Schmidt stand das Schicksal des letzten sozialdemokratischen Reichskanzlers der Weimarer Republik, Hermann Müller, vor Augen, der im März 1930 zurückgetreten war, weil die SPD einer vom Koalitionspartner Deutsche Volkspartei geforderten Erhöhung der Arbeitslosenversicherung um einen Viertelprozentpunkt nicht zustimmen wollte. Das Scheitern der Regierung Müller, der letzten demokratisch legitimierten Regierung des Deutschen Reiches, wurde seither der SPD angelastet, der nach Ansicht mancher Historiker dadurch auch eine Mitschuld am Untergang von Weimar zukam. Tatsächlich hatte die Deutsche Volkspartei zielstrebig darauf hingearbeitet, die Sozialdemokraten von der Regierungsbank zu entfernen, und es verstanden, ihnen am Ende auch noch den Schwarzen Peter zuzuschieben.

Am 9. September gab Schmidt im Deutschen Bundestag eine Erklärung zur Lage der Nation ab. Die Debatte zog sich bis in den späten Nachmittag; anschließend fuhr Schmidt in die Parlamentarische Gesellschaft, um ein Buch vorzustellen, an dessen Entstehung Ende der vierziger Jahre er regen Anteil genommen hatte: *Die deutsche Sozialpolitik und der Bruch der großen Koalition im März 1930*. Mit der Autorin Helga Timm war er seither befreundet, und so übernahm Schmidt gern die Präsentation der Neuausgabe ihrer 1952 erstmals erschienenen Dissertation. Einige Gäste an diesem Abend seien sicherlich gekommen, sagte Schmidt zu Beginn seiner kleinen Rede, »um aus meinen Ausführungen Fingerzeige für die nächsten Tage, Wochen, Monate oder Jahre zu erhalten«. Er müsse diese Gäste enttäuschen: Geschichte wiederhole sich nun einmal nicht. Sehr wohl interessiere ihn hingegen die Frage, die auch die Autorin am Ende ihrer Einleitung aufwerfe: wie sich die politischen und sozialen Folgen der gegenwärtigen Weltwirtschaftskrise meistern ließen.[8]

Im Anschluss an die Veranstaltung saß Schmidt mit Helga Timm, dem Politikwissenschaftler Karl Dietrich Bracher und dem SPD-Abgeordneten Norbert Gansel zusammen. Im vertrauten Kreis sprach man jetzt sehr wohl über die Parallelen zum Jahr 1930, und Schmidt machte klar, dass er alles unternehmen werde, damit den

Sozialdemokraten nicht noch einmal die Schuld für den Bruch einer Koalition zugewiesen werde.[9] Auch im »Kleeblatt« – der Runde seiner engsten Berater, bestehend aus Kanzleramtschef Gerhard Konow, Staatsminister Hans-Jürgen Wischnewski und Regierungssprecher Klaus Bölling – kam Schmidt in diesen Tagen zweimal auf den Sturz Hermann Müllers zu sprechen. Rücktritt eines sozialdemokratischen Kanzlers aus nichtigem Anlass: Das dürfe sich auf keinen Fall wiederholen.[10]

Dass Schmidt das Jahr 1930 zum Vergleich heranzog, machte deutlich, wie fest und sicher er in der Tradition der deutschen Sozialdemokratie stand. In Karl Dietrich Brachers Meisterwerk *Die Auflösung der Weimarer Republik* – das Schmidt noch im Jahr seines Erscheinens 1955 verschlungen hatte und das bei ihm einen tiefen Eindruck hinterließ – war die eigentliche Ursache für das Ende der Regierung Müller nachzulesen. Sie stürzte, heißt es dort, wegen »des problematischen Funktionsverhältnisses zwischen … Taktik und Strategie der Parteipolitik auf der einen, der Regierungspolitik auf der anderen Seite«.[11] Das Gleiche drohte jetzt wieder: dass durch das Lavieren der »Wackelpartei« (Schmidt) die Regierungsarbeit gänzlich zum Erliegen gebracht wurde. Das Ende von Weimar beschäftigte Schmidt bis ins hohe Alter; die Regierung Müller, bilanzierte er 2010 im Gespräch mit dem Historiker Fritz Stern, habe sich »in die Büsche geschlagen. Ich würde das Ganze nicht als Schuld ansehen wollen, sondern als Tragödie.«[12]

Sich in die Büsche zu schlagen kam gar nicht infrage. Schmidt musste einen Weg finden, um Lambsdorffs Versuche, ihn über Haushaltsdetails stolpern zu lassen, zu unterlaufen und gleichzeitig einen Keil zwischen Union und Wende-Liberale zu treiben. Die Lösung war ein Angebot auf Neuwahlen. Damit würde der schwelende Konflikt mit dem Koalitionspartner aus den Niederungen der Parteipolitik gewissermaßen auf eine höhere Ebene gehoben, die des Wählers als Souverän. Am Wochenende vom 4./5. September hatte Schmidt zu Hause in Hamburg-Langenhorn seine Rede zur Lage der Nation am 9. September überarbeitet und dabei im letzten Drittel einen längeren Passus eingefügt, in dem er den Oppositionsführer zu einem konstruktiven Misstrauensvotum nach Artikel 67 GG mit anschließenden Neuwahlen aufforderte.

Am Freitag zuvor hatte Helmut Kohl in einem Interview in der *Westfälischen Rundschau* einen mit Blick auf die FDP schweren taktischen Fehler begangen. Die CDU sei bereit, hatte Kohl gesagt, eine geschäftsführende Minderheitsregierung Schmidt zu tolerieren, falls es zu einer verbindlichen Absprache über vorgezogene Wahlen käme. Möglicherweise war es die Ungeduld, die Kohl zu dieser nicht zu Ende gedachten Äußerung verleitete, möglicherweise stand er allzu stark unter dem Eindruck seiner letzten Wanderung mit Franz Josef Strauß. Neuwahlen, so hatte ihm dieser am 31. August in den Bergen über Kufstein erklärt, müssten so schnell wie möglich abgehalten werden. Die Union werde umso besser abschneiden, je lebendiger dem Wähler das Debakel der sozialliberalen Koalition noch vor Augen stehe. Die Freien Demokraten hoffte Strauß bei dieser Gelegenheit gleich ganz loszuwerden, waren sie in seinen Augen doch mitverantwortlich für seine Niederlage gegen Helmut Schmidt bei der Bundestagswahl 1980, als sie ja nicht nur *für* Schmidt, sondern auch *gegen* Strauß angetreten waren. Für Genscher wurde es jetzt eng.

Wie stark Schmidt die Reihen von CDU/CSU und Wende-Liberalen mit seinem Vorstoß für Neuwahlen durcheinanderbrachte, lässt sich im Protokoll der Bundestagssitzung vom 9. September nachlesen. Nachdem er bereits länger als eine Stunde gesprochen hatte, ging Schmidt die Opposition direkt an: »Auf der einen Seite ist es Ihre Taktik, überall zu vermeiden, zu sagen, was Sie wirklich wollen; auf der anderen Seite – – (Zuruf von der CDU/CSU: Neuwahlen!) – Ja, Sie wollen ran, das habe ich verstanden. Aber was Sie dann machen wollen, wissen Sie nicht! (Lebhafter Beifall bei der SPD und Beifall bei der FDP – Dr. Kohl [CDU/CSU]: *Sie* wollen doch Neuwahlen!).«[13] In den Reihen der Opposition herrschte offensichtlich vollkommene Verwirrung darüber, ob man Neuwahlen wollen oder nicht wollen sollte.

»Der Bundeskanzler weiß, dass man reisende Leute nicht aufhalten soll«, beendete Schmidt diesen Teil seiner Rede, unmissverständlich an die Adresse der Freien Demokraten um Genscher und Lambsdorff gerichtet. Aber, so der Kanzler am Ende feierlich und fest, »wenn eine geschichtliche Epoche in der Entwicklung unseres Staats abgebrochen werden soll, dann bitte mit offenem Visier und mit einem klaren Willensentscheid derjenigen, die das wollen, mit einer Begründung, die vor der Geschichte unseres Staats Bestand hat, und nicht mit nebensächlichen, kunstvollen Argumenten.«[14] Während die Abgeordneten der SPD stehend und lang anhaltend applaudierten, ging der Parteivorsitzende Willy Brandt zur Regierungsbank, um Schmidt die Hand zu drücken. Dem Kanzler, das konnte man in diesem Moment bis in die Reihen der Opposition hinein spüren, war ein Befreiungsschlag gelungen. Er hatte nicht nur die FDP in die Ecke manövriert, er hatte auch genau den Ton getroffen, den seine eigene Partei nach Wochen der Verunsicherung und Lähmung dringend benötigte.

Die Aufforderung zu einem konstruktiven Misstrauensvotum war nur der Form halber an den Oppositionsführer Kohl gerichtet – der darauf erwartungsgemäß nicht einging –, in Wirklichkeit galt sie dem Vizekanzler. Aber Genscher war noch nicht so weit. Linksliberale um Gerhart Baum, Burkhard Hirsch und Günter Verheugen, aber auch starke Frauen wie die Staatsministerin im Auswärtigen Amt Hildegard Hamm-Brücher, Ingrid Matthäus-Maier und Liselotte Funcke, die mangelnden Anstand beklagten, stellten sich quer und machten gehörig Druck. Das Risiko, dass zu viele Abgeordnete der FDP sich in geheimer Abstimmung seinem Wendemanöver verweigern würden, war für Genscher nach wie vor unkalkulierbar groß.

Am 17. September, acht Tage nach seiner Rede zur Lage der Nation, ging Schmidt im Deutschen Bundestag in die Offensive. Er wolle »nicht länger zusehen, wie die Handlungsfähigkeit und das Ansehen der Bundesregierung stetig beschädigt werden«; es werde ihm wohl »niemand verdenken, dass ich auch mich selbst nicht demontieren lassen möchte«. Er erinnerte Helmut Kohl an sein Interview und machte daran anknüpfend einen neuen Vorschlag zur unverzüglichen Herbeiführung von Neuwahlen. Neuwahlen ließen sich nach der Verfassung nicht nur über den Artikel 67, das konstruktive Misstrauensvotum, sondern auch über Artikel 68, die Vertrauensfrage, in die Wege leiten. Das allerdings war kompliziert, setzte verbindliche Vereinbarungen zwischen den Fraktionen voraus und galt unter Staatsrechtlern als umstritten. Die Vertrauensfrage nach vorheriger Absprache unter den Parteivorsitzenden mit dem Ziel der Ablehnung zu stellen, bedeute »die völlige Verkehrung des Art. 68 GG«, mahnte der spätere Verfassungsrichter Ernst-Wolfgang Böckenförde den Kanzler. »Greift dies Platz, so erhält der Art. 68 GG – verfassungswidrig – die Funktion, der jeweils regierenden Koalition bzw. Mehrheit die Festlegung des Wahltermins nach eigenem Geschmack zu ermöglichen.«[15]

Schmidt verwies darauf, dass bereits Willy Brandt nach dem gescheiterten Misstrauensvotum gegen ihn 1972 dieses Verfahren gewählt hatte, »um den Wähler als den eigentlichen Souverän entscheiden zu lassen«.[16] Diese Position vertrat Schmidt auch im Bundestag. Dort hatte er in der Woche zuvor auf die Zwischenrufe aus den Reihen der CDU reagiert und den entscheidenden Punkt hervorgehoben: Ein Neuanfang bedürfe nicht nur der Legalität des Grundgesetzes, sondern mehr noch der »geschichtlichen Legitimität«, die nur durch Neuwahlen hergestellt werden könne. Die SPD, so führte er am 17. September aus, befinde sich zwar »gegenwärtig in einem handfesten politischen Tief« und werde bei Wahlen »wahrscheinlich Federn lassen müssen«. Aber »uns Sozialdemokraten sind Ansehen und Festigkeit der Demokratie wichtiger als taktische Vorteile zugunsten der eigenen Partei«. Verlässlichkeit, auch »Verlässlichkeit für unsere Partner im Bündnis und unsere Nachbarn in West und Ost … hängt in erster Linie von der Glaubwürdigkeit unseres demokratisch-parlamentarischen Systems ab«.

Die Zustimmung, die Schmidt nach dieser Rede quer durch die Republik und über alle Parteigrenzen hinweg entgegenschlug, war überwältigend. Rainer Barzel, der zwei Wochen später im Namen der Unionsparteien den Antrag zum konstruktiven Misstrauensvotum begründen musste, beglückwünschte ihn noch an der Regierungsbank, wenig später telefonisch auch Bundespräsident Carstens, der sich allerdings skeptisch zeigte, dass Schmidt mit seinem Appell für Neuwahlen durchdringen werde.[17] »Ein großer Tag fürs Parlament«, gratulierte Marion Dönhoff: »Kein wehmütiger Abschied eines von den eigenen Bataillonen desavouierten Chefs, sondern die Demonstration eines Führungsstils, den alle miteinander noch schmerzlich entbehren werden.«[18] Rudolf Augstein, der im *Spiegel* vom 6. September die Parole ausgegeben hatte: »Kanzler, halte durch!«, munitionierte Schmidt noch am Vorabend der Rede telefonisch: »Sie machen absolut einen Fehler, wenn Sie den Grafen tun lassen, was er will«.[19] Selbst einige derjenigen, die in der Antiatomkraft- und Friedensbewegung in vorderster Linie gegen Schmidt kämpften, bekundeten ihm ihre Anerkennung: »Dank für und Glückwunsch zu Ihrer Rede. Annemarie und Heinrich Böll.«[20]

Helmut Schmidt strahlte an diesem Tag innere Ruhe und eine große Gelassenheit aus. Selbst Helmut Kohl, den er am Vorabend kurzfristig zu einer Unterredung ins Kanzleramt gebeten hatte, räumte ein, dass Schmidt »unerwartet freundlich« gewesen sei, »aufgeschlossen und zuvorkommend wie nie zuvor«.[21] Was Schmidt mit diesem etwa einstündigen Gespräch bezweckte, lässt sich nur anhand dessen rekonstruieren, was Kohl am nächsten Tag vor der CDU/CSU-Fraktion darüber berichtet hat. Nachdem noch einmal die beiden möglichen Wege zu Neuwahlen diskutiert worden seien, habe der Kanzler ein düsteres Krisenszenario entwickelt. Man befinde sich in einer schwierigen weltpolitischen Lage, die möglicherweise auf eine Weltwirtschaftskrise hinauslaufe; umso dringender benötige das Land eine entschlossene, handlungsfähige Regierung. Schmidt wollte seinem präsumtiven Nachfolger damit zweifellos das Ausmaß der Verantwortung vor Augen führen, das auf ihn zukäme, ihm Respekt vor den Aufgaben des Amtes einflößen, vielleicht auch ein bisschen Angst einjagen. Den selbstbewussten Pfälzer konnte das nicht anfechten. Schmidt habe ihm zu verstehen geben wollen, so interpretierte er das Gespräch in seinen Erinnerungen mit der ihm eigenen Selbstsicherheit, dass es an der Zeit sei, »bewährten Kräften die Bewältigung der großen Probleme zu überlassen«.[22]

Nachdem er Kohl verabschiedet hatte, setzte sich Schmidt gegen 20.30 Uhr mit Konow, Wischnewski und Bölling zusammen, um letzte Hand an die Rede zu legen. Als der Text kurz vor 3.00 Uhr am Morgen endlich stand, sagte Schmidt: »Jetzt bin ich richtig lustig.«[23] Lustig sei vielleicht nicht ganz der passende Ausdruck, meinte Bölling und hatte natürlich recht. Wenn der Chef Gefühle ausdrücken wollte, griff er bisweilen zu recht merkwürdigen Wendungen. Dass Schmidt in diesem emotionalen Moment, in dem eine solche Last von ihm abfiel, seine Stimmung als lustig bezeichnete, unterstrich, dass er endgültig abgeschlossen hatte.

Einen gelösten, geradezu heiteren und ungewöhnlich liebenswürdigen Kanzler erlebte am nächsten Morgen auch Graf Lambsdorff. Der Termin um 9.15 Uhr im Kanzleramt, der bereits seit längerem vereinbart war, passte eigentlich nicht mehr in Schmidts Konzept. Dennoch hielt er daran fest und brachte gleich zu Beginn des Gespräches »die persönliche Wertschätzung zum Ausdruck … die er immer gegenüber Graf Lambsdorff gehabt habe und die er auch heute noch habe«. In seiner für 11.30 Uhr anberaumten Rede vor dem Bundestag werde er die FDP nicht schonen, aber insbesondere deren Vorsitzenden heftig angehen. Dann nahm sich Schmidt einzelne Punkte des Lambsdorff-Papiers vor. »Nachdem die Würfel gefallen seien«, meinte der Minister, habe es wohl »keinen Zweck, darüber lange zu streiten.« Das Gespräch, das in angenehmer Atmosphäre stattfand, dauerte etwa 45 Minuten.[24] »Ich bin noch Minister«, beschied Lambsdorff die wartenden Journalisten demonstrativ frohgemut, als er nach einer Dreiviertelstunde das Bundeskanzleramt verließ.[25]

Schmidt fuhr ins Bundeshaus, wo für 10.15 Uhr eine Sondersitzung der Fraktion einberufen war. Für 10.30 Uhr hatte er Genscher und Mischnick in sein Abgeordnetenbüro bestellt, um sie darüber zu informieren, dass er sich zur Beendigung der Koalition entschlossen habe. Er überreichte Genscher den Redetext. Der schaute gar nicht erst hinein, sondern erklärte dem Bundeskanzler den sofortigen Rücktritt der FDP-Minister, um so ihrem Rauswurf aus dem Kabinett zuvorzukommen. Das Ganze dauerte wohl nur zehn Minuten.

Für Schmidt war es eine Geste der Fairness gewesen, den FDP-Vorsitzenden vorab zu unterrichten, jetzt fühlte er sich ein weiteres Mal von ihm düpiert, und noch Jahrzehnte später ärgerte ihn diese Dummheit (in diesem Zusammenhang wies er auch gern darauf hin, dass Genscher nach der Verfassung, wenn überhaupt, nur seinen eigenen Rücktritt hätte erklären können). Genscher hatte blitzschnell die Chance erfasst, mit der Rücktrittserklärung das selbständige Handeln der FDP zu demonstrieren. Allerdings übersah er dabei einen für die FDP höchst unschönen Nebeneffekt. Denn die Tatsache, dass der Außenminister und kurz darauf in der Fraktion auch die drei anderen FDP-Minister ihren Rücktritt erklärten – und sie eben nicht entlassen worden waren –, gab der These vom Verrat der FDP gewaltigen Schub. Betrachtet man das Drehbuch der nächsten Wochen, hatte Genscher an diesem Morgen einen Riesenfehler begangen.[26]

Fraktion und Vorstand der Freien Demokraten autorisierten Genscher noch am selben Tag, Koalitionsverhandlungen mit der Union aufzunehmen. Aber weil Kohl mit Rücksicht auf den FDP-Vorsitzenden auch jetzt einer Festlegung auf Neuwahlen aus dem Weg ging, setzte sich in der Bevölkerung immer stärker der Verdacht durch, dass tatsächlich, wie die SPD nicht müde wurde zu betonen, ein »kalter Machtwechsel« (Willy Brandt) vollzogen werden sollte.

Unter diesen Vorzeichen ging der Hessen-Wahlkampf in die letzte Woche. Wenige Tage nach den für die FDP katastrophalen Bürgerschaftswahlen in Hamburg am 6. Juni hatte die hessische FDP eine Koalitionsaussage zugunsten der CDU für Wiesbaden getroffen. Auf Bundesebene war daraufhin eine Art Stillhalteabkommen zwischen SPD und FDP geschlossen worden, weil beide verhindern wollten, dass der Wahlkampf in Hessen zu einem Plebiszit über die Bonner Koalition wurde. Daran fühlte sich die SPD jetzt nicht mehr gebunden, im Gegenteil, die Sozialdemokraten taten alles, um die Entscheidung in Wiesbaden zu einer Entscheidung über »ihren« Kanzler umzufunktionieren.

Schmidt selbst rührte kräftig mit. Die Hessen müssten den »Schwarzen« und ihren falschen Freunden von der FDP einmal zeigen, »was ’ne Harke ist«, rief er auf der Abschlusskundgebung auf dem Frankfurter Römerberg am 24. September. »Am Kabinettstisch sitzen und abends mit Kohl kungeln: Das ist die Genscher-FDP, wie sie leibt und lebt.«[27] Da schwang zweifellos viel Verbitterung mit. Wenn die Führung der FDP den Wechsel wollte, sollte sie auch den Preis dafür zahlen. Einer wie er räumte das Feld nicht kampflos. Das schuldete er sich selbst, aber auch seiner Partei. Und es zahlte sich aus. Am 26. September 1982 erlebte die FDP in Hessen die bis dahin größte Niederlage ihrer Geschichte: Mit 3,1 Prozent der Stimmen wurde sie mehr als halbiert.

Angesichts des unerwartet guten Abschneidens der Grünen, die mit 8 Prozent – wie zuvor schon in Hamburg – jetzt auch in den Wiesbadener Landtag einzogen, ließ Willy Brandt am Wahlabend in der »Bonner Runde« seinen Blick in die Zukunft schweifen und wiederholte sein Wort von einer denkbaren Mehrheit »diesseits der Union«, was Helmut Kohl zu der Bemerkung verleitete, Brandt wolle »eine andere Republik«. Über das Ende der Regierung Schmidt machte sich jedoch bei aller Euphorie über den Sieg Holger Börners keiner in der SPD mehr Illusionen. Es ging nur noch um die Modalitäten.

Am Sonntag vor der Hessen-Wahl hatte Schmidt über Hans-Jürgen Wischnewski einen direkten Kontakt zu Franz Josef Strauß hergestellt, schien ihm doch »der Gedanke nicht ohne Reiz zu sein, gemeinsam mit dem Bayern die Herren Kohl und Genscher doch noch zu schnellen Neuwahlen zu nötigen«.[28] Nach dem für die CDU enttäuschenden Ergebnis in Hessen – Alfred Dregger hatte dort auf eine Alleinregierung spekuliert – begrub Strauß jedoch endgültig alle Hoffnungen, Neuwahlen vor Jahresende würden der Union im Bund die absolute Mehrheit sichern – und ihm selbst den Posten des Außenministers und Vizekanzlers. Parteifreunden, die nach der Hessen-Wahl darauf setzten, dass er doch noch einmal die Initiative für eine Fortsetzung der Koalition ergreifen werde, erteilte Schmidt eine klare Absage. Der Zug war abgefahren, und er selbst wollte »nicht als Geschaftlhuber von der Bühne gehen«.[29]

*

Am späten Nachmittag des 30. September nahm der Bundeskanzler im Palais Schaumburg Abschied vom Diplomatischen Korps. Anschließend fuhr er zum Münsterplatz, wo die SPD ihm zu Ehren einen Fackelzug veranstaltete, hinterher saß er noch einige Zeit mit Teilnehmern der Kundgebung zusammen. Am nächsten Morgen stand im Deutschen Bundestag die Drucksache 9/2004, das von CDU/CSU und FDP eingebrachte konstruktive Misstrauensvotum, auf der Tagesordnung. Schmidt hatte sich entschieden, vorher eine Erklärung abzugeben. Die sozialliberale Koalition habe durch die Wählerinnen und Wähler im Oktober 1980 »einen Auftrag für vier weitere Jahre bekommen«, so eröffnete er seine Rede. Seit August letzten Jahres sei jedoch der Vorsitzende der FDP »von der gemeinsamen Verantwortung ›für Freiheit und sozialen Fortschritt‹ … zielstrebig und schrittweise« abgerückt; eine Erklärung sei er bis zum heutigen Tage schuldig geblieben. Am letzten Sonntag hätten die hessischen Wähler hierzu ihre Meinung kundgetan, und jedermann wisse: »Die katastrophale Niederlage der FDP in Hessen war die Antwort der Wähler auf das Verhalten der FDP-Führung hier in Bonn.«

Von einer überwältigenden Mehrheit der Bürgerinnen und Bürger werde die Art, wie hier heute der Wechsel herbeigeführt werden solle, als »Vertrauensbruch« empfunden. Und dann, in Richtung Helmut Kohl: »Ihre Handlungsweise ist zwar legal, aber sie hat keine innere, keine moralische Rechtfertigung.« Es sei von Neuwahlen im nächsten März die Rede, fuhr Schmidt fort; in den Koalitionsvereinbarungen habe er dazu kein einziges Wort finden können, er setze daher »Zweifel in die Aufrichtigkeit dieser Ankündigung«. Schmidt forderte seinen Nachredner Rainer Barzel auf, »heute Morgen für die CDU/CSU dem Bundestag gegenüber und damit dem ganzen Volk gegenüber ohne Wenn und Aber« zu erklären, dass am 6. März gewählt werde. Dann zog er in zwölf Punkten eine Bilanz seiner Regierungstätigkeit.

Er nannte die Politik der guten Nachbarschaft das »Lebensinteresse« der Deutschen, sprach von der Europäischen Gemeinschaft und dem Nordatlantischen Bündnis als den tragenden Pfeilern deutscher Außen- und Sicherheitspolitik, mahnte an, dass die

Aussöhnung mit den Nachbarn im Osten weiterhin vertieft und die Ostverträge »nicht nur eingehalten, sondern … auch praktisch angewendet werden« müssten, und bezeichnete »die Erhaltung der Einheit der Nation« als den innersten Kern seiner Deutschlandpolitik. Er kam auf die Rolle der Bundeswehr und die Qualität der Streitkräfte zu sprechen und leitete von dort über zu den Genfer Abrüstungsverhandlungen, an deren Gelingen Deutschland als Stationierungsland ein »vitales Interesse« habe.

Im letzten Teil seiner Rede widmete sich Schmidt den weltweit wachsenden wirtschaftlichen und sozialen Problemen. Seine Regierung habe »zwischen zwei extremen ökonomischen Theorien … einen mittleren Kurs gewählt. Wir haben weder eine inflationistische Ausweitung des Staatskredits noch eine deflationistische Schrumpfungspolitik betrieben.« Damit seien die Deutschen gut gefahren, sehr viel besser als viele der europäischen Nachbarn. Schmidt vergaß nicht, darauf hinzuweisen, dass verantwortungsvolle Politik gehalten sei, »einen vertretbaren Ausgleich zwischen ökonomischen und Umweltschutzinteressen zustande zu bringen«. Zum Schluss appellierte er an das Prinzip der sozialen Gerechtigkeit – »Wir Sozialdemokraten warnen vor einer Umverteilung von unten nach oben!« – und bekannte sich zu der offenen Gesellschaft, die sich ihrer Feinde nur erwehren könne, wenn sie an den Grundwerten der Freiheit und Würde unbeirrbar festhalte.

Der Zwölf-Punkte-Katalog war nicht nur eine Art politisches Testament. Schmidt versuchte die eigene Partei über das Ende der Regierung hinaus auf Eckpunkte festzulegen, die parteiintern zum Teil heftig umstritten waren. Wenn die SPD Geschlossenheit zeigte und die Genossen am linken Flügel jetzt nicht anfingen, das Rad neu zu erfinden, hatte die Partei eine reelle Chance, die nächsten Wahlen – wann auch immer sie stattfinden würden – einigermaßen unbeschadet zu überstehen. Die Rede diente mithin auch der Einstimmung auf den Wahlkampf, und die Schlüsselworte lauteten Kontinuität und Berechenbarkeit. »Jedermann darf und jedermann muss mit unserer Stetigkeit rechnen«, lautete der letzte Satz, und er war ebenso an die Nachfolgeregierung gerichtet wie an die eigenen

Leute. »Langanhaltender lebhafter Beifall bei der SPD«, notiert das Bundestagsprotokoll. »Die Abgeordneten der SPD erheben sich – Beifall bei Abgeordneten der FDP.«[30]

Nach der Begründung des Misstrauensantrags durch den Abgeordneten Barzel, der dem Kanzler vorhielt, was alles er in seiner Rede verschwiegen habe, und Reden von Wehner, Geißler, Mischnick und Brandt gaben die FDP-Abgeordneten Gerhart Baum und Hildegard Hamm-Brücher persönliche Erklärungen ab, in denen sie sich von ihrer Parteiführung distanzierten. »Ich finde, dass beide dies nicht verdient haben, Helmut Schmidt, ohne Wählervotum gestürzt zu werden, und Sie, Helmut Kohl, ohne Wählervotum zur Kanzlerschaft zu gelangen«, sagte Frau Hamm-Brücher. Ein solches Vorgehen beschädige »die moralisch-sittliche Integrität von Machtwechseln«.[31] Wie sie dazu komme, den Grundgesetzartikel 67 als unmoralisch zu diskreditieren, empörte sich CDU-Generalsekretär Heiner Geißler und nannte Hamm-Brüchers Einlassung »einen Anschlag auf unsere Verfassung«.[32] Da war sie plötzlich wieder, jene unheilvolle, von gegenseitigen Verdächtigungen vergiftete Luft, die schon einmal, zehn Jahre zuvor, beim gescheiterten Misstrauensvotum gegen Willy Brandt das Hohe Haus verpestet und dem Ansehen des Parlaments auf Jahre geschadet hatte.

In dem nach Geißlers Intervention ausbrechenden allgemeinen Tumult bat Helmut Schmidt noch einmal um das Wort. Wer die Berufung einer Abgeordneten auf ihr Gewissen einen Anschlag auf die Verfassung nenne, bekunde ein solches Maß an »Illiberalität und Intoleranz«, dass sich die FDP schon fragen müsse, ob sie mit Leuten dieser Gesinnung wirklich eine Verbindung eingehen wolle. Es war Helmut Kohl, der mit staatsmännischer Besonnenheit jetzt zu beschwichtigen suchte: »Lassen Sie uns doch nicht in der ganzen Leidenschaft der Stunde das zerstören, was diese Republik in dreißig Jahren auf unserer Verfassung aufgebaut hat!«[33]

Der Antrag, Helmut Schmidt abzuwählen und Helmut Kohl zu seinem Nachfolger zu bestimmen, war eingebracht worden, nachdem eine geheime Probeabstimmung der FDP-Fraktion am 28. September eine klare Mehrheit für die Wende-Liberalen erbracht hatte.

Von den 54 Abgeordneten (einschließlich des Berliner Abgeordneten) stimmten 34 für, 18 gegen Genschers Manöver, bei zwei Enthaltungen. In der anschließend in der Unionsfraktion durchgeführten Probeabstimmung wurde der Antrag zu Artikel 67 GG einstimmig angenommen. Kohl blieb dennoch nervös; beim »kleinen Zählappell« am Vorabend der Entscheidung fehlten 27 Abgeordnete, und noch kurz vor Eröffnung des Plenums am Morgen des 1. Oktober mussten sich Mitarbeiter der Fraktion auf die Suche nach Nachzüglern machen. Um 15.12 Uhr verkündete der Bundestagspräsident das Abstimmungsergebnis: 256 Ja-Stimmen, 235 Nein-Stimmen bei vier Enthaltungen. Mit sieben Stimmen mehr als für die absolute Mehrheit erforderlich, war Helmut Kohl zum sechsten Bundeskanzler gewählt.

Während die Abgeordneten der Union sich erheben und langanhaltenden Beifall spenden – das Protokoll verzeichnet auch Beifall bei der FDP –, geht Helmut Schmidt gemessenen Schrittes von der Regierungsbank zu den Reihen der Opposition, um Kohl zu gratulieren. Wer genau hinschaut, traut seinen Augen nicht: Kohl macht reflexartig, ein wenig unkontrolliert, kurz einen Diener. Eine späte, überfällige Bezeugung des Respekts vor dem Älteren? Wer über die Stunde hinaus in geschichtlichen Zusammenhängen denkt, sieht, dass in diesem Moment ein Generationenwechsel besiegelt und ein neues Kapitel in der Geschichte der Bundesrepublik aufgeschlagen wird.

Schmidt nimmt noch einmal auf der Regierungsbank Platz, begibt sich dann kurz in die Fraktion, wo ihm Herbert Wehner zum Abschied einen Strauß roter Rosen überreicht, und erhält kurz vor vier Uhr in der Villa Hammerschmidt seine Entlassungsurkunde. Bei der Ausstellung der Urkunde solle das Bundespräsidialamt bitte nicht vergessen, hatte Schmidt ein paar Tage zuvor ausrichten lassen, »dass auch der Dank des Vaterlandes draufsteht«.[34] Protokollarisches war ihm immer wichtig.

Nach einer kurzen Ansprache vor der Führung der Bundeswehr – die Verabschiedung von der Truppe lag ihm besonders am Herzen – fährt Schmidt zurück ins Kanzleramt. Sein Arbeitszimmer ist bereits leer geräumt. Für 18.00 Uhr steht noch ein Interview mit ARD und ZDF im Terminkalender. Um 21.00 Uhr wird ihn die Bundesluftwaffe ein letztes Mal nach Hamburg zurückfliegen. Da ist reichlich Zeit für Nachbetrachtungen in vertrautem Kreis. »Alles in allem haben wir es nicht so schlecht gemacht.«[35] Schmidts Bilanz an diesem letzten Abend fällt gewohnt nüchtern aus, unpathetisch.

War das zu wenig? Er hatte seine Pflicht getan nach Maßgabe dessen, was ihm zu tun möglich war. Wie man seine Amtszeit einordne und bewerte, so bekundete er in den folgenden Wochen und Monaten mehrfach, das würden später einmal die Historiker klären. Und er selbst, so muss man hinzufügen, würde 33 Jahre lang tatkräftig an der Auslegung mitwirken. Vielleicht hätte er auf die politischen Verschiebungen, die sich spätestens im Frühjahr 1982 erkennbar abzeichneten und schließlich seinen Sturz herbeiführten, früher reagieren und die Machtfrage stellen müssen, statt dem Koalitionspartner hinterherzulaufen und ständig Disziplin anzumahnen. Erst als ihm Mitte September klar wurde, dass die Führung der FDP gezielt darauf hinarbeitete, ihn zu demontieren, um so ihre Ambitionen auf einen Machtwechsel zu kaschieren, handelte er. Schmidt denke jetzt nur noch an sein Bild in der Geschichte, spottete Kohl damals. War das so falsch? Von den Wende-Liberalen wollte er sich dieses Bild jedenfalls nicht zerkratzen lassen.

Das letzte Foto des Kanzlers, das sich mit seinem Abgang verbindet, zeigt ihn am Montag im Garten der Villa Hammerschmidt. An diesem 4. Oktober, nach der Übergabe der Geschäfte an seinen Nachfolger, hatte sich Schmidt vom Personal des Kanzleramts verabschiedet, der Personalrat hatte ihm einen großen Blumenstrauß in Klarsichtfolie überreicht, was Kohl sichtlich missfiel. Dann ging Schmidt durch den Garten zum Bungalow, in dem er bis Dezember wohnen blieb. Auf dem Foto, das ihn von hinten zeigt, wirkt er noch ein wenig kleiner, als er war, die rechte Schulter hängend, ein bisschen gebeugt. Der Eindruck eines müden, völlig abgearbeiteten Mannes wird verstärkt durch den Hünen, der links neben ihm geht, Kriminalhauptkommissar Ernst-Otto Heuer. Er trägt in seiner Rechten, lässig nach unten, den Blumenstrauß. Die Körpersprache von Schmidts langjährigem Leibwächter an die Fotografen, die hinter der großen Scheibe des Kanzleramts ihre Fotos schießen, ist auch von hinten eindeutig: Den lasst ihr jetzt mal in Ruhe.

Mit seiner Rede am 17. September hatte sich Schmidt die Deutungshoheit über das Ende der sozialliberalen Koalition verschafft. Sein Sturz am 1. Oktober wurde so, moralisch gesehen, zu einem persönlichen Triumph. Weil ihm zugleich die Tragödie der Sozialdemokratischen Partei im Frühjahr 1930 vor Augen stand, hatte er dafür gesorgt, dass die SPD den Wendemanövern des Koalitionspartners diesmal standhielt. So konnte auch die SPD erhobenen Hauptes die Bühne verlassen als Partei des Staates, die vergeblich versucht hatte, den Staat vor den Intrigen der anderen Parteien zu schützen. Aber wie lange würde diese Schlussszene Bestand haben? In den nächsten Wochen und Monaten würde die neue Regierung alles tun, um die Scharte auszuwetzen und ihre Version in Umlauf zu bringen, die da lautete: Der Kanzler ist an seiner eigenen Partei gescheitert, die ihm die Gefolgschaft verweigerte. Um sein Erbe zu sichern, musste Schmidt jetzt vor allem verhindern, dass die Sozialdemokraten dieser Version Auftrieb gaben. Da kam einiges auf ihn zu.

2
Die langen Schatten der SPD

Es sollte fast drei Jahrzehnte dauern, bis Helmut Schmidt mit seiner Partei einigermaßen ausgesöhnt war. Denn natürlich – das war weder dem Koalitionspartner noch der Opposition verborgen geblieben – hatten ihm die Genossen vom linken Flügel immer wieder Knüppel zwischen die Beine geworfen. Erst auf der letzten Etappe seiner Kanzlerschaft, als ihnen der Machtverlust unmittelbar drohend vor Augen stand, nahm der innerparteiliche Lärmpegel deutlich ab. Umso heftiger entlud sich der Streit über den richtigen Weg nach dem Regierungswechsel. Jetzt, wo die SPD nach dreizehn Jahren wieder auf den Oppositionsbänken saß und nicht mehr den Zumutungen des Machbaren ausgesetzt war, ließ sich endlich auch wieder über Programmatisches reden. Die Partei verzichte lieber auf Teilhabe an der Regierung, als dass sie »Verletzungen der eigenen hohen politischen Ansprüche« zulasse, bemerkte Egon Bahr einmal: »Das Programm gehört zur Seele der Partei.«[1] Diese Seele hatte in den acht Jahren der Regierung Schmidt schweren Schaden genommen.

Niemand wusste das besser als der Parteivorsitzende Willy Brandt, der während der Regierung Schmidt selbst manche Kränkung erfahren hatte. Spekulationen, Schmidt habe zusammen mit Herbert Wehner im Frühjahr 1974 aktiv auf seinen Sturz hingearbeitet, maß Brandt selbst kein Gewicht bei, auch später nicht, als er Wehner gemeinsame Sache mit Ostberlin unterstellte. Die Ambitionen des ehrgeizigen Hamburgers waren ihm allerdings nicht verborgen geblieben. Schon im Herbst 1965, als Brandt nach der verlorenen Bundestagswahl erklärte, nicht ein drittes Mal als Kandidat antreten zu wollen, hatte sich Schmidt unter allerlei Verrenkungen erkundigt, wie es denn jetzt weitergehe. Einerseits störe ihn »der mancherorts mir erteilte Vorschusslorbeer erheblich«, andererseits wäre es für ihn hilfreich, zu wissen, auf wen die Rolle des Kanzlerkandidaten »im Laufe der nächsten Jahre nun tatsächlich fallen wird«.[2] Brandt dankte für die »freundschaftliche Gesinnung«, gab dem strebsamen Hamburger Innensenator, der mit seinem Wechsel zurück in die Bundestagsfraktion seinen Anspruch auch nach außen geltend machte, aber gleich auch eine kleine Warnung mit auf den Weg: »Für Dich wird es sehr darauf ankommen, dass Du Dich nicht übernimmst und vor wichtigen Entscheidungen den Rat guter Freunde hörst … Über die Schlachtordnung für 1969 sollten wir nicht zu früh entscheiden.«[3] Weil die FDP 1966 vorzeitig die Koalition verließ, kam dann alles ganz anders.

Im Laufe der Jahre musste Schmidt wiederholt den Rückzug antreten und in langen Briefen an Brandt darlegen, dass das, was von Dritten oder in der Presse kolportiert wurde, erstens so von ihm nicht gesagt worden und zweitens auch anders gemeint gewesen sei. Anfang März 1974 zog sich Schmidt wieder einmal den Unmut Brandts zu, als er in zwei Fernsehauftritten nach dem desaströsen Ergebnis der Hamburger Bürgerschaftswahl über mangelnde Geschlossenheit klagte; die erheblichen Stimmverluste seien nicht zuletzt darauf zurückzuführen, dass die Partei sich zu viel mit sich selbst beschäftige und an ihrem linken Rand immer mehr ausfranse. In einer internen Auswertung der beiden Fernsehauftritte durch sein Büro konnte Schmidt wenige Tage später nachlesen, dass die Zuschauer mehrheitlich der Meinung gewesen seien, der Bundesfinanzminister würde »als Bundeskanzler eine bessere Figur abgeben als Willy Brandt«. Lediglich sein Pfeifenrauchen während der Sendungen habe ihm »wieder zahlreiche massive Proteste beim Publikum eingebracht«.[4]

Auch wenn Schmidt vor einer direkten Herausforderung Brandts zurückscheute, sah er sich doch spätestens seit der zweiten Kabinettsbildung 1972 als derjenige, der gemeinsam mit dem Fraktionsvorsitzenden Wehner zuständig war für die Effizienz der Regierungsarbeit. Aus seiner Sicht ließ Brandt die Dinge allzu sehr schleifen, und darunter litt vor allem er, der Finanzminister, der die durch

Brandts Ankündigungen allseits geweckten Begehrlichkeiten abzuschmettern hatte. Sein letztes alarmierendes Papier über notwendige Maßnahmen der Bundesregierung zur Eindämmung der weltweiten Währungs- und Wirtschaftskrise verschickte er am 3. Mai 1974. Zwei Tage später traf sich in Bad Münstereifel die SPD-Führungsriege zu jener Wochenendklausur, auf der Brandt seinen Rücktritt erklärte; der Fall Guillaume war, so der Brandt-Biograph Peter Merseburger, »bestenfalls der Anlass, nicht aber die Ursache«.[5]

Das »Papier zu unserer aktuellen ökonomischen Problematik«, hieß es in Schmidts Begleitbrief, sei »gut lesbar (weil ich es selbst geschrieben habe!)«, aber schon für einen größeren Verteiler wie etwa den Parteivorstand ungeeignet, weil »teilweise der Inhalt zu sensitiv« sei; man müsse erst »durch Streichungen eine jugendfreie Volksausgabe daraus machen«.[6] Für Schmidt war es inzwischen offenbar selbstverständlich – und der burschikose Stil unterstrich diesen Anspruch –, dass die Zahlenkolonnen des Haushaltsbuches den Regierungskurs bestimmen mussten. Aber Schmidt versuchte nicht nur steuer- und finanzpolitische Fragen in seinem Sinne zu beeinflussen. Auch bei Themen, die nicht unmittelbar sein eigenes Ressort betrafen, machte er gehörig Druck. Allein am Wochenende von Bad Münstereifel überschüttete er Brandt mit vier weiteren Vorgängen, die aus seiner Sicht dringend einer Entscheidung bedurften. Schmidt nahm den Brandt'schen Führungsstil tatsächlich so wahr: Überall brannte es, nur mit der Entschlusskraft des Kanzlers war es nicht weit her. »Mein Freund Willy Brandt scheint auf vielen Feldern Führung eher für etwas Unanständiges, jedenfalls etwas Undemokratisches zu halten. Die Folge aber ist: allgemeine Wirrnis.«[7] Führen durch Fragen – dieses Prinzip blieb Schmidt fremd.

Mit Schmidts Wahl zum Bundeskanzler am 16. Mai 1974 waren die Zuständigkeiten geklärt – jedenfalls aus Sicht des neuen Regierungschefs. Er, Schmidt, besorgte jetzt das mühsame Geschäft, und sein wichtigster Ansprechpartner war der Fraktionsvorsitzende, der für Feinabstimmung mit dem Koalitionspartner sorgte und eine störungsfreie Abwicklung im Parlament garantierte. Willy Brandt wurde nur dann einbezogen, wenn durch Regierungsentscheidungen unmittelbar Interessen der Partei berührt wurden; sobald deren Angelegenheiten im Mittelpunkt standen, etwa bei der Vorbereitung von Parteitagen oder Wahlkämpfen, lag die Führung selbstverständlich bei ihm. Diese Arbeitsteilung sorgte nach Schmidts Verständnis für eine sachdienliche Kooperation, und mehr war aus seiner Sicht nicht nötig. Es war der Grundirrtum seiner Kanzlerschaft.

Brandts Geburtstagsbrief Ende Dezember dürfte Schmidt gefreut haben. Der Parteivorsitzende gratulierte ihm nicht nur zu der erfolgreichen Arbeit der ersten Monate im Amt, sondern sicherte ihm auch seine volle Unterstützung zu: »Du kannst davon ausgehen, dass ich Dir im Rahmen meiner Möglichkeiten den Rücken freihalten werde. Im Übrigen ist es eine gegenseitige Ergänzung unserer Arbeit, womit wir der Partei am besten helfen können.«[8] Hier allerdings dürfte Schmidt hellhörig geworden sein, denn natürlich ging es nicht darum, der Partei zu helfen, sondern den Staat zu regieren.

Brandt war erst einmal froh, nach dem Auszug aus dem Kanzleramt verstärkt eigene Projekte verfolgen zu können. Er arbeitete intensiv für die Sozialistische Internationale, die ihn 1976 zu ihrem Präsidenten wählte und unter deren Dach er den schwierigen Aufbau der sozialistischen Parteien in Portugal und Spanien förderte. Und er übernahm den Vorsitz der unter UN-Patronat stehenden Nord-Süd-Kommission, die strukturelle Probleme der Entwicklungsländer erstmals unter globalen Gesichtspunkten bündelte und analysierte. Das Ansehen, das er sich damit auf der internationalen Bühne verschaffte, half ihm über Zweifel hinweg, ob die Entscheidung von Bad Münstereifel richtig gewesen war. Schon vier Monate nach seinem Rücktritt veröffentlichte Brandt sein erstes Buch, *Über den Tag hinaus*, eine Art Agenda innenpolitischer Themen, von denen er glaubte, dass sie zu kurz gekommen waren, versehen mit ersten Erklärungsversuchen zum vorzeitigen Ende seiner Kanzlerschaft.

Schmidt wiederum war dankbar, dass Brandt im Mai 1974 nicht auch noch den Parteivorsitz hinwarf. Er wusste, er würde mit seiner neuen Aufgabe alle Hände voll zu tun haben, und verspürte schon daher wenig Neigung, auch noch die Pflichten eines SPD-Vorsitzenden zu schultern. Zudem würde Brandt Vorbehalte der

Linken gegen den neuen Kanzler zweifellos erst einmal neutralisieren. »Du kannst die Partei zusammenhalten, ich kann es nicht«, hatte Schmidt in Bad Münstereifel gesagt.[9] Später wird er nicht müde werden, zu betonen, es sei ein politischer Fehler gewesen, damals nicht auch den Parteivorsitz übernommen zu haben. Aber hätte das Amt überhaupt zu ihm gepasst, wäre es gut gegangen? »Dass Schmidt, wie es die Legende inzwischen will, die SPD leichter auf seinen Kurs gebracht hätte, wäre er auch Parteivorsitzender gewesen, ist nicht sehr wahrscheinlich«, schrieb Werner Perger 25 Jahre später. »Vielmehr hatte ihm der integrierende Sowohl-als-auch-Führungsstil Brandts während der Kanzlerschaft den Rücken weitgehend freigehalten.«[10] Als Schmidt 2005 in Vorbereitung seines Buches *Außer Dienst* eine Liste eigener Fehler zusammenstellte, zu denen für ihn auch der Verzicht auf den Parteivorsitz zählte, beschied ihn Hans Apel kühl: »Hättest Du nicht gekonnt«.[11]

Falls Schmidt geglaubt haben sollte, die Partei ähnlich führen zu können wie seinerzeit die Fraktion, wäre er einem schweren Irrtum erlegen. Geschickt zu moderieren und tragfähige Kompromisse herbeizuführen, ist das eine; Schmidt hatte diese Fähigkeit vor allem als Fraktionsvorsitzender in den Jahren der Großen Koalition vielfach unter Beweis gestellt. Eine Programmpartei, die in ständiger Unruhe ist, weil sie aufgrund ihres Anspruchs, die gesellschaftliche Entwicklung voranzutreiben, alles Erreichte und jeden Status quo gleich wieder infrage stellt, erwartet von ihrer Führung jedoch mehr als die Kunst des Interessenausgleichs. Die SPD verlangte von ihrem Vorsitzenden nicht, dass er sie gut verwaltete, sondern dass er sie permanent in Bewegung hielt und ihr dadurch jene innere Dynamik verlieh, die sie um ihres politischen Selbsterhalts willen brauchte.

Die Partei war der Ort der politischen Willensbildung. Aber die Partei musste auch akzeptieren, dass Machtbeteiligung nur um den Preis der Anpassung an die politischen Realitäten zu haben war, und ihre Interessen im Zweifelsfall den Interessen der Regierung unterordnen. Bis zu diesem Punkt stimmten Schmidt und Brandt im Wesentlichen überein. Schmidt den Rücken freizuhalten, war für Brandt nicht nur eine Frage der Loyalität zum Kanzler – als die er sie später mitunter darstellte –, sondern auch eine Frage des Machterhalts der SPD. Auf der anderen Seite wusste der Parteivorsitzende, dass Schmidts Pragmatismus vielen Sozialdemokraten insbesondere am linken Flügel schwer auf der Seele lastete. In deren Augen erhob Schmidt »die Beschränkung auf das Machbare zur politischen Maxime, den Pragmatismus zum politischen Prinzip«.[12] So ging nach Meinung mancher Genossen viel sozialdemokratische Substanz verloren.

Im Juli 1974, zwei Monate nach dem Kanzlerwechsel, bat Schmidt den Parteivorsitzenden zum ersten Mal, er möge dem Eindruck entgegenwirken, dass es »eine Kluft zwischen der Bundesregierung und Teilen der SPD gibt«.[13] Solche Bitten häuften sich, Klagen über mangelnde Unterstützung schlossen sich an. Im Oktober 1975 nahm Brandt grundsätzlich Stellung: »Es ist praktisch unmöglich, die Partei im Einzelnen in das einzubeziehen, was Sache der Regierung ist. Mehr als loyales Mittragen kann man nicht erwarten ... Nur, vom Verständnis für die schweren Sorgen dieser Monate kann die Partei allein nicht leben. Sie muss, auch wenn nicht immer Richtiges dabei herauskommt, immer auch über den Tag hinaus denken. Und sie muss gerade in schwierigen Zeiten deutlich zu machen verstehen, aus welchen Grundwerten sie schöpft.«[14] In einem langen Grundsatzbrief über »das Dreieck Regierung – Fraktion – Partei« schloss er ein halbes Jahr später noch einen persönlichen Rat an Schmidt an: »Du solltest der Partei manchmal noch stärker den Eindruck vermitteln, dass Du um sie wirbst und Dich mit dem identifizierst, was sie in ihrer großen Mehrheit darstellt.«[15]

Solange Brandt davon überzeugt war, dass die Teilhabe an der Regierung den Sozialdemokraten wichtiger sein musste als die Reinhaltung ihrer Grundsätze auf den Bänken der Opposition, ließen sich die Interessen von Partei und Regierung einigermaßen im Gleichgewicht halten. Aber je öfter der Kanzler mit Entscheidungen vorpreschte, die ausschließlich in den Gremien der Regierung besprochen und mit der Fraktion abgestimmt worden waren, desto schwieriger wurde es für den Vorsitzenden, dafür zu sorgen, dass die Partei hinterherkam. Auch persönlich fühlte sich Brandt immer häufiger übergangen, sein Rat war offenbar nicht mehr erwünscht. Briefe von Schmidt, die über eine mehr als protokollarische Informationspflicht hinausgingen, wurden seltener. Auf eigene Anregungen, die Brandt etwa aus seiner Arbeit bei der Nord-Süd-Kommission zog, reagierte der Kanzler freundlich hinhaltend. Offenbar lebte man in unterschiedlichen Welten.

Politik war für Willy Brandt immer auch eine Frage des Stils gewesen. Zwei Wochen vor der Bundestagswahl im Oktober 1980 machte er sich in einem langen Brief an Egon Bahr Luft. Es werde nach der Wahl »zu einer Frage der Parteihygiene, ob ein Beamter oder ein Referent mehr zu sagen hat als der Vorsitzende«. Wenn sich an dem Verhältnis zwischen Regierung und Partei nichts Grundsätzliches ändere, werde darüber »gegebenenfalls« die Partei entscheiden.[16] Die Kränkung war unüberhörbar. Weil Brandt seine Ankündigung wahrmachte und die Interessen der Partei von jetzt an sehr viel stärker in den Mittelpunkt rückte – notfalls um den Preis des Machtverlustes –, legte sich über die letzten beiden Jahre der Regierung Schmidt ein immer länger werdender Schatten.

*

Helmut Schmidt hatte sich wenig um die Partei gekümmert. Er hielt Kontakt zum Seeheimer Kreis und zu den so genannten Kanalarbeitern, die ihm den Dreck wegschafften, zu Männern wie Egon Franke, Herbert Ehrenberg oder Hermann Rappe, und baute im Übrigen auf die Unterstützung der Gewerkschaften. Aus dem, was er dort hörte, machte er sich sein Bild der Partei.

Auf der Suche nach neuen Wählerschichten hatte sich die SPD Anfang der siebziger Jahre weit nach links geöffnet und, befeuert durch die Brandt-Wahlen 1972, große Teile der akademischen Jugend mobilisieren können. Die Integration dieser Kräfte war aus Schmidts Sicht jedoch nicht gelungen, im Gegenteil. Langwierige, mühsame Auseinandersetzungen mit den jungen Intellektuellen führten dazu, dass die Partei an ihrem linken Rand weiter aufgeweicht und anfällig wurde für alle möglichen »Spinner«. Spinner waren in den Augen Schmidts Leute, die keine Ahnung hatten von dem, was sie selbst die Macht des Faktischen nannten, Sozialromantiker, die in den Seminaren der Geistes- und Sozialwissenschaften rekrutiert wurden und mit Theorien zur Umverteilung der Produktionsmittel die Stammwähler verschreckten.

Das Drängen der kritischen Jugend hatte Schmidt anfangs durchaus begrüßt. Ihm gefalle die »unbefangene und unpathetische Art, in der sie politische Probleme betrachtet und beurteilt«, sagte er in einer Rede in Hamburg am 29. Mai 1967 – vier Tage vor den schweren Ausschreitungen während des Schah-Besuchs in Berlin. Diese Generation sei frei »von allen möglichen historisch bedingten Schuldkomplexen«, ihre Kritik »Ausdruck für das wachsende demokratische Bewusstsein in unserem Volk«. Seine Partei rief er dazu auf, »den jungen Kräften Raum und Einfluss [zu] geben … Sie müssen sich bei uns zu Hause fühlen können, und das heißt: Wir müssen ihnen … auch tatsächlich zuhören wollen! Diskussion ist das Lebenselixier einer demokratischen Partei!« Allerdings müsse man den Jungen auch deutlich machen, dass die SPD »nicht gegründet wurde, um Opposition an sich zu betreiben«. Man dürfe die Gesellschaft nicht bloß kritisieren, man müsse sie auch verändern wollen.[17]

Am 6. Juni, vier Tage nach den tödlichen Schüssen auf Benno Ohnesorg, nannte Schmidt vor der Bundestagsfraktion den Einsatz der Berliner Polizei unverhältnismäßig und sprach von einer »falschen Reaktion des Staates«; gerade in Universitätsstädten wünsche er sich mehr »Einfühlungsvermögen«. – »Manche Obrigkeiten in Deutschland« hätten leider »immer noch nicht gelernt, Minderheiten ihre Meinung artikulieren zu lassen«, führte er wenig später in einem Interview aus. »Viele dieser jungen Leute meinen es sehr ernst, wenn sie glauben, für die Sache der Freiheit demonstrieren zu sollen, sie glauben nämlich auch, dass ihre Väter nicht genug dafür getan haben.« Schmidt zeigte nicht nur viel Verständnis für das Aufbegehren der Studenten gegen den »konzentrierten Geist der etablierten Universitätsautoritäten«. Er schien sich ein Stück weit sogar mit dem generellen Unbehagen zu identifizieren, in dem, so

Schmidt am 14. Juni vor dem Bundestag, die »Verzweiflung über die Selbstzufriedenheit des deutschen Kleinbürgers« zum Ausdruck kam.[18]

Mehr Offenheit, mehr Sympathie für die Sache der Studenten dürfte unter Bonner Spitzenpolitikern im Sommer 1967 schwerlich zu finden gewesen sein. Schmidt beteiligte sich an zahlreichen Diskussionsrunden zum Thema Hochschulreform und suchte immer wieder das Gespräch mit Studenten. Dabei machte er jedoch zwei bittere Erfahrungen. Zum einen musste er feststellen, dass nicht die Kraft des Arguments, sondern die Macht der Gesinnung den Ausschlag gab. Die intellektuelle Überheblichkeit und Arroganz vieler Studenten setzten ihm dabei ebenso zu wie ihre latente Gewaltbereitschaft. Zum anderen wurde ihm klar, dass es bei den Universitätsreformen zu keinem Schulterschluss mit den 68ern kommen würde. Zwar richtete sich ihr Kampf gegen die gleichen Verkrustungen des reaktionären Universitätsbetriebs, die auch er als Student nach dem Krieg schon angeprangert hatte. Aber zwischen ihm und der neuen Protestgeneration lagen jene zwölf Jahre Nationalsozialismus, die aus Sicht der 68er jeden diskreditierten, der im Verdacht stand, mitgemacht zu haben.

Schmidt stellte einen unmittelbaren Zusammenhang her zwischen der Tatsache, dass die Studentengeneration historisch unbelastet und frei von persönlicher Schuld war, und ihrem moralischen Rigorismus. Dies wollte er so nicht akzeptieren. Auf dem Nürnberger Parteitag im März 1968 fasste er seine Erfahrungen aus den monatelangen Auseinandersetzungen zusammen. Die gleiche Toleranz, die er den 25-Jährigen entgegenbringe, erwarte er von diesen gegenüber seiner Generation. Leider sehe er überall nur »große Unduldsamkeit«. Sie sei darauf zurückzuführen, dass die Jugend »kein Verständnis haben kann für die tragischen Verstrickungen, in die während des Nationalsozialismus Millionen von Deutschen geraten sind. Es war eben so, dass von den 13 Millionen Menschen, die Mitglieder der nationalsozialistischen Organisationen geworden sind, viele hineingezwungen oder hineinverstrickt worden sind. Vielleicht kann man das heute schwer begreifen. Es muss wohl schwer sein für die Jugend, die niemals Diktatur und Zwang wirklich erlebt hat, obwohl sie so viel davon spricht … Keiner unter den heutigen Demonstranten hat bisher jemals vor der Entscheidung gestanden, zwischen seiner Gewissensmeinung und dem Volksgerichtshof wählen zu müssen. Keiner von ihnen hat – ungleich Millionen der mittleren und älteren Generation – je mitten in einem Kriege, dessen Hintergrund für viele nur sehr unscharf erkennbar war, im Gewissen entscheiden müssen, ob er seine Pflicht als Soldat erfüllen müsse oder ob er mitten im Kriege die Pflicht habe, zu desertieren. Aber Fragen dieser Art sind es doch, mit denen die mittlere und die ältere Generation belastet gewesen ist. Viele von uns tragen heute noch an solchen Lasten.«[19]

Der Fraktionsvorsitzende der SPD im Deutschen Bundestag schnitt hier erstmals öffentlich ein Thema an, mit dem er sich bis zuletzt schwertat. Er habe niemals gelernt, so hat Schmidt das moralische Dilemma seiner Generation im Jahr seines Todes auf den Punkt gebracht, »zwischen dem Prinzip der Pflichterfüllung und der Pflicht selbst zu unterscheiden«.[20] Weil die Erziehung im Dritten Reich keinen Unterschied zuließ zwischen individueller Pflicht und der Verpflichtung durch die Gemeinschaft, wurde die Pflichterfüllung als solche zur Pflicht. In der »Volksgemeinschaft« brauchte der Einzelne nicht darüber nachzudenken, worin die Pflicht eigentlich bestand und ob sie moralisch gerechtfertigt war. Dafür, dass seine Generation diesen Zwiespalt gar nicht habe erkennen können, verlangte Schmidt ein Mindestmaß an Verständnis von den Nachgeborenen. Die aber verweigerten den Vätern vielfach nicht nur jede Toleranz, sie machten sie auch mitverantwortlich dafür, dass die Barbarei zwölf Jahre lang funktioniert hatte.

Mit Beginn der sozialliberalen Koalition verhärtete sich Schmidts Haltung gegenüber den 68ern weiter. Die zunehmende Dogmatisierung der SPD von links irritierte Arbeiter und kleine Angestellte, die sich ungern dafür beschimpfen ließen, dass sie die gesellschaftlichen Bedingungen ihres bescheidenen Wohlstands nicht hinreichend reflektierten. Dialektisch geübte Kader, die spielend den historischen Materialismus deklinierten, zerredeten in den

Gremien der Partei jeden mühsam erzielten Kompromiss. Die Marxisten könnten ihre Glaubenskriege gern untereinander austragen oder auch draußen auf der Straße – in der Sozialdemokratischen Partei hätten solche Leute nichts zu suchen. Schmidt hat den gesamten Komplex später unter dem Stichwort »Massenpsychose« zusammengefasst und war zu keinen Differenzierungen mehr bereit.[21]

Die Unversöhnlichkeit gegenüber allem, was sich für ihn unter »68« rubrizieren ließ, gehört zu den seltenen Irrationalitäten im Leben Schmidts. Sie hängt mit seiner Abneigung gegen jede Form von Intellektualismus zusammen, mit seiner Ablehnung von Ideologien und nicht zuletzt damit, dass ihm die jungen Linken die letzten Jahre seiner Kanzlerschaft vergällten. Autorität, für Schmidt eine der wesentlichen Voraussetzungen von Führung, wurde von ihnen gleichgesetzt mit Diktatur und Faschismus. Diese Kluft war unüberbrückbar. Es scheint jedoch schon früh auch zu persönlichen Verletzungen gekommen zu sein. Zweifellos hat Schmidt, der bei öffentlichen Diskussionen 1967/68 manche Demütigung ertrug, die Zurückweisung durch die Studentenbewegung insgesamt als kränkend empfunden. Diese Leute seien schlicht elitär und arrogant, klagte er wiederholt und deutete an, dass es eben auch Klassenschranken gab zwischen den privilegierten Studenten aus den Reihen des Bürgertums und ihm, dem Jungen aus Barmbek.

Am 15. Juli 1982, kurz vor dem Ende der sozialliberalen Koalition, eskalierte der Konflikt. An diesem Tag meldeten sich drei prominente Linke zu Wort, die den Regierungschef massiv angingen. Johano Strasser beklagte im *Vorwärts* den »Kurs der Selbstverleugnung« der SPD und forderte einen Koalitionswechsel zur »Durchsetzung einer neuen Reformpolitik«.[22] Günter Gaus rief im *Stern* mehr oder weniger unverhüllt zum Sturz Schmidts auf. Das Amtsverständnis des Kanzlers beruhe auf fragwürdigen Tugenden, lästerte in der gleichen Ausgabe des *Stern* der saarländische SPD-Vorsitzende Oskar Lafontaine. Für ihn seien das »Sekundärtugenden«. Was er darunter verstehe? »Ganz präzis gesagt: Damit kann man auch ein KZ betreiben.«[23]

Am Abend vor der Veröffentlichung rief Lafontaine Helmut Schmidt an, um ihm zu erklären, dass er mit dem, was in der morgigen Ausgabe des *Stern* zitiert werde, den Bundeskanzler nicht persönlich habe treffen wollen. Schmidt, der den sechsseitigen Artikel während des Telefonats auf den Tisch bekam und ihn nur überfliegen konnte, riet Lafontaine, die ihm in den Mund gelegten Zitate durch einen Leserbrief an den *Stern* aus der Welt zu schaffen. »Du hast geantwortet, dass Du dies nicht könntest, denn tatsächlich seien die Zitate so gefallen wie im ›Stern‹ abgedruckt; allerdings habest Du den ›Stern‹-Reporter gebeten, Dich nicht wörtlich zu zitieren.« So gab Schmidt das Gespräch am nächsten Tag in einem Brief an Lafontaine wieder. Inzwischen habe er den Artikel in Gänze gelesen, fuhr Schmidt fort: »Ich habe eine derartige Beleidigung in über 36 Jahren der Zugehörigkeit zu meiner Partei bisher weder innerhalb der Partei noch von einem politischen Gegner erlebt. Dies Letztere wollte ich Dich im Nachgang zu Deinem gestrigen Telefonanruf noch wissen lassen. Willy Brandt erhält Durchdruck dieses Briefes.«[24]

Brandt kam jetzt ins Schlingern. Rechtzeitig zum Wochenende ließ er in einer Pressemitteilung verbreiten, »dass sehr missverständliche, um nicht zu sagen: verleumderisch wirkende Veröffentlichungen rasch richtiggestellt worden« seien. Er begrüße dies, denn er werde nicht zulassen, »dass irgendjemand, und erst recht jemand aus den eigenen Reihen, den Ruf und das Ansehen des Bundeskanzlers gefährdet«.[25] Das war weniger als lauwarm, denn Lafontaine hatte gar nichts richtiggestellt. Mit Spiegelfechtereien um die Autorisierung von Zitaten und deren zulässige Interpretation ließ sich der unselige KZ-Vergleich jedenfalls nicht zurückholen. Die Stimmen derer, die einen Parteiausschluss Lafontaines forderten, mehrten sich. Zugleich blieb aber auch niemandem verborgen, dass Brandt sich schützend vor das SPD-Nachwuchstalent stellte. Am Montag telefonierten Brandt und Schmidt in anderer Sache; auf Nachfrage erklärte Brandt, dass Lafontaine über die Wirkung des *Stern*-Berichts »entsetzt« sei – zu einer weiterreichenden Erklärung war er offenbar nicht zu bewegen gewesen. Darauf Schmidt: »Ich muss mir überlegen, ob ich noch zum PV [Parteivorstand] komme, wenn er die Sache nicht aus der Welt schafft.«[26]

Schmidt legte sich unverzüglich ein eigenes Dossier zum »Gesamtvorgang Lafontaine« an. Das früheste Dokument in diesem Dossier ist das Protokoll einer gemeinsamen Sitzung der SPD-Führungsgremien am 7. November 1980, bei der das Ergebnis der Koalitionsverhandlungen mit der FDP diskutiert wurde. Oskar Lafontaine trat an diesem Tag als Fürsprecher der Entwicklungshilfe auf. Für ihn gebe es einen unmittelbaren Zusammenhang zwischen den Ausgaben für Entwicklungshilfe und den Rüstungsausgaben. Wenn seine Informationen stimmten, so Lafontaine, sei im Haushalt eine Kürzung der Finanzmittel für die Entwicklungshilfe bei gleichzeitiger Aufstockung des Verteidigungsbudgets vorgesehen. Dies sei nicht hinnehmbar. Er stelle deshalb den Antrag, die Mittel des Bundesministeriums für wirtschaftliche Zusammenarbeit, das zuständig war für die Entwicklungshilfe, neu zu verhandeln. Nach Interventionen von Hans Koschnick, Herbert Wehner und Schmidt selbst zog Lafontaine seinen Antrag zurück, bestand aber darauf, dass beide Punkte noch diskutiert werden müssten. »Im Übrigen könne der Parteirat nicht um Einvernehmen oder Zustimmung gebeten werden, wenn er nicht in der Lage sei, auch zu bestimmten Fragen ein abweichendes Votum abzugeben. Es sei denn, man mache dem Gremium gleich klar, dass es informiert wird, aber keine politischen Entscheidungen zu treffen hat.«[27]

Die skurrile Diskussion über die Verrechnung von Haushaltsmitteln für Entwicklungshilfe und Verteidigung ist bezeichnend für die Endphase der Regierung Schmidt. Sie verläuft exakt auf der Sollbruchstelle zwischen Partei und Regierung. Der Sprecher der parteiinternen Opposition – in diesem Fall Lafontaine – gab zwar nach, weil er, wie es im Protokoll hieß, den Kanzler nicht in Schwierigkeiten bringen wollte. Aber gleichzeitig fühlte er sich stark genug, auf Klärung zu drängen und das Recht der Partei auf eigene, von der Regierungspolitik unabhängige Entscheidungen zu betonen. Zweieinhalb Monate später legten zwei Dutzend Linke einen Antrag vor, in dem Kürzungen des Verteidigungshaushalts um eine Milliarde

D-Mark zugunsten der Entwicklungshilfe verlangt wurden. Ihr Wortführer wurde wenig später aus der SPD ausgeschlossen und gründete ein Jahr später eine eigene Partei.[28]

*

Im Sommer 1981 formierte sich bundesweit Widerstand gegen die Nachrüstung. Die innerparteiliche Opposition wurde angeführt von einem Mann, der seit langem in der Entwicklungspolitik engagiert war und schon früh dafür geworben hatte, Mittel aus dem Verteidigungsetat direkt in die damals noch so genannte Dritte Welt fließen zu lassen: Erhard Eppler. Eppler war aus anderem Holz als Lafontaine: ein Überzeugungstäter, tief verwurzelt im württembergischen Protestantismus, introvertiert, aber weithin wirksam im Milieu der alternativen Bewegungen. Kein führender Sozialdemokrat hat den Zeitgeist um 1980 besser erfasst als der »denkende Gärtner aus Dornstetten«,[29] der das neu aufkommende ökologische Bewusstsein perfekt mit der Endzeitstimmung weiter Kreise zu verknüpfen verstand. Wer Wachstum mit Fortschritt gleichsetze – so ließe sich Epplers Haltung zu Schmidt Anfang der achtziger Jahre pointieren –, verwechsle eben auch Verhandlungen über die Anzahl von Sprengköpfen mit echten Friedensgesprächen.

Als Helmut Schmidt in den neunziger Jahren einen persönlichen Erinnerungsband vorbereitete, in dem er wichtige Begegnungen seines Lebens schildern wollte, sammelte er auch Material zu Erhard Eppler; das Konvolut beschriftete er eigenhändig: »Begegnungen. Kapitel Gegner«. Ein solches Kapitel findet sich in dem 1996 erschienenen Band *Weggefährten* nicht. Entweder bekam Schmidt nicht genügend »Gegner« zusammen, die eine kritische Auseinandersetzung aus seiner Sicht lohnten, oder aber er folgte am Ende dem bewährten Grundsatz, Gegner durch Nichtachtung zu strafen. An einigen wenigen Stellen in *Weggefährten* taucht Epplers Name dennoch auf. Anfang 1982 sei ihm »immer klarer« geworden, schreibt Schmidt, »dass Lambsdorff und Eppler die Regierung beseitigen wollten«. Ausgerechnet Lambsdorff und Eppler – womöglich in einem gemeinsamen Komplott! Gegen Ende des Bandes kommt Schmidt noch einmal auf »die zerstörerische Wirkung Erhard Epplers« zu sprechen, »der mich in der Tat gern beseitigt sehen wollte und sich einbildete, nach vier Jahren CDU/CSU-Regierung käme die SPD wieder dran, die sich in der Zwischenzeit nach seinen ideologischen Vorstellungen wandeln sollte«.[30] Was irritierte Schmidt so an diesem Mann?

Das letzte Dokument, das Schmidt im Eppler-Konvolut abheftete, war dessen *FAZ*-Fragebogen. Prominente beantworteten in der *Frankfurter Allgemeinen Zeitung* über viele Jahre mehr oder weniger originell Fragen nach ihrer Lieblingsgestalt in der Geschichte, nach ihrem größtem Fehler oder ihrem Traum vom Glück. Auf die Frage »Wer oder was hätten Sie sein mögen?« gab Eppler im August 1994 treuherzig zur Antwort: »Manchmal Bundeskanzler«. Schmidt hat Frage und Antwort mit grünem Stift dick eingekreist. In der Tat war Eppler davon überzeugt und gab dies auch Parteikollegen zu verstehen, dass Brandt 1974 ihn und nicht Schmidt als Nachfolger hätte vorschlagen sollen. Das Verhältnis Schmidt – Eppler sei »allenfalls psychologisch angemessen zu deuten«, urteilt Hartmut Soell: »Schmidt ist so etwas wie der ältere (im Krieg gefallene) Bruder Epplers, von dem sich der Jüngere irgendwann emanzipieren musste.«[31] Dieser »Bruderkrieg« (Schmidt war acht Jahre älter) spiegelte zugleich einen Grundkonflikt innerhalb der SPD wider, der die Partei in jeweils anderen Konstellationen bis zum heutigen Tag in Atem hält.

Beide, Eppler und Schmidt, waren politische Ziehsöhne Fritz Erlers. Im Oktober 1968 setzte Schmidt ihn gegen den Widerstand der »Kanalarbeiter« als Minister für wirtschaftliche Zusammenarbeit durch.[32] Unter Brandt blieb Eppler zuständig für Entwicklungsfragen. Sechs Wochen nach Übernahme der Regierung durch Schmidt 1974 trat er dann aufgrund von Differenzen über den Etat für die Entwicklungshilfe unter großem Aplomb zurück. Als Schmidt es nach den Bundestagswahlen 1976 ablehnte, mit Eppler und anderen kritischen Mitgliedern des Parteivorstands über die Regierungspolitik der nächsten vier Jahre zu diskutieren, vollzog Eppler auch innerlich die Trennung. Sie gingen »mit so verschiedenen Denkansätzen« an die Probleme heran, »dass wir notwendig nicht nur zu verschiedenen, sondern oft auch zu genau gegensätzlichen Ergebnissen kommen«. Er, Eppler, müsse nun ertragen, dass der Kanzler »oft so handelt und redet, dass ich mich damit nicht identifizieren kann ... Und Du musst ertragen, dass Du von mir Widerspruch bekommst ... Für Deine Regierungsarbeit wünsche ich Dir den Erfolg, an den ich von Tag zu Tag weniger glauben kann.«[33]

Der Gegensatz von »Verantwortungsethik« und »Gesinnungsethik« hat sich auf der politischen Bühne der Bundesrepublik selten so klar an zwei Protagonisten festmachen lassen wie an Helmut Schmidt und Erhard Eppler. Wer verantwortungsethisch handelt, heißt es bei Max Weber, weiß, dass er für die Folgen seines Tuns selbst aufzukommen hat; dieser Maxime folgte Schmidt. Hingegen handelt der Gesinnungsethiker aus der Sicht Webers nach dem Grundsatz: Der Christ tut recht und stellt den Erfolg Gott anheim; seine primäre Aufgabe ist es, dafür zu sorgen, dass die Flamme der reinen Gesinnung nicht erlischt. Eppler wollte seine politische Arbeit ungern auf Gesinnung und Moral reduzieren lassen, ihn schmerzte die darin zum Ausdruck kommende Abwertung, und deshalb nannte er sich lieber einen Wertkonservativen. Ein Wertkonservativer orientiere sich – im Gegensatz zu einem Systemkonservativen wie dem Bundeskanzler – nicht an Konventionen, sondern an Inhalten.

Von Schmidt vielfach gedemütigt, so Eppler 1996 in seinen Erinnerungen, sei er zu einem Moralisten wider Willen geworden, der leider fast immer recht behalten habe. Acht lange Jahre, bis zum Ende der Regierung Schmidt, habe er sich mit dem Gedanken getröstet, »dass es Zeiten gibt, in denen man nichts bewegen kann außer den Fäusten, die auf einem herumtrommeln«. In besonders schrecklicher Erinnerung blieben ihm zwei mehrstündige Gespräche mit Schmidt in der zweiten Hälfte der siebziger Jahre, bei denen die unüberwindliche »geistige Barriere« zwischen ihnen deutlich geworden sei; hinterher habe er sich »so ausgelaugt, so hilflos« gefühlt wie selten. »Im Übrigen tat er mir manchmal sogar etwas leid.« Alles, was dem Kanzler zur Lösung der aktuellen Krise eingefallen sei, habe nämlich nur zu ihrer Verschärfung beigetragen. Konjunktureinbrüche seien nun einmal ein Indikator dafür, dass im System etwas schieflaufe; wenn Energie immer teurer werde, müsse man eben anfangen, ökologisch zu wirtschaften. Eppler war der festen Überzeugung, dass sein Bild der Wirklichkeit »das modernere« war und »in einigen Jahren einer Mehrheit einleuchten würde«. Leider habe sich Schmidt nicht helfen lassen wollen. Es sei erschütternd gewesen zu beobachten, wie er, »der Intelligenteste von uns allen, mit dem Bewusstsein der sechziger Jahre die achtziger Jahre meistern wollte«.[34]

Als ein Mann von gestern hingestellt zu werden, hätte Helmut Schmidt zweifellos kaltgelassen, wäre Eppler nicht zum Hoffnungsträger der Antiatomkraft- und Friedensbewegung geworden. Bereits 1976 hatte Eppler sein Bundestagsmandat niedergelegt, um sich ganz auf die Parteiarbeit in Baden-Württemberg zu konzentrieren. Für die krachenden Niederlagen, die er dort einfuhr, machte er Helmut Schmidt verantwortlich. Nach der Wahl 1980, bei der die Grünen erstmals ins Stuttgarter Parlament einzogen, habe er »Körbe von Briefen [bekommen], in denen sich die Leute entschuldigt haben und sagten, wir wollten ja nicht dich bestrafen, sondern den in Bonn, also haben wir grün gewählt«. Hätte man die Grünen bei dieser Wahl unter 5 Prozent halten können, so Eppler noch 2016 in einem *Spiegel*-Interview, wäre es möglicherweise sogar gelungen, eine alternative Partei links der SPD auf Dauer zu verhindern.[35]

Anfang September 1981 wurde bekannt, dass Erhard Eppler auf der für den 10. Oktober im Bonner Hofgarten geplanten Großkundgebung gegen die Stationierung von Pershing-II-Raketen als Redner auftreten werde. Jetzt war für Schmidt der Zeitpunkt gekommen, bei Brandt zu intervenieren. Eppler betreibe in der Nachrüstungsdebatte »eine einseitige Emotionalisierung … eine allgemeine Stimmungsmache gegen die Amerikaner«, die von der Führung der Partei nicht länger hingenommen werden dürfe. »Ich schreibe Dir diesen Brief mit der dringlichen Bitte, Erhard Eppler zu ersuchen, sich von der Veranstaltung fernzuhalten und zu verhindern, dass sein Name mit ihr in Verbindung gebracht wird.«[36]

Schmidt entwarf ein Schreckensszenario: Gruppen von Demonstranten, die aus der gesamten Bundesrepublik »nach Bonn gekarrt werden«, könnten die Kundgebung unter ihre Gewalt bringen und »die Emotionalisierung ausnutzend« zu einem »Sturm auf die Hardthöhe« aufrufen, den Sitz des Bundesverteidigungsministeriums. »Es ist ausgeschlossen, für diesen Tag etwa den Posten, welche das Gelände der Hardthöhe sichern, die Waffen oder die Munition zu nehmen, damit Blutvergießen vermieden werde. Es ist ebenso ausgeschlossen, den heute schon bekannten Absichten gegenüber auf Widerstand zu verzichten.« Wenn das Wachbataillon der Bundeswehr am 10. Oktober tatsächlich gezwungen wäre, auf gewaltbereite Demonstranten zu schießen, würde auch im Parteipräsidium »die Lage völlig unhaltbar werden«. Deutlicher konnte die Warnung nicht ausfallen.[37]

Die SPD müsse darauf achten, antwortete Brandt, sich »nicht zu isolieren von dem, was viele, vor allem junge Menschen, in unserem Lande umtreibt«.[38] Deshalb unterstützte er in der Präsidiumssitzung am 28. September Epplers Redeauftritt in Bonn. Das Präsidium wäre gut beraten gewesen, kritisierte Horst Ehmke später, Eppler wenigstens aufzufordern, auch die Position der SPD darzulegen, die von der seinen ja erheblich abwich. »Eppler sah sich offenbar mehr in der Rolle eines Vorkämpfers der Friedensbewegung als in der eines SPD-Präsidiumsmitglieds.«[39] Wenige Ereignisse haben das Ansehen der Regierung Schmidt so beschädigt wie die Kundgebung im Bonner Hofgarten, zu der sich 250 000 bis 300 000 Menschen versammelten. Die SPD – so legte es der Auftritt ihres Präsidiumsmitglieds Erhard Eppler nahe – ging in der Frage des NATO-Doppelbeschlusses offenbar auf Distanz zum Kanzler.

Die SPD hatte sich auf dem Gebiet der Bündnis- und Sicherheitspolitik immer schon schwergetan. »Es fehlt eben doch sehr an Kenntnissen im Einzelnen und an solider Untermauerung«, klagte Brandt bereits 1960 und bat den in militärpolitischen Fragen versierten Schmidt um Unterstützung.[40] Schmidt arbeitete damals an seinem ersten Buch *Verteidigung oder Vergeltung*, in dem er sich kritisch mit der NATO-Doktrin der massiven Vergeltung auseinandersetzte.

Im Februar 1961 schickte er die Druckfahnen an Brandts Wahlbüro, wo sie »für Dich ausgeschlachtet werden können«. In einem ausführlichen Schreiben an den SPD-Kanzlerkandidaten fasste Schmidt seine Thesen zusammen: »Wir können keine Strategie akzeptieren, die im Kriegsfall darauf hinausläuft, ein völlig verwüstetes Mitteleuropa nach einer letzten Schlacht wieder befreit zu sehen.« Im Übrigen sei eine solche Strategie nur glaubwürdig, wenn man der östlichen Seite Pläne für einen nuklearen Erstschlag unterstelle. Im Falle einer Aggression unterhalb dieser Schwelle würde sich die NATO aber wohl kaum zum Einsatz nuklearer Waffen entschließen. Ein solcher Fall sei jedoch der wahrscheinliche. Deshalb hätten die Deutschen ein »spezifisches Interesse bei der strategischen Konzeption der NATO« und sollten sich innerhalb der Allianz für die Strategie der »Flexible Response« einsetzen. Nur ein massiver Ausbau der konventionell ausgerüsteten Einheiten ermögliche im Ernstfall – auf einer unteren Stufe der Eskalation – eine Verteidigung Europas, ohne dass es zum Einsatz nuklearer Waffen kommen müsse.[41]

An diesem sicherheitspolitischen Konzept hielt Schmidt unbeirrbar fest. Einerseits sollte der Westen auf eine potentielle Bedrohung flexibel reagieren können, andererseits musste die Gefahr, dass Deutschland zum atomaren Schlachtfeld wurde, auf ein Minimum reduziert werden. Man muss diese Ausgangsposition kennen, will man Schmidts Haltung in der Auseinandersetzung um den NATO-Doppelbeschluss verstehen. Nicht umsonst hat er noch im hohen Alter *Verteidigung oder Vergeltung* als sein mit Abstand wichtigstes Buch bezeichnet.

In der zweiten Hälfte der siebziger Jahre begann die Sowjetunion mit der Stationierung neuer Mittelstreckenraketen. In einer viel beachteten Rede vor dem Internationalen Institut für Strategische Studien (IISS) am 28. Oktober 1977 in London forderte Schmidt, dass diese Raketen vom Typ SS 20 in die SALT-Verhandlungen über strategische Nuklearwaffen einbezogen werden müssten, weil sonst ein Ungleichgewicht in Europa und insbesondere eine Isolierung der Bundesrepublik drohten. Unterstützt vom britischen Premierminister James Callaghan und seinem Freund, dem französischen Staatspräsidenten Valéry Giscard d'Estaing, überzeugte er im Januar 1979 auf der Karibikinsel Guadeloupe US-Präsident Jimmy Carter davon, dass man den Russen Verhandlungen über die so genannten Grauzonenwaffen anbieten, ihnen aber gleichzeitig mit der Aufstellung eigener Mittelstreckenraketen drohen müsse. Dies war die Geburtsstunde des Doppelbeschlusses, den die Außen- und Verteidigungsminister der vierzehn NATO-Staaten im Dezember desselben Jahres in Brüssel verkündeten. Sollte innerhalb von vier Jahren mit den Russen keine Einigung über die taktischen Nuklearwaffen zustande kommen, würde der Westen seinerseits mit der Stationierung von Mittelstreckenraketen beginnen.

Kritik kam nicht nur aus den Reihen der Friedensbewegung. Schmidts Sorge, dass Deutschland durch die eurostrategischen Waffen der Russen politisch erpressbar werde, sei berechtigt gewesen, urteilte etwa der stellvertretende Fraktionsvorsitzende Horst Ehmke. »Mit seinem Versuch, die beiden Supermächte nicht nur zu Verhandlungen über ihre nuklearen Mittelstreckenwaffen, sondern in diesen Verhandlungen auch noch zu dem von uns gewünschten Ergebnis zu bringen, übernahm er sich aber.«[42] Auch Egon Bahr, der von sich sagen konnte, Schmidt zähle ihn »zu den dreieinhalb Leuten in Bonn, die etwas von Strategie verstünden«, nannte die Einmischung in das Geschäft der Supermächte einen Fehler.[43] Man habe den USA damit einen Vorwand geliefert, wieder Raketensysteme in Europa zu stationieren (die nach der Kubakrise abgezogen worden waren), und dies sei für die Russen unannehmbar gewesen. Bahr nannte Guadeloupe deshalb einen Pyrrhus-Sieg.

Aus der Sicht Schmidts war der NATO-Doppelbeschluss die stringente Fortführung des Konzepts der »Flexible Response«. Die Russen mussten begreifen, dass sich das nordatlantische Bündnis nicht dadurch spalten ließ, dass sie mit den Amerikanern einen Vertrag zur Begrenzung strategischer Waffen schlossen und gleichzeitig an ihrer Westgrenze neue Raketen mit drei Sprengköpfen stationierten, die westdeutsche Großstädte innerhalb von Minuten auslöschen konnten. In der Friedensbewegung hielt man solche Szenarien für bloße Panikmache: Die Russen verfolgten keinerlei aggressive Absichten, die Kriegstreiber seien die Amerikaner. In der Tat deutete manches darauf hin, dass es der NATO 1979 in erster Linie um die Modernisierung ihrer Waffensysteme ging und dass mit den Rüstungskontrollverhandlungen lediglich die vier Jahre überbrückt werden sollten, die man von der Aufnahme der Produktion bis zur endgültigen Stationierung der Pershing und Cruise Missiles veranschlagte.

Die SPD stand vor einer Zerreißprobe. Ihre Zustimmung zum Doppelbeschluss gab sie auf einem Parteitag Anfang Dezember 1979 unter der Bedingung, dass es keinen Automatismus geben dürfe: Über die Stationierung könne erst im Lichte konkreter Verhandlungsergebnisse im Herbst 1983 endgültig entschieden werden. Schmidt musste diesen Kompromiss akzeptieren, obwohl ihm klar war, dass er damit sowohl in Moskau als auch in Washington an Glaubwürdigkeit verlor – schließlich war die Initiative von ihm ausgegangen, und jetzt folgte ihm nicht einmal seine eigene Partei. Die wiederum überschätzte ihre eigene Rolle maßlos, wenn sie ernsthaft glaubte, Druck auf die USA ausüben zu können, indem sie drohte, hinterher, wenn sich herausstellen sollte, dass sich die Amerikaner bei den Verhandlungen nicht genügend angestrengt hätten, die Stationierung zu verweigern.

Man braucht hier weder auf die durch den sowjetischen Einmarsch in Afghanistan ausgelöste neue Nervosität im Verhältnis der beiden Supermächte noch auf den zähen Verlauf der Genfer Abrüstungsgespräche, noch gar auf das SDI-Programm im Besonderen einzugehen. Es genügt, festzustellen, dass alle Sozialdemokraten, die sich mit der Problematik einigermaßen auskannten, hinterher zum gleichen Ergebnis kamen: Schmidt hätte den zweiten Teil des Doppelbeschlusses, die Stationierung neuer amerikanischer Raketen, bei der SPD 1983 nicht durchbekommen. Als die Koalition im Herbst 1982 zerbrach, dürften die meisten Genossen tatsächlich tief durchgeatmet haben. »Die Entwicklung enthob die Partei einer Entscheidung, an der die Regierung zerbrochen wäre, wenn es sie noch gegeben hätte«, so Egon Bahr.[44] Und Horst Ehmke sekundierte: Die SPD hätte der Stationierung »auch als Regierungspartei nicht zugestimmt«.[45]

Bei solchen Wahrheiten *post festum* ist Vorsicht geboten. Immerhin hatten die Chefunterhändler Nitze und Kwizinskij in Genf bei einem Waldspaziergang im Juli 1982 einen Kompromiss gefunden und die Pershing II gleichsam wegverhandelt. Sowohl in Moskau als auch in Washington war die Waldspaziergangsformel anschließend zwar sabotiert worden, und den Bundeskanzler hatte Washington gar nicht erst ins Bild gesetzt. Als Schmidt im Februar 1983 – also nach seinem Ausscheiden aus dem Amt – aus der Zeitung davon erfuhr, sah er jedoch sofort die sich bietende Chance. »Ich dränge meine Freunde in Washington, diese Formel (quasi als äußerste Anstrengung) in letzter Minute im Herbst wieder hervorzuholen und anzubieten.« Kohl habe es leider »kommentarlos hingenommen«, dass die Amerikaner den Kompromiss verworfen hätten.[46] Trotz seiner Brüskierung durch die Reagan-Administration vertrat Schmidt noch 1986 gegenüber Willy Brandt die Auffassung, »dass ich die Akzeptanz der Formel des ›Waldspaziergangs‹ oder eines ähnlichen Kompromisses hätte durchsetzen können, sofern ich mit ausreichender Unterstützung bis Ende 1983 im Amte gewesen wäre. Aber das ist vergossene Milch.«[47]

*

Sechs Wochen nach der Massenkundgebung im Bonner Hofgarten empfing Schmidt den Psychoanalytiker Horst-Eberhard Richter, einen der Wortführer der deutschen Friedensbewegung, zu einem längeren Gespräch. Richter verwendete Teile ihrer Unterhaltung hinterher, um in allgemeiner Form, ohne Nennung des Namens Schmidt, »männlichen Machtwahn« zu denunzieren.[48] Knapp dreißig Jahre später, in seinem letzten, ein Jahr vor seinem Tod erschienenen Buch zeichnete Richter aufgrund seiner Gesprächsnotizen ein sehr viel differenzierteres, psychologisch höchst aufschlussreiches Bild. Schmidt habe sich zunächst nachdrücklich von der Friedensbewegung distanziert, »die er für infantil und schädlich hält«; dabei sei aber nicht zu verkennen gewesen, »dass er gerade solche Gefühle abwehrt, von denen er wünscht, dass man sie ihm nicht absprechen möge«.

Es ging in diesem Gespräch um Vernunft und Moral, um Kant und Weber, vor allem aber interessierte sich Schmidt für die Frage, warum sich so viele Deutsche von der Angst beherrschen ließen, warum insbesondere so viele junge Deutsche von diesem Gefühl erfasst würden. Ob ihm selber der Rüstungswettlauf nicht auch manchmal Angst mache, wollte Richter wissen. Er verspürte bei seinem Gegenüber den Wunsch, dichter an die Menschen heranzurücken, mehr Sympathie bei ihnen auszulösen. »Warum lieben die Leute Willy Brandt? Warum verstehen sie mich nicht besser?« Weil sein unbezweifelbares Expertentum den Menschen unheimlich sei, so Richter. Schmidts Ernsthaftigkeit nötigte ihm Hochachtung ab – wenn auch »ein wenig zu massiv«. Die Bilanz des Therapeuten: »Ein Mächtiger ersehnt Verständnis und Sympathie für sein Inneres. Aber er wagt sich mit diesem Inneren kaum hervor.« Als Richter den Kanzlerbungalow verließ, stand ihm das Bild eines einsamen Regierungschefs vor Augen – »vor sich das Land und die Welt wie auf einem Schachbrett, den nächsten Zug exakt berechnend, etwa um Breschnew mit den Pershing-Raketen matt zu setzen«.[49]

Die Zeichen mehrten sich, dass Schmidt in eine Minderheitenposition geriet. Es war nicht auszuschließen, dass die SPD auf ihrem Parteitag in München Ende April 1982 den Doppelbeschluss grundsätzlich zur Disposition stellen und eine Stationierung von Mittelstreckenwaffen auf deutschem Boden bereits jetzt, vor Ablauf der Verhandlungsfrist, ausschließen würde. Schmidt hatte sich immer schon gründlich auf wichtige Parteitagsreden vorbereitet. Diesmal ging es ums Ganze. Zu den zahlreichen Historikern und Politologen, die er Mitte März anschrieb und um Hilfe bei der Vorbereitung einer Grundsatzrede bat, zählten Iring Fetscher, Martin Greiffenhagen, Alfred Grosser, Peter von Oertzen als Vertreter der Altlinken, aber auch der konservative Göttinger Politologe Christian Graf Krockow, der Ende 1976 mit einem kritischen Artikel über die drohende Auflösung der SPD in der *Zeit* für Aufsehen gesorgt hatte.

Sie alle sollten sich Gedanken machen über den Standort und die Identität der SPD und dem Bundeskanzler Stichworte für seine Rede liefern.

Schmidt hat die Vorlagen der Wissenschaftler akribisch durchgearbeitet, ihm wichtig erscheinende Passagen angestrichen, kommentiert, ausgeschnitten, manches zum Teil wörtlich übernommen, mit Abschnitten aus anderen Exposés zusammengesetzt und so am Ende einen Text destilliert, der sehr viel mehr war als ein nachdrückliches Werben für seine Regierungspolitik. Schmidts Münchner Rede war der Versuch, eine tief verunsicherte SPD davon zu überzeugen, dass die Notwendigkeit, das Regieren an den politischen Realitäten auszurichten, nicht auf Verrat an sozialdemokratischen Idealen hinauslief. Für seine Verhältnisse geradezu pathetisch hob er an:

»Dieser Parteitag hat geschichtliche Bedeutung! In einer Zeit weltweiter Gefährdungen stehen wir deutschen Sozialdemokraten vor der Entscheidung: Entweder wir haben weiterhin den Willen und trauen uns selbst die Kraft zu, das Wohl unseres Landes mit allen den Mitteln zu gestalten, die das Grundgesetz der Bundestagsmehrheit und der Bundesregierung und dem Bundeskanzler gibt; oder wir verspielen unnötig und selbstverschuldet die Chance, aus der Regierungsverantwortung heraus deutsche Politik zu gestalten.«

Schmidt handelte zunächst ausführlich die Wirtschaftsthemen ab; die Beseitigung der Massenarbeitslosigkeit, die Schaffung von Arbeitsplätzen und die Wiedergewinnung von Wachstum nannte er vorrangig. Nach Abschnitten zur Energie- und Umweltpolitik, Familien- und Jugendpolitik sowie zur Integration von Ausländern kam Schmidt auf das Thema, das die Delegierten am meisten beschäftigte: den Doppelbeschluss. Die Verhandlungen mit der Sowjetunion könnten nur dann zu einem Erfolg gebracht werden, wenn der Westen den Druck aufrechterhalte und Moskau bei einem Scheitern mit der Stationierung entsprechender amerikanischer Waffen rechnen müsse. Wer zum jetzigen Zeitpunkt ein Moratorium oder den Ausstieg aus dem Doppelbeschluss anstrebe, gefährde die Verhandlungen. Und dann, ultimativ: »Der Parteitag weiß, welche prinzipielle Bedeutung ich dieser Sache beimesse.«

Es folgten Ausführungen über die Grundlagen der westlichen Wertegemeinschaft, über die USA als Eckpfeiler der Sicherheit in Europa und das Verhältnis zu den westlichen und östlichen Nachbarn. Am Ende seiner Rede ging Schmidt auf diejenigen ein, »die beherrscht werden vom Gefühl anscheinender Ausweglosigkeit« und die »verzweifelt Halt bei uns« suchen. »Wir können ihnen vernunftgemäß begründete Hoffnung geben – und wir müssen ihnen Ziele anbieten!« Aber – und dieses Aber war dick unterstrichen – »den letzten Grund aller Hoffnung muss jeder in sich selbst finden«. Eine politische Partei könne Wege aus der Gefahr aufzeigen, aber sie sei nicht zuständig für die Sinngebung des Lebens – und »sie darf weder die politische Vernunft noch die politische Moral hintanstellen«.

Hier rührte Schmidt an den für ihn empfindlichsten Punkt. Er litt unter der Vorstellung, dass die Ökologie- und Friedensbewegung ihm die sittliche Grundlage seiner Politik absprach. In den Augen derer, die gegen Atomkraft und Pershing II demonstrierten, waren die Erhaltung der Umwelt und des Friedens nicht verhandelbare Grundrechte. Grundrechte sind durch die Verfassung geschützt. Wer sich auf sie beruft, hat in der politischen Auseinandersetzung die besseren Karten und steht von vornherein als moralischer Sieger fest. Diese Ungleichheit der Ausgangsposition war für Schmidt nicht hinnehmbar. Wer seine persönliche Überzeugung zu einem Grundrecht erklärt, kündigt den in der Demokratie geltenden Konsens. »Macht einer dem anderen die moralische Begründung streitig«, so Schmidt in München, »ist Gefahr im Verzuge.«

Am Ende seiner Rede mahnte Schmidt die Delegierten in der Olympiahalle zur Geschlossenheit. Er wisse, dass man dieses Wort nicht zu sehr strapazieren dürfe. Aber es gehe bei diesem Parteitag nun einmal nicht um die Frage, ob ein Beschluss für den Kanzler »zumutbar« oder gerade noch zumutbar oder nicht mehr zumutbar sei, sondern darum, »das Staatsschiff« nicht den anderen zu überlassen. »Natürlich geht es *auch* um den Bundeskanzler. Ich will mich der Kritik stellen. Ich weiß, dass ich Fehler gemacht habe und dass ich zukünftig weitere Fehler nicht werde vermeiden können.« Trotzdem werde er sich die Führung nicht aus der Hand nehmen lassen.

Zugleich appelliere er an die Sozialdemokraten, wieder aufeinander zuzugehen und füreinander einzustehen. »Ich will meinen Teil dazu beitragen.«[50]

Alles, was Schmidt mit seiner Rede aufgebaut hatte – auch durch Andeutung von Zugeständnissen an die Parteilinke auf ökonomischem und sozialpolitischem Gebiet –, machte er durch Ungeschicklichkeiten in der anschließenden Debatte zunichte. Es gab viele Buh-Rufe. Ein halbes Jahr später war die Regierung Schmidt nicht mehr im Amt.

*

Er könne überhaupt nicht verstehen, wunderte sich Willy Brandt im Nachhinein, wie damals die Meinung aufgekommen sei, die Sozialdemokratische Partei Deutschlands habe ihren Kanzler in der Raketenfrage im Stich gelassen. Auf den beiden entscheidenden Parteitagen, 1979 in Berlin und 1982 in München, hätten er und Schmidt »an einem Strang« gezogen. Auf Bitten Schmidts habe er im Manuskript seiner Münchner Rede sogar zwei Sätze gestrichen, die als eine zu starke Distanzierung hätten aufgefasst werden können. Zu Vorwürfen, er habe es versäumt, für die notwendige Geschlossenheit zu sorgen, stellte Brandt in seinen Erinnerungen selbstbewusst fest: »Keine vierzehn Tage wäre ein Sozialdemokrat Regierungschef geblieben, hätte ich als Parteivorsitzender ihn für untragbar gehalten.«[51] Ein böser, ein trotziger Satz, der ahnen ließ, wie tief die Wunde war.

Auch wenn der Parteivorsitzende dem Kanzler nicht in den Rücken gefallen war, so hatte er doch von Anfang an kein Geheimnis aus seinen Vorbehalten gegen den Doppelbeschluss gemacht. Brandt hatte einen völlig anderen Blick auf die Sache. Er sah den Erfolg seiner Ostpolitik durch den NATO-Doppelbeschluss in Gefahr und war der Ansicht, dass Schmidt zu stark vom Militärischen her dachte und die Raketen zu wichtig nahm. Weil Schmidt der Abschreckung zu viel Gewicht beigemessen habe, sei der Verhandlungsspielraum von ihm unterschätzt worden; in seiner Fixierung auf einen angeblich seit Jahrhunderten bestehenden Expansionsdrang der Russen sei er überdies für ermutigende Signale aus Moskau blind gewesen. In Brandts Augen gingen die Schmidt'schen Denkmuster auf »überkommene geopolitische Vorstellungen« zurück: Er selbst habe die Logik der Abschreckung »so logisch nicht mehr finden können«. In Washington sei man im Übrigen der Ansicht gewesen – Brandt berief sich auf Carters Sicherheitsberater Brzezinski –, dass Schmidt sich in Angelegenheiten mische, »die den Regierungschef eines nichtnuklearen Landes nichts angingen«. Brandt teilte die Auffassung, dass »ein deutscher Regierungschef zu hoch greife, wenn er sich in einer strategischen Ost-West-Frage die Führung zutraute«.[52]

Grundlegende Meinungsverschiedenheiten, die ihre Zusammenarbeit zunehmend schwieriger gestalteten, haben 1981/82 weder Kanzler noch Parteivorsitzender geleugnet. Schmidt leitete daraus den Vorwurf mangelnder Unterstützung ab, weil für ihn der Primat der Politik bei der Bundesregierung lag, für deren Arbeit er den Rückhalt der Partei einforderte. Brandt setzte die Gewichte anders. In einem Brief an Schmidt zehn Tage nach dem Ende der sozialliberalen Koalition betonte er, jeder von ihnen habe nun einmal »seine spezifische Verantwortung mit dazugehöriger Legitimation. Mein Auftrag ergibt sich aus der Wahl durch den Parteitag, und dort ist auch der Ort, wo ich Rechenschaft zu geben haben werde.«[53]

Da war sie wieder, die gefährliche Dichotomie zwischen Parteiamt und Staatsamt, die Schmidt in dieser Form nicht hatte akzeptieren können. Mit der Beantwortung ließ er sich mehr als zwei Wochen Zeit. Erst am Tag nach seiner Erklärung, für eine erneute Kandidatur nicht zur Verfügung zu stehen, griff er das Thema in einem Gespräch mit Brandt auf und fixierte anschließend schriftlich, wie er die Rollenverteilung während der letzten acht Jahre sah: »Nach meiner festen Überzeugung gehören für den Fall sozialdemokratischer Kanzlerschaft beide Ämter in eine Hand, weil anders die Loyalitäten der Mitarbeiter polarisiert werden, auch wenn die beiden Chefs es keineswegs wollen! Wahrscheinlich stellt sich die Frage nicht so bald. Ich habe sie im Laufe der Jahre aber zunehmend als Frage empfunden.«[54] Dies wiederum wollte Brandt »nicht auf sich beruhen lassen«. Der Eindruck, Schmidt ziehe »eine negative Schlussbilanz unserer Zusammenarbeit in den letzten Jahren«, schmerze ihn umso mehr, als seine eigene Bilanz ganz anders aussehe. Er habe die Arbeit der Bundesregierung stets »angemessen unterstützt ... und zwar auch in Situationen, die mir einiges abverlangten, und gelegentlich unter Bedingungen, die bis hart an die Grenze meiner Selbstachtung gingen«.[55] Keiner wollte dem anderen die Verantwortung für das Scheitern abnehmen.

Seit Mitte September 1982 das Ende der Regierung feststand, lautete die Frage, die über die Anhängerschaft der eigenen Partei hinaus die Bürger am brennendsten interessierte: Wird Helmut Schmidt bei den nächsten Wahlen, die voraussichtlich Anfang März 1983 anstanden, die SPD als Spitzenkandidat anführen? Schmidt hatte seine Entscheidung bereits vor dem 1. Oktober getroffen, dem Tag seiner Abwahl durch die neue schwarz-gelbe Koalition. Zu den wenigen Personen, die er einweihte, zählte Marion Dönhoff: »Sie haben recht«, schrieb er ihr am 29. September, »ich werde mich aus dem politischen Tagesgeschäft zurückziehen und lediglich elder statesman sein. Aber dies ist einstweilen nur für Sie.«[56] Marion Dönhoff gratulierte ihm zu dieser Entscheidung und wünschte Schmidt Standfestigkeit angesichts des Drucks, der aus den Reihen der SPD wegen einer nochmaligen Kandidatur voraussichtlich auf ihn ausgeübt werde.

Nur wenige ahnten, dass eine Last von ihm abfiel. »Sei froh, dass das Affentheater zuende ist«, schrieb ihm der Vorsitzende der Industriegewerkschaft Chemie-Papier-Keramik Karl Hauenschild. »Nun wird bald bei vielen die große Götterdämmerung einsetzen. Auch wenn es manche meiner Amtsbrüder immer noch nicht kapiert haben: Unter Deiner Verantwortung ist für die Arbeitnehmer und für die Gewerkschaften mehr nach vorne bewegt worden, als jemals zuvor. Lass Dich nicht breitschlagen, den ganzen Zirkus noch einmal zu übernehmen. Du weißt viel besser als ich, dass die Clowns in der Manege nur deshalb verstummt sind, weil ihnen die Ereignisse in der Kuppel die Sprache verschlagen haben ... Es wird nicht mehr lange dauern, und die notorischen Traumtänzer werden sich wieder zu Wort melden.«[57]

Alte Weggefährten wie Hans Hermsdorf, unter Schmidt einst Parlamentarischer Staatssekretär im Bundesfinanzministerium, malten die neuen Kräfteverhältnisse innerhalb der SPD in düsteren Farben: »Das Misstrauen wurde Dir im Parlament von den politisch Andersdenkenden ausgesprochen, gestürzt worden bist Du von denen, die sich Sozialdemokraten nennen und sich um Brandt und Eppler sammeln, aber für mich, nach 50jähriger Mitgliedschaft in dieser Partei, nicht die Sozialdemokratie und schon gar nicht die sozialdemokratische Wählerschaft repräsentieren.« Manche von ihnen hätten inzwischen begriffen, dass es ohne Schmidt nicht gehe, und würden ihm deshalb die Kandidatur antragen, aber »ich bitte Dich dringend, dieser Aufforderung nicht zu folgen … Nach allem, was ich im Lande höre, glaube ich, dass das die Mehrheit so sieht: Schmidt ja, aber nicht mit den Fransen von Brandt und Eppler.«[58]

Die Gegenposition vertrat der alte Parteistratege Richard Löwenthal. Es gehe nicht um fünf Prozent mehr oder weniger bei den Wahlen, sondern um den künftigen Kurs der Partei. In den nächsten Monaten entscheide sich, ob sie »auf die Grünen und die Friedensbewegung schielt und dabei ihren historischen Charakter als eine grundsätzlich mehrheitsfähige Partei unserer Demokratie verliert, oder ob sie sich entschlossen auf das konzentriert, was ich … die ›Lebensfragen‹ unserer Gesellschaft nenne«. Schmidt müsse jetzt sein ganzes Gewicht einbringen, das nach seinem »großartigen Abgang« nur noch größer geworden sei, um die SPD auf das richtige Gleis zu setzen; in letzter Konsequenz bedeute das, »den bevorstehenden Wahlkampf noch einmal auf Deine Person abzustellen«.[59] Genau dies aber, die Partei auf Linie zu halten – genauer: sie auf die alte Linie zurückzubringen –, traute Schmidt sich nicht zu. Er habe in den vergangenen Jahren schon »einen zu großen Teil meiner Kräfte auf innerparteiliche Auseinandersetzungen verwenden müssen; das wäre in Zukunft sehr schnell wieder genauso«.[60]

Egon Franke, bis zum 1. Oktober Minister für innerdeutsche Beziehungen und nach Genschers Rauswurf vierzehn Tage Vizekanzler, argumentierte besonders leidenschaftlich und verwies auf die Pflicht. Er könne einfach nicht glauben, schrieb er am 27. Oktober, dass Schmidt in dieser Situation die Partei »und vor allem die Wählerschaft« sich selbst überlassen wolle. »Bei allem Verständnis für das, was Du an Argumenten für Dein Nichtmehrwollen oder Nichtmehrkönnen anführst, muss ich Dir sagen, dass ... Du nicht frei und unabhängig entscheiden darfst und kannst.« Er zog eine Parallele zu Männern wie Julius Leber und Kurt Schumacher, die für die Sozialdemokratie ihre Freiheit und ihr Leben eingesetzt hätten, und machte Schmidt klar, dass auch er seinen Beitrag zu leisten habe: »Jetzt in der seit vielen Jahren kritischsten Situation der Sozialdemokratie muss jeder zum größten, auch persönlichsten Opfer bereit sein.« Nur wenn Schmidt als Spitzenkandidat in den Wahlkampf ziehe, habe die SPD eine »Chance, das, was am 1. Oktober 1982 veranstaltet wurde, demonstrativ zu korrigieren. Du bist es der Geschichte schuldig!«[61]

Jüngere Mitglieder des ehemaligen Kabinetts wie Verkehrsminister Volker Hauff waren deutlich optimistischer, was die Überwindung innerparteilicher Differenzen anging: »Du sagst, Du willst nicht mehr. Das verstehe ich gut. Du sagst, die Partei muss durch das Tal gehen, sonst kommt sie nicht zur Vernunft. Da ist was dran. Aber richtig ist auch: Schon jetzt ist die Einsicht sehr gewachsen, dass wir sorgfältiger miteinander umgehen müssen.« Auch Hauff machte sich Sorgen um die spätere Deutung: Schmidt müsse allein deshalb zur Wiederwahl antreten, um die Behauptung zu widerlegen, »in Wahrheit sei Schmidt an der eigenen Partei und nicht an der FDP gescheitert«.[62]

Der langjährige Ministerpräsident von Nordrhein-Westfalen Heinz Kühn brachte die Ambivalenz der Entscheidung, die Schmidt innerlich längst getroffen hatte, auf den Punkt: »Selbstverständlich muss jeder, der das Parteiinteresse vorrangig sieht, Dir die Kandidatur anraten, wie derjenige, der darum bemüht ist, Dir einen persönlichen freundschaftlichen Rat zu geben, Dir abraten muss.« Abraten freilich nicht in erster Linie wegen Schmidts angespanntem Verhältnis zur SPD, sondern mit Blick auf die zu erwartende Niederlage. Es lebe sich nämlich leichter mit der Vorstellung, »von dem Koalitionspartner hinterrücks erdolcht zu werden«, als mit der Tatsache, »von einem Manne wie Kohl in einem freien Wahlkampf geschlagen zu werden«. Und dies gelte am Ende auch vor der Geschichte.[63]

Das Bundeskanzleramt befand sich in den Tagen des Regierungswechsels »in einem postalischen Belagerungszustand; täglich gingen säckeweise Briefe, Postkarten, Telegramme ein«.[64] Harm-Peer Zimmermann, der die in der Friedrich-Ebert-Stiftung aufbewahrten 26 Aktenordner ausgewertet hat, zählte 4500 Zuschriften, die meisten davon datiert auf den 1., 2. oder 3. Oktober. Auffallend hoch war der Anteil älterer Bürger und von Frauen. Beamte – Lehrer, Polizisten, Berufssoldaten – waren ähnlich stark vertreten wie Facharbeiter, die Zuschriften kamen aus dem ganzen Land. Beantwortet wurde die Post vom zuständigen Referat mit Standardkarten (weil die Vordrucke nicht reichten, benutzte man die Antwortkarten aus dem Bundestagswahlkampf 1980), Helmut Schmidt hat nur ganz wenige dieser Briefe gesehen.

Die meisten Bürger brachten ihre Erschütterung über die Vorgänge und ihre persönliche Anteilnahme zum Ausdruck. Die einen waren empört über das »Ränkespiel« und den »Meuchelmord« des FDP-Vorsitzenden und wünschten ihm »die Pest an den Hals«, andere sprachen von ihrer Niedergeschlagenheit, ihrer Verunsicherung, von dem »bedrückenden Gefühl von Ohnmacht«. Schockiert, bestürzt, entsetzt waren fast alle: »Ich fühle mich als Wähler und als Bürger dieses Staates so ausgeschaltet und hilflos wie nie.« Einige berichteten, sie hätten »den ganzen Tag vor dem Fernseher gesessen und geweint«. Aber Schmidt wurde auch Trost zugesprochen: »Es ist ja nicht der Sieg des Helden, sondern sein Sturz, der sein Bild unauslöschlich in die Tiefe der menschlichen Erinnerung gräbt.« 90 Prozent der Absender gaben sich als SPD-Anhänger zu erkennen. Bei ihnen überwogen Zorn und Empörung, Bitterkeit und Wut. Aber es schrieben auch Bürger aus dem gegnerischen Lager, die ihre Freude darüber zum Ausdruck brachten, die »Proletenmütze« nicht länger im Fernsehen ertragen zu müssen. »Großmaul, Oberlehrer, Feldwebel, Selbstdarsteller, Hetzer, Demagoge, Lügenmaul, Lümmel lauten einige der Schmäh-Hauptwörter für Schmidt, und zugehörige Eigenschaftswörter sind: arrogant, eitel, unbeherrscht, frech, kühl, ekelhaft, infam, kriminell, unwürdig. ›Sie gehen als bisher schwächster Kanzler in die Geschichte ein‹, erklärt Herr B. aus Bayern.«[65]

Am 26. Oktober teilte Schmidt der SPD-Bundestagsfraktion mit, dass er »als Nummer 1« nicht mehr zur Verfügung stehe. Er habe sich »redlich« mit den Argumenten pro und contra auseinandergesetzt. Auch wenn die Kontroversen der letzten Jahre derzeit »erstaunlich weit in den Hintergrund getreten« seien, so habe er doch den Eindruck, dass manche Genossen ihre Bedenken gegen ihn »lediglich vorübergehend zurückstellen wollen«. Er traue sich durchaus zu, »mit widrigen Strömungen umzugehen«, aber die Frage sei, »ob und wie lange ich mir dies gesundheitlich und physisch zutrauen kann«.[66] Schmidt erinnerte an mehrere schwere Erkrankungen, die er nie in Ruhe habe auskurieren können. Der Hinweis auf seinen schlechten Gesundheitszustand und den dringenden ärztlichen Rat, sich mehr zu schonen – ein Jahr zuvor war ihm ein Herzschrittmacher eingesetzt worden –, war ein willkommenes Argument gegenüber allen, mit denen er über seine eigentlichen Motive nicht sprechen wollte.

Aus der alten Arbeitnehmerpartei SPD war in Schmidts Augen innerhalb von zehn Jahren ein Dachverband disparater politischer Interessengruppen geworden, eine bessere »Dissidentenpartei«.[67] Als Schmidt am 11. November 1982 in einem langen Brief an Brandt ihre Zusammenarbeit aus seiner Sicht – und für die Geschichtsbücher – bilanzierte, ließ er keine Zweifel aufkommen, wen er für diese Fehlentwicklung und damit letztlich für das Scheitern der sozialliberalen Koalition verantwortlich machte. Ihre Meinungsverschiedenheiten über die Führung der Partei reichten zurück bis in das Frühjahr 1972, meinte Schmidt und erinnerte Brandt an Gespräche noch vor dem Kanzlerwechsel, in denen es vernehmlich zwischen ihnen geknirscht habe. Unerträglich sei die Situation für ihn allerdings erst nach den Wahlen 1980 geworden. Seither hätten viele Genossen ihren Unmut an ihm abreagiert und dafür »mindestens mit dem stillschweigenden Verständnis der Parteiführung rechnen« können.

Es folgt eine Philippika gegen »das Gewährenlassen jungsozialistischer Arroganz [und] quasi-theologischer Besserwisserei in der Außen- und Sicherheitspolitik«. Statt opportunistisch jedem »Romantizismus« hinterherzulaufen, hätte die Parteiführung mehr Festigkeit gegenüber der neuen »Jugendbewegung« an den Tag legen müssen. »Wahlalter und Volljährigkeit liegen beim 18. Geburtstag, aber innerhalb der Partei kann man bis zum 35. Geburtstag öffentlichkeitswirksam die Narrenfreiheit eines jungsozialistischen Funktionärs genießen.« Schmidt schrieb sich von der Seele, was er längst an oberster Stelle hatte abladen wollen – um dann doch mit einer versöhnlichen Geste zu enden: »Ich möchte im Frieden mit Dir leben – für eine über diesen Brief hinausgehende Streitigkeit bin ich nicht gestimmt – dafür ist mir Deine politische Lebensleistung zu wichtig und mein Respekt … zu groß. Dass ich in Sachen Parteiführung nicht zustimmen kann, müssen wir wohl beide ertragen.«[68]

In seiner Antwort knüpfte Brandt hier an. Auch er halte es für »wenig sinnvoll«, diesen Teil ihres Meinungsaustausches in solcher Form weiterzuführen. Da er sich einiges an Schmidts Ausführungen »ausdrücklich nicht zu eigen machen« könne, bleibe ihnen wohl nichts anderes übrig, als sich »auf das angelsächsische ›agree to disagree‹ zu verständigen«. Dies festzustellen, »berührt in keiner Weise meine Hochachtung vor Deiner politischen Leistung und meinen Dank für das, was Du aus Deiner Sicht für die Partei bewirkt hast – und hoffentlich noch lange, im Wechselspiel mit anderen, bewirken magst«.[69]

Beide hatten die Größe, dem jeweils anderen die Interpretation nicht streitig zu machen. Bei allen Differenzen in der Sache blieb die menschliche Achtung, der Respekt nicht nur vor der politischen Gesamtleistung, sondern auch vor der persönlichen Integrität des anderen. Am Ende – das wussten beide – käme auf die Waagschale der Geschichte nicht, was sie trennte, sondern ihr in diversen Konstellationen erprobter, sechzehn Jahre währender gemeinsamer Einsatz für die deutsche Sozialdemokratie.

3
Zurück in Hamburg

Ende März ließ es sich nicht länger geheim halten. »Schmidt: Neue Karriere«, titelte die *Bild*-Zeitung am 26. März 1983, knapp drei Wochen nach den Bundestagswahlen – »Journalist in Hamburg«. In einer Presseerklärung hatte Gerd Bucerius, der Verleger der Wochenzeitung *Die Zeit,* am Vortag bekannt gegeben, dass er Helmut Schmidt zum Herausgeber neben Marion Gräfin Dönhoff berufen habe. Schmidt befand sich zu diesem Zeitpunkt auf einer vierwöchigen Vortragsreise durch die USA, die er Ende März unterbrach, um auf Einladung von Henry Kissinger an einer internationalen Konferenz in Tokio teilzunehmen. Obwohl ihm der Versuch von Bucerius, ihn politisch sogleich gegen den linken Flügel der SPD in Stellung zu bringen, nicht behagte, gab er am 28. März vom anderen Ende der Welt nachträglich seine Zustimmung zu dem veröffentlichten Text.[1]

Der Verleger – und Eigentümer – sorgte sich in erster Linie um die Auflage. Um festzustellen, wie Schmidts Ernennung sich auf das Kaufverhalten von *Zeit*-Lesern auswirkte, ließ er in den folgenden Wochen durch sein Sekretariat eine genaue Strichliste führen. Als Helmut Schmidt am 1. Mai 1983 seine Stelle offiziell antrat, standen 81 Abonnementkündigungen und 43 »negativen« Bekundungen »ohne Konsequenz« 17 »Gratulationen« gegenüber.[2] Bei einer Auflage von 404 000 Exemplaren (erstes Quartal 1983) fielen solche Zahlen nicht ins Gewicht; die Befürchtungen des Verlegers, mit der Verpflichtung des ehemaligen SPD-Kanzlers könnten Teile der liberal-konservativen Leserschaft verprellt werden, lösten sich in Luft auf. Weil er im alten bundesrepublikanischen Links-Rechts-Schema dachte, hatte Bucerius bis zum Schluss mit der Berufung Schmidts gezögert und durch übervorsichtiges, geradezu ängstliches Hin und Her seinen kühnen Plan beinah zum Scheitern gebracht.

Im Sommer 1982 hatte Bucerius den ehemaligen Bundesbankpräsidenten Karl Klasen gebeten, Schmidt zu fragen, ob er sich vorstellen könne, nach dem Ende seiner Kanzlerschaft bei der *Zeit* anzuheuern. Das Gespräch zwischen Klasen und Schmidt, die seit den sechziger Jahren gut befreundet waren, fand am 18. September in Langenhorn statt; bereits am nächsten Tag berichtete Schmidt seinen Vertrauten Wischnewski und Bölling, dass Freunde in Hamburg ihm eine interessante Perspektive für die Zeit danach eröffnet hätten. Alle Entscheidungen, die Schmidt in den noch verbleibenden zwölf Tagen der sozialliberalen Koalition und anschließend in der Frage einer erneuten Kandidatur traf, sind mithin immer auch unter dem Aspekt zu bewerten, dass er ein Angebot von Bucerius in der Tasche hatte. Bei einer so angesehenen Zeitung eine führende Position zu bekleiden, war eine verlockende Alternative und gab ihm die Sicherheit, nach dem Ausscheiden aus dem Amt eine Aufgabe zu haben und nicht abzustürzen.

Es war zweifellos klug, ein bisschen Zeit verstreichen zu lassen, bevor man den Wechsel öffentlich machte, und vonseiten Schmidts gab es keinen Grund zu drängeln. Auch blieb erst einmal abzuwarten, wie die Regierung Kohl sich in der Frage der Neuwahlen verhielt und welche Konsequenzen sich daraus für den Wahlkämpfer Schmidt ergaben. »Ich habe B[ucerius] gesagt, Sie würden lieber erst im November, wenn Sie klarer sehen, mit ihm sprechen und nicht jetzt gleich«, schrieb ihm Gräfin Dönhoff vier Tage nach dem Regierungswechsel. Sie fürchte, fügte sie erläuternd hinzu, dass Bucerius das Ergebnis des Gespräches nicht für sich behalten könne.[3]

Ein erster Gedankenaustausch mit dem Verleger war nach Schmidts Eindruck »zur beiderseitigen Zufriedenheit verlaufen«.[4] Anfang Dezember geriet Bucerius jedoch in helle Aufregung, als bekannt wurde, dass sich Schmidt im anstehenden Bundestagswahlkampf stärker als gedacht engagieren werde. So sei das zwischen ihnen nicht »verabredet« gewesen, beschwerte er sich bei Karl Klasen und Gräfin Dönhoff.[5] In diversen Gesprächsrunden kurz vor Weihnachten, in die neben Bucerius' Lebensgefährtin Hilde von Lang auch der Chefredakteur des Blattes, Theo Sommer, eingebunden war, kam man keinen Schritt weiter. Stand der Verleger überhaupt noch zu seiner Entscheidung, Schmidt zur *Zeit* zu holen?

Am Silvestertag schickte Bucerius einen ausführlichen Brief an Schmidt nach Gran Canaria, in dem er die Entwicklung der letzten Monate aus seiner Sicht zusammenfasste. Als er im Sommer über Karl Klasen an Schmidt herangetreten sei, habe er gehofft, »einen Staatsmann« für die *Zeit* zu gewinnen, der mit großen Teilen der SPD über Kreuz sei. Stattdessen ziehe Schmidt jetzt für eben diese Partei in den Wahlkampf. »Schade, wir hatten uns auf die Zusammenarbeit gefreut; richtiger: uns viel davon versprochen.« Karl Klasen habe ihn am Ende davon überzeugt, dass man es »trotzdem versuchen« sollte, so Bucerius weiter. Sein Angebot könne er aber nur für den Fall aufrechterhalten, dass es auch nach den Wahlen am 6. März bei einer CDU-geführten Regierung bleibe. »Einer im (dank Ihrer Hilfe: furiosen) Bundestagswahlkampf triumphierenden SPD kann man nicht außerdem noch als Trophäe die *Zeit* mitgeben. ›Die *Zeit* geht mit dem Sieger‹, würde es dann heißen. Das wäre gegen die Tradition des Blattes.«[6] Wer, außer Gerd Bucerius, hielt am Silvestertag 1982 einen SPD-Sieg eigentlich noch für realistisch?

Marion Dönhoff war entsetzt. »Lieber Helmut, Gestern hat mir Theo am Telefon den Brief vorgelesen, den Bucerius Ihnen geschrieben hat. Ich hatte das Gefühl, auf einer Achterbahn hin und her geschaukelt zu werden, und so besorgt mich der Gedanke, Sie könnten, auf solche Weise durchgeschüttelt, die Lust verlieren und auf die Weiterreise verzichten. Für jemand, der den Briefschreiber nicht kennt, muss dies wirklich rätselhaft sein. Ich kenne das: Es ist Ausdruck juristischer Spitzfindigkeit – er will immer Recht haben: wenn's was wird und wenn's nichts wird, und unter keinen Umständen Schuld haben, egal was kommt. In 30 Jahren habe ich gelernt, auf seine Unberechenbarkeiten keine Rücksichten zu nehmen, sondern einfach das zu tun, was ich hoffe, das für die *Zeit* richtig ist. Resumé: bitte lassen Sie sich nicht verunsichern. Man kann ja in Ruhe diesen zum Schicksal stilisierten 6. März abwarten.«[7]

Der früheren Chefredakteurin, die seit zehn Jahren als Herausgeberin über die Linie des Blattes wachte, war es zu verdanken, dass Schmidt zu den Kautelen des Verlegers am Ende gute Miene machte. In allen die *Zeit* betreffenden Fragen wurde Marion Dönhoff für ihn in diesen Wochen zur bevorzugten Gesprächspartnerin. Seit er diese Frau Anfang der sechziger Jahre kennengelernt hatte, als sie auf einem Flug zufällig nebeneinander saßen, bewunderte er sie. Sie zählte – man muss das so hart sagen – zu den wenigen Frauen, die er überhaupt ernst nahm. »Diese deutsche Patriotin war immer zugleich eine Weltbürgerin« – auf diese einfache Formel brachte er seine Verehrung zu ihrem 80. Geburtstag, und genauso wollte er immer auch selbst gern gesehen werden: als Patriot *und* Weltbürger. Vorbild war ihm die Gräfin nicht nur wegen ihrer Haltung – engagiert, couragiert und streitbar –, sondern auch dank ihres ausgleichenden Temperaments. Man könne mit Marion Dönhoff schnell aneinandergeraten und darüber bisweilen in Gram verfallen, bekannte Schmidt; es sei aber ganz und gar undenkbar, ihr auf Dauer gram zu bleiben, »denn hier steht uns ein Mensch mit einem großen Herzen gegenüber«.[8]

In den sechziger Jahren hatte Schmidt, zunächst als Hamburger Innensenator, dann als Vorsitzender der SPD-Bundestagsfraktion, zur Pumpenkamp-Runde gehört, einem kleinen Kreis engagierter Hamburger, der sich in losen Abständen bei Marion Dönhoff am Pumpenkamp in Blankenese zum Gedankenaustausch traf.[9] »Diese Gesprächsrunde war sozusagen ein Rotary-Club auf sehr hohem Niveau, die Themen reichten von Hamburg nach Bonn und nach Übersee.«[10] Schmidt suchte in dieser Zeit oft den Rat der Gräfin; ihre Erfahrung, ihre Kenntnis, ihre Gelassenheit imponierten ihm. Sie ihrerseits setzte auf ihn als den kommenden Mann und übernahm so etwas wie die Rolle einer fürsorglichen älteren Schwester. Als Schmidt im Herbst 1965 nach Bonn wechselte, lieh sie ihm zum Schutz vor bösen Geistern ein Amulett, das er viele Jahre bei sich trug. So entwickelte sich zwischen beiden ein Vertrauensverhältnis, das es Schmidt gestattete, mit ihr frank und frei über vieles zu reden, auch über seine politischen Ambitionen.

Anfang der siebziger Jahre klagte Schmidt immer häufiger über den Bonner Politikbetrieb. Mit der Gräfin wusste er sich darin eins, dass es dem Volk an Führung mangele. »Ich finde, Sie sollten Willy Brandt einmal schreiben, was Sie in diesem Punkte beobachten und denken«, ermunterte er sie im Februar 1972. »Ich erreiche ihn in dieser Frage kaum noch, weil er mich insgeheim für einen Autoritären hält.« Leider stehe er in Bonn mit seiner Meinung »über den geistigen Zustand unseres Volkes« nicht nur ziemlich allein, er werde deswegen auch von allen möglichen Opportunisten denunziert. Dabei glaube er doch »mit Ihnen, dass ich nicht nur für meinen Fachbereich da sein sollte; aber ich sehe, dass es viele und Mächtige gibt, die mich darauf beschränken wollen«. Im nächsten Jahr werde er seinen Widersachern »einen Strich durch die Rechnung machen«, ohne Rücksicht darauf, »was dabei herauskommen wird«.[11] Falls sich an Brandts Führungsstil nichts ändern sollte und ihm selbst sich in Bonn keine neuen Perspektiven eröffneten, wollte Schmidt nach den Wahlen 1973 der Politik den Rücken kehren und in die Wirtschaft wechseln. Seiner Hamburger Fürsprecherin dürfte diese Entschiedenheit gefallen haben. Die Wahlen wurden bekanntlich vorgezogen, und im Mai 1974 war Schmidt da, wo er hinwollte.

Im Sommer 1982 zählte Marion Dönhoff zu den wenigen Personen, die Schmidt in seine Überlegungen zum bevorstehenden Ende der Koalition einbezog. Graf Lambsdorff warte nur darauf, schrieb er ihr am 15. September, entlassen zu werden, denn dies würde »die Solidarisierung der ganzen FDP mit ihm herausfordern und ein konstruktives Misstrauen ermöglichen«. Er, Schmidt, strebe hingegen »aus mehreren innenpolitischen Gründen, aber auch zur Erziehung meiner eigenen Partei« Neuwahlen an; dazu bedürfe es mit Rücksicht auf die Verfassung allerdings »einer komplizierten Operation«.[12]

Marion Dönhoff suchte Schmidt davon abzubringen, seine politische Laufbahn nach dem Sturz um jeden Preis fortzusetzen. »So, wie sich das Bild dieses Bundeskanzlers … in der Kontinuität unserer Geschichte ausnimmt, ist sein Platz nicht wieder im Getümmel«, antwortete sie ihm. Schmidt sei jetzt als »Elder Statesman« gefragt.

Käme er zur Zeitung, könnte er »von einer Position außerhalb, vielmehr oberhalb, des Interessengerangels größeren Einfluss ausüben, mehr Wirkung erzielen, und das wird gerade auch angesichts der neuen Besetzung gelegentlich sehr nötig sein«. Die Gräfin wusste, dass sie Schmidts Eitelkeiten am Nerv traf, wenn sie in ihm den künftigen »Elder Statesman« ansprach, dessen Rat, zumal mit Blick auf die vor allem außenpolitisch zu erwartenden Unsicherheiten des Nachfolgers, dringend gebraucht werde.[13]

Drei Tage nach der Bundestagswahl vom 6. März 1983 wurde zwischen Schmidt und Bucerius grundsätzliche Übereinstimmung erzielt, und nachdem Schmidt am 16. April von seiner USA-Reise zurückgekehrt war, besprach er mit Marion Dönhoff und Theo Sommer die Details seiner neuen Tätigkeit. Der Verleger schrieb ihm daraufhin einen anderthalbseitigen Brief, der in sechs Punkten alles Wesentliche festhielt und von beiden Seiten als ausreichend angesehen wurde. Aufgabe des Herausgebers sei es, »Verlag und Redaktion der *Zeit* zu beraten«, das Honorar betrage DM 10 000 monatlich, »den Umfang Ihrer Arbeit für die *Zeit* bestimmen Sie selbst«. Allerdings gehe man davon aus, dass Schmidt mit Ausnahme der *Bergedorfer Zeitung*, für die er seit Jahren schrieb, »journalistisch nur für die *Zeit* tätig« sei; außerdem bitte man um das Vorabdruckrecht für künftige Bücher. Frau von Lang – das war schon der sechste und letzte Punkt – halte Zimmer und Vorzimmer zur Besichtigung bereit: »Wann können wir Ihnen die Räume zeigen?«[14]

Auf die Frage, was ihm als Gehalt vorschwebe, hatte Schmidt geantwortet, er wolle das Gleiche verdienen wie seine Mitherausgeberin Gräfin Dönhoff, ohne zu wissen, wie viel das war. Sie wiederum hatte sich, als sie 1973 von der Chefredaktion zurücktrat und Herausgeberin wurde, »finanziell auf die gleiche Stufe mit einem Abteilungsleiter« stellen wollen. Als sie 1986 in der Auseinandersetzung um die Abfindung von Fritz J. Raddatz, dem Leiter des Feuilletons, feststellen musste, »dass ausgerechnet der un-nützlichste Abteilungsleiter ein höheres Gehalt bekommt als ich« – nämlich fast 50 Prozent mehr, dicke Spesen obendrein –, verlangte sie von der Geschäftsführung eine Aufstockung ihres Gehalts.[15]

Wegen Raddatz saß der neue Herausgeber schon bald zwischen allen Stühlen. Bucerius, dem Raddatz' Artikel seit Jahren missfielen, scheint mit der Berufung Schmidts die Hoffnung verbunden zu haben, dass dieser den umstrittenen Feuilletonchef ebenfalls nicht ertragen und früher oder später rausschmeißen werde. »Wer so um sich schlägt wie Raddatz, muss es sich schon gefallen lassen, dass man den Typus untersucht«, rechtfertigte sich Bucerius gegenüber Günter Grass im Frühjahr 1985,[16] als der Dauerstreit zwischen ihm und seinem Ressortleiter sich auch im Blatt niederschlug. Nach der Ausstrahlung der dreiteiligen Fernsehfassung von Wolfgang Petersens Buchheim-Verfilmung *Das Boot* hatte Raddatz »Einspruch gegen ein politisch fragwürdiges Heldenepos« erhoben, in dem das »Verbrecher-Handwerk« der Wehrmacht mit keinem Wort thematisiert werde.[17] »Ihr Artikel hat mich betroffen«, schrieb ihm Bucerius am 15. März, »er setzt meine Generation den denkbar schwersten Vorwürfen aus.«[18] In einem Gegenartikel vom gleichen Tag widmete er sich der Frage, was die Deutschen von den Nazi-Verbrechen gewusst haben, was sie überhaupt wissen konnten und in welchen inneren Konflikt einfache Soldaten dadurch gerieten. Eines jedenfalls habe er in der damaligen Zeit gelernt: Vor Leuten, die auf so hohem Ross säßen wie Raddatz, müsse man sich hüten, »denn die so laut reden, halten nicht durch«.[19]

In der Sache standen sowohl Schmidt als auch Dönhoff an der Seite des Verlegers. Sie lehnten es jedoch ab, die Arbeit von Raddatz nach anderen als journalistischen Kriterien zu beurteilen, und widersprachen Bucerius, »dass der Chef des Feuilletons ein Moraldefizit hat oder gar ein Mann ohne Moral ist«.[20] Am Fall Raddatz, dessen Artikel regelmäßig wütende Proteste auch unter den Lesern hervorriefen, hat Schmidt schnell begriffen, dass die Unabhängigkeit der Redakteure bei der *Zeit* ein hohes Gut war und dass ihm als Herausgeber die Aufgabe zufiel, dieses Gut sowohl gegenüber empörten Lesern als auch gegenüber dem Eigentümer zu schützen. Nichtsdestoweniger waren er und Marion Dönhoff erleichtert, als Raddatz im Oktober 1985 über eine Dummheit stolperte: Er war einer Parodie der *Neuen Zürcher Zeitung* aufgesessen und hatte

Goethe, der 1832 gestorben war, darüber klagen lassen, dass die Schrebergärten hinter dem Frankfurter Hauptbahnhof der Buchmesse hatten weichen müssen (die erste Eisenbahn fuhr 1835, den ersten Schrebergarten gab es dreißig Jahre später). Raddatz musste die Leitung des Feuilletons abgeben.

Am 6. Mai 1983 meldete sich Helmut Schmidt mit seinem ersten Artikel als Herausgeber zu Wort. Es war ein leidenschaftliches Plädoyer für eine Gesamtstrategie des Westens in der Sicherheits- und Entspannungspolitik. Schmidt beklagte die mangelnde Abstimmung im Bündnis und forderte »sowohl Abschreckung gegenüber dem Osten als auch Zusammenarbeit – vor allem in der Rüstungsbegrenzung«.[21] Indem er diese Doppelstrategie, für die er als Regierungschef konsequent eingetreten war und die ihn schließlich das Amt gekostet hatte, weil ihm die SPD nicht mehr folgen wollte, publizistisch verteidigte und vorerst zum einzigen Weg erklärte, betrieb er nichts anderes als die Fortsetzung seiner Politik mit anderen Mitteln.

»Heute schreiben Sie Ihren ersten Artikel als Herausgeber der *Zeit* und nächste Woche werden Sie zum ersten Mal in dieser Eigenschaft in die Redaktion kommen«, schrieb Marion Dönhoff aus Ischia, »schade – ich bin zu beiden Ereignissen nicht da. Aber ich muss Ihnen doch sagen, wie viel Freude mir der Gedanke macht, mit Ihnen zusammen an der *Zeit* – durch die *Zeit* – zu wirken.« Den Deutschen falle in den kommenden Jahren »eine ganz entscheidende Rolle« zu, fuhr sie fort, aber um Europa zu inspirieren, brauche es Mut, politische Phantasie und Elastizität. Der Brief endete mit einem kryptischen Bekenntnis: »Mit niemandem sonst könnte ich darüber diskutieren, ohne in den Verdacht eines Tauroggen-Partisanen zu kommen, was die falsche Chiffre wäre.«[22] In der Konvention von Tauroggen hatte der preußische General Yorck 1812 auf eigene Faust einen Sonderfrieden mit Russland geschlossen und damit die Wende im Krieg gegen Napoleon eingeleitet. Glaubte die Gräfin ernsthaft, mit Helmut Schmidt über deutsch-russische Sonderbeziehungen diskutieren zu können?

Bis Jahresende 1983 schrieb Schmidt neun weitere Artikel, und bei dieser Schlagzahl – etwa zehn Artikel pro Jahr, vornehmlich zu den Themen Verteidigungspolitik, europäische Integration, Weltwirtschaft – sollte es in den folgenden Jahren bleiben. Dem Verleger war das zu wenig. Zum einen verfolgte er argwöhnisch jede Äußerung Schmidts in anderen Blättern. Als die *Süddeutsche Zeitung* Ende Oktober 1983, drei Wochen vor dem Kölner Parteitag zur Raketenfrage, einen Hintergrundbericht ihres Chefreporters Hans Ulrich Kempski über die Stimmung an der SPD-Spitze veröffentlichte, in den auch einige aktuelle Schmidt-Zitate eingeflossen waren, gestand Bucerius seinem Herausgeber, dass ihm »das Kempski-Gespräch weh getan« habe. »Es wirkt so merkwürdig, wenn die Zeitungsleser Ihre Meinung zu wichtigen Fragen aus anderen Blättern erfahren.« Er könne daraus nur schließen, dass die *Zeit*-Redakteure nicht genug fragten. Aber »es wäre doch schade, wenn die *Zeit* weniger Zugang zu Helmut Schmidts Erkenntnissen haben würde als andere«.[23]

Zum anderen vermisste der Verleger Schmidts Stimme als Gegengewicht zu den politischen Ansichten vieler seiner leitenden Redakteure, mit denen er selten übereinstimmte. Regelmäßig versuchte er Schmidt gegen die Mehrheitsmeinung der Redaktion zu mobilisieren; insbesondere ihr Fatalismus in der Deutschlandfrage und ihre Amerikakritik weckten seinen dauernden Unmut. Der Herausgeber müsse häufiger zur Feder greifen, damit die *Zeit* auf Kurs bleibe, mahnte Bucerius ein ums andere Mal. »Sie klagen manchmal über die Tendenz des Blattes. *Ein* Artikel von Ihnen macht die ganze Tendenz gegenstandslos.«[24]

Die Entscheidung, welche Artikel gedruckt würden, liege allein bei der Chefredaktion, hatte Schmidt den Verleger bereits ein Jahr zuvor wissen lassen. Bucerius widersprach: »Die Herausgeber haben gegenüber dem Verlag die Verantwortung für die Linie des Blattes. Sagt ihnen die Linie nicht zu … müssen sie notfalls dem Chefredakteur kündigen und einen neuen bestellen.«[25] Hier bestand ein Dauerkonflikt, in dem sich Schmidt, auch wenn er Bucerius' Ansichten oftmals teilte, lieber an Dönhoff und Sommer hielt, die, durch jahrelangen Umgang mit dem Verleger gestählt, wussten, wie sie ihn zu nehmen hatten. Die produktive Unruhe, die von ihm ausging, entsprang nicht zuletzt der Sorge des Eigentümers um das Überleben des Blattes; schon geringste Auflagenschwankungen machten ihn nervös. Marion Dönhoff und Theo Sommer erkannten zwar die Notwendigkeit, den kommerziellen Erfolg der Zeitung zu sichern, ihre vorrangige Aufgabe sahen sie jedoch darin, der Redaktion den Rücken freizuhalten. In diesem Punkt wussten sie Helmut Schmidt bald fest an ihrer Seite.

Auf den langen Fluren im Pressehaus am Speersort bekam man von alledem nicht viel mit. Bucerius hatte Schmidt ursprünglich einladen und der Redaktion als neuen Herausgeber vorstellen wollen, aber Sommer empfahl, von dem üblichen Procedere abzusehen, das sei für Schmidt »unzumutbar«.[26] So erfuhren Redakteure und Mitarbeiter von der Top-Personalie Ende März aus der Presse. Die einen fürchteten, dass die *Zeit* ab sofort als Parteiblatt etikettiert werden könnte, andere sahen gar den freiheitlichen Geist ihres Blattes insgesamt bedroht. Nicht wenige waren in der zweiten Hälfte der sechziger Jahre politisch sozialisiert worden, Jüngere liebäugelten bereits mit den Grünen.[27] »Es lag noch nicht allzu lange zurück, dass manche der jungen Redakteure … im Bonner Hofgarten gegen Helmut Schmidt demonstriert hatten.«[28] Ein Mann, der bis gestern die Autorität des Staates verkörpert hatte, würde wohl kaum das nötige Verständnis für Journalisten aufbringen, die ihre wichtigste Aufgabe darin sahen, kritische Fragen zu stellen. Konnte man erwarten, dass Helmut Schmidt die Seiten wechselte?

Persönlich kennengelernt hatten ihn nur wenige. Theo Sommer hatte ein halbes Jahr als Leiter des Planungsstabes für Schmidt im Verteidigungsministerium gearbeitet; auch der Korrespondent Christoph Bertram gehörte damals zum Planungsstab auf der Hardthöhe; Politikchef Kurt Becker war vorübergehend als Regierungssprecher in Bonn tätig gewesen, und Nina Grunenberg hatte den Kanzler 1975 für eine Reportage vier Tage lang begleiten dürfen. Sie alle und einige weitere Kollegen wie Dieter Buhl schätzte Schmidt als hervorragende Journalisten, deren Artikel er regelmäßig las, und auf die Zusammenarbeit mit ihnen freute er sich. Er war voller Neugier und Tatendrang, begierig, sich ins Blattmachen hineinzudenken. »Das ist auch nicht schwieriger«, sagte er in einer ersten Zwischenbilanz nach dreieinhalb Jahren, »als wenn man als Politiker in ein neues Ressort reinkommt und sich erst einarbeiten muss.«[29]

Redaktion und Herausgeber brauchten einige Zeit, um sich aneinander zu gewöhnen. Zwar bereitete man Schmidt bei seinem Antrittsbesuch im Pressehaus am 9. Mai einen wohlwollenden Empfang. Die Redakteure im sechsten Stock standen vor ihren Zimmern und klatschten, als er, flankiert von seinen Personenschützern, aus dem Aufzug stieg und über den Flur zu seinem Büro ging. Auch bei ihnen überwog Neugier, schließlich bekamen sie nicht jeden Tag einen soeben aus dem Amt expedierten Bundeskanzler zu sehen. Aber auch manche Skepsis war spürbar: Was hatte sich der Verleger dabei gedacht, ausgerechnet Helmut Schmidt zum Herausgeber zu berufen, und wie würde sich diese einsame Entscheidung auf das Blatt auswirken und damit auf sie, die Redakteure?

Theo Sommer hatte ein paar Tage zuvor eine kleine Rede vor Lesern und Inserenten gehalten, in der er die Grundzüge einer »pluralistischen Redaktion« skizzierte, die sich immer aufs Neue zusammenraufen müsse. Er sei sich nicht sicher, so der Chefredakteur selbstbewusst, ob Helmut Schmidt wisse, »in welches Nest der Aufmüpfigkeit er da gerät. Jedenfalls könnte ich mir vorstellen, dass er sich gelegentlich nach seiner Fraktion zurücksehnen wird.« Im Übrigen sehe man in dem neuen Mitherausgeber »nicht den sozialdemokratischen Parteipolitiker, sondern den hanseatischen Staatsmann, den Elder Statesman von internationalem Format, der die Enge einer Partei längst gesprengt hat«. Diese Charakterisierung hat Schmidt zweifellos gefallen; den Hinweis auf die Eigenständigkeit der Redaktion, die sich keine Vorschriften machen lasse, dürfte er hingegen als unnötig zur Kenntnis genommen haben.[30]

In den ersten Jahren kam Schmidt einen oder zwei Tage pro Woche in den Verlag, meist montags und freitags. Am Freitag versammelten sich gegen Mittag die einzelnen Redaktionen, um 14.00 Uhr tagten im Büro des Chefredakteurs die Ressortleiter, anschließend kamen alle Redakteure – rund achtzig – zur großen Konferenz zusammen. Schmidt bevorzugte in den ersten Jahren die Teilnahme an den Sitzungen des Wirtschaftsressorts, später saß er meist bei der politischen Redaktion. Die entscheidende Runde war jedoch die so genannte »Käsekonferenz«, an der Verleger, Geschäftsführer, Herausgeber, Chefredakteur und abwechselnd der eine und andere Ressortleiter teilnahmen; es gab Käse, Brot und Wein – daher der Name. Besprochen wurden Richtungsfragen, Personalentscheidungen, Vertriebsprobleme, Auflagenentwicklung. Die Käsekonferenzen hat Schmidt in den über dreißig Jahren seiner Tätigkeit immer besucht, sofern er im Lande war. Im Juli und August ließ er sich vom Brahmsee eigens in die Stadt fahren, um an der politischen Konferenz teilzunehmen. Dann erschien er in weißen Hosen und weißen Schuhen und wunderte sich, dass urlaubsbedingt so wenige Redakteure im Haus waren.

In größerer Runde sprach Schmidt die Redakteure gern in der zweiten Person Plural an: »Habt Ihr daran gedacht, in der übernächsten Ausgabe …« So redeten die Redakteure auch untereinander, das schuf eine kollegiale Atmosphäre. Die wenigen, die ihn mit dem Hamburger Du anreden durften – »Helmut, denken Sie bitte daran …« –, genossen dies als Auszeichnung; sie bildeten so etwas wie die Ebene der Ministerialdirektoren, die dem Behördenchef auch schon mal widersprechen. Ihn zu kritisieren trauten sich außer Theo Sommer anfangs allerdings nur wenige – und unter vier Augen nur die Gräfin. Sie erinnerte ihn gelegentlich auch an die Einhaltung gewisser Umgangsformen. Einmal hatte sie ihn an einem Freitag sprechen wollen, er hatte keine Zeit – es hinterher aber versäumt, sich nach ihrem Anliegen zu erkundigen: »Das ist gar nicht der Stil, den wir untereinander in der Redaktion haben und den man erhalten sollte«, schrieb sie ihm, »vorwurfsvoll aber mit Liebe Ihre Mitherausgeberin Marion«.[31] Pädagogische Hinweise dieser Art waren hin und wieder angebracht, weil Schmidt dazu neigte, sein schlechtes Benehmen als ein Privileg zu stilisieren, das ihm nicht zuletzt dank seiner intellektuellen Überlegenheit zustand. Seinerseits ärgerte er sich über Flegeleien von Redakteuren und ihren Mangel an Höflichkeit ebenso wie »über die Stapel alter Zeitungen und die abgegessenen Teller«, die am Morgen nach Redaktionsschluss auf den Fluren des Feuilletons herumlagen.[32]

Überraschend für viele war, dass der neue Herausgeber nicht autoritär auftrat, sondern offen diskutierte. Schmidt konnte sehr gut zuhören, auch und gerade dann, wenn jüngere Mitarbeiter sich zu Wort meldeten; was junge Leute sagten, fand er oft besonders interessant. Mit vagen Grundsatzerklärungen ließ sich bei ihm allerdings wenig ausrichten, und es genügte auch nicht, klug zu argumentieren. Vielmehr musste man auf präzise Nachfragen präzise antworten, und das erforderte nicht nur Standhaftigkeit, sondern auch sorgfältige Vorbereitung. Im Verlauf einer langen emotionalen Debatte sei es Schmidt einmal gelungen, erinnert sich Nina Grunenberg, »die Meinung einiger Redakteure so umzudrehen, dass sie am Ende das Gegenteil von dem vertraten, was sie zu Beginn für richtig gehalten hatten«.[33] Schmidt stellte sowohl seine Intelligenz als auch seine Sachkenntnis gern unter Beweis, und nicht jedem dürfte das gefallen haben. War er einmal zu weit gegangen und hatte sich dabei möglicherweise im Ton vergriffen, konnte es vorkommen, dass er den Betreffenden hinterher anrief: »Ich habe über die Sache nochmals nachgedacht. Ich fürchte, Sie haben recht.«[34]

Gewöhnungsbedürftig waren seine langen Exkurse, in denen er die Weltlage im Allgemeinen und die ökonomischen Zusammenhänge im Besonderen erklärte. In größeren Runden hielt Schmidt sich anfangs meist zurück und griff erst ein, wenn sich die Geister genügend erhitzt hatten und alle gespannt darauf warteten, welche Position er denn nun vertrete. Dann ließ er eine gefühlte Ewigkeit verstreichen, bis auch dem Letzten klar war, dass jetzt eine grundlegende Einlassung folgte. Souverän nicht nur über die eigene Zeit, sondern auch über die Zeit der anderen verfügen zu können, gehörte immer schon zu den Privilegien der Mächtigen. Schmidt wirkte stets beschäftigt, aber nie gehetzt. Wer einen Termin bei ihm hatte, musste im Vorzimmer warten – die Wartezeit hing ab von der Wichtigkeit des Besuches. Selbst seine Abwesenheit wusste er zu inszenieren. Arbeitete er zuhause, gingen täglich Unterschriftenmappen, Akten und Zeitungen zwischen Langenhorn und dem Speersort hin und her. Dann sah man seine Sicherheitsbeamten dicke schwarze Aktentaschen und abgewetzte Pilotenkoffer über die

Flure im Pressehaus tragen – auratische Relikte der einstigen Macht, die so zu neuer Geltung kamen.

Natürlich versuchte der Verleger, den Kanzlerbonus auch nach außen nutzbar zu machen. Schmidt hatte seine neue Tätigkeit noch nicht aufgenommen, da war er von Bucerius bereits fest für mehrere PR-Veranstaltungen der *Zeit* eingeplant. Ende April/Anfang Mai 1983 gab der Verlag in München, Frankfurt, Hamburg und Düsseldorf Empfänge, die in erster Linie dazu dienten, neue Inserenten zu werben. Er und der gesamte Verlag wären ihm dankbar, so Bucerius Mitte April an Schmidt, wenn er es einrichten könnte, bei dem einen oder anderen Empfang dabei zu sein, denn alle Eingeladenen stellten natürlich die gleiche Frage: »Da werden wir doch sicher auch Herrn Schmidt sehen?«[35] Für Schmidt gehörten Werbeveranstaltungen zu den selbstverständlichen Pflichten eines Herausgebers, und auch wenn er manchmal stöhnte, so war er sich doch niemals zu schade, im In- und Ausland für die *Zeit* auf die Bühne zu steigen und ein Mikrofon in die Hand zu nehmen.

Kommerziell gesehen, war der Werbeeffekt für Bucerius das eigentliche Pfund, das er mit der Verpflichtung von Helmut Schmidt erworben hatte. Auf Exklusivität legte er deshalb von Anfang an allergrößten Wert. Je mehr man den ehemaligen Bundeskanzler mit seiner neuen Rolle als Herausgeber der *Zeit* identifizierte, so das Kalkül des Verlegers, desto mehr würde die Zeitung davon profitieren. Zwar war Schmidt zu einer Reihe von Konzessionen bereit und räumte der *Zeit* alle möglichen Prioritäten ein, als einen leitenden Angestellten des *Zeit*-Verlages konnte und wollte er sich aber nicht verstehen. Schon wegen seiner ausgedehnten Vortrags- und Reisetätigkeit und der zahlreichen sonstigen Verpflichtungen, die er nach seinem Ausscheiden aus dem Amt einging, kam eine ausschließliche Bindung für ihn nicht in Betracht. Vor allem aber wollte er sich nicht vorschreiben lassen, wem er wann welche Interviews geben durfte. Schmidt betrachtete sein Engagement bei der *Zeit* im Grunde als ein Geschäft auf Gegenseitigkeit: Bucerius bot ihm eine publizistische Plattform, dafür trug Schmidt zum Gelingen des Gesamtunternehmens nach Kräften bei. Kein noch so gutes Marketing hätte Ansehen und Auflage des Blattes so mehren können, wie es Helmut Schmidt in den drei Jahrzehnten seines Wirkens für die *Zeit* vermochte, bilanzierte der heutige Verleger Dieter von Holtzbrinck in seinem Nachruf. »Bucerius' umstrittenste Personalentscheidung war seine beste.«[36]

*

Die fragile Machtbalance zwischen Verleger, Herausgebern und Chefredaktion wurde empfindlich gestört, als Helmut Schmidt am 1. Oktober 1985 in die Position des Verlegers aufrückte. Gemeinsam mit Hilde von Lang, der die kaufmännische Leitung oblag, war Schmidt als verlegerischer Geschäftsführer nun auch für die wirtschaftliche Entwicklung des Blattes zuständig. Der jetzt nötige Anstellungsvertrag wies ihn als »Generalbevollmächtigten« aus, der alleinzeichnungsberechtigt war. Schmidt nahm seine neue Aufgabe ernst, »vielleicht sogar ein wenig zu ernst«, und dies führte zu Friktionen sowohl mit der Redaktion als auch mit Gerd Bucerius, der sich »die letzte Entscheidung« vorbehielt.[37]

Der Mitgründer und alleinige Eigentümer der *Zeit*, der das Blatt 1957 vollständig übernommen hatte, stand im 80. Lebensjahr. Immer wieder war er im Laufe der Jahre mit der Frage konfrontiert, wie man die Zeitung wirtschaftlich absichern könne, ohne ihre publizistische Unabhängigkeit aufs Spiel zu setzen. In dem höchst komplizierten und für einen Außenstehenden kaum durchschaubaren Beteiligungsgeflecht am Pressestandort Hamburg spielte Gerd Bucerius von Anfang an eine herausragende Rolle. Anfang der siebziger Jahre besaß sein Zeit-Verlag neben der *Zeit* und der *Wirtschaftswoche* 37,5 Prozent der Anteile des Hamburger Medienhauses Gruner + Jahr, zu dem unter anderem der *Stern* und Teile des *Spiegel* gehörten. 1973 tauschte Bucerius seine Anteile an Gruner + Jahr gegen 11,5 Prozent Anteile am Bertelsmann-Konzern (wegen einer Kapitalaufstockung bei Bertelsmann verringerte sich dieser Anteil 1977 auf 10,74 Prozent). Bertelsmann konnte dadurch im Gegenzug seine Beteiligung an Gruner + Jahr auf 62,5 Prozent ausbauen.

Seit 1980 führten Bucerius und der Bertelsmann-Eigentümer Reinhard Mohn, der auch die *Zeit* gern übernommen hätte, intensive Gespräche darüber, »wie man einen sanften Übergang der *Zeit* in die Hände von Bertelsmann effektiv vorbereiten könnte«.[38] Die Gespräche zogen sich über viele Jahre hin, die geplante Übernahme durch Gruner + Jahr scheiterte schließlich am Einspruch des Kartellamtes. Sie stieß jedoch auch auf massive Vorbehalte im Pressehaus am Speersort, wo man den Güterslohern, die als Mehrheitsgesellschafter von Gruner + Jahr bereits über viel Einfluss in Hamburg verfügten, nicht über den Weg traute. Von Bucerius in die Überlegungen zur Zukunftssicherung der Zeitung einbezogen, sprach sich Schmidt klar gegen das Haus Bertelsmann aus. Als der *Stern*, das Flaggschiff des Hauses Gruner + Jahr, im April 1983 die angeblichen Hitler-Tagebücher veröffentlichte, die sich schnell als plumpe Fälschung erwiesen, stand Bertelsmann unter verschärfter Beobachtung. Auch in der *Zeit* gab es kritische Artikel, in denen nach der Mitverantwortung der Konzernspitze gefragt wurde. Bucerius musste die Verhandlungen mit Mohn zähneknirschend erst einmal aussetzen.[39]

Schmidt bestärkte Bucerius in seiner ursprünglichen Absicht, den Zeit-Verlag in die Zeit-Stiftung zu überführen. Die Stiftung war von Bucerius 1971 zur Sicherung der Unabhängigkeit der *Zeit* gegründet worden und besaß neben dem Titelrecht auch Mitwirkungsrecht etwa bei der Bestellung von Chefredakteuren. Mitte der achtziger Jahre schien dem Eigentümer eine solche Lösung nicht mehr adäquat. Zum einen wollte er die Zeitung an ein größeres Verlagshaus angebunden wissen, nur so konnte sie seiner Meinung nach auch schwierige wirtschaftliche Phasen durchstehen. Zum anderen sollten Zeitung und Stiftung rechtlich getrennt bleiben, weil, wie er befürchtete, eine Redaktion, die zu viel Einfluss auf das operative Geschäft bekäme, »das Vermögen bald verschleudern« würde.[40] Dennoch spielte die Stiftung in den Planungen von Bucerius eine wichtige Rolle, zumal ihr im Falle seines Todes sein Vermögen zufallen sollte.

Auf Bitten von Bucerius übernahm Schmidt 1986 die undankbare Aufgabe, eine testamentarische Regelung zwischen Bucerius und seiner getrennt von ihm in der Schweiz lebenden Ehefrau herbeizuführen. Gegen Zusicherung einer lebenslangen Apanage verzichtete Ebelin Bucerius auf ihr Erbteil zugunsten der Stiftung, die fortan den Namen Zeit-Stiftung Ebelin und Gerd Bucerius trug. »Ich glaube, Sie haben ein gutes Werk getan«, bedankte sich Schmidt nach Abschluss seiner Vermittlungen im Februar 1987 bei Frau Bucerius.[41] Er war nicht zuletzt wohl auch deshalb mehrfach ins Tessin gefahren, weil er hoffte, dass eine finanziell gestärkte Stiftung für Bucerius möglicherweise doch noch als Hafen für die Zeitung in Betracht käme. Dass der Eigentümer andere Pläne verfolgte, schmerzte ihn. Wäre Bertelsmann damals zum Zug gekommen, hätte Schmidt das Schiff zweifellos verlassen.

Neben der ungeklärten Frage nach den zukünftigen Besitzverhältnissen gab es einen zweiten Dissens zwischen Schmidt und Bucerius, der dazu führte, dass Schmidt nach vier Jahren die Verlagsleitung an den Nagel hängte und sich wieder auf den Herausgeberposten zurückzog. Er habe stets »auf eine klare Verantwortungsteilung im Sinne von Vorstand gleich Geschäftsführung und andererseits Aufsichtsrat gleich Eigentümer« gedrängt, aber Bucerius habe von einer solchen Trennung nichts wissen wollen.[42] Dass sich ein Eigentümer offiziell zurückzieht, um dann doch weiterhin im täglichen Geschäft mitzumischen, kann in der Tat kein Vorstand auf Dauer akzeptieren. Nur war Schmidt nicht einmal Vorstand; sein neuer Posten war genauso wenig definiert wie zuvor der Posten als Herausgeber.

Das Büro von Bucerius lag nur wenige Türen weiter am Ende des selben Ganges, auf dem Schmidt seine Zimmer hatte. War Schmidt im Haus, suchte Bucerius ihn meist umgehend auf und malte ihm die Zukunft des Blattes in düsteren Farben. Alles machte ihm Sorge: die Preiserhöhungen bei Druck und Papier genauso wie die Wirtschaftsferne des Feuilletons, das mit kapitalismuskritischen Artikeln die Inserenten verprelle; die Marginalisierung des Börsenteils nicht weniger als das Fehlen einer Wetterkarte. Es gab kaum etwas, das ihm nicht missfiel. Obwohl Schmidt das ständige Rumoren des Altverlegers als lästig empfand, stimmte er in vielem weiterhin grundsätzlich mit Bucerius überein. Mit der Übernahme der Gesamtverantwortung entwickelte Schmidt allerdings eigene Vorstellungen, wie die Zeitung umzugestalten und langfristig wettbewerbsfähig zu halten sei. Was ihn dabei am meisten störte, war der in seinen Augen wirtschaftsfremde Kurs der Redaktion. Schmidt stand jetzt zwischen Baum und Borke.

In scharf formulierten Hausmitteilungen, in denen er schon einmal locker zwanzig Punkte abhandeln konnte, listete der neue Verleger auf, was alles falsch lief und dass es so nicht weitergehen dürfe. Theo Sommer konnte ein Lied davon singen, was alles Schmidts Unmut weckte: eine zwischen Zynismus, Häme und Weltuntergang changierende Grundhaltung, die zu sehr an den Ton des *Spiegel* erinnere; Artikel, die ebenso gut in der *taz* hätten stehen können; »die Wohngemeinschafts- und Gossensprache der 1968er Generation«; übertriebene Intellektualität und der exzessive Gebrauch ungewöhnlicher Fremdworte wie überhaupt mangelnde Verständlichkeit; fehlende beziehungsweise dubiose Quellenangaben, inadäquate Illustrationen und so weiter. Selbst für die Auflistung von Druckfehlern einschließlich falscher Trennungen war sich der Chef nicht zu schade. Die *Zeit* drohe zur »intellektuellen Klagemauer« zu werden, so seine Bilanz. »Ich vermisse konstruktives Denken.«[43]

Manchmal kam alles zusammen. Zum Beispiel im Dossier der *Zeit* vom 20. Februar 1987 über »Die Hanauer Plutoniumküche«. Dieses Dossier, so Schmidt in einer siebenseitigen Hausmitteilung an Theo Sommer vom gleichen Tag, »ist von einer solchen Einseitigkeit, dass ich mich dafür schämen muss. Es handelt sich um intelligent gemachten Tendenzjournalismus.« Weder den zuständigen Ministerien noch den Verantwortlichen der betroffenen Energieunternehmen habe man offenbar Gelegenheit zu einer Stellungnahme gegeben; auch sonst seien journalistische Standards »auf das gröblichste verletzt«. Er könne die Ängste vieler Menschen vor der Atomenergie verstehen. Wenn die Grünen »über ihre etwaigen eigenen Ängste hinaus sich opportunistisch zum Fürsprecher dieser Ängste machen, um Stimmen zu gewinnen«, so sei das eine Sache. Eine andere Sache aber sei, »dass das Dossier unserer Zeitung sich kritiklos zum Organ solchen politischen Opportunismus macht«. Dies könne er schon deshalb nicht billigen, weil es auf »einseitige Wahlpropaganda im bevorstehenden hessischen Landtagswahlkampf ... zugunsten Joschka Fischers und der Grünen« hinauslaufe. Als »quasi-philosophisches Postscriptum« fügte Schmidt einen Exkurs zum Thema Risikostreuung an: Weil niemand zuverlässig voraussagen könne, wo die größeren Risiken liegen, in der Kernkraft oder in der Verbrennung fossiler Kohlenwasserstoffe, müsse einstweilen an beiden großen Energiequellen festgehalten werden.[44]

Die Redakteure erfuhren von solchen Auseinandersetzungen, wenn überhaupt, nur gerüchteweise. Nachdem die von vielen befürchteten Einschnitte in die journalistische Unabhängigkeit ausgeblieben waren, hatte man sich mit der Vorstellung arrangiert, einen prominenten Herausgeber zu haben. Wie prominent, wurde deutlich, als die Illustrierte *Quick* im Dezember 1986 eine mehrseitige Reportage des Journalisten Meinhardt Graf Nayhauß über »Schmidts neuen Job« veröffentlichte. Nayhauß vermittelte darin sehr gekonnt den Eindruck, einen Tag lang ganz dicht dran gewesen zu sein an den Entscheidungsprozessen auf der Führungsetage der *Zeit*.

Eine Woche später war der Artikel Gegenstand des Redaktionsausschusses, einer Art hausinterner Vermittlungsstelle. Wer den Bericht der *Quick* lese, müsse zu der Auffassung gelangen, »als regiere der Verleger (Herausgeber?) Helmut Schmidt unmittelbar in die Meinungsbildung der politischen Redaktion hinein«. Da Nayhauß der Zutritt zu den Konferenzen verwehrt worden sei – mit Journalisten dieses Schlags gebe man sich nicht ab –, stehe die Frage im Raum, aus welcher Quelle er seine Informationen erhalten habe. Die »Aura der Authentizität« verdanke der Artikel vor allem Zitaten aus einem Interview mit Schmidt und den Fotos aus seinem Büro. Das war eine unmissverständliche Rüge an den Verleger. Wie sich herausstellte, stammten die Interna aus den politischen Konferenzen von keinem anderen als von Bucerius.[45]

Im Mai 1988 entschloss sich Schmidt zu einem Befreiungsschlag, in dem die ganze Unzufriedenheit mit seiner Position als Verleger zum Ausdruck kam. Unmittelbarer Anlass war der Fehlstart des *Zeit*-Magazins, bei dem es eine Panne nach der anderen gegeben hatte. Zunächst verfasste Schmidt eine dreißig Seiten lange Hausmitteilung, in die seine Erfahrungen aus zweieinhalb Jahren Verlagsführung einflossen. Die größte Gefahr für die Zeitung sah er in einem schleichenden Linksrutsch. Schuld daran sei die jüngste Personalentwicklung: »Wir haben relativ viele Redakteure eingestellt, welche ihre geistige Erbschaft aus der 1968er Studentengeneration nicht verleugnen.« Viele der neu eingestellten jüngeren Kollegen hätten »weder Wehrdienst noch Ersatzdienst geleistet«.[46] Schmidt frage Bewerber beim Einstellungsgespräch, ob sie gedient hätten, wurde damals auch außerhalb der *Zeit* gern kolportiert und schon deshalb begierig aufgenommen, weil die Anekdote perfekt zum Hofgarten-Klischee vom Raketenzähler passte.[47]

Da er als Verleger in Personalfragen das letzte Wort hatte und sich für Bewerbungsgespräche meist auch Zeit nahm, war Schmidt für die Entwicklung, die er hier kritisierte, letztlich selbst verantwortlich. Gegen keinen der von der Chefredaktion vorgeschlagenen Kandidaten hatte er ein Veto eingelegt. Nach der Einstellung waren Personalfragen allein Sache der Chefredaktion, und Theo Sommer achtete streng darauf, dass die Trennlinie zwischen Redaktion und Verlag eingehalten wurde. Als er mitbekam, dass Schmidt einzelne Ressortleiter rügte und andere zu möglichen Personalrochaden befragte, beschwerte er sich. Dann bitte er, darüber informiert zu werden, so Schmidt zu Sommer, »welche Rügen der Chefredakteur intern ausspricht«. Sommer weigerte sich, diesem Wunsch nachzukommen: Es müsse »eine Intimsphäre bleiben, in der sich die Redaktion mit sich selber auseinandersetzt«.[48]

Am allgemeinen Erscheinungsbild der Zeitung gab es aus Sicht des Verlegers ebenfalls eine Menge auszusetzen. Die Bleiwüsten seien aufzulockern durch Grafiken, Karten und Tabellen. »Ist es denkbar, einen besseren Karikaturisten zu gewinnen?« Vor allem brauche man mehr Abwechslung auf Seite eins – nicht nur optisch. Die Leitartikel dürften nicht immer nur von Theo Sommer und Marion Dönhoff geschrieben werden, hier müssten öfters auch die

Ressortleiter ran. »Die Chefs sollen in erster Linie leiten (und – wenn notwendig – anweisen!), erst in zweiter Linie sollen sie selbst schreiben.« Außerdem könne das Blatt »deutlich mehr Fremdbeiträge aus prominenter Feder gebrauchen«, ebenso seien mehr große Exklusivinterviews erwünscht. Einerseits müsse die Redaktion mehr auf bevorstehende Ereignisse hinschreiben, andererseits müsse man über zusätzliche Leserservice-Rubriken wie etwa Ausstellungs- und Tagungskalender nachdenken. Auch die Leserbriefe verdienten mehr Aufmerksamkeit; erstrebenswert sei ein eigenes Diskussionsforum nach dem Vorbild der *Frankfurter Allgemeinen Zeitung*. Manches war ungerecht – die größten Bleiwüsten verursachte er oft selber, und auf der Titelseite schrieben regelmäßig auch Redakteure –, und viele Vorschläge gingen auf Anregungen aus der Redaktion zurück. Wer eine aktuelle Ausgabe der *Zeit* zur Hand nimmt, stellt fest, dass sich vieles seither verändert hat.

Bei der Bewertung der einzelnen Ressorts schnitten Politik und Wirtschaft am besten ab. Besonderen Unmut rief wieder einmal das Feuilleton hervor, in dem sich der Linkstrend nach Meinung des Verlegers weiterhin am hartnäckigsten behauptete. Der Wechsel von Raddatz zu Ulrich Greiner hatte in seinen Augen keinerlei Besserung gebracht. »Linke Intellektuelle werden vielfach gedruckt, Siegfried Lenz z. B. ist offenbar nicht links genug.« Mit dem Feuilleton der *Frankfurter Allgemeinen Zeitung* könne das der *Zeit* leider gar nicht mithalten – »die Sache wird nicht dadurch besser, dass unser Feuilleton fast sorgfältig die Personen und Themen ausspart, welche im Feuilleton der *FAZ* behandelt werden«.[49]

Aber welches Feuilleton schwebte Schmidt stattdessen vor? Waren seine Vorstellungen überhaupt kompatibel mit dem Berufsbild von Redakteuren, zu deren professionellem Ehrgeiz es gehörte, im Kulturbetrieb als wichtige Stimme wahrgenommen zu werden und den Kollegen anderer Häuser stets einen Schritt voraus zu sein? Schmidt gab viele Anregungen an das Feuilleton weiter, eigene und fremde – und dabei prallten Welten aufeinander. Nicht nur Baudenkmäler seien schützenswert, hieß es etwa im April 1987 in einer Hausmitteilung an den Feuilletonchef und den Musikkritiker, sondern auch Werke der Literatur und der Musik. »In diesem Zusammenhang erscheinen mir die vielen Vertonungen von Hermann Löns … durchaus zu jenem Bestand zu gehören, welcher der Erhaltung wert ist. Zwar liegt die Wandervogelbewegung zeitlich vor meiner Generation, sie ist praktisch in den zwanziger Jahren ausgelaufen; aber die Löns-Lieder werden auch im nächsten Jahrhundert noch zum deutschen Volksliedergut gehören.« Deshalb erlaube er sich die Anregung einer Reportage über das Westfälische Musikarchiv in Hagen.[50]

Theo Sommer war über Schmidts dreißigseitiges Memorandum verärgert. Was hier an Fehlern und Versäumnissen aufgelistet wurde, ging an der täglichen Praxis des Redaktionsbetriebs vorbei. In einer Hausmitteilung, die einen Tag später über den gleichen Verteiler ging, räumte der Chefredakteur ein, dass die *Zeit* ihrem hohen Qualitätsanspruch nicht in jedem einzelnen Artikel gerecht werde und es auch manchen Ausrutscher gebe. Ein Blatt zu machen, erfordere jedoch ständige Abwägung, denn die Redaktion stehe unter permanentem Zeitdruck und müsse vieles improvisieren. Schmidt fehle offenbar der Blick für die schwierigen Bedingungen der gärtnerischen Pflege, er sehe nur das Unkraut. Seine Mängelliste gehe an der Realität des täglichen Betriebs vorbei.

Leidenschaftlich widersprach Sommer der Behauptung, das Blatt tendiere insgesamt nach links und hofiere zunehmend die Grünen. »Dass wir alle freilich etwas ›grüner‹ denken, finde ich angesichts vielfältiger Umweltbedrohungen nur richtig.« Im Übrigen »ist ›ungedient‹ nicht gleich ›grün‹ … Den Chefredakteur Theo Sommer werden Sie jedenfalls nicht dazu kriegen, Manuskripte auf der Grundlage des Wehrpasses zu beurteilen.« Ob der Berliner Rechtshistoriker Uwe Wesel nur deshalb nicht mehr für die *Zeit* schreiben dürfe, weil er sich gelegentlich auch in der *taz* äußere? Die 68er prägten heute generationenbedingt viele Redaktionen, ihr Einfluss bei der *Zeit* sei aber keineswegs dominierend. Ihre Stimme sei auch deshalb wichtig, weil sich viele Leser mit ihnen identifizierten. Man könne doch nicht einfach »eine ganze Generation von Autoren und Abonnenten ausschließen«.

Zum Schluss verteidigte Sommer seinen persönlichen Führungsstil. Er erwarte von einem Verleger die gleiche »Duldsamkeit« und »Leidensfähigkeit«, die er als Chefredakteur auch jeden Tag aufbringen müsse. Schließlich sei eine Zeitung kein Ministerium, in dem von oben nach unten durchregiert werde, sondern »ein pulsierender Organismus«. Deshalb führe er die Redaktion so, »wie man kleine Fische brät: bei mittlerer Hitze und ohne abrupte Bewegungen«. Woche für Woche bemühe er sich auf diese Weise bis an die Grenze seiner Belastbarkeit um die Einhaltung der hohen Standards, denen sich alle bei der *Zeit* verpflichtet fühlten, und er gebe sein Bestes. »Ich würde es Ihnen nicht verübeln, wenn Sie mein Bestes nicht für gut genug hielten. Es liegt in Ihrer Hand, den Chefredakteur zu entlassen.«[51] In einem vertraulichen Handschreiben vom gleichen Tag, in dem er seine persönliche Betroffenheit kundtat, deutete Sommer an, dass er sich von Schmidt, der offenbar die Seiten gewechselt habe, im Stich gelassen fühle.

Was Sommer nicht wissen konnte: Auch gegenüber Bucerius wurde Schmidt in diesen Tagen deutlich. Eine Woche nach seinem Maßnahmenkatalog schrieb er dem Inhaber einen 22-seitigen Brief, den er »Versuch einer Gesamtdarstellung der Situation unseres Unternehmens« nannte. Den zentralen Vorwurf von Bucerius, die wirtschaftsfremde bis wirtschaftsfeindliche Haltung der Redaktion, insbesondere des Feuilletons, gefährde die zentrale Einnahmequelle der Zeitung, das Anzeigengeschäft, wies Schmidt zurück. Zwar führe »die generelle Attitüde der Redaktion gegenüber Problemen der Unternehmenswirtschaft … des Öfteren zu Verletzungen der Interessen der inserierenden Unternehmen«, aber dies sei »zu einem ganz erheblichen Maße unvermeidlich, weil die Redaktion ihre eigene Meinung vertreten können muss«.

Die Mehrheit der Redakteure sei leider weder wirtschaftsfreundlich, noch interessiere sie sich für Wirtschaftsthemen; nur wenige verstünden den Zusammenhang zwischen Anzeigenerlösen und der Existenz ihres Arbeitsplatzes. Er, Schmidt, bemühe sich, dem ökonomischen Unwissen durch »stetige Überzeugungsarbeit« entgegenzuwirken, und könne sich zum Beispiel vorstellen, durch »gelegentliche gemeinsame Abendunterhaltungen« mit den leitenden Redakteuren deren Unwissenheit ein wenig aufzuhelfen. Er blieb jedoch dabei, dass sich die *Zeit* vor allem durch ihr breites Meinungsspektrum auszeichne. Schmidt nannte es in diesem Zusammenhang »durchaus verständlich«, dass sich die Redakteure deutlich von der *Frankfurter Allgemeinen* und der *Welt* absetzen wollten, die »ziemlich hemmungslos der Unternehmerschaft nach dem Munde schreiben«.[52]

Mit seinen beiden Grundsatzpapieren vom 30. Mai und 6. Juni 1988 manövrierte sich Schmidt nicht nur sowohl gegenüber dem Chefredakteur als auch gegenüber dem Eigentümer in eine schwierige Situation. Sein Vorpreschen missfiel auch der Gräfin. »Die Zahlen und Prognosen [sind] interessant«, schrieb sie ihm am 8. Juli, »aber alles, was Sie zu redaktionellen Problemen anmerken, hat bei mir nicht nur leichte Besorgnis, sondern wirklich Kummer und allerlei Bedenken ausgelöst. Dass die Umstellung von einem Ministerium beziehungsweise von der höchsten Kommandostelle des Staates auf eine Redaktion so schwierig ist, war mir gar nicht klar.« Schmidt verkenne, dass sich der wirtschaftliche Erfolg der Zeitung nicht den Anzeigen, sondern in erster Linie der redaktionellen Unbestechlichkeit verdanke: »Wäre die Zeitung nicht so gut, würden die Leute nicht inserieren.« Würden Schmidts Empfehlungen, die Redaktion zu einer wirtschaftsfreundlichen Einstellung zu erziehen, bekannt, würde dies »zu peinlichen Schlagzeilen« führen.

Am Schluss ihres Briefes gab Marion Dönhoff dem Verleger ein paar nützliche Hinweise zur inneren Führung einer Redaktion. Sie wisse, dass Schmidt immer wieder entsetzt sei »über die Schwatzhaftigkeit im Hause«. Journalisten seien aber nun einmal unendlich neugierig und hätten »sehr feingestimmte Antennen – ohne diese könnten sie ihren Beruf gar nicht ausüben«. Wenn Schmidt also einen Artikel von Robert Leicht lobe und gleichzeitig auf den Fluren das Gerücht umgehe, er habe Sommer einen glänzenden Schreiber genannt, ein Chefredakteur sei der aber nicht, dann dürfe er sich nicht wundern, dass es heiße, er wolle Sommer weghaben. In einem so nervösen Gebilde wie einer Zeitungsredaktion gelte es zwei

Grundregeln zu beachten: erstens nur das anzudeuten – »möglichst mit Geheimvermerk« –, was wirklich »rumkommen darf«, und zweitens nie zu versuchen, einen Redakteur zu beeinflussen. »Die sind doch dazu da, aufzudecken.« Die Gräfin, die diese Grundsätze längst verinnerlicht hatte, diktierte den Brief vorsichtshalber Schmidts Referentin in dessen eigenem Büro.[53]

Die Kritik der Gräfin an seinem Führungsstil hat Schmidt schwer getroffen. Er habe seine Regierungsämter niemals autoritär geführt und müsse sich deshalb jetzt auch nicht umstellen, Marion irre. »In allen drei großen staatlichen Ämtern (Verteidigung, Finanzen, BK) habe ich kaum jemals eine Entscheidung getroffen ohne vorangegangene, breiteste Diskussionen. Viele Generale und Beamte waren entsetzt von den Diskussionen, die ich ihnen aufgezwungen habe … Ich war dazu erzogen worden durch die jahrzehntelange Mitwirkung im Fraktionsvorstand und schließlich als Fraktionsvorsitzender einer Oppositions- und später einer Regierungspartei. Die Diskussionen dort haben sich hinsichtlich des Tiefgangs, der Breite und der Form nicht unterschieden von den Diskussionen z. B. in unserer politischen Redaktion, die einem Leitartikel vorangehen.« Er wünsche sich, dass sie sich über diese Fragen bald einmal ausführlich austauschen könnten, so schloss der Brief; bis dahin bleibe er »wie immer in wirklicher Verehrung und Zuneigung stets Ihr Helmut«.[54]

Die Irritationen vom Sommer 1988 hallten lange nach. Es habe »innerhalb des Hauses Indiskretionen und Redereien gegeben, die sich zum Teil auch in Fremdpublikationen mit verzerrtem Inhalt wiedergefunden haben«, schrieb Schmidt Ende März 1989. Er bedauere das. Vieles habe sich inzwischen »insbesondere durch ein ausführliches Gespräch zwischen Theo und mir« erledigt. Acht Punkte, die seiner Meinung nach noch offen waren, fasste Schmidt diesmal in dreißig Zeilen zusammen: »Vielleicht sollten wir in der Käsekonferenz über diese Punkte sprechen.« Sehr versöhnlich gestimmt, betonte Schmidt am Ende seiner Hausmitteilung, dass er nach wie vor »unsere Zeitung für eine herausragende Dauerleistung« halte, »auch im internationalen Vergleich«.[55]

Am Grundproblem, den nicht definierten Zuständigkeiten, änderte sich wenig. Ende 1989 gab Schmidt die verlegerische Verantwortung ab, ohne dass ein konkreter Anlass erkennbar geworden wäre. Alles deutet darauf hin, dass ihn die dauernde Doppelbelastung, nach der Inhaberseite die Redaktion *und* die Ergebnisse zu rechtfertigen und zugleich gegenüber der Redaktion darauf zu drängen, den Spagat zwischen redaktioneller Freiheit und ökonomischer Vernunft nicht zu überdehnen, zermürbt hatte. So geht es auch aus jenem Brief hervor, den Schmidt zehn Jahre später, nach Lektüre des ihn betreffenden Kapitels der Bucerius-Biographie, an Ralf Dahrendorf schrieb. Schmidt zeigte sich verwundert darüber, dass »eine im Verlauf der 80er Jahre sich hinziehende Kontroverse« zwischen ihm und Bucerius gar nicht zur Sprache komme, nämlich die unklare Verantwortungsteilung. Dies habe am Ende dazu geführt, »dass ich auf meinen Wunsch aus der Geschäftsführung ausschied«.[56]

*

Im Dezember 1982 waren Helmut und Loki Schmidt aus dem Kanzlerbungalow ausgezogen. Loki hatte im Oberen Lindweg 31, in der Nähe der SPD-Parteizentrale, ein kleines Haus gefunden, das als Zweitwohnung des Bundestagsabgeordneten Schmidt (Hamburg-Bergedorf) hergerichtet wurde. 1987, nach Ablauf des Mandats, gaben die Schmidts dieses Domizil auf. Der Bevollmächtigte Hamburgs beim Bund, Alfons Pawelczyk, ein langjähriger Freund, stellte ihnen in der frisch renovierten Hamburger Landesvertretung ein Zimmer zur Verfügung, das sie nutzten konnten, wann immer sie in den folgenden Jahren nach Bonn kamen.

Seine Arbeit als Parlamentsabgeordneter, die 1953 mit seinem Einzug in den zweiten Deutschen Bundestag begonnen hatte, legte Schmidt zum Ende der zehnten Wahlperiode im Februar 1987 nieder. Nach seinem Ausscheiden aus dem Amt des Bundeskanzlers meldete er sich viermal mit einer Zwischenfrage zu Wort und hielt fünf größere Reden. Im November 1983 verteidigte er den Doppelbeschluss und kommentierte kritisch den Stand der Genfer INF-Verhandlungen; im Juni 1984 nutzte er die Regierungserklärung zum Weltwirtschaftsgipfel in London und zum EG-Gipfel in Fontainebleau für einige grundsätzliche Bemerkungen zur wirtschaftlichen und politischen Lage Europas; im März 1985 nahm er den Jahresbericht des Wehrbeauftragten zum Anlass, Willi Berkhan, seinem engsten Freund, der das Amt des Wehrbeauftragten zehn Jahre lang ausgeübt hatte, öffentlich zu danken und daran zu erinnern, dass die in den fünfziger Jahren von den Fraktionen durchgesetzte verfassungsrechtliche Einbettung der Streitkräfte zu den Sternstunden des Parlamentarismus in Deutschland zählte; im Dezember 1985, nach dem Luxemburger Gipfel des Europäischen Rates, kritisierte er, dass solche Treffen immer öfter mit wohlklingenden Absichtserklärungen ohne konkrete Ergebnisse endeten, forderte den Bundeskanzler auf, die Wirklichkeit nicht schöner zu malen, als sie sei, und erläuterte noch einmal seinen Katalog des Wünschbaren in der Europapolitik.

Am 10. September 1986 schließlich verabschiedete sich Schmidt mit einer zweistündigen, sehr persönlichen Rede vom Deutschen Bundestag. Er freue sich, dass er seine letzte Rede im Rahmen der Haushaltsdebatte halten könne, denn die Verabschiedung des Haushalts sei »historisch das Geburtsrecht des Parlaments« und habe ihm in den vergangenen 33 Jahren »immer als ein parlamentarischer Höhepunkt gegolten«. Im ersten Teil seiner Rede ging Schmidt auf die von der Regierung eingeleiteten Maßnahmen zur Haushaltskonsolidierung ein, die er hinsichtlich ihrer ökonomischen Auswirkungen »insgesamt skeptisch« beurteilte. Dann hielt er Helmut Kohl außenpolitisch den Spiegel vor: »Wenn man die Bilanz Ihrer außenpolitischen Absichten zieht, Herr Bundeskanzler, so ist anzuerkennen, dass auf dem Felde der Außenpolitik keine Wende eingetreten ist. Sie werden nicht erwarten, dass ich dies kritisiere, aber Absichten und Ergebnisse decken sich nicht in ausreichendem Maße. Eingetreten ist ein weitgehender Gewichtsverlust der Bundesrepublik, die sich unter Ihrer Regierung von der Einflussnahme auf die westliche Gesamtpolitik vorübergehend verabschiedet hat.« Die Bemerkung führte zu erheblicher Unruhe in den Reihen der Regierungsparteien und provozierte zahlreiche Zwischenrufe.[57]

Nach Ausführungen zur deutsch-deutschen Politik ging Schmidt auf die Mitte der achtziger Jahre viel diskutierten Grundrechtartikel 16 (Asylrecht) und 8 (Demonstrationsrecht) ein. Seine Haltung war eindeutig: »Missbräuche müssen verhindert und Asylverfahren müssen verkürzt werden, aber das Asylrecht als Grundrecht darf nicht angetastet werden.« Was die Demonstrationsfreiheit angehe, so halte er zwar nicht viel von den »feinen Unterscheidungen« zwischen Gewalt gegen Sachen und Gewalt gegen Menschen – »mir macht der Missbrauch dieses Grundrechts durch Gewalttäter tiefe Sorgen« –, aber auch an diesem Grundrecht dürfe nicht gerüttelt werden.[58] Es entsprach Schmidts tiefer Überzeugung, dass man die Finger vom Grundgesetz lassen und nicht immer gleich den Gang nach Karlsruhe suchen sollte, in den meisten Fällen genüge es, die Ausführungsbestimmungen zu ergänzen und notfalls zu verschärfen.

Am Ende seiner Rede kam Schmidt auf den Grundwertekatalog zurück: »Diese Artikel 1 bis 20 des Grundgesetzes sind die geistig-moralischen Grundlagen von Regierten wie auch Regierenden.« Er habe nie verstanden, was Helmut Kohl seinerzeit mit der Forderung nach einer geistig-moralischen Wende gemeint habe. Der Bundeskanzler sei aber sicherlich mit ihm einer Meinung, wenn er den Grundrechtekatalog der Verfassung die alleinige Richtlinie staatlichen Handelns nenne. Geistige Orientierung erwarte man von denen, die dazu berufen seien, von Pädagogen, Künstlern und Wissenschaftlern, von den Kirchen und Religionsgemeinschaften. Von einer Regierung erwarte man politische Orientierung und politische Führung, »das Ethos eines politischen Pragmatismus in moralischer Absicht«. Die Erreichung eines moralisch begründeten Zieles verlange schrittweises, vernunftgemäßes Handeln. Die Vernunft schließe das Pathos keineswegs aus, so endete die Rede, aber – so der später viel zitierte Satz – »keine Begeisterung sollte größer sein als die nüchterne Leidenschaft zur praktischen Vernunft«.[59]

Schmidts Abschiedsrede im Bonner Wasserwerk, die im Fernsehen übertragen wurde, fand in der Bevölkerung ein breites Echo. Noch am selben Tag gratulierte Bundestagspräsident Philipp

Jenninger: »Ich beglückwünsche Sie zu Ihrer eindrucksvollen und bewegenden Rede am heutigen Vormittag. In vielen Fragen haben Sie mir aus dem Herzen gesprochen.« Falsch sei allerdings Schmidts Annahme, der so genannte Milliardenkredit an die DDR 1983 sei ohne Gegenleistungen erfolgt: »Ich bin gern bereit, den Gegenbeweis anzutreten und Sie gelegentlich darüber aufzuklären.«[60] – »Von Resignation und Bitterkeit ist bei dem souveränen Abschiedsredner nichts zu spüren«, konstatierte Jürgen Leinemann im *Spiegel*, sondern eher so etwas wie »pathetischer Stolz«. Es sei allerdings zu bezweifeln, dass von dieser Rede eine Wirkung in die Zukunft ausgehe: »Dass am Ende alle sich einig sind, sie hätten einer ›großen‹ Rede gelauscht, lässt sich beim späteren Lesen höchstens phasenweise nachvollziehen.« Groß sei allenfalls »die Darbietung« gewesen, aber weder habe Schmidt die Frauenbewegung erwähnt noch die Kernkraft, und auch auf die Grünen oder die Friedensbewegung sei er mit keiner Silbe eingegangen – jene Themen also, die für die Politikgestaltung der nächsten Jahre von maßgeblicher Bedeutung seien.[61]

Liest man solche und ähnliche Artikel dreißig Jahre später, lässt sich verstehen, dass Schmidt zum Bohren harter Bretter keine Lust mehr hatte. Mit dem Zeitgeist – wenn man so subsumieren darf, was an neuen Strömungen Anfang der achtziger Jahre in vielen Bereichen der Gesellschaft sich durchsetzte – stand er auf Kriegsfuß. Gleichwohl ärgerte es ihn, als ein Mann von gestern bezeichnet zu werden. »Ich kann schon verstehen, warum sie das im *Spiegel* gedruckt haben«, sagte Schmidt vier Tage nach dem Leinemann-Artikel auf dem Prognos-Forum in Basel. Deshalb müsse er das Publikum zu Beginn seines Vortrages auch warnen: Er sei eingeladen worden, um über die Zukunft zu sprechen, aber von einem »Mann der Vergangenheit« dürfe man wirklich keine Voraussagen erwarten. Das war rhetorisch brillant, ließ bei aller Koketterie aber doch die Verletzung spüren.[62]

Helmut Kohl stand den neuen Themen – Frauen, Kernkraft, Frieden – noch sehr viel reservierter gegenüber als sein Vorgänger. Aber während Schmidt als Kanzler eines starken Staates aufgetreten war, der bei der Schleyer-Entführung seine Härte unter Beweis gestellt hatte, repräsentierte Kohl einen weichen, fast gemütlich wirkenden Politikstil, für den er von der politischen Linken gern belächelt wurde. Die These ist nicht abwegig, dass Kohl, weil man ihn in den Kreisen der neuen Protestbewegungen politisch und intellektuell unterschätzte, zur Deeskalation der ideologischen Glaubenskriege in der zweiten Hälfte der achtziger Jahre beigetragen hat. Die immer wieder neu gestellte Frage, ob Schmidt den Aufstieg der Grünen begünstigt habe, indem er es versäumte, Stichworte der Ökologie- und Friedensbewegung aufzugreifen, fände hier ihr Pendant.

Bis zum Ende der Legislaturperiode waren Schmidts Termine so gelegt worden, dass sie mit den Sitzungswochen des Bundestages möglichst nicht kollidierten; sowohl an den großen Debatten im Plenum als auch an den wichtigsten Fraktionssitzungen seiner Partei nahm er grundsätzlich teil, wenn es sich einrichten ließ. Von 1987 an kam Schmidt seltener nach Bonn. Sein Zuhause war immer schon Hamburg gewesen, und hier, am nördlichen Stadtrand, wo er und Loki 1961 ein bescheidenes Doppelhaus in einer Siedlung der Neuen Heimat erworben hatten, schlug er jetzt die Wurzeln für den letzten Lebensabschnitt.

In das hintere Haus waren zunächst Schmidts Eltern eingezogen; nach dem Tod des Vaters 1981 wurde die Mauer durchgebrochen und eine Verbindung mit dem vorderen Haus hergestellt. Tochter Susanne war 1979 nach London gezogen, es gab also reichlich Platz. Trat man in die Diele, lag rechts eine kleine Küche, durch die man am anderen Ende ins Esszimmer gelangte. In der Gästetoilette links hatte der sowjetische Staats- und Parteichef Breschnew bei seinem Besuch 1978 von seinem Arzt eine Spritze bekommen – eine Anekdote, die Schmidt gern erzählte, weil die beiden die Ampulle samt Verpackung liegen ließen, was der Hausherr als Vertrauensbeweis wertete. Von der Diele ging es geradeaus direkt in den großen Wohnbereich, der durch eine Verandatür am Ende viel Licht erhielt; davor stand der Flügel. Nach rechts schloss sich das eigentliche Wohnzimmer an, mit einer skandinavischen Sitzgruppe aus den sechziger Jahren und voller Bücherregale, die fast bis unter die holzgetäfelte Decke reichten. An dem breiten Durchgang, der zum Esszimmer führte, ging es links zu der kleinen Hausbar, in der Schmidts Personenschützer Otti Heuer den Gästen vor dem Essen einen Drink servierte. Alle Wände der Wohnung waren bis auf den letzten Quadratmeter von oben bis unten mit Kunst zugehängt: Gemälde und Zeichnungen der Maler aus Worpswede und Fischerhude, deutsche Expressionisten, der eine und andere Franzose, als Höhepunkt im Esszimmer eine Ansicht des Hamburger Hafens von Albert Marquet (eine Leihgabe des Museums in Altona) und ein Seestück von Emil Nolde, ein Geschenk Werner Ottos.

Zu Schmidts eigentlichem Reich gelangte man über eine Treppe, die hinter der Diele links in den hinteren Teil des Hauses führte. Später, als ihm und Loki das Gehen schwerfiel, wurde ein Treppenlift eingebaut. An Schmidts Arbeitszimmer schlossen sich zwei weitere Büros an; im ersten lagen Akten und Bücher, die eingeordnet beziehungsweise noch gelesen werden mussten, im zweiten fanden die Besprechungen mit den Mitarbeitern statt. Das Schlafzimmer hatte sich Schmidt in den letzten Jahren direkt neben dem Arbeitszimmer eingerichtet, sodass er bis spätabends oder auch nachts, wenn sich der Schlaf nicht einstellen wollte, arbeiten konnte. – Hinter dem Haus hatte Loki ein Gewächshaus errichtet, in dem sie das Wachstum seltener Pflanzen beobachtete, die sie von ihren Expeditionen in ferne Weltgegenden mitbrachte. Außerdem gab es ein kleines Schwimmbad mit Gegenstromanlage. Im Frühjahr 1992 konnte Schmidt die hintere Doppelhaushälfte auf dem Nachbargrundstück erwerben; dort wurde später angebaut und sein Archiv untergebracht.

Schmidt betonte gern, dass er niemals auf den Gedanken gekommen wäre, an die Elbchaussee oder in eine der weißen Villen rund um die Außenalster zu ziehen. Da gehörte er nicht hin, nobles Ambiente entsprach nicht seinem Herkommen. Wenn man ihn allzu sehr mit gesellschaftlichem Tamtam traktierte, konnte er durchaus grob werden. Bei einem festlichen Diner zu seinen Ehren im Hamburger »Atlantic« warf er einen Blick auf die Menükarte mit Hummer und getrüffeltem Täubchen, fragte dann laut den Oberkellner, ob sie hier auch was zu essen hätten, und bestellte Labskaus. Gäste am Brahmsee lud er bisweilen in den »Scheidekrug« ein und empfahl ihnen »vorzügliches Sauerfleisch oder vorzüglichen sauren Aal in Gelee und dazu Bratkartoffeln«.[63] In Langenhorn, inmitten kleinbürgerlicher Reihenhäuser mit Blumenrabatten in winzigen Vorgärten und gehäkelten Gardinen, fand Schmidt die Bescheidenheit seines Lebensstils angemessen repräsentiert. Zuhause gab es Erbsensuppe, Kassler und Grünkohl mit Pinkel, zum Nachtisch Rote Grütze. Darin unterschieden sich die Schmidts genauso wenig von den Nachbarn wie in ihrem Ärger über das weggeworfene Papier und die leeren Cola-Dosen, die Schmidt am Wochenende vor der Garageneinfahrt einsammelte.

*

Am 11. Oktober 1985 trat am Neubergerweg zum ersten Mal ein Gesprächskreis prominenter Hamburger aus vielen Bereichen des öffentlichen Lebens zusammen, der sich Freitagsgesellschaft nannte. Schmidt hatte die Runde Anfang des Jahres zusammengestellt und am 17. März neun Personen zur Teilnahme eingeladen. Die Treffen sollten an jedem zweiten Freitag eines Monats von Oktober bis April (mit Ausnahme des Januar) im Hause Schmidt stattfinden. »Der Zweck des Treffens ist das Gespräch bei einem einfachen Abendessen, sodann ein kleiner Vortrag eines der Beteiligten und dessen Erörterung.« Von Fall zu Fall könne man »einen auswärtigen Gast einladen, der zu einem uns gemeinsam interessierenden Thema etwas anzubieten hat«. Schmidt nannte in seinem Brief alle Personen, die er gleichzeitig anschrieb, fügte die Berufsangabe hinzu – »Helmut Schmidt, Mitglied des Deutschen Bundestages, von Beruf Diplomvolkswirt« – und gab auch gleich jedem der Adressaten ein Thema vor. Zum Schluss erinnerte er an die Abende im Hause von Marion Dönhoff in den sechziger Jahren, die ihm als so anregend in Erinnerung seien, dass er etwas Ähnliches gern neu auflegen wolle – »ich war seinerzeit der Jüngste, diesmal würde ich der Älteste sein«.[64]

Natürlich sagte keiner ab. »Freitag: das klingt nach Entlohnung, in jedem Fall nach Feierabend, man denkt an Zugewinn durch bevorstehende Muße«, schrieb Siegfried Lenz. Der Name Freitagsgesellschaft erinnere ihn unwillkürlich an »die Namen traditionsreicher Sprach- und Bildungs-Gesellschaften etwa im 17. Jahrhundert«, jedenfalls sei der Name ganz von Hamburgischem Geist getragen – und er »mit großer Freude dabei«.[65] Zu den weiteren Gründungsmitgliedern zählten die Journalistin Hélène Liebermann, die 1985 den Intendanten der Hamburger Staatsoper Rolf Liebermann heiratete; der Architekt Gerhart Laage, mit dem Schmidt seit Schulzeiten befreundet war und der 1990 Präsident der Bundesarchitektenkammer wurde; Michael Otto, Vorstandsvorsitzender des Otto-Versands, und Max Warburg, Gesellschafter des gleichnamigen Bankhauses, sowie drei Hamburger Bürgermeister, mit denen Schmidt seit langem befreundet war: Alfons Pawelczyk (amtierender Zweiter Bürgermeister), Peter Schulz (Erster Bürgermeister von 1971 bis 1974) und Henning Voscherau, der drei Jahre später zum Ersten Bürgermeister gewählt wurde. Eine Art Gegengewicht zu den drei Sozialdemokraten bildete Volker Rühe, stellvertretender Vorsitzender der CDU/CSU-Bundestagsfraktion, später Generalsekretär der CDU und von 1992 bis 1998 Bundesverteidigungsminister.

Die Freitagsgesellschaft war sehr diskret. Wenn Voscherau schonungslos den desolaten Zustand der Hamburger SPD analysierte, konnte er sicher sein, dass davon ebenso wenig nach außen drang, wie wenn Rühe die Außenpolitik der Regierung Kohl/Genscher einer kritischen Bestandsaufnahme unterzog. Als Kohl eins Tages Wind davon bekam, dass Rühe »andauernd bei dem Schmidt sitzt«, sei er hellhörig geworden und ziemlich misstrauisch, habe sich schließlich aber damit abgefunden.[66] »Kohl war kleinlich«, kommentierte Schmidt das Verhalten gegenüber Rühe. »Er ist im November 1989 zum Staatsmann geworden, aber er hat die Kleinlichkeit nicht abgelegt.«[67]

Dabei ging es bei den Treffen der Freitagsgesellschaft primär gar nicht um Politik, Schmidt hatte die Mitglieder nicht nach Parteizugehörigkeit ausgewählt. Ausschlaggebend war für ihn die Frage, ob der Betreffende auf seinem Gebiet etwas Substantielles beizutragen hatte, wie er sich in die Runde einfügen und ob man sich in seiner Gesellschaft wohlfühlen würde. In den an die Vorträge anschließenden Diskussionen ging es oft hoch her. Schmidt, immer am Ergebnis orientiert, legte Wert darauf, dass hinterher alle in dem Gefühl nach Hause gehen konnten, an diesem Abend etwas hinzugelernt zu haben. Ob über die Akzeleration internationaler finanzieller Verflechtung gesprochen wurde oder über unternehmerische Verantwortung im Rahmen der Globalisierung, über Probleme des deutschen Föderalismus oder die Rechtsentwicklung in China: Ziel war stets die gegenseitige Bereicherung über alle Berufs- und sonstigen Grenzen hinweg. Den ersten Vortrag im Oktober 1985 hielt Schmidt selbst: »Veränderungen der Weltkonstellation durch den Aufstieg Chinas und Japans«.

Nach dem ersten »Semester« im Winter 1985/86 wurde der Kreis der Mitglieder um sechs Personen erweitert. Häufiger als erwartet, hatten Teilnehmer kurzfristig absagen müssen, der Gesellschaft drohte wegen zu geringer Beteiligung ein vorzeitiges Ende; in den neunziger Jahren folgten weitere Berufungen. Schmidt führte Listen und mahnte säumige Mitglieder, sich stärker zu engagieren mit eigenen Vorträgen oder durch Übernahme des Protokolls, das bei jeder Sitzung angelegt und hinterher an alle verteilt wurde. Da es keine Statuten gab und Mitgliedschaft durch Akklamation erfolgte – anfangs einstimmig, später durch Mehrheitsbeschluss –, sah man davon ab, Faulpelze auszuschließen. Die Zahl der Mitglieder wuchs im Laufe der Jahre auf über zwanzig, sodass das Ziel, zu den Sitzungen mindestens jeweils zehn Teilnehmer zu versammeln, meist erreicht werden konnte.

Die Themen wurden ein halbes Jahr im Voraus festgelegt. Man unterhielt sich darüber, welche Fragen die Runde interessierten und ob eventuell einer von ihnen bereit und in der Lage war, hierzu einen Vortrag zu halten. In späteren Jahren wurden oft Gastredner eingeladen, als Erster Manfred Stolpe, der im November 1991 über die Situation in den neuen Bundesländern berichtete. Auch naturwissenschaftliche Themen, für die sich Helmut und Loki Schmidt besonders interessierten und die deshalb häufig auf der Tagesordnung standen, wurden gern Gastrednern übertragen. So sprach der Biochemiker Ernst-Ludwig Winnacker über Gentechnologie (November 1995), der Biologe Hubert Markl über Forschung und Innovation in Deutschland (Oktober 2000), und der Neurophysiologe Wolf Singer beschrieb die Wege »Vom Gehirn zum Bewusstsein« (Dezember 2000). Die Kontakte zu den Wissenschaftlern der Deutschen Forschungsgemeinschaft hatte Reimar Lüst hergestellt, ehemals Präsident der Max-Planck-Gesellschaft und seit 1992 eines der besonders aktiven Mitglieder der Freitagsgesellschaft.

Mitte der neunziger Jahre wurde es Brauch, einmal pro Halbjahr die Lebenspartner mit einzuladen. Meist nutzte man die Gelegenheit zu einem Ausflug. Im Oktober 1995 traf man sich auf Schloss Gottorf zu einer Führung durch Landesmuseumsdirektor Heinz Spielmann, seit 1987 Mitglied der Freitagsgesellschaft. Im April 1997 stellte Henning Voscherau auf einer Elbfahrt mit der Senatsbarkasse das neue Hamburg vor. Ein Jahr später wurde ein Gastvortrag zur Architektur und Stadtgeschichte an der Alster mit einer abendlichen Bootsfahrt verbunden. Eine Aufführung der Staatsoper verfolgte die Freitagsgesellschaft hinter den Kulissen (September 2003); Heinz Spielmann führte im März 2004 durch die Etrusker-Ausstellung im neuen Bucerius Kunst Forum; und im Juni 2006 fuhren alle gemeinsam nach Finkenwerder, um den neuen Airbus A-380 zu besichtigen.

25 Jahre lang war Loki Schmidt Gastgeberin der Freitagsgesellschaft am Neubergerweg, aufmerksam und ausgleichend. Für langjährige Freunde fand sie bei der Begrüßung stets einige persönliche Worte, neue Mitglieder wurden von ihr so warmherzig empfangen, als gehörten sie schon immer dazu. Ging es in der an Essen und Vortrag anschließenden Diskussion drunter und drüber, wusste sie durch eine einfache Frage die Gemüter schnell zu beruhigen. Geschult durch die Erfahrung langer Ehejahre, besaß sie eine Antenne dafür, wann der Moment gekommen war einzugreifen. Ohne selbst Mitglied zu sein, war sie für viele das Herz, jedenfalls die Seele der Freitagsgesellschaft. Zweimal trug sie mit einem eigenen Vortrag bei;

als Botanikerin sprach sie über die Entwicklung der Pflanzenwelt in Europa seit der Eiszeit (bezeichnenderweise in Vertretung ihres Mannes, der kurzfristig verhindert war) und über Pflanzen an extremen Standorten.[68]

Als 1999 ein erster Band mit ausgewählten Vorträgen der Freitagsgesellschaft erschien, sprach Schmidt im Vorwort die Hoffnung aus, dass sich Menschen in anderen Städten durch das Hamburger Beispiel anregen ließen und zu ähnlichen Gründungen zusammenfänden. Die gegenseitige Unterrichtung und der freie Meinungsaustausch über alle beruflichen und gesellschaftlichen Interessen hinweg stärkten in seinen Augen die Toleranz und schärften das Verantwortungsbewusstein des Einzelnen. Die demokratische Elite brauche solche Gesprächsrunden, aus denen geistige Orientierung erwachse, sie seien für den Bestand des Gemeinwesens geradezu unerlässlich. »Jedermann hat die sittliche Pflicht, für das Wohl des Ganzen zu wirken« – diesen Satz aus der Präambel der Hamburgischen Verfassung, an den er 1992 durch einen Leserbrief erinnert wurde und den er seither oft zitierte, hätte Schmidt auch als Motto der Freitagsgesellschaft wählen können, die für ihn ebendies symbolisierte: bürgerschaftliches Engagement. Der »Bürgersinn« ist es, der – schrieb Goethe 1807 seinem Herzog ins Stammbuch – »die Städte bauet ...die Staaten gründet«.

Einige Hamburger, deren patriotische Haltung Schmidt kannte und denen er sich auch persönlich verbunden fühlte, fehlten auf seinen Kandidatenlisten. Gerd Bucerius zum Beispiel oder Marion Dönhoff, auf deren Pumpenkamp-Runde der Plan zur Gründung der Freitagsgesellschaft ja zurückging. Zum einen legte Schmidt Wert auf Abgrenzung zu seinen anderen Aktivitäten, insbesondere zu seiner Tätigkeit für die *Zeit*; erst in späteren Jahren waren Kollegen aus dem Pressehaus hin und wieder als Gastredner geladen. Zum anderen suchte er für die Freitagsgesellschaft interessante Gesprächspartner, und das hieß für ihn, Leute, die etwas zu bieten hatten, weil sie in ihrem jeweiligen Fach an der Spitze standen. Von einem Arzt wie Heiner Greten oder einem Physiker wie Volker Soergel versprach sich Schmidt mehr als von manchem Prominenten, der gern dabei gewesen wäre. In seinem eigenen Haus als Gastgeber seiner eigenen Runde wollte Schmidt frei schalten und walten können, ohne Rücksicht nehmen zu müssen.

Erstaunlicherweise wurde auch Kurt Körber offenbar nicht der Mitgliedschaft für wert befunden. Körber, neun Jahre älter als Schmidt und einer seiner wenigen Duzfreunde, hatte mit Maschinen zur Herstellung von Filterzigaretten, die er weltweit vermarktete, große unternehmerische Erfolge erzielt. Bereits Ende der fünfziger Jahre begann er sich mäzenatisch zu betätigen und stellte sich damit – ähnlich wie um die gleiche Zeit Alfred C. Toepfer – in »die große hamburgische Tradition der Stiftungen aus persönlichem Vermögen zugunsten des öffentlichen Wohls«.[69] Da Hamburg nie Residenz war und sich hier weder Fürsten noch Fürstbischöfe verwirklichen konnten, waren Armen- und Krankenpflege und nicht zuletzt das kulturelle Leben der Stadt immer schon auf Schenkungen wohlhabender Bürger angewiesen. Allein für die Förderung von Kultur und Wissenschaft stellte Körber zeit seines Lebens mehr als 200 Millionen DM zur Verfügung, nach seinem Tod 1992 fiel sein Privatvermögen an die Körber-Stiftung, die heute über ein Stiftungskapital von rund 500 Millionen Euro verfügt. »Ein genialer Erfinder … zugleich ein entschiedener sozialer Reformer … drittens ein öffentlich wirksamer Philanthrop«, so beschrieb Schmidt den Toten in seiner Trauerrede.[70]

Die Hauni-Werke, der Kern der späteren Körber AG, lagen in Schmidts Wahlkreis Bergedorf, und die gemeinsame Liebe zu diesem Stadtteil im Osten Hamburgs hat in der Freundschaft zwischen den Familien Körber und Schmidt eine wichtige Rolle gespielt. Von Anfang an gehörte Schmidt zu den regelmäßigen Teilnehmern des Bergedorfer Gesprächskreises, in dem sich seit über einem halben Jahrhundert, an verschiedenen Orten der Welt, Vertreter aus Politik, Wirtschaft und Wissenschaft zur Diskussion über aktuelle Zeitfragen treffen. Es war Kurt Körber, der Schmidt gleich nach seinem Ausscheiden aus dem Kanzleramt eine Studie zu Weltwirtschaftsfragen finanzierte und am 23. Dezember 1983 im Haus im Park in Bergedorf ein großes Fest zu Schmidts 65. Geburtstag ausrichtete.

Fünf Wochen später trug Schmidt dem Freund die kühne Idee eines deutschen »Nobelpreises« vor. Es sollten Leistungen in den Naturwissenschaften, den Ingenieurwissenschaften und auf dem Gebiet der Medizin ausgezeichnet werden. Als eigentlichen Zweck einer entsprechenden Stiftung bezeichnete es Schmidt jedoch, westdeutsche und ostdeutsche Wissenschaftler zusammenzubringen, »sodass daraus à la longue auch ein politischer, gesamtdeutscher Effekt entstehen kann«; das Leitungsgremium müsste aus diesem Grund auch mit Wissenschaftlern aus der DDR besetzt werden. Weil deutsche Wissenschaftler seit Kriegsende bei der Vergabe der Nobelpreise nicht mehr angemessen berücksichtigt würden – er vermute, dass dabei »unterschwellig auch antideutsche Ressentiments eine Rolle spielen, die durch Hitler und seine Untaten nun einmal auf der ganzen Welt geweckt wurden« –, sei »das Ansehen der deutschen Wissenschaft in der Welt stark zurückgegangen«. Dem könne man mit der Verleihung der »Körber-Preise« entgegenwirken. Und man könnte die Preise, anders als das Nobel-Komitee, auch für laufende Forschung und Entwicklung in Unternehmen vergeben, zum Beispiel für die von Siemens und Röntgenmüller gemeinsam entwickelte Nierensteinzertrümmerungsanlage. Schmidt machte sich Gedanken bis in die Details.[71]

Die Realisierung eines solchen Planes, räumte Schmidt ein, würde »Deine Mittel so sehr beanspruchen, dass es später nicht mehr möglich wäre, zurückzuschalten« auf andere Projekte, über die sie in letzter Zeit gesprochen hätten. Natürlich sei er selber gern bereit, »mit meinem Namen und meiner Urteilskraft« zum Gelingen beizutragen. Als geeigneten Gesprächspartner empfehle er einstweilen Reimar Lüst, der im Laufe des Jahres als Präsident der Max-Planck-Gesellschaft ausscheide und Generaldirektor der Europäischen Raumfahrtbehörde ESA in Paris werde.[72] Zum Schluss kündigte Schmidt an, dass er »möglicherweise demnächst mit einem nicht übertriebenen Finanzierungswunsch an Dich herantreten werde«; er wolle das alte Monnet-Komitee wiederbeleben, um »mit eigenen Vorschlägen die EG wieder in Gang zu bringen«. Drei Tage später telefonierten Schmidt und Körber: »Ausführlich und sehr positiv den Vorschlag … besprochen«, notierte Schmidt nach dem Gespräch.[73]

Der noch im selben Jahr 1984 von Kurt Körber nach Beratungen mit Reimar Lüst ins Leben gerufene »Körber-Preis für die Europäische Wissenschaft«, der helfen sollte, mit den Mitteln der Wissenschaft Grenzen zu überwinden, ist heute mit 750 000 Euro dotiert. Er wird jährlich durch die Körber-Stiftung verliehen für herausragende Leistungen in den Life Sciences und Physical Sciences und zählt zu den angesehensten Wissenschaftspreisen des Landes.

Körber war nicht nur eine stark dominierende Persönlichkeit, er verfolgte auch recht eigensinnige, hochfliegende, aber oft nicht zu Ende gedachte Pläne. Im Sommer 1987 wollte er einen »Appell an alle Völker der Welt« veröffentlichen und mit der Gründung eines Weltinstituts dazu beitragen, die natürlichen Grundlagen und damit »die zukünftige Existenz der Menschheit« zu sichern. Das Thema sei »natürlich faszinierend«, suchte Marion Dönhoff ihn zu bremsen, aber sie frage sich, ob man wirklich »den Umweg über eine Weltkonferenz« gehen müsse, wo doch so viele gute Leute seit langem mit diesen Fragen beschäftigt seien, sodass »Du möglicherweise den Anschluss verpasst«. Ob es nicht sinnvoller wäre, stattdessen in der Bundesrepublik »ein kleines, zweckmäßiges, modernes Institut« zu gründen, das eines Tages »zur repräsentativen Zentrale für alle derartigen Bestrebungen in der Bundesrepublik werden« könnte.[74] Da sie Körbers Empfindlichkeiten kannte, fragte die Gräfin vorsichtshalber bei Schmidt nach, ob sie den Brief wirklich abschicken solle. Schmidt hatte bereits drei Wochen zuvor erhebliche Bedenken gegen Körbers »Pro Terra Forum« geltend gemacht.

Körber folgte dem Prinzip des »Think big«. Das galt allerdings auch hinsichtlich seiner Erwartungen an andere, nicht zuletzt wenn es darum ging, dass sein Einsatz und seine Leistungen angemessen gewürdigt wurden. Mit Verachtung reagierte er daher auf Überlegungen des Hamburgischen Senats, ihm zum 75. Geburtstag die Hamburgische Ehrendenkmünze in Gold zu verleihen. Etwas anderes als die höchste Stufe der Anerkennung, die Ernennung zum Ehrenbürger, kam für ihn nicht in Betracht. Helmut Schmidt, der sich im Frühjahr 1984 sowohl für eine Ehrung Körbers als auch für eine angemessene Würdigung Werner Ottos einsetzte – für den er gemeinsam mit Karl Klasen zum 75. Geburtstag das Große Bundesverdienstkreuz mit Stern und Schulterband erwirkte –, musste wiederholt bei Bürgermeister von Dohnanyi insistieren und viel Überzeugungsarbeit leisten, bis sich der Senat dazu durchringen konnte, Kurt A. Körber im September die Ehrenbürgerschaft der Freien und Hansestadt Hamburg zu verleihen.[75]

4
Einmal um die Welt

Helmut Schmidt identifizierte sich sehr schnell mit der Rolle des »Elder Statesman«. Als er in einem Interview des Deutschlandfunks zu seinem 65. Geburtstag im Dezember 1983 gefragt wurde, ob er nicht zusammenzucke, wenn man ihn trotz seines relativ jugendlichen Alters einen »Elder Statesman« nenne, meinte Schmidt, er betrachte dies als »eine angemessene Bezeichnung«. Allerdings relativierte er den Begriff sofort, indem er darauf verwies, dass damit keineswegs ein endgültiger Rückzug aus der aktiven Politik verbunden sei. Er nannte als Beispiel Lord Carrington, »der jetzt wieder reaktiviert wird, um Generalsekretär des Nordatlantischen Bündnisses« zu werden. Henry Kissinger falle ihm ein, »der vielleicht auch noch einmal reaktiviert wird – das will ich gar nicht ausschließen«, und auch Giscard d'Estaing habe niemals erklärt, dass er »in der Politik kein Amt mehr ausüben« wolle. Das Interview ließ den Schluss zu, dass auch Helmut Schmidt darauf spekulierte, noch einmal gerufen zu werden.[1]

Zwei Wochen nach den Bundestagswahlen war Schmidt im *Spiegel* mit dem Satz zitiert worden: »Ich will nichts mehr werden, ich *war* was.«[2] Hätte er es auf einen der von ihm zweifellos als »adäquat« angesehenen Spitzenjobs bei der NATO, beim Internationalen Währungsfonds oder bei der Weltbank abgesehen, hätte er sich um Unterstützung durch die Bundesregierung bemühen müssen – und die zu bekommen war dann doch unrealistisch. Sein Eintritt in die *Zeit* hatte ihm über die schwierigen Monate des Machtverlustes hinweggeholfen und zugleich seine politische Unabhängigkeit unterstrichen. Ein Jahr nach seinem Sturz war die Basis gelegt für ein breites publizistisches Wirken jenseits aller Parteipolitik und über die Grenzen Deutschlands hinaus. Am 23. Oktober 1983 hielt Schmidt in Berlin die Rede zur Verleihung der Dag-Hammarskjöld-Medaille an Robert McNamara, den ehemaligen US-Verteidigungsminister und Präsidenten der Weltbank. Sie beide seien nicht zurückgetreten, versicherte er dem Freund, »um uns in den passiven Ruhestand zu verfügen, sondern auch ein wenig, um frei von der Last des Tagesgeschäftes unseren Einsichten Geltung und vielleicht einem Teil unserer Hoffnungen Realität zu verschaffen«.[3]

In welche Richtung er sich denn jetzt stärker einzumischen gedenke, eher im Sinne der hanseatischen Reeder – »Mein Feld ist die Welt« – oder eher als Abgeordneter des Wahlkreises Hamburg-Bergedorf, wollte der Redakteur des Deutschlandfunks, Bernhard Wördehoff, wissen. Alles in allem werde »relativ wenig« von ihm zu hören sein, antwortete Schmidt. Jedenfalls werde er sich mit ungebetenen Ratschlägen zurückhalten, und es liege ihm auch nicht, Noten über seinen Nachfolger zu verteilen. Befriedigung finde er jetzt vor allem auf Reisen, auf denen er mehr sehe und mehr lerne als früher, denn bei den Amtsterminen sei ja immer wenig Zeit geblieben. Besonders gern folge er Einladungen von Freunden, die noch im Amt seien. Mit ihnen könne er sich jetzt ganz offen austauschen: Wie hast du das damals gemacht, wie siehst du das heute?

Der Redakteur hakte nach. Bergedorf, Schmidts Wahlkreis im Südosten Hamburgs, liege ja nicht weit von Friedrichsruh im Sachsenwald, stichelte er in Anspielung auf den berühmtesten Altkanzler der Deutschen, der von dort dereinst durch gezielte Presseverlautbarungen seine Nachfolger um den Schlaf gebracht hatte. Am 15. April 1890, zwei Wochen nach Bismarcks Sturz, war der Hamburger Verleger Emil Hartmeyer nach Friedrichsruh gefahren und hatte dem vom Kaiser Entlassenen angeboten, er könne jederzeit über die *Hamburger Nachrichten* verfügen, die Hartmeyer gehörten. Bismarck griff auf der Stelle zu und rückte seinen Widersachern in Berlin, die er allesamt für kleine Lichter hielt, bis zu seinem Tod mit abfälligen Kommentaren und Indiskretionen zu Leibe.

Helmut Schmidt gebot bereits seit Jahren über ein »eigenes« Periodikum. Seit dem Frühjahr 1976 schrieb er, zunächst unregelmäßig, seit 1980 monatlich unter dem Titel »Unser Mann in Bonn« eine Kolumne in der *Bergedorfer Zeitung*. Die Texte in der einfachen Sprache von Leuten, die als einzige Zeitung neben der *Bild* das Kreisblatt hielten, wurden von seinem Büro vorbereitet, Schmidt verknappte und spitzte zu. Gelegentlich ließ er die Rhetorik des Wahlkämpfers aufblitzen und setzte auf einen groben Klotz einen groben Keil. Diese Kolumnen waren eine Lust – für Leser und Autor. Schmidt hatte sich gegenüber Bucerius ausbedungen, an dem Arrangement festhalten zu können.

Der Kolumnist der *Bergedorfer Zeitung* schrieb nicht nur anders, er dachte auch in anderen Kategorien als der politische Kommentator der *Zeit*. Anfang Februar 1984 äußerte sich Schmidt in beiden Blättern zur Kießling-Affäre. Verteidigungsminister Manfred Wörner war einer Intrige gegen den Vier-Sterne-General Günter Kießling aufgesessen; er hatte ihn wegen angeblicher Homosexualität als Sicherheitsrisiko eingestuft und zum Jahresende vorzeitig in den Ruhestand geschickt, zum 1. Februar 1984 aber reaktivieren müssen. In der *Zeit* gab Schmidt eine Nachhilfestunde zu Artikel 65a des Grundgesetzes, der die Befehls- und Kommandogewalt über die Streitkräfte regelt. Nach der Kießling-Affäre müssten sich die politischen Parteien bemühen, so das staatsmännische Fazit, »das Vertrauen der Soldaten wieder zu festigen. Die Soldaten verdienen es. Man kann nicht anders, als mit ihnen zu fühlen.«[4]

Zwei Tage später setzte Schmidt bei der Bewertung der Kießling-Affäre in der *Bergedorfer Zeitung* die Akzente deutlich anders: »Die ganze Affäre ist im Kern eine Kohl-Affäre. Der Bundeskanzler hat in Kauf genommen, sich und sein Führungsamt zum Gespött der Weltpresse werden zu lassen … aus Angst vor einer Kabinettsumbildung. Denn diese hätte an F. J. Strauß nicht mehr vorbeigehen können – und vor ihm hat der Bundeskanzler Angst.« Er wolle die Parallele zur Regierung Erhard/Mende nicht überbewerten, aber »sofern die Parallele stimmen sollte, so hätte die Regierung Kohl/Genscher in diesen Wochen schon die Hälfte ihrer Zeit verbraucht«.[5]

Offenbar konnte Schmidt das Ende der Regierung Kohl/Genscher kaum noch erwarten. Vier Monate später, im Juni 1984, teilte er den Lesern der *Bergedorfer Zeitung* mit, dass er auf seinen vielen Reisen rund um die Welt immer wieder »nach meinem Urteil über meinen Amtsnachfolger« gefragt werde. Er lehne solche Fragen ab, weil es sich nicht gehöre, darauf zu antworten, »aber diese Fragen werden gestellt, und zwar mit einem Unterton, der mich beunruhigt«. Auch zuhause in Deutschland habe er sich bisher mit Stellungnahmen zurückgehalten, weil er das als »ein Gebot der Fairness« erachte. »Aber Schonfristen können natürlich nicht unbegrenzt sein.«[6] Ein bisschen Bismarck war das schon.

Die Regierung Kohl/Genscher steckte zu diesem Zeitpunkt in einem absoluten Tief. Die FDP war bei der Europawahl gescheitert, Mitte Juni kündigte Genscher seinen Rücktritt vom Parteivorsitz an. Laut Umfragen des Emnid-Instituts und der Forschungsgruppe Wahlen vom Mai zeigten sich 53 Prozent der Wähler unzufrieden mit der Arbeit der Regierung, bei nur 40 Prozent Zustimmung; das waren die gleichen Werte, die der Regierung Schmidt/Genscher zu Beginn ihres letzten Jahres bescheinigt worden waren. Auch Kohls persönliche Werte rutschten in den Keller, er landete etwa da, wo er als Oppositionsführer im Sommer vor dem Machtwechsel gestanden hatte.[7] Die Wende war nicht nur ausgeblieben, sie erwies sich in den Augen der Mehrheit der Bürger als ein rhetorischer Bluff.

Auch wenn die *Bergedorfer Zeitung* jenseits von Reinbek nicht mehr gelesen wurde, schrieb Schmidt bis zu seinem Ausscheiden aus dem Bundestag weiter seine Kolumnen. Das geschah zweifellos auch aus persönlicher Sympathie für den Chefredakteur Fred Hansch. Einer seiner letzten Artikel für die *Bergedorfer Zeitung* war Schmidts Nachruf auf Hansch im Oktober 1986, der einen ungewöhnlichen Einblick auch in die Seele des Autors gewährte: »Wir gehörten beide der gleichen Generation an, nämlich der Altersgruppe derjenigen Deutschen, welche zur Zeit der Machtergreifung Hitlers noch Kinder und deshalb ohne eigenes Urteil gewesen waren, welche gleichwohl als Jugendliche in Hitlers Weltkrieg ihre Haut hatten zu Markte tragen müssen und deshalb 1945 … als sehr früh Erwachsene nach Hause kamen – ohne jede Illusion.« Zwar habe es sie beide nach dem Krieg ins jeweils andere politische Lager gezogen, aber –

und darauf kam es Schmidt an – »die Kriegsgeneration wusste, dass die Parteizugehörigkeit nicht über menschliche und mitmenschliche Qualitäten triumphieren durfte«.[8]

Schmidt war sich im Klaren darüber, dass zu viel Kritik an seinem Nachfolger irgendwann als Dauernörgelei empfunden worden und auf ihn selbst zurückgefallen wäre. Er dürfe sich jetzt nicht »als schlechter Verlierer erweisen«, mahnte ihn sein ehemaliger Kanzleramtschef: »Die Leute wollen im Großen und Ganzen Helmut Schmidt als Staatsmann erleben.«[9] Und wo hätte man auch ansetzen sollen, um Kohl zu packen? Die zahlreichen Fettnäpfchen, in die der Neue trat, die provinziellen Ungeschicklichkeiten, der mangelnde Schliff, der den Gegensatz zum Amtsvorgänger besonders scharf hervortreten ließ: All das mochte immer wieder Anlass zur Verwunderung sein. Anlass zu ernster Besorgnis war es nicht. Nachdem sich der Pulverdampf der Neuwahlen ziemlich bald verzogen hatte, ließ Kohl erkennen, dass es nicht sein Ehrgeiz war, die Ergebnisse aus dreizehn Jahren sozialliberaler Koalition um jeden Preis rückgängig zu machen. Zum Leidwesen mancher Unions-Hardliner, die vor allem in der Innen-, Rechts- und Deutschlandpolitik gern zurückgerudert wären, deutete der erste Wechsel in der Geschichte der Bundesrepublik von einer rotgeführten zu einer schwarzgeführten Regierung auf Kontinuität.

Augenfällig wurde das nicht nur in der Nachrüstungsdebatte, dem wichtigsten Thema der ersten Hälfte der achtziger Jahre. Hier stand Schmidt isoliert zwischen seiner eigenen Partei und der neuen Regierung und musste vor allem verhindern, von den Scharfmachern der Union gegen die eigenen Leute in Stellung gebracht zu werden, was nicht immer gelang. Auch in der Finanz- und Wirtschaftspolitik, die sich eine Senkung der Staatsquote bei gleichzeitigem Anstieg des Wachstums zum Ziel gesetzt hatte, lagen Schmidts Vorstellungen deutlich näher an denen des von ihm geschätzten Finanzministers Gerhard Stoltenberg als an denen seiner Partei. Und Kohls Parole für die Europapolitik: »Jede für Europa ausgegebene Mark ist gut angelegtes Geld!«[10] hätte genauso gut von Schmidt stammen können.

Auf diesen wie auf allen anderen Politikfeldern mit Ausnahme der Sozialpolitik lagen die Unterschiede in den Nuancen. Wichtig in den Augen Schmidts war insbesondere der erkennbare Wille Kohls, in der Außenpolitik an die Ergebnisse seines Vorgängers anzuknüpfen. In einem Brief an Herbert Wehner formulierte er seine Zufriedenheit darüber im Juli 1983 so: »Außenpolitisch hat die B[undes]Reg[ierung] Kohl in neun Monaten bisher ziemlich deutlich Kurs gehalten und nur kleinere Fehler gemacht; jedoch ist ihr Einfluss in Moskau und in Washington schon spürbar kleiner, als er sein könnte und sollte (und als er zu unserer Zeit war).«[11]

Als Bundeskanzler hatte Schmidt es sich zur Gewohnheit gemacht, zum Jahreswechsel die wichtigsten Entwicklungen der zurückliegenden Monate zusammenzufassen und die vorrangigen Aufgaben für die nächste Zeit zu beschreiben. Oft blieb keine Zeit für einen eigenen Bericht, dann musste ein Mitarbeiter eine Vorlage anfertigen, oder Schmidt schickte ein aktuelles Redemanuskript. Regelmäßige Empfänger der recht freimütigen Rechenschaftsberichte waren der Partei- und der Fraktionsvorsitzende.[12] Auch wenn sie inzwischen beide aus der aktiven Politik ausgeschieden seien, so Schmidt an Wehner im Sommer nach dem Machtwechsel, solle doch »der alte Brauch nicht gebrochen werden«.

Am Anfang stand Privates. Am Brahmsee sei es seit langem »unglaublich sonnig und trocken – die Wiesen sind gold-gelb-braun verbrannt und sehen aus wie die nordamerikanische Weizenlandschaft nach der Ernte. Da wir unseren eigenen Brunnen haben, bewässern wir regelmäßig die Bäume, die uns am meisten am Herzen liegen. Ich bin schlecht zu Fuß (nach der – immer noch etwas qualvollen – Absetzung der Zigaretten immer noch viel zu hohes Gewicht).« Dann listete Schmidt einige seiner Besucher auf und berichtete, wen er seinerseits besucht hatte. Die regelmäßigen Kontakte seien wichtig für ihn. Ob Wehner schon einmal daran gedacht habe, im Winter in seinem Godesberger Haus »ein kleines Kränzchen« zu versammeln, Zuspruch werde ihm sicher guttun. »Zwar will die Partei (vor allem: die Parteiführung – besser: *Nicht*-Führung) Deine und auch meine Politik in ihrer unbequemen Stringenz gegenwärtig möglichst schnell beiseite schieben, der Opportunismus grassiert, aber der Respekt der Einzelnen vor Erfahrung und Leistung bleibt deutlich.«

Im politischen Teil wagte Schmidt zunächst die Prognose, dass der Konjunkturaufschwung in den USA abflachen und jedenfalls nicht nach Europa durchschlagen werde. »Das heißt: Arbeitslosigkeit 1983 im Schnitt höher als 1982, dito 1984. Dafür kann Kohl nicht … Er kann es genauso wenig ändern, wie wir das konnten.«[13] Aber dann: trübe Aussichten nicht nur bei den Genfer INF-Verhandlungen, sondern auch bei den deutsch-französischen Beziehungen. Weil der Westen insgesamt nach wie vor »ohne klare Führung« dastehe, sei eine enge Zusammenarbeit mit den Franzosen umso dringender geboten. »Zur Zeit Carters haben Giscard und ich tatsächlich gemeinsam erheblich – wenn auch gewiss nicht umfassend – steuern können.« Warum sollte etwas Ähnliches nicht auch zwischen Mitterrand und Kohl möglich sein? Jedenfalls habe er »beiden sehr eindringlich und mit guten außenpolitischen Argumenten geraten«, aufeinander zuzugehen; dies liege nicht nur im Interesse Deutschlands und Frankreichs, sondern sei auch gesamtpolitisch erwünscht.

Zum Schluss gab es ein paar freundliche Bemerkungen zu Hans-Jochen Vogel, dem erfreulicherweise bewusst sei, dass er »auf ökonomischem, internationalem und strategischem Gebiet noch Erhebliches lernen« müsse. »Je länger es bei Willy Brandt und seinem Laisser-faire Larifari bleibt«, desto schwerer werde es für Vogel jedoch werden. Brandts Urteilskraft lasse im Übrigen auf sämtlichen Gebieten stark nach. Sein Hauptantrieb sei inzwischen wohl »der doppelte Wunsch, jungen Menschen moralisch zu imponieren und – dadurch – Führer zu bleiben«.[14]

Der neunseitige Brief – handgeschrieben auf Papier des »Bundesministers für Wirtschaft und Finanzen«, das seit Jahren am Brahmsee aufbewahrt und aus Sparsamkeitsgründen noch immer verwendet wurde – strotzte vor Kraft. Von Selbstzweifeln nicht die Spur. Aber auch Selbstmitleid suchte man auf diesen Seiten vergebens. Hier sprach kein larmoyant mit den Zeitumständen hadernder Ex-Politiker, der überall Schuldige ausmachte, hier sprach, neun Monate nach seiner Abwahl, noch immer der Bundeskanzler, der den Blick nach vorn richtete und nicht einmal damit ein Problem zu haben schien, dass es einen Nachfolger gab. Sollte Helmut Schmidt der Abschied von der Macht tatsächlich so wenig schwergefallen sein, wie der Brief an Wehner vermuten lässt?

Aufgrund von Krankheit und Alter stand Wehner nicht mehr uneingeschränkt zur Verfügung. Schon während der Turbulenzen im Vorfeld des Koalitionswechsels war der SPD-Fraktionsvorsitzende nicht mehr im Vollbesitz seiner Kräfte gewesen und hatte an vielen Sitzungen nur noch schweigend teilgenommen. Ende 1982 setzte dann rasch zunehmende Demenz ein. Wahrscheinlich war sich Schmidt über Wehners Zustand nicht im Klaren, als er im November versuchte, ihn noch einmal zu einem Bundestagsmandat zu überreden. Auch wenn seine körperlichen Kräfte nachließen, bleibe Wehner doch »derjenige, der von uns allen das höchste Maß an politischer Erfahrung und ebenso an Lebenserfahrung miteinander verbindet«. Wie er denn ohne Politik überhaupt leben wolle? Schmidt versuchte, Wehner die Vorzüge eines Daseins als einfacher Abgeordneter zu schildern, und hatte dabei zweifellos auch seine eigene Zukunft als Parlamentarier vor Augen: »Du würdest dort vermutlich eine ähnliche Rolle spielen, wie ich sie mir selbst auch vorgenommen habe: Zurückhaltend, nicht in der ersten Bank, keinesfalls jederzeit anwesend; aber doch an allen wichtigen Sitzungen der Fraktion und des Plenums teilnehmend; mit allen Informations- und sonstigen Möglichkeiten und Hilfen eines normalen Abgeordneten ausgestattet … das Urteil aber nur dann aussprechend, wenn wirklich Not am Mann ist oder man ausdrücklich darum gebeten wird.«[15]

Wehner ließ sich nicht mehr zur Wahl aufstellen, er war – wie Schmidt das in vergleichbaren Fällen auszudrücken pflegte – nicht mehr zu gebrauchen. Auf der letzten Sitzung der Hamburger SPD vor den Wahlen bat Schmidt um ein persönliches Wort an die Adresse des abwesenden Wehner, dessen Verzicht vielen in Hamburg »wehgetan« habe. »Da ist kaum einer unter uns Lebenden hier in Hamburg, der in ähnlicher Weise sein Leben lang mit der Arbeiterbewegung verklammert war.« Schmidt würdigte die besonderen Verdienste Wehners, der 1969, als Schmidt das Amt des Verteidigungsministers übernahm, an die Spitze der Fraktion gerückt war. Dort habe er ihm »dreizehn Jahre lang den Rücken freigehalten«. Dafür und für vielfachen Rat schulde er Wehner »eine besondere Dankbarkeit«; er empfinde für ihn »nicht nur Zuneigung, sondern auch mitmenschliche, kameradschaftliche Liebe zu einem großen Genossen«.[16]

Das waren nicht nur Floskeln. Obwohl der Umgang mit dem neurotischen Wehner auch für Schmidt nicht immer vergnüglich sein mochte, hat er die Nähe zu »Onkel Herbert« gesucht. Nach dem frühen Tod Fritz Erlers war Wehner für Schmidt die Bezugsperson geworden, in der sich ihm die Grundwerte des Godesberger Programms verkörperten: Freiheit, Gerechtigkeit, Solidarität. Weil ihr Verhältnis nicht von gegenseitiger Rivalität belastet wurde und Wehner sich in den Augen Schmidts als dauerhaft zuverlässig erwies, entstand jenes menschliche Grundvertrauen, das Schmidt auch nach Wehners Tod nicht an ihm hat zweifeln lassen. Als 1993 Gerüchte über Denunziationen während seiner Moskauer Zeit und eine angebliche Kumpanei Wehners mit Honecker aufkamen und eine heftige Kampagne gegen ihn losgetreten wurde, war es Helmut Schmidt, der den Parteivorsitzenden Engholm zur Gegenwehr aufrief und publizistischen Widerstand organisierte: »Ich denke, unser Verein ist es dem toten Wehner schuldig.«[17]

*

Anfang Juni 1984 teilte Helmut Schmidt den Lesern der *Bergedorfer Zeitung* mit, dass er in den gut anderthalb Jahren seit seiner Abwahl um die halbe Welt gereist sei: »mehrfach in die Vereinigten Staaten, mehrfach nach Frankreich, Großbritannien und in andere unserer Nachbarstaaten im Norden, Westen und Süden, nach Kanada, Japan, Lateinamerika, nach Spanien und Portugal, nach Saudi-Arabien, Ägypten, Singapur, auch nach Ungarn und in die DDR«.

Die Liste war vollständig. In allen diesen Ländern habe er die gleiche Erfahrung machen müssen, so der Autor: dass der neuen Bundesregierung »Initiative und Kraft« fehlten, die deutsche Außenpolitik aktiv zu gestalten. Diese Unfähigkeit habe weltweit zu einer »bedenkliche[n] Einschrumpfung des politischen Gewichtes der Bundesrepublik Deutschland« geführt.[18]

Schmidt traute seinem Nachfolger außenpolitisch nicht viel zu. Zwar hatte Kohl in seiner ersten Regierungserklärung Kontinuität in der Außen- und Europapolitik betont, aber weder war ein eigenes Konzept erkennbar, noch brachte der Nachfolger irgendwelche internationalen Erfahrungen mit; er verfügte nicht einmal über die erforderlichen Verbindungen in die Machtzentralen von Washington und Paris. Kohl besaß jedoch Instinkt. So war er noch am Abend des 4. Oktober 1982, dem Tag seiner Vereidigung, gemeinsam mit Genscher nach Paris geflogen, um bei Präsident Mitterrand, den er persönlich nicht kannte, seinen Antrittsbesuch zu machen. Und auch seine erste USA-Reise als Kanzler Mitte November, bei der er sich Reagan, zu dem er schon im Jahr zuvor einen persönlichen Draht gelegt hatte, als verlässlicher Partner empfahl, sorgte in beiden Ländern für eine gute Presse.

Es genüge nicht, bei Antrittsbesuchen ein freundliches Gesicht zu machen, lästerte Schmidt Ende Dezember über seinen Nachfolger im *Stern*.[19] Er sah das Risiko einer Weltwirtschaftsdepression, deren Hauptursache in der defizitären Haushaltspolitik der USA zu suchen war, und fürchtete, dass Kohl aufgrund mangelnden ökonomischen Sachverstands die Brisanz dieser Thematik völlig unterschätzte. Für Schmidt war die internationale Finanz- und Wirtschaftspolitik seit der ersten Ölpreiskrise im Herbst 1973 zum eigentlichen Feld der großen Politik geworden. Bei dem auf seine und Giscards Initiative zwei Jahre später einberufenen ersten Weltwirtschaftsgipfel in Rambouillet hatten sich die Staats- und Regierungschefs der führenden westlichen Industrienationen prinzipiell auf eine Koordinierung ihrer Volkswirtschaften verständigt. Es fehlte ihnen nicht an Einsicht, dass es sich um gemeinsame Probleme handelte, die nur gemeinsam zu lösen waren, aber jeder setzte den Erfordernissen der eigenen Nation entsprechend andere Prioritäten. Einen besonderen Egoismus entwickelten dabei die Vereinigten Staaten. Mit dem Amtsantritt von Ronald Reagan im Januar 1981 und dem abrupten Wechsel in der amerikanischen Haushalts- und Geldpolitik, die einen Konjunkturaufschwung auf Schuldenbasis finanzierte, ohne nach den fatalen Auswirkungen des Zinsproblems auf die Weltwirtschaft zu fragen, verschärfte sich die Krise dramatisch.

Man hat Schmidt gern als »Weltökonom« belächelt. Aber seit er Anfang der siebziger Jahre als Bundesfinanzminister unmittelbar mit der durch die Inflationierung des Dollars ausgelösten weltweiten Geldentwertung konfrontiert worden war, hatte er sich in diese Materie eingearbeitet wie kein zweiter deutscher Spitzenpolitiker. Überdies besaß er die Gabe, die höchst komplizierten Zusammenhänge in Wort und Schrift so zu vereinfachen, dass diejenigen, die weniger davon verstanden als er – und das waren nicht wenige seiner Gesprächspartner im In- und Ausland –, zumindest eine Vorstellung von der Komplexität der Probleme bekamen. Nach dem Zusammenbruch des Systems von Bretton Woods und der damit verbundenen Freigabe der Wechselkurse ließen sich viele Regierungen zu hohen Haushaltsdefiziten verführen, die sie durch eine expansive Geldpolitik finanzierten. Was das im Kern bedeutete und welche Gefahren für die nationalen Volkswirtschaften hier schlummerten, erklärte Schmidt in einem einzigen Satz: »Die Entlassung fast aller Währungen der Welt aus dem Zwang, ein festes Wechselkursverhältnis zum Dollar aufrechtzuerhalten, entließ gleichzeitig die Regierungen aus dem Zwang, ihre budgetäre und monetäre Politik am Zustand der eigenen Zahlungsbilanz zu orientieren.«[20]

Die ungebremste Inflationspolitik der Industriestaaten führte dazu, dass die OPEC-Länder zweimal, 1973/74 und 1979/80, drastisch die Ölpreise erhöhten, und drückte weltweit auf das Wirtschaftswachstum. Die USA mit ihrem gigantischen Budgetdefizit drohten die Welt in eine langanhaltende Depression zu stürzen. Das war der Stand, als Helmut Schmidt im Herbst 1982 aus dem Amt schied. Schmidt hielt die Bedrohung durch die amerikanische Schuldenpolitik für mindestens ebenso gefährlich wie die einseitige

Stationierung russischer Mittelstreckenraketen. Jetzt, wo er der Rücksichtnahme des Amtes enthoben war und freier reden konnte, durfte er seiner Forderung nach einem Wechsel in der amerikanischen Finanzpolitik auch öffentlich Nachdruck verleihen.

Im Dezember schloss er mit Kurt A. Körber einen Vertrag über ein »Konzept zur Gesundung der Weltwirtschaft«, in dem er bis Ende März seine Erfahrungen und Einsichten zusammentragen wollte. Körbers Stiftung würde ihm für diese Zeit »einen wissenschaftlichen Arbeitsstab« mit Sekretariat und Büros in Bonn zur Verfügung stellen; wichtigster Zuarbeiter wurde Ex-Finanzminister Manfred Lahnstein. Angestrebt war, das fertige Konzept unter Schmidts Namen in allen wichtigen Sprachen weltweit zu veröffentlichen.[21] Der Artikel erschien Ende Februar gleichzeitig in der *Zeit*, im *Economist*, in *Le Monde*, in *Nihon Keizai Shimbun*, der in Tokio erscheinenden größten Tageszeitung der Welt, sowie in *Panorama* (Mailand).

Schmidt hatte das Manuskript auch der Partei zur Verfügung gestellt, die Friedrich-Ebert-Stiftung besorgte eine Übersetzung ins Spanische. Aus der Parteizentrale gelangte der Text jedoch an die *Frankfurter Rundschau*, die einen Tag vor der *Zeit* unter demselben Titel »Die Weltwirtschaft ist unser Schicksal« eine dreiteilige Serie eröffnete. Noch wusste über den kleinen Kreis der Eingeweihten hinaus niemand, dass Schmidt Herausgeber der *Zeit* werden sollte, der Abdruck seines Textes über mehrere Seiten war als *Coup avant la lettre* gedacht. Es ging gründlich daneben. Bei der *Zeit* fühle man sich »sehr gefoppt«, schrieb Theo Sommer. Erstens sei Exklusivität vereinbart worden, zweitens habe man viel Geld in die Werbung gesteckt. »Jetzt kommen wir uns ziemlich lächerlich vor: Ausgerechnet in der Ausgabe der *Frankfurter Rundschau*, in der wir eine halbe Seite Werbung mit Ihrem Text eingerückt hatten, erschien auch gleich der Raubdruck.«[22] Schmidt war sauer auf die Parteizentrale: »Dies war das letzte Mal, dass ich mir von der Baracke habe in die Karten kucken lassen.«[23]

»Die Weltwirtschaft ist unser Schicksal« war ganz auf die USA hin geschrieben, vieles direkt an die Reagan-Administration adressiert. »Ökonomische Größe wie politische und militärische Macht prädestinieren die Vereinigten Staaten zur Führung.« Amerika müsse aber auch wissen: »Wenn es in der ökonomischen Führung versagt, kann es auch die politische Führung verspielen.« Immer wieder zog Schmidt Parallelen zur Großen Depression. Die Welt erlebe zur Zeit die schlimmste Rezession seit den dreißiger Jahren. Wenn man diese Entwicklung nicht in den Griff bekomme, werden »unsere Kinder ... unser wirtschaftliches und politisches System in Zweifel ziehen und in manchen Ländern möglicherweise – wie in Deutschland 1933 geschehen – über Bord werfen«.[24] Die politisch Verantwortlichen seien aufgerufen, alles zu tun, damit aus der Rezession keine Depression und aus der Depression keine Krise der Demokratie werde.

Seit Schmidt 1950 zum ersten Mal in den Vereinigten Staaten gewesen war – auf einer internationalen Messe in Chicago hatte er Werbung für den Hamburger Hafen gemacht, entfernte Verwandte in Minnesota besucht und zwei Tage in New York verbracht –, war er ein Anhänger des American Way of Life. Die Vitalität der Amerikaner, ihr Optimismus, die Integrationskraft des Landes ebenso wie seine Innovationsfähigkeit auf sämtlichen Gebieten – all das beeindruckte ihn zutiefst. Später kam eine hohe Wertschätzung für das Zweiparteiensystem und das Prinzip von »Checks and Balances« hinzu, nicht zuletzt eine uneingeschränkte, geradezu ehrerbietige Bewunderung für die Geschlossenheit der Nation im Falle drohender Gefahr. Das Land stehe dann wie ein Mann hinter dem Präsidenten und beweise »ein so hohes Maß an außenpolitischer Handlungsfähigkeit, wie es ansonsten nur in Diktaturen vorkommt«.[25]

Das Amerika, von dem Schmidt sprach, war ein vom Establishment der Ostküste dominiertes Amerika, das Ende der siebziger Jahre an Einfluss verlor. Schmidt konstatierte diesen Niedergang, der unter Carter begann und sich über Reagan, Bush Vater und Sohn, Clinton und Obama fortsetzte, mit Wehmut. Was ihm an dem alten System vor allem gefiel und in seinen Augen eine der großen Stärken der USA ausmachte, war die Tatsache, dass es zwischen öffentlichem Sektor und Privatwirtschaft keinen Antagonismus gab, Staat und Unternehmen sich vielmehr gegenseitig die besten Köpfe empfahlen. Leute, die es sich finanziell leisten konnten, bekleideten für eine gewisse Zeit ein Regierungsamt, während diejenigen, die aus der Administration ausschieden, von der Industrie, von Banken, Kanzleien und Universitäten umworben wurden. Beruflicher Erfolg und politisches Mandat gingen Hand in Hand.

Schmidts Paradebeispiel für einen solchen Wanderer zwischen den Welten war der amerikanische Außenminister George Shultz, mit dem ihn eine enge Freundschaft verband, seit sie sich 1972 – in ihrer damaligen Funktion als Finanzminister – kennengelernt hatten. Zwei Jahre später war Shultz zurückgetreten, weil er Nixons Verstrickungen in die Watergate-Affäre nicht mittragen wollte. Dann stand er acht Jahre an der Spitze von Bechtel, einer der größten Ingenieur- und Anlagenbaufirmen der Welt, bevor ihn Reagan im Juni 1982 als Außenminister zurückholte. Die Qualifikation, die sich Shultz im Laufe seines Lebens erworben hatte – ursprünglich war er Hochschullehrer gewesen –, war in Schmidts Augen »Resultat eines für amerikanische Verhältnisse geradezu exemplarischen Lebenslaufes«. Um solche Leute war das Land zu beneiden: »Man stelle sich vor, wir hätten in Deutschland jemals einen Außenminister gehabt, der mit so viel Weltkenntnis, ökonomischer Urteilsfähigkeit und administrativer Erfahrung sein Amt antrat!«[26]

Eine ähnliche Karriere hatte auch Henry Kissinger vorzuweisen. Schmidt kannte ihn seit Ende der fünfziger Jahre, als der junge Harvard-Professor ein Buch veröffentlichte, das sofort die Neugier des SPD-Verteidigungsexperten weckte: *Nuclear Weapons and Foreign Policy*. Schon damals war Kissinger in amerikanischen Regierungskreisen gut vernetzt; 1968 wurde er Sicherheitsberater Nixons, 1973 Außenminister. Nach seinem Ausscheiden aus der Politik 1977 übernahm er wieder eine Professur und arbeitete an seinen Memoiren, die 1979 und 1982 in zwei Bänden mit zusammen 2700 Seiten erschienen. 1982 gründete er eine international tätige Beraterfirma.

Schmidt und Kissinger empfanden sich gegenseitig als ebenbürtig, achteten aber darauf, dass bei allem Lob des anderen die eigene Bedeutung nicht zu kurz kam. Schmidt spottete, dass Henry von Ökonomie wohl nicht ganz so viel verstehe wie er, Kissinger fand

Schmidts geschichtsphilosophische Exkurse nicht immer so aufregend wie dieser selbst. Bei ihren vielen gemeinsamen Auftritten war die Rivalität, wer von beiden das Publikum stärker beeindruckte, weder zu übersehen – wer brachte mehr Bodyguards mit – noch zu überhören. »Nur um das klarzustellen«, pflegte Kissinger den deutschen Gast einzuführen, »der Mann, der heute Abend mit weniger Akzent spricht, ist der frühere deutsche Kanzler.« Dessen amerikanisches Englisch wurde immer wieder gerühmt, die *New York Times* nannte ihn in ihrem Nachruf einen »magnetic speaker«. Schmidts Komplimente sind auf den ersten Blick etwas schmeichelhafter als die Kissingers, bei genauerem Hinsehen enthalten auch sie bisweilen einen Tropfen Gift. Kissinger sei zu stark in den nationalstaatlichen Kategorien des 19. Jahrhunderts verhaftet, er sehe die Welt fast ausschließlich aus amerikanischem Blickwinkel: »Er war ein bisschen zu sehr Amerikaner geworden.«[27] Kissinger sei eigentlich gar kein Politiker, meinte Schmidt noch im hohen Alter, er habe die eigentliche Feuertaufe nicht bestehen müssen: »Er brauchte nie gewählt zu werden. Er war zwar politisch tätig und auch in höchstem Maße einflussreich, aber ein Politiker in dem Sinne, wie wir hier von Politikern reden, war er nicht.«[28]

Schmidts Verhältnis zu Kissinger war – anders als das zu George Shultz – nicht frei von Zweifeln an dessen Zuverlässigkeit. Zurückzuführen waren diese Vorbehalte auf das Jahr 1975. Im Zuge der Vorbereitung der Helsinki-Konferenz über Sicherheit und Zusammenarbeit in Europa hatte Schmidt den neuen amerikanischen Präsidenten Gerald Ford davon überzeugt, dass Sicherheit *vor* der Sowjetunion immer auch Kooperation *mit* der Sowjetunion bedeute.[29] Der amerikanische Außenminister, der schon mit Brandts Ostpolitik nicht einverstanden gewesen war, fürchtete eine endgültige Legitimierung der sowjetischen Vorherrschaft über Osteuropa und lehnte eine Teilnahme der USA in Helsinki ab. Dass Kissinger den KSZE-Prozess nur unter großen Vorbehalten zähneknirschend begleitete und zuließ, von der CDU/CSU-Opposition als Kronzeuge gegen den Bundeskanzler aufgerufen zu werden, nahm Schmidt ihm übel. Noch Anfang der achtziger Jahre warb Kissinger dafür, den

KSZE-Prozess auszusetzen. 1988 schließlich lehnte er sogar den INF-Vertrag ab, mit dem die Verschrottung sämtlicher SS 20 und Pershing II in Europa besiegelt wurde.

Während Schmidt sich darauf verlassen konnte, vor wichtigen Entscheidungen, die das Bündnis betrafen, von Präsident Ford konsultiert, zumindest informiert zu werden, fühlte er sich von Kissinger nie wirklich ganz unterrichtet, und entsprechend vorsichtig verhielt er sich selbst. An seiner Hochschätzung änderte dies nichts. Kissinger zählte zu den wenigen Menschen, die Schmidt uneingeschränkt bewunderte: »Ich scheue, was mein Verhältnis zu ihm betrifft, nicht das Wort Faszination.«[30] Kissingers umfassende historische Bildung, seine analytische Schärfe und seine Fähigkeit, strategisch zu denken – wenn auch ausschließlich aus amerikanischer Perspektive –, beeindruckten Schmidt stark. Gemeinsam brüteten sie bereits in der ersten Hälfte der siebziger Jahre über der Frage, wie die Welt sich verändern werde, wenn eines Tages der schlafende Riese China erwache. Über China tauschten sie vierzig Jahre lang gegenseitig ihre Erfahrungen aus und waren fast immer einer Meinung.[31]

Die von dem Publizisten Seymour Hersh in den achtziger Jahren angefachte Debatte darüber, warum Kissinger als Sicherheitsberater Nixons den Krieg in Vietnam unnötig verlängert und Kambodscha hineingezogen habe, ließ Schmidt zunächst kalt. Auch der Vorwurf, die mit Hilfe der CIA in Chile und anderen Staaten Mittel- und Südamerikas durchgesetzte imperialistische Politik der USA sei vor allem das Werk Kissingers, berührte ihn anfangs kaum. Erst als die Kritik auch in Europa anschwoll und 2001 eine beim Internationalen Gerichtshof in Den Haag eingereichte Anklageschrift Schlagzeilen machte, hielt Schmidt es eine Zeitlang für ratsam, den Freund nicht mehr so oft in Reden und Aufsätzen zu zitieren. Er distanzierte sich, ohne es zum Bruch kommen zu lassen, und brachte schließlich in für ihn ungewöhnlich scharfer Form sogar sein Missbehagen zum Ausdruck: »Manches von dem, was Henry Kissinger in seinen Jahren als Nixons Sicherheitsberater machte, hat mir nicht gefallen.«[32]

Im Sommer 1998 zog sich Schmidt den Groll Kissingers zu, weil er sich positiv zu William Bundys Buch über die amerikanische Außenpolitik unter Richard Nixon geäußert hatte. *A Tangled Web* löste eine öffentliche Debatte über Kissingers Rolle im Vietnamkrieg aus. Er habe das Buch selber nicht gelesen, entschuldigte sich Schmidt, sondern dem Urteil von Christoph Bertram vertraut; das sei ein Fehler gewesen, der aber hoffentlich keinen Schatten auf ihre Freundschaft werfe.[33] Gut drei Monate zuvor hatte Schmidt die Laudatio auf Kissinger zur Verleihung der Ehrenbürgerwürde der Stadt Fürth gehalten. »Was mich mit Ihnen verbindet, das ist das innere Pflichtbewusstsein, so rational wie möglich zu analysieren, ehe man handelt oder ehe man Rat gibt.«[34]

Dass Kissinger alle Versuche, ihn zum »bête noire der amerikanischen Außenpolitik« zu machen,[35] erfolgreich abwehren und seine öffentliche Reputation weitgehend wiederherstellen konnte, hatte er seinem professionellen Umgang mit den Medien zu verdanken. Nach seinem Ausscheiden aus der aktiven Politik war er als Kommentator bei großen Fernsehanstalten aufgetreten und hatte seine Meinung regelmäßig über die großen Zeitungen des Landes verbreitet. Diese Medienpräsenz trug wesentlich dazu bei, ihm seinen hohen Marktwert als international gefragter Redner und Berater zu sichern. Als Schmidt Ende 1982 damit begann, sich in seine künftige Rolle als »Has been« hineinzudenken, dürfte er sich bei seinem Freund Henry ein paar Grundregeln zur Kunst der Inszenierung als öffentliche Person abgeschaut haben.

Neben Shultz und Kissinger zählte eine Reihe weiterer hervorragend vernetzter Persönlichkeiten zu Schmidts amerikanischem Freundeskreis, darunter der frühere Verteidigungsminister Melvin Laird, der Präsident der Notenbank Paul Volcker, dessen Vorgänger Arthur Burns, von 1981 bis 1985 Botschafter in Bonn, oder Robert McNamara, Verteidigungsminister und später Präsident der Weltbank. Das wichtigste Forum des Ostküstenestablishments war der Council on Foreign Relations in New York, der von Männern wie John McCloy, David Rockefeller oder Cyrus Vance geleitet wurde, zu denen Schmidt ebenfalls langjährige Verbindungen unterhielt.

Man traf sich auf den Bilderberg-Konferenzen oder auf den Tagungen des Institute for Strategic Studies, aber auch zum Sommerlager in Kalifornien oder auf ein Wochenende in den Bergen von Colorado. Alle waren weit herumgekommen und dank ihrer umfassenden Bildung in der Lage, die Welt aus verschiedenen Perspektiven zu beurteilen. Bei einem Glas Whiskey gab es am Abend hochkarätige Analysen zur Weltlage und neueste Informationen aus erster Hand. Ob einer Demokrat oder Republikaner war, fiel dabei ebenso wenig ins Gewicht wie die Frage, welche Partei gerade den Präsidenten stellte.

Schmidt hatte sich Anfang der siebziger Jahre sowohl auf dem Gebiet der internationalen Sicherheitspolitik als auch in seiner Rolle als deutscher Finanzminister Respekt in diesen Kreisen verschafft. Durch zahlreiche Artikel und Interviews in amerikanischen Zeitungen und Zeitschriften und später, in den Jahren seiner Kanzlerschaft, auch durch Fernsehauftritte in »Meet the Press« oder »Face the Nation«, den Sendungen von Barbara Walters oder Walter Cronkite war er für einen nicht-amerikanischen Politiker relativ präsent. Jenseits der offiziellen Kanäle, die ihm von Amts wegen zustanden, hatte er sich im Laufe der Jahre ein eigenes Kommunikationssystem aufgebaut. Als strategischer Kopf, der die Kunst beherrschte, den Amerikanern die Welt aus dem Blickwinkel der Europäer verständlich zu machen, bekam er bei der *New York Times* und anderen wichtigen Zeitungen des Landes jederzeit ein Interview.

Sein erstes Hintergrundgespräch nach dem Abschied führte Schmidt mit Henry A. Grunwald, dem langjährigen Chefredakteur von *Time*, der am 2. November nach Langenhorn kam. Den Ausgang der bevorstehenden Bundestagswahlen nannte Schmidt offen; wenn die FDP mit Genscher an der Spitze in die Wahlen gehe, werde sie wahrscheinlich rausfliegen.[36] Anfragen deutscher Medien beschied Schmidt zu diesem Zeitpunkt noch abschlägig. Es habe sich inzwischen sicher herumgesprochen, schrieb er am 11. November an Rudolf Augstein, der um ein *Spiegel*-Gespräch über die Hintergründe des Koalitionsbruchs gebeten hatte, dass er sich »zunächst … mit Interviews zurückhalten« wolle.[37] Eine Woche später erschien in der *New York Times* »A Talk with Schmidt« von James Reston. Der Kanzler wirke erleichtert, froh, die Bürde los zu sein, hieß es da, jetzt könne er endlich sagen, was er denke, und »er denkt einige gruselige Dinge«. In düstersten Farben schilderte Schmidt die drohenden Auswirkungen der amerikanischen Schuldenpolitik, die Folgen einer rapide steigenden Arbeitslosigkeit in den westlichen Industrienationen und einen möglichen Kollaps des internationalen Währungssystems.[38]

*

Am Wochenende nach den Bundestagswahlen vom 6. März 1983 brachen Helmut und Loki Schmidt zu einer vierwöchigen Amerikareise auf. Das dicht gedrängte Programm erinnerte in manchem an die Reisen des Bundeskanzlers und hatte doch einen ganz anderen Charakter. Protokollarische Pflichten waren auf ein Minimum reduziert. Da er offiziell keine deutschen Interessen zu vertreten hatte, war Schmidt umso freier, deutsche Standpunkte zu erläutern und für deutsche Positionen zu werben. Als Bundeskanzler war er zuletzt Anfang Januar 1982 in Washington gewesen, drei Wochen nach der Ausrufung des Kriegsrechts in Polen. Während Schmidt dafür eintrat, die Gespräche mit der Sowjetunion nicht abreißen zu lassen, verfolgten die meisten seiner amerikanischen Freunde, allen voran Henry Kissinger, eine harte Linie gegenüber den Russen und forderten Schmidt auf, sich an den von Reagan verhängten Wirtschaftssanktionen zu beteiligen. Er sei zu nachsichtig, meinten sie. Noch Jahre später konnte Schmidt seine Bitterkeit über diesen Besuch nicht verbergen: In seinen Memoiren sprach er von »Hysterie« und beklagte sich seitenlang über antideutsche Stimmungsmache in den amerikanischen Medien.[39]

Wie würden ihn die amerikanischen Freunde jetzt, vierzehn Monate später, empfangen, in welche Richtung hatte sich die Debatte in den USA entwickelt und welche Schlussfolgerungen ließen sich daraus für die Auseinandersetzungen zu Hause ziehen? Was sagten sie zu seinem Artikel über den bedrohlichen Zustand der Weltwirtschaft, der im *Economist* unter dem Titel »The World Economy at Stake. The inevitable need for American leadership« erschienen war und den sie mit Sicherheit alle gelesen hatten? Vor allem aber: Wie würden sie ihn aufnehmen, jetzt, wo er ohne Amt war?

Schmidt hatte die Reise sorgfältig vorbereitet. Am 1. Dezember war er nach Frankfurt gefahren, um den Rat von Henry Kissinger einzuholen. Dieser empfahl ihm, die New Yorker Agentur Harry Walker einzuschalten, die Redenauftritte von Prominenten vermittelte. Anfang Januar traf sich Schmidt mit Harry Walker in Mexiko, wo er auf der Jahrestagung der »Business International Corporation« vor amerikanischen Unternehmern sprach, und erteilte ihm das Mandat, weltweit Vortragsreisen zu organisieren. Schmidt bat um diskretes Vorgehen insbesondere in Europa, betonte, dass er für Vorträge in der Bundesrepublik kein Honorar verlangen werde, und machte zur Bedingung, dass die Veranstalter die Reisekosten für jeweils drei Begleitpersonen trugen.[40]

Eine Woche nach den Treffen mit Kissinger war Schmidt mit George Shultz zum Frühstück in Bonn verabredet gewesen. Der US-Außenminister hatte ihm sein Haus in Palo Alto als Basislager für die bevorstehende Amerikareise angeboten. Viermal legte Schmidt an der San Francisco Bay eine kurze Erholungspause ein, bevor er weiterflog, um die nächsten Termine abzuarbeiten. Es ging kreuz und quer durch die Staaten: von Washington über Cleveland nach New York, von San Francisco nach Seattle und Spokane im Bundesstaat Washington, dann für fünf Tage nach Tokio; Anfang April nach Texas, anschließend nach Kanada; von dort noch einmal zurück nach Palo Alto; am 12. April schließlich nach New York, von dort nach Durham und dann von Boston über Frankfurt zurück nach Hamburg. Mehrere zehntausend Flugmeilen, ein Dutzend Vorträge und Diskussionen, After-Lunch-Speeches, After-Dinner-Speeches, Tagungen und Konferenzen – bei einem Regelsatz von 20 000 Dollar pro Auftritt kam auf dieser ersten Reise ein Gesamthonorar von mindestens 150 000 Dollar zusammen.

Harry Walker hatte die Angebote aller Interessenten angenommen, die sich auf seine Bedingungen einließen. Feinste Adressen an der Ostküste wie Morgan Guaranty oder der Harvard Business School Club gehörten ebenso dazu wie kleine Universitäten und lokale Bankhäuser in abgelegenen Städten, deren Honoratioren sich gern mit Prominenz schmückten, und auch bei den Rotariern trat Schmidt auf. Erschien ihm eine Einladung wichtig oder setzte ein Freund sich für einen Vortrag ein, wurde das Honorar verhandelt, gelegentlich verzichtete Schmidt. Manche Universität habe ihm den Ehrendoktor wohl nur deshalb verliehen, amüsierte er sich, weil sie auf diese Weise um die Zahlung eines Honorars herumkam. Als Faustregel für ihn galt: Je unwichtiger und reicher die Herren, die ihn einluden, desto mehr mussten sie zahlen; war ein Auftritt für ihn eine mindestens so große Ehre wie für das Auditorium, spielte das Honorar keine Rolle. Seine Einnahmen flossen, in Deutschland ordentlich versteuert, in den ersten Jahren in seine Privattasche, später an die Helmut und Loki Schmidt-Stiftung.

Geld zu verdienen war für Schmidt nichts Ehrenrühriges, im Gegenteil. »Es hat ihm auch Spaß gemacht, viel Geld zu verdienen« – der Satz aus Schmidts Trauerrede auf Kurt Körber galt genauso für ihn selbst.[41] Anfang der siebziger Jahre hatte er wiederholt erwogen, aus der Politik auszusteigen und in die Privatwirtschaft zu wechseln. Zwei Gründe standen für ihn dabei im Vordergrund: zum einen der wachsende Frust über Willy Brandt, an dem er, wie er spätestens nach dem Wahlsieg 1972 verinnerlicht hatte, nicht mehr würde vorbeiziehen können, zum anderen die damals noch unzureichende Altersversorgung von Bundestagsabgeordneten. Noch am 21. April 1974, zwei Wochen vor Brandts Rücktritt, klagte Schmidt am Rande der Bilderberg-Tagung in Megève gegenüber Shepard Stone, dem Gründungsdirektor des Berliner Aspen-Instituts: »Ich kann es nicht mehr im Bundeskabinett aushalten. Willy kann keine Entscheidungen treffen, nichts geschieht, und ich habe das alles satt. Ich sollte sowieso nach so vielen Jahren als Politiker in die Wirtschaft gehen, um Geld zu verdienen. Ich habe keine Ressourcen. Sie [d.i. Stone] kennen viele führende Männer unter den internationalen Bankiers und Industriellen. Denken Sie daran, vielleicht haben Sie Ideen oder Vorschläge für mich.«[42]

In den USA als Top-Redner gehandelt zu werden, schmeichelte Schmidt in mehrfacher Hinsicht. Er sah es hanseatisch nüchtern: Würde man ihn nicht interessant finden, würde man ihm keine solchen Honorare bewilligen. Der materielle Erfolg galt ihm nicht zuletzt als Beleg dafür, dass er schon immer die Möglichkeiten gehabt hätte, auch außerhalb der Politik zu reüssieren. Obwohl 20 000 Dollar Rednerhonorar für deutsche Verhältnisse unvorstellbar viel war, schlugen Schmidts Auftritte zu Hause alles in allem nicht negativ zu Buche. Der Mann, der sie als Kanzler acht Jahre lang bestens in der Welt repräsentiert hatte, würde sie auch jetzt sicher nicht blamieren, so dürften viele Deutsche empfunden haben. Dass er dafür von den Amerikanern anständig honoriert wurde, konnte man ihm schwerlich vorwerfen.

Natürlich gab es Puristen und Neider, die sich nicht nur hinter vorgehaltener Hand echauffierten. Jener FDP-Abgeordnete etwa, der Schmidt im April 1984 schrieb, er bedauere, dass der Mann, der der ganzen Welt jahrelang Moralpredigten gehalten habe, nun so wenig im Bundestag zu sehen sei. Man könne ihn wohl nur reden hören, »wenn man in Amerika oder sonstwo in der Welt zur High Society gehört und durch hohes Eintrittsgeld Ihre Honorarforderungen finanziert«. Da Schmidt seinen Abgeordnetenpflichten nicht nachkomme, fordere er ihn auf, sein Mandat niederzulegen. Schmidt notierte auf dem Brief als Anweisung an seine Mitarbeiter »*ohne* Antwort«.[43] Die Antwort, die er am liebsten gegeben hätte, kannten sie schon: »Da müssen Sie etwas falsch verstanden haben. Für Bedürftige rede ich kostenlos.«[44]

Auch in der Sozialdemokratischen Partei rümpfte manch einer die Nase über Schmidts exorbitante Honorare. Es gab jedoch Genossen, die sich dadurch inspirieren ließen. Ob er sich vorstellen könne, »in repräsentativem Rahmen« vor Vertretern der Berliner Wirtschaft und Politik zu sprechen, erkundigte sich der Berliner Landesverband im Sommer 1985. »Nach amerikanischem Vorbild wäre das für die Teilnehmer mit der Zahlung eines kräftigen Obolus verbunden.« – »Ehrlich gesagt, habe ich Zweifel, ob sich das amerikanische Verfahren des ›fundraising‹ bei uns mit Erfolg praktizieren lässt«, antwortete Schmidt. Die Berliner sollten »erst einmal mit ein paar anderen Rednern ›dinner speeches‹ veranstalten«, um die Bedingungen zu testen, dann könne man ja weitersehen.[45]

Ähnlich galant beantwortete Schmidt auch Anfragen von prominenten Parteifreunden, die glaubten, es ihm gleichtun und selber einmal »eine lukrative Vortragsreise« absolvieren zu können. Er wolle die Bitte gern an seine Agenten in New York und Tokio weiterleiten, antwortete Schmidt generös, aber »eine Schwierigkeit liegt wohl darin, dass bisher Dein Name in beiden Ländern noch nicht sonderlich bekannt sein dürfte«.[46] Schmidt ließ niemandem gegenüber Zweifel aufkommen, dass er sich jetzt in einer anderen Liga bewegte. Je größer der Abstand zwischen ihm und dem Rest der deutschen Politiker, desto besser.

Für die Boulevardblätter war die Höhe der Rednerhonorare zunächst nur eine Sensation. Dann entdeckten sie, dass den ganzen Luxus eines Altkanzlerlebens am Ende ja wohl der Steuerzahler finanzierte, und unter diesem Aspekt wurde die Frage nach Schmidts Einkünften für sie schon interessanter. Am 6. Oktober 1982 hatte Schmidt beim Hamburger Innensenator darauf gedrängt, dass der Personenschutz für ihn und seine Frau unverändert erhalten blieb. Vier Hamburger Kriminalbeamte, die zum Bundeskriminalamt abgeordnet wurden, sollten auch in Zukunft rund um die Uhr für seine Sicherheit zuständig sein. Weil Schmidt seit den Durchstechereien rund um den Rücktritt Brandts dem BKA nicht traute, hatte er ausdrücklich um Hamburger Beamte gebeten.[47] Innensenator Pawelczyk sorgte dafür, dass die Regelung gegen mancherlei Widerstände durchgesetzt wurde. Bis ans Ende seines Lebens galt für Schmidt Sicherheitsstufe I.

Das Doppelhaus der Schmidts am Neubergerweg musste ebenfalls gesichert werden. Zum 1. Juni 1983 wurde der Bundesgrenzschutz abgezogen und die Hamburger Polizei mit dieser Aufgabe betraut. Für die Bewachungsmaßnahmen müssten zwölf Beamte abkommandiert werden, empörte sich die Polizeigewerkschaft Hamburg und schrieb einen Offenen Brief an den »Abgeordneten« Schmidt, in dem sie ihn bat, angesichts der Kosten in Höhe von

420 000 DM jährlich auf den Objektschutz zu verzichten. Die Beamten könnten sicher sinnvoller eingesetzt werden.[48] Schmidt ließ durch sein Büro antworten, dass über mögliche Gefährdungen seiner Person ausschließlich die zuständigen Sicherheitsbehörden zu entscheiden hätten und er darauf keinen Einfluss nehmen könne und wolle. Schmidt hätte durchaus veranlassen können, dass sowohl der Personenschutz als auch der Objektschutz auf ein Minimum reduziert werden, aber das entsprach nicht seinem Selbstverständnis. Die Männer, wie er sie nannte, sorgten nicht nur für Sicherheit, sie repräsentierten, für jedermann sichtbar, auch seinen Status und verschafften ihm manche Annehmlichkeit im Alter.

In den ersten Jahren bestand eine reale Gefährdung vor allem durch die so genannte dritte Generation der Roten Armee Fraktion. Aber es gab auch geistig Verwirrte. Im Sommer 1986 wartete ein gewisser Edward Kearl bei mehreren Zeitungen mit der Geschichte auf, er sei Schmidts Sohn. Am 15. Juli 1987 gelang es ihm, mit dem Fahrstuhl in die sechste Etage des Hamburger Pressehauses zu fahren, Benzin auszugießen und zu entzünden. Das Feuer konnte schnell gelöscht werden, und niemand trug einen Schaden davon. Schmidt war von seinen Sicherheitsbeamten über den Hinterausgang in die Tiefgarage gebracht worden. In dem Prozess gegen Kearl musste er als Zeuge vor Gericht erscheinen; Kearl wurde in die USA abgeschoben (und später in Barcelona wegen Doppelmordes verurteilt).

Menschen, die sich als Sohn oder Tochter von Helmut Schmidt ausgaben, und so genannte Stalker, die ihn auf vielfältige Weise bedrängen, traten immer wieder in Erscheinung. Eine Insassin der Psychiatrischen Klinik in Langenhorn versuchte »in dem Drange, ihren leiblichen Vater zu sehen«, durch ein Fenster am Neubergerweg einzusteigen.[49] Eine andere psychisch gestörte Frau schaffte es wenige Jahre vor Lokis Tod, die Sicherheitswache vor dem Haus zu passieren; Loki, die öffnete, erfasste die Situation blitzschnell und drängte die unerwünschte »Tochter« aus dem Hauseingang zurück.

Schmidt hat nie darüber nachgedacht, ob der Sicherheitsaufwand verhältnismäßig war, die Frage stellte sich ihm nicht. Die Polizeibeamten und Personenschützer gehörten für ihn genauso zu seinem Leben wie Fahrer, Referenten und Sekretärinnen. Schmidt ließ Freunde und Gäste, die ihm wichtig waren, am Flughafen oder am Bahnhof abholen (was gegen die Bestimmungen verstieß) und verzichtete auch bei Reisen ins europäische Ausland ungern auf seinen Wagen. Es stand ihm zu. Was ihm nicht mehr zustand, war die Flugbereitschaft, über die außer dem Verteidigungsminister nur der Bundespräsident und der (amtierende) Bundeskanzler verfügen konnten; Schmidt ließ prüfen, ob das Mitflugrecht bei der Bundesluftwaffe nicht auch auf ehemalige Bundespräsidenten und Bundeskanzler auszudehnen sei. »Das Einzige, was mir im Vergleich zu früheren Zeiten fehlt, ist das eigene Flugzeug!«[50]

Ende Juni 1983 rechnete die *Bild*-Zeitung unter der Schlagzeile »Unsere teuren Polit-Pensionäre« minutiös vor, mit welchen gewaltigen Summen »unsere ehemaligen Präsidenten und Kanzler« den Haushalt belasteten; allein das Büropersonal von Schmidt koste 348 000 DM im Jahr. Graf Nayhauß sprach sich dafür aus, alle Pensionäre zusammen – Scheel, Carstens, Kiesinger, Brandt und Schmidt – in »ein gemeinsames Büro« zu stecken. Solche Sparvorschläge kamen beim Volk gut an. »Nayhauß hat durch seine Rechenkunststücke u. Schreibereien offenbar *sehr* viele Leute erschreckt«, notierte Schmidt einige Tage später und bat sein Büro, eine »volkstümlich *verständliche«* Standardantwort zur Beruhigung aufgebrachter Bürger zu entwerfen.[51] Die *Bild*-Zeitung suchte Schmidts Vermögensverhältnisse in den nächsten Jahren immer mal wieder zu skandalisieren. »Kenner schätzen seine Jahreseinkünfte auf 600 000 Mark netto«, wusste *Bild am Sonntag* 1987 zu berichten und titelte: »Helmut Schmidt: Ich habe jetzt 2 Millionen«.[52]

Das meiste, was die *Bild*-Zeitung über sein Privatleben verbreitete, ließ Schmidt unwidersprochen. Im Januar 1991 schritt er das erste Mal ein, als seine Januaraufenthalte im Haus der Musiker Justus Frantz und Christoph Eschenbach auf Gran Canaria im Zusammenhang mit den »billigen Traumreisen des Lothar Späth« unter den Verdacht der Vorteilsannahme gestellt wurden. Er trage alle Kosten für Unterbringung, Verpflegung und Bedienung selbst, ließ Schmidt durch einen Brief seines Büroleiters ausrichten, »kostenfrei sind dabei nur die gelegentlichen musikalischen Lehrstunden am Klavier – doch die sind ohnehin unbezahlbar«. *Bild am Sonntag* sollte den Brief abdrucken, auf ein »formelles Berichtigungsersuchen nebst anschließendem Rechtsstreit« wollte es Schmidt jedoch nicht ankommen lassen.[53] Einen Tag später berichtete *Bild* unter der Überschrift »Helmut Schmidt wieder bei Justus Frantz«: »Schmidt zahlt wie immer korrekt auf Heller und Pfennig, und zwar pro Kopf und Tag 250 Mark, Verpflegung und Service inbegriffen.«[54] Es grenzte schon an Verwegenheit, dass Justus Frantz seinen Feriengast nur vier Wochen später dringend bat, ihn bei der Suche nach neuen Sponsoren für das Schleswig-Holstein Musik Festival zu unterstützen. Schmidt, der bei der Gründung des Festivals 1986 Pate gestanden und den Ehrenvorsitz übernommen hatte, verstand sein jahrelanges Engagement für das SHMF als Freundschaftsdienst.

*

Bis Ende der neunziger Jahre reiste Schmidt mehr als siebzigmal in die USA, im Schnitt drei- bis viermal pro Jahr (im Spitzenjahr 1992 neunmal). Die längeren, meist zehn bis vierzehn Tage dauernden Aufenthalte waren nach dem gleichen Schema organisiert wie die erste Reise 1983. Sein Bonner Büro trug die Termine zusammen, die der Chef auf seiner nächsten Reise wahrnehmen wollte, und stimmte sie mit der Agentur in New York ab. Treffen mit alten Freunden aus dem politischen Establishment hatten für Schmidt absoluten Vorrang; die Dinnerparty zu Kissingers 60. Geburtstag, der 90. Geburtstag von John McCloy, eine Einladung von Gerald Ford nach Colorado oder eine hochkarätige Tagung in einer der Denkfabriken der Ostküste waren ihm allemal eine Kurzvisite wert. Schmidt hatte sich unter seinen amerikanischen Freunden immer besonders wohlgefühlt; dass sie ihn auch jetzt, nach dem Verlust des Amtes, wie selbstverständlich als einen der ihren betrachteten und ihn mit offenen Armen empfingen, tat ihm gut. Schon deshalb, weil es ihm half, den ganzen Kram zu Hause zu vergessen. Die USA wurden für ihn ein unentbehrliches Surrogat zum Ausgleich des Machtverlustes.

Fast überall sonst auf der Welt, vor allem in den europäischen Staaten, galt auch für Helmut Schmidt das eherne Gesetz, dass ein Politiker ohne Amt keine Macht repräsentiert. Ende November 1982, als er zur Eröffnung des Henry-Moore-Museums in Leeds durch Königin Elisabeth nach Großbritannien flog und am nächsten Tag Karl Popper besuchte, empfing ihn Margaret Thatcher; zehn Monate später besuchte er sie während eines Zwischenstopps auf dem Weg in die USA noch einmal in Downing Street. Sogar Reagan räumte Schmidt am 2. April 1984 kurzfristig einen Termin im Weißen Haus ein. Aber die Geschäfte führte jetzt ein anderer.

Eine Ausnahme von dieser Regel bildete der kontinuierliche Dialog mit dem französischen Staatspräsidenten François Mitterrand, der nach seinem Wahlsieg über Giscard d'Estaing im Mai 1981 in den Elysée-Palast eingezogen war. Schmidt, für den die Beziehungen zu Frankreich von jeher elementare Bedeutung besaßen, griff Mitterrands Einladung zur Fortsetzung ihrer Gespräche gern auf. Im Juni 1983 wurde er von ihm für ein Wochenende in sein Landhaus in den Pinienwäldern südlich von Bordeaux eingeladen – der Präsident ließ ihn sogar mit seiner eigenen Maschine abholen –, ein Jahr später trafen sie sich zum Gedankenaustausch im Elysée. Es ging meist um dieselben Themen: um Frankreichs Angst vor deutscher Unberechenbarkeit, geschürt vor allem durch den Pazifismus auf der Linken, um den wirtschaftlichen Rückstand Frankreichs, um Mitterrands schwieriges Verhältnis zu Reagan. Mitterrand wusste, dass Schmidt weiterhin in engem freundschaftlichen Kontakt mit Giscard stand, so wie Schmidt seinerseits registrierte, dass sich Mitterrands Verhältnis zu Helmut Kohl in der zweiten Jahreshälfte 1983 zum Besseren wendete. Ihre Gespräche scheint das nicht nachhaltig beeinflusst zu haben.

Mitterrand und Schmidt diskutierten Möglichkeiten einer militärischen Zusammenarbeit, die langfristig zum Aufbau eines integrierten westeuropäischen Verteidigungssystems unter französischem Oberbefehl führen sollte. Im Juni 1984 mahnte Schmidt in einer Bundestagsrede eine solche französisch-deutsche Sicherheitsinitiative an und erklärte, welche langfristigen Auswirkungen für

Europa er sich davon versprach: »Eine Weltrolle Frankreichs an der Spitze eines französisch-deutschen Tandems ist möglich, jedenfalls würde ein solches Tandem de facto zugleich zur politischen Führung der Europäischen Gemeinschaft führen, auch wenn wir dabei keineswegs – ich stimme mit dem Bundeskanzler überein – von einem Europa á deux vitesses reden sollten.«[55]

Neun Tage vorher hatte Schmidt den französischen Präsidenten in Paris besucht, um ihm seine Idee vorzustellen, den atomaren französischen Schutzschild auch über das Gebiet der Bundesrepublik zu spannen, die »force de frappe« also auch zur Abschreckung von Angriffen auf deutsches Territorium zu verwenden. Damit würden die Deutschen aus ihrer ausschließlichen Abhängigkeit von den USA befreit werden, ohne »einen Finger am Abzugshahn« zu bekommen. Eine Mitverantwortung Frankreichs für die Sicherheit der Bundesrepublik ergebe sich bereits aus der Tatsache, dass die Deutschen ihrerseits »längst schon Verantwortung auch für die Verteidigung Frankreichs an der Elbe übernommen« hätten. Als Schmidt diese Überlegungen in seiner Rede vor dem Bundestag vortrug, rief der Grünen-Abgeordnete Joschka Fischer dazwischen: »Das klingt alles sehr gut!«[56]

Mitterrand war weniger begeistert. Er war sogar »spürbar irritiert«. Sein Gespräch mit Schmidt am 19. Juni 1984 ließ auch in anderen Fragen einen wachsenden Dissens deutlich werden. Einig war man sich eigentlich nur in der kritischen Beurteilung Margaret Thatchers: »Wenn man Frau Thatcher den kleinen Finger reiche, wolle sie alle anderen gleich dazu.« Während Schmidt dafür warb, Reagan zu einem Gipfeltreffen mit der sowjetischen Führung zu bewegen – in diesem Sinne habe er auf Außenminister Shultz und andere eingewirkt –, bezweifelte Mitterrand, dass der amerikanische Präsident nach seiner Wiederwahl noch zu einer Geste Richtung Moskau bereit sein werde. Besonders empfindlich reagierte Mitterrand auf Schmidts »ziemlich drastische« Kritik an der zwei Wochen zurückliegenden gemeinsamen Feier von Franzosen und Amerikanern zum 40. Jahrestag der Landung der Alliierten in der Normandie. In Deutschland trügen solche Siegesfeiern dazu bei, so Schmidt, den »Zulauf zu den Grünen und der Friedensbewegung zu verstärken«. Mitterrand war sichtlich »betroffen und lenkte ab; die Grünen und die Friedensbewegung seien wie die französischen Veteranenverbände: einig in den Emotionen, aber sofort im Streit, wenn es um konkrete Fragen wie etwa die Tabaksteuer gehe«.[57]

Die »französische Option« war für Schmidt – so rekapitulierte er zweieinhalb Jahre später in einem Brief an SPD-Bundesgeschäftsführer Peter Glotz – »seit langen Jahren eine selbstverständliche Denkfigur. Solange ich in Minister- und Kanzlerämtern war, habe ich aus Rücksicht auf unsere französischen Partner darüber nicht öffentlich hörbar reden können. Immerhin aber waren Giscard und ich im persönlichen Gespräch 1980 einig, dass wir diesen Komplex nach seiner von ihm im Mai 1982 erhofften Wiederwahl als Präsident gemeinsam anfassen wollten. Später habe ich darüber auch mehrfach mit Mitterrand ausführlich geredet, zuletzt am Dienstag, 17. März 1987 (auf seinen Wunsch).«[58] Glotz hatte nach Lektüre von Schmidts Buch *Eine Strategie für den Westen* seine Bestürzung darüber zum Ausdruck gebracht, »dass die Partei diese vorwärtsweisenden Gedanken … bisher kaum aufgegriffen hat«.[59] Aber nicht nur im Ollenhauer-Haus, auch im Elysée-Palast wollte man von Schmidts »Grand Strategy« nichts wissen.

Bei Reisen in andere Länder als Frankreich und die USA standen für Schmidt häufig Wirtschaftsthemen auf der Tagesordnung, die seiner Meinung nach von der Bundesregierung vernachlässigt wurden. Vieles war mühselige Kleinarbeit. Ende Januar 1983 trat Schmidt bei einem gemeinsamen Symposium der *Zeit* mit der japanischen Zeitung *Yomiuri* in Tokio auf; in seiner Tischrede verknüpfte er die beiden wichtigsten Themen dieser Jahre: »Preventing a World Depression and Stabilizing East-West-Relations«. Am Vortag hatten ihm Vertreter der Deutschen Industrie- und Handelskammer in Japan berichtet, dass eine für 1984 vom Wirtschaftsministerium geplante Leistungsschau der Bundesrepublik bei der deutschen Wirtschaft leider auf wenig Interesse stoße, mehrere Konzerne hätten bereits abgesagt. Zurück in Bonn, schrieb Schmidt seinen ersten Brief an seinen Nachfolger, den er bat, auf eine angemessene Durchführung dieser für die Imagepflege der deutschen Industrie in Japan wichtigen Ausstellung hinzuwirken. Kohl antwortete dem »sehr geehrten Herrn Kollegen« vier Wochen später, er sei mit ihm einer Meinung und könne ihm mitteilen, dass die Bundesregierung für die notwendigen Rahmenbedingungen sorgen werde. »Vor diesem Hintergrund hat der Außenwirtschaftsbeirat auf seiner Sitzung am 17. Februar 1983 die deutsche Industrie aufgefordert, die Leistungsschau in Tokio mit besonderem Engagement zu unterstützen.«[60]

Auf seiner Ägyptenreise Ende September 1983 wurde Schmidt von Staatspräsident Hosni Mubarak, der einst als Emissär Sadats zu ihm gekommen war, »aufwendiger als zwei Wochen später Helmut Kohl empfangen«.[61] Den Bundesinnenminister ließ Schmidt im Anschluss wissen, dass die Ägypter starkes Interesse an einem Erfahrungsaustausch zur Terrorismusbekämpfung hätten und er eine entsprechende deutsche Initiative befürworten würde. Den Bundesfinanzminister bat er, über eine Ausweitung der Hermes-Kredite für Ägypten nachzudenken; Wilfried Guth von der Deutschen Bank legte er dringend nahe, in Kairo eine Niederlassung zu eröffnen. In Venezuela verhandelte Schmidt im Februar 1984 auf Bitten von VEBA-Chef Bennigsen-Foerder über eine Kooperation mit der staatlichen Petróleos de Venezuela und kümmerte sich gleichzeitig um die Verschuldungsprobleme des Landes (Memorandum an Bundesbankpräsident Pöhl mit Kopie u.a. an Finanzminister Stoltenberg). Im November besuchte er Brasilien und beklagte die seiner Meinung nach nicht ausreichende Deckungspolitik der Bundesrepublik (Memorandum an Stoltenberg mit Kopie u.a. Deutsche-Bank-Chef Christians).

Die Materie war zum Glück nicht immer so zäh. Ende April 1983 hatte Schmidt den saudischen König Fahd in Riad besucht. Hauptthema ihrer Gespräche waren der Nahostkonflikt und die drohende Destabilisierung am Horn von Afrika. Schmidt ließ sich die Sicht der Saudis erläutern, verfasste ein Memorandum und schickte dieses, in Absprache mit König Fahd, unter anderem an Margaret Thatcher, die sich ausführlich für die darin enthaltenen

Anregungen bedankte. Zweifellos wollte Schmidt bei seinen Gesprächen in Riad aber noch etwas ganz anderes in Erfahrung bringen. Es ging um die Lieferung von Leopard-Panzern an Saudi-Arabien. An diesem frühen Beispiel lässt sich zeigen, wie wichtig es für Schmidt war, die Deutungshoheit über die eigenen Akten zu verteidigen und sie schon gar nicht dem politischen Gegner zu überlassen.

Im April 1981 hatte die Regierung Schmidt Panzerlieferungen an die Saudis im letzten Moment abgelehnt. Wegen seiner angeblich schwankenden Haltung war Schmidt damals vom israelischen Premierminister Menachem Begin in unflätiger Weise beschimpft worden; er wisse nicht, so Begin, was der Leutnant Schmidt an der Ostfront gemacht habe, er wisse nur, dass dort Juden vernichtet wurden. Die Äußerungen markierten einen Tiefpunkt im deutsch-israelischen Verhältnis. Jetzt, zwei Jahre später, war die Regierung Kohl mit dem brisanten Thema von Waffenlieferungen an Saudi-Arabien befasst und geriet dabei in die Schusslinie der SPD-Opposition. Zu ihrer Entlastung versuchte die Regierung, durch gezielte Indiskretionen den Eindruck zu erwecken, Schmidt habe seinerzeit durchaus die Lieferung von Panzern erwogen und sei am Ende nur wegen des innerparteilichen Widerstands eingeknickt.

Anfang Juni veröffentlichte der *Spiegel* Mitschriften aus Kabinettssitzungen, die Schmidt veranlassten, beim Chef des Bundeskanzleramts zu intervenieren und prüfen zu lassen, ob eine strafrechtliche Verfolgung Aussicht auf Erfolg habe.[62] Im Umfeld von Kohls Reise nach Riad Anfang Oktober 1983, auf der die Prüfung der Lieferung von Rüstungsgütern zu Verteidigungszwecken verabredet wurde – die von den Saudis gewünschten Leopard-Panzer waren endgültig vom Tisch –, tauchten neue Berichte auf, die Schmidt bloßstellen sollten. Jetzt schickte er seinen Büroleiter direkt ins Bundeskanzleramt. Herr Schmidt sei sehr verärgert über die jüngsten Publikationen; es sei damit zu rechnen, »dass im Wiederholungsfall eine Bloßstellung des Außenministers unvermeidlich würde«. Staatsminister Jenninger bestätigte, dass es weder in den Akten noch aufseiten der Saudis Zweifel an Schmidts Haltung gebe, entsprechende Hinweise seien aus Industriekreisen gekommen. Er zeigte guten

Willen, bat aber darum, »dass Sie umgekehrt Einfluss auf Ehmke und andere ausüben, damit diese das Thema Rüstungsexporte nach Riad nicht weiter öffentlich gegen die Regierung verwenden«.[63]

Mit dem Thema Panzerlieferungen an Saudi-Arabien musste sich Schmidt noch im Jahr 2000 herumschlagen. Am 29. Juni erklärte Bundeskanzler a.D. Helmut Kohl vor dem Untersuchungsausschuss zur Aufklärung der CDU-Parteispendenaffäre rund um den Waffenhändler Karlheinz Schreiber, Schmidt habe der saudischen Führung Leo-2-Panzer »versprochen«, der Vorgang sei in den Akten des Bundeskanzleramts aufgrund von »Aktenfrisuren« allerdings unvollständig dokumentiert. Es sei damit zu rechnen, so das Bundeskanzleramt Anfang Dezember an Schmidt, dass Kohl bei seiner zweiten Vernehmung »erneut zur angeblich unvollständigen Aktenführung in Ihrer Amtszeit Stellung nehmen wird«. Man habe die Verwaltungsvorgänge inzwischen geprüft, es spreche »nichts für deren Unvollständigkeit«. Sollte es nach Meinung Schmidts »eventuell tunlich werden, hierzu auch öffentlich Stellung zu nehmen«, werde man ihm die Akten gern zur Einsicht vorlegen.[64]

Das Gerücht, er habe den Saudis Panzer versprochen, sei 1981 von Begin in die Welt gesetzt worden, antwortete Schmidt; er »habe zu keiner Zeit amtliche Akten des Bundeskanzleramtes entfernt oder entfernen lassen«. Falls Kohl von seinen saudischen Gesprächspartnern einen Hinweis bekommen haben sollte, dass sein Vorgänger Zusagen gemacht habe, würden ihn entsprechende Gesprächsaufzeichnungen interessieren. Das Angebot zur Akteneinsicht nehme er gern an.[65]

*

Bei der Vorbereitung seiner Reisen legte Schmidt ein besonderes Augenmerk auf die Auswahl seiner Gesprächspartner: Wen muss ich treffen, wenn ich zu diesem oder jenem Thema etwas Zuverlässiges in Erfahrung bringen will? In diesem Punkt wollte sich Schmidt nicht auf die Empfehlungen der jeweiligen Botschaft verlassen. Besuchte er ein Land, in dem er längere Zeit nicht gewesen war oder das er nicht gut genug kannte, ließ er durch seine Mitarbeiter zunächst »Counterparts« recherchieren: Wer ist der Mann, der in Russland dem Chef der Deutschen Bank entspricht, welcher italienische Unternehmer kann am besten Auskunft geben über die Probleme des Mittelstands, mit wem redet der Siemens-Vorstand, wenn es um Investitionen in Brasilien geht? Wenn der entsprechende Counterpart schließlich identifiziert war, schrieb Schmidt diesem einen Brief und bat um Empfehlung eines Gesprächspartners für seine bevorstehende Reise.[66]

Dieses auf den ersten Blick umständliche Ausleseverfahren stellte einigermaßen sicher, dass Schmidt nicht nur recht genau darüber im Bilde war, wer ihm gegenübersaß, sondern auch die Einschätzungen und Urteile des Betreffenden einzuordnen und nötigenfalls zu relativieren wusste. Wie wichtig ihm eine Meinung war, hing für Schmidt letzten Endes davon ab, wie viel direkten Einfluss auf anstehende Entscheidungen sein Gegenüber im Zweifel ausüben konnte. Die Stimme eines Gesprächspartners, der ein politisches Amt oder eine Führungsposition in einem Unternehmen bekleidete, hatte für Schmidt generell mehr Gewicht als die Meinung einer Person ohne Funktion; dies galt insbesondere für Gesprächspartner in den europäischen Staaten, es galt nicht in den USA.

Schlimmer als der Verlust von Statussymbolen ist für einen Politiker ohne Amt, abgeschnitten zu sein von Informationen aus erster Hand. Wer keinen direkten Weg mehr hat zu den Entscheidungsträgern und angewiesen bleibt auf das, was in der Presse steht, verfällt leicht dem, was Bismarcks Sohn Herbert »das Spielen mit der Pseudopolitik« nannte.[67] Nichts fürchtete Schmidt in den 33 Jahren nach seiner Abwahl mehr, als den direkten Zugang zum Machtzentrum zu verlieren, und er hat alles dafür getan, sich dieses Zugangs stets aufs Neue zu versichern. Kontinuierlich gelungen ist ihm dies nur in einem einzigen Land – in China, wo ihn von Mao Zedong bis Xi Jinping alle Staats- und Parteichefs vierzig Jahre lang als einen Freund des chinesischen Volkes begrüßten.

Eine aktuelle Einschätzung der jüngsten politischen und wirtschaftlichen Entwicklung des jeweiligen Besuchslandes erhielt

Schmidt aus den Referaten des Auswärtigen Amtes und anderer Ministerien. In den Bundesministerien dürfte es nur wenige Ministerialdirektoren gegeben haben, deren Werdegang Schmidt nicht genau kannte, viele von ihnen hatte er selbst befördert; sie empfanden es als eine Auszeichnung, von ihm zu einem Hintergrundgespräch eingeladen zu werden. Auch für die deutschen Botschafter in den Ländern, in die er reiste, war es eine Ehre, ihm mit Informationen behilflich zu sein, einen Empfang für ihn auszurichten und seinen Aufenthalt angenehm zu gestalten. Bitten seines Büros um statistisches Material wurden im Rahmen der gesetzlichen Bestimmungen erfüllt – und gern auch darüber hinaus. So war es zweifellos ein Entgegenkommen des Auswärtigen Amtes, dass man Schmidt die täglichen Presseübersichten der großen Botschaften zustellte, die ihn über die Medienberichterstattung des jeweiligen Landes direkt und umfassend ins Bild setzten.

Schmidt ließ die von ihm nach jeder Reise angelegten Vermerke und Gesprächsnotizen über einen kleinen, sorgsam ausgewählten Kreis verteilen. Das Exemplar für den Chef des Bundeskanzleramts – davon war Schmidt überzeugt – würde auch vom Bundeskanzler gelesen. Zu Zeiten von Gerhard Stoltenberg stand oft der Finanzminister auf dem Verteiler, später, zu Zeiten von Volker Rühe, häufig auch der Verteidigungsminister, ein FDP-Minister nie. Die Partei- und Fraktionsvorsitzenden der SPD sowie die von Schmidt jeweils favorisierten Spitzengenossen erhielten die Reisevermerke grundsätzlich. Neben den Kollegen bei der *Zeit* Bucerius, Dönhoff, Sommer tauchen gelegentlich auch Freunde auf wie Werner Otto oder Berthold Beitz. Wer an der Vorbereitung einer Reise beteiligt gewesen war, wurde immer einbezogen, mal der Vorstands- und spätere Aufsichtsratsvorsitzende von Bayer, Herbert Grünwald, mal der Mittelständler und BDI-Chef Tyll Necker, zu denen Schmidt ebenfalls lange und weit über das Jahr 1982 hinaus reichende vertrauensvolle Beziehungen unterhielt.

Auf die Abfassung und den Versand seiner Reisevermerke verwendete Schmidt große Mühe. Manchen Empfänger könnten Zweifel beschlichen haben, ob der Absender wirklich zur Kenntnis genommen hatte, dass inzwischen ein anderer Herr über das Bundeskanzleramt war. »Liebe Freunde, anliegend in 9 Anlagen der Gedächtnis-Extrakt aus meiner USA- und Tokyo-Reise«, schrieb Schmidt Mitte April 1983 nach Rückkehr von seiner ersten Amerikatour an eine Handvoll Sozialdemokraten.[68] Aus Geheimhaltungsgründen hatte er die Namen vieler seiner Gesprächspartner durch Buchstaben ersetzt, die er im Begleitschreiben jedoch auflöste. Alles klang sehr wichtig. Aber welcher der Adressaten nahm sich schon die Zeit, neun Anlagen Reiseeindrücke zu lesen? Nicht alle Empfänger waren gleichermaßen entzückt. Der Parteivorsitzende jedenfalls bedankte sich weder für die Überlassung dieser noch der folgenden Vermerke über den Verlauf der Bilderberg-Konferenz im kanadischen Montebello und Schmidts Besuch bei Mitterrand.

Das meistbesuchte Land nach den USA und Frankreich war Japan, dorthin reiste Schmidt bis Mitte der neunziger Jahre rund zwanzigmal. »Ökonomisch ein Riese, politisch ein Zwerg«, spielte Japan auf dem internationalen Parkett damals eine ähnliche Rolle wie die Bundesrepublik.[69] Schmidt stand dem Land nicht unkritisch gegenüber; das traditionelle Gesellschaftssystem blieb ihm fremd, die Unfähigkeit der Japaner zur Aussöhnung mit den Nachbarn, die in den dreißiger und vierziger Jahren schwer unter der japanischen Barbarei gelitten hatten, hielt er für eine innen- und außenpolitische Gefahr. Dass Schmidt das Land trotzdem liebte, war zum einen zurückzuführen auf seine enge Freundschaft mit dem ehemaligen japanischen Ministerpräsidenten Takeo Fukuda. Zum anderen war er seit seiner ersten Japanreise 1961 hingerissen von den Schönheiten des Landes und seiner Kultur. Schmidt saß im Beirat mehrerer großer Unternehmen, trat auf Veranstaltungen von Konzernen wie Fuji, Toshiba und Daiwa Securities auf und war in den führenden Zeitungen des Landes, *Asahi Shimbun* und *Nihon Keizai Shimbun*, regelmäßig mit Artikeln und Interviews vertreten. 1989 wurde er in das Gründungskomitee des vom Kaiserhaus initiierten Praemium Imperiale berufen, den die Japan Art Association jährlich in fünf Kategorien für ein künstlerisches Lebenswerk verleiht und der heute als Nobelpreis der Künste gilt. 1998 übergab Schmidt seinen Sitz im Gremium an Richard von Weizsäcker.

Auch in Europa absolvierte Schmidt bis weit in die neunziger Jahre hinein zahlreiche Termine in erster Linie zur Aufbesserung seiner Pension. Er sprach in Frankfurt für Hewlett-Packard, in Monte Carlo für IBM, in Mailand für Montedison; er nahm an einer Veranstaltung von Coca-Cola in Madrid und an einer von McKinsey und PepsiCo organisierten »Top-to-Top-Conference« in der Villa d'Este am Comer See teil. Besonders von Banken und Investmentfirmen wurde er als Redner umworben, er sprach beim »CEO International Roundtable« des »Institutional Investor« in Cannes und bei der Petrofina des belgischen Großinvestors Albert Frère. Schmidt zelebrierte solche Auftritte. »Wenn Sie mich mit meinem früheren Titel anreden«, so eröffnete er, an den Gastgeber gerichtet, viele seiner Reden, »bin ich immer versucht, über die Schulter nach rechts hinten zu gucken, ob vielleicht der Herr Kohl hinter mir steht.« Da hatte er meist die Hälfte des Saales schon für sich eingenommen. Dieser Redner bot dem Auditorium genau das, was von ihm erwartet wurde: große Weltwirtschaftsoper jenseits der Niederungen des Tagesgeschäfts.

Unter Berücksichtigung der Wünsche des jeweiligen Veranstalters stellten Schmidts Referenten nach dem Baukastensystem einen Redeentwurf zusammen, den er anschließend überarbeitete. Je exklusiver der Kreis der Zuhörer, desto gründlicher bereitete Schmidt sich vor. Wichtige Reden konzipierte er selbst, handschriftlich auf zwanzig und mehr Seiten; die Mitarbeiter brauchten dann meist nur noch die aktuellen Zahlen zu ergänzen. Am liebsten waren ihm die großen Themen, bei denen er das ganze Spektrum seiner politischen und ökonomischen Erfahrungen abrufen konnte: »New Dimensions of Leadership for Today's Complex World« (Davos, Januar 1983), »Making Europe Succeed« (Barcelona, Mai 1986) oder »The Economics of Detente: From Disarmament to Market Warfare« (Rimini, Dezember 1989).

Nahm Schmidt an einer Podiumsdiskussion teil, saß neben ihm oft einer der alten Freunde, und gelegentlich kamen sie auch alle zusammen auf die Bühne: Kissinger und Shultz, Giscard und Callaghan. Sprach Schmidt auf Tagungen der Weltbank oder der NATO oder vor einem der Ausschüsse und Gremien der Europäischen Gemeinschaft, setzte er klare politische Akzente. Besonders wohl fühlte er sich, wenn er selbst hinzulernen und sein Wissen auf den aktuellen Stand bringen konnte. Zugewinn an Kenntnis versprach er sich vor allem von Veranstaltungen, bei denen Vertreter aus Politik und Wirtschaft zusammenkamen. Deshalb trat Schmidt mehrfach beim Wirtschaftsforum Davos auf, beim Prognos-Forum für Zukunftsfragen in Basel, bei den Bilderberg-Konferenzen und auf internationalen Symposien der *International Herald Tribune*. Auf nationaler Ebene besuchte er die Veranstaltungen des Bergedorfer Gesprächskreises seines Freundes Kurt Körber, die Tagungen der Atlantik-Brücke, die viele Jahre von seinem Freund Karl Klasen geleitet wurde, oder die Königswinter-Konferenzen. Die Organisatoren erfreute er durch regelmäßige Teilnahme, gründlich vorbereitete Referate und zahlreiche Diskussionsbeiträge.

*

Auf Dauer war es für Helmut Schmidt unbefriedigend, ausschließlich als Privatmann zu reisen. Zwar musste er in den ersten Jahren mehr Einladungen absagen, als er annehmen konnte. Was ihm jedoch fehlte, war ein wirklicher Auftrag, eine Aufgabe, die in die Zukunft wies und den ganzen Aufwand rechtfertigte, den solche Reisen mit sich brachten. Seine zum Teil sehr ausführlichen Reisevermerke verteilte er in der Hoffnung, dass man seine Anregungen nicht nur zur Kenntnis nahm, sondern auch umsetzte. Aber er war nun einmal kein Bundeskanzler mehr, der das Nötige veranlassen und notfalls forcieren konnte. Was ihm fehlte, war die Beglaubigung durch ein Amt.

Anfang 1983 bekam Schmidt Besuch von Takeo Fukuda. Kennengelernt hatten sie sich 1971, als Schmidt auf seiner ersten großen Ostasienreise als Verteidigungsminister Station in Japan machte, Fukuda war damals Außenminister gewesen. Im Jahr darauf waren beide als Finanzminister mit den Turbulenzen der internationalen Währungskrise konfrontiert, bei deren Eindämmung sie weitgehend gleiche Interessen verfolgten. Später setzte sich Fukuda als Ministerpräsident für eine Politik der friedlichen Koexistenz mit den Nachbarn ein und unternahm erste Versuche, die japanischen Kriegsverbrechen zu thematisieren, was angesichts des starken Nationalismus im Land auf heftigen Widerstand stieß. 1978 schloss er einen Friedens- und Freundschaftsvertrag mit China. Seine Gespräche mit Japanern seien oft mühsam gewesen, schrieb Schmidt rückblickend, weil unter allerlei Höflichkeitsfloskeln die eigentliche Aussage recht unverbindlich und auch nicht immer erkennbar gewesen sei. Sein Freund Fukuda aber habe sich »ausländischen Partnern in nachvollziehbarer Weise verständlich machen können«.[70] Auch deshalb gehörte er für Schmidt zu den bedeutendsten Nachkriegspolitikern Japans.

Fukuda war nach Hamburg gekommen, um Helmut Schmidt für ein ehrgeiziges Projekt zu gewinnen: Ehemalige Staats- und Regierungschefs sollten sich zusammentun, ihr Wissen und ihre Erfahrungen bündeln und gemeinsam Lösungsansätze für die globalen politischen und ökonomischen Probleme entwickeln. Ganz oben auf seiner Agenda standen die Notwendigkeit, die Abrüstungsverhandlungen der Supermächte wieder in Gang zu bringen, die dringend erforderliche Ankurbelung der Weltwirtschaft und die Frage, wie sich Wachstum, Bevölkerungsentwicklung und Umwelt auf Dauer in ein Gleichgewicht bringen ließen. Außerdem träumte Fukuda davon, zusammen mit Repräsentanten der großen religiösen Gemeinschaften einen globalen Wertekanon zu erstellen, der zum gegenseitigen Verständnis beitragen und helfen sollte, interkulturelle Differenzen zu überwinden.

Nun war Helmut Schmidt erklärtermaßen nicht der Mann, der sich von Visionen leiten ließ. Ein »Old Boys Club« konnte wohl kaum unmittelbaren Einfluss auf die Regierenden ausüben, die in erster Linie ihre jeweiligen nationalen Interessen zu vertreten hatten. Schmidt war in diesem Punkt entschieden skeptischer als sein japanischer Freund. Auf der Liste derjenigen, die ihre Mitwirkung zugesagt hatten und sich zur Gründungsversammlung im März 1983 in Wien trafen, fanden sich überdies nur wenige international renommierte Namen; Politiker wie Manea Manescu (Rumänien), Hedi Nouira (Tunesien) oder Misael Pastrana Borrero (Kolumbien) dürften außerhalb ihrer Landesgrenzen nur wenigen bekannt gewesen sein.

Der wichtigste Mann neben Fukuda war zweifellos Kurt Waldheim, 1971 bis 1981 UNO-Generalsekretär; er wurde wenig später zum Vorsitzenden des Clubs gewählt, der sich InterAction Council of former Heads of Government nannte und vom österreichischen Parlament den Status einer internationalen Organisation zugesprochen bekam. Finanziert wurde der IAC, wie die Kurzform lautete, sowohl aus öffentlichen Geldern, die von den Regierungen Japans, Österreichs, Schwedens und mehrerer anderer Staaten bereitgestellt wurden, als auch aus Spenden; die Liste der Spender reichte von der Ford-Stiftung über Montedison und Samsung bis David Rockefeller. Jährlich standen der Organisation etwa 1,3 Millionen Dollar zur Verfügung, von denen der größte Teil zur Vorbereitung und Durchführung der Jahrestagungen verwendet wurde.

Bei seinem Besuch in Hamburg wurde Fukuda von Kurt Waldheim begleitet, außerdem hatte er seine Referentin und Dolmetscherin Keiko Atsumi dabei. Sie führte dreißig Jahre lang die Geschäfte des InterAction Council. Als Agentin und PR-Unternehmerin übernahm sie für Schmidt alsbald die Koordinierung seiner Redenauftritte in Japan und handelte für ihn ähnlich lukrative Verträge aus wie Harry Walker. Nach ausgiebiger Erörterung des Projekts und einigen Drinks in seinem Haus in Langenhorn gab Schmidt Fukuda die Zusage, dass er mitmachen werde. Und nicht nur das. Schmidt engagierte sich wie kein anderes Mitglied des InterAction Council und übernahm 1985 den Vorsitz, nachdem Waldheim aufgrund seiner Wahl zum österreichischen Bundespräsidenten hatte ausscheiden müssen. Nach dem Tod Fukudas 1995 zog Schmidt sich auf den Posten des Ehrenvorsitzenden zurück, den er zwanzig Jahre lang, bis zum März 2015 beibehielt. Mit einer einzigen Ausnahme – dem Treffen in Kairo 1999, das er wegen Krankheit kurzfristig absagen musste – nahm Schmidt bis 2012 an allen Jahrestagungen teil.

Zwar traten dem InterAction Council im Laufe der Jahre zahlreiche ehemalige Staats- und Regierungschefs bei – darunter die Präsidenten Carter und Clinton, Michail Gorbatschow, Valéry Giscard d'Estaing, Richard von Weizsäcker und Nelson Mandela. Aber diejenigen, die sich aktiv um die Belange des IAC kümmerten und regelmäßig an den jährlichen Treffen teilnahmen, waren die immer gleichen. Zu nennen sind vor allem Schmidts persönliche Freunde aus gemeinsamer Regierungszeit: James Callaghan, von 1976 bis 1979 britischer Premier, der kanadische Ex-Premier Pierre Trudeau, der ehemalige niederländische Ministerpräsident Dries van Agt, und der australische Ex-Premier Malcolm Fraser, der 1998 auch den Vorsitz des InterAction Council übernahm.

Zu den aktivsten IAC-Mitgliedern in den ersten Jahren zählte der ehemalige Staatspräsident Nigerias Olusegun Obasanjo. Der Mitbegründer von Transparency International, der den Kampf gegen die Korruption zu einem Thema der Weltpolitik machte, leitete beim IAC zwei Expertengruppen, die sich mit dem weltweiten Waffenhandel und seinen verheerenden Auswirkungen insbesondere auf die Entwicklungsländer beschäftigten. Schmidt war von Obasanjo stark beeindruckt und setzte sich 1987 für dessen Wahl zum UNO-Generalsekretär ein, indem er unter anderem Briefe an Deng Xiaoping, François Mitterrand und George Shultz schrieb. Im selben Jahr schlug er dem Nobel-Komitee Takeo Fukuda für den Friedensnobelpreis vor – beides vergeblich.[71]

Zehn Jahre lang war Schmidt der Motor des InterAction Council, der unermüdliche Antreiber, der die Agenda bestimmte und stets darauf drängte, die hehren Ziele in konkrete Handlungsanleitungen umzusetzen. Die Gruppe befasste sich mit Fragen der internationalen Geldpolitik, vor allem mit der Schuldensituation der Entwicklungsländer und der Kreditvergabe durch den Internationalen Währungsfonds. Ein weiteres Anliegen war die Förderung des interreligiösen Dialogs. Angeregt durch Gespräche mit dem ägyptischen Präsidenten Anwar as-Sadat hatte Schmidt Ende der siebziger

Jahre angefangen, sich für die gemeinsamen Wurzeln der drei monotheistischen Religionen zu interessieren. Seine Neugier deckte sich mit der Überzeugung, dass die meisten Gläubigen auf der Welt viel zu wenig über andere Glaubensrichtungen wüssten, Unkenntnis und mangelnde Toleranz auf Dauer aber den Frieden gefährdeten. So entstand die Idee, Vertreter einiger großer Weltreligionen zum Gespräch einzuladen.

Das Treffen unter Leitung Fukudas und Schmidts fand am 9. und 10. März 1987 im Haus der Civiltà Cattolica in Rom statt: Ein Muslim aus Indonesien, ein Buddhist aus Sri Lanka, ein Hindu, der Oberrabbiner von Rom, ein Methodist aus den USA, ein Protestant aus der Volksrepublik China, der Wiener Kardinal Franz König und der Vorsitzende von Worldwatch als Vertreter eines kritischen Agnostizismus hörten zwei Tage lang einander zu und suchten mit den IAC-Vertretern universale ethische Grundsätze zu formulieren. Alle stimmten darin überein, dass die explosionsartige Vermehrung der Bevölkerung in den unterentwickelten Ländern eine der Hauptursachen für viele Konflikte sei. Die Forderung nach Geburtenregulierung stieß jedoch zumal am Ort der Tagung, in Rom, auf zähen Widerstand. Die Freigabe von Verhütungsmitteln stellte nach Ansicht des Papstes einen Eingriff in Gottes Schöpfung dar. Dreimal war Schmidt während seiner Regierungszeit mit Johannes Paul II. zusammengekommen, und jedes Mal hatte er ihn auf das Thema angesprochen. Mit seinen Versuchen, dem Papst die Zusammenhänge »zwischen Bevölkerungsexplosion, Unterentwicklung und Massenelend zu erklären«, war er jedoch kläglich gescheitert.[72]

Viele der Fragen, die der InterAction Council regelmäßig auf die Tagesordnung setzte, betrafen eine gerechtere Weltwirtschaftsordnung, die den Entwicklungsländern generell größere Chancen einräumte. Diskutiert wurden die Rolle der Weltbank, Ressourcenknappheit und Umweltzerstörungen, Impulse für neues Wachstum, Handelsfragen. Die Jahrestagungen fanden in der Regel Ende Mai statt. So konnten die Ergebnisse und Vorschläge den Regierungen der wichtigsten Staaten rechtzeitig zu den G7-Gipfeln Anfang Juni zugestellt werden. Von diesem zeitlichen Nexus versprach man sich beim InterAction Council ein hohes Maß an Wirksamkeit. Aus seiner eigenen Zeit als Regierungschef dürfte Schmidt sich jedoch gut erinnert haben, dass solche Initiativen in der Praxis nicht viel bewirken, weil »die im Amt befindlichen Regierungen gar nicht erpicht sind, von ihren Vorgängern irgendwelche klugen Ratschläge zu erhalten«.[73] Dennoch waren die prominenten Gäste überall auf der Welt willkommen, und die amtierenden Staats- und Regierungschefs ließen sich mit ihren ehemaligen Kollegen gern ablichten.

1987 war der InterAction Council zu Gast in Malaysia. »Sie mögen keine Macht mehr ausüben«, sagte Premierminister Mahathir bin Mohamad zur Begrüßung in Kuala Lumpur, »aber Sie haben Einfluss. Sie sind das Gewissen der Welt. Wir heißen Sie willkommen, weil wir überzeugt sind, dass die Welt heute mehr denn je ein Gewissen braucht.«[74] Im Jahr darauf tagte der InterAction Council in Moskau: Wenige Tage vor der Ratifizierung des INF-Abkommens durch Reagan und Gorbatschow diskutierte man über Machtkonstellationen für das 21. Jahrhundert. Der Vorsitzende des Präsidiums des Obersten Sowjet Andrei Gromyko gab einen festlichen Empfang im Kreml und nannte den InterAction Council den Prototyp einer künftigen Weltvölkerversammlung.

5
Schwierige Verwandte

Am 30. Mai 1983 rief Rechtsanwalt Wolfgang Vogel bei Klaus Bölling an und bat ihn um Weiterleitung einer Nachricht an Helmut Schmidt: »GS wird sich freuen, Sie zu treffen, wenn Sie in die DDR kommen. Entweder noch im Juni, sonst nach dem 5. August.« GS lasse des Weiteren ausrichten, dass er mit Schmidt »beiläufig auch über ein *Zeit*-Interview reden« wolle, um das Theo Sommer kürzlich gebeten habe und das sich »später im Jahr wohl machen« ließe.[1] »GS« war der Generalsekretär der SED Erich Honecker, der nach dem Regierungswechsel in Bonn weiterhin den bewährten Weg über den Ostberliner Anwalt Vogel nutzte, um mit Schmidt zu kommunizieren. Honecker bekräftigte seine Einladung an Schmidt in diesen Tagen auch gegenüber dem SPD-Fraktionsvorsitzenden Hans-Jochen Vogel, der ihn Ende Mai zum ersten Mal besuchte: »Mein Gesprächspartner vom vergangenen Samstag hat daran erinnert«, so Vogel zu Schmidt, »dass bereits seinerzeit am Werbellinsee und dann noch einmal in dem Telefongespräch mittelbar vor Ende der sozialliberalen Koalition ein privater Besuch in der DDR in Aussicht genommen worden sei.«[2]

Um die deutsch-deutschen Beziehungen stand es nicht gut. Bereits vier Tage nach dem Ende der sozialliberalen Koalition hatte Schmidt einen alarmierenden Brief des DDR-Chef-Unterhändlers Vogel erhalten. Die Menschen in der DDR hätten die Ereignisse der letzten Tage »mit Besorgnis« verfolgt; während der Übertragung der Bundestagsdebatte am 1. Oktober seien die Straßen leer gewesen »wie bei einem Endspiel um die Fußballweltmeisterschaft. Nun ist aus Besorgnis Angst geworden. Es ist die Angst vor der Ungewissheit und um das unter Ihrer geduldigen Regie Erreichte, Angebahnte.«

Er habe »aus nächster Nähe erleben dürfen, was Sie für die Menschen auf sich genommen haben. Das darf nicht umsonst gewesen sein!« Bei Schmidt überwiege jetzt zweifellos Enttäuschung. »Wie sehr ich mitempfinde, können Sie nicht ahnen. Im Gedenken hieran werde ich nicht mehr so antreten können wie bisher.« Wann immer Schmidt und Loki sich zu einer Reise in die DDR entschließen würden: Er, Vogel, wäre glücklich, sie dabei begleiten zu dürfen.[3]

Vogel hatte dem Schreiben die Kopie eines Briefes an seinen Westberliner Verhandlungspartner Jürgen Stange beigelegt, in dem er möglichen Versuchen der Bundesregierung, die Bedingungen für den Freikauf von politischen Häftlingen zu verändern, einen Riegel vorschob: »Die zwischen uns für den humanitären Bereich abgestimmten Verpflichtungen werden unter der Voraussetzung erfüllt, dass sich Ihre Seite an die diesen Verpflichtungen zugrunde liegenden Konditionen unverändert hält. Ich bin insoweit zur Kooperation mit Ihnen nach wie vor autorisiert. Darüber hinaus habe ich keine Vollmacht. Für politische Vermittlung habe ich kein Mandat.«[4] Der Brief an Stange spiegelte wohl die Sorge Ostberlins wider – möglicherweise auch persönliche Befürchtungen Vogels –, Bonn könnte von den bisherigen Absprachen abrücken. Die Botschaft an Kohl war unmissverständlich: entweder humanitäre Erleichterungen zu den bisherigen Bedingungen – oder eine neue Eiszeit. In seinem ersten »Bericht zur Lage der Nation im geteilten Deutschland« am 23. Juni 1983 betonte Helmut Kohl einerseits die prinzipielle Unvereinbarkeit der politischen Standpunkte, bemühte sich andererseits aber, »im operativen Bereich einen ›Status quo plus‹ herzustellen«.[5]

Drei Wochen, nachdem Honecker seinen Wunsch nach einem Treffen mit Helmut Schmidt bekundet hatte, erging eine Einladung des Evangelischen Konsistoriums Berlin-Brandenburg: »In dankbarer Erinnerung an frühere Gesprächsmöglichkeiten möchte ich Sie und Ihre verehrte Frau Gemahlin zu einem Besuch in die Deutsche Demokratische Republik einladen … mit ausgezeichneter Hochachtung Stolpe.«[6] Manfred Stolpe hatte bereits im Februar unter Berufung auf eine ältere Einladung von Bischof Schönherr bei Schmidt anfragen lassen, ob er im Luther-Gedenkjahr zu einem

Vortrag nach Potsdam kommen könne.[7] Auch Schmidt hatte seine Fühler ausgestreckt und mit Hinweis auf ein Gespräch Vogels mit Bölling am 13. März direkt an Honecker geschrieben. Sein Interesse an den Themen, die sie im Dezember 1981 in der Schorfheide besprochen hätten, sei »unverändert intensiv«; in erster Linie war es damals um »die besondere Friedenspflicht« der beiden deutschen Staaten gegangen und um die Frage, wie sich aus deutscher Sicht zu einer Begrenzung das atomaren Wettrüstens beitragen ließe.[8]

Staat und Kirche in der DDR arbeiteten jetzt zügig Hand in Hand, um so schnell wie möglich einen Besuch Schmidts in der DDR zu ermöglichen. Von einem Treffen Honeckers mit Schmidt konnte die Kirche nur profitieren, und Stolpe übernahm gern die Rolle des Einladenden. Er habe stets die Kircheninteressen vertreten, rechtfertigte sich Manfred Stolpe später, als ihm seine engen Verbindungen zum Staatssicherheitsdienst vorgeworfen wurden. Für Schmidt gab es an Stolpes Integrität keinen Zweifel; er war ihm für seine Vermittlerdienste dankbar und nahm ihn in Schutz. Das Zustandekommen seines Besuches erklärte Schmidt allerdings schon 1983 ein wenig umständlich, so als müsse er jeden Verdacht von vornherein ausschließen: »Die Einladung war von Altbischof Schönherr noch zu seiner und meiner Amtszeit ausgegangen. Nachdem ich in diesem Sommer meine Absicht bekundet hatte, ihr jetzt zu folgen, haben die Herren Schönherr und Stolpe liebenswürdigerweise meinen Besuch bei ihnen terminlich so arrangiert, dass er sich zeitlich mit dem Gespräch mit dem Staatsratsvorsitzenden kombinieren ließ.«[9]

Der Besuch in Potsdam war für Anfang September geplant. Die Beteiligten hätten gern auf Öffentlichkeit verzichtet. Ende August – Schmidt war noch bei Gerald Ford in Colorado – sickerten jedoch Informationen an die Presse durch, sodass an Geheimhaltung nicht mehr zu denken war. »Honecker empfängt Ex-Kanzler Schmidt«, titelte die *Süddeutsche Zeitung* am 31. August und beschrieb weitgehend korrekt »das offensichtlich zwischen Kirche und Staat abgestimmte Besuchsprogramm«.[10] Für Samstag, den 3. September, waren mittags Besichtigungen in Potsdam vorgesehen – Schloss

Cecilienhof, Sanssouci und Nikolaikirche –, am frühen Abend traf sich Schmidt mit Vertretern der DDR-Kirchenleitungen im Potsdamer Oberlin-Haus, anschließend ging es zum Kalten Buffet ins Haus von Konsistorialpräsident Stolpe.

Am Sonntagmorgen fuhren Helmut und Loki Schmidt zum »Familiengottesdienst« in der Stadtkirche von Wittenberg, der einen tiefen Eindruck bei ihnen hinterließ. »So viel Lebendigkeit und aktive Beteiligung einer großen Gemeinde« hätten sie »zu Hause in Hamburg bisher nicht erlebt.«[11] Am Sonntagnachmittag hielt Schmidt vor etwa hundert Zuhörern aus Kirchenkreisen einen Vortrag im Oberlin-Haus mit anschließender Diskussion; Thema war die Friedenspolitik unter Berücksichtigung der These V der Barmer Erklärung von 1934, die von der Mitverantwortung der Regierten sprach. Die Gastfreundschaft der Diakonissen im Oberlin-Haus, in dem sie drei Tage untergebracht waren, beeindruckte die Schmidts ebenso wie deren aufopferungsvoller Dienst an Kranken und Schwerstbehinderten.

Die Christen in der DDR, so fasste Schmidt seine Potsdamer Gespräche zusammen, sorgten sich genauso um den Frieden wie die Christen in der Bundesrepublik – »auch emotional sehr ähnlich«. Ihre Mahnungen in der Abrüstungsfrage seien aber »nicht immer realistisch«. Einige Kirchenvertreter hätten ihn ausdrücklich darum gebeten, »schwärmerischen Vorstellungen entgegenzutreten und für Realismus zu werben«. Er habe gespürt, dass sich die Friedensaktivitäten der Kirche nicht gegen die Staatsführung der DDR richteten. Dies habe er am Montagmorgen auch dem Staatsratsvorsitzenden nahezubringen versucht.[12]

An dem zweieinhalbstündigen Gespräch mit Honecker im Staatsratsgebäude in Ostberlin nahmen nur zwei weitere Personen teil: Klaus Bölling und, aufseiten Honeckers, Kanzleichef Frank-Joachim Herrmann. Schmidt lobte zunächst Honeckers Bemühen um das Lutherjahr, das mit der Feier von Luthers 500. Geburtstag am 10. November seinem Höhepunkt entgegenging. Honecker berichtete, dass sein kirchenpolitischer Kurs im Politbüro auf Kritik gestoßen sei, und angesichts der Friedensaktivitäten der Kirche verwundere ihn das nicht. Die meisten Jugendlichen, die sich an den

Aktionen der Kirche beteiligten, seien gar nicht in die Kirche eingebunden, manche seien »nicht einmal getauft«. Er habe nichts dagegen, wenn diese Leute ausreisten: »Wir haben dann Frieden in unserem Staat.«

Schmidt empfahl eine Haltung der Toleranz: Je großzügiger die DDR-Führung mit den jugendlichen Demonstranten umgehe, desto mehr trage sie zum Ansehen der DDR in der Welt bei. Honecker versicherte, dass die Organe der DDR gehalten seien, mit den friedensbewegten jungen Christen »loyal zu verfahren«. Dann sprach Schmidt Reiseerleichterungen an; verbesserte Reisemöglichkeiten seien wichtiger als generelle Ausreisegenehmigungen. Honecker räumte ein, dass nicht genügend Valuta zur Verfügung stünden, und versuchte, das Thema zu wechseln. Bei dringenden Familienzusammenführungen habe sich die Praxis bereits verbessert, insistierte Schmidt und nannte Ungarn ein nachahmenswertes Beispiel. Anschließend sprach man über Abrüstungsfragen, den von Franz Josef Strauß eingefädelten Milliardenkredit und den Abschuss einer südkoreanischen Verkehrsmaschine über Sachalin am 1. September, bei dem 269 Menschen ums Leben gekommen waren; Honecker verwahrte sich gegen den Ausdruck »Abschuss«.

Im zweiten Teil des Gesprächs ging es um die deutsch-deutschen Beziehungen. Anfang April war am Grenzübergang Drewitz der Bundesbürger Rudolf Burkert bei der Vernehmung durch Grenzbeamte der DDR einem Herzinfarkt erlegen. Kohl habe ihn damals angerufen, berichtete Honecker, und ihm gesagt, »er wolle nicht, dass sich die Sache ausweite; allerdings könne er Mittag nicht empfangen«. Entgegen seiner Ankündigung habe Kohl die Ausladung von ZK-Sekretär Günter Mittag dann jedoch publik gemacht, was Honecker zu der Bemerkung veranlasste, er »fühle sich durch den Bundeskanzler getäuscht«. Seither hätten sie nicht mehr miteinander gesprochen. Schmidt riet Honecker, von sich aus Kohl »einmal wieder« anzurufen, aber Honecker blieb dabei: »Ich werde nicht anrufen.«

Honecker bedauerte, dass sowohl Kohl als auch Bundespräsident Carstens Einladungen zu den Luther-Feiern in Ostberlin abgelehnt hätten, ihre »Teilnahme hätte der gemeinsamen Sache genützt«. Schmidt wies darauf hin, dass nicht immer nur führende Persönlichkeiten aus der Bundesrepublik in die DDR kommen könnten, Honecker müsse auch seinen bei ihrem Treffen am Werbellinsee 1981 vereinbarten Gegenbesuch nachholen. Der Generalsekretär reagierte verhalten. Drei Jahre später hatte sich an der gegenseitigen Besuchsblockade noch immer nichts geändert. In seiner Abschiedsrede vor dem Bundestag 1986 griff Schmidt das Thema auf. Er habe Verständnis dafür, dass der Staatsratsvorsitzende in seinem Alter den Wunsch verspüre, einmal »seine alte Heimat an der Saar zu besuchen. Ich denke, man sollte ihm bei dieser Absicht von Bonn aus nicht durch allzu viel voreilige Geräusche das Leben noch schwerer machen, als es auch für ihn ohnehin schon ist.«[13]

Gegen Ende des Gesprächs am 5. September 1983 kam Honecker noch einmal auf Strauß zurück. Die DDR sei zum Milliardenkredit »wie die Jungfrau zum Kind« gekommen; er legte Wert auf die Feststellung, dass der Kredit »ohne Bedingungen, ohne Junktim« gewährt worden sei. In Wahrheit hatte die DDR zahlreiche Zugeständnisse machen und unter anderem den Abbau der Selbstschussanlagen entlang der innerdeutschen Grenze in Aussicht stellen müssen.

Schmidt betonte, dass Bundeskanzler Kohl entgegen früheren Verlautbarungen aus Kreisen der CDU/CSU die sozialliberale Deutschlandpolitik augenscheinlich fortsetzen wolle. Honecker erwähnte Fortschritte auf dem Gebiet der wirtschaftlichen Zusammenarbeit und unterstrich den Wunsch nach einer endgültigen Regelung der Elbgrenze. »Bei einer kurzen Unterhaltung über die Rolle von B[undes]M[inister] Genscher sagt E[rich] H[onecker] – mit Blick auf die Wahlen in Hessen [am 25. September] –, der solle dabei zum Teufel gehen.« Am Schluss kam das Gespräch noch einmal auf die Rolle der Evangelischen Kirche in der DDR.[14]

Vergleicht man den von Klaus Bölling angefertigten ausführlichen Vermerk über das Gespräch mit der Niederschrift von Frank-Joachim Herrmann, ergeben sich nur unwesentliche, vor allem der Ideologie geschuldete Abweichungen. In Honeckers Wahrnehmung wurde deutlich weniger über die Kirchenproblematik und stattdessen sehr viel ausführlicher über das drohende Scheitern der Genfer Verhandlungen, die Eskalation der Kriegsgefahr im Falle der Stationierung von Pershing-II-Raketen und die Friedensabsichten Moskaus gesprochen. Interessant sind in diesem Zusammenhang einige als wörtliche Zitate wiedergegebene Aussagen Schmidts, die Bölling wohlweislich unter den Tisch fallen ließ. Schmidt unterstrich die Geschlossenheit der westlichen Regierungen in der Frage des Doppelbeschlusses. »Von dem, was innerhalb der SPD und der Kirchen vor sich gehe, dürfe man sich nicht täuschen lassen. Die SPD regiere nicht in Bonn. ›Sonst würde sie tun, was ich will, wenn auch mit Knurren und Murren‹.« Was den Tod des Bundesbürgers an der deutsch-deutschen Grenze angehe, habe er die Regierung in Bonn seinerzeit wissen lassen, so Schmidt laut DDR-Protokoll, »dass BRD-Touristen jährlich zu Hunderten im Ausland sterben. Als eigentlich Schuldigen am Geschrei über Drewitz bezeichnete er Strauß.«[15]

Böllings Vermerk über das Gespräch mit Honecker schickte Schmidt am 14. September an den SPD-Fraktionsvorsitzenden Hans-Jochen Vogel, an seine Vertrauten Apel und Wischnewski sowie an Jürgen Schmude, dessen Rat in Sachen evangelische Kirche ihm wichtig war. Eine leicht gekürzte Fassung erhielten Willy Brandt, der Staatsminister im Bundeskanzleramt Jenninger und der Leiter der Ständigen Vertretung Bräutigam; außerdem Egon Bahr, Rainer Barzel und Berthold Beitz sowie die *Zeit*-Kollegen Bucerius, Dönhoff und Sommer. Sie durften die Lektüre als willkommene Ergänzung zu Schmidts zwei Tage später in der *Zeit* veröffentlichtem dürren Bericht über seine Reise in die DDR verstehen.[16] An Hans-Jochen Vogel schickte Schmidt außerdem eine Liste mit elf dringlichen Ausreisefällen, die Honecker über Rechtsanwalt Wolfgang Vogel vorgelegt werden sollten; Honecker habe zugesagt, bei der Lösung helfen zu wollen.

Die nächste Einladung Honeckers erreichte Schmidt im Januar 1985. Er habe »die ehrenvolle Aufgabe«, schrieb Wolfgang Vogel am 1. Januar, die von Honecker drei Jahre zuvor ausgesprochene Einladung zur Wiedereröffnung der Semperoper in Dresden »für Mitte

Februar zu erneuern«. Selbstverständlich könne man sich »auf eine private Einladung und Reise verständigen«.[17] Parallel ließ Vogel über Klaus Bölling sondieren, ob Schmidt eine Einladung Honeckers nach Dresden annehmen würde. »Ein starkes Interesse an einem HS-Besuch in der DDR zeigte letzte Woche auch Manfred Stolpe«, fügte Bölling in einem Vermerk für Schmidt hinzu; es ließe sich wohl alles »genauso arrangieren« wie 1983.[18] Eine Mittlerrolle der Kirche war diesmal allerdings nicht erforderlich, die offizielle Einladung erging durch das Kulturministerium der DDR.

Am Mittag des 13. Februar trafen sich Schmidt und Bölling mit Wolfgang Vogel in dessen Haus am Teupitzer See südlich von Berlin zu einem Vorgespräch für das auf den nächsten Tag anberaumte Treffen Schmidts mit Honecker. Es ging um Erleichterungen bei den Ausreisemöglichkeiten. Im vergangenen Jahr habe die DDR 30 000 Menschen ausreisen lassen, stellte Vogel fest, und die Regierung Kohl habe das als großen Erfolg herausgestellt. Dabei handele es sich mehrheitlich um Leute, »die in der DDR nicht und in der BRD vielleicht auch nicht besonders erwünscht seien«. Schmidt hinterfragte diese Bemerkung nicht. Stattdessen monierte er Ungeschicklichkeiten auf beiden Seiten, die einen Besuch Honeckers in der Bundesrepublik immer aufs Neue infrage stellten. Vogel überraschte mit dem Hinweis, dass es auf DDR-Seite nie zu einer konkreten Planung für einen Besuch gekommen sei, sodass er sich frage, ob eine solche Absicht überhaupt jemals bestanden habe. Im Übrigen bestätigte Vogel, dass er mit den neuen Leuten in Bonn problemlos zusammenarbeite, insbesondere mit dem verantwortlichen Staatssekretär im Bundesministerium für innerdeutsche Beziehungen, Ludwig Rehlinger, den Vogel seit den sechziger Jahren kannte. Zum Schluss unterrichtete man sich gegenseitig über vorrangige humanitäre Fälle.[19]

Gegen 14.30 Uhr fuhr Schmidt weiter nach Dresden, wo am Abend nach achtjähriger Bauzeit die Semperoper mit einer Aufführung des *Freischütz* eröffnet wurde. Der Wiederaufbau des traditionsreichen Hauses zählte zu den Prestigeobjekten der DDR, entsprechend pompös verlief die Großkundgebung auf dem Theaterplatz mit Ansprachen Honeckers und des Ersten Sekretärs der Dresdner SED-Bezirksleitung Hans Modrow, feierlicher Schlüsselübergabe und einer »Willenserklärung der Dresdner Bevölkerung«. Schmidt fuhr in Begleitung seiner Frau gegen 19.00 Uhr vor und ging sofort ins Opernhaus. Am nächsten Morgen frühstückte er bei Landesbischof Hempel und brach dann nach Ostberlin auf, wo er um 11.00 Uhr im Kronprinzenpalais Unter den Linden von Honecker erwartet wurde.

Schmidt berichtete von seiner jüngsten Chinareise und den ersten Erfolgen der unter Deng Xiaoping in die Wege geleiteten ökonomischen Reformen. Honecker fehlte jedes Verständnis für die historischen Umwälzungen, die in China vor sich gingen, er verwies auf die Tüchtigkeit seiner Kombinatsleiter. Im weiteren Verlauf des Gespräches zeigte er sich stolz auf die ökonomische Leistungsfähigkeit der DDR. – Was die deutsch-deutschen Beziehungen angehe, würden in Bonn nach wie vor zu viele Fehler gemacht. Auch sei Bundeskanzler Kohl offenbar nicht in der Lage, Leute wie den Fraktionsvorsitzenden Alfred Dregger »an die Kandare [zu] nehmen«, der sich neuerdings für die schlesische Landsmannschaft engagiere. Das Schlesiertreffen 1985 stand unter dem Motto »Schlesien bleibt unser«. – »Zwischen Bonn und Schlesien läge die DDR«, so Honecker maliziös, »schon aus diesem Grunde sähe er sich gezwungen, deutlich zu reagieren. Der ›Marsch nach Schlesien‹ mache ihm einen Besuch in der Bundesrepublik unmöglich.« Schmidt distanzierte sich von dem »Schlesienunfug«, der von der polnischen Führung zu Propagandazwecken leider »begierig aufgenommen worden sei«.

Anschließend wurden diverse Themenfelder abgehandelt. Mit Blick auf die Beziehungen zwischen Staat und Kirche in der DDR stellte Honecker fest: »Beide Seiten wissen, dass sie aufeinander zugehen müssen.« Er äußerte sich kritisch über die FDP, zeigte reges Interesse an den Grünen und hoffte auf eine Große Koalition als Ergebnis der nächsten Bundestagswahlen. Zum Schluss sprach man über die Situation in der Sowjetunion und die Genfer Verhandlungen. In einem neunseitigen Vermerk fasste Schmidt die Ergebnisse der Unterhaltung hinterher so zusammen: »Das Gespräch fand in einer lockeren, fast freundschaftlichen Atmosphäre statt, als ob sich zwei alte Fahrensleute wieder einmal treffen. Auf E. H.s Wunsch keine Mitarbeiter dabei. E. H. hat gegenüber dem letzten Gespräch vor 1½ Jahren noch einmal an Sicherheit gewonnen.«[20]

Im Sommer 1985 teilte Schmidt dem Chef des Bundeskanzleramtes mit, dass er sich nach langen Recherchen entschieden habe, den in Leipzig lebenden Künstler Bernhard Heisig zu bitten, das für die Galerie im Bundeskanzleramt bestimmte Porträt zu malen. »Ich hoffe, dass Sie meine Entscheidung, die auch ein kleiner Beitrag zum deutsch-deutschen Kulturaustausch ist, begrüßen können.«[21] Obwohl Schmidt um äußerste Diskretion gebeten hatte, ließ es sich nicht lange verheimlichen, dass der Altkanzler sich von einem Ostdeutschen malen ließ. Nachdem sich im Dezember 1983 aufgrund eines Artikels der *Bild*-Zeitung reihenweise deutsche Porträtmaler vergeblich um den Auftrag beworben hatten, erhob sich jetzt ein Sturm der Entrüstung, dass Schmidts Wahl ausgerechnet auf einen Repräsentanten der DDR-Kunst gefallen war. Im Januar 1986 wurde der Vertrag zwischen dem Bundeskanzleramt als Auftraggeber und dem durch das Ministerium für Kultur der DDR vertretenen Künstler geschlossen, das Honorar betrug 40 000 DM.

Als Schmidt Anfang Juli 1986 für eine Porträtsitzung zu Heisig nach Leipzig fuhr, sollte der Besuch kombiniert werden mit einem neuerlichen Treffen mit dem Generalsekretär. Honecker musste kurzfristig absagen. Am 3. Juli kam es stattdessen zu einem »abendlichen Beisammensein« in Heisigs Wohnung, an dem neben dem Maler und seinem Modell der stellvertretende Kulturminister Klaus Höpcke teilnahm, der herzliche Grüße Honeckers übermittelte und diesem am nächsten Tag ausführlich berichtete.[22] 14 Monate später, bei Honeckers Staatsbesuch in der Bundesrepublik, trafen sich Schmidt und Honecker zum letzten Mal. In einem persönlichen Gespräch am Rande des Empfangs auf Schloss Benrath schwärmte Schmidt davon, wie frei er sich in seinem neuen Leben ohne Amtsbürden fühle; ob Honecker auch schon einmal daran gedacht habe, sein Amt aufzugeben, bevor es zu spät sei und es ihm ähnlich ergehe wie Walter Ulbricht.[23] Laut DDR-Protokoll stand im Mittelpunkt des Gespräches noch einmal jenes Thema, bei dem sie sich im Dezember 1981 nähergekommen waren: die gemeinsame Verantwortung beider deutscher Staaten für den Frieden.[24]

Auch wenn Schmidt den Generalsekretär später als einen Mann mit sehr begrenztem Horizont darstellte und behauptete, ihre Beziehung sei eine rein sachliche gewesen, so gab es doch zwischen ihm und Honecker eine wechselseitige Sympathie, die über das politisch Erforderliche hinausging. Zu Schmidts 70. Geburtstag 1988 schickte Honecker neben einem kurzen offiziellen Schreiben einen längeren persönlichen Brief: Er bewahre das Treffen am Werbellinsee »in angenehmer Erinnerung«, auch die anderen Gespräche mit Schmidt hätten ihm »stets viel bedeutet«. Schmidt bedankte sich für das großzügige Geschenk, eine Figur von Ernst Barlach, und gab Honeckers Komplimente, an der positiven Entwicklung der Beziehungen zwischen den beiden deutschen Staaten habe Schmidt einen »ganz persönliche[n] Anteil«, zurück: »Gewiss haben auch Sie selbst dazu etwas beigetragen.« Es sei immer sein Bemühen gewesen, »der Deutschen Demokratischen Republik zur Erringung weltweiter diplomatischer Anerkennung zu helfen, weil ich mir davon eine gelassenere Atmosphäre im Verhältnis zwischen den beiden deutschen Staaten versprochen habe«.[25]

*

Honecker hatte inzwischen allerdings einen Gesprächspartner gefunden, der ihm nicht nur sehr viel weiter entgegenkam als Schmidt, sondern auch das Interesse der DDR an einer eigenen deutsch-deutschen Initiative aufgriff: Willy Brandt. Im September 1985 war der SPD-Vorsitzende nach Ostberlin gefahren und hatte mit dem Generalsekretär vereinbart, dass eine gemeinsame Arbeitsgruppe von SPD und SED die Bildung eines atomwaffenfreien Korridors in Europa erörtern solle. Die Idee, entlang der Grenze zwischen den Blöcken eine jeweils 150 Kilometer breite Zone zu schaffen, in der keine nuklearen Gefechtsfeldwaffen stationiert werden sollten, ging auf einen schwedischen Vorschlag zurück. Am 4. Februar 1983 hatte

Honecker in einem Brief an Kohl die schwedische Initiative eine interessante Gesprächsgrundlage genannt, war aber abgeblitzt. Stattdessen kamen jetzt die Sozialdemokraten zum Zug. Nach sechs Beratungsrunden unter Führung von Egon Bahr und Hermann Axen legten SPD und SED im Oktober 1986 ein gemeinsames Kommuniqué vor, das sie als Appell an die Regierungen in Ost und West verstanden, in Ergänzung zu den Genfer Abrüstungsgesprächen Verhandlungen über die Schaffung eines atomwaffenfreien Korridors aufzunehmen.

Der Vorstoß fand genauso wenig die Billigung Schmidts wie der Versuch der Grundwertekommission der SPD, ideologische Differenzen mit der SED in einem gemeinsamen Positionspapier zu überwinden. Das im August 1987 – wenige Tage vor dem Besuch Honeckers in Bonn – veröffentlichte Manifest »Der Streit der Ideologien und die gemeinsame Sicherheit« warb für eine Kultur des politischen Streits im Interesse der Friedenssicherung. Selbst Erhard Eppler, der die Treffen mit den SED-Chefideologen 1983 initiiert hatte, räumte nach der Wende ein, dass die Diskussion nichts gebracht habe: »Es widerstrebt mir, das Papier zu rechtfertigen.«[26] Schmidt sprach von einem »moralisch und politisch abwegigen« Dokument, das »instinktlos zu Missdeutungen einlud«.[27] Seine Empörung war so groß, dass er davon absah, sich öffentlich zu äußern.

Schmidt setzte pragmatisch weiterhin auf die Bemühungen der Evangelischen Kirche in der DDR. Im Oktober 1986 sprach er auf Einladung von Konsistorialpräsident Stolpe vor 1400 Christen aus allen Teilen der DDR in der Nikolaikirche in Potsdam. Es gebe dieses Mal keinen besonderen Anlass, so eröffnete Schmidt seine Kanzelansprache – »aber bedarf es denn eines besonderen Anlasses, wenn Deutsche Deutsche besuchen?« Nach einführenden Bemerkungen über das Gebot der Toleranz und ausführlichen Erörterungen zur Sicherheitspartnerschaft in Europa kam Schmidt auf die besondere Verantwortung der Deutschen zu sprechen. Die Deutschen müssten lernen, »Gelassenheit mit moralischer Integrität zu verbinden. Anders gesagt: Wir müssen lernen, mit der Teilung zu leben. Niemand weiß, wie lange sie dauern wird. Wir müssen zugleich am moralischen Imperativ der Gewissensfreiheit der einzelnen Person festhalten, aber dabei das Ziel einer schrittweisen Überbrückung der Grenzen, einer schrittweisen Herstellung eines gemeinsamen Daches nicht aus den Augen verlieren.«[28] Eine im Herbst 1986 auf dem Boden der DDR durchaus kühne Formulierung!

»Meine Freunde und ich sehen den eigentlichen Wert Ihrer Reise zu uns in der tiefen und breitwirkenden Ermutigung zum Glauben und zum Deutschsein«, schrieb Manfred Stolpe drei Wochen später. Alle, die mit ihm hätten sprechen können, seien dankbar, »jetzt blüht in Potsdam wieder der Handel mit Schmidt-Fotos«. Schmidt möge für 1988 bitte wieder einen Vortrag in der DDR einplanen, »zum Beispiel am 18. Juni auf dem Kirchentag in Rostock«.[29]

Bei der Vorbereitung von Schmidts nächster Reise kam es erstmals zu erheblichen Schwierigkeiten. Anfang April 1988 musste Landesbischof Stier Schmidt mitteilen, dass der Rat des Bezirks Rostock ihm, der FDP-Politikerin Hildegard Hamm-Brücher und dem Grünen-Bundestagabgeordneten Wilhelm Knabe keine Einreisegenehmigung zum Kirchentag erteilen werde. Die Entscheidung stehe »im Zusammenhang mit den zunehmenden Spannungen im Verhältnis von Staat und Kirche in den letzten Wochen und Monaten«. Die Kirchenleitung bekräftige jedoch ausdrücklich ihre Einladung: »Wir wären außerordentlich dankbar, wenn Sie … als Gast und Referent des Kirchentages in Rostock unter uns sein könnten.«[30] Stolpe, der den Brief in Westberlin aufgab, legte eine Postkarte bei, auf der er Schmidt mit Nachdruck bat, »den Termin zu halten und die Einreise in Bonn einzufädeln. Unsere Obrigkeit ist z. Zt. sehr nervös (Unsicherheitsfaktor Moskau, unruhige Ausbürgerer, Innovationsdruck). Mitte Juni könnte E[rich] H[onecker] ein Besuch von Ihnen durchaus willkommen sein. Wir geben weitere Signale.«[31]

Schmidt hatte sowohl Manfred Stolpe als auch Jürgen Schmude, ehemals Minister seines Kabinetts und seit 1985 Präses der Synode der Evangelischen Kirche in Deutschland, um Anregungen für seinen Vortrag gebeten. Stolpe betonte, dass »für unser Publikum ein echter Schmidt immer noch das beste« sei, und erklärte auch gleich, was er unter einem »echten Schmidt« verstand: »Gerade auch in etwas nervösen Situationen ... die Erinnerung an die großen Zusammenhänge« wachzuhalten.[32] Schmude stellte Stichworte zusammen, die Schmidt sorgfältig durcharbeitete. Die Spannungen im Verhältnis von Staat und Kirche in der DDR ließen es ihm ratsam erscheinen, darüber hinaus auch eine aktuelle politische Einschätzung einzuholen: Über welche Themen sollte er in Rostock wohl, über welche sollte er besser nicht sprechen und welche Begriffe waren auf jeden Fall zu meiden.

Anfang Juni schickte Schmidt seinen Büroleiter Jens Fischer zu Staatssekretär Bräutigam, dem Leiter der Ständigen Vertretung in Ostberlin. Ob und inwieweit eine Schutzfunktion für die politische Opposition in den Aufgabenbereich der Kirche falle, sei eine in den DDR-Kirchenkreisen selbst heftig umstrittene Frage, erläuterte Bräutigam. Er rate ab, sich in der gegenwärtigen Situation zu dieser Frage zu äußern; »hilfreich sei es dagegen, unsere ganz anders gearteten Probleme darzustellen (etwa politisierende Pastoren)«. Schmidt hat diesen Hinweis unterstrichen und in seiner Rostocker Rede den »politisierenden Pastoren« in der Bundesrepublik vorgeworfen, sie verstießen gegen das Gebot der Trennung von Kirche und Staat. Des Weiteren empfahl Bräutigam, das Thema Einheit, das »heute mehr von den Inhalten der Lebensverhältnisse her diskutiert« werde – also unter materiellen Aspekten –, unter dem Gesichtspunkt der Menschenrechte zu behandeln. Die Frage der Menschenrechte sei jedenfalls aktueller als die Frage einer staatlichen Vereinigung, die »nächsten Generationen vorbehalten« bleibe. Den staatlichen Stellen bereiteten wohl vor allem die vielen Ausreisewilligen Kopfzerbrechen, die versuchen würden, Schmidt in Rostock Botschaften zuzustecken: »Man müsse damit rechnen, dass der Grad der Abschirmung sehr hoch sein werde.«[33]

Wie nervös die DDR-Führung inzwischen geworden war, hatte kurz zuvor Bundeskanzler Kohl erfahren müssen. Vom 27. bis 29. Mai 1988 war er mit Frau und Sohn Peter sowie vier Begleitern zu einem privaten Wochenende in die DDR gereist. Die Staatssicherheit hatte entlang der Route Gotha, Erfurt, Weimar, Dresden alles in Bewegung gesetzt, um zu verhindern, dass es zu unerwünschten Kontakten zwischen DDR-Bürgern und dem Gast aus dem Westen kam. Aber man konnte den Bundeskanzler nun einmal nicht unsichtbar machen, zumal da Kohl selbst immer wieder auf Passanten zuging und sie ansprach. Es sei eine der bewegendsten Reisen seines Lebens gewesen, sagte Kohl eine Woche später der *Bild am Sonntag*, er empfehle jedem Bundesbürger, einmal in die DDR zu fahren.

Auch Schmidts Auftritt am 18. Juni in Rostock war streng geheim gehalten worden, sein Name tauchte in keinem der Programme des Kirchentages auf. Dennoch verbreitete sich die Nachricht wie ein Lauffeuer, und als er gegen 14.00 Uhr eintraf, platzte die Rostocker Marienkirche aus allen Nähten. Schmidt wurde »mit großem Beifall von etwa drei- bis viertausend Besuchern begrüßt, die sich schon Stunden vorher vor der gotischen Backsteinbasilika eingefunden hatten«, berichtete die *Neue Zürcher Zeitung*. Schmidt griff Gorbatschows Wort vom gemeinsamen Haus Europa auf und verband es mit dem Thema seines Vortrags »Brücken bauen«. »Je mehr Brücken es gebe und je mehr Menschen zueinander reisen könnten, desto mehr werde in der DDR die Frage ›Hier bleiben oder ausreisen?‹ an Gewicht verlieren. Schmidt forderte die DDR-Regierung auf, dies zu bedenken. Es müsse das Ziel sein, die Grenzen schrittweise zu überwinden … Die abgewogenen und zugleich deutlichen Worte Schmidts wurden von dem Auditorium mehrfach mit starkem Beifall quittiert.« Um 17.00 Uhr schloss sich ein Podiumsgespräch mit Manfred Stolpe in der Heiligen-Geist-Kirche an, bei dem dieser der DDR-Führung vorwarf, dass sie Schwierigkeiten und Probleme verdränge; Ostberlin sei von der sowjetischen Reformpolitik »überholt und geradezu überrollt« worden.[34] Die Agonie der DDR schritt jetzt unaufhaltsam voran.

*

Am 3. September 1988, knapp drei Monate nach seiner Rostock-Rede, empfing Helmut Schmidt den ehemaligen *Stern*-Chefredakteur Peter Koch, der an einer Brandt-Biographie arbeitete. Die

Druckfahnen lagen bereits vor. Schmidt war an diesem Tag offensichtlich gut aufgelegt, jedenfalls inspirierten ihn die Fragen, die Koch und sein Mitarbeiter Klaus Körner ihm stellten, zu ausführlichen und grundsätzlichen Einlassungen über Willy Brandt. Die Abschrift, die Koch anfertigen ließ, umfasst 38 Seiten und liefert ein überaus differenziertes, kritisches Bild der Brandt'schen Persönlichkeit; eine Kopie der Abschrift gab Schmidt seiner Frau, die den Text mit eigenen Bemerkungen ergänzte.

Schmidts Verhältnis zu Brandt war auf einem neuen Tiefpunkt angelangt, seit sie im Frühjahr 1986 wegen eines Artikels im *Vorwärts* ein letztes Mal heftig aneinandergeraten waren. Die deutsche Geschichte, hieß es dort in einer Rezension des Rosa-Luxemburg-Films von Margarethe von Trotta, durchziehe eine »Blutspur«, die vom Mord an Luxemburg über Auschwitz und Dachau nach Stammheim führe. Es handele sich um das »Kainsmal« der deutschen Geschichte, und mitverantwortlich dafür sei die »die Sozialdemokratie der Eberts und Scheidemänner, der Lebers und Schmidts«, die »stets ›staatstragend‹ mitwirkte«.[35] Da es sich beim *Vorwärts* um »eine offizielle Publikation unserer Partei« handele, könne er die »infame Herabsetzung« nicht auf sich beruhen lassen, schrieb Schmidt dem Parteivorsitzenden am 14. April. Er erinnerte an Lafontaines KZ-Vergleich, zu dem er sich seinerzeit nicht öffentlich geäußert habe, und erklärte, dass er auch diesmal bereit sei, die »Beleidigung schweigend zu ertragen, sofern der Parteivorstand eindeutig Konsequenzen zieht«.[36]

Als Brandt am Morgen des 22. April aus Südafrika zurückkam, war der Brief bereits mehreren Journalisten zur Kenntnis gebracht worden, einen Tag später druckte ihn die *Frankfurter Rundschau* in voller Länge ab. »Ich finde, so sollten wir nicht miteinander umgehen«, mahnte Brandt. Die Wahrheit sei, dass er in mehreren Parteigremien umgehend Stellung gegen den skandalösen Artikel bezogen habe. »Im Übrigen bin ich niemandes Watschenmann.«[37] Schmidt bedauerte die Indiskretionen, die nicht von ihm ausgegangen seien, und bedankte sich für Brandts Klarstellung. Er habe sich, unabhängig von der Frage nach den Verantwortlichkeiten beim *Vorwärts*, an ihn als Parteivorsitzenden gewandt, weil er ihn »nach zwei schweren Beleidigungen« aufmerksam machen wollte »auf die tiefe Verärgerung, die bei mir inzwischen eingetreten ist, welche im abermaligen Wiederholungsfalle Konsequenzen nach sich ziehen wird«.[38] Schmidt schickte im Juli und im November 1986 noch einige Reisevermerke, dann stellte er die Korrespondenz für längere Zeit ein.

Nach Brandts eindrucksvoller zweistündiger Rede auf dem Sonderparteitag am 14. Juni 1987, auf dem er sich nach 23 Jahren vom Parteivorsitz verabschiedete, reichte Schmidt ihm nur kurz die Hand. Die Rede hatte ihm missfallen. »Was Deine Gefühle anlässlich des Parteitages angeht, so kann ich sie mindestens teilweise sehr wohl nachvollziehen«, schrieb er eine Woche später an einen Parteifreund. »Zwar kann ich zur Not noch begreifen (aber kaum billigen), dass Willy die Dienste weder Herberts noch meiner erwähnt hat, die ihm und seiner Führungsleistung in den anderthalb Jahrzehnten seit 1960 zugute gekommen sind.« Dass aber auch alle die anderen unerwähnt geblieben seien, »ohne welche Willys Aufstieg und Leistung nicht möglich gewesen wären, hat mich gestört. Aber die Menschen sind halt so, wie sie sind.«[39] War er anders? Zu Brandts Rücktritt vom Parteivorsitz hatte ihm die *Bild am Sonntag* in einem langen Interview Ende März 1987 einen einzigen Satz entlocken können: »Willy hat diesen Abgang nicht verdient.«[40]

Eine kleine Anekdote mag erhellen, wie tief das Zerwürfnis der beiden in diesen Jahren reichte. Brandts Rücktrittsrede sollte am Tag nach dem außerordentlichen Parteitag in Buchform veröffentlicht werden, ergänzt um einen Bildteil, der die wichtigsten Stationen im politischen Leben Brandts dokumentierte. Am 18. Mai schickte Brandt das Manuskript seiner Rede an den Verlagslektor, am Tag darauf traf er sich mit ihm, um die Bildauswahl zu besprechen. In dem Stapel mit Dutzenden Fotografien lag auch ein Foto der so genannten Troika. Brandt zog die Augenbrauen nach oben, fast ein wenig irritiert: »Muss das sein?«[41] Er sagte es nicht nur mit Blick auf Wehner. Das Foto wurde beiseite gelegt. – Sechs Wochen zuvor hatte sich Helmut Schmidt die Abbildungen für *Menschen und Mächte* vorlegen lassen. Eine herrliche Aufnahme zeigte den dynamischen Verteidigungsminister Schmidt im April 1970 zusammen mit Richard Nixon am Rednerpult des Präsidenten im Rosengarten des Weißen Hauses, Bundeskanzler Brandt stand daneben. »Den schneiden wir aber ab!«, sagte Schmidt.[42] Weil eine solche Retusche aufgefallen wäre, musste auf die Abbildung verzichtet werden.

Vor diesem Hintergrund ist die kühle Sachlichkeit umso erstaunlicher, mit der Schmidt ein Jahr später im Gespräch mit Peter Koch die Brandt'schen Wesenszüge beschrieb. Aus innerer Überzeugung habe er 1960 daran mitgewirkt, Willy Brandt zum Kanzlerkandidaten der Partei zu machen, stellte Schmidt zu Beginn fest. Dabei fand er eine Formulierung, die ihm so gut gefiel, dass er sie gleich zweimal wiederholte – und nach Brandts Tod mehrfach darauf zurückgriff: Er wäre damals und bis in die frühen siebziger Jahre für ihn »durchs Feuer gegangen«. Tatsächlich empfand Schmidt hohe menschliche Achtung, ja Bewunderung für Brandt, nicht zuletzt für den Stoizismus, mit dem er die unablässigen Diffamierungen wegen seiner unehelichen Geburt und seiner Emigration durch die Christdemokraten ertrug. Als der Bundestagspräsident am Nachmittag des 20. Oktober 1971 die Sitzung unterbrach, um dem Parlament mitzuteilen, dass er soeben erfahren habe, dass Willy Brandt der Friedensnobelpreis verliehen worden sei, und das Gros der Abgeordneten von CDU/CSU demonstrativ sitzenblieb, stand Schmidt »das Feuchte in den Augen«.[43]

Brandt hatte Anfang der sechziger Jahre die Rolle eines SPD-Spitzenkandidaten nach amerikanischem Muster eingeführt. Dafür habe es seinerzeit gute Gründe gegeben, betonte Schmidt gegenüber Koch; in einer parlamentarischen Demokratie, in der der Kanzler nicht vom Volk, sondern von den Abgeordneten gewählt wird, sei diese Konstruktion aber eigentlich »eine Schnapsidee«. Da mache der Oppositionsführer vier Jahre lang gute Arbeit, »und hinterher kommt einer aus Zehlendorf oder aus Eimsbüttel oder aus Saarbrücken und sagt: ›Hihi, und jetzt mach' ich das. Du hast die Vorarbeit gut geleistet, danke Dir recht schön, Du wirst bei mir auch Postminister.‹ Das ist schon abwegig.«

Schmidt bescheinigte Brandt große Steherqualitäten, »ein Feigling ist er nicht«. Wenn es darauf ankomme, kämpfe er auch mit dem Rücken zur Wand. »Das ist nicht einer, der mit der Hand auf dem Rücken fummelt und guckt, ob da nicht doch eine Tapetentür ist, durch die er verschwinden kann, das ist nicht wahr. Er kann notfalls auch stehen und kämpfen. Aber wenn es zu vermeiden ist, dann vermeidet er es.« Für Brandts Rücktritt 1974 habe es ebenso wenig einen plausiblen Grund gegeben wie dreizehn Jahre später für seinen Rücktritt vom Parteivorsitz, der Anlass sei beide Male nichtig gewesen. Ganz offensichtlich habe Brandt in beiden Fällen keine Lust mehr gehabt.

Die ersten Meinungsverschiedenheiten zwischen Brandt und ihm im Zusammenhang mit der Wirtschaftskrise 1972/73 nannte Schmidt Auseinandersetzungen in der Sache. Nach seinem Wechsel ins Kanzleramt sei es dann zu einem dauernden Gegeneinander von Partei und Regierung gekommen. Brandt sei zunächst bemüht gewesen, nach beiden Seiten loyal zu sein – »das habe ich deutlich gespürt« –, aber im Laufe der Zeit habe er immer öfter Leuten zugestimmt, die Kritik an der Regierung äußerten. Dabei habe Brandt aus seiner Zeit als Regierungschef doch gewusst, dass man nicht jeden Parteitagsbeschluss umsetzen und nicht jeden Text ernst nehmen könne. Er seinerseits habe Brandt »immer orientiert gehalten, glaube ich«, aber natürlich sei er Herbert Wehner schon aufgrund seiner Funktion als Fraktionsvorsitzender viel näher gewesen.

Zum Verhältnis zwischen Brandt und Wehner stellte Schmidt grundsätzlich fest: »Emigranten unter sich sind auf der ganzen Welt … ein psychologisch schwieriges Kapitel.« Brandt habe mit Wehners Eruptionen nicht umgehen können und sei von ihm wohl des Öfteren »ziemlich verletzt« worden. »Während ich alle zwei Jahre einmal zu Onkel Herbert gesagt habe: ›Du kannst mich am Arsch lecken.‹ Damit war dann aber so eine Sache auch erledigt. Wenn der anfing zu brüllen, dann setzte ich noch einen oben drauf.« Im Übrigen werde Wehner »in seinem innenpolitisch-strategischen, parteipolitisch-strategischen Kalkül weitestgehend überschätzt«. Das sei darauf zurückzuführen, dass Wehner fast niemanden in seine Überlegungen einbezogen und deshalb als konspirativ gegolten habe. Schmidt nannte ihn »einen großartigen Kerl«, auf den er sich immer habe verlassen können, »aber dass er ein großer Stratege war, das glaube ich nicht«.[44]

Am 18. Dezember 1988 – Willy Brandt wurde an diesem Tag 75 Jahre alt – gab Schmidt sich einen Ruck und schrieb einen langen versöhnlichen Brief an den bedeutendsten Weggefährten seiner Laufbahn. »Je größer unser Abstand zu unseren öffentlichen Ämtern wird, umso weniger wichtig will es mir vorkommen, dass wir in den letzten 15 Jahren in einigen Punkten nicht mehr so gut übereingestimmt haben wie zuvor.« Der Versuch, 16 Jahre sozialdemokratischer Regierungspolitik historisch einzuordnen, ohne dabei seine eigene Rolle zu sehr in den Vordergrund zu stellen, geriet ein wenig hölzern und schief. Wie immer, wenn Schmidt bemüht war, Gefühle zu verbergen, erlag er auch diesmal einem merkwürdigen Pathos. Aber das Angebot zur Versöhnung war unverkennbar. Er wolle, so endete der Brief, »eigentlich nur zweierlei sagen, nämlich gute Wünsche verbinden mit dem ganz großen Respekt für Deine Lebensleistung«.[45]

Fünf Tage später, am 23. Dezember, wurde Schmidt 70. »Was immer geschrieben wurde und noch geschrieben werden mag«, so Brandt in seinem Geburtstagsbrief von diesem Tag, »ich finde, dass wir nicht nur jeder auf seine Weise, sondern auch miteinander manches zu bewirken vermochten, was unserer Partei voranhalf und auch staatspolitisch zu Buche schlug.«[46] Mit ähnlichen Worten hatte er Schmidt schon fünf Jahre zuvor gratuliert: »Wir haben mehr miteinander durchgemacht und bewirkt, als die meisten wissen können. Und ich denke, dass niemand dies wird zerreden oder verdunkeln können.«[47] Zu diesem Zeitpunkt, vier Wochen nach dem Kölner Parteitag, dem »Höhepunkt der Entfremdung zwischen Brandt und mir«,[48] war Schmidt noch nicht so weit gewesen, seinerseits einen Schritt auf Brandt zuzugehen. Erst jetzt war man quitt.

Nachdem sie sich am Rande der Gedenkveranstaltung zum hundertsten Geburtstag ihres gemeinsamen Vorbilds Julius Leber im

November 1991 noch einmal ausgesprochen hatten,[49] besuchte Schmidt den schon vom Tod Gezeichneten Anfang Juli 1992 in seinem Haus in Unkel am Rhein. An den Inhalt ihres Gespräches konnte sich Schmidt später nicht mehr erinnern. Wichtiger war für ihn die bleibende Gewissheit, dass sie sich voneinander als Freunde verabschiedet hatten, »die aus gleichen Motiven für die gleiche Sache gekämpft haben«.[50]

*

Während das Verhältnis zwischen Brandt und Schmidt in den Jahren von 1982 bis 1992 trotz mancher Irritationen eine aufsteigende Linie beschreibt, gerät Schmidts Verhältnis zur Partei schon bald nach dem Machtwechsel in einen immer stärker werdenden Abwärtssog. Vom parteiinternen Streit um die Durchführung des NATO-Doppelbeschlusses, der das Jahr 1983 überschattete, bis hin zu den ersten gesamtdeutschen Wahlen im Dezember 1990, bei denen sich die SPD unter ihrem Spitzenkandidaten Lafontaine vor einem klaren Bekenntnis zur Einheit drückte, war die Parteimitgliedschaft für Schmidt eine einzige Frustration. Tapfer wahrte er Haltung und hielt sich mit öffentlicher Kritik zurück. Was er parteiintern und hinter den Kulissen tat, um gegenzusteuern, erwies sich ein ums andere Mal als verlorene Liebesmüh. In einer Mischung aus Resignation und Trotz gab er immer häufiger zu verstehen, dass er es nicht als seine Lebensaufgabe betrachte, die deutsche Sozialdemokratie von ihrer nach 16 Jahren Regierungsarbeit wiedergefundenen Lieblingsrolle als Oppositionspartei abzubringen.

So wie die CDU 1963 nach 14 Jahren Adenauer – und später noch einmal nach 16 Jahren Kohl – in eine lange Phase der Selbstfindung eingetreten war, die von zahlreichen Personalquerelen begleitet wurde und am Ende auf eine partielle programmatische Neuausrichtung hinauslief, so begann auch für die SPD im Herbst 1982 eine neue Zeitrechnung. Und das nicht nur bildlich. Ob es 1982/83 um die Raketen ging oder 1989/90 um die Zukunft der Nation: Was sich hier abspielte, war auch ein Konflikt der Generationen. Die

Generation der Vierzigjährigen, die man gern als Brandts »Enkel« bezeichnete – Oskar Lafontaine, Rudolf Scharping, Björn Engholm, Gerhard Schröder –, drängte nach vorn und beherrschte bald schon die Debatten, konnte sich innerparteilich vorerst jedoch keine Mehrheiten verschaffen. Hingegen hatte die Alterskohorte von Helmut Schmidt ihren Zenit hinter sich. Die Mediatoren, die zwischen beiden Lagern standen, wurden als Leute ohne eigene Zukunft gesehen: Hans-Jochen Vogel, der 1983 als Spitzenkandidat antrat und 1987 den Parteivorsitz übernahm, und Johannes Rau, der 1985 in Nordrhein-Westfalen mehr als 52 Prozent der Stimmen erzielte und auf den deshalb die Kanzlerkandidatur des Jahres 1987 zulief. Die SPD konnte keine innere Dynamik entfalten und verlor ihre potentielle Regierungsfähigkeit.

Es gab zwar manche, die sich in den Diskussionen auf Helmut Schmidt beriefen und forderten, seinen Kurs des Machbaren fortzusetzen, aber wenn es zur Abstimmung kam, unterlagen sie regelmäßig. Das erste Opfer war Hans Apel. Er und Hans Matthöfer waren die beiden Minister seines Kabinetts gewesen, denen Schmidt notfalls zugetraut hätte, die Leitung der Regierungsgeschäfte zu übernehmen. Nachdem sich Hans Matthöfer aus gesundheitlichen Gründen Anfang 1982 vorzeitig aus der ersten Reihe hatte zurückziehen müssen, war Apel derjenige, auf den es aus Schmidts Sicht zugelaufen wäre. Allerdings hatte er selbst nichts dazu beigetragen, die Weichen entsprechend zu stellen. »Ich bin ein großer Gegner von Kronprinzen«, hatte er im Oktober 1981 erklärt, eine Woche nach einer Notoperation, bei der ihm ein Herzschrittmacher eingesetzt worden war.[51] Auch Apel schätzte Schmidts Haltung in der Nachfolgefrage realistisch ein: »Die Vorstellung, es würde nach ihm ein Sozialdemokrat an die Schalthebel der Macht kommen, der seinem politischen Erbe gerecht werden könne, war ihm sicherlich fremd. Eine treffende Karikatur zeigt Helmut Schmidt als Känguru, das in seinem Beutel sein Junges mit sich herumträgt: einen kleinen Helmut Schmidt.«[52] Nachdem er bis zum bitteren Ende auf dem Kölner Parteitag im November 1983 bedingungslos für Schmidt eingetreten war, wurde Apel im März darauf als Spitzenmann der

Berliner SPD gegen Richard von Weizsäcker ins Feuer geschickt und verheizt.

Für Schmidt begann »die Zeit danach« mit den vorgezogenen Neuwahlen zur Hamburgischen Bürgerschaft im Dezember 1982. Wie bereits die Landtagswahlen in Hessen und Bayern, ließ sich auch die Hamburg-Wahl zu einem Plebiszit über den Bonner Koalitionswechsel deklarieren; die SPD konnte ihre Verluste vom Juni wettmachen und eroberte die verlorengegangene absolute Mehrheit zurück. Er hätte sich für den 19. Dezember, schrieb Schmidt in einem Brief an die Hamburger eine Woche vor dem Wahltag, eigentlich Wahlen im Bund gewünscht, bei denen die Bürgerinnen und Bürger aufgefordert wären, über die Wende abzustimmen. Schließlich habe »die unaufrichtige Vorbereitung dieser so genannten ›Wende‹ das Demokratie-Vertrauen sehr vieler Menschen tief enttäuscht«.[53] CDU-Spitzenkandidat Walther Leisler Kiep sprach von einer »Vernichtungskampagne« gegen die FDP: Was Schmidt betreibe, sei »persönlicher Rufmord«, der an die schlimmsten Zeiten von Weimar erinnere.[54] Brechen ließ sich die Solidarisierungswelle der Hamburger mit solchen Invektiven nicht.

Befreit von der Bürde des Amtes, schien Schmidt Wahlkampf fast wieder Spaß zu machen. Nach der Rückkehr von mehreren Auslandsreisen – Gran Canaria, Mexiko, Tokio, Weltwirtschaftsforum Davos – stürzte er sich am 5. Februar in den Bundestagswahlkampf. Am Morgen fuhr er nach Hannover, wo er an einer Mobilisierungsveranstaltung mit 700 Betriebsräten, Vertrauensleuten und Betriebsgruppenmitgliedern aus Norddeutschland teilnahm, am Nachmittag traf er sich mit SPD-Wahlkampfhelfern seines eigenen Wahlkreises südlich von Hamburg. Vier Wochen ging es dann quer durch die Republik: Stuttgart, Rosenheim, Regensburg, Bremen, Bochum, Ludwigshafen, dazwischen immer wieder Auftritte in Hamburg.

Nach der Bundestagswahl sollte allerdings Schluss sein. Fortan stehe er für lokale oder regionale Wahlkampfveranstaltungen nicht mehr zur Verfügung, teilte Schmidt Mitte Mai dem SPD-Bundesgeschäftsführer mit. Es wäre »auch niemandem damit gedient, wenn ich mich zu innerparteilichen Kontroversen äußern müsste«. Er bitte einfach nur darum, »dass die SPD einem ehemaligen Bundeskanzler erlaubt, sich mit Anstand aus dem politischen Alltagsgeschäft zurückzuziehen«.[55]

Zwei Tage nach der Wahlniederlage vom 6. März 1983 hatte Schmidt vor der Fraktion eine flammende Rede gehalten. »Dies war nicht die Niederlage von Hans-Jochen Vogel, sondern dies war unsere aller Niederlage [sic].« Jetzt auseinanderzudividieren, wem wie viel Schuld zukomme, führe nur dazu, dass die alten Flügelkämpfe wieder aufbrächen. Aber: »Wir können uns das, was wir uns in den Jahren 1981/82 geleistet haben, nicht noch einmal leisten bei Strafe der eigenen Verdammnis und bei Strafe für das ganze Vaterland.« Die Fraktion müsse sich auf eine kontinuierliche harte Oppositionsarbeit einrichten, die – so konnte man deutlich heraushören – wahrscheinlich länger dauern werde als vier Jahre. Das Wichtigste dabei sei, nicht danach zu schielen, was die drei anderen Parteien tun, und erst recht nicht sich ins Schlepptau der anderen nehmen zu lassen, sondern selbstbewusst und entschieden voranzugehen.[56]

Das tat die Partei insbesondere in der wichtigsten Frage überhaupt, der Frage der Nachrüstung. Je näher der Kölner Parteitag rückte, auf dem die Haltung der SPD zum zweiten Teil des Doppelbeschlusses entschieden werden musste, desto mehr gerieten die Befürworter unter Druck, sie galten jetzt als Abweichler. Von Schmidt war ein Höchstmaß an Selbstdisziplin gefordert. Am 13. September begründete er in einer Rede vor der Fraktion noch einmal die Richtigkeit des Doppelbeschlusses. Der Text wurde am nächsten Tag zusammen mit den Reden von Brandt und Vogel von der Pressestelle der SPD-Fraktion verbreitet, was umgehend Interview-Anfragen von ARD und ZDF nach sich zog. Dazu Schmidt an Vogel: »Wenn ich es irgend vermeiden kann, werde ich mich nicht in eine öffentliche Kontroverse mit Dir und den von Dir vertretenen Auffassungen hineinziehen lassen, ehe nicht Parteitag und Bundestagsplenum dies unausweichlich machen.«[57]

Vor Partei und Parlament die folgenreichste Entscheidung seiner Kanzlerzeit zu verteidigen, dieses Recht allerdings wollte er sich nicht nehmen lassen. Die Anhänger und Wähler der SPD würden es zweifellos begrüßen, betonte er gegenüber Abgeordneten, die sich um das Erscheinungsbild der Partei sorgten, dass Führungsfiguren, »denen sie jahrelang ihr Vertrauen geschenkt haben«, ihr Fähnlein nicht nach dem Wind richteten. »Im Klartext: Ich werde weder auf dem Parteitag noch [im] Bundestag den Entschließungen zustimmen.« Hier wie dort werde er seine »eigene Meinung begründen, die in einem Satz zusammengefasst darauf beharrt, dass jetzt, nachdem vier Jahre um sind, mit der Stationierung begonnen werden muss«. Aber weder habe er die Absicht, sich im Bundestag von der Mehrheitsmeinung der SPD zu distanzieren – »kein böses Wort« –, noch werde er gemeinsam mit der CDU stimmen, da könnten die Genossen beruhigt sein.[58]

Willy Brandt, der bereits in der Fraktionsklausur am 1. Juni 1983 Vorbehalte gegen den Doppelbeschluss angemeldet hatte – nur aus Loyalität zu Schmidt habe er bisher geschwiegen – und am 22. Oktober als Hauptredner auf der zweiten großen Hofgarten-Demonstration auftrat, stand jetzt hoch oben auf den Zinnen der Partei und brauchte auf niemanden mehr Rücksicht zu nehmen. Hans-Jochen Vogel, der auf der Linie von Schmidt bis zum Schluss den Druck auf Washington und Moskau aufrechterhalten wollte, damit es in Genf zu Ergebnissen käme, mühte sich derweil in den Katakomben, die »Abweichler« einzufangen. »Abweichler« waren jetzt die anderen, die Schmidt-Leute, während das Gros der Partei rasch umschwenkte und Gesinnung demonstrierte – bis hinunter auf die kommunale Ebene, wo SPD-Bürgermeister ihre Gemeinden zu »atomwaffenfreien Zonen« erklärten. »Ich beklage, dass die Partei nicht zögert, auf diese Weise eine verhängnisvolle Partei-Politisierung in die Kommunen hineinzutragen«, schrieb der Oberbürgermeister der Stadt Freiburg im Breisgau, Rolf Böhme, der zuvor Parlamentarischer Staatssekretär beim Bundesfinanzminister gewesen war und mit dem Schmidt in diesen Jahren viel korrespondierte. »Der Hauptzweck scheint mir darin zu liegen, dass die Partei feststellen kann, wer sich der Parteidisziplin fügt oder nicht … Dies ist das Verhalten einer Kaderpartei.«[59]

Auf dem außerordentlichen Parteitag in Köln am 18./19. November standen von vierhundert Delegierten noch 13 an Schmidts Seite, darunter die beiden ehemaligen Verteidigungsminister Hans Apel und Georg Leber sowie seine langjährigen Vertrauten Hans Matthöfer und Hans-Jürgen Wischnewski. »Blanker Hass« sei ihnen an diesem Wochenende entgegengeschlagen, so Henning Voscherau dreißig Jahre später, für die Schmidt-Getreuen sei es wie Spießrutenlaufen gewesen. Schmidt habe die Nerven behalten und in einer beeindruckend klaren Rede noch einmal seine ganze »Kaltblütigkeit und Größe« bewiesen.[60] Im Saal war keiner mehr bereit, seinen Argumenten zu folgen. Dass er von Anfang an auf eine beiderseitige Null-Lösung hingearbeitet hatte und diese auch langfristig sein erklärtes Ziel blieb, ging in der aufgeheizten Stimmung des Kölner Parteitages vollständig unter.

Auch am darauffolgenden Montag, als er im Deutschen Bundestag seine abweichende Meinung begründete, gab Schmidt nicht der Versuchung nach, Formulierungen zu wählen, die ihn in die Nähe zur Regierung Kohl hätten bringen können. Brandt, der ihm nach seiner Rede demonstrativ die Hand reichte – was in den Reihen der Union mit Lachen und dem Zwischenruf »Heuchler!« quittiert wurde –, wertete Schmidts Auftreten als Akt der Solidarität: »Weite Teile der Partei und ich selbst bleiben dankbar für die Art, in der Du auf dem Parteitag und im Bundestag Deinen Standpunkt vertreten hast.«[61] Zur Solidarität bis an die Grenze der Selbstverleugnung war Helmut Schmidt genauso fähig wie der Parteivorsitzende.

In der Erinnerung stellte Schmidt es später so dar, dass der Kölner Parteitag für ihn den Ausschlag gegeben habe, nicht mehr für den nächsten Bundestag zu kandidieren, schließlich habe seine Partei damals einen wichtigen Teil seiner Außenpolitik »mit emotionaler Mehrheit abgelehnt«.[62] Das war nicht ganz korrekt. Angekündigt hatte er seinen Rückzug schon kurz nach der entscheidenden Fraktionssitzung im September. Die Legislaturperiode gehe voraussichtlich 1987 zu Ende, sagte er in einem Interview mit der *Welt*, dann sei er 69 Jahre alt, mithin in einem Alter, in dem ein Hinterbänkler sich zurückziehen sollte.[63]

In Wirklichkeit war es weder sein Alter, das ihn über seinen Abschied aus dem Bundestag nachdenken ließ, noch der Groll über den Schwenk der Parteimehrheit. »Wer seine Lebensarbeit mit dieser SPD verbunden hat, der wird seine Treue nicht davon abhängig machen, dass er in einer bestimmten Situation nur bei wenigen Gehör findet«, hatte er in Köln gesagt. Bei innerparteilichen Auseinandersetzungen hin und wieder zu unterliegen, gehöre nun einmal dazu. Die Frage sei allerdings, von welcher Partei sie hier eigentlich redeten. Jetzt wurde Schmidt grundsätzlich: »Dies ist der Parteitag *meiner* Partei, der ich nun bald vier Jahrzehnte angehöre, der ich mich zugehörig fühle, die mein politisches Schicksal gewesen ist und von der mich niemand wegdrängen wird, niemand von draußen und auch niemand aus den eigenen Reihen.«[64] Das klang trotzig, fast verzweifelt – als ob Schmidt sagen wollte, *meine* SPD lasse ich mir von niemandem wegnehmen und mit *eurer* SPD könnt ihr machen, was ihr wollt. In Köln habe man den seltenen Fall studieren können, war in diesen Tagen zu lesen, dass nicht der Lotse das Schiff, sondern das Schiff den Lotsen verlasse.[65]

*

Ende März 1987 empfing Andrei Gromyko als Vorsitzender des Präsidiums des Obersten Sowjets Helmut Schmidt zu einem fast zweistündigen Gespräch im Kreml. Seit dem Treffen von Gorbatschow und Reagan in Reykjavik ein halbes Jahr zuvor war Bewegung in die Genfer Abrüstungsverhandlungen gekommen, ein Vertrag über die Beseitigung der Mittelstreckenwaffen schien in greifbare Nähe gerückt. Schmidt betonte, dass der Vertrag schnell geschlossen werden müsse, noch in diesem Sommer, damit die Ratifizierungsdebatte in den USA nicht in das Wahljahr 1988 hineinreiche. Er freue sich, dass die sowjetische Seite jetzt, nachdem der Westen mit der Stationierung von Pershing II und Cruise Missiles begonnen habe, auf die Null-Null-Lösung zurückkomme, die seinerzeit ja von ihm vorgeschlagen worden sei. »Wir sind uns bewusst, dass der Vorschlag der Null-Null-Lösung von Ihnen stammt«, antwortete Gromyko und gab damit indirekt zu, dass die Logik des Doppelbeschlusses aufgegangen war.[66]

Eine Woche später führte Schmidt in Washington ein langes Gespräch mit dem amerikanischen Außenminister George Shultz, der die beiderseitige Null-Lösung für erreichbar hielt. »Ich habe meinem Freund George Shultz gesagt, niemand auf der Welt wäre darüber glücklicher als ich, denn ein solches Abkommen bestätige meine seit SALT II eingenommene Haltung und meine Politik in den Jahren bis zum Spätsommer 1982.« Er würde es begrüßen, so Schmidt an Horst Ehmke, wenn »die sozialdemokratische Führung wenigstens jetzt sich auf den Boden des Doppelbeschlusses stellen« und so auf der letzten Etappe dazu beitragen würde, »Störversuche gegen das Zustandekommen der doppelten Null-Lösung abzuwehren«.[67] Mit einem Ende April in der *New York Times* erschienenen Artikel wollte Schmidt seinerseits helfen, Bedenken der Amerikaner zu zerstreuen. Er habe die »Zero-Zero Option« von Anfang an unterstützt und nicht zuletzt deswegen sein Amt verloren, schrieb Schmidt. Die Sorge, dass Europa schutzlos einem sowjetischen Angriff ausgeliefert wäre, wenn die Mittelstreckenraketen abgezogen würden, halte er für unbegründet.[68]

Als der INF-Vertrag über die Verschrottung nuklearer Mittelstreckenwaffen am 1. Juni 1988 in Moskau ratifiziert wurde, ging für Schmidt ein mehr als zehnjähriges politisches Ringen erfolgreich zu Ende. »Es wäre ganz unehrlich, wenn ich nicht zugeben würde, dass ich große Genugtuung empfinde«, sagte er im ZDF. Sowohl seine frühe Warnung vor der Aufstellung neuer sowjetischer Mittelstreckenraketen als auch der Doppelbeschluss als auch das Konzept der beiderseitigen Null-Lösung: Dies alles habe »sich als tragfähig erwiesen … Ich bin sehr stolz.«[69] Dass ausgerechnet seine eigene Partei sich nicht einmal jetzt dazu durchringen konnte, seine Urheberschaft anzuerkennen, verletzte ihn umso mehr.

Im Dezember 1987 hatte die SPD-Landesorganisation Hamburg ihren Mitgliedern wie alljährlich bescheinigt, dass sie den Jahresbeitrag entrichtet hatten. Den Quittungen lag ein Brief des Vorsitzenden der Hamburger SPD bei, in dem es hieß, dass der 9. [recte 8.]

Dezember in die Geschichte eingehen werde als der Tag, »an dem erstmals die Spirale der Aufrüstung und Nachrüstung durchbrochen worden ist«. An diesem Tag hatten Reagan und Gorbatschow in Washington den INF-Vertrag unterzeichnet. Möglich geworden sei dieser Vertrag erstens, »weil sich die Innen- und Außenpolitik der Sowjetunion unter Michail Gorbatschow geändert hat«, und zweitens dank der »umfassende[n] Friedenspolitik, wie sie Willy Brandt und Olof Palme konzipiert haben«.[70]

»Wer Außenpolitik so verkürzt darstellt, muss sich über zu geringen Zugang an Mitgliedern und über einen Mangel an Handlungsfähigkeit nicht wundern«, schrieb Schmidt an den Landesvorsitzenden Ortwin Runde. Besonders geärgert hatte ihn die Bemerkung, die Friedenspolitik stoße nach wie vor auf Gegnerschaft nicht nur bei den deutschen Konservativen. »Falls dieser Satz auch gegen einige Sozialdemokraten und zum Beispiel auch gegen mich gerichtet sein sollte, so erstaunt … der Mangel an Delikatesse.« Wie viel man ihm vonseiten der Partei eigentlich noch zumuten wolle? Von Freunden, aber auch von politischen Gegnern aus aller Welt habe er in diesen Tagen viele Briefe und Telegramme erhalten, in denen daran erinnert werde, dass das INF-Abkommen auf den Doppelbeschluss und die schon 1980 von ihm propagierte Null-Lösung zurückzuführen sei. Runde hielt es nicht für nötig, zu antworten. »Von den heute tonangebenden Sozialdemokraten zu erwarten, sie sollten wenigstens nachträglich die Klugheit und die wohltätige Wirkung meiner seinerzeitigen Politik in diesem Punkt anerkennen«, sei offensichtlich zu viel verlangt, schrieb Schmidt ein Dreivierteljahr später in einem zweiten Brief an Runde. Die Hoffnung auf Antwort habe er inzwischen aufgegeben.[71]

Viele Jahre später, im Sommer 1992, kam es zu einer zaghaften Geste vonseiten der Parteiführung. Er habe dieser Tage das Protokoll eines Gespräches zwischen Helmut Schmidt und Michail Gorbatschow gelesen, in dem sich die beiden über den Doppelbeschluss ausgetauscht hätten, sagte der Parteivorsitzende Björn Engholm vor der SPD-Bundestagsfraktion. Nach Lektüre wolle er der Partei raten, »Helmut Schmidt für seine realpolitische Einschätzung und Konzipierung des NATO-Doppelbeschlusses Respekt zu zollen. Ich möchte das jedenfalls ausdrücklich tun.«[72] Es gab mäßigen Beifall. Die Anerkennung, die ihm die Genossen noch auf Jahre verweigerten, war Schmidt sechs Wochen zuvor von anderer Seite zuteilgeworden. Der französische Philosoph André Glucksmann hatte ihm mit einer persönlichen Widmung sein Buch *Philosophie der Abschreckung* geschickt. Er habe sich sehr darüber gefreut, so Schmidt in seinem Dankschreiben, »wie klar Sie die positiven Auswirkungen des von mir mit zu verantwortenden NATO-Doppelbeschlusses einschließlich der Aufstellung der Pershing II beurteilt haben. Auch ich habe es der Friedensbewegung nicht verziehen, dass sie bei all ihren moralisch ernst zu nehmenden Motiven zur Einsicht in die aggressive Haltung der Sowjetunion nicht fähig war.«[73]

Die Entfremdung zwischen Schmidt und der SPD reichte tief und betraf mitnichten nur die Raketenfrage. Wenige Tage vor dem Kölner Parteitag 1983 hatte er seinem Hamburger Parteifreund Hellmut Kalbitzer, mit dem er seit dem Winter 1945/46 manche Diskussion geführt hatte, zum 75. Geburtstag gratuliert. Die Veränderungen der letzten Jahre sehe er »mit Betrübnis«, schrieb Schmidt. An die Stelle der »gestandenen Facharbeiter und Betriebsräte« seien junge Intellektuelle getreten, die von »einem neuen, sehr deutschen Idealismus« geprägt seien. »In ihren Augen haben wir Alten, die wir Deutschland nach dem Kriege wieder aufgebaut haben, uns bloß auf platter Erde entwickelt. Die neue Elite hingegen« trete fortwährend zu einem letzten Gefecht an, ob es um Kernkraft, Waldsterben oder die Startbahn West gehe. »Mir macht diese Konzentration auf jeweils ein einziges Schreckensbild Sorgen. Ernst Blochs Prinzip Hoffnung wird durch das Prinzip Angst ersetzt und daraus ein mitreißendes Gemeinschaftserlebnis geformt. Das nennt man dann ›Bewegung‹.«[74]

Richard Löwenthal, der Berliner Sozialwissenschaftler, auf den sich Schmidt gern berief, warnte seit Anfang der achtziger Jahre davor, dass die SPD die Wählerschichten in der Mitte nicht mehr erreiche, wenn sie sich zu stark auf die neuen Protestbewegungen einlasse. Für die Masse der Berufstätigen, die den Wunsch verspürten, aufzusteigen und ihren Kindern bessere Startbedingungen zu ermöglichen, als sie selbst gehabt hatten, seien die postindustriellen Bürgerkinder, die dazu aufforderten, aus allem auszusteigen, geradezu ein Albtraum. Wer »die kleinen Leute« für unmündig erkläre, brauche sich nicht zu wundern, dass sie einen nicht mehr wählten. Was aus Sicht Schmidts über all den Positionsbestimmungen und Diskussionen um neue Bündnisse vernachlässigt wurde, war der Markenkern der Sozialdemokratie, ihre Mission, Aufstieg und Fortschritt so zu gestalten, dass es dabei solidarisch und gerecht zuging.

In seinem letzten ausführlichen Rechenschaftsbericht für Herbert Wehner hat Schmidt diesen Kompetenzverlust auch an den Führungspersonen festgemacht. Die Menschen hätten inzwischen begriffen, schrieb er im Sommer 1984, dass die so genannte Wende nicht stattgefunden habe und deshalb »auch gar nicht nötig gewesen wäre«. Nur auf einem Gebiet weiche die Politik der neuen Regierung erheblich ab, nämlich auf dem Gebiet der Steuer- und Sozialpolitik, wo »eine weitgehende Tendenz zu neuer Ungerechtigkeit installiert worden ist«. Leider verstehe es die Partei nicht, dies zu ihrem Vorteil zu nutzen. Statt auf Georg Leber und Hans Apel setze man auf Leute, »die sich auf dem Felde der sozialen Gerechtigkeit nicht mit Vorrang engagiert« hätten. Hinzu komme bei vielen offenbar die »Angst vor der Verantwortung (und vor der Notwendigkeit zu Kompromissen mit ihren eigenen Ideen), deshalb richten sie sich gemütlich in der Opposition ein«. Hoffnung, bald wieder an die Regierung zu kommen, verbreite eigentlich nur Willy Brandt.[75]

Ein Jahr später riet Schmidt in einem 13-seitigen Brief Johannes Rau dringend von der Kanzlerkandidatur ab. Aufbau und Ton des Briefes erinnern stark an die jährlichen Berichte für Wehner, fast sieht es so aus, als ob Schmidt für den inzwischen dementen Wehner einen Ersatzmann suchte. Allerdings ist nur schwer nachvollziehbar, was er mit diesem Brief überhaupt erreichen wollte. Schmidt zog ernüchternd Bilanz. Zum einen habe Brandt »mit dem Enkel-Gerede schon ein wenig das Fell zu verteilen begonnen«, zum anderen sei einigen in der Partei »das Reiten ihrer ideologischen Ponys wichtiger … als sozialdemokratisches Regieren«. Alles in allem sei der SPD-Spitzenkandidat für die nächste Bundestagswahl wohl nur ein Zählkandidat. Dies müsse sich Rau ebenso vor Augen führen wie die zu erwartenden Reibungsverluste zwischen der Landeshauptstadt Düsseldorf und der Bonner Parteizentrale. Er, Schmidt, halte den Fraktionsvorsitzenden Hans-Jochen Vogel aus vielerlei Gründen für den Geeigneteren.[76]

Schmidt glaubte, dass die Bundestagswahl im Januar 1987 für die SPD nicht zu gewinnen war, und zwar »aus personalpolitischen und konzeptionellen Gründen«, wie er keine zwei Monate vor dem Wahlparteitag erläuterte – pikanterweise in Leipzig, in Gegenwart von Klaus Höpcke, dem stellvertretenden Kulturminister der DDR, dem er herzliche Grüße an Honecker auftrug.[77] Auf dem Nürnberger Parteitag Ende August appellierte Schmidt vor allem an die Selbstdisziplin der Partei: Vor einem Jahr habe er Johannes Rau »versucht zu sagen, wie schwer Dein Weg werden wird«. Heute wünsche er sich von der Partei, »sie möge ebenso erkennen, wie schwer sein Weg tatsächlich ist … Macht den Johannes Rau zu eurem Vormann und lasst ihn nicht bloß euren Kandidaten sein.«[78] Wahlkampf geht anders!

In der Parteizentrale sähe man es wohl am liebsten, hieß es in einem Brief Schmidts zwei Monate nach der verlorenen Wahl, »dass von mir so wenig wie möglich geredet werde. Ich kann das verstehen, und es tut mir keineswegs weh.« Offenbar wisse die Partei aber gar nicht, dass ihr auf diese Weise »manches wichtige Argument« entgehe, fügte er hinzu und kam auf sein Lieblingsthema zu sprechen, den falschen Jubel für Gorbatschow, wo doch in Wahrheit die beiderseitige Null-Lösung von ihm stamme und die Durchsetzung des Doppelbeschlusses den sowjetischen Friedenswillen überhaupt erst herbeigeführt habe. Bedauerlicherweise habe die SPD in der Außen- wie in der Innenpolitik »leichtfertig viele der in meiner Zeit erarbeiteten Positionen geräumt«.[79] Da klang viel Verbitterung durch. Zwar versicherte Schmidt den wenigen Parteifreunden, die ihm verblieben waren, wiederholt, er verspüre überall auf der Welt großen Respekt und könne deshalb »gelassen abwarten, ob und wann die eigene Partei auf den Pfad der Vernunft zurückkehrt«,[80] aber so souverän, wie er sich gab, war er mitnichten.

Schmidts Verhältnis zur Partei blieb zerrüttet. Mit der so genannten neuen »Basis« – in Wirklichkeit handele es sich, wie er in einem Brief an Wehner formulierte, um die »Halb-Intellektuellen und Boutique-Sozialisten in der Partei«[81] – fiel ihm die Verständigung schon deshalb schwer, weil sie nicht in der Lage waren oder sich auch schlicht weigerten, seine historischen Verdienste anzuerkennen. Mit Hans-Jürgen Wischnewski, der im September 1985 als Schatzmeister der SPD zurückgetreten war, hatte Schmidt seinen »letzten Freund« im Ollenhauer-Haus verloren, »die Luft wird dünner«.[82] Hans-Jochen Vogel, der im Juni 1987 den Parteivorsitz übernahm, bemühte sich zwar, das Verhältnis der Partei zu ihrem Ex-Kanzler zu kitten und ihn wieder mehr einzubinden, aber Schmidt ließ ihn spüren, dass er von solchen Annäherungen nicht viel hielt. »Es wäre nicht immer sehr erfreulich, wie Sie mit ihm ›umgingen‹«, beklagte sich Vogel bei Marianne Duden, er verstehe überhaupt nicht, »dass Sie ihn auch immer so ›abbürsten‹«.[83]

Der Kurs der deutschen Sozialdemokratie bereitete Schmidt Ende der achtziger Jahre nur noch Verdruss. Dass zu den ersten gesamtdeutschen Wahlen im Dezember 1990 ausgerechnet Oskar Lafontaine als Spitzenkandidat aufgestellt wurde, war in seinen Augen symptomatisch. Zwar nannte er dessen Forderungen nach Steuererhöhungen zur Finanzierung der deutschen Einheit prinzipiell richtig; er konstatierte aber auch, dass der Kandidat – und mit ihm offenbar eine breite Mehrheit der neuen »Basis« – mit dem Geschenk der Einheit fremdelte. An der Spitze der SPD schien man es den Ostdeutschen geradezu zu verübeln, dass sie endlich genauso gut leben wollten wie ihre Landsleute im Westen.

Nicht zufällig ließ Schmidt drei Wochen vor dem Wahltag einige Indiskretionen passieren. Am 11. November brachte *Bild am Sonntag* ein großes Interview mit ihm unter der Schlagzeile »Helmut Kohl hat fast alles richtig gemacht«. In einem der Séparées von »Cölln's Austernstuben«, einem seiner Lieblingsrestaurants in der Nähe des Hamburger Rathauses, hatte Schmidt im Gespräch mit

Helmut Böger, seinem langjährigen Vertrauensmann bei *Bild*, vom Leder gezogen. »Zu Herrn Lafontaine will ich mich nicht äußern«, schließlich stehe er, Schmidt, »genauso für die deutsche Sozialdemokratie … auch für die heutige, wie einige, die im Augenblick das große Wort führen«.[84] Was immer er »privat mit Lafontaine berechtigterweise zu klären« habe, schrieb ihm eine erboste Wahlkämpferin am Tag nach der Veröffentlichung des Interviews, die Partei habe es »nicht verdient, im Wahlkampf so behandelt zu werden«.[85] Schmidt versuchte sich herauszureden: Das Interview sei nicht autorisiert gewesen, vielmehr habe der Autor des Artikels »aus einer stundenlangen Unterhaltung einige Sätze isoliert herausgelöst, wobei unter anderem auch der gedankliche Zusammenhang verlorengegangen« sei.[86]

Am darauffolgenden Wochenende wurde Schmidt in der niederländischen Tageszeitung *Algemeen Dagblad* mit folgenden Sätzen zitiert: »Nun bitte ich Sie zu verstehen, dass ich bereit bin, über alles Mögliche zu reden, nur nicht über Lafontaine und nicht über seine Wahlaussichten. Unter uns sage ich, natürlich wird er die Wahl verlieren, und das verdient er auch. Aber das ist privat.«[87] Das Präsidium der Partei hielt es für nötig, sich am Montag mit einer Erklärung hinter Lafontaine zu stellen. Es habe sich um einen Verstoß der Holländer gegen journalistische Gepflogenheiten gehandelt – um eine »unzulässige öffentliche Darstellung meiner tatsächlich zutreffenden Meinung« –, entschuldigte sich Schmidt zwei Wochen nach der Wahl in einem standardisierten Antwortschreiben.[88]

Schmidts Äußerungen verursachten innerparteilich einen solchen Wirbel, dass sich der CDU-Vorsitzende der Gemeinde Bönningstedt im Kreis Pinneberg zu einem kühnen Schritt entschloss: »Mit großer Betroffenheit habe ich von der Meldung Kenntnis genommen, die saarländischen Jusos forderten ein Parteiausschlussverfahren gegen Sie«, schrieb er an Schmidt. »Vor diesem Hintergrund und weil unsere Gemeinde Bönningstedt von Ihrem Wohnsitz in Langenhorn in wenigen Minuten erreichbar ist, erlaube ich mir, Ihnen die Aufnahme in den CDU-Gemeindeverband anzubieten.«[89]

6
Keine Memoiren?

Im Frühjahr 1982 besuchten der Schauspieler Hardy Krüger und seine Frau Anita Helmut und Loki Schmidt in Hamburg. Schmidt und Krüger hatten sich in den frühen siebziger Jahren auf einer Party in Bonn kennengelernt und standen seither in freundschaftlichem Kontakt. Inzwischen lebte Krüger mit seiner dritten Frau zurückgezogen in den Bergen Kaliforniens, drehte gelegentlich noch einen Film und widmete sich ansonsten dem Schreiben von Romanen und Erzählungen. Beim Abendessen in Langenhorn eröffnete Schmidt seinem Gast, dass er selber wohl auch Lust hätte, Bücher zu schreiben. Als Erstes schwebe ihm so etwas vor wie Begegnungen mit Zeitgenossen, danach vielleicht ein historisches Werk. Hardy Krüger versprach, sich bei seinem Verleger nach Veröffentlichungsmöglichkeiten zu erkundigen.

Am 4. Juni 1982 schrieb Krüger aus Kalifornien, er habe Bertelsmann-Geschäftsführer Olaf Paeschke zu Besuch gehabt und ihn von Schmidts Plänen wissen lassen. Paeschke sei »außerordentlich interessiert« und bereit, »den besten Preis« zu bezahlen. Bertelsmann sei nicht nur »verkaufsstark«, sondern empfehle sich auch als Verlag der deutschen Ausgabe der Memoiren von Henry Kissinger.[1] Schmidt dankte herzlich, ließ ausrichten, dass er sich über eine gelegentliche Kontaktaufnahme von Herrn Paeschke freue, betonte aber, dass es noch zu früh sei, konkret über Buchprojekte zu sprechen. »Denn gerade vorgestern habe ich durch einen umfassenden Kabinettsbeschluss zum Haushalt 1983 … die Lebensdauer der sozial-liberalen Koalition in Bonn auf unbestimmte Zeit verlängert und ihre Vitalität gestärkt.«[2] Eine trügerische Hoffnung, die das Buchprojekt um ein halbes Jahr aufschob.

Vier Wochen nach dem Ende der Regierung Schmidt fasste Bertelsmann nach. In einem Telefongespräch unterstrich der Vorstandsvorsitzende das anhaltende Interesse des Konzerns, in dem der Verleger Albrecht Knaus dazu ausersehen sein sollte, sich um den potentiellen Autor zu kümmern. Schmidt wollte sich aber auch zu diesem Zeitpunkt noch nicht festlegen. Erst während seines Weihnachtsurlaubs auf Gran Canaria begannen seine Buchpläne Gestalt anzunehmen. »Ich habe gerade angefangen, meinen Stoff für mein erstes Buch zu disponieren«, schrieb er am 9. Februar 1983 an Herbert von Karajan. »Es soll Begegnungen mit Menschen schildern, mit denen ich im Laufe meiner Amtsjahre zusammengetroffen bin. Natürlich werden auch einige Musiker dazuzählen und natürlich Sie.«[3] Vier Wochen später erkundigte er sich bei Peter Scholl-Latour, dem er für die Übersendung seines Buches *Allah ist mit den Standhaften* dankte, nach mnemotechnischen Verfahren: »Wie bringen Sie es fertig, so viel Details zu erinnern? Oder handelt es sich um ältere Aufzeichnungen, die Sie inzwischen aufgearbeitet und à jour gebracht haben?«[4] Im Sommer fuhr Scholl-Latour an den Brahmsee, um dem Neuling nützliche Tipps zu geben. Dass der Bundeskanzler a.D. den erfolgsverwöhnten Sachbuchautor bald an Auflage überrunden würde, hätte damals wohl keiner von beiden gedacht.

In der Verlagswelt hatte sich inzwischen herumgesprochen, dass Helmut Schmidt an einem Erinnerungsbuch arbeitete. Während viele namhafte Publikumsverlage ihre Bewerbungsschreiben abgaben, gelang dem kleinen Frankfurter Robinson Verlag, der sich mit literarischen Kostbarkeiten über Wasser hielt, ein Überraschungscoup: die Veröffentlichung des im Februar als Zeitungsartikel in fünf Sprachen gedruckten Aufsatzes »Die Weltwirtschaft ist unser Schicksal« in Buchform. Der Verleger schenkte seinem Autor zum Dank ein Exemplar von Daniel Defoes *Geschichte der Piraten*, machte sich aber wenig Hoffnung, mit Schmidt auch über dessen Memoiren ins Geschäft zu kommen.

Bei Bertelsmann übernahm jetzt Manfred Lahnstein die Federführung in Sachen Schmidt. Seit Sommer 1982, als sie in gemeinsamer Anstrengung versucht hatten, die Attacken des Grafen

Lambsdorff abzuwehren, waren Schmidt und er eng verbunden. »Bei Bertelsmann ist natürlich alles begeistert von der Vorstellung, Dich als Autor gewinnen zu können. Ende August treffe ich mich mit den Leitern der Verlagsgruppe, um ein multinationales und multimediales Angebot zu erarbeiten … Hierbei könnten auch Deine bereits bestehenden Kontakte zum Siedler-Verlag einbezogen werden.«[5] Fünf Wochen später bekräftigte Lahnstein, dass der Siedler Verlag aus Sicht der »zuständigen Herren unseres Konzerns … der geeignete Anknüpfungspunkt wäre«.[6]

Der Berliner Verleger Wolf Jobst Siedler hatte nach seinem Ausscheiden aus dem Ullstein-Verlag gemeinsam mit dem Unternehmer Jochen Severin einen eigenen kleinen Verlag gegründet, der 1981 sein erstes Programm vorlegte. Im Frühjahr 1983 verkaufte Severin seine Verlagsanteile an das Haus Bertelsmann. Als sich Siedler im April dieses Jahres bei Schmidt ins Gespräch brachte, konnte er diskret einfließen lassen, dass er nunmehr über finanzielle Möglichkeiten verfüge, »die mir früher verschlossen waren«. Wichtiger aber sei ihm das verlegerische Engagement. »Es ist schwer ein Buch denkbar, dem ich mich mit größerer Leidenschaft zuwenden würde als dem Ihren.« Aufgrund seiner langjährigen Erfahrungen sei ihm der Umgang »mit solchen Stoffen« einigermaßen vertraut; neben den Memoiren von Georges Bidault und Harold Macmillan nannte Siedler vor allem die Hitler-Biographie von Joachim Fest und die beiden Erinnerungsbände von Albert Speer als Referenzwerke.[7]

Siedlers spätere Darstellung, Schmidt sei an ihn herangetreten, weil er seine Erinnerungen gern in diesem jungen ambitionierten Verlag habe veröffentlichen wollen, gehört ins Reich der Fabel. Auf Schmidts angebliche Frage, warum er denn kein Angebot unterbreitet habe, will Siedler geantwortet haben, dass er bei den im Raum stehenden Vorschüssen nicht mithalten könne; dies habe Schmidt mit der Bemerkung quittiert, dass ihn die finanziellen Aspekte wenig interessierten. Die Anekdote war gut erfunden.[8] Sie sollte zeigen, dass Autor und Verleger sich auf Augenhöhe begegneten, dass es beiden ausschließlich um die Sache ging und dass die Zugehörigkeit des Verlages zum marktbeherrschenden Bertelsmann-

Konzern mitnichten eine Rolle spielte. Bei aller Begabung neigte Siedler stets ein wenig zur Hochstapelei, aber Hochstapelei war immer schon Teil des Verlagsgeschäfts, und Helmut Schmidt ließ sich, wie andere Autoren auch, gern umwerben. Autoren seien wie junge Geliebte, pflegte Siedler zu sagen, sie wollten ununterbrochen gestreichelt werden.

Im Herbst 1983 sollten im Siedler Verlag die ersten Bände einer neuen Reihe »Deutscher Widerstand 1933–1945« erscheinen, und der Verleger hoffte, Helmut Schmidt für die Buchpräsentation zu gewinnen. Ohne Schmidts Einverständnis abzuwarten, kündigte er Anfang Juni in der Verlagsvorschau an, der ehemalige Bundeskanzler werde die Reihe der Öffentlichkeit vorstellen. Im Büro Schmidt nannte man das Vorgehen »vorsichtig formuliert, etwas voreilig«,[9] versäumte es jedoch, zu intervenieren. Anfang September meldete sich Siedler höchst aufgeregt: Es seien nur noch »ziemlich genau vier Wochen bis zu dem Termin jener verabredeten Veranstaltung«, und weil Räume während der Buchmesse in Frankfurt knapp seien, habe er für den 13. Oktober einen Saal im »Frankfurter Hof« gemietet. »Ich dränge ungern, aber nun muss ich den Empfang bestätigen oder absagen.«[10] Eine Woche später ließ Schmidt durch sein Büro antworten, dass »offenbar eine Reihe von Missverständnissen« vorliege, die sich im Nachhinein wohl nicht mehr aufklären ließen; der Empfang in Frankfurt wurde abgesagt. »Bei dieser Gelegenheit möchte ich Sie auch informieren … dass über die Frage des Verlages erst entschieden werden soll, wenn das Manuskript weitgehend fertiggestellt sein wird.«[11]

Siedler ließ sich durch hinhaltende Vorzimmerbriefe nicht so schnell entmutigen. Am 30. November bekam er seinen ersten Termin bei Schmidt. Dieser plante, zum Jahreswechsel wieder einen längeren Schreiburlaub auf Gran Canaria zu nehmen; was er dort zu Papier bringen würde, sollte als Grundlage für weitere Gespräche dienen. Anfang Februar meldete sich Schmidt zurück und schickte Siedler Entwürfe zu einem Vorwort und zwei Kapiteln. Er bezeichnete die Texte als Quodlibets, die dringender Überarbeitung bedürften, und zählte vorsorglich gleich selbst einige gravierende Mängel auf. Mit einer so massiven Kritik, wie Siedler sie in seinem sechsseitigen Schreiben vom 28. März formulierte, dürfte Schmidt allerdings nicht gerechnet haben.

Zwar hob der Verleger hervor, »dass die kühle und sozusagen lapidare Art des Vortrags dem Manuskript jenen Selbstbespiegelungscharakter nimmt, der so viele Memoiren-Bücher zu einer peinlichen Lektüre macht«. Aber das war so ziemlich das einzige Lob, zu dem er sich durchringen konnte. Wenn Schmidt so weiterschreibe, werde kaum jenes Buch entstehen, »das den Autor in dem Sinne auf der Höhe des Staatmanns zeigt, in dem das bei Churchill und de Gaulle der Fall ist und, in ganz anderem Sinne, dann doch auch bei Albert Speer«. Ob man nicht gemeinsam über »eine andere Komposition und Erzählweise« nachdenken könne. »Wenn ich an einen Memoiren-Band aus Ihrer Feder denke – für den ich immer übrigens einen Titel wie ›Menschen und Mächte‹ im Kopf habe –, so habe ich einen ereignisbezogenen Bericht vor Augen, der die gestaltenden Kräfte und Personen unserer Epoche aus der Perspektive einer starken Individualität schildert.« Schmidt versah diesen Passus mit einem dicken Fragezeichen.[12]

Was Siedler vor allem vermisste, war Authentizität, ein leidenschaftlich urteilendes, in seinen Vorlieben wie Abneigungen eindeutiges Ich. »The proper study of Mankind is Man«, zitierte er den englischen Dichter Alexander Pope, um dann fortzufahren: »Der Autor, der seine Leser nicht in erster Linie für seine Person zu interessieren vermag, hat sein Publikum verloren. Ich denke nicht an Indiskretionen, aber doch an jene entschlossene Subjektivität, mit der Bismarck seine Auseinandersetzungen etwa mit Moltke … schildert, oder mit der Churchill von seinen Kontroversen mit Stalin oder Roosevelt erzählt. Ihre Sorge, das eigene Ich zu weit in den Vordergrund zu spielen, akzeptiere ich ganz und gar, aber sie darf nicht so weit gehen, dass die Person des Autors mit ihren Empfindungen und Überlegungen unsichtbar wird.«

Dann trug Siedler Bedenken gegen den Aufbau vor. »Alle wichtigen Memoiren aus der Sphäre des Staatsmanns verbinden die unmittelbare Erzählung des Ablaufs der Dinge mit der Reflexion, die das Allgemeine aus ihnen zu gewinnen sucht.« Gerade er, Schmidt, verkörpere ja den »Typus des reflektierenden Politikers«, und deshalb erwarte der Leser Erkenntnisse nicht in Form trockener Exkurse, sondern als das Ergebnis praktischer Erfahrungen. Die zahlreichen Einwände gegen den Text könnten beim Adressaten den Eindruck erwecken – so räumte Siedler selber ein –, als sei der Verleger »ein wenig unglücklich über die vorliegende Niederschrift«. Er beeilte sich deshalb, Schmidt nochmals zu versichern, wie gern er das Buch verlegen würde. Könnte er auf seine Weise dabei behilflich sein, käme allerdings »ein anderes Buch zustande, das mehr Aussicht hat, Ihrer Person, Ihrer Erfahrung und Ihrem Werk Dauerhaftigkeit zu verleihen«. Damit war Siedler bei seinem eigentlichen Anliegen: Schmidt das Selberschreiben auszureden.

»Lassen Sie mich zum Schluss einen Gedanken ins Spiel bringen. Als ich mit dem Speerschen Manuskript nicht recht zu Rande kam, das immer nur trocken das erzählte, was ohnehin bekannt war und was die Historiker besser zu leisten vermögen, haben wir uns auf Gespräche verständigt, zu denen ich schließlich Joachim Fest hinzuzog, der damals an seiner Hitler-Biographie arbeitete. In ständigen Fragen nach Ereignissen, Erlebnissen, Beobachtungen, Empfindungen und Gedanken ist dann ein Buch zustande gekommen, das mit 700 000 Exemplaren allein der deutschen Auflage wohl nicht nur das erfolgreichste Memoiren-Buch der Nachkriegszeit ist, sondern auch das bedeutendste Zeugnis aus dem inneren Kreis des Dritten Reiches. Es ist alles von Speer, aber vieles, fast das meiste durch ein drängendes Nachfragen ans Licht gebracht, das Speer beim ursprünglichen Schreiben nicht wichtig erschien.«

Auf die gleiche Weise wie damals mit Speer, arbeite er zur Zeit mit Joachim Fest und Johannes Gross an den Memoiren von Theodor Eschenburg, und für das nächste Jahr sei er bereits lose mit Hermann Josef Abs verabredet. Wenn Schmidt an einem solchen Verfahren Gefallen finde, werde er, Siedler, sich »mit Vergnügen für die nächsten eineinhalb Jahre die Zeit dazu nehmen«. Natürlich könnten sie auch »einmal für acht oder zehn Tage nach Meran, Patmos oder sonst in abgeschiedene Ruhe gehen, um jenes Grundmanuskript zu gewinnen, das dem eigentlichen Schreibvorgang vorausgeht«. Am besten gemeinsam mit Joachim Fest, »der auch diesmal sehr gerne dabei sein würde«.[13] Dass ein sozialdemokratischer Politiker die Zusammenarbeit mit dem *FAZ*-Herausgeber womöglich genauso problematisch finden könnte wie die passionierten Hinweise auf das Vorbild Albert Speer, kam Siedler nicht in den Sinn.

Schmidt las über beides hinweg. Er spürte, dass der Verleger sein Handwerk verstand, und war bereit, sich der durchaus berechtigten Kritik zu stellen. Eines allerdings kam für ihn nicht in Frage: eine wie auch immer definierte Form des Ghostwriting. Siedler hatte seinem Brief nicht nur einige von ihm redigierte Seiten des Schmidt-Manuskriptes beigelegt, sondern auch neun Seiten aus den Abschriften der Gespräche mit Eschenburg, die Joachim Fest mit winziger Handschrift so gründlich überschrieben hatte, dass von dem ursprünglichen Text nur hier und da noch einzelne Fragmente durchschimmerten.

Am Ende war es wohl Manfred Lahnstein zu verdanken, dass Schmidt die Zusammenarbeit mit Siedler nicht einstellte, noch bevor sie richtig begonnen hatte. Den ganzen April und Mai über wartete er vergeblich auf detaillierte Einzelkritik, die über Siedlers grundsätzliche Bemerkungen hinausging. Lahnstein beschwichtigte. Wenn Siedler prinzipielle Einwände habe, sei das ernst zu nehmen; es müsse »vorrangiges Ziel aller Beteiligten sein, ein möglichst gutes Buch« zustande zu bringen.[14] Lahnstein bot an, Anfang Juli, wenn Schmidt sich wieder in Schreibklausur begebe, an den Brahmsee zu kommen, um dort mit ihm und Siedler das weitere Vorgehen abzustimmen.

Erst auf die letzte Minute, am Morgen des für den 16. Juli anberaumten Treffens, erhielt Schmidt die von ihm erbetene ausführliche Stellungnahme des Verlegers zu den bisherigen Textteilen. Der Verleger wiederholte seine generellen Bedenken gegen das Konzept und mahnte den Autor, sich im Vorhinein darüber Klarheit zu verschaffen, was er mit seinem Buch eigentlich bezwecke. Schmidt machte sich zur Vorbereitung auf das Gespräch am Mittag handschriftliche Notizen: »Eigentlich wollte ich Begegnungen mit Personen schildern (›historische Miniaturen‹ eingebettet in persönl[iche] Begegnungen).

Dies ist in dem bisher einzigen Kapitel *nicht* gelungen, weil a) Erinnerungsschwäche hinsichtl[ich] Details, human touch and little stories b) zu große Distanz im persönl[ichen] Bereich.«

Das Buch, das Siedler vorschwebe, unterscheide drei Ebenen: »1. Lebensweg 2. Epoche + eigene Rolle in dieser 3. Summe der Erkenntnisse«. Dazu notierte Schmidt knapp: »Eigentlich alles *nicht* gewollt! Übrigens: in welche Kategorie fallen z. B. Kissinger, Nixon etc. (Kat. 2) Bism[arck], Adenauer, de Gaulle?« Ein Buch vom Typus 3 wolle er später schreiben und davon nicht allzu viel vorwegnehmen. Auch die Innenpolitik wolle er vorerst nicht behandeln: »Ich will z. Zt. nicht über W[illy] Br[andt], Wehner usw. ausführlich schreiben.« Am liebsten sei ihm »ein neuer Typus 4, ein als ›aus dem Handgelenk hingeworfen‹ wirkendes Buch, das gleichwohl ›stimmt‹. Thema ›Ihr Ausländer und wir Deutschen – in den 70er Jahren‹.« Auf keinen Fall werde er eine Autobiographie schreiben: »a) weil Abscheu vor Selbstentblößung b) Rücksicht auf andere Personen c) weil Verführung zur Selbstverschönerung«.[15]

Am Mittag trug Schmidt seine Überlegungen Lahnstein und Siedler vor, dann sprach man über technische Fragen. Man verständigte sich darauf, dass Schmidt zunächst kapitelweise eine Rohfassung erstellen würde und anschließend Gespräche geführt werden sollten, um das Geschriebene zu verifizieren und zu ergänzen. An diesen Gesprächen sollte neben Siedler stets Klaus Bölling teilnehmen, den Lahnstein ins Gespräch gebracht hatte, sowie ein »Fachmann für das jeweilige Kapitel«; aufgrund der Mitschriften würden Bölling und Siedler das Manuskript dann überarbeiten. Die Ablieferung des fertigen Manuskripts wurde für Frühjahr 1986 verabredet. Zum Schluss ging es um die Serialisierung des Stoffes durch die Medien – »Burda oder Stern/Quick (*nicht* Spiegel)« –, um die Vermarktung der Fernsehrechte und die finanzielle Entschädigung der »Hilfskräfte«.[16]

Nur wenig später bekam Schmidt eine Vorstellung davon, welche Schwierigkeiten beim autobiographischen Schreiben auf ihn zukommen konnten. Anfang September veröffentlichte die *Zeit* einen Vorabdruck aus der Schmidt-Biographie des Deutschland-

Korrespondenten der *Financial Times*, Jonathan Carr. Ihn hatte Schmidt im Sommer zuvor mit einer spektakulären Auskunft in eigener Sache überrascht: Einer seiner Großväter sei Jude gewesen.[17] Aber nicht die genealogischen Neuigkeiten waren es, die bei den Lesern für Aufsehen sorgten, sondern Details aus Schmidts Zeit bei der Hitlerjugend. Offenbar sei Schmidt an einen Biographen geraten, konnte man in den Leserbriefspalten der *Zeit* lesen, der es entweder versäumt habe, »ordentlich zu recherchieren«, oder aber »einen Mythos schaffen« wolle. Aufgebauschte Nichtigkeiten, aber Schmidt stellte klar: Die Ruder-Riege seiner Schule sei 1934 en bloc in die Marine-Hitlerjugend überführt worden; Ende 1936 sei er als HJ-Führer »des Dienstes enthoben worden – was immer das damals bedeutete«. So wenig im ersten Fall von Freiwilligkeit gesprochen werden könne, so wenig sei im zweiten Fall die Bezeichnung Widerstand angebracht.[18] Je länger diese Zeiten zurücklagen, desto schwieriger wurde es, mangelnde Eindeutigkeit zu erklären.

Umso mehr dürfte sich Schmidt Anfang 1985 über einen Vorschlag seines Klassenkameraden Jürgen Remé gefreut haben, Gespräche über ihre gemeinsame Zeit auf der Lichtwarkschule auf Tonband aufzunehmen. Remé hatte seine Lebenserinnerungen geschrieben und hoffte, diese durch Gespräche mit dem ehemaligen Bundeskanzler aufwerten zu können. Als Schmidt die Abschriften bekam, reagierte er verstimmt. Er habe Remé lediglich helfen wollen, sich in den gemeinsam verbrachten Jahren ein wenig zu orientieren, die Politik sei nicht ihr Thema gewesen. Was er dazu beiläufig gesagt habe, sei weder zur wörtlichen Wiedergabe bestimmt gewesen, noch könne es als seine Meinung veröffentlicht werden. »Ich möchte Dich in diesem Sinne herzlich bitten, mich gegenüber niemandem bloßzustellen. Es entspricht meinem lange und sorgfältig erwogenen Urteil, dass ich mich gegenwärtig nicht quasi autobiographisch oder selbstkritisch oder apologetisch zu meinen eigenen politischen Erfahrungen und zu meiner Rolle in der Politik und zu meinem Zusammenspiel mit anderen politischen Personen äußern will.«[19]

Remé war wie vor den Kopf gestoßen. Er erinnerte an Briefe und Absprachen, die in seinen Augen belegten, dass Schmidt wusste, worauf er sich einließ, und bat, wenigstens einige Passagen in redigierter Form veröffentlichen zu dürfen. Schmidt lenkte ein und gab den Großteil seiner Antworten frei. Wohl fühlte er sich dabei nicht. Mit autobiographischen Einlassungen war er immer zurückhaltend gewesen, jetzt erkannte er zusätzlich die Notwendigkeit, das biographische Material beisammen zu halten und sich nicht zu verzetteln. Falls er sich »jemals dazu entschließen sollte, über die innenpolitische Seite meiner Erfahrungen etwas zu veröffentlichen«, dann nur nach gründlicher Vorarbeit und »nicht en passant«.[20] Das hieß nichts anderes, als dass er sich vorerst weder über die politischen Freunde und Gegner in Bonn und anderswo noch über die Jahre des Nationalsozialismus äußern wollte.

*

Bei ihren Gesprächen am Brahmsee hatten sich Autor und Verleger ungefähr in der Mitte geeinigt. Schmidt würde sukzessive die Textgrundlage liefern und von Anfang bis Ende die Hoheit über das Geschriebene behalten, wäre also alleiniger Autor. Zugleich erklärte er sich jedoch mit Überarbeitungen durch Leute seines Vertrauens prinzipiell einverstanden. Solche Pläne werden gemacht, um hinterher modifiziert oder auch ganz verworfen zu werden. Als erstes zerschlug sich das TV-Projekt, das Lahnstein bei Bertelsmann nicht platzieren konnte; gedacht war an ein halbes Dutzend Gespräche Schmidts mit prominenten Zeitgenossen (die Idee wurde später vom Norddeutschen Rundfunk aufgegriffen). Eine herbe Enttäuschung für alle Beteiligten war die Tatsache, dass Klaus Bölling aus gesundheitlichen Gründen nicht als Redakteur zur Verfügung stand. Kompensiert wurde sein Ausfall dadurch, dass sich Schmidt vor der ersten Niederschrift durch Studium von Akten, Gesprächsaufzeichnungen und sonstigen Unterlagen gründlich in die jeweilige Materie einarbeitete und die geplanten Gesprächsrunden sich damit weitgehend erübrigten. Und Schmidt war fleißig: Anfang 1985, nach einem neuerlichen Schreiburlaub auf Gran Canaria, war das China-Kapitel fertig, im Sommer schloss er am Brahmsee das

USA-Kapitel ab. Gleichwohl war der Abgabetermin Frühjahr 1986 nicht zu halten.

Im Februar 1987 drohte eine neuerliche Verschiebung. Der Verleger warnte mit Blick auf die aktuellen Entwicklungen in Washington und Moskau davor, das Erscheinen des Buches nochmals hinauszuzögern. Unterstützt wurde er dabei von *Zeit*-Verleger Gerd Bucerius, der nach Lektüre des USA-Kapitels trotz mancher Bedenken ins Schwärmen geriet. »Carter: Da beginnt ein Marsch durch Atomgewitter. Mit Ihrem Zorn ändert sich der Stil; man ist betroffen. Solche Abrechnung haben die USA noch nie über sich ergehen lassen müssen. Das ist schon sensationell.« Bei aller Kritik an Amerika könne der Leser aber zu jedem Zeitpunkt sicher sein, dass der Verfasser zu Amerika und dem westlichen Bündnis stehe. Deshalb müsse das Buch auch möglichst bald herauskommen – bevor der Antiamerikanismus der Deutschen überhandnehme. Schmidt könne mit einer rechtzeitigen Veröffentlichung »eine Katastrophe verhindern«.[21]

Um ein Erscheinen im Herbst 1987 sicherzustellen, schlug der Verleger vor, das gesamte Material auf zwei Bände zu verteilen. Im ersten Band sollten die Weltmächte Russland, USA und China behandelt werden – diese Kapitel lagen in Rohfassung weitgehend abgeschlossen vor –, alles Übrige ließe sich später unter dem Stichwort europäische Nachbarn leicht zu einem zweiten Band zusammenfassen. In einem neunseitigen Brief setzte Siedler seinen Autor am 27. Februar über alle erforderlichen Schritte detailliert in Kenntnis und kam zum Schluss auch auf die Konditionen zu sprechen; als Garantiehonorar auf sämtliche Erlöse bot er DM 500 000. Schmidt gab eine Kopie des Briefes seiner Frau, die Siedler in allen wesentlichen Punkten zustimmte – »recht hat er«, schrieb sie an den Rand.[22]

Ein rechtzeitiges Erscheinen vier Wochen vor der Buchmesse erforderte einen engen Terminplan. Obwohl ihn die Verpflichtung, in den acht Wochen bis Anfang Mai sämtliche Arbeiten am Manuskript abschließen zu müssen, unter enormen Zeitdruck setzte, stimmte Schmidt dem Konzept des Verlegers grundsätzlich zu. Die Aufteilung des Stoffes auf zwei Bände entsprach seiner Überzeugung, dass die Weltmächte ihren eigenen Gesetzmäßigkeiten folgten und es schon von daher angebracht war, ihnen ein ganzes Buch zu widmen. Unter den europäischen Nachbarn war nur Frankreich ein ähnlich umfangreiches Kapitel zugedacht.

Neben den beiden Supermächten USA und Sowjetunion zählte Schmidt die Volksrepublik China zu den künftigen »Global Players«. Das war Mitte der achtziger Jahre, als der Westen noch fasziniert auf die fernöstliche Wirtschaftsmacht Japan starrte, alles andere als selbstverständlich. Aber »nicht der ökonomische Riese Japan«, heißt es in *Menschen und Mächte*, »sondern die weltwirtschaftlich einstweilen ziemlich unbedeutende Volksrepublik China wird weltpolitisch immer stärker ins Gewicht fallen ... Der Westen muss sich von seinem bisherigen bipolaren Denken lösen: Er muss sich bereits für die späten neunziger Jahre dieses Jahrhunderts ein machtpolitisches Dreieck vorstellen, bestehend aus den USA, der Sowjetunion und China.«[23] Mit dieser Einschätzung war Schmidt der veröffentlichten Meinung in Deutschland, aber auch dem Denken großer Teile der politischen Klasse weit voraus.

Nicht einverstanden war Schmidt mit dem Titel. Die Worte müssten umgedreht werden, nicht »Menschen und Mächte«, sondern »Mächte und Menschen« sollte der Band heißen. Dahinter steckte die Überzeugung, dass die »Mächte« selber die Akteure auf der Weltbühne sind, während den Staats- und Regierungschefs, die sie repräsentieren, Macht nur auf Zeit verliehen sei. Die Diskussion zog sich über mehrere Wochen hin, aber weder Siedlers Argument, die Leser interessierten sich nun einmal mehr für Menschen als für Mächte, noch sein Hinweis, »Menschen und Mächte« spreche sich doch sehr viel leichter aus und klinge auch schöner, konnten Schmidt umstimmen. Am Schluss war es eine Sottise, die ihn zum Einlenken brachte. Er solle sich einen Moment vorstellen, sein Nachfolger in Bonn würde versuchen, den Titel auszusprechen: »Mechte und Männchen«. Schmidt lachte aus vollem Hals und gab sich geschlagen.[24]

Im März begann der Wirbel um die Vergabe der Vorabdruckrechte. Da Schmidt neben dem *Spiegel* inzwischen auch den *Stern* als Partner ausgeschlossen hatte und der *Zeit* auf Wunsch des Autors Priorität eingeräumt werden sollte, waren dem Verlag enge Grenzen gesetzt. Gleichwohl suchte Siedler nach einem Ansatz, der, wie er an Bucerius schrieb, »die Ehre der *Zeit* mit dem Geld der weniger noblen Presse verbindet«.[25] Über das Haus Bertelsmann gelang es ihm, den Vorstandsvorsitzenden von Gruner + Jahr zu einem exorbitanten Vorschuss in Höhe von 1,2 Millionen DM für einen exklusiven fünfteiligen Vorabdruck im *Stern* zu bewegen. Angesichts einer solchen Summe, die laut Vertrag zu siebzig Prozent dem Autor zufließen sollte, konnten weder Schmidt noch Bucerius ihre Zustimmung verweigern. Zur Kompensation erhielt die *Zeit* die Erlaubnis, im Mai fünf Folgen aus dem fertigen, aber erst für Band zwei vorgesehenen Frankreich-Kapitel zu drucken, ohne diese allerdings mit Rücksicht auf den *Stern* als Vorabdruck kenntlich machen zu dürfen.

In seinem Brief vom 27. Februar hatte Siedler daran erinnert, dass Schmidt seine Mitleser bitten solle, den Text nicht nur auf Richtigkeit zu überprüfen, sondern ihn auch durch eigene Erinnerungen anzureichern und mitzuteilen, was immer ihnen »an erzählerischem oder anekdotischem Beiwerk einfällt«.[26] Schmidt bat nicht nur langjährige Vertraute und ehemalige enge Mitarbeiter um kritische Lektüre, sondern gab einer Anregung Lokis folgend eine Kopie des Manuskripts auch an seine Sicherheitsleute, damit durch sie »ein bisschen Farbe in die Erinnerung kommt«.[27] Am Ende trug vor allem Loki selbst mit Anekdoten zur Anschaulichkeit des Ganzen bei.

Loki war es auch, die zusammen mit dem Verlagslektor die Bildauswahl traf, der sich Schmidt zunächst heftig widersetzte; die meisten Fotos empfand er als zu privat. Ihm kam es auf Karten, Grafiken und Tabellen an, aus denen die weltwirtschaftlichen gegenseitigen Abhängigkeiten und die globalen militärischen Bedrohungspotentiale hervorgingen. Der Verleger musste noch einmal sein ganzes rhetorisches Geschick aufwenden, um den Autor von der Notwendigkeit illustrierender Abbildungen zu überzeugen..Die gedankliche Konzentration und Nüchternheit des Buches mute dem normalen Leser »ziemlich viel zu. Gönnen Sie ihm hier und da Dokumente eher privaten Charakters, die seine Neugierde befriedigen, wie die Großen der Welt miteinander umgehen. Das sind dann so Ruhepunkte, die ihm das Gefühl geben, einmal zu sehen, wie es hinter den Türen vom Weißen Haus, dem Palast des Himmlischen Friedens und dem Kreml zugeht; die Strenge des Textes bringt ihn schon früh genug in die Wirklichkeit des Buches zurück.«[28]

Am meisten Kummer bereitete dem Verlag die Weigerung Schmidts, das Buch als Memoiren oder Erinnerungen zu bezeichnen; »der Begriff ›Memoiren‹ oder ›Erinnerungen‹ soll auch in Vorankündigungen streng vermieden werden«, hatte er Siedler im Dezember mitgeteilt.[29] Zwar lief das Projekt bei ihm seit vielen Jahren unter dem Titel »Begegnungen mit Zeitgenossen«, aber sich an Menschen zu erinnern, die ihm wichtig waren, bedeutete für Schmidt gerade nicht, die eigene Person in den Mittelpunkt zu rücken. Über sich selbst wollte er nur so viel mitteilen, wie zum Verständnis dieser Beziehungen unbedingt notwendig war. Seinen »Abscheu vor Selbstentblößung« konnte Schmidt bis an sein Lebensende nicht überwinden. Das Schreiben von Memoiren sei »eine unglaubliche Verleitung, sich selbst zu beweihräuchern, sich zu schminken und schöner zu machen, als man ist«.[30]

Für den Historiker Magnus Brechtken, der sich eingehend mit politischen Memoiren als Quelle der Geschichtswissenschaft befasst hat, sind solche Selbstauskünfte tückisch. Mit seiner über die Jahrzehnte aufrechterhaltenen Behauptung, keine Memoiren geschrieben zu haben und auch niemals welche schreiben zu wollen, betreibe Schmidt eine »semantische Flucht«. Eine Autobiographie im engeren Sinn, die den Stoff entlang dem eigenen Lebenslauf ordnet und die Erzählung dabei so arrangiert, dass die Entwicklung der Persönlichkeit stets mit den Tendenzen der Epoche korrespondiert, hat Schmidt in der Tat nicht vorgelegt. Das autobiographische Raster hätte ihn dazu gezwungen, so Brechtken, »auch zu jenen Lebensabschnitten, Personen und Ereignissen Stellung zu nehmen, die im Lichte des Gesamtlebenslaufs von den großen, oft wiederholten Linien ablenken«.[31] Schmidt wollte die Hauptwege kartographisch erfassen, die Nebenwege, die nur Ungemach und Ärger verursacht hatten und den Gang der Geschichte unnötig aufhielten, interessierten ihn nicht. Ihren größten Wert, lästerte er, hätten Autobiographien »wahrscheinlich für die Autoren selbst, die ihr eigenes Leben auf die Reihe bringen möchten«.[32] Sollte heißen: Einer wie er hatte das nicht nötig!

Gleichwohl handelt es sich bei *Menschen und Mächte* um ein klassisches Werk der Erinnerungsliteratur, das nicht zuletzt mit Blick auf den Nachruhm geschrieben wurde. Die Scheinwerfer etwas stärker auf die eigene Person zu richten, gehört zu den genretypischen Charakteristika von politischen Memoiren ebenso wie jene scheinbare Objektivität der Darstellung, die der Autor seinen Lesern mit dem Habitus des Staatsmanns suggeriert. Auch Helmut Schmidt wird im Spiegel seiner Erinnerungen schöner, als er es zeit seines politisch aktiven Lebens zumal in den Augen seiner Gegner je war. Ein Blick auf die Entstehungsgeschichte genügt, um zu erkennen, was über die Jahre der eigentliche Antrieb seiner schriftstellerischen Bemühungen war.

Menschen und Mächte und der Fortsetzungsband *Die Deutschen und ihre Nachbarn* bildeten in allen Planungsphasen eine Einheit, die 1987 lediglich aus publizistischen Erwägungen aufgelöst wurde. Seinen Abschluss fand das Memoirenprojekt jedoch erst mit dem 1996 erschienenen Band *Weggefährten*, in dem Schmidt seine ursprüngliche Vorstellung am konsequentesten umsetzte. *Weggefährten* ist eine durch mitunter etwas willkürliche Zwischentitel lose verbundene Sammlung von rund 125 Miniaturen berühmter und weniger berühmter Zeitgenossen, die den Autor persönlich beeindruckt hatten. Was Recherche und Kraft der Darstellung angeht, ist *Weggefährten* Schmidts aufwendigstes Buch, dessen schönen Titel er übrigens Siegfried Lenz verdankte. Im Untertitel aber wurde der abschließende Band als das bezeichnet, was die Trilogie ihrer Idee und Anlage nach von Anfang an war: ein Ineinandergreifen von »Erinnerungen und Reflexionen«.

In der Verlagsankündigung von *Menschen und Mächte* Anfang Juni 1987 wurde die vom Autor verfügte Sprachregelung geschickt ausgehebelt. Von einem Politiker wie Helmut Schmidt, der nie viel von seinem Privatleben preisgegeben habe, sondern ganz im Dienst aufgegangen sei, dürfe man eben »auch keine konventionellen Memoiren« erwarten; nur am Rande sei deshalb von Familie, Kindheit und Jugend die Rede. Das Buch atme jedoch »die unverkennbare Diktion Helmut Schmidts« – eine Wendung, die auch der Kritik an seinem oft durch lange Aufzählungen ermüdenden Nominalstil die Spitze nehmen sollte. »Dies ist eines der großen politischen Bücher dieser Jahrzehnte, geschrieben von einem Mann, dem es nicht um die Schnörkel der Anekdoten, sondern um den Sinn der Geschichte geht. Schon in Kürze wird es in allen Weltsprachen vorliegen.«

Das mit den Weltsprachen war so eine Sache. Wegen des engen Zeitplans war an ein gleichzeitiges weltweites Erscheinen, wie es dem Autor vorschwebte, nicht zu denken. Über den New Yorker Agenten Morton Janklow, der ihm von Henry Kissinger empfohlen worden war, konnten die amerikanischen Rechte, die sich Schmidt vorbehalten hatte, zwar bei Random House platziert werden. Die US-Ausgabe *Men and Powers* erschien jedoch zu Schmidts Ärger erst zwei Jahre später und brachte es gerade einmal auf knapp 5000 Exemplare, sodass weder Random House noch andere amerikanische Verlage an weiteren Schmidt-Titeln interessiert waren. Auch die europäischen Lizenzausgaben blieben weit hinter den Erwartungen zurück. *Menschen und Mächte* erschien in Frankreich, England, Spanien, Italien, den Niederlanden und Japan, wurde aber in keinem dieser Länder zu einem Verkaufserfolg.

Anders in Deutschland. Nach der gängigen Methode »nichts macht erfolgreicher als Erfolg« hatte Siedler in seiner Vorschau dick aufgetragen und eine Viertelmillion Erstauflage angekündigt. Zwei Tage vor Weihnachten konnte der Verleger seinem Autor mitteilen, dass in den drei Monaten seit Erscheinen tatsächlich 230 000 Exemplare abgesetzt worden waren. Ein Jahr später waren es mehr als 300 000 Exemplare, und zum Jahresende 1989 gab es eine stattliche Gesamtbilanz: 350 000 Exemplare der Originalausgabe, 200 000 Exemplare im Bertelsmann-Club und knapp 100 000 Taschenbücher. Schmidt, der sich vom ersten Tag an stark für die Absatzzahlen interessierte, wollte vom Verleger wissen, wie er sich den Erfolg erkläre. Drei Voraussetzungen müssten erfüllt sein, damit ein Buch zum Bestseller werde: ein interessantes Manuskript, ein erfahrener Verleger – und die Gunst der Stunde. Dass *Menschen und Mächte* zu einem der erfolgreichsten politischen Bücher der Bundesrepublik werden konnte, hatte nach Ansicht Siedlers eben auch viel mit dem Amtsnachfolger zu tun: »Sie wissen ja, dass ich immer der Meinung war, Herrn Kohl steht ein Teil des Honorars als Provision zu, weil seine Gegenwart Ihre Vergangenheit vergoldet.«[33]

*

Sechs Wochen, nachdem er unter Klagen und Stöhnen die letzten Korrekturen und Ergänzungen beim Verlag abgeliefert hatte – es sei »eine Schande«, was ihm an Arbeit zugemutet werde –, teilte Schmidt dem Verleger mit, er habe »inzwischen die Arbeit am zweiten Band wieder aufgenommen«.[34] Ein Jahr später, im August 1988, stand das Gerüst für *Menschen und Mächte II*, wie der Folgeband im Untertitel genannt werden sollte. Da bereits mehr als zwei Drittel des umfangreichen, auf 900 Seiten veranschlagten Manuskriptes vorlagen, schien Schmidt ein Satzbeginn im April 1989 realistisch. Aber bevor er Ende Dezember zum Schreiburlaub nach Gran Canaria flog, wo er das letzte, noch ausstehende Kapitel über das Verhältnis der beiden deutschen Staaten zueinander in Angriff nehmen wollte, war dieser schöne Plan Makulatur.

Am 3. Oktober 1988 starb Franz Josef Strauß. Ein Jahr lang hatte der bayerische Ministerpräsident mit Wolf Jobst Siedler, Wilfried Scharnagl, seinem Vertrauten in publizistischen Angelegenheiten, und wechselnden Teilnehmern Gespräche zur Vorbereitung von Memoiren geführt. Aus etwa 1200 Seiten Tonbandabschriften begannen Scharnagl und der Siedler-Lektor einen Memoirenband zu destilllieren, der im Herbst 1989 im Siedler Verlag erscheinen sollte.[35] Es war absehbar, dass Erinnerungen aus dem Nachlass von Strauß – zumal wenn sie, wie allgemein erwartet wurde, mit giftigen Invektiven gegen Helmut Kohl gespickt waren – den deutschen Buchmarkt beherrschen würden und ein weiteres politisches Buch dagegen nur schwer ankäme. Der Verlag stand vor einem Problem.

»Natürlich muss man sehen, dass Franz Josef Strauß und Helmut Schmidt zusammen den Buchmarkt überanstrengen würden«, schrieb der Verleger am 21. Dezember 1988 ein wenig verklausuliert an seinen wichtigsten Autor, der prompt ein Fragezeichen an den Rand malte. Da das eine Buch immer im Schatten des anderen stehe, das »Vermächtnis« von Strauß aber aus nachvollziehbaren Gründen nicht verschoben werden könne, »möchte ich Sie, lieber Herr Schmidt, bitten, mit dem zweiten Band bis zum Frühjahr oder Sommer 1990 zu warten«.[36] Schmidt notierte am Rand »Wahljahr!«, was zusätzliche Rücksichtnahmen erforderte, stimmte einer Verschiebung des Erscheinungstermins auf Herbst 1990 am Ende aber zu – nicht zuletzt auch aus Sorge, zeitlich wieder in Bedrängnis zu kommen.

Insgeheim grämte sich Schmidt ein bisschen, vom Verlag vorübergehend ins zweite Glied gestellt zu werden, und fürchtete, der Rummel um die Strauß-Memoiren könnte möglicherweise seinem eigenen, noch frischen Ruhm als Autor schaden. Die Vorabdruckrechte erzielten zwar einen deutlich höheren Betrag – sie gingen an den *Spiegel*, der dafür 2 Millionen DM zahlte –, aber an verkaufter Auflage blieb Strauß dann doch um einiges hinter Schmidt zurück. Das hing auch damit zusammen, dass seine Erinnerungen zum denkbar ungünstigsten Zeitpunkt erschienen, Anfang Oktober 1989. Vier Wochen später fiel die Mauer. Die Geschichte der alten Bundesrepublik, zu deren schillerndsten Exponenten Strauß gezählt hatte, gehörte von einem auf den anderen Tag der Vergangenheit an. Der Antagonismus zwischen ihm und Helmut Schmidt, seit der *Spiegel*-Affäre eine der bundesrepublikanischen Konstanten, die immer aufs Neue die Phantasie des Publikums beschäftigten, hatte seine letzte Pointe gefunden. Dass Schmidt im Herbst 1989 Strauß den Vortritt lassen musste, bewahrte ihn nicht nur vor einem möglichen publizistischen Misserfolg – der Mauerfall hätte dem Interesse an Schmidts zweitem Memoirenband zumindest empfindlich geschadet –, sondern eröffnete ihm auch die Möglichkeit, seine Ausarbeitungen über den anderen, im Untergang begriffenen deutschen Staat zu überarbeiten.[37]

Im August 1989, drei Monate vor dem Fall der Mauer, hatte Schmidt das Deutschland-Kapitel abgeschlossen. Das letzte Unterkapitel trug die Überschrift: »Hoffnung auf ein gemeinsames Dach«; noch in der handschriftlichen Erstfassung erweiterte Schmidt die Überschrift zu einer programmatischen Aussage: »Unsere Hoffnung auf ein gemeinsames Dach ist die Besorgnis unserer Nachbarn«. Thema seiner abschließenden Betrachtungen war die deutsche Einheit: »Die Lösung des Kardinalproblems der Einheit ist nicht in Sicht.« In der Deutschlandpolitik drehe sich nach wie vor alles darum, dass die westliche Seite etwas mehr Freiheit und die östliche Seite etwas mehr Geld verlange – »genau wie zu meiner Zeit«. Da die Einheit nur als Folge eines gesamteuropäischen Prozesses der Auflösung der Blöcke denkbar sei, müsse man langfristig auf eine Veränderung der Machtkonstellationen setzen. »Es ist nicht auszuschließen, dass Gorbatschows Perestroika und seine Vorstellung von einem ›gemeinsamen europäischen Haus‹ einen weiteren Akt eines positiven gesamteuropäischen Prozesses herbeiführen.« Aber auch ein schwerer Rückschlag sei denkbar, und niemand können wissen, wer und was nach Gorbatschow komme.

Während Schmidt am Brahmsee saß und in langen Zeitperspektiven dachte, nahmen die Ereignisse im Osten eine dynamische Entwicklung. Nach der Entscheidung der ungarischen Regierung, die Grenzanlagen zu Österreich abzubauen, versuchten seit Anfang August DDR-Bürger über die Botschaft der Bundesrepublik in Budapest ihre Ausreise zu erzwingen, am 19. August kam es zu einer ersten Massenflucht von etwa 500 DDR-Bürgern über die ungarisch-österreichische Grenze; am 11. September schließlich öffnete Ungarn seine Grenzen ganz. Ohne auf die aktuelle Entwicklung einzugehen, deren Folgen er nicht einzuschätzen vermochte, stellte Schmidt grundsätzliche Betrachtungen darüber an, »ob unser Volk das Bewusstsein von und den Willen zu seiner Zusammengehörigkeit aufrechterhalten wird«. Diejenigen in Westdeutschland, die empfahlen, den Gedanken an die Einheit aufzugeben, erinnerte er daran, dass ja wohl auch die Bürger der DDR ein gewichtiges Wörtchen mitzureden hätten. »Niemand von uns Westdeutschen darf das

Selbstbestimmungsrecht der DDR-Bürger aufopfern« – schon gar nicht in Bezug auf eine so zentrale Frage.

Vorerst aber stehe nicht nur die internationale Mächtekonstellation »einer Lösung der deutschen Frage entgegen, sondern auch die innenpolitische Konstellation in der DDR«. Schmidts Satz »ohne Zustimmung der Regierung der DDR ist die Kardinalfrage nicht zu lösen« war unumstößlich richtig. Und doch ging er an der politischen Realität des Sommers 1989 im entscheidenden Punkt vorbei, denn Schmidt vermochte sich so wenig wie andere vorzustellen, dass eben diese Regierung binnen weniger Wochen aus dem Sattel gehoben werden würde. Weil es »ein Rezept zur Überwindung der Teilung Deutschlands« nicht gebe, sei es die Aufgabe der Westdeutschen, die Verbindungen zu pflegen und den Menschen in der DDR zu helfen, soweit die von ihnen ungeliebte Regierung dies zulasse.[38]

Nach dem Mauerfall waren diese und ähnliche Passagen obsolet. Dennoch brauchte Schmidt im Frühjahr 1990, als er das Manuskript überarbeitete, insgesamt nicht viel zu revidieren, auch das Deutschland-Kapitel konnte er weitgehend unverändert übernehmen. In der Druckfassung entfielen lediglich die zitierten Abschnitte über die deutsche Einheit. Stattdessen schrieb Schmidt eine neue Schlussbetrachtung »Agonie, Revolution und neue Hoffnung«. Dass ihm »die tiefe innere Krise der überalterten, entschlussschwach gewordenen Männer im Politbüro der SED« tatsächlich, wie er jetzt behauptete, bereits »im August 1989 deutlich« gewesen sei, lässt sich weder mit den Ausführungen im ursprünglichen Manuskript noch durch andere Äußerungen aus dem Sommer 1989 belegen.[39]

Im März 1990 regte der Verleger an, aus den weltgeschichtlichen Umwälzungen Konsequenzen zu ziehen und das Konzept des Buches zu revidieren. Die Passagen über Gierek, Kádár und Honecker, die für den hinteren Teil vorgesehen waren, sollten an den Anfang gestellt werden, denn angesichts der gegenwärtigen »Neuordnung Ostmitteleuropas« wollten die Leser doch vor allem wissen, »was Sie wohl von der Lage in der ehemaligen Deutschen Demokratischen Republik (denn im Herbst wird es sie nicht mehr geben) und dem ehemaligen Ostblock halten«. Siedler war jetzt dabei, selber Politik zu machen. Helmut Kohl sei »auf verständliche, aber groteske Weise auf den Osten fixiert«, und auch deshalb müsse man alles tun, »um der neuen Mitteleuropa-Diskussion entgegenzuwirken«. Er versuchte seinen Autor damit zu locken, dass er die Frage aufwarf, »ob denn nicht die Politik der sozial-liberalen Koalition jene Veränderungen erst möglich gemacht hat«.[40]

Schmidt unterstrich diesen Satz. Obwohl er bezweifelte, dass es die DDR im Herbst nicht mehr geben würde – diesen Passus in Siedlers Brief unterstrich er ebenfalls, machte an den Rand aber ein Fragezeichen –, übernahm er die Anregungen des Verlegers in einem entscheidenden Punkt. Er rückte das Kapitel über die DDR, das im Kern die Deutschlandpolitik seiner Regierung von der KSZE-Konferenz bis zum Besuch in Güstrow behandelte, an den Anfang des Buches und stellte es unter eine Überschrift, die gleichsam als Auftrag für die nächsten Jahre gelesen werden konnte: »Die Einheit der Deutschen vollenden«.

Die Deutschen und ihre Nachbarn war kein Buch, mit dem sich Schmidt in die aktuelle Debatte um die Neugestaltung Europas nach dem Zerfall der Blöcke einmischen konnte. Dazu hätte es einer gründlichen Umarbeitung bedurft, die den retrospektiven Charakter des Buches dennoch nicht hätte abstreifen können. Hier sprach ein Politiker von gestern, ein Repräsentant der bipolaren Ordnung, der noch einmal das alte Westeuropa Revue passieren ließ. Da Schmidt im Osten ausschließlich auf Regierungsebene verhandelt hatte, ohne den Vertretern der Opposition etwa in Polen viel Beachtung zu schenken, war er von der aktuellen politischen Entwicklung in den Staaten Ostmitteleuropas jetzt abgeschnitten. Polen erhielt zwar ein größeres Kapitel, aber nicht wegen seiner historischen Bedeutung oder seines künftigen politischen Gewichts, sondern vor allem, weil dieser Nachbar, wie Schmidt von jetzt an immer wieder betonte, am meisten unter den Verbrechen und Schandtaten der Hitler-Barbarei gelitten hatte. Dem Polen-Kapitel, in dessen Mittelpunkt der von Schmidt verehrte Bergarbeitersohn und KP-Chef Edward Gierek stand, folgten am Schluss des Bandes noch einige zum Teil recht kuriose Erinnerungen an Kádár, Ceauşescu,

Schiwkoff, Tito und andere Führungsfiguren des real verblichenen Sozialismus, für die sich nach dem Zusammenbruch des Ostblocks niemand mehr wirklich interessierte.

Dass Schmidt der Europaband insgesamt weniger überzeugend gelang als der Band über die Weltmächte, lag auch am Thema. Strategische Fragen und Fragen der internationalen Finanz- und Währungspolitik waren Schmidts Domäne seit den sechziger Jahren. Als deutscher Bundeskanzler den amerikanischen Präsidenten über INF aufzuklären oder den Führern in Moskau und Peking die Bedeutung von Währungsreserven zu erläutern, verschaffte ihm allemal größere persönliche Befriedigung als das meiste von dem, was auf der europäischen Agenda stand – mit Ausnahme des deutsch-französischen Verhältnisses. Mehr Pflicht als Kür, blieb der zweite Band der Erinnerungen merkwürdig blass.

Am Ende jener gut sieben Jahre, die Schmidt an *Menschen und Mächte* gearbeitet hatte, war er von den geschichtlichen Ereignissen überrollt worden. Es wäre wenig glaubwürdig gewesen, hätte er versucht, die einschlägigen Passagen seines Berichts im letzten Moment umzuschreiben und sich gar als derjenige zu präsentieren, der vieles früher als andere gewusst und zielstrebig auf Veränderungen hingearbeitet habe. Dazu hätte es auch einer klaren Perspektive für die Zukunft bedurft, und die fehlte Schmidt im Frühjahr 1990. Der Prozess der Auflösung der politischen Strukturen in weiten Teilen Europas entfaltete eine solche Eigendynamik, dass es ihm ratsam erschien, sich mit allzu schnellen Festlegungen zurückzuhalten. »Im Jahre 1990 erscheint die Zukunft Europas offener als jemals seit dem Ende des Zweiten Weltkriegs«, lautete der erste Satz des auf Mai 1990 datierten Vorworts: Vorsichtiger, zaghafter hätte man es kaum formulieren können. Und um ganz sicher zu gehen, dass man ihn später nicht für falsche Prognosen haftbar machte, zitierte er am Schluss ein Wort seines Freundes Siegfried Lenz: Geschichtsschreibung sei »Weltsicht von erklärter Vorläufigkeit«.

TEIL II

Jahre der Einmischung
(1991–2003)

7
Weil das Land sich ändern muss

»Hat die *Zeit* in all den Jahren und Jahrzehnten einer verfehlten Deutschlandpolitik angehangen? War unser Bild von der DDR falsch, unser Urteil über die Zukunft unserer Nation geschichtslos?« So fragte sechs Monate nach dem Mauerfall, überrollt von den Ereignissen und durchaus selbstkritisch, der langjährige *Zeit*-Chefredakteur Theo Sommer. Dass alles anders gekommen sei, als man es »vorhergesehen und vorausgesagt« habe, gebe Anlass, alte Positionen zu überdenken. »Den Deutschen widerfährt das Glück der Einheit. Damit nicht gerechnet zu haben ist keine Schande.« Alles hänge jetzt davon ab, wie die Deutschen mit diesem Glück umgingen, und diesen Prozess, bei dem vor allem »nachdenklicher Realismus gefragt« sei, werde die *Zeit* mit der ihr eigenen Skepsis kritisch begleiten.[1]

Ihre Vorbehalte gegen die deutsche Einheit pflegte die *Zeit*-Chefredaktion seit langem. Sie waren symptomatisch für jene linksliberalen bürgerlichen Schichten, die sich Anfang der siebziger Jahre mit der Brandt'schen Ostpolitik identifiziert hatten. Den durch die Verträge von Moskau und Warschau erreichten Status quo hielten sie umso weniger für ein Provisorium, je länger der Zustand der friedlichen Koexistenz andauerte. Die *Zeit* sei bis 1969 »der publizistische Vorreiter der neuen Ostpolitik« gewesen, heißt es in der Selbstdarstellung der Zeitung, »danach ist sie ihr verlässlicher Begleiter, Förderer und Verteidiger«. Das mag zutreffen und gereicht dem Blatt zweifellos zur Ehre. Es führte aber dazu, dass die Einheit kein Thema mehr war über all die Jahre. Wenn überhaupt, wurde die deutsche Frage »kühl und sachlich« abgehandelt, »vaterländische Emotionen« gab es erstaunlicherweise allenfalls im Feuilleton.[2]

Theo Sommer, der die Wiedervereinigung schon 1966 »verzichtbar« genannt und sich nach der Ratifizierung des Grundlagenvertrags 1973 für eine »interimistische Politik der Nichtwiedervereinigung« ausgesprochen hatte,[3] wusste die Redaktion mehr oder weniger geschlossen hinter sich, wenn er verlangte, die Interessen der Menschen in beiden deutschen Staaten höher zu stellen als die Präambel des Grundgesetzes, in der die Einheit Deutschlands als Ziel der Verfassung festgeschrieben worden war. Der Verzicht auf die Wiedervereinigung war in den Augen der meisten Redakteure gleichsam der Preis für die Freiheit.

Damit wollte sich der Eigentümer nicht abfinden. Als der Chefredakteur im August 1984 aufkommenden Spekulationen – »Wie offen ist die deutsche Frage?« – zum weiteren Mal eine klare Absage erteilte, schrieb Gerd Bucerius einen flammenden Gegenartikel. Bei allen Bemühungen Bonns, menschliche Erleichterungen für die Bürger in der DDR zu schaffen, dürfe man die Einheit als Ziel nicht aus den Augen verlieren. Dabei gehe es nicht, wie Sommer meine, um einen »abstrakten Rechtsstandpunkt«, sondern »um einen geschichtlichen Auftrag«, über den am Ende nicht die Westdeutschen, sondern die Menschen in der DDR zu befinden hätten. Deren Sorgen angesichts bundesdeutscher Saturiertheit – »Zweimal Deutschland, das mag bequem sein« – ließen sich in eine einzige Frage zusammenfassen: »Ihr wollt uns doch nicht im Stich lassen?«[4]

Helmut Schmidt schloss sich der Auffassung des Verlegers an. »Wer heute die deutsche Frage für erledigt oder abgeschlossen erklärt, der nimmt den Menschen drüben ohne zureichenden Grund ihre Hoffnung und drängt sie in die Resignation«, ließ er den Chefredakteur wissen. Sommers Leitartikel und weitere Beiträge im Laufe der letzten Wochen hätten »den Eindruck einer generellen Richtungsänderung der *Zeit*« aufkommen lassen. Eine solche Abkehr von der Grundlinie des Blattes sei aber ohne vorherige Abstimmung mit dem Verleger und den Herausgebern nicht zulässig; die Diskussion müsse auf jeden Fall fortgesetzt werden.[5]

Die Meinungsverschiedenheiten in der Deutschlandfrage ließen sich nicht überbrücken. 1987, in einer Nachbetrachtung zum 17. Juni, schrieb Sommer, die Westdeutschen hätten darauf vertraut, »dass uns die Wahl zwischen unseren westlichen Bindungen und unseren nationalen Aspirationen erspart bleiben werde«, müssten inzwischen aber erkennen, »dass die Einheit ja überflüssig wird, wenn die Grenzen ihre Bedeutung verlieren«. Ziel der Bonner Politik müsse es sein, die Grenzen durchlässiger zu gestalten und »Zustände zu schaffen, in denen es auf die Wiedervereinigung nicht mehr ankommt«. Umgehend hielt Bucerius dagegen: »Ich bestreite, dass ein Westdeutscher das Recht hat, die endgültige Trennung der beiden Teile Deutschlands zu betreiben. Das verletzt unsere Pflicht gegenüber den Mitbürgern in der DDR.«[6] Schmidt versuchte, die Bedeutung des beanstandeten Artikels herunterzuspielen: Sommer reite »auf einer der Wellen … die gegenwärtig hierzulande konstatiert werden«, schrieb er an Bucerius. Außerdem habe er einen eigenen Artikel zum Tod von Arthur Burns in derselben Ausgabe der *Zeit* dazu genutzt, »um indirekt die Legitimität Ihres Standpunktes zu betonen«.[7] Indirekt – das war ein schwacher Trost für den Verleger.

Anfang 1989 drohte die *Zeit* aus Sicht von Bucerius vollständig vom richtigen Kurs abzukommen. Es war ein Artikel der Gräfin Dönhoff, der den Eigentümer zu einem Brandbrief an Helmut Schmidt nach Gran Canaria veranlasste. »Jeder Gedanke von Marion ist der Diskussion und der Wiedergabe in der *Zeit* wert. Aber es gibt so etwas wie eine politische Linie des Blattes. Dazu hat bis heute gehört: die Verteidigung der einstigen (gewiss fernen) Wiedervereinigung.« Mit ihrem jüngsten Artikel habe die Herausgeberin einen »Frontenwechsel« vollzogen, der so nicht zu akzeptieren sei; Schmidt müsse unbedingt mit einem eigenen Artikel gegensteuern.[8] Anknüpfend an ein Interview Helmut Kohls, in dem dieser davon gesprochen hatte, dass man der Wiedervereinigung nur »unter einem europäischen Dach« näherkommen könne, hatte Gräfin Dönhoff die rhetorische Frage aufgeworfen, wie man sich das denn konkret vorzustellen habe: »Als Anschluss der DDR zu westlichen Bedingungen an eine in Europa integrierte Bundesrepublik – also Preisgabe ihrer von aller Welt anerkannten Eigenstaatlichkeit? Totale Kapitulation mitten im Frieden? Das kann doch wohl im Ernst kein

Mensch glauben.«[9] Noch bevor das Jahr zu Ende ging, lief der politische Prozess auf eben diesen Beitritt zu westlichen Bedingungen hinaus.

Im Juni legte Theo Sommer nach: »Quo vadis Germania?« Schmidt versah den Artikel zwar noch vor Erscheinen mit vielen Fragezeichen und Kommentaren – »ganz falsch!« –, aber bei genauerem Hinsehen lagen er und Sommer nicht gar so weit auseinander. »Es lässt sich deutsche Einheit auch in der Form der Zweistaatlichkeit denken«, hieß es in dem Artikel, und Schmidt schrieb an den Rand: »Das ist wahr!«[10] Insgesamt war er jedoch enttäuscht. »Sie sagten, wenn Sie gewusst hätten, dass dies der Standpunkt der *Zeit* sei, hätten sie nicht ihr Herausgeber oder Verleger werden wollen«, schrieb ihm Sommer nach einem klärenden Gespräch. »Dazu kann ich nur sagen, dann haben Sie uns früher schlecht gelesen oder falsch verstanden.«[11]

Sommer war überzeugt, dass Schmidt und er weitgehend in dieselbe Richtung tendierten und nur in der Frage, wie das Thema in der Öffentlichkeit zu behandeln sei, voneinander abwichen. In der Tat schien Schmidt zum einen das Entweder-oder, auf das die Auseinandersetzung zwischen Bucerius und der Redaktion zulief, realpolitisch eine nicht hilfreiche Verkürzung. Zum anderen empfand auch er die deutsche Frage im Laufe der achtziger Jahre als immer weniger dringlich und erwähnte sie, wenn überhaupt, nur noch beiläufig. Im September 1983 hatte er anlässlich seiner Reise in die DDR noch von den zwei gleichrangigen Zielen der deutsch-deutschen Politik gesprochen: sowohl die Lasten der Teilung erträglicher zu machen als auch »das Gefühl der Zusammengehörigkeit, der Zugehörigkeit zur deutschen Nation nicht verlorengehen zu lassen«.[12] In welchem Zeithorizont er dabei dachte, offenbarte Schmidt vier Jahre später in einem Artikel zu Honeckers Besuch in der Bundesrepublik, in dem er eine eventuell mögliche Vereinigung weit ins 21. Jahrhundert schob. Vorausgesetzt, die internationalen Konstellationen änderten sich, bleibe abzuwarten, »ob sich im Laufe kommender Generationen nicht doch ein Weg zur Gemeinsamkeit unter einem Dach öffnen wird«.[13]

Im Sommer 1986 veröffentlichte die *Zeit* unter dem Titel »Reise ins andere Deutschland« eine Folge von Reportagen aus der DDR, deren absichtsvoll positive Bilanz der DDR-Wirklichkeit viele im Westen verblüffte. Die Reise der sechs *Zeit*-Redakteure war vom DDR-Außenministerium organisiert worden, und die Auserwählten[14] – stolz wie junge Pioniere, die in unbekanntes Terrain vordrangen – fragten erst gar nicht, welcher Ausschnitt der DDR-Wirklichkeit ihnen denn da präsentiert werde. Im Außenministerium der DDR war man mit dem Ergebnis höchst zufrieden und nannte die *Zeit*-Serie einen »gelungenen Beitrag zur Beeinflussung der öffentlichen Meinung in der Bundesrepublik«.[15] Auch das Ministerium für Staatssicherheit lobte den Propagandaeffekt: Es handele sich um »die bisher umfassendste Korrektur des DDR-Bildes durch ein großbürgerliches Massenmedium«.[16]

Zu der anschließenden Buchausgabe steuerte Helmut Schmidt ein Vorwort bei. Offenbar verließ er sich auf das Urteil der Redakteure, jedenfalls sah er keine Veranlassung, dem – zumal aus heutiger Sicht peinlichen – Gesamteindruck einer relativ heilen und prosperierenden DDR etwas entgegenzusetzen. Auch sein *Ceterum censeo*, die deutsche Einheit nicht zu vergessen, klang nur noch als schwacher Widerhall durch die Zeilen: »Wir müssen lernen, mit der Teilung zu leben, zugleich am moralischen Imperativ zur Freiheit der Person festzuhalten, gleichwohl aber das Ziel einer Überbrückung der Grenzen oder eines gemeinsamen Daches nicht aus den Augen zu verlieren.« Durch das tückische Bindewort »oder« – Überbrückung der Grenzen *oder* gemeinsames Dach – hat Schmidt den Grundgesetzauftrag dermaßen relativiert, dass seine Forderung, »das Augenmaß für das Mögliche und Machbare zu pflegen«, wie eine Absage an das Fernziel der Vereinigung zu verstehen war. »In Ansehung der Teilung unseres Landes« stand Schmidt jetzt ganz nah bei Theo Sommer: »Die Einsicht in die Wirklichkeit ist inzwischen sehr viel stärker geworden.«[17]

*

Dann der 9. November 1989. Schmidt erzählte es später viele Male: Er und Loki saßen an diesem Abend zuhause vor dem Fernseher und weinten vor Glück. Nur ein einziges Mal seien sie ähnlich tief erschüttert gewesen – im Sommer 1945 bei ihrem Wiedersehen nach dem Krieg. Aber nicht Helmut Schmidt war es, der am nächsten Tag das Wort der Stunde prägte, das bald zum Motto des gesamten Vereinigungsprozesses werden sollte, sondern Willy Brandt: »Jetzt wächst zusammen, was zusammengehört.«[18]

1992 hielt Schmidt in der Frankfurter Paulskirche die Rede zum Tag der Deutschen Einheit. Eigentlich hätte Willy Brandt reden sollen. Schmidt hatte sich von dem Sterbenden drei Monate zuvor verabschiedet und eröffnete seine Rede mit einem Bekenntnis: »Es ist das Vorbild von Menschen wie Willy Brandt gewesen, zunächst in Berlin und später in Bonn, das uns Deutschen die Kraft gegeben hat … trotz Mauer und Todesstreifen am Ziel der Einheit unserer Nation festzuhalten. Wer heute des 3. Oktober 1990 gedenkt, der sollte diesen Mann in seinen Dank einschließen.«[19] Wirklich überzeugt von Brandts Festigkeit in der deutschen Frage war Schmidt jedoch nicht, in späteren Jahren deutete er gelegentlich auch Zweifel an. Obwohl der berühmte Satz Brandt ja »wie auf den Leib geschnitten« gewesen sei, habe er, Schmidt, ihm »die Spontaneität nicht abgenommen«. Ihm sei noch deutlich das Wort von der Einheit als »Lebenslüge« der Deutschen im Ohr (»vielleicht ist ihm das ja rausgerutscht«, fügte er einschränkend hinzu), Brandts Haltung erscheine ihm jedenfalls alles in allem nicht so konsequent, wie es gemeinhin dargestellt werde.[20] Weil sein eigener, über dreißig Jahre währender Einsatz für die Einheit nicht genügend gewürdigt wurde, fiel es Schmidt umso schwerer zu akzeptieren, dass es Brandt mit einem einzigen Satz gleichsam über Nacht gelungen war, den Einsturz der Mauer als Krönung seines politischen Lebenswerks erscheinen zu lassen.

Noch in einem anderen Punkt war Schmidt von Brandt überrundet worden. Während Schmidt über Valentin Falin im Oktober 1989 vergeblich um einen Termin bei Gorbatschow nachsuchte, war Brandt bereits im Mai 1985 – nur zweieinhalb Monate nach dem Amtsantritt des neuen Generalsekretärs – zu mehrstündigen

Gesprächen mit ihm in Moskau zusammengetroffen. Bei Gorbatschows Staatsbesuch im Juni 1989 hatte Schmidt ihn zwar kennengelernt, aber in größerer Runde lediglich ein paar allgemeine Sätze mit ihm austauschen können. Sein »Gesamteindruck« eine Woche später: »Die Chancen für Gorbatschow stehen 1 : 2. Der Vergleich mit Herkules im Augiasstall oder mit Sisyphus ist nicht abwegig. Der Mann selbst hat großen Mut, Vorstellungskraft, rhetorische Begabung, Witz und Charisma.« Einen Fehlschlag könne er jedoch ebenso wenig ausschließen wie die anschließende Möglichkeit einer »vom Militär getragenen Rückkehr zur Parteidiktatur«. Durch »die Zeugnisse der teilweise würdelosen Gorbi-Manie« während des Besuches seien seine Besorgnisse »nicht kleiner geworden«.[21] Schmidt blieb gegenüber dem neuen Kremlherrn misstrauisch und verfolgte die Entwicklung in der Sowjetunion mit großer Skepsis. Über den Putsch am Morgen des 19. August 1991 schrieb er vier Tage später: »Man musste ihn seit langem schon für möglich halten.« Nicht nur für einige Militärs in Moskau, auch für den Westen sei Gorbatschow »längst ein ungewisser Partner geworden«.[22]

Bei ihrer ersten Begegnung Anfang März 1992 war Gorbatschow bereits entmachtet. Schmidt erkundigte sich zunächst nach den Spitzenleuten, mit denen er selbst seinerzeit zu tun gehabt hatte, und fragte Gorbatschow, wie er im Nachhinein die Ankündigung des NATO-Doppelbeschlusses auf die sowjetische Führung beurteile. Es liege ihm am Herzen, darauf hinzuweisen, so Gorbatschow, dass es Helmut Schmidt gewesen sei, »der den Abbau der [sowjetischen] Mittelstreckenraketen als Erster gefordert habe«. Schmidt zog daraus den Schluss, dass Gorbatschow ihn als denjenigen zu würdigen wusste, der die langwierigen Verhandlungen, die schließlich zum INF-Vertrag führten, ins Rollen gebracht hatte. Ausführlich schilderte er daraufhin seine Verdienste um den Doppelbeschluss. Welcher Politiker in Washington denn als Erster begriffen habe, dass die Sowjetunion einen neuen Kurs steuere, wollte Schmidt von seinem Gesprächspartner wissen, Reagan könne das ja wohl nicht gewesen sein. »Das war George Shultz!«, sagte Gorbatschow und wusste, dass er auch mit dieser Antwort bei Schmidt punktete. – Im zweiten Teil des gut einstündigen Gespräches ging es um die Notwendigkeit zur Herstellung eines neuen globalen Gleichgewichts. Schmidt sprach »einige Menschheitsprobleme« an und legte Gorbatschow nahe, dem InterAction Council beizutreten.[23]

Es war der Gedankenaustausch zweier »Ehemaliger«, die sich höflich ihrer gegenseitigen Wertschätzung versicherten und über zurückliegende Ereignisse plauderten. An Schmidts Urteil über die historische Rolle Gorbatschows änderte sich durch die persönliche Begegnung nichts. Gorbatschow habe weder die Sowjetunion zerschlagen noch den Kommunismus abschaffen noch gar den Deutschen die Einheit schenken wollen: Die alles seien nicht beabsichtigte Folgen einer nicht zu Ende gedachten Politik gewesen. »Er ist mit einem grandiosen Fehlschlag geendet und hat zuhause keinerlei Ansehen mehr. Dies ist für uns aber kein Grund, ihn nachträglich heiligzusprechen.«[24]

Schmidt dachte rein machtpolitisch in den überkommenen Strukturen der bipolaren Welt. So wie er als Verteidigungsminister und Bundeskanzler stets die sowjetischen Interessen in seine Überlegungen einzubeziehen versucht hatte, so versetzte er sich auch 1989 in die Lage Moskaus. Aus Sicht des Kremls konnte die Preisgabe der DDR nur als selbstverschuldete Beschneidung des sowjetischen Machtbereichs verstanden werden. So nachdrücklich Schmidt stets vor russischem Imperialismus gewarnt hatte: Jetzt beklagte er den Zerfall des Imperiums. Seine jüngsten Besuche hätten ihn erkennen lassen, schrieb er am 19. Dezember 1991, wenige Tage vor der Auflösung der Sowjetunion durch Boris Jelzin, »dass es sowohl politisch als auch ökonomisch immer weiter bergab« gehe, der tiefste Punkt sei »noch keineswegs erreicht«. Diesen Ruin mitansehen zu müssen, sei »ein Jammer, der einem ans Herz greift«.[25]

Weil er die Entwicklung in der Sowjetunion für unkalkulierbar hielt und eine Kehrtwende in Moskau zu keinem Zeitpunkt ausschloss, mahnte Schmidt während des gesamten Einigungsprozesses zur Vorsicht. »Eine Auflösung der militärischen Bündnissysteme sollte für den Rest des 20. Jahrhunderts nicht zur Debatte gestellt werden.« Rücksichtnahme sei auch mit Blick auf die Interessen aller anderen europäischen Nachbarn geboten, dies gelte insbesondere gegenüber Paris: »Für die internationale Anerkennung des Annäherungsprozesses ist kein anderes Volk wichtiger als die Franzosen.«[26] Dass Kohl das Zehn-Punkte-Programm vom 28. November nicht mit Mitterrand abgestimmt hatte, nannte Schmidt ein schweres Versäumnis. Für politisch ebenso unverantwortlich hielt er das Lavieren Kohls bei der endgültigen Anerkennung der Oder-Neiße-Linie als der deutsch-polnischen Grenze. Solche Einwände waren berechtigt. Aber wie viel Zeit wäre ins Land gegangen, hätte man sämtliche Vorbehalte der Nachbarn einschließlich Frau Thatchers abarbeiten wollen? Weder bei der Europäischen Gemeinschaft noch beim NATO-Rat noch bei der Wiener KSZE gab es eine dafür geeignete Plattform.

Man braucht sich nur den Blitzbesuch Mitterrands in Kiew und seine Reise in die DDR im Dezember 1989 in Erinnerung zu rufen, bei denen der französische Präsident demonstrativ auf die Souveränität des anderen deutschen Staates setzte, um zu ermessen, welche Empfindlichkeiten es auf dem Weg zur Einheit zu überwinden galt. Kohl hatte das Zeitfenster erkannt, das offen stand, solange Gorbatschow im Kreml saß, und sich bei Bush rückversichert – alles andere erschien ihm, wenn das Ziel der Einheit erreicht werden sollte, von nachgeordneter Bedeutung. Schmidt hielt das Tempo, das Kohl vorlegte, für lebensgefährlich. Zu einer Würdigung ohne Wenn und Aber fand er erst 1992, in der bereits zitierten Rede in der Paulskirche: »Bundeskanzler Helmut Kohl hat ein bleibendes geschichtliches Verdienst daran, dass wir Deutschen die Chance nutzen konnten, die uns der Zusammenbruch des sowjetischen Machtblockes geboten hat.«[27] Die Entschlossenheit, mit der Kohl den Vereinigungsprozess außenpolitisch eingefädelt und die Zwei-plus-Vier-Verhandlungen zu dem gewünschten Abschluss gebracht hatte, nötigte Schmidt im Nachhinein größten Respekt ab.

Die Liste der innenpolitischen und insbesondere der ökonomischen Versäumnisse war aus Schmidts Sicht unterdessen immer länger geworden. Sechs Wochen nach der Vereinigung hatte er in der *Zeit* zum ersten Mal gefragt, wie die Bundesregierung eigentlich die

Rechnung für die Einheit bezahlen wolle. Es könne durchaus gelingen, »bis zum Ende dieses Jahrzehntes die Produktivität in den neuen Bundesländern auf das westdeutsche Niveau zu heben – und desgleichen den realen Lebensstandard«. Dies verlange jedoch Opfer auf beiden Seiten – und Ehrlichkeit. Die Bundesregierung hätte die Euphorie nach dem Fall der Mauer nutzen und den Ostdeutschen sagen müssen, dass der Anpassungsprozess in den ersten Jahren schmerzvoll sein und zu hoher Arbeitslosigkeit führen werde. Gleichzeitig hätte sie – statt wenig glaubhaft zu beteuern, dass keine Steuererhöhungen nötig seien – an die Solidarität der Westdeutschen appellieren müssen. »Der Verzicht auf eine gemeinsame Solidaritätsanstrengung, zu der nach der Öffnung des Brandenburger Tores eine latente Bereitschaft durchaus vorhanden gewesen ist, war ein finanzpolitischer und zugleich ein moralischer Fehler.«[28] Der Bundeskanzler müsse jetzt eine Blut-Schweiß-und-Tränen-Rede halten, hatte Schmidt bereits im November 1989 gefordert.

Schmidt war am 2. und 3. November 1989 auf Einladung der Evangelischen Akademie in Meißen gewesen. Ein Treffen mit dem neuen Generalsekretär Egon Krenz in Ostberlin war kurzfristig abgesagt worden, weil Krenz nach Moskau flog. Auf dem Rückweg fuhr Schmidt bei Wolfgang Vogel vorbei, auch Manfred Stolpe war zugegen. Die Runde hatte nur ein einziges Thema: die Sorge, dass die sowjetischen Truppen eingreifen könnten.[29] Zurück in Hamburg, schrieb Schmidt einen Leitartikel, in dem er seine Eindrücke zusammenfasste.

Falls der angekündigte Reformprozess tatsächlich in Gang käme, so Schmidt, würde die Bundesrepublik den wirtschaftlichen und ökologischen Umbau der DDR über Jahre mit vielen Milliarden D-Mark unterstützen müssen. Die Bürger der DDR wollten keine Almosen, vielmehr müsste »diese Solidaritätsleistung gegenüber unseren Landsleuten im anderen deutschen Staat« für die Westdeutschen selbst »fühlbar« gestaltet werden, »entweder durch einen zeitlich befristeten Zuschlag zur Lohn-, Einkommen- und Körperschaftsteuer oder durch eine einmalige Vermögensabgabe … Wir alle haben ein Interesse am Gelingen des Reformprozesses. Kein

Deutscher kann daran interessiert sein, dass die DDR ökonomisch ausblutet und dass es zu einer Vereinigung aller Deutschen innerhalb der Grenzen der Bundesrepublik kommt.«[30] Der Text erschien in der *Zeit* vom Freitag, 10. November 1989. Schmidt hatte ihn am Dienstag geschrieben, am Donnerstagabend fiel die Mauer – »die Sätze vergilbten einem noch in der Schreibmaschine«.[31]

Keiner der Kommentatoren, die von nun an Woche für Woche den Ereignissen hinterherschrieben, kam mit dem Tempo des Vereinigungsprozesses mit. In Schmidts zahlreichen Artikeln gab es zwei Konstanten, die er immer wieder anmahnte: Solidarität und Sensibilität. Vor allem drängte er auf die Einhaltung der Reihenfolge: Erst müssten die Weichen für Europa gestellt werden, hinterher könne man sich dann den Fragen der deutschen Vereinigung zuwenden. Weil »eine plötzliche Aufhebung des Status quo Angst vor der Zukunft auslösen kann«, müssten die Deutschen aufpassen, bei ihren Nachbarn nicht den Eindruck zu erwecken, sie hätten »eine dynamische Veränderung der Gesamtsituation Europas« im Blick. Man dürfe »über der Solidarität mit unseren Landsleuten in der DDR die Solidarität mit unseren Nachbarn nicht vergessen«.[32] Wiederum unterschätzte Schmidt den von der DDR-Bevölkerung ausgehenden Erwartungsdruck.

Weil er wie jedermann fürchten musste, schon am nächsten Tag durch die Ereignisse widerlegt zu werden, blieben Schmidts Prognosen vage. In konkreten Fragen, die zur Entscheidung standen, hielt er sich bedeckt und formulierte Einwände nur zögernd – zum Beispiel *gegen* den Beitritt der DDR nach Artikel 23, *gegen* den Umtauschkurs 1:1, *gegen* das Prinzip Rückgabe vor Entschädigung, *gegen* die Hauptstadt Berlin. Immer gab er das Sowohl-als-auch zu bedenken – und immer zählte er hinterher zur Minderheitsfraktion.

Erst im Frühjahr 1991 bekam Schmidt festen Boden unter die Füße. Und eröffnete sofort eine publizistische Offensive. Am 4. März beschrieb er in einem Interview mit der *Bild*-Zeitung »drei Wege, dem Osten zu helfen«. Vier Tage später führte er in einem Gespräch mit der *Mitteldeutschen Zeitung* aus, dass die Ostdeutschen noch sehr viel Geduld würden aufbringen müssen. Am

18. April veröffentlichte die *Frankfurter Rundschau* eine Rede Schmidts vor der Atlantik-Brücke: »Warnungen und Vorschläge eines Mannes, dem das Herz blutet«.

Schmidt ging den Bundeskanzler jetzt direkt an. Es sei eine Illusion von Kohl, zu glauben, die Entwicklung im Osten innerhalb der nächsten drei Jahre zum Besseren wenden zu können. Das nehme ihm inzwischen nicht nur keiner mehr ab, solche Schönfärberei lähme auch den Mut der Menschen. Zwar hatte Schmidt am 3. Oktober 1990 noch selbst prophezeit, dass »spätestens im Laufe des Jahres 1992 der Aufschwung erkennbar« werde;[33] dieser Irrtum war von ihm im Laufe des Winters aber stillschweigend revidiert worden. Weil der Bundeskanzler nicht dieselben Schlussfolgerungen zog wie er, sondern offenbar weiterhin an blühende Landschaften glaubte, gelangte Schmidt endgültig zu der Überzeugung, dass Kohl von der Materie nicht genug verstand.

Nichts hat Helmut Schmidt seit seinem Sturz im Oktober 1982 mehr aufgewühlt als die Vorstellung, dass durch die handwerklichen Fehler der Regierung Kohl der Glücksfall der deutschen Einheit verspielt werden könnte. Er traute Kohl weder genügend ökonomische Kenntnisse zu, noch vermochte er ein Gesamtkonzept zu erkennen. Jetzt stand sein Nachfolger vor einer Jahrhundertaufgabe, an der er zu scheitern drohte. »Mein Gott, was gäbe ich darum, daran noch mitwirken zu dürfen!«, seufzte Schmidt am Schluss eines Leitartikels für die *Zeit*. Der Chefredakteur empfahl aus gutem Grund die Streichung des Satzes.[34]

Sechs Wochen nach dem Mauerfall hatte Schmidt ein Dokument aus dem Archiv holen lassen, von dem er sich Anregungen zur Lösung der bevorstehenden ökonomischen Probleme erhoffte, den so genannten Deutschland-Plan der SPD. In diesem 1959 entstandenen Papier waren verschiedene Szenarien einer Vereinigung der beiden deutschen Staaten durchgespielt worden. Schmidt hatte seinerzeit die Redaktion des ökonomischen Teiles übernommen: »Mögliche Stufen eines wirtschaftlichen und sozialen Wiedervereinigungsprozesses«. Es war ein Dokument aus der Sputnik-Zeit, dennoch fand Schmidt, dass es »mehr als bloß geschichtliches Interesse« verdiene.

Er schickte Kopien nicht nur an die Führungsriege der SPD, sondern auch an den Finanz- und Wirtschaftsminister sowie an den Chef des Bundeskanzleramtes.[35] Offenbar schaute sich aber niemand das Gutachten an. Schmidt war enttäuscht. »Die Berechnungen, die hier angestellt und sowohl durch statistisches Material als auch durch empirische Studien regelmäßig aktualisiert worden waren, hätten die Politiker in den entscheidenden Monaten des Jahres 1990 vor mancher fahrlässigen Fehleinschätzung bewahren können.«[36]

Nicht eingreifen und nichts bewirken zu können, war für Schmidt schwer zu ertragen: Unter normalen Umständen hätte er ein dreißig Jahre altes Wirtschaftsgutachten wohl kaum als politisch relevante Lektüre empfohlen. Zumal da er wusste, wie schwer es war, zuverlässige Daten für die DDR zu beschaffen. Im Sommer 1989 hatte er den Präsidenten des Bundesnachrichtendienstes um »Zahlen für einen direkten Leistungsvergleich der Volkswirtschaften der Bundesrepublik und der DDR« gebeten. Die meisten Ökonomen im Westen lehnten einen solchen Vergleich ab, weil die Schätzungen über das Bruttosozialprodukt, das Pro-Kopf-Einkommen oder die Ein- und Ausfuhrzahlen der DDR viel zu unsicher seien. Möglicherweise verfüge der BND aber über Zahlenmaterial der CIA oder anderer US-Einrichtungen oder könne solches Material besorgen; jedenfalls wäre er dankbar, wenn man es ihm »so bald als möglich zukommen lassen« würde.[37]

Im Mai 1991 fasste Schmidt seine wirtschafts- und finanzpolitischen Überlegungen zusammen und publizierte in der *Zeit* ein Acht-Punkte-Programm zur Steigerung der unternehmerischen und öffentlichen Investitionen in den neuen Bundesländern. Er unterbreitete detaillierte Vorschläge zur Vereinfachung der bürokratischen Abläufe, zur Umstrukturierung der Treuhandanstalt, zur Umschichtung von Subventionen, zur Auflegung von Infrastrukturprogrammen sowie zur Arbeitsmarkt-, Lohn- und Steuerpolitik. Fazit: »Es geht nicht ohne Steuererhöhungen.«[38] Schmidt hatte wiederholt gewarnt, dass der Wiederaufbau nicht *ad libitum* über neue Staatsanleihen finanziert werden dürfe, deren Verzinsung die Neuverschuldung des Bundes in astronomische Höhen treibe.

Schmidt beließ es nicht bei Appellen. Im Januar 1991 suchte er das Gespräch mit dem Vorsitzenden des Deutschen Gewerkschaftsbundes, von dem er Zurückhaltung in den Tarifverhandlungen für Westdeutschland forderte. »Ohne Herzinfarkt und bei geringerem Lebensalter würde ich jetzt in die ehemalige DDR gehen, um ein Beispiel zu setzen.«[39] Ende Mai traf er sich mit Birgit Breuel, der Präsidentin der Treuhandanstalt, und bot ihr seine Hilfe beim Werben ausländischer Investoren für die Betriebe in den neuen Bundesländern an. Drei Wochen später trug er das Thema im Beirat von J. P. Morgan vor und empfahl Frau Breuel die Einrichtung eines Büros in New York. An die norwegische Ministerpräsidentin Gro Harlem Brundtland richtete er die Bitte, die Volkswerft Stralsund, der die Sowjetunion als Auftraggeber abhandengekommen war, beim Bau zweier Schiffe für Hurtigruten zu berücksichtigen. Überall im In- und Ausland warb er dafür, den Bürgern der ehemaligen DDR bei der Überwindung der schwersten Etappe ihrer Eingliederung in die westliche Wirtschaftsordnung zu helfen. Es gab Dank und Zuspruch, gelegentlich sogar von der Regierung: »Gestatten Sie mir, Ihnen herzlich für Ihre Ausführungen in der heutigen ›Bild‹-Zeitung auf diesem Wege zu danken«, schrieb ihm Finanzminister Waigel am 10. Dezember.[40]

In der zweiten Jahreshälfte 1991 traten zu den durch die Einheit ausgelösten ökonomischen und sozialen Verwerfungen zwei neue Probleme, von denen die Politik überrollt wurde: eine rapide Zunahme von Asylbewerbern, vor allem aus Osteuropa und den Balkanstaaten, sowie der damit einhergehende sprunghafte Anstieg des Rechtsextremismus. Die Ausländer- und Asylproblematik drohte der Bundesregierung schnell über den Kopf zu wachsen. Schmidt war tief beunruhigt, auch über das Maß an Opportunismus, mit dem sich Politiker sämtlicher Parteien gegenseitig zu überbieten schienen.

In einer wichtigen Rede vor der SPD-Bundestagsfraktion am 23. Juni 1992 suchte Schmidt den Kompass seiner Partei neu zu justieren. Nach einer Tour d'horizon, die kaum einen Erdteil ausließ, und zahlreichen Exkursionen in die Geschichte kam Schmidt, nachdem er bereits weit über eine Stunde gesprochen hatte, zur inneren Lage der Nation. Steigende Kriminalität, sinkende Nettoeinkommen im Westen, Angst um die Stabilität der D-Mark und die Entwicklung am Wohnungsmarkt seien die Themen, die die Menschen bedrückten. Vor allem aber: »Die völlig undurchschaubare Asyldebatte der letzten zwölf Monate hat die Frustration des Publikums über das Ausländerproblem gewaltig anschwellen lassen.« Die Sozialdemokratie müsse endlich einen Vorschlag auf den Tisch legen, der nicht nur »praktisch durchführbar« sei, sondern der Bevölkerung auch das sichere Gefühl gebe, dass »der Zustrom von gegenwärtig jährlich über 300 000 Ausländern« gestoppt wird. Was den Aufbau Ost angehe, müsse man endlich Realismus walten lassen: Bis einigermaßen gleiche Verhältnisse in Ost und West hergestellt seien, werde es »wahrscheinlich zwanzig Jahre dauern oder länger«. Einige schwere Fehler könnten »heute immer noch korrigiert werden«, sagte Schmidt und warb für ein Solidaritätsprogramm, das er »Pakt für die Einheit« nannte. Wenn sie die Herausforderungen realistisch und mutig angingen, so Schmidts Schlussappell, dann könnten die Sozialdemokraten »auch morgen wieder die Schrittmacher sein«.[41]

Obwohl ihm die SPD unter ihrem neuen Vorsitzenden und designierten Kanzlerkandidaten Björn Engholm wieder etwas näher rückte, war für Schmidt doch klar, dass es zehn Jahre nach dem Machtwechsel nur noch wenige Abgeordnete gab, die sich von ihm mehr erhofften als ein paar Winke. In der Politik und schon gar im Innenleben einer Partei sind zehn Jahre eine lange Zeit. Sein Auftritt wurde von den Genossen gefeiert, aber wenn Schmidt etwas bewegen wollte, dann musste er sich nach anderen Verbündeten umschauen.

*

Im Laufe des Jahres 1991 reiften bei Helmut Schmidt Pläne für eine Stiftung, deren Aufgabe es sein sollte, den Begriff der Nation neu zu bestimmen und zu fragen, was nationale Identität in einem stärker zusammenwachsenden Europa bedeutete. Der großen Mehrheit der Deutschen war nach dem Zweiten Weltkrieg die Lust an der Nation gründlich vergangen; ihr expansiver Nationalismus hatte zu viel Unheil angerichtet, als dass er nach 1945 politisch noch eine Option gewesen wäre. Die Bundesrepublik machte sich auf den Weg, den man im Rückblick als langen Weg nach Westen interpretieren konnte. Die DDR entsorgte das Thema, indem sie das Erbe von Faschismus und Militarismus in Bonn ablud und der eigenen »sozialistischen Nation« spätestens beim VIII. Parteitag der SED 1971 alle nationalstaatlichen Bezüge austrieb.

In beiden deutschen Teilstaaten wurde die deutsche Geschichte vierzig Jahre lang entlang den Koordinaten des jeweiligen Bündnissystems interpretiert. Alles, was von dieser Lesart abwich, galt als Rückfall in den Chauvinismus. Wie stark der Begriff der Nation auf beiden Seiten vergiftet worden war, ließ sich 1990 am Einigungsvertrag ablesen. Das Wort fand ein einziges Mal Verwendung, in Artikel 35, der Kulturfragen regelte: »In den Jahren der Teilung waren Kunst und Kultur – trotz unterschiedlicher Entwicklung der beiden Staaten in Deutschland – eine Grundlage der fortbestehenden Einheit der deutschen Nation.« Weil Stellung und Ansehen des vereinten Deutschlands auch von seiner »Bedeutung als Kulturstaat« abhingen, hätten Kunst und Kultur weiterhin Anspruch auf Schutz und Förderung. Wenn die Einheit der Nation auch in den Jahren der Zweistaatlichkeit fortbestanden hatte, warum suchte man dann jetzt, wo sie für jedermann sichtbar zu Tage trat, Zuflucht bei der Kultur und scheute vor einem Bekenntnis zur wiederhergestellten gesamtdeutschen Nation zurück?

Man strebe die Herstellung der Einheit Deutschlands an – hieß es in der Präambel des Einigungsvertrages – »im Bewusstsein der Kontinuität deutscher Geschichte und eingedenk der sich aus unserer Vergangenheit ergebenden besonderen Verantwortung«. Die Bundesrepublik und die DDR seien bestrebt, »durch die deutsche Einheit einen Beitrag zur Einigung Europas und zum Aufbau einer europäischen Friedensordnung zu leisten«. Ein direkter Hinweis auf den Fortbestand der Nation fehlte auch hier. Nachdem die nationale Einheit hergestellt war, schien sich die Nation selbst in Luft aufzulösen – und fand sich nicht einmal mehr in der Präambel des

Grundgesetzes. Der Passus von 1949, das deutsche Volk sei »von dem Willen beseelt, seine nationale und staatliche Einheit zu wahren«, und beschließe die Verfassung deshalb auch für die Deutschen, denen mitzuwirken versagt sei, wurde gestrichen. Die Deutschen hatten »die Einheit und Freiheit Deutschlands vollendet« – das musste jetzt genügen. Die nationalsozialistische Katastrophe, vierzig Jahre deutsch-deutsches Misstrauen und ein neues nachbarschaftliches Verständnis im europäischen Haus ließen jede Formulierung überflüssig erscheinen, die als nationaler Triumphalismus hätte ausgelegt werden können.

»Die Geborgenheit im Nationalstaat, die fehlt uns heute«, hatte Helmut Schmidt zehn Monate vor dem Fall der Mauer beklagt. »Das ist ein Defekt, unter dem die Deutschen in der DDR und wir in der Bundesrepublik zu leben haben.«[42] Mit der Vereinigung war dieses Problem nach Ansicht Schmidts keineswegs behoben. Auch wenn viele den Nationalstaat für eine Erscheinung hielten, »die sich bereits mit dem 19. Jahrhundert überlebt habe und jedenfalls nicht in das 21. Jahrhundert passe, schon gar nicht im deutschen Fall«, so gebe es doch in der jüngeren europäischen Geschichte »kein Beispiel dafür, dass eine Nation aus freiem Willen ihre Identität preisgibt« – warum also die Deutschen? Es sei ein Irrtum zu glauben, die Deutschen seien nach zwölf Jahren Nationalsozialismus und vierzig Jahren Teilung heute eine Nation, die eigentlich gar nicht mehr Nation sein wolle. »Der Wunsch des Volkes nach nationaler Identität« sei eine Tatsache und gehöre zu den wichtigsten Herausforderungen der Gegenwart.[43] Schmidts Frage lautete: Wie ließ sich aus den beiden Varianten der jüngeren deutschen Geschichte eine einheitliche Lesart gewinnen, die von allen Deutschen als gemeinsames Erbe angenommen wurde?

Wie verunsichert die Deutschen über ihre künftige Rolle als Nation waren, zeigte sich 1991 in der Hauptstadtdebatte. Die Frage, ob das Land weiterhin vom beschaulichen Provisorium Bonn aus regiert werden oder ob die alte Hauptstadt Berlin auch als Hauptstadt des neuen Deutschland fungieren sollte, ließ sich zugespitzt auch so formulieren: Wie viel Neuanfang traute dieses Land sich zu?

Neben teilweise durchaus berechtigten Sachargumenten, unter denen die gewaltigen Kosten des Umzugs an erster Stelle rangierten, machten die Bonn-Befürworter vor allem eines geltend: die Sorge vor einer überdimensionierten, Großmachtphantasien weckenden Hauptstadt Germania, die vor allem bei den Nachbarn dunkle Erinnerungen wachrufen werde. Im Widerstand gegen die Hauptstadt Berlin steckte nicht nur »der Wunsch der Bundesrepublik, das zu bleiben, was sie geworden war«, sondern mehr noch die Angst, mit der Rückkehr in die alte Hauptstadt »deutlicher in die Fluchtlinien des deutschen Nationalstaates« gerückt zu werden, als es der Mehrheit der politischen Klasse zuträglich schien.[44]

Helmut Schmidt hatte für Berlin immer viel Sympathie empfunden. Als er Anfang 1990 letzte Hand an den zweiten Band seiner Memoiren legte, nutzte er die Gelegenheit, am Schluss des Deutschlandkapitels »ein Wort zu Berlin« anzufügen. Er skizzierte Höhen und Tiefen in der Geschichte der Stadt, die er als »Schicksalsstadt der Deutschen« bezeichnete, der es immer wieder gelungen sei, die Aufmerksamkeit auf sich zu ziehen. Er zitierte Ernst Reuters berühmtes Wort »Völker der Welt, schaut auf diese Stadt«, ein Wort, das am Tag der Maueröffnung eine neue Bedeutung bekommen habe, und nannte Berlin ein Stadt voller Zukunft. Geradezu schwärmerisch sprach er von der »Hoffnung, die heute von dieser Stadt ausgeht – und die eine Hoffnung ist für die ganze Welt«.[45]

Dennoch war Schmidt nicht wohl bei dem Gedanken an eine Hauptstadt Berlin. Seine Vorbehalte hatten weniger mit den zwölf Jahren Nationalsozialismus zu tun, und auch seine Aversionen gegen Berlin als die Kapitale Preußens hätte er sicherlich überwunden. Berlin war für ihn zwar die Stadt des »Scheißkerls«, wie er Wilhelm II. in den letzten Jahren seines Lebens gewöhnlich nannte, und die Vorstellung, die wilhelminische Großmannssucht könnte in Berlin wieder aufleben, gefiel ihm nicht. Aber nicht Idiosynkrasien gaben den Ausschlag, der Grund seiner Ablehnung war ein anderer. Berlin lag zu weit im Osten, zu weit entfernt von den Wirtschafts- und Finanzzentren des Landes, zu weit weg von Brüssel und Straßburg. Vor allem lag es im Gebiet der Roten Armee. »Zur Hauptstadtfrage will ich mich einstweilen nicht äußern; einer der Gründe für meine Zurückhaltung liegt in der Ungewissheit darüber, ob tatsächlich und wann die sowjetischen Truppen den Boden der bisherigen DDR verlassen.«[46]

Im Zwei-plus-Vier-Vertrag war der Abzug der Westgruppe der sowjetischen Streitkräfte bis 31. Dezember 1994 vereinbart worden. Es bestehe jedoch, so Schmidt im Frühjahr 1991, eine »gefährliche Unklarheit darüber, ob die Sowjetunion (demnächst möglicherweise unter militärischer Führung)« tatsächlich die Verpflichtungen einhalten werde, hier scheine ihm »Vorsicht geboten«. Gäbe es in diesem Punkt Sicherheit, würde er sich »aus pragmatischen Gründen sofort für Berlin entscheiden«. Allerdings unter der Bedingung, dass man »den Umzug mit größtmöglicher Beschleunigung sofort ins Werk setzen und binnen vier Jahren abschließen könnte«. Für die Bürger in den neuen Bundesländern wäre ein schneller Umzug auch psychologisch ein wichtiges Signal.[47]

Zweifel an der Vertragstreue der Sowjetunion wollte Schmidt verständlicherweise nicht öffentlich machen. Weil aus seiner Sicht aber auch nichts für Bonn sprach und eine von ihm für denkbar gehaltene Alternative Frankfurt am Main – das als Sitz der Bank deutscher Länder 1949 schon einmal hatte Hauptstadt werden sollen – nicht mehrheitsfähig war,[48] hielt Schmidt sich in der Hauptstadtdebatte zurück. Der Regierende Bürgermeister von Berlin, Walter Momper, bat ihn vergeblich um eine Erklärung für Berlin, mit der die Stadt werben könnte; Schmidt ließ sich über sein Büro so lange verleugnen, bis der Termin verstrichen war.[49]

Die Redaktion der *Zeit* verteidigte unterdessen entschieden die Besitzstände der rheinischen Republik und zog mehrheitlich gegen alle Unwägbarkeiten aus dem Osten zu Felde. Eine Woche vor der Parlamentsdebatte am 20. Juni 1991, in der die Entscheidung Berlin oder Bonn fallen sollte, konstatierte Gunter Hofmann, dass die Abstimmung eigentlich niemandem helfe, weil damit nur »die ungewöhnlichen Differenzen und Ungleichzeitigkeiten der beiden deutschen Gesellschaften« zementiert würden. Die neuen Bundesländer hätten es geschafft, die Wahl Berlins jetzt für viele so aussehen zu lassen, als handele es sich um »ein Stück nachträglicher Anerkennung«. Aber wozu die Eile?[50] Die Wiederanbringung des Eisernen Kreuzes an der Quadriga auf dem Brandenburger Tor oder die Umbettung Friedrichs des Großen nach Sanssouci in Anwesenheit von Bundeskanzler Kohl – das waren in den Augen vieler Beobachter in diesem Sommer Vorboten nationalen Größenwahns. Manche Berlin-Anhänger bemerkten gar nicht, so Gunter Hofmann vier Wochen nach der Abstimmung im Bonner Wasserwerk, bei der im letzten Moment eine knappe Mehrheit für Berlin zustande gekommen war, »dass alle Symbole und Bilder, mit denen sie derzeit aufwarten, partout auf ein ›Zurück‹ verweisen«.[51]

Schmidt schaltete sich erst zwei Jahre später in die Debatte ein, als das Hauptstadtprojekt wegen organisatorischer Mängel und an der Kostenfrage zu scheitern drohte. Immer neue Bedenken und der Dauerstreit der Bürokraten darüber, welche Regierungsstellen in welchen Zeiträumen eventuell umziehen könnten, verschafften denjenigen Oberwasser, die darauf hofften, den Umzug aussitzen zu können. »Wer mit Aplomb beschließt, nach Berlin zu gehen, und als Erstes gewaltige Pläne für Bundesbauten in Berlin auf den Tisch legt, größer als alles Dagewesene und offensichtlich nicht bezahlbar, sonst aber weiter nichts tut, als unter enormem Finanzaufwand Bonn weiter auszubauen, der kann nicht darauf rechnen, dass die Ostdeutschen diesen Skandal als Zeichen ernsthafter Absicht des Umzugs auffassen. Sie können es nur auslegen als Signal dafür, dass sie weiterhin aus dem Westen beherrscht werden sollen.« Schmidt wählte starke Worte und sprach von »Volksbetrug«.[52]

Während sich der Streit um die Hauptstadt bald ganz in die Haushaltsausschüsse verlagerte, bewegte sich die Diskussion über den Nationenbegriff längst auf einem anderen Feld. Nach dem Fall der Mauer hatte der Rechtsradikalismus in Deutschland eine verstörende Dynamik entfaltet, deren Auswirkungen sich zunächst auf das Gebiet der DDR zu beschränken schienen. »Rassismus und Ausländerfeindlichkeit kommen jetzt in der DDR ungehindert zum Ausbruch, das alte SED-Regime hatte die Ressentiments nur notdürftig unterdrückt«, lautete eine erste Diagnose des *Spiegel* im April 1990, und ein Jahr später bekräftigte die *Zeit*: »Steine auf polnische Touristen, Überfälle auf Ausländer, Schmierereien auf jüdischen Gräbern … Der Rechtsradikalismus in Ostdeutschland ist der extreme Ausdruck einer zerstörten Gesellschaft.«[53]

Aber das Phänomen ließ sich nicht auf die neuen Bundesländer begrenzen. Nach den brutalen Ausschreitungen im sächsischen Hoyerswerda im September 1991 häuften sich auch im Westen der Republik Überfälle auf Ausländer und Angriffe gegen Flüchtlingswohnheime. Ein Jahr später kam es in Rostock-Lichtenhagen vor einem Wohnheim für Vietnamesen mehrere Tage lang zu pogromähnlichen Belagerungen. Ihren schauerlichen Höhepunkt erreichten die ausländerfeindlichen Aktionen dann allerdings in der alten Bundesrepublik: Im November 1992 gab es im schleswig-holsteinischen Mölln drei Tote, als ein von Türken bewohntes Haus in Brand gesteckt wurde; bei einem Brandanschlag auf ein ebenfalls von Türken bewohntes Haus in Solingen kamen im Mai 1993 fünf Menschen ums Leben.

Zwischen Sommer 1991 und Sommer 1993 beschäftigte das Thema Asyl/Ausländer die Deutschen mehr als jedes andere Thema einschließlich der ökonomischen Probleme der Vereinigung oder des Jugoslawienkriegs.[54] Dies ließ sich auch an den Wahlergebnissen ablesen. Bei den Landtagswahlen im April 1992 erzielte die rechtsradikale DVU in Schleswig-Holstein 6,3 Prozent, die Republikaner kamen in Baden-Württemberg auf 10,9 Prozent. Beide Parteien hatten mehr oder weniger auf ein einziges Thema gesetzt: die Änderung des Asylrechts. Bereits im ersten gesamtdeutschen Wahlkampf im Dezember 1990 hatten die Unionsparteien am rechten Rand Stimmung gegen Flüchtlinge gemacht, die in Wirklichkeit als Wirtschaftsasylanten nach Deutschland kämen, weil es sich hier bequem leben lasse.

Schmidts Haltung in der Asylrechts- und Ausländerfrage war von drei grundsätzlichen Überzeugungen bestimmt. Erstens hätten sämtliche Regierungen der alten Bundesrepublik einschließlich seiner eigenen sowohl in der allzu großzügigen Anwendung des Asylrechts als auch bei der Behandlung der damals so genannten

Gastarbeiter schwere Fehler begangen; deren Folgen habe die deutsche Gesellschaft jetzt auszubaden. Zweitens konzentrierte er sich, sobald das Thema zur Sprache kam, auf islamische Migranten, insbesondere Türken, die er generell für schwer integrierbar hielt. Drittens war die Vorstellung von einer multikulturellen Gesellschaft in seinen Augen schlicht »abwegig«. Es handele sich um eine Mode bürgerlicher Kreise, die in der Realität nicht funktionieren könne, denn ein solches Projekt liege jenseits dessen, »was die Gesellschaft bereit ist zu akzeptieren«. In einer Demokratie müsse man sich schon »ein bisschen, bitte sehr, nach dem richten, was die Gesellschaft will, und nicht nur nach dem, was sich Professoren ausgedacht haben«.[55]

In einem von seiner Seite höchst aggressiv geführten Interview mit der linksliberalen *Frankfurter Rundschau* am 12. September 1992 nahm Schmidt kein Blatt vor den Mund. »Aus Deutschland ein Einwanderungsland zu machen, ist absurd. Es kann dazu kommen, dass wir überschwemmt werden.« Das ende alles nur in Gewalt. »In dem Moment, wo Schwierigkeiten auftauchen, wird nach Blitzableitern gesucht.« Alle redeten jetzt über den Artikel 16. Damit werde das eigentliche Problem aber nur überdeckt, nämlich die Frage, wie man den Zustrom verringern könne. »Der Artikel 16 schreibt nicht vor, dass wir alle zwölf Monate eine halbe Million Ausländer nach Deutschland hereinlassen sollen.« Statt am Grundgesetzartikel herumzudoktern, solle man die Praxis der Aufnahmeverfahren überprüfen. Statt die Asylbewerber über das ganze Land auf Schulhöfe zu verteilen und sie am Ende bei deutschen Familien einzuquartieren – denn darauf laufe es ja hinaus, wenn das so weitergehe –, solle man darüber nachdenken, »Lager zu bauen. Es werden ja auch Kasernen gebaut. Es muss derjenige, der aus Bosnien oder aus Rumänien kommt, wissen: Er kommt ins Lager, möglicherweise so lange, bis sein Fall entschieden ist.« Und wenn negativ entschieden werde, müsse der oder die Betroffene eben auch abgeschoben werden – »aber den Willen dazu sehe ich auch nicht«.[56]

Wie so oft, wenn er sich systematisch eine Meinung erarbeitete, an der er dann auf Jahre festhielt, um sie höchstens noch in Nuancen anzupassen, stand am Anfang ein persönliches Erlebnis. Im Mai 1976 hatte ihn der türkische Ministerpräsident Süleyman Demirel mit der Äußerung irritiert, die Türkei werde bis zum Ende des Jahrhunderts »noch 15 Millionen Türken nach Deutschland exportieren« müssen. Als Schmidt entgegnete, dies werde die Bundesrepublik nicht zulassen, antwortete Demirel: »Warten Sie mal ab. Wir produzieren die Kinder, und ihr werdet sie aufnehmen.«[57] Seit diesem Besuch in Ankara scheint Schmidt den von islamischen Staaten ausgehenden Bevölkerungsdruck als eine reale Bedrohung für ganz Mitteleuropa empfunden zu haben. Nach dem 1973 verhängten Anwerbestopp waren die Zuwanderungszahlen deutlich zurückgegangen. Aufgrund des abermaligen Anstiegs ab 1978 beschloss die Regierung 1981 Maßnahmen zur Begrenzung des Familiennachzugs, was wiederum ein drastisches Absinken zur Folge hatte.[58]

Auf das Gespräch mit Demirel kam Schmidt im Laufe der Jahre mehrfach zurück und verglich dabei immer wieder die Geburtenraten der Türken mit denen der Mitteleuropäer. »Nach den heutigen Prognosen«, schrieb er im Jahr 2000, »wird es gegen Ende des 21. Jahrhunderts ebenso viele Türken geben wie Deutsche und Franzosen zusammen. Wer die Türkei in die EU aufnehmen will, sollte diese Zahlen im Kopf haben.«[59] Den Einwand, dass Bildung und Wohlstand auch einen Rückgang der Geburtenrate zur Folge hätten, ließ er nicht gelten. Allerdings räumte er ein, dass nicht nur religiöse, kulturelle und soziale Prägungen der Zuwanderer einer erfolgreichen Eingliederung im Wege stünden, sondern ebenso der Unwille der einheimischen Bevölkerung. »Die Deutschen wollen das auch gar nicht, sie sind innerlich weitgehend fremdenfeindlich.« Da die Politik es versäumt habe, bei der Zuwanderung und beim Asylrecht klare Grenzen zu ziehen, sei »die ganze Fremdenfeindlichkeit, die latent in unserem Volk steckt«, inzwischen zu einer Bedrohung für den inneren Frieden im Land geworden.[60]

Für seine Haltung in der Asyl- und Ausländerpolitik fand Schmidt viel Beifall am rechten Rand des politischen Spektrums. Obwohl ihm bewusst war, dass er auf einem sehr schmalen Grat ging und eher vorsichtig hätte formulieren sollen, neigte er gerade bei diesem Thema zur Zuspitzung. Wiederholt musste er deshalb in Kauf nehmen, dass rechte Gruppierungen sich seiner bedienten. Bei den hamburgischen Bürgerschaftswahlen 2001 warb die rechtsradikale DVU mit so genanntem statistischen Material zu den Ausländerzahlen in Hamburg und stellte dazu einen Zeitungsausriss vom November 1981 mit Schmidts Konterfei: »Kanzler in Sorge: Zu viele Ausländer bei uns. ›Wenn das so weitergeht, gibt's Mord und Totschlag‹.« (Das gleiche Zitat gefiel auch der CDU-Bundestagsabgeordneten Erika Steinbach, die es am Nachmittag des 10. November 2015, eine Stunde nach Bekanntwerden des Todes von Schmidt, auf Twitter absetzte und damit viel Empörung auslöste.)[61]

Die Bitte des SPD-Landesgeschäftsführers, rechtlich gegen die DVU vorzugehen, lehnte Schmidt ab, er könne sich an das Zitat nicht erinnern. Aufgebrachten Wählern solle der Landesgeschäftsführer antworten, Schmidt »habe sich während seines ganzen Lebens ausdrücklich gegen Ausländerfeindlichkeit ausgesprochen; er habe zugleich vor übermäßiger Einwanderung gewarnt«.[62] Kurz vor den Wahlen schaltete Schmidt aufgrund massiver Proteste dann doch noch die Gerichte ein und erwirkte eine Unterlassungserklärung der DVU gegen die Verwendung des Zitats im Wahlkampf. Politischen Abgrenzungen dieser Art ging er allerdings lieber aus dem Weg. Drei Wochen vor der Bürgerschaftswahl schrieb ihm Manfred Lahnstein, sein ehemaliger Finanzminister: Es bestehe Anlass zur Sorge, dass die CDU mit der rechtspopulistischen »Partei Rechtsstaatlicher Offensive« des umstrittenen Amtsrichters Ronald Schill koalieren werde, er bitte Schmidt inständig, sich zu Wort zu melden. Schmidt rief Lahnstein an und notierte hinterher: »Er wird nach handfestem Material gegen Sch[ill] fahnden und sich wieder melden.« Schmidt konnte sich weder zu dem von ihm in Aussicht gestellten Interview mit dem *Hamburger Abendblatt* noch zu einer anderen Form der Intervention entschließen.[63]

Der Asylkompromiss, der im Mai 1993 vom Deutschen Bundestag verabschiedet wurde, ließ die Zahl der Asylsuchenden ab 1994 deutlich zurückgehen. Aufgrund des neuen Grundgesetzartikels 16a konnte Asyl nur noch beantragen, wer direkt aus einem Land einreiste, das sich nicht an die Genfer Flüchtlingskonvention und die Europäische Menschenrechtskonvention hielt. Deutschland durfte von nun an alle Ausländer, die nicht auf einem deutschen Flughafen landeten oder über Nord- und Ostsee kamen, theoretisch an der Grenze abweisen.

Weiterhin umstritten blieb jedoch die Frage nach dem Status von Zuwanderern und dauerhaft in Deutschland lebenden Ausländern. Dies zeigte sich vor allem bei der Diskussion über die Anpassung des Staatsangehörigkeitsgesetzes: Warum sollten Kinder von Ausländern, die seit vielen Jahren in Deutschland lebten und arbeiteten, nicht Deutsche werden können? War deutsch nur, wer deutsche Vorfahren hatte, oder war deutsch auch, wer auf deutschem Boden geboren war? Mangelnde Ehrlichkeit, ideologische Voreingenommenheit und unwürdiges Taktieren der Parteien kennzeichneten auch diese Debatte und ließen den Eindruck entstehen, dass die Politik insgesamt überfordert war mit der Frage, wer denn nun deutsch und was denn nun deutsch sei.

Selbst Helmut Schmidt hatte diesmal keine bündige Antwort parat. Er gab die Frage an seinen Freund Richard Schröder weiter, den ostdeutschen Theologen, den er mit dem Satz zitierte, Deutscher zu sein bedeute gemeinsame Haftung für unsere gemeinsame Geschichte mit ihren Höhen und Tiefen und gegenseitige Haftung für eine gemeinsame Zukunft. Das war unscharf genug. Auch andere Nationen hätten Schwierigkeiten, ihre Identität zu definieren, fügte Schmidt erläuternd hinzu, selbst die Franzosen seien sich nicht darüber einig, was die Grande Nation ausmache, dennoch »empfindet ein Franzose ziemlich deutlich, was Frankreich ist, was es sein soll, was es nicht sein soll und was es nicht ist«.[64] So ähnlich müsste das ein Deutscher doch auch ausdrücken können. Allerdings sei der Konsens bei uns 1945 zerbrochen, der Holocaust habe »bei vielen von uns die nationale Identität tiefgreifend beschädigt und das Gefühl der Geborgenheit im eigenen Volk, in seiner Geschichte und Kultur untergraben«.[65]

Gerade deshalb aber müssten die Deutschen ihre Bedenken gegen den Begriff Nation überwinden, »weil wir den Gegnern der

Verständigung zwischen den europäischen Völkern und den Feinden einer liberalen Gesellschaft dieses Feld nicht noch einmal überlassen dürfen«. Nicht noch einmal hieß, wie damals in den zwanziger Jahren, als die Rechte den Begriff für sich vereinnahmte und der Weimarer Republik damit ihre Legitimation entzog. Die Deutschen würden bei allen Nachbarn unglaubwürdig, wenn sie behaupteten, jetzt, wo sie wiedervereint seien, auf die eigene nationale Identität verzichten zu wollen. Das wecke Misstrauen, schließlich sei die Herstellung der Einheit vierzig Jahre lang das im Grundgesetz verankerte nationale Ziel der Deutschen gewesen.

Auch mit Blick auf den europäischen Integrationsprozess hielt es Schmidt für unerlässlich, dass sich die Deutschen ein klareres Bild von sich selbst machten. Das Bekenntnis zur eigenen Nation war für ihn eine Voraussetzung erfolgreicher europäischer Einigungspolitik. Aus diesem Dualismus, der nur scheinbar einen Gegensatz bildete, leitete er die Formel ab, die er von nun an oft gebrauchte, wenn er den Deutschen erklären wollte, warum ein vereintes Europa gerade für sie als die größte Nation in der Mitte des Kontinents unerlässlich sei: »Aus wohlverstandenem deutschem Patriotismus treten wir deshalb für die Einigung Europas ein.«[66] Dem Anfang der neunziger Jahre aufkommenden Schlagwort vom »Europa der Regionen« erteilte er in diesem Zusammenhang eine entschiedene Absage. Das »Europa der Regionen« hielt er für ähnlich artifiziell wie die multikulturelle Gesellschaft. Beide Projekte leugneten die Bedeutung der Nation und seien deshalb nicht zukunftsfähig. Denn die europäischen Nationen würden »an ihrer seit Jahrhunderten gewachsenen nationalen Identität« zweifellos noch für lange Zeit festhalten.[67]

Die Kluft zwischen Ost und West ging unterdessen immer weiter auseinander, 1993 waren sich die Menschen in den beiden Hälften des Landes mental so fremd geworden wie niemals zuvor seit dem Fall der Mauer.[68] Die Debatte über die Zukunft der Nation führten die Westdeutschen jetzt meist untereinander, und dabei schlugen sie sich in altbewährter Links-Rechts-Manier gern die Köpfe ein. Es gebe in diesen Tagen 17 Kolloquien, Symposien und Veranstaltungsreihen zum Thema »deutsche Identität«, schrieb

Klaus Hartung im Oktober 1993 in der *Zeit*. Weil sich die deutsche Linke aus »Angst vor der nationalen Frage« (Antje Vollmer) kategorisch verweigere, komme man mit der Frage nach dem gemeinsamen Erbe der Nation aber nicht voran. Sobald über Nation geredet werde, stelle man auf der Linken einen »Überschuss an ideologischer Aggressivität« fest.

Hartung deutete die Tabuisierung des Themas als »eine Abwehr gegen die als Bedrohung empfundenen Veränderungen der neuen deutschen Realität«. Schon früh habe die westdeutsche Linke damit begonnen, »den revolutionären Charakter der Bürgerrechtsbewegung zu diskriminieren« und den Austausch der Parolen »*Wir* sind das Volk« in »Wir sind *ein* Volk« mit einer »unnachsichtigen und dogmatischen Härte zu verurteilen«. Wenn sie ihr Fremdeln mit der Nation nicht endlich überwinde, verpasse die Linke am Ende »die große und möglicherweise einmalige historische Chance, die Herausbildung nationaler Identität mit zu bestimmen«.[69] Hartungs bemerkenswerter Aufsatz dürfte einer der wenigen *Zeit*-Artikel zum Thema gewesen sein, die auf volle Zustimmung des Herausgebers stießen. Nach wie vor vertrat die von ihm verantwortete Zeitung in Fragen der Nation meist völlig andere Standpunkte als er.

*

Aus Sorge, die Kräfte am rechten Rand könnten den Nationenbegriff dauerhaft für sich reklamieren, unzufrieden über die Politik, die sich dem Thema entzog, und neugierig auf Antworten, nach denen er selber suchte, trieb Helmut Schmidt Anfang der neunziger Jahre die Gründung der Deutschen Nationalstiftung voran. Nach der Hamburger Freitagsgesellschaft, die ihm persönlich viel bedeutete, und dem InterAction Council, mit dessen Hilfe er seine internationalen Verbindungen pflegte, wurde die Deutsche Nationalstiftung die dritte Initiative, der Schmidt viel Zeit und Energie widmete. Im Vordergrund stand ein eminent politisches Anliegen. Schmidt wollte die Vorbehalte gegen die Begriffe Nation und nationale Identität überwinden und suchte Mitstreiter, die wie er davon überzeugt waren, dass die Gegner der Nation zugleich Gegner Europas waren und beide Themen daher eng miteinander verknüpft werden mussten. Viele hielten die neue Stiftung allerdings für eine deutsch-deutsche Stiftung, die das Zusammenwachsen unter einem gemeinsamen Dach fördern sollte. Das war die Deutsche Nationalstiftung auch. Aber für Helmut Schmidt war ihr eigentliches Ziel ein anderes.

Im Frühjahr 1991 hatte Schmidt seinen Büroleiter Jens Fischer auf Reisen geschickt. Er sollte sich vergleichbare Institutionen in Frankreich, Großbritannien und den USA anschauen und die Ergebnisse zusammentragen. Schmidt sammelte unterdessen Zitate – was hatten Herder und Goethe und Schelling zur deutschen Nation zu sagen? – und machte sich Gedanken über die Besetzung der Gremien. Im Juni stellte er das Projekt in einem ausführlichen Schreiben dem Bundespräsidenten vor, im September gewann er den Oberbürgermeister von Weimar für seinen Plan, die Stiftung in Weimar anzusiedeln, und am 1. Dezember arbeitete Schmidt einen ersten Entwurf zur Präambel aus. Zwei Wochen später wurde das Projekt im Rahmen der Freitagsgesellschaft diskutiert.

Weimar erschien Schmidt in dreifacher Hinsicht als der geeignete Ort: als die Stadt der Nationalversammlung, in der sich die erste Republik ihre Verfassung gegeben hatte, als die Stadt Goethes, schließlich als die Stadt, vor deren Toren 1937 das Konzentrationslager Buchenwald errichtet worden war. Am 4. Juni 1992 hielt Schmidt im Nationaltheater Weimar eine Rede. Am Nachmittag traf er sich mit Oberbürgermeister Klaus Büttner, um die Stiftungspläne zu erläutern und ihm den Eintritt in das Kuratorium anzutragen. »Weimar fühle sich durch das Projekt bestätigt und geehrt«, bekräftigte der Oberbürgermeister, der umgehend Räume für ein Büro in Aussicht stellte. Seinerseits bat er den Besucher, sich bei Bahnchef Heinz Dürr noch einmal dafür zu verwenden, dass Weimar als IC-Halt ausgewiesen werde; bisher sei trotz Schmidts Intervention nichts geschehen.[70] Unbürokratische Hilfe bei der Gründung gewährte auch der Ministerpräsident von Thüringen, Bernhard Vogel.

Elf Tage später besuchte Schmidt Bundespräsident Richard von Weizäcker, der sich bereit erklärt hatte, die Schirmherrschaft zu übernehmen. Die geplante Stiftung werde eines Tages womöglich eine ähnliche Bedeutung erlangen wie die Royal Society in Großbritannien oder die Académie française in Frankreich, meinte Schmidt. Das war zweifellos einige Etagen zu hoch gegriffen, unterstrich aber seine Ambitionen, die Stiftung, obwohl sie rein privaten Charakter haben und ohne jede Beteiligung des Bundes oder der Länder organisiert sein sollte, als eine nationale Institution zu verankern. Sie sollte ähnlich organisiert sein wie die Max-Planck-Gesellschaft, sich aber an eine viel breitere Öffentlichkeit wenden.

Weizsäcker stieß sich vor allem an dem Namen. Deutsche Nationalstiftung sei »der denkbar stärkste Name«, meinte er, »opulent« und provozierend zugleich. Ministerialdirigent Erich Milleker – der bis 1982 für Schmidt gearbeitet hatte und von diesem im Frühjahr 1984 an Weizsäcker empfohlen worden war – assistierte: Der Name sei auch deshalb belastet, weil eine »Nationalstiftung« als Projekt der Sozialdemokraten in den frühen siebziger Jahren lange im Zentrum heftiger Kontroversen gestanden habe. Ob man die Stiftung nicht »Deutsche Stiftung« nennen könne, schlug Weizsäcker vor, dann hätte er »ein besseres Gewissen«.

Schmidt spürte, dass er nicht weiterkam, und schlug vor, die Frage der Schirmherrschaft auszusetzen und in das Statut der Stiftung lediglich den Satz aufzunehmen, der Bundespräsident werde zu gegebener Zeit gefragt werden. Damit war Weizsäcker einverstanden. – Am nächsten Tag rief Milleker im Büro Schmidt an. Dem Bundespräsidenten sei daran gelegen, den »Eindruck der Halbherzigkeit« zu zerstreuen, den Herr Schmidt aus dem Gespräch möglicherweise gewonnen habe. Er »schlucke die Kröte Namensgebung Nationalstiftung«. Allerdings rate er weiterhin davon ab, die erste öffentliche Versammlung ausgerechnet auf den 3. Oktober 1993 zu legen; abgesehen davon, dass der Bundespräsident am Tag der Deutschen Einheit ausgebucht sei, würde das Datum nur wieder Vorbehalte gegen den Namen wecken.[71] Noch 16 Jahre später wies Weizsäcker, inzwischen Mitglied des Stiftungssenats, »auf die Gefahr einer ›rechten‹ Darstellung des Begriffs der ›Nation‹ hin … Durch die Einheit habe sich auch die Nation inhaltlich verändert.«[72]

Als Schmidt im Juli 1992 einige der wichtigsten Gesprächspartner für das Stiftungsprojekt in seinem Hamburger Haus zusammenrief, lag ein tragfähiges Konzept in weiter Ferne. Man stocherte ziemlich im Nebel. Schmidt verblüffte seine Gäste gleich zu Anfang mit dem Vorschlag, herausragende Persönlichkeiten der Stiftung könnten einmal im Jahr im Fernsehen auftreten, so werde eine große Breitenwirkung gewährleistet. Kurt Körber mahnte, man solle erst einmal den Wertekanon abstecken, bevor man über operative Schritte nachdenke. Was man sich denn unter einem Wertekanon vorzustellen habe, fragte Daimler-Chef Edzard Reuter spitz – womöglich so etwas wie Luthers 95 Thesen? Die Stiftung dürfe sich auch nicht damit begnügen, illustre Geister zu versammeln, was zähle, seien die konkreten Ergebnisse ihrer Arbeit.

Auch Wolf Lepenies, Rektor des Berliner Wissenschaftskollegs, sprach sich gegen eine Festlegung auf inhaltliche Ziele aus. Wenn dreißig bis fünfzig von den Stiftern berufene Persönlichkeiten sich mit Stellungnahmen zur Zeit im Sinne von Karl Jaspers regelmäßig gegen den Strom stellten, sei dies Programm genug. Das Ziel der nationalen Identitätsstiftung werde auf diese Weise aber nicht erreicht, wandte Reimar Lüst ein; man dürfe die Frage einer geschlossenen Außenpräsentation nicht vernachlässigen. Richard Schröder äußerte Bedenken gegen jede Form von übertriebener Öffentlichkeit; er sei überzeugt, die Stiftung erlange »eindrückliche Repräsentanz durch sich selber«. Am Ende wurde beschlossen, eine Arbeitsgruppe einzurichten, die das Projekt voranbringen sollte.[73]

Reimar Lüst, der den Vorsitz der Arbeitsgruppe übernahm, wurde jetzt zum wichtigsten Mann für die Umsetzung von Schmidts Stiftungsplänen. Der Astrophysiker hatte als Präsident der Max-Planck-Gesellschaft und Direktor der Europäischen Weltraumorganisation (ESA) einschlägige Erfahrungen gesammelt; seit 1989 leitete er die Alexander von Humboldt-Stiftung. Als routinierter Wissenschaftsorganisator wusste Lüst, dass das Gelingen des Unternehmens entscheidend vom zügigen und korrekten Ablauf der konstitutiven Akte abhing. Ende August präsentierte er Schmidt einen detaillierten Zeitplan, regte die Gründung eines »Vereins zur Vorbereitung der Deutschen Nationalstiftung« an und benannte unumwunden das Hauptproblem: Die Stiftung brauchte dringend »Zugang zu kapitalkräftigen Personen zwecks Zuwendungen«.[74]

Die 30 Millionen DM, von denen Schmidt glaubte, dass sie schnell beisammen wären, erwiesen sich als völlig utopisch, der Gründer hatte das mühsame Geschäft des Fundraising unterschätzt. Das Stiftungskapital betrug zunächst 3 Millionen und stammte je zu einem Drittel von Kurt Körber, Gerd Bucerius und Schmidt selbst. Nach dem Tod Körbers am 10. August 1992 floss der Stiftung eine weitere Million Körbers zu, Michael Otto steuerte ebenfalls 1 Million DM bei. Dann aber tat sich nicht mehr viel. Am 19. März 1993 fuhr Helmut Schmidt deshalb nach Kronberg im Taunus zu Hermann Josef Abs. »Ich habe Herrn Abs in der Absicht besucht, von ihm nach Möglichkeit vertrauliche Hinweise auf Personen zu erhalten, die angesichts ihres beträchtlichen Privatvermögens in der Lage sein könnten, der Nationalstiftung beträchtliche Zuwendungen zum Stiftungsvermögen zu machen … Herr Abs hat spontan aus eigenen Mitteln 1. Mio. DM zugesagt, wofür ich mich herzlich bedankt habe.«[75] Die Hoffnung, einige größere Vermögen von Erblassern wenigstens teilweise für die Stiftung zu erschließen, erfüllte sich jedoch nicht. Über einen Kapitalstock von knapp 7 Millionen DM kam die Stiftung im ersten Jahr ihres Bestehens nicht hinaus.

Die Frage, wo das Geld herkommt, wurde zu einem Dauerproblem. Die Bestellung eines eigenen Fundraising-Beauftragten brachte wenig, von der Deutschen Bank oder der ING-DiBa organisierte Sponsorenessen schufen nur vorübergehend Abhilfe. Gespendet wurde in der Regel meist dann, wenn Helmut Schmidt sich persönlich einsetzte; dem aber fehlte fürs Klinkenputzen die nötige Begabung. So wie er niemals bei Leuten intervenierte, die er nicht persönlich kannte, so scheute er sich auch, Unbekannte um Geld zu bitten beziehungsweise nur deshalb mit jemandem in Kontakt zu treten, um ihn zu schröpfen. Zum zehnjährigen Bestehen der Stiftung 2002 verfasste er erstmals einen allgemeinen Bittbrief, sein Büro sollte eine Liste wohlhabender Unternehmer und Banker zusammenstellen. »Es handelt sich – leider! – ausschließlich um

CEO's von Kapitalgesellschaften«, kommentierte er das Ergebnis, »wohlhabende Eigentümer fehlen vollständig – *muss* nachgeholt werden.«[76]

Schmidt war durch Freunde wie Kurt Körber und die Ottos verwöhnt, die ihm immer großzügig entgegengekommen waren; auch Stifter wie Alfred C. Toepfer oder Gerd Bucerius galten ihm als vorbildlich. Zeigten Unternehmereigentümer deshalb grundsätzlich mehr Bereitschaft zu gesellschaftlichem Engagement als angestellte Manager und Vorstände von Aktiengesellschaften, die, wie Schmidt glaubte, wenig für das Gemeinwohl übrig hatten? Mit Blick auf die vielen philanthropischen Gründungen des 19. Jahrhunderts in seiner Heimatstadt neigte Schmidt dazu, die hanseatische Tradition privater Stiftungen zu idealisieren und dabei insbesondere die persönliche Bescheidenheit und Uneigennützigkeit vieler Stifter hervorzuheben. Aber Privatleute, die große Vermögen in Stiftungen anlegten, handelten keineswegs immer so uneigennützig, wie es den Anschein haben mochte; neben steuerlichen Vorteilen hatten viele auch Ruhm und Nachruhm im Blick. Schmidt fand daran nichts auszusetzen, im Gegenteil; das deutsche Stiftungssteuerrecht hielt er für stark überarbeitungsbedürftig – und Eitelkeit für verzeihlich.

Was Schmidt abstieß, war Überheblichkeit. Als Paradebeispiel für übertriebenes Geltungsbedürfnis auf den Vorstandsetagen nannte er Thyssen-Chef Hans-Günther Sohl, ohne den in den sechziger und siebziger Jahren an Rhein und Ruhr wenig lief und mit dem er mehrfach aneinandergeraten war. Andere illustre Namen folgten. Angeberei und großkotziges Auftreten verstärkten Schmidts grundsätzliche Zweifel an der sozialen Kompetenz deutscher Manager: »Ich kenne keinen aktienrechtlichen Vorstand eines börsennotierten Unternehmens, der sich im Sinne des Gemeinwohls verdient gemacht hat.«[77] Dass dies so nicht stimmte, zeigt der Blick auf die stattliche Reihe derer, die Schmidt nach seinem Ausscheiden aus dem Amt mit Rat und Tat unterstützten: Ulrich Cartellieri, Heinrich von Pierer, Edzard Reuter und andere, nicht zu vergessen die Hüter des Erbes von Krupp und Bosch, die immer ein Ohr für ihn hatten, Berthold

Beitz und Hans L. Merkle. Trotz solcher mächtigen Freunde fühlte sich Schmidt bei der Gründung der Deutschen Nationalstiftung von der deutschen Unternehmerschaft insgesamt im Stich gelassen.

*

Nach dreijähriger Vorbereitung trat die Deutsche Nationalstiftung am 21. April 1994 zu ihrer ersten Jahresversammlung im Nationaltheater Weimar zusammen. In der Satzung waren neben dem Vorstand – bestehend aus Helmut Schmidt, Kurt Biedenkopf, Kurt Masur, Reimar Lüst und dem Geschäftsführer Peter Kreyenberg – ein fünf- bis siebenköpfiges Kuratorium sowie 36 Senatoren und bis zu 108 Fellows vorgesehen. Angesichts der tatsächlichen Größenverhältnisse der Stiftung und der zur Verfügung stehenden Mittel erwies sich diese Konstruktion schon bald als ausgesprochen kopflastig. Von der Berufung der Fellows, die den Senat hätten unterstützen sollen, der seinerseits Kuratorium und Vorstand zuarbeitete, sah man wohlweislich gleich zu Anfang ab.

In ihren Reden beim Festakt setzten Schmidt und Biedenkopf unterschiedliche Akzente. Die nationale Einheit sei vollendet, betonte der sächsische Ministerpräsident, für ihn gehe es bei der Stiftungsarbeit in erster Linie »um die Überwindung der Folgen der Teilung und um die Wiederherstellung gleicher Lebensbedingungen«. Die Deutschen müssten sich gegenseitig wieder als Deutsche kennenlernen – »indem wir einander von dem berichten, was uns unterscheidet«. Und dann in klarer Abgrenzung zum Bundesinnenminister (und zu Helmut Schmidt): »Nicht ein Mangel an Nationalgefühl war und ist unser Problem, wie Wolfgang Schäuble vermutet, sondern ein Mangel an politischem Willen, auf die Zusammengehörigkeit der Deutschen zu bauen.«[78] Auf Betreiben Biedenkopfs war die Herstellung der geistigen und kulturellen Einheit im wiedervereinigten Deutschland zum zweiten Stiftungsziel erhoben worden.[79]

Schmidt rief dagegen die Ausgangsidee in Erinnerung, »die neu zu festigende deutsche Identität europäisch einzubetten und sie erträglich, *ver*träglich zu machen für alle unsere zahlreichen Nachbarnationen«. Nationale und europäische Identität müssten sich ergänzen: Wer Europa wolle, dürfe den Gegnern der europäischen Integration kein Monopol auf den Nationenbegriff einräumen. Vorrang habe »die Notwendigkeit der Selbsteinbindung Deutschlands«. Deshalb gehöre es zu den Kernanliegen der Stiftung – und hier schloss sich für ihn der Kreis –, »die europäische Gesinnung in unserem Volk zu stärken und zu verbreiten«.[80]

Nicht alle verstanden diesen doppelten Ansatz, manche hielten Schmidts Forderung nach einem aufgeklärten, europäisch verankerten Nationalismus für problematisch. Die Stiftung müsse Biedenkopf dankbar sein, so die *Frankfurter Rundschau*, dass er »in einer überaus bemerkenswerten Rede« allen in die Parade gefahren sei, »die sich von der Idee der Staatsbürgernation verabschieden, um mit nationaler Identität Politik zu machen«. Schmidt hingegen suggeriere »eine falsche Frontstellung«. Die Wiedervereinigung leide nicht an einem Defizit von nationaler Identität, an einem »vaterländischen Gefühlsstau«, sondern, wie Biedenkopf mit Recht betont habe, an der Ungleichheit und am fehlenden Selbstbewusstsein der Zivilgesellschaft.[81]

Die ersten Projekte kamen nur mühsam von der Stelle, niemand in den Stiftungsgremien schien sich für das Tagesgeschäft verantwortlich zu fühlen. Umso mehr Glanz ging von den Jahrestagungen aus, die stets hochkarätig besetzt waren. 1997 tagte die Stiftung zum ersten Mal außerhalb Weimars, im Haus der Kulturen der Welt in Berlin, und zum ersten Mal wurde der von ihr gestiftete Nationalpreis vergeben. Preisträger war die Gesellschaft zur Förderung des Wiederaufbaus der Frauenkirche Dresden. »Uneigennütziger, freiwilliger Einsatz, der unser kulturelles Erbe mehrt, unserem Land zusammenzuwachsen hilft und ihm neue Freunde in Europa und der Welt gewinnt – das sind die Leistungen, für die der Nationalpreis verliehen werden soll«, sagte der Bundespräsident als Schirmherr der Deutschen Nationalstiftung in seiner Laudatio.[82] Mit den Spenden, welche die im November 1989 gegründete Bürgerinitiative gesammelt hatte, war der Grundstein für den Wiederaufbau der Dresdener Frauenkirche gelegt worden.

Der Nationalpreis wird seit 1997 jährlich vergeben (mit Ausnahme des Jahres 2004), das Preisgeld beträgt 50 000 Euro; unregelmäßig wird ein mit 25 000 Euro dotierter Förderpreis vergeben, der seit 2010 den Namen Richard-von Weizsäcker-Preis trägt. Wurden in den ersten Jahren oft Prominente berücksichtigt – Wolf Biermann (1998), Tadeusz Mazowiecki (2001) oder Václav Havel (2003) –, konzentrierte man sich bei der Presivergabe ab 2006 auf Einrichtungen der Zivilgesellschaft. 2012 wurde »Canto elementar« ausgezeichnet, ein Singprogramm für Kindergärten, bei dem Singpaten einmal pro Woche Kinder und Erzieherinnen an aktives Musizieren heranführen. Im Jahr darauf ging der Nationalpreis an die Deutschen Jugendfeuerwehren, die »weit über den Brandschutz hinaus auf praktische Weise die Bedeutung gesellschaftlichen Engagements« verkörpern, wie es in der Verleihungsurkunde hieß.[83]

Obwohl das Stiftungsvermögen inzwischen fast 8 Millionen Euro betrug, blieb die Stiftung auf Zuwendungen angewiesen, insbesondere bei der Finanzierung diverser europäischer Jugendprojekte im Rahmen der SchulBrücke. Neben den ständigen Förderern, der Körber-Stiftung und der Zeit-Stiftung, traten die Krupp-Stiftung, die Robert Bosch Stiftung und die Klaus-Tschira-Stiftung (SAP) als zuverlässige Sponsoren auf, außerdem gibt es bis heute einen Förderverein, der rund 25 000 Euro pro Jahr zusammenbringt. Auch Kooperationen mit anderen Stiftungen und Institutionen schufen Entlastung.

Helmut Schmidt hat sich für die zahlreichen Stiftungsaktivitäten nie sonderlich interessiert. Ihm genügte es, ähnlich wie bei der Freitagsgesellschaft, einen festen Rahmen zu haben für den kontinuierlichen Austausch mit Menschen, die Verantwortung trugen, deren Fragen ihn interessierten und deren Kenntnisse ihn bereicherten. Für ihn war die Deutsche Nationalstiftung so etwas wie ein »Areopag« der Funktionseliten (die *Süddeutsche Zeitung* fand den Ausdruck »Honoratiorenclub« treffender). Obwohl Schmidt zur eigentlichen Arbeit der Stiftung also wenig beitrug – seine »ostentative Missachtung« sei manchmal schwer zu ertragen, klagte der Geschäftsführer[84] –, blieb er über die Jahre hin deren Galionsfigur. »Die dominierende Rolle und die integrierende Kraft Helmut Schmidts und der ›Gründergeneration‹ der Stiftung ist nach wie vor deren größte Stärke«, hieß es 2010 in einem internen Papier.[85]

Zehn Jahre nach ihrer Gründung hatte man die Gremien der Nationalstiftung einer Rundumverjüngung unterzogen. Schmidt, Biedenkopf, Lüst und Masur waren aus dem Vorstand ausgeschieden. Zum neuen Vorsitzenden war der bisherige Senatspräsident Richard Schröder berufen worden, der die Stiftung seither leitet; geschäftsführender Vorstand wurde Dirk Reimers, ehemaliger hamburgischer Staatsrat. Weil es jedoch nicht gelang, den Generationenwechsel auch inhaltlich zu vollziehen, machte der neue Senatspräsident Kurt Biedenkopf im Vorfeld des zwanzigjährigen Bestehens 2013 den Vorschlag, die Stiftung aufzulösen. Das ursprüngliche Anliegen habe sich erledigt, niemand »denkt heute mehr daran, den Begriff ›Nation‹ zu missbrauchen oder besondere Anstrengungen für die innere Einheit Deutschlands für notwendig zu halten«. Aufgrund der neuen Rolle Deutschlands als der führenden Kraft in Europa stellten sich inzwischen ganz andere Fragen.[86] War das Projekt Deutsche Nationalstiftung gescheitert?

Gemessen an Schmidts eigenen Erwartungen – eine Art Royal Society mit einem Stiftungskapital von 30 Millionen ins Leben zu rufen –, ist die Nationalstiftung mit Sicherheit keine Erfolgsgeschichte geworden. Aufgrund ihrer geringen Kapitalausstattung konnte sie von Anfang an nur begrenzt agieren, überdies unterschieden sich ihre Aktivitäten wohl nicht immer hinreichend von den Unternehmungen vergleichbarer Einrichtungen. Die Themen, die auf den Jahrestagungen diskutiert wurden, wirkten bisweilen recht abgegriffen: »Was hält unser Land zusammen?« (1997), »Europa braucht den Osten« (1998) oder auch »Demokratie auf dem Prüfstand« (2001).[87] Die Arbeit der Stiftung sei zu wenig konkret, ihre Themen seien zu abgehoben, hatte Klaus von Dohnanyi schon 1996 kritisiert. Selbst der Nationalpreis wurde angesichts der inflationären Entwicklung von Preisverleihungen irgendwann ein Preis unter vielen.

Trotz dieser gemischten Bilanz beschloss der Vorstand 2013, die Arbeit fortzusetzen. Abzuwarten bleibt, wie die Diskussion über die Neuausrichtung der Deutschen Nationalstiftung sich nach dem Tod ihres Gründers – unter dem neuen Senatspräsidenten Horst Köhler, der das Amt im November 2014 von Kurt Biedenkopf übernahm – entwickeln wird.

*

Im Laufe des Jahres 1992 hatte Schmidt mit zahlreichen Interviews die Kritik an der Bundesregierung massiv verstärkt. »Was Kohl und Genscher falsch machen« (*Bild am Sonntag*, 19. Januar), »Kohl bringt's nicht« (*Stern*, 2. April) – so und ähnlich lauteten die Schlagzeilen in den großen Blättern, und auch gegenüber ausländischen Medien nahm Schmidt bald keine Rücksicht mehr: »Diese Regierung häuft Fehler auf Fehler«, überschrieb das niederländische Magazin *Elsevier* ein Schmidt-Interview zum Tag der Deutschen Einheit. Kohls Politik seit der Vereinigung sei »unzureichend, falsch, sogar töricht«, sagte er zum zehnten Jahrestag des Bonner Machtwechsels und fügte hinzu, es würde ihn nicht verwundern, wenn diese Regierung »in vierzehn Tagen nicht mehr existierte«.[88]

Im November beteiligte sich Schmidt an einem von Marion Dönhoff initiierten Manifest *Weil das Land sich ändern muss*. Die Idee war bei einer Diskussion auf Schloss Crottorf entstanden, an der neben Marion Dönhoff als Gastgeberin Bundespräsident Richard von Weizsäcker, Ex-Bundesbankpräsident Karl Otto Pöhl, Ralf Dahrendorf, Edzard Reuter, Fritz Stern und Helmut Schmidt teilnahmen. Gräfin Dönhoff übernahm es, aus den Mitschriften des fünfstündigen Gespräches einen Hundert-Seiten-Text zu erstellen, den man als Kollektiv verantworten wollte. Daraus wurde nichts, denn bis auf Helmut Schmidt sprangen alle ab. Die Gräfin hatte sich jedoch rechtzeitig um Verstärkung bemüht, und so rückten andere Namen auf den Titel der kleinen Broschüre, die Mitte November im Rowohlt-Verlag erschien.[89]

Schmidt traf zu dieser Zeit bereits Vorbereitungen für ein eigenes Buch, in dem er seine Kritik am Verlauf des Vereinigungsprozesses zusammenfassen und die Notwendigkeit eines Kurswechsels aufzeigen wollte. Zehn Jahre lang hatte er es abgelehnt, sich mit einem Buch in die aktuelle politische Diskussion einzumischen. Jetzt glaubte er, nicht länger tatenlos zusehen zu dürfen. »Nein – so haben wir uns die Vereinigung unseres Volkes wirklich nicht vorgestellt. Nicht am 9. November 1989, nicht am 3. Oktober 1990. Und ich will mir die Vereinigung auch heute so nicht vorstellen!«[90] Schmidt geißelte die »sieben Kardinalfehler« der Vereinigung, denen mit »kleckerweisen Korrekturen« nicht beizukommen sei, und trug auf der Grundlage sorgfältig aktualisierter Daten mit rhetorischer Wucht ein politisches Gesamtkonzept vor, das in einem »Aufruf zur Solidarität der Deutschen mit sich selbst« gipfelte.[91] Natürlich griff er bei der Formulierung einzelner Abschnitte auf *Zeit*-Aufsätze zurück, auf seine Reden vor der Atlantik-Brücke oder vor der SPD-Bundestagsfraktion. Aber es handelte sich bei diesem Band eben nicht um eine Sammlung mehr oder weniger lose miteinander verbundener Reden und Aufsätze, sondern um ein von Anfang bis Ende durchgeschriebenes Buch, dem ein klares Konzept zugrunde lag. Als Buchautor entwickelte Schmidt eigenen Ehrgeiz und formulierte lieber ganze Kapitel neu, als bei sich selbst abzuschreiben. Das fertige Manuskript wirkte wie aus einem Guss.

Handeln für Deutschland erschien Anfang April 1993 bei Rowohlt und verfehlte seine Wirkung nicht – innerhalb kürzester Zeit waren 100 000 Exemplare verkauft. Vom 19. März an trug die *Bild*-Zeitung drei Wochen lang mit Schmidt-Interviews und täglichen Textausschnitten unter dem Titel »Die Abrechnung mit Bonn« die Kernbotschaften des Buches unters Volk. Der *Spiegel* kam in den Genuss seines ersten Interviews nach über zehn Jahren. Die Enthaltsamkeit gegenüber dem Hamburger Magazin war Schmidt schwergefallen; es sei nun einmal so, sagte er zu Bölling, »dass das verruchte Blatt als einziges in den westlichen Hauptstädten aufmerksam gelesen wird«.[92]

Warum er sich denn so lange aus der Innenpolitik herausgehalten habe, wollten die *Spiegel*-Redakteure wissen. Er würde sich bestimmt nicht einmischen, »wenn hier alles in Butter wäre«, antwortete Schmidt. Er konstatiere zurzeit drei große Krisen gleichzeitig: die Vereinigungskrise, eine gefährliche Rezession und die Asylkrise. Zu bewältigen sei diese Dreifachkrise nur, wenn der Lebensstandard der Westdeutschen einstweilen auf dem Niveau von 1989 eingefroren werde, denn es gebe auf absehbare Zeit nichts zusätzlich zu verteilen: »Alle realen Zuwächse am Bruttosozialprodukt müssen nach Ostdeutschland fließen.« Auf die Frage, wie sehr er derzeit an seiner eigenen Partei leide, gab Schmidt die unschlagbare Antwort: »An den Komplikationen mit meinem Herzschrittmacher habe ich gerade eben mehr gelitten.«[93]

Während Kohl bekundete, dass er sich Ratschläge seines Vorgängers verbitte, ließ Wolfgang Schäuble, der Vorsitzende der CDU/CSU-Bundestagsfraktion, Schmidt wissen, dass er »die Sorge über den Zustand unseres Landes« mit ihm teile. In drei Punkten war ihm allerdings an einer Richtigstellung gelegen: Weder die sofortige Einführung der westdeutschen Rechts- und Verwaltungsordnung in den neuen Bundesländern noch »die gewiss nicht unproblematische Regelung der Eigentumsfragen« noch »die in der Tat unzureichende Finanzausstattung der ostdeutschen Länder« habe er als damaliger Verhandlungsführer gewollt. Er hätte gern »bessere Ergebnisse« erreicht, deshalb stimme er Schmidts Kritik in diesen Punkten zu, die Verantwortung falle aber auf andere.[94]

Schmidts hohe Meinung von Schäuble wurde durch diesen Brief betätigt. Er werde die entsprechenden Passagen in der Neuauflage richtigstellen, die Quelle aber selbstverständlich vertraulich behandeln, antwortete er. Zwei Monate später nannte er bei einer Diskussion in Glasgow auf die Frage, welche Politiker in Deutschland zur Hoffnung berechtigten, an erster Stelle Wolfgang Schäuble. »Ich halte Herrn Schäuble für einen Mann von hoher Integrität und von großen Gaben. Und es tut mir in der Seele weh zu sehen, dass er an den Rollstuhl gefesselt ist. Was würde der Kerl schaffen können, wenn er im Vollbesitz aller physischen Kräfte wäre.«[95] Als Schäuble im Februar 2000 im Zuge der CDU-Spendenaffäre als Partei- und Fraktionsvorsitzender zurücktreten musste, brachte ihm

Schmidt »als Ihr ehemaliger gegnerischer Kollege« seinen Respekt zum Ausdruck: »Was auch immer in den Medien über Sie verbreitet wurde, wer auch immer Sie herabgesetzt hat«, Schäuble könne sicher sein, seine »Pflichten zum öffentlichen Wohl besser erfüllt zu haben als mancher andere.«[96]

Handeln für Deutschland richtete sich keineswegs nur an die Adresse der CDU/CSU. Die politische Klasse insgesamt sollte sich angesprochen fühlen, endlich aufwachen und ihre Verantwortung wahrnehmen. Am 1. April hielt Schmidt bei der SPD-Mitgliederversammlung Hamburg-Mitte eine Rede, die aufhorchen ließ. Er habe heute Abend tatsächlich vor, sich nach zehn Jahren wieder »in die Führung der politischen Angelegenheiten meiner Partei einzumischen«. Der Unmut der Menschen richte sich nämlich nicht bloß gegen die anderen, »der Unmut richtet sich auch gegen die Sozialdemokratie. Der Unmut richtet sich gegen die ganze politische Klasse. Macht euch nichts vor!« Denn die politische Klasse – »in Wirklichkeit sind das nur einige tausend Menschen« – habe die Bodenhaftung verloren. »Manch einer, der in Bonn davon redet, seine politische Basis sei dieser oder jener Meinung, der irrt sich. In Wirklichkeit redet er bloß von Leuten, die ihn von dem einen Mandat ins andere befördert haben … Die so genannte Basis ist also nicht die wirkliche Basis. Die wirkliche Basis … hat zum Teil sogar die Nase voll.«

Nachdem er sich weit genug auf Abstand zur politischen Klasse gebracht und den 1200 Parteifreunden im Festzelt auf dem Volksfest Hamburger Dom ordentlich eingeheizt hatte – es gab viel Musi, Hax'n, Leberkäs und Bier –, schien Schmidt noch etwas zur eigenen Person loswerden zu wollen. Es sei hier »vorhin so eine Andeutung unterschwellig« gemacht worden. Dazu stelle er fest: »Es braucht keiner Angst zu haben, dass hier jemand eine Kandidatenrede hält.« Er sei im 75. Lebensjahr – »und das ist keine Koketterie … das steht auf der Geburtsurkunde. Es wäre eine Narrheit, wenn jemand in meinem Alter denken sollte, weil ich alt bin, deswegen bin ich auch weise.« Am Schluss gab es stehende Ovationen, und hätte man hier und jetzt abgestimmt, wäre Helmut Schmidt mit überwältigender

Mehrheit zum nächsten Kanzlerkandidaten der SPD ausgerufen worden.[97]

Freunde wie Henning Voscherau machten ihm sogar Mut. Schon auf dem Bremer Parteitag im Mai 1991, auf dem Björn Engholm als Nachfolger Hans-Jochen Vogels zum Parteivorsitzenden gewählt worden war, habe man sehen können, »wie sich die Zeiten ändern ... Stürmischer Beifall für Schmidt bei der Aussage, viele Deutsche wünschten sich ihn gerade jetzt zurück auf den Kanzlerstuhl. Wer hätte diesen Beifall 1983 in Köln vorhersagen mögen!«[98] Schmidt gab sich keinen Illusionen hin. Ein Zelt mit Hamburger Sozialdemokraten in Stimmung zu versetzen, war das eine; das andere waren die Mühen der Ebene: Wo sollten die Truppen denn herkommen, die auf Bezirks- und Kreisebene einen Spitzenkandidaten Schmidt auf den Schild heben und in den Landesdelegiertenversammlungen die nötigen Mehrheiten sichern konnten?

Sollte sich Schmidt etwa auf Leute wie Rolf Hochhuth verlassen? Der hatte am 8. März 1993 unter der Überschrift »Helmut Schmidt zurück!« einen flammenden Artikel in der *Welt* geschrieben. Die Partei müsse »den einzigen Menschen mit Charisma, den sie noch hat, als Kanzlerkandidaten zurückholen«.[99] Lew Kopelew hatte schon im Februar gefragt: »Wann wird denn nun endlich der Schmidt wieder Kanzler?«[100] Auf dem Podium einer *Zeit*-Veranstaltung in Dresden wurde Schmidt direkt auf das Thema angesprochen. Antwort: »Ich sage dazu nichts.«[101] Er ließ es sich gefallen, als der heimliche Kandidat und vor allem als der bessere Kanzler gehandelt zu werden – ausschließen konnte man ja nichts.

In seiner Rezension von *Handeln für Deutschland* konstatierte Max Thomas Mehr eine »Krise des Politischen«. Aber, so fügte der stellvertretende Chefredakteur der *Wochenpost* hinzu, »die Krise der politischen Klasse in Deutschland, die Helmut Schmidt zu Recht beklagt, hat viel mit jener Art von politischer Führung zu tun, die er selber praktizierte.« Schmidts Diagnose der deutschen Gegenwart nannte Mehr zwar bestechend. Aber die Lektüre belege eben auch, dass Schmidt nicht in der Lage sei, »aus historischen Zäsuren, wie sie 68 und 89 darstellen, angemessene Konsequenzen zu ziehen«:

kein Verhältnis zu den Bürgerrechtsbewegungen im Osten, kein Verhältnis zur Zivilgesellschaft. Schmidts politisches Credo laute nach wie vor: »Alles Gute kommt von oben.«[102]

Im April wurde in den Meinungsumfragen erstmals auch nach Helmut Schmidt gefragt. »Die Kandidatenfrage der SPD ... könnte bald mit ›Helmut Schmidt‹ beantwortet werden«, berichtete der *Focus*. 55 Prozent räumten »zwar immer noch Björn Engholm die größten Chancen ein ... doch 53 Prozent trauen dies auch Alt-Kanzler Helmut Schmidt zu«. Zum Vergleich: Der als Favorit gehandelte Gerhard Schröder kam auf 20, Rudolf Scharping auf 11 Prozent. »Was Mario Adorf als der ›Große Bellheim‹ im Fernsehen vorgemacht« habe, gelte jetzt offenbar auch in der Politik, kommentierte *dpa* Ende April die neuesten Infas-Zahlen: Die Alten müssten wieder ran. Helmut Schmidt lag jetzt mit 62 Prozent deutlich vor allen anderen. Der seit einiger Zeit schwächelnde Engholm kam noch auf 46 Prozent, Kohl konnte sich deutlich verbessern – auf 42 Prozent.[103]

Einen Tag später veröffentlichte die Zürcher *Weltwoche* ein Interview mit Schmidt: »Wenn ich Kanzler wäre, wäre ich bereits in Berlin«. Wie er den Zustand der SPD beurteile, wurde Schmidt gefragt. »Ich bin mit dem Zustand meiner Partei und mit ihrer Führung unzufrieden.« Die Sozialdemokraten seien »offensichtlich nicht in der Lage«, die Schwäche der Regierung zu nutzen und ihr »eigene Führungspersönlichkeiten, denen das Volk vertraut«, entgegenzustellen. Die Lektüre seines Buches *Handeln für Deutschland* erwecke den Eindruck, so die Journalistin, dass Schmidt sich empfehlen wolle. Schmidt: »Ich mich? Nein (lacht): Ich empfehle mich nicht.«[104] Natürlich empfahl er sich nicht. Wenn, dann wollte er gerufen werden.

So jedenfalls interpretierte der *Spiegel* die Reaktionen Schmidts auf die Ausschläge im Politbarometer dieses Frühjahrs. Die »für alle anderen Kandidaten beklemmende und für die Republik wohl doch absurde Schmidt-Renaissance fast elf Jahre nach seinem Sturz« konnten allerdings auch die Hamburger Kaffeesatzexperten nicht erklären.[105] Am selben Montag, an dem der *Spiegel* Schmidt als

»grauen Panther im Affentheater« porträtierte, trieb Engholms Rücktritt wegen falscher Aussage vor dem Barschel-Untersuchungsausschuss des schleswig-holsteinischen Landtags die Spekulationen um eine Kandidatur Schmidts auf den Höhepunkt. Jetzt werde »in der SPD der Ruf nach Altbundeskanzler Schmidt lauter«, schrieb das *Hamburger Abendblatt* an diesem 3. Mai 1993. Wie »aus der Umgebung Schmidts« zu hören sei, spiele er selbst mit dem Gedanken an eine Kandidatur, man erwarte noch »heute eine Erklärung«.[106]

»Weil es heute keineswegs mehr üblich ist, dass Politiker zurücktreten, die einen Fehler gemacht haben, verdient Björn Engholms Entscheidung besonderen Respekt«, erklärte Schmidt nach Engholms Rücktritt vom Amt des Ministerpräsidenten und seinem Verzicht auf den SPD-Parteivorsitz. Darüber, was sie beide an diesem Wochenende besprochen hatten, verlor er kein Wort. Stattdessen richtete Schmidt seinen Blick in die Zukunft und wünschte seiner Partei bei der Neubesetzung der Ämter »von Herzen sorgfältige Abwägung und eine glückliche Hand«. Er selber komme – dies füge er »wegen vereinzelter Medienspekulationen« in Klammern »als nebensächliche Schlussbemerkung« hinzu – für die Rolle des Kanzlerkandidaten »meines Alters und meiner Gesundheit wegen keineswegs in Betracht«.[107]

Auf ihrem Parteitag Ende Juni in Essen wählten die Sozialdemokraten Rudolf Scharping zum neuen Vorsitzenden und zogen mit ihm an der Spitze im Oktober 1994 in die Bundestagswahl. Die SPD konnte gegenüber den ersten gesamtdeutschen Wahlen im Dezember 1990 immerhin 2,9 Prozentpunkte zulegen und erreichte 36,4 Prozent. Die Regierungskoalition erlitt zwar herbe Verluste und kam nur aufgrund von Überhangmandaten zu einer stabilen Mehrheit. Bis zum Machtwechsel aber sollte es noch einmal vier lange Jahre dauern.

8
Entdeckung einer Weltmacht

Im März 1984 veranstalteten die Hamburger Sozialdemokraten im Congress Center Hamburg ein Mitgliederfest. Zu den geladenen Gästen zählten auch einige Taiwan-Chinesen. Helmut Schmidt empfand das als Fauxpas. »Ich wurde an diesem Abend direkt neben den taiwanesischen Vertreter in Bonn und neben seine Ehefrau gesetzt«, schrieb er wenige Tage später an den Vorsitzenden der Landesorganisation, Ortwin Runde. Dass die SPD Taiwan-Chinesen einlade, sei für ihn außerhalb jeglicher Vorstellung gewesen, »weswegen ich das Paar zunächst für Thailänder gehalten habe. Als ich schließlich ihre wirkliche Identität begriff, habe ich mich schnell verabschiedet.« Er hoffe, dass das Ganze »keine Konsequenzen« nach sich ziehe und die Genossen künftig behutsamer agierten, »die politische Führung der VR China in Peking ist in diesem Punkte von großer Empfindlichkeit«. Die guten Beziehungen zur Volksrepublik China auszubauen, liege im nationalen Interesse. Deshalb »fahren sowohl Willy Brandt als auch getrennt davon ich und ebenfalls gesondert Bundeskanzler Kohl im Laufe dieses Jahres nach Peking«.[1]

Nach der Aufnahme diplomatischer Beziehungen zur Volksrepublik China im Oktober 1972 war unter deutschen Politikern ein Wettlauf ausgebrochen, wer es als Erster nach Peking schaffte. Helmut Kohl hatte das Land im Rahmen einer dreiwöchigen Fernostreise als stellvertretender Vorsitzender der Konrad-Adenauer-Stiftung zwar schon im September 1972 besucht, aber erst bei seiner zweiten Reise im Herbst 1974 wurde der inzwischen zum CDU-Vorsitzenden gewählte Ministerpräsident von Rheinland-Pfalz vom Protokoll in Peking berücksichtigt. Im November 1973 traf Bundesinnenminister Hans-Dietrich Genscher den chinesischen Ministerpräsidenten Zhou Enlai, im Januar 1975 wurde der CSU-Vorsitzende Franz Josef Strauß von Mao Zedong empfangen. Im Oktober 1975 schließlich reiste Helmut Schmidt als erster deutscher Bundeskanzler nach China.

In späteren Jahren legte Schmidt Wert auf die Feststellung, dass er es gewesen sei, der Willy Brandt 1972, nach dem Besuch des amerikanischen Präsidenten Richard Nixon bei Mao, zur baldigen Aufnahme diplomatischer Beziehungen zu China gedrängt habe. »Das haben wir dann … gemacht, lange vor den Amerikanern, die erst 1979 die Botschaft eröffneten.« Seit seiner Pazifikreise als Bundesverteidigungsminister Ende 1971, bei der er sich das Land »gewissermaßen von außen angeguckt« habe, sei er sich über den Wiederaufstieg Chinas zur Weltmacht im Klaren gewesen.[2] Auch wenn es sich bei dieser Interpretation der Anfänge deutscher Chinapolitik um eine für ihn charakteristische nachträgliche Glättung handelte, konnte Schmidt doch für sich in Anspruch nehmen, in der Phase der Öffnung des Landes nach dem Tod Maos und dem Ende der Kulturrevolution 1976 die Annäherung vorangetrieben und die Grundlagen für dauerhaft gute Beziehungen geschaffen zu haben. Seine eigentliche China-Mission begann jedoch erst nach seinem Ausscheiden aus dem Amt des Bundeskanzlers – genau genommen nach den blutigen Ereignissen am Tiananmen-Platz am 4. Juni 1989.

Die deutsch-chinesischen Beziehungen spielten zwar auch in den 16 Jahren der Regierung Kohl eine Rolle. Auch Kohl hatte früh die Chancen gesehen, die sich in China für die deutsche Wirtschaft eröffneten, und ähnlich wie sein Vorgänger hielt auch er Deng Xiaoping für »eine der bedeutendsten Persönlichkeiten, die ich in meinem Leben kennengelernt habe«. Aber sein Ansatz war ein völlig anderer. Er habe sich gut mit Deng verstanden, bilanzierte Kohl seine drei Begegnungen mit dem Mann, der China aus der Isolation führte, denn »genau wie Adenauer vertrat er die Linie: ein China – ein Deutschland«. Diese Vorstellung von der territorialen Einheit Chinas sei für ihn bindend gewesen: »Während meiner Kanzlerschaft hielt ich an der Adenauer'schen Politik fest, weshalb ich bis heute in China zu den angesehensten Politikern aus Europa zähle.«[3]

Schmidt hätte sich niemals angemaßt, die Interessen eines Landes wie China mit den Interessen der Bundesrepublik Deutschland auf eine Stufe zu stellen. Für ihn zeichnete sich mit dem beginnenden Aufstieg Chinas Mitte der achtziger Jahre eine Verschiebung im globalen Machtgefüge ab – und davon würde Europa profitieren können. China habe ein ausgeprägtes Interesse an einem starken Europa, so wie Europa seinerseits an einem erstarkenden China interessiert sein müsse; weil beide Seiten aus demselben Motiv handelten, nämlich aus Sorge vor der Bedrohung durch die Sowjetunion, biete sich eine Art strategischer Partnerschaft an, die dadurch erleichtert werde, dass es keinerlei bilaterale Interessenkonflikte gebe. Sollte es wider Erwarten zu einer Normalisierung zwischen Peking und Moskau kommen, so Schmidt 1988, sei es umso wichtiger, dass Europa »sicherheitspolitisch sein eigenes Gewicht bekommt«. Auf jeden Fall werde China als »die dritte strategische Supermacht, die nun schon deutlich über dem Horizont aufsteigt, das Spiel verändern«.[4]

Er wisse, dass seine chinesischen Freunde das Wort »Supermacht« nicht gern hörten, schrieb Schmidt ein Jahr später im Vorwort zur chinesischen Ausgabe von *Menschen und Mächte*. Das Wort suggeriere Anspruch auf Vorherrschaft über andere Staaten – und ein solcher Anspruch werde in Peking abgelehnt. Aber weil China gegen Ende des 20. Jahrhunderts zu den drei Mächten zähle, »deren Politik die ganze Welt beeinflusst«, halte er an dem Begriff fest.[5] China als dritte Supermacht zu deklarieren, die bei künftigen geostrategischen Überlegungen zu berücksichtigen sei, war in den achtziger Jahren alles andere als selbstverständlich. Ökonomisch befand sich China auf dem Stand eines Entwicklungslandes und hinkte weit hinterher. 1985 betrug das chinesische Bruttoinlandsprodukt gerade einmal 2,5 Prozent der Weltwirtschaft; die Europäer kamen auf 19 Prozent (davon entfielen 5 Prozent, also das Doppelte des chinesischen Anteils, auf die Bundesrepublik). 25 Jahre später hatten die Chinesen mit den Europäern fast gleichgezogen.

Schmidt nannte den von Deng Xiaoping eingeschlagenen Reformkurs »das größte Experiment der Geschichte«.[6] Der konsequente Pragmatismus dieses Mannes, der seit Anfang der achtziger Jahre unangefochten an der Spitze Chinas stand, faszinierte ihn nicht weniger als die autoritative Macht, mit der er die Modernisierung beharrlich vorantrieb. Dabei verließ sich Deng insbesondere auf die wirtschaftspolitische Kompetenz seines Ministerpräsidenten Zhao Ziyang – ein Mann, dessen »ausgeprägtes ökonomisches Verständnis«, so Schmidt nach Rückkehr von seiner Chinareise 1984 an Bundesbankpräsident Pöhl, »unter den Regierungschefs gegenwärtig seinesgleichen sucht«.[7] Während er mit Zhaos Nachfolger Li Peng, der das Amt von 1987 bis 1998 bekleidete, weniger gut zurecht kam, empfand Schmidt Generalsekretär Jiang Zemin, den eigentlichen Nachfolger Dengs, der sich schnell an die Spitze der Reformbewegung setzte, als einen angenehmen Gesprächspartner. Engen Kontakt hielt Schmidt über die Jahre vor allem mit Zhu Rongji, Bürgermeister von Shanghai (1987), Vizepremier (1991), Zentralbankchef (1993) und von 1998 bis 2003 Ministerpräsident. »Unter allen Spitzenpolitikern großer Staaten, die ich im Laufe meines Lebens auf der Welt kennengelernt habe, war er derjenige, der am besten über die Ökonomie seines Landes Bescheid wusste.«[8]

Helmut Schmidt reiste von 1984 an etwa alle zwei Jahre in die Volksrepublik China, bis 2005 insgesamt zwölfmal. Die chinesische Führung legte bei Deutschlandbesuchen ihrerseits Wert auf einen Termin mit Schmidt. Am Rande der Hannover-Messe 2012 traf sich Schmidt zum letzten Mal mit Zhus Nachfolger Wen Jiabao, drei Wochen später, bei seinem Abschiedsbesuch in Peking, lernte er Xi Jinping kennen, der im November desselben Jahres zum Generalsekretär ernannt wurde. Seine wichtigsten Verbindungsleute nach China waren der ehemalige Außenminister Huang Hua und der langjährige chinesische Botschafter in Bonn, Mei Zhaorong.

Seine regelmäßigen Gespräche mit den Entscheidungsträgern haben Schmidt besser als viele andere im Westen den Modernisierungsprozess in China verstehen lassen. Er sah die Risiken und wusste, dass Rückschläge nicht auszuschließen waren, sein Grundvertrauen aber, dass es der chinesischen Führung gelingen werde, die inneren Widersprüche aufzulösen und eine autoritär organisierte

Gesellschaft an die Prinzipien der Marktwirtschaft heranzuführen, blieb unerschütterlich. Die straffe, nach westlichen Maßstäben diktatorische Führung und die Dynamik des chinesischen Volkes, das sich nach anderthalb Jahrhunderten der kulturellen Brache und allen Zerstörungen der Mao-Ära zum Trotz neu an den Normen seiner Jahrtausende alten Kultur zu orientieren begann, ergänzten sich in Schmidts Vorstellung auf ideale Weise. Die Chinesen waren ehrgeizig, fleißig, intelligent – und sie gehorchten. In Schmidts Chinabild gehörte beides zusammen.

Nach Ansicht Schmidts war die Neubewertung des Konfuzianismus einer der entscheidenden Faktoren für den Wiederaufstieg Chinas zur Weltmacht. Die auf den Philosophen Konfuzius um 500 v. Chr. zurückgehende Ethik regelt sowohl die Pflichten des Einzelnen innerhalb der Familie, die als Fundament des Staates gesehen wird, als auch die strengen Prüfungs- und Ausleseverfahren der staatlichen Verwaltung. Bei seinem Besuch in Peking 1984, so erzählte es Schmidt später gern, habe er zu Deng Xiaoping gesagt, die chinesischen Kommunisten schienen ihm nicht ganz ehrlich zu sein: »Ihr nennt euch Kommunisten, aber in Wirklichkeit seid ihr Konfuzianer.« Deng habe einen Augenblick gezögert und dann gemeint: »So what?«[9] Schmidt zog aus dieser Antwort zwei Schlüsse: Dass Deng ideologischen Festlegungen aus dem Wege ging und dass die Bemerkung offenbar einen wahren Kern enthielt. Chinas Modernisierung in Verbindung zu bringen mit der Wiederentdeckung traditioneller Elemente des Konfuzianismus war für einen Europäer wie Schmidt ein hilfreicher Ansatz zum Verständnis der Vorgänge. Die Staats- und Parteiführung begriff den Konfuzianismus in erster Linie als »identitätstiftendes Kulturerbe« und nutzte das überaus positive Konfuziusbild des Westens, »um Chinas Anspruch auf eine Großmachtstellung auch kulturell zu unterstreichen«.[10]

Auf Einladung Dengs nahm Schmidt 1984 an den Feierlichkeiten zum 35. Jahrestag der Gründung der Volksrepublik teil. Das Schauspiel auf dem Tiananmen-Platz, das er von der Ehrentribüne aus verfolgte, sei »wirklich überwältigend« gewesen, schrieb er drei Jahre später in seinen Erinnerungen, weil es sich im Kern nicht um eine Demonstration militärischer Macht, sondern mehr um ein gut organisiertes Volksfest mit unzähligen bunten Volkstanzgruppen und Zehntausenden Luftballons gehandelt habe.[11] Die Parade selbst tat Schmidt als mehr oder weniger unerheblich ab, und entsprechend folkloristisch interpretierte er auch Dengs kurze Ansprache. Der Oberbefehlshaber der Armee habe nur über die Geschichte Chinas und das Ziel der nationalen Wiedervereinigung gesprochen, äußere Feinde seien nicht einmal andeutungsweise erwähnt worden. »Die Botschaft dieser Feierlichkeiten war von jedem zu verstehen: Das chinesische Volk paradierte vor sich selbst.«[12]

Schmidt war von der strukturellen Friedfertigkeit des chinesischen Volkes tief überzeugt. Anders als das russische Reich, das seit den Zeiten Iwans des Schrecklichen einen Expansionskrieg nach dem anderen geführt habe, sei das Reich der Mitte niemals eine imperialistische Macht gewesen. »Die Chinesen waren sich immer selbst genug; sie waren zufrieden, wenn die ausländischen Fürsten nach China zu Besuch kamen, vor dem Kaiser Kotau machten, Geschenke mitbrachten, Tribut zahlten, und dann wurden sie in Gnaden wieder nach Hause entlassen.«[13] Als Paradebeispiel chinesischer Selbstbeschränkung dienten Schmidt die Expeditionen des Admirals Zheng He, dessen riesige Schiffe Anfang des 15. Jahrhunderts bis an die Küsten von Afrika vorstießen; dann hätten die Chinesen vom einen auf den anderen Tag die Lust an diesen Weltreisen verloren und die Flotte vernichtet. Dies war aus Sicht der Historiker zweifellos eine unzulässige Verkürzung. Für Schmidt symbolisierte der freiwillige Verzicht auf die Flotte als Machtinstrument jedoch einen Grundzug chinesischen Denkens: Ein Volk, das dermaßen autark und allen anderen Völkern zivilisatorisch so hoch überlegen ist wie das Han-Volk, hat kein Interesse an territorialen Eroberungen.

Schmidts Bewunderung für China stieg in dem Maße, in dem seine Begeisterung für Japan abnahm. Das Inselreich, das in den Jahren seiner Regierung noch zu den dynamischsten Volkswirtschaften der Welt gezählt hatte, geriet Anfang der neunziger Jahre, ausgelöst durch eine dramatische Finanzkrise, in eine tiefe Rezession. Schmidt zog eine historische Parallele zwischen dem Aufholfprozess, den Japan Mitte des 19. Jahrhunderts eingeleitet und der dem Land ökonomisch innerhalb von zwei Generationen den Anschluss an den Westen gesichert hatte, und dem, was sich jetzt in China vollzog. Er zweifelte nicht daran, dass der Umbau Chinas am Ende von einem ähnlichen Erfolg gekrönt sein würde.

Eine der wesentlichen Voraussetzungen für das Gelingen sah Schmidt in der strikten Trennung von ökonomischen und politischen Reformen: Alle Bemühungen Chinas würden im Chaos enden, wenn die Führung gleichzeitig mit den Wirtschaftsreformen politische Reformen auf den Weg bringen würde. Das Scheitern Gorbatschows 1991 bestärkte ihn in dieser Haltung. Schmidt traute den Russen aus vielerlei Gründen einen Erfolg nicht zu; die Trägheit ihrer Bürokratie, mangelnde Flexibilität und fehlende Effizienz sowie die finanzielle Belastung durch den Militärsektor schienen ihm kaum überwindbare Hemmnisse zu sein. Vor allem aber hielt er die Verknüpfung von Perestroika und Glasnost für einen gefährlichen Irrweg. Das vorläufige Primat der Wirtschaft schien ihm für die Selbstbefreiung kommunistischer Systeme aus jahrzehntelanger Zwangsherrschaft der einzig gangbare Weg. Erst wenn sich für die Masse der Bevölkerung der Lebensstandard deutlich verbesserte, konnten staatliche Vorgaben zurückgefahren, die Überwachungsmechanismen gelockert und Strukturen eingezogen werden, die dann auch zu mehr Meinungsfreiheit und mehr individuellen Rechten führen würden. Schmidt wusste, dass er sich mit dieser Position im Westen dem Verdacht aussetzte, das diktatorische Regime in Peking gutzuheißen.

*

Am 26. Mai 1989 – eine Woche vor der Niederschlagung der Proteste am Tiananmen-Platz – veröffentlichte Schmidt in der *Zeit* einen Artikel, in dem er seine Sorgen über die jüngste Entwicklung in China zum Ausdruck brachte. Latente Spannungen innerhalb der Parteiführung einerseits und die seit Mitte April anhaltenden Studentenproteste in Peking andererseits hätten einen gefährlichen Mix entstehen lassen, hinzu komme eine allgemein spürbare Ungeduld wegen der Langsamkeit der Reformen. Ein Jahrzehnt lang habe Deng Xiaoping »für sein Volk mehr zustande gebracht als irgendein anderer. Trotzdem wird er bald abberufen werden.« Wie es nach Dengs Sturz weitergehe, sei völlig offen. Vielleicht erweise sich am Ende ja doch noch die Doppelstrategie von Perestroika und Glasnost als der richtige Weg, dann könnte Gorbatschow gleichsam die Nachfolge Dengs als »der herausragende Staatsmann« des letzten Jahrzehnts antreten und »zum herausragenden Staatsmann der neunziger Jahre werden«.[14]

Schmidt neigte normalerweise nicht dazu, vorschnell Urteile abzugeben, die er hinterher bereuen musste. Dass er Deng abschrieb, noch bevor der Machtkampf in Peking entschieden war, ist umso erstaunlicher, als er ihm nicht nur eine ungeheure Zähigkeit attestierte – Deng war dreimal entmachtet worden, aber jedes Mal an die Spitze zurückgekehrt –, sondern seit ihren ersten Gesprächen 1975 auch eine freundschaftliche Zuneigung für ihn empfand. Ein Dreivierteljahr zuvor hatten sie sich zuletzt gesehen. Warum also die plötzliche Kehrtwende? Im Mai 1989, als die Studenten den Tiananmen-Platz besetzten, Zelte aufschlugen und in den Hungerstreik traten, war Schmidt zu drei Kurzbesuchen in den USA gewesen. Nahm er von dort den Eindruck mit, dass es besser sei, zu Deng auf Distanz zu gehen? Nachdenklich wurde Schmidt jedenfalls durch den Besuch Gorbatschows in Peking Mitte Mai; auf dem Rückflug nach Moskau sagte der sowjetische Staats- und Parteichef der Nachrichtenagentur TASS, dass die chinesische Führung offenbar die Kontrolle über das Land verloren habe.[15]

Am 4. Juni 1989 rollten Panzer auf den Tiananmen-Platz. Obwohl niemand wusste, was genau sich im Morgengrauen abgespielt hatte und welche Auseinandersetzungen in den Führungsgremien der Partei dem Einsatz vorangegangen waren, konnten westliche Beobachter den Verantwortlichen schnell identifizieren: Deng Xiaoping. Die Entscheidung, Panzer gegen die Demonstranten einzusetzen, brachte dem 84-Jährigen, der nach wie vor die Befehls- und Kommandogewalt innehatte, mit einem Schlag die Kontrolle über die Partei zurück. Generalsekretär Zhao Ziyang, der innerhalb der Führung das meiste Verständnis für die Anliegen der Studenten an den Tag gelegt hatte, wurde abberufen. Die Möglichkeit, dass Deng sich durchsetzte, weil er vor einem Gewalteinsatz nicht zurückscheute, hatte Schmidt nicht einkalkuliert.

Die Nachrichtenlage wurde von Schreckensmeldungen aus Peking beherrscht. Schnell war klar, dass die Armee unter den Studenten ein Blutbad angerichtet hatte. »Trauer und Entsetzen sind weiß Gott gerechtfertigt«, schrieb Schmidt an Hans-Ulrich Klose, der ihn zwei Wochen nach den Ereignissen um eine Einschätzung bat. Vor allem wollte Klose wissen, wie sich Schmidt das Verhalten Deng Xiaopings erkläre, den er doch stets als bedeutenden Staatsmann gewürdigt habe. In der Parteiführung habe offensichtlich ein Machtkampf stattgefunden, der von Deng entschieden worden sei, antwortete Schmidt. »Gleichwohl hat es auch mich überrascht, dass er Schießbefehl und Todesurteile veranlasst haben soll.« Der Westen dürfe jetzt aber »seine Beziehungen zu China weder abbrechen noch einfrieren«, schon deshalb nicht, weil »eine falsche Behandlung Chinas durch den Westen« zu einer weiteren Annäherung zwischen Peking und Moskau führen könnte. Um zu unterstreichen, wie wichtig es sei, den Dialog fortzusetzen, zog Schmidt eine Parallele zum Jahr 1968: »Schließlich haben wir sogar unsere Ostpolitik und den Moskauer Vertrag schon ein Jahr nach Breschnews Vergewaltigung der ČSSR eingeleitet; auch damals gab es reichlich Grausamkeit innerhalb seines Reiches.«[16]

Entscheidend für Schmidt wurde in den kommenden Wochen die Frage, welche politischen Folgen für den Reformprozess sich aus der dramatischen Wendung ergaben. Seine Antwort lief auf eine klare Parteinahme für Deng hinaus: Der greise Führer habe sich zum Handeln entschlossen, nicht um eine gefährlich werdende Opposition im Ansatz zu ersticken, noch gar aus Gründen des persönlichen Machterhalts, sondern einzig und allein, um sein großes Reformwerk fortsetzen zu können. Nicht nur für China selbst sei das besser, sondern auch für Chinas Nachbarn und nicht zuletzt für den Westen. Das war Machtpolitik aus dem Lehrbuch. Schmidt fragte sich nicht ein einziges Mal, ob der Preis – nach realistischen Schätzungen zweieinhalbtausend Tote – eventuell zu hoch gewesen sein könnte.

Die Empörung im Westen über das »Massaker am Platz des Himmlischen Friedens« empfand Schmidt als unangemessen. Es sei falsch, die Vorgänge in Peking nach westlichen Standards zu bewerten und zu behaupten, am Tiananmen-Platz sei eine eben sich formierende Demokratiebewegung von ideologischen Hardlinern zusammenkartätscht worden. Das werde den Zusammenhängen nicht gerecht. Sanktionen zu verhängen, die diplomatischen Beziehungen mit China einzufrieren und das Land so zurück in die Isolation zu zwingen, war für Schmidt der falsche Weg. Allerdings hielt er es für klüger, zum Tiananmen-Debakel vorerst nicht öffentlich Stellung zu nehmen.

Drei Wochen nach den Ereignissen druckte die *Zeit* auf Schmidts Veranlassung einen leidenschaftlichen Artikel Richard Nixons nach, der davor warnte, die Tür nach China, die er selbst 1972 geöffnet hatte, zuzuschlagen. Wenn man jetzt mit Strafmaßnahmen antworte, hätten zwar viele im Westen das gute Gefühl, zu ihren Überzeugungen zu stehen. Damit würden aber alle Chancen auf wirtschaftliche – und später auch politische – Reformen verbaut, und das schade nicht nur China. Es handele sich nun einmal um eine hässliche, brutale, kommunistische Diktatur; wer geglaubt habe, Deng Xiaoping sei »ein niedlicher Teddybär mit einem lieben Lächeln«, werde durch Tiananmen auf den Boden der Tatsachen zurückgeholt. Statt jedoch wohlfeile Erklärungen abzugeben, was China zu tun und zu lassen habe, sollte sich der Westen in wohlverstandenem Eigeninteresse darum bemühen, China auf den Weg friedlicher Reformen zurückzubringen.[17]

Den Dialog mit Peking jetzt nicht abzubrechen, war auch Schmidts Forderung. Nach einem Gespräch mit dem chinesischen Botschafter in Bonn, der eine Einladung Dengs an ihn erneuerte, fasste Schmidt den Entschluss, nach Peking zu reisen, um sich selbst ein Bild zu machen. Er verständigte sich mit Henry Kissinger »über das angemessene Verhalten nach den Ereignissen vom 4. Juni« und setzte dann das Auswärtige Amt von seinen Plänen in Kenntnis. »Das Auswärtige Amt unterstützte die Besuchsabsicht vorbehaltlos und beteiligte sich aktiv an der Vorbereitung, desgleichen die deutsche Botschaft in Beijing. Die negative Reaktion in den deutschen Medien war voraussehbar und bei der Entscheidung berücksichtigt.«[18] Auf dem Weg zur Jahrestagung des InterAction Council Ende Mai 1990 in Seoul machte Schmidt drei Tage Station in Peking. Am Sonntag, dem 20. Mai, führte er Gespräche mit hochrangigen Vertretern der chinesischen Führung, am Montag wurde er vormittags von Deng Xiaoping empfangen, am späten Nachmittag traf er den neuen Generalsekretär Jiang Zemin.

Am selben Abend hielt Schmidt vor mehreren hundert Zuhörern einen Vortrag am Chinese People's Institute of Foreign Affairs. Geladen waren auch einige westliche Journalisten. Da es kein Manuskript gab und die Rede nicht aufgezeichnet worden war, beschlich Schmidt hinterher die Sorge, dass behauptet werden könnte, »ich hätte unqualifiziert durch öffentliches Lob für Deng Xiaoping die Ereignisse im Juni 1989 negligiert oder gar gerechtfertigt«. Für Freunde und Kollegen, »welche mit dem Vorwurf konfrontiert werden«, schrieb er deshalb eigens einen Vermerk, in dem er darauf hinwies, dass die Rede »auch Kritik an den Ereignissen am 3. [sic] Juni 1989« enthielt. »Diese Kritik habe ich im Übrigen viel nachdrücklicher und drastisch geäußert in meinen Gesprächen mit Deng Xiaoping und Jiang Zemin. Ich habe es nicht für zweckmäßig gehalten, die Schärfe dieser Kritik öffentlich zu wiederholen.«[19]

In den Gesprächsvermerken ist von scharfer Kritik allerdings nichts zu finden. Er wisse nicht, so Schmidt zu Deng, »wie weit die chinesische Führung sich darüber klar sei, welch großen Prestigeverlust China im letzten Jahr erlitten habe. Der Grund dafür liege insbesondere in den Fernsehübertragungen. Dieses habe zu einer unfreundlichen Haltung gegenüber China geführt. Verschiedene Regierungen hätten ihre freundschaftliche Haltung reduziert. Sein eigener Besuch sei als Gegengewicht zu diesen Sanktionstendenzen gemeint. Er habe die Hoffnung, dass die chinesische Führung Wege finde, in der öffentlichen Meinung Europas und der Vereinigten

Staaten jenes Prestige zurückzugewinnen, das gegenwärtig beeinträchtigt sei ... Verständige Leute in Europa und in den Vereinigten Staaten wüssten, dass China eine Großmacht sei. Diese Einsicht müsse sich wieder durchsetzen.«

Deng fragte, wer den so genannten G7-Staaten eigentlich das Recht gebe, Sanktionen gegen China zu verhängen. China lasse sich davon nicht beeindrucken. »Was den 4. Juni angeht, so werde die Wirkung dieser Ereignisse bald vorbei sein. ›Wir müssen die Erfahrung daraus zusammenziehen.‹« Man wisse inzwischen, dass die Ursache nicht bei den Studenten gelegen habe, die wohl vernachlässigt worden seien, sondern bei hohen Vertretern in der Parteiführung, die durch ihre Unterstützung der Studenten den Protest erst angefacht hätten. Insgesamt dürfe man die Ereignisse aber nicht überbewerten, die Prinzipien der Modernisierungspolitik seien dadurch »in keiner Weise beeinträchtigt« worden.[20]

Auch in seinem Gespräch mit Jiang Zemin am Nachmittag sah Schmidt davon ab, das brutale Vorgehen der chinesischen Führung am 4. Juni zu kritisieren. Es war der Generalsekretär, der darauf hinwies, dass Unruhen auch in Zukunft nicht ausgeschlossen werden könnten. China werde aber anders damit umgehen und »nach westlichem Vorbild Polizei mit nichttödlichen Waffen zur Bewältigung derartiger Konflikte ausbilden und einsetzen ... Jedenfalls sei die Zeit vorbei, dass auf dem Tiananmen-Platz Zelte aufgebaut werden könnten. Feindliche Kräfte versuchten, Unruhe zu stiften; der April, Mai und Juni – der 4. Juni stehe noch bevor – seien kritische Monate; aber man habe die Sicherheit im Griff.« Schmidt stimmte prinzipiell zu. »Die junge Generation sei häufig anderer Meinung als die Generation der Älteren«, deshalb müsse es »eine legale Möglichkeit« für sie geben, »ihre abweichende Meinung zu sagen«. Ohne ein solches »Sicherheitsventil« drohe eine Explosion. Das Bild eines Sicherheitsventils sage ihm sehr zu, antwortete Jiang Zemin, es sei ihm als ausgebildetem Ingenieur vertraut. Die chinesische Führung wisse, »dass die Jugend die Zukunft und Hoffnung eines Landes bedeute, die mit Herzlichkeit, aber auch mit Strenge behandelt werden müsse«.[21]

Zum ersten Mal hatten die Spitzen der chinesischen Führung mit einem Besucher aus dem Westen über Ursachen und Folgen der ein Jahr zurückliegenden Katastrophe gesprochen. Deng räumte ein, dass er die Situation nicht im Griff gehabt hatte, und Jiang deutete an, dass der Einsatz von Soldaten und Panzern ein Fehler gewesen sei, weshalb man bei künftigen Zusammenstößen auf speziell ausgebildete Polizeikräfte zurückgreifen werde. Schmidt war dankbar für die Offenheit, die man ihm als einem »guten Freund« des chinesischen Volkes (Deng) entgegenbrachte. An den Aktienmärkten wurden Dengs Vorwürfe an die Parteiführung dahingehend gedeutet, dass er die Lage im Griff hatte: »Die Börse in Hongkong reagierte sofort auf die in örtlichen Medien wiedergegebenen Äußerungen Dengs und verzeichnete einen Anstieg der Kurse.«[22]

Zum Abschluss seines dreitägigen Aufenthaltes in Peking traf sich Schmidt mit Vertretern der Auslandspresse. Seinen Worten sei zu entnehmen gewesen, so die *Neue Zürcher Zeitung*, »dass sich am Standpunkt der chinesischen Führung grundsätzlich nichts geändert hat, dass sie aber zumindest die verheerenden Folgen des Gewalteinsatzes zunehmend als Belastung empfindet«.[23] Schmidt wusste, dass deutsche Zeitungen sich mit einem so nüchternen Ergebnis wohl nicht begnügen würden, und rechnete mit ablehnenden Kommentaren. Die Deutschen waren jedoch mit anderen Themen beschäftigt: Am 8. Juni begann in Italien die Fußballweltmeisterschaft, bei der Deutschland vier Wochen später den Titel gewann, und am 1. Juli wurde in der DDR die D-Mark eingeführt. Schmidts China-Reise fand daher wenig Beachtung, dem *Spiegel* war sie nicht einmal eine Erwähnung wert. Diejenigen, die berichteten, waren sich jedoch einig: Schmidt habe sich nicht genügend abgegrenzt und damit dem Regime in Peking zu neuer Reputation verholfen.

In einem Standardbrief zur Beantwortung kritischer Zuschriften erläuterte Schmidt die Motive, die ihn zu seiner Reise veranlasst hatten, und betonte, dass er in allen Gesprächen nachdrücklich Kritik geübt und »auf die Notwendigkeit des Rechts auf freie Meinungsäußerung hingewiesen« habe. Im Interesse des Weltfriedens sei es jedoch »wenig nützlich, ja sogar gefährlich … China in Acht und Bann zu tun«. Es handele sich um »eine militär-strategische Supermacht«, deshalb müsse »der Westen interessiert daran bleiben, sich durch persönliche Kontakte einen Eindruck von den politischen Zielsetzungen der verantwortlichen Führer Chinas zu verschaffen und auf sie einzuwirken«. Leider sei dieser zentrale Aspekt »in der oft verkürzten Berichterstattung … unter den Tisch gefallen«.[24]

Schmidt musste akzeptieren, dass seine Sicht unvereinbar war mit den moralischen Standards der öffentlichen und veröffentlichten Meinung in Deutschland. Er sei 1990 »nicht nach China gereist, um der dortigen Führung Belehrungen in Menschenrechtsfragen zu erteilen«, kommentierte er später trotzig.[25] Aber Schmidt wusste auch, dass er es sich in dieser Frage zu Hause schnell verscherzen konnte. Gerd Bucerius drängte ihn vergeblich, in zwei oder drei Folgen für die *Zeit* über seine Gespräche in Peking und die Eindrücke, die er dort gesammelt hatte, zu berichten. Die Entwicklung in China erschien Schmidt insgesamt zu unsicher, als dass er neuerliche Prognosen wagen wollte.

Erst im Mai 1992, drei Jahre nach Tiananmen, meldete er sich mit einem Artikel über die aufblühenden Küstenregionen Chinas und die Bedeutung der von Deng eingerichteten Sonderwirtschaftszonen zurück. Auf einer Reise durch die Provinz Guangdong im Süden des Landes hatte er sich einen Einblick in die ersten Erfolge des Modernisierungsprozesses verschafft. Angesichts der zu beobachtenden Fortschritte müsse sich »der Westen eingestehen, dass in anderen Kontinenten, in anderen Kulturkreisen von festgegründeter Tradition die Menschen auch ohne die uns Euro-Amerikanern unentbehrlichen demokratischen Strukturen durchaus glücklich werden können. Wir sollten deshalb auch von China nicht verlangen, dass es sich zur Demokratie bekennt.« Der Erfolg einer Regierung werde nicht danach bemessen, ob sie sich dem Kapitalismus oder dem Sozialismus verpflichtet fühle, habe Deng kürzlich gesagt, sondern danach, ob es ihr gelinge, die Produktionskraft zu steigern und den Lebensstandard der Bevölkerung zu heben. Schmidt zitierte Deng mit innerer Zustimmung.[26]

Ein Jahr später tagte der InterAction Council auf Anregung Schmidts in Shanghai. Gastgeber war der stellvertretende Ministerpräsident Zhu Rongji, der in seiner Begrüßungsansprache die bisherigen Wirtschaftsmaßnahmen der Regierung schilderte und einen Überblick gab über die demnächst zu erwartenden Schritte. Zentrales Thema der Tagung war die Frage, welche Folgen für die internationale Gemeinschaft sich aus dem Zusammenbruch der Sowjetunion ergaben. Das Ende des Kalten Krieges habe weder die von den USA proklamierte neue Weltordnung gebracht noch die Hoffnungen auf ein friedlicheres Miteinander erfüllt, sagte Schmidt in seiner Eröffnungsrede. Umso wichtiger sei es, jedes Land für sich zu betrachten und bei der Beurteilung den jeweiligen Entwicklungsstand zugrunde zu legen. China als neuer Weltmacht wachse eine besondere Verantwortung zu – so das Ergebnis der dreitägigen Diskussionen –, deshalb müsse nach Wegen gesucht werden, wie das Land in die Weltwirtschaft integriert werden könne.

Schmidt hatte sich im Vorfeld prominenter Unterstützung versichert und nicht nur die IAC-Mitglieder Giscard d'Estaing und Lee Kuan Yew davon überzeugt, dass ihre Teilnahme am Shanghai-Treffen wichtig sei. (Der Ex-Premier von Singapur, der aus einer ehemaligen britischen Kolonie, die ziemlich heruntergekommen war, einen der wohlhabendsten Staaten der Welt geformt hatte, genoss in China hohes Ansehen.) Auch Henry Kissinger und der ehemalige Weltbankpräsident Robert McNamara schlossen sich auf Bitten Schmidts der Delegation an. Man wollte an die Adresse des Westens appellieren, China bei der Rückkehr in die internationalen Systeme zu unterstützen, und zugleich die Führung in Peking ermutigen, ihren Reformkurs fortzusetzen. Die Regierung brachte ihre Dankbarkeit zum Ausdruck, indem sie die Delegation nach Abschluss der Tagung mit einer eigenen Maschine nach Peking flog, wo jeder der 35 Gäste mit einer »Roten Fahne«, dem Rolls-Royce Chinas, abgeholt und am Abend zum Empfang bei Staats- und Parteichef Jiang Zemin gefahren wurde.

Schmidt verfolgte den Umbau Chinas auch in den folgenden Jahren mit Leidenschaft und Neugier. Er sah die gewaltigen

Probleme, mit denen die Führung konfrontiert war: das extreme Wohlstandsgefälle zwischen den privilegierten Küstenregionen und dem riesigen Hinterland, die fehlende Infrastruktur, die Altlasten der staatlichen Großbetriebe, Korruption sowie fehlende Rechtssicherheit, die vor allem ausländische Investoren abschreckte, und nicht zuletzt die Gefahr der inflatorischen Überhitzung. Ein Land von der Größe Chinas mit 1,2 Milliarden Einwohnern konnte solche Probleme nach Auffassung Schmidts nur bewältigen, wenn es straff autoritär und zentralistisch geführt wurde. Darauf vertraute er. Bei aller Bewunderung für die ökonomische Dynamik Chinas hielt er die Aufrechterhaltung der Herrschaftsstrukturen für eine der wesentlichen Voraussetzungen des Erfolgs. Und je mehr Erfolge sich einstellten, desto zuversichtlicher wurde er, dass »das größte Experiment der Geschichte« gelingen konnte.

Seine Gesprächspartner im Westen erinnerte Schmidt immer wieder daran, dass sie beim Blick auf China in größeren zeitlichen Dimensionen denken sollten. Die chinesische Geschichte sei älter als die aller anderen Nationen der Welt und umfasse mindestens dreitausend Jahre. Daraus leiteten sich für ihn zwei Forderungen ab. Erstens, dass man die Vorgänge in China zuallererst aus dieser langen Geschichte heraus zu interpretieren habe (und dann schnell feststelle, dass China immer autoritär geführt worden sei). Zweitens, dass eine so alte Kultur grundsätzlich Anspruch auf Respekt verdiene.

In seinen Gesprächen mit dem China-Korrespondenten Frank Sieren, die er 2006 unter dem Titel *Nachbar China* veröffentlichte, machte Schmidt klar, dass seine fernöstliche Faszination nicht so weit ging, sich chinesische Verhältnisse auch in Deutschland zu wünschen. Er würde »auf die Errungenschaften der europäischen und nordamerikanischen Aufklärung nicht verzichten« wollen, sagte er, und »einiges riskieren«, wenn die Demokratie in Deutschland in Gefahr geriete. »Ich würde auf die Barrikaden gehen als alter Mann und den Stock schwingen.«[27]

Dennoch wagte er in den letzten Jahren seines Lebens mitunter den direkten Vergleich zwischen Demokratie und Diktatur. Wenn er sich die amerikanischen Wahlkämpfe anschaue, bei denen der

Kandidat, der das meiste Geld für seine Kampagne zusammenbringe, die größten Chancen habe, frage er sich, ob dieses Ausleseprinzip wirklich das bessere sei. Gemessen an den Idealen der Demokratie, erscheine ein solches Verfahren zumindest als fragwürdig. Auch Opportunismus sei ein Manko der Demokratie: »Westliche Politiker wollen bei der nächsten Wahl wiedergewählt werden und gehen unpopulären Entscheidungen deshalb aus dem Weg.« In China sei alles ganz anders. Dort werde der Nachwuchs in der Tradition des Konfuzius erzogen, und nur wer alle Prüfungen bestehe, gelange an die Spitze. Weil die chinesischen Politiker sich nicht nach dem Mehrheitswillen des Volkes zu richten brauchten und nur dem Grundsatz verpflichtet seien, »das Volk leidlich milde zu behandeln und es nicht auszubeuten«, könnten sie unabhängiger und effizienter entscheiden als die meisten Politiker in einer Demokratie.[28]

In solchen Momenten vergaß Schmidt seinen eigenen Grundsatz, dass man die Systeme nicht vergleichen dürfe. Fehlentwicklungen und Schwächen in den demokratischen Gesellschaften ein wie auch immer abgeleitetes konfuzianisches Ideal gegenüberzustellen lief darauf hinaus, eine Gegenrechnung aufzumachen für alle diejenigen, die forderten, China müsse endlich Menschenrechte und Demokratie verwirklichen. In seiner grenzenlosen Bewunderung für das Land, seine Geschichte und Kultur verlor Helmut Schmidt gelegentlich die Proportionen aus dem Blick.

*

Die zweite »Weltmacht«, die Schmidt Mitte der neunziger Jahre als großes Thema für sich entdeckte, war die Religion. Bereits 1987 hatte der InterAction Council Vertreter verschiedener religiöser Bekenntnisse zum Dialog rund um einen Tisch versammelt. Seither begleitete Schmidt der Wunsch, den gemeinsamen Erfahrungsschatz der Weltreligionen zu erkunden und für eine neue globale Ethik nutzbar zu machen.

Globalisierung – das allumfassende Schlagwort der neunziger Jahre – weckte, neben mancherlei Hoffnungen auf technischen und ökonomischen Fortschritt, bei vielen Menschen weltweit aus unterschiedlichen Gründen diffuse Ängste. Wie weit die Verunsicherung großer Teile des Westens ging, ließ sich ablesen am Siegeszug des 1993 von dem amerikanischen Politikwissenschaftler Samuel Huntington geprägten Schlagworts »Clash of Civilizations«. Der Zusammenprall der westlichen Zivilisation mit der islamischen, aber auch mit der chinesischen Zivilisation drohte laut Huntington unvermeidlich zu werden. Um ihn zu verhindern, musste man interkulturelle Konflikte rechtzeitig entschärfen. Nach welchen Maßstäben konnte das globale Miteinander geregelt werden? Schmidt war davon überzeugt, dass ein wichtiger Teil der Antwort bei den großen Religionen zu finden war.

Unmittelbarer Anlass für die Wiederaufnahme des Themas war der Tod seines Freundes Takeo Fukuda im Sommer 1995. Der ehemalige japanische Ministerpräsident, der ihn zwölf Jahre zuvor für den InterAction Council hatte gewinnen können, hatte immer davon geträumt, dass es so etwas wie universale ethische Standards geben müsse, die man nur neu zu entdecken und auf einen gemeinsamen Nenner zu bringen brauche. Da die globale Verflechtung weltweit die gleichen sozialen Probleme hervorrufe, sei die Suche nach einer globalen Ethik umso dringender geboten. Diese Vision Fukudas wurde gewissermaßen zum Vermächtnis des Gründers. Schmidt, dem nach Fukudas Tod das Amt des Ehrenvorsitzenden zufiel, räumte dem Thema sofort Priorität ein und begann eine Expertengruppe zusammenzustellen, die sich bereits im März 1996 in Wien traf: »In Search of Global Ethical Standards«.

Schmidt hatte das Treffen nach Wien einberufen, weil er unbedingt Franz Kardinal König dabeihaben wollte, der seines hohen Alters wegen keine Reisen mehr unternahm. Prominente Vertreter anderer Religionen wurden auf Vorschlag des Tübinger Theologen Hans Küng eingeladen, der bereits für das »Parlament der Weltreligionen« eine Erklärung zum Weltethos ausgearbeitet hatte. Der dort begonnene Dialog müsse fortgesetzt werden mit dem Ziel – so formulierte es Schmidt in einem Grußwort für Küng –, die Prinzipien der Toleranz »auch in die säkularisierten Bereiche unserer Gesellschaft hinein verständlich zu machen«.[29] Küng hatte inzwischen seine eigene »Stiftung Weltethos« ins Leben gerufen und dürfte sich von einer Zusammenarbeit mit Helmut Schmidt und dem InterAction Council manchen Vorteil versprochen haben. Allerdings wäre auch die Frage angebracht gewesen, warum der InterAction Council eine eigene Initiative startete, wenn es ein so ambitioniertes und vielversprechendes Projekt wie die »Stiftung Weltethos« bereits gab, die nicht nur ähnliche, sondern vielfach dieselben Ziele verfolgte. Es kam wohl vor allem deshalb zu keiner Kooperation, weil Küng das Weltethos-Projekt eng an seine Person geknüpft hatte. Bei aller Wertschätzung für den Theologen bedauerte es Schmidt, dass Küngs Ego oft mehr Aufmerksamkeit auf sich zog als die Sache, um die es ihm ging.

Der Bericht über die Wiener Gespräche, an denen ein Dutzend Theologen und Wissenschaftler aus allen großen Religionen teilnahm, wurde auf der nächsten Jahrestagung des InterAction Council in Vancouver diskutiert. Hans Küng übernahm es, einen ersten Entwurf für eine »Allgemeine Erklärung der Menschenpflichten (Responsibilities)« vorzulegen. Im April 1997 kam man unter der Leitung von Helmut Schmidt nochmals in Wien zusammen und diskutierte die Eckpunkte. Die Forderung nach einem Höchstmaß an Freiheit sollte mit der Forderung nach einem Höchstmaß an Verantwortung kombiniert werden, wobei Verantwortung als Voraussetzung der Freiheit verstanden wurde. Der westliche Gebrauch des Freiheitsbegriffs war Schmidt und seinen Mitstreitern zu unverbindlich. Von diesem Freiheitsbegriff, der ihrer Meinung nach zu stark die Rechte des Menschen betonte, wollte man zu einem neuen Begriff von Freiheit gelangen, der die Verantwortung des Einzelnen gegenüber der Gemeinschaft genauso einschloss wie seine Verantwortung gegenüber Natur und Umwelt. Man wollte eine Balance schaffen zwischen Rechten und Pflichten oder, wie Schmidt es ausdrückte, »dem Grundrecht auf Freiheit die moralische Grundpflicht zur Verantwortung an die Seite stellen«.[30] Wichtige Anregungen fand man im Werk des Philosophen Hans Jonas (*Prinzip Verantwortung*) sowie bei dem Soziologen Amitai

Etzoni, der 1996 den Begriff der »Verantwortungsgesellschaft« einführte.

Unterstützt von Thomas Axworthy, dem früheren Stabschef des kanadischen Premierministers Pierre Trudeau, arbeitete Hans Küng die Wiener Vorschläge in seinen Entwurf ein und legte dem InterAction Council die redigierte Fassung zur nächsten Jahrestagung Anfang Juni 1997 im holländischen Noordwijk vor. Viele Mitglieder hielten den Text für zu defensiv, er enthalte zu viele Verbote. Freiheit lasse sich am ehesten über die Festlegung von Grenzen definieren, argumentierten die Befürworter, Zwang zur Pflicht bedeute immer auch Einschränkung von Freiheit. Anfang August konnte die von Helmut Schmidt, dem Niederländer Dries van Agt und dem Schweizer Kurt Furgler verantwortete Endfassung von allen Mitgliedern unterschrieben werden; am 1. September schickte der neue IAC-Vorsitzende Malcolm Fraser das Dokument an sämtliche Regierungen der Welt – und an UN-Generalsekretär Kofi Annan.

Der InterAction Council hatte bewusst den Schritt auf die große Bühne gewählt. Die »Allgemeine Erklärung der Menschenpflichten« sollte der UN-Menschenrechtserklärung zu deren bevorstehendem 50. Jahrestag an die Seite gestellt werden. So jedenfalls wünschte es sich der InterAction Council, der die Erklärung in Aufbau und Duktus an die »Allgemeine Erklärung der Menschenrechte« von 1948 angelehnt hatte, die in Artikel 29 festlegte, dass »jeder Mensch Pflichten gegenüber der Gemeinschaft« habe, ohne dass diese Pflichten definiert worden waren. Aber dem Dokument blies sofort ein eisiger Wind entgegen. In vielen Staaten des Westens sah man die Festschreibung von Menschenpflichten als einen Angriff auf die Menschenrechte, in den USA begann eine regelrechte Kampagne gegen die Erklärung. Vor allem der Artikel 14, in dem von der Verantwortung der Medien »für genaue und wahrheitsgemäße Berichterstattung« die Rede war, weckte Misstrauen und wurde als Versuch zur Einschränkung der Pressefreiheit interpretiert. Während die Regierungen von China, Indien, Indonesien und Ägypten bei der UNO für eine Annahme der Erklärung warben, fand die Initiative in den westlichen Staaten keine Gnade, zu massiv war der öffentliche Druck derer, die vor einer Aushöhlung der Menschenrechte warnten.

Man hat den Verfassern der Erklärung unscharfe Begrifflichkeit vorgeworfen und eine falsche Dialektik. Rechte und Pflichten stünden nicht im selben Rang und dürften auch nicht gegeneinander aufgerechnet werden. In dieser Argumentation fehle der eigentliche Bezugspunkt: die Menschenwürde. Es werde vor einem Missbrauch der Rechte durch einen überzogenen Individualismus gewarnt. Viel mehr zu befürchten sei aber, dass ein Kanon von Pflichten autoritären Regimen und Diktatoren in die Hände spiele. Leistete der InterAction Council Diktaturen Vorschub, indem er die Menschenrechte relativierte?[31]

Schmidt verteidigte das Konzept. Außerhalb Europas und der Vereinigten Staaten sähen »viele der politischen, geistlichen und intellektuellen Führer die westliche Menschenrechtspropaganda als ein Instrument zur Ausbreitung oder Verlängerung westlicher Dominanz über den Rest der Welt«, schrieb er an den österreichischen Außenminister Wolfgang Schüssel, der den Entwurf scharf kritisiert hatte. Keiner von ihnen könne sich erinnern, dass die Europäer zu Zeiten des Kolonialismus nach Menschenrechten gefragt hätten. Die Entdeckung der Grundrechte des Einzelnen sei »eine sehr späte, erst im 18. Jahrhundert als Frucht der Aufklärung entstandene Ausprägung westlichen Denkens«. Der Versuch, »einen ethischen Minimalkonsens zwischen den großen Religionen und Zivilisationen der Welt herzustellen«, sei allein schon wegen der Explosion der Weltbevölkerung und aus Sorge um den Frieden dringend geboten.[32] Schmidt kritisierte die Doppelmoral des Westens bald auch öffentlich: Einige westliche Politiker würden »die Idee und den Begriff der ›Menschenrechte‹ als eine Art verbale Waffe missbrauchen, als ein aggressives außenpolitisches Druckinstrument. Und sie wenden diesen Druck aufgrund geopolitischer oder innenpolitischer Interessen ausgesprochen selektiv an.«[33]

Die moralische Intention der Verfasser finde seine Zustimmung, schrieb der FDP-Liberale und ehemalige Innenminister Gerhart Baum, dem Schmidt den Entwurf im September hatte zukommen lassen. Er sei jedoch der Meinung, »dass in vielen Teilen der Welt ein Zuwenig an Freiheit ein größeres Problem ist als ein Zuviel an Freiheit«. Baum, der für die Menschenrechtskommission der Vereinten Nationen tätig war, riet Schmidt zu einer anderen Vorgehensweise. Es gebe »erhebliche Vorbehalte bei allen angesprochenen westlichen Staaten« sowie im Sekretariat der Vereinten Nationen; man sorge sich »um den Rechtsstatus der Allgemeinen Erklärung der Menschenrechte«. Baum empfahl, das Junktim durch Änderung des Titels aufzuheben und den Entwurf im Plenum ohne Antrag auf Beschlussfassung vorzustellen.[34] Am Ende verteidigten die Staaten des Westens ihr traditionelles Konzept, es blieb bei der Alleinstellung der Menschenrechte.

Das Scheitern der Initiative war sicher nicht überraschend, dennoch empfand es Schmidt als einen herben persönlichen Rückschlag. Man habe noch viel Überzeugungsarbeit zu leisten, sagte er auf dem nächsten Jahrestreffen in Rio de Janeiro, bis ein solches Konzept allgemein akzeptiert und die Bedeutung universal geltender Pflichten für das Zusammenleben der Menschen erkannt werde. Zum 50. Jahrestag der UN-Menschenrechtserklärung Anfang Dezember 1998 schaltete der InterAction Council in der *International Herald Tribune* unter dem Titel »It is time to talk about human responsibilities« eine große Anzeige mit den 28 Unterschriften seiner Mitglieder, darunter Jimmy Carter und Michail Gorbatschow. Vielleicht stießen die Vorschläge des Council in der Öffentlichkeit ja auf mehr Gegenliebe als bei den Vereinten Nationen.

Anregungen für einen universellen Wertekanon hatten die Initiatoren des InterAction Council vor allem bei den großen Weltreligionen gesucht, die ihrer Meinung nach am ehesten das kollektive Gedächtnis der Menschheit repräsentierten. Die Weisheit der Religion über die Herrschaft des Rechts zu stellen hatte in den Augen vieler Kritiker etwas Anachronistisches, denn die Zeiten, in denen die Theologen das Weltbild bestimmten, waren nun einmal lange vorüber, jedenfalls in Westeuropa und Nordamerika. Auch an dem stark moralphilosophisch geprägten Duktus der Erklärung störten sich manche. Die meisten Pflichten waren so allgemein und weich formuliert, dass es schwergefallen wäre, jemanden zu finden, der ihrem Geist widersprochen hätte: »Jede Person hat die Pflicht, Leben zu achten« (Art. 5), »Jede Person hat die Pflicht, sich integer, ehrlich und fair zu verhalten« (Art. 8), »Jede Person hat die Pflicht, wahrhaftig zu reden und zu handeln« (Art. 12). Aber gerade diese scheinbare Unverbindlichkeit warf sofort die Frage auf, zu welchem Zweck solche Pflichten überhaupt definiert wurden und wer eigentlich über ihre Einhaltung wachen sollte.

Auch wenn an den Entwürfen zahlreiche Theologen mitgearbeitet hatten, so steckte doch hinter der Idee alles andere als der Versuch, den Religionen zu neuer Geltung zu verhelfen. Vielmehr griff man auf den Grundsatz der Wechselseitigkeit zurück, die allen Religionen gemeinsame so genannte Goldene Regel, die fordert, den anderen so zu behandeln, wie man selbst von ihm behandelt werden möchte. Sollte das im Alten und Neuen Testament, in den großen Epen Indiens, im Konfuzianismus, im Koran und anderen Überlieferungen verankerte Gleichheitsgebot nicht auch über die Grenzen der eigenen Religion hinaus gelten? Artikel 15 der Erklärung, der die Religionsfreiheit garantierte, erinnerte die Repräsentanten der Religionen daran, dass sie eine besondere Pflicht hätten, »Äußerungen von Vorurteilen und diskriminierende Handlungen gegenüber Andersgläubigen zu vermeiden«. Sie dürften weder zu Hass und Fanatismus anstiften noch ihn legitimieren, vielmehr sollten sie »Toleranz und gegenseitige Achtung unter allen Menschen fördern«. Noch ahnte keiner, welches Hasspotential nur wenige Jahre später, mit den Anschlägen vom 11. September 2001, freigesetzt werden und dass am Ende der gesamte Nahe Osten in Flammen stehen würde.

*

Helmut Schmidt faszinierte das Religionsthema weit über seine Aktivitäten im InterAction Council hinaus. 1993 beteiligte er sich an einem von der *Zeit* organisierten Islam-Symposion, bei dem die politische und wirtschaftliche Situation im Nahen Osten vor dem Hintergrund der kulturellen und religiösen Spannungen in der

Region diskutiert wurde. Aus diesem Anlass erinnerte Schmidt noch einmal an seine Gespräche mit dem ägyptischen Staatspräsidenten Sadat, der ihn schon in den siebziger Jahren darauf hingewiesen habe, dass Christentum, Judentum und Islam die gleichen Propheten hätten. Der Westen müsse mit den Muslimen mehr über die gemeinsamen sittlichen Wurzeln reden, statt immer nur über Waffen und Öl.

Im Juli 1996 reiste Schmidt auf Einladung von Großscheich Muhammad Sayyid Tantawi nach Kairo, um auf der Achten Konferenz des Obersten Rates für islamische Angelegenheiten zu sprechen. Das Thema der Tagung – »Islam im Dialog« – war insofern irreführend, als es nicht, wie Schmidt zu seinem Bedauern feststellte, um den Dialog mit anderen Religionen ging, sondern nur um einen Austausch der Vertreter verschiedener islamischer Glaubensrichtungen untereinander. Als einsamer Rufer warb Schmidt für mehr Toleranz auch gegenüber anderen Religionen: Andersgläubige praktizierten lediglich eine andere Form des Glaubens als man selbst, daher solle man ihnen mit Respekt begegnen. Er sehe die Gefahr eines Zusammenstoßes der Religionen und Kulturen, wie Samuel Huntington ihn beschreibe, sagte Schmidt. Um einem solchen Clash zu entgehen, sollten Muslime und Christen versuchen, auf der Grundlage gemeinsamer Werte einen Kodex für ein dauerhaftes friedliches Zusammenleben zu entwickeln.

Ein Dreivierteljahr später kam Tantawi, der als Großscheich der Al-Azhar-Universität zugleich oberste religiöse Autorität des sunnitischen Islam war, auf Einladung von Außenminister Kinkel zu Besuch nach Deutschland. Das Auswärtige Amt unterstützte den Wunsch der ägyptischen Seite nach einem Treffen Tantawis mit Schmidt. Tantawi gehöre zu den liberalen Kräften in der islamischen Welt, setze sich »stets unmissverständlich … gegen den Missbrauch der Religion für rein politische Zwecke und als Rechtfertigung für Terrorismus ein« und fördere den friedlichen Dialog zwischen den Kulturen.[35] Bei ihrem Gespräch am 10. März 1997 auf dem Flughafen Berlin-Tegel sagte Tantawi, er würde sich gern mit dem Papst treffen. Schmidt wollte versuchen, über Kardinal König, den er sechs Wochen später in Wien besuchte, eine Begegnung mit Johannes Paul II. herbeizuführen. Es dauerte exakt zehn Jahre, bis sich der Vatikan im Februar 2007 zu einer Einladung entschließen konnte. Kurz zuvor hatte der neue Papst, Benedikt XVI., mit einer umstrittenen Rede in Regensburg jedoch wütende Proteste in der islamischen Welt ausgelöst, und Tantawi sagte ab.

Je intensiver sich Schmidt mit den Weltreligionen befasste, desto mehr entfremdete er sich seiner eigenen Kirche. Im Dezember 1997 hielt er an der Augustana, der Hochschule der Evangelisch-Lutherischen Kirche Bayerns in Neuendettelsau, eine Rede, auf die er später mehrfach zurückkam, weil er hier zum ersten Mal den christlichen Missionsgedanken scharf angriff (die Passage war von ihm handschriftlich in die Textvorlage eingefügt worden): »Es dient dem Frieden zwischen den Religionen, zwischen den Religionsgemeinschaften und Kirchen nicht, wenn die eine der anderen die Gläubigen abzuwerben versucht ... Es erscheint mir als eine sehr menschliche, eine allzumenschliche Überheblichkeit, nur ein Christ oder nur ein Muslim oder nur ein Hindu könne selig werden – und deshalb sei es nötig, Menschen anderer religiöser Zugehörigkeiten zum Christentum zu führen, das heißt sie ihrer bisherigen Religion abspenstig zu machen.« Anschließend präsentierte der Redner seinem Auditorium einen langen Katalog christlicher Verfehlungen, der es in sich hatte:

»Wenn doch das Christentum eine Religion der Nächstenliebe ist, wieso konnten Christen dann mit gutem Gewissen in großer Zahl sogenannte Ketzer verbrennen? Wieso konnten sie in noch größeren Zahlen sogenannte Hexen verbrennen? Wieso konnten Christen mit der Bibel in der einen Hand und dem Schwert in der anderen Hand militärische Kreuzzüge unternehmen? ... Wieso konnten katholische wie auch evangelische Priester und Pastoren jahrhundertelang den Antisemitismus pflegen und den Islam verteufeln? Und all dies im Namen Christi? Wieso konnten christliche Spanier, Portugiesen und christliche Amerikaner andere Menschen als Sklaven kaufen und verkaufen? Wieso konnten Christen in Auschwitz Juden verbrennen? Und wieso konnten andere Christen im Zweiten Weltkrieg ganze Städte mitsamt allen Einwohnern verbrennen? Und wieso haben die deutschen Soldaten anno Wilhelmi auf ihrem Koppelschloss die Worte getragen: ›Gott mit uns‹?«[36] Die Vertreter der christlichen Kirchen hätten ihren Gläubigen eine gründliche Kenntnis anderer Religionen stets vorenthalten und sie stattdessen zu Intoleranz und Feindseligkeit gegenüber Andersdenkenden erzogen.

Mehr noch als die Selbstgerechtigkeit der christlichen Kirchen irritierten Schmidt die inneren Widersprüche des Christentums. Wenn man die heiligen Schriften wörtlich nehme, könne man über vieles nur den Kopf schütteln. Die Idee der Dreifaltigkeit, die Jungfrauengeburt, die Auferstehung: Das seien doch alles seltsame Geschichten, schon als Schüler habe er sich darüber gewundert. Später vermisste Schmidt vor allem klare Handlungsmaximen: Mit der Bergpredigt komme man nicht weit, wenn man im modernen Rechtsstaat Entscheidungen zu treffen habe. Schmidt tat so, als mute man ihm zu, solche Texte wörtlich zu nehmen, und dies beleidigte seine Intelligenz. Zu einem anderen Bibelverständnis war er nicht in der Lage. Da die Bibel keine Richtlinien zur Beantwortung aktueller politischer und gesellschaftlicher Fragen enthielt, stellte sich für ihn die Frage, ob es eine christliche Politik im engeren Sinn überhaupt gab.

Öffentlich war Schmidt erstmals 1976 in der so genannten Grundwertedebatte auf das Thema eingegangen. Der Oppositionsführer Helmut Kohl hatte, unterstützt von der Deutschen Bischofskonferenz, dem sozialdemokratischen Bundeskanzler vorgeworfen, es fehle ihm an sittlichen Grundüberzeugungen; Hintergrund der Attacke war die Novellierung des Abtreibungsparagraphen 218 und des Scheidungsrechts. Der Staat sei verpflichtet, christliche Werte zu schützen, forderten die Konservativen. Wenn bestimmte Wertvorstellungen nicht mehr der gesellschaftlichen Realität entsprächen, habe die Gesetzgebung dem Rechnung zu tragen, hielt die Regierung dagegen. Man dürfe die Grundrechte der Verfassung nicht mit den sittlichen Grundwerten einer Religion gleichsetzen, führte Schmidt in einem Vortrag vor der Katholischen Akademie in Hamburg aus. Die im Grundrechtekatalog garantierte Glaubens- und Religionsfreiheit verpflichte den Staat im Gegenteil zu Neutralität; er habe dafür zu sorgen, dass sich die verschiedenen Weltanschauungen frei nebeneinander entfalten können, und nur dann einzugreifen, wenn diese Freiheit bedroht sei. Hingegen sehe er es nicht als Aufgabe des Staates an, den Kirchen dabei zu helfen, verlorenes Terrain wiederzugewinnen. Wenn die Mehrheit der Bevölkerung über den Paragraphen 218 anders denke, als die Kirchen es sich wünschten, läge möglicherweise ein Versäumnis der Kirchen vor. Der Vorwurf, der Staat stelle die Grundwerte zur Disposition, provoziere jedenfalls die Gegenfrage, ob die Kirchen die christlichen Werte noch nachdrücklich genug vermittelten.[37]

Zu den Theologen, die in der Grundwertedebatte Partei für Schmidt ergriffen und vor einer Vermischung der Aufgaben des Staates mit den Interessen der Kirchen warnten, gehörte der Jesuit Oswald von Nell-Breuning.[38] Der persönliche Kontakt blieb nach Schmidts Ausscheiden aus dem Amt erhalten. Im September 1986 nahm Nell-Breuning ein Interview Schmidts in den *Evangelischen Kommentaren* zum Anlass, ihn an den Vortrag vor der Katholischen Akademie in Hamburg zu erinnern. Das Thema habe ihn seither nicht mehr in Ruhe gelassen, schrieb der Pater: »Nachdem ich Ihren Beitrag in den Ev. Kommentaren gelesen habe, möchte ich Sie aufmuntern und dringend bitten, weiter darüber nachzudenken. Als Sie noch im Amte waren, habe ich einmal geäußert, wenn Sie über etwas redeten, habe man den Eindruck, Sie hätten *selbst* darüber nachgedacht. Für mich ist bei meinem Alter die Zeit fruchtbaren Nachdenkens abgelaufen; Sie aber haben heute so unvergleichlich viel mehr Zeit dazu; nutzen Sie sie doch bitte!«[39]

Ein halbes Jahr später dankte Nell-Breuning Schmidt für Glückwünsche zu seinem 97. Geburtstag. Er erinnere sich gern an Schmidts letzten Besuch in Frankfurt, als sie »über die Verbindlichkeit des irrenden Gewissens« gesprochen hätten.[40] Der theologische Begriff des irrenden Gewissens war Schmidt so wichtig, dass er noch in das Manuskript seines letzten Buches einen Passus einfügte: »Von einem irrenden Gewissen ist die Rede, wenn ein Mensch, der sich auf sein Gewissen beruft, sich nicht ausreichend kundig gemacht hat.« Schmidt verwies beispielhaft auf die Friedensbewegung: Viele der vornehmlich jungen Leute seien damals ihrem Gewissen gefolgt, »aber ihr Gewissen irrte. Man konnte ihnen ihr Gewissen nicht zum Vorwurf machen, denn sie hatten ein gutes Gewissen.« In Wirklichkeit sprach Schmidt hier von sich selbst, von seiner Zeit als Soldat: Auch er hatte damals ein gutes Gewissen, aber sein Gewissen irrte, weil ihm »Kenntnis und Überblick« fehlten.[41]

2008 unternahm Schmidt in *Außer Dienst* den ambitionierten Versuch, seine religiöse Entwicklung im Zusammenhang darzustellen. Das Kapitel hieß »Christliche Prägungen?«. Schmidt legte Wert auf das Fragezeichen, bereits in der Überschrift sollten seine Vorbehalte gegen das Christentum zum Ausdruck kommen. Als ließen sich Prägungen der Kindheit und Jugend später dadurch relativieren, dass man behauptet, immer schon mehr oder weniger immun gewesen zu sein. Auch im Text bemühte sich Schmidt um größtmögliche Distanz: Sein Selbstverständnis als Christ habe sich »aufgrund äußerer Einflüsse gewissermaßen von selbst ergeben«, andere Religionen und Weltanschauungen habe er schließlich nicht gekannt. Das meiste, was er im Konfirmationsunterricht gelernt habe, sei für ihn »bloßer Lernstoff« geblieben.[42]

1941 habe er an der Ostfront in einem abendlichen Gespräch mit einem jungen Theologen »zum ersten Mal einen wirklichen Zugang zum Christentum« gefunden. Sein Gesprächspartner habe ihn hingewiesen auf die Stelle im Römerbrief: »Seid untertan der Obrigkeit … denn die Obrigkeit ist von Gott.« Dieser Gedanke, verbunden mit dem Trost, dass nichts ohne den Willen Gottes geschehe, habe ihn »an jenem Abend beruhigt«.[43] In Russland habe er gelernt, sich »innerlich auf Gott zu verlassen. Dabei ist es auch während der weiteren, immer schlimmer werdenden Kriegsjahre geblieben, vor allem dann, wenn ich Angst hatte. Natürlich hatte ich oft Angst gehabt.«[44]

Mit zunehmendem Alter hat Schmidt die Hilfe, die er 1941 im Glauben fand, deutlich relativiert – das habe nicht lang angehalten. Entsprach die Erfüllung seiner Pflicht als Soldat wirklich Gottes

Ratschluss? Ein halbes Jahrhundert später erschien ihm die Frage, ob Gott gewollt haben konnte, dass er schuldig werde, ganz und gar unlösbar. Die Vorstellung, dass er mit seiner Zuflucht im Glauben sich des eigenen Nachdenkens über diesen Krieg und seine Gräuel entzogen haben könnte, schien Schmidt im Rückblick fast sogar unangenehm. Und auch den Satz, den er lange als eine Art Minimalkonsens für sich akzeptiert hatte, dass Gott der Herr allen Geschehens sei, wollte er später nicht mehr gelten lassen. »Viele von denen, die glauben, dass Gottes Wille letzten Endes alles entscheidet«, fänden angesichts der Barbareien des 20. Jahrhunderts keine überzeugende Antwort mehr auf die Theodizee, die Frage nach dem schrecklichen Warum.[45] Glaubenszweifel ließen Schmidt im Laufe der Jahre immer ungeduldiger werden.

Gleichzeitig belegt eine über mehr als ein halbes Jahrhundert geführte umfangreiche Korrespondenz mit führenden Repräsentanten beider Kirchen eindrucksvoll Schmidts nicht nachlassendes Interesse an religiösen, genauer gesagt, allgemein sittlichen und ethischen Fragen. Während er zur protestantischen Kirche »ein eher funktionales denn gläubiges Verhältnis« unterhielt, war seine »von Bewunderung der theoretischen Kohärenz nicht ganz freie Annäherung an die katholische Kirche und deren Soziallehre« stark emotional geprägt.[46] Der geistige Austausch mit intellektuell herausragenden Katholiken wie Nell-Breuning oder Kardinal König regte ihn immer wieder an; die Kontakte zu Ruhrbischof Franz Hengsbach, zu Landesbischof Eduard Lohse oder auch zu Repräsentanten der Evangelischen Kirche in der DDR pflegte er auch nach seiner Amtszeit. Weil er Glaubensfragen ernst nahm, beantwortete er Briefe von Priestern und Pastoren gern ausführlich – man konnte ja nie wissen –, und gelegentlich suchte er wohl auch in späteren Jahren noch seelischen Trost und Beistand.

Man zögert, Schmidt einen gläubigen Menschen im christlichen Sinn zu nennen; er sei »immer Skeptiker geblieben, das heißt ein sehr distanzierter Christ«, so seine eigene Definition.[47] Dennoch war er davon überzeugt, dass den beiden großen Kirchen in Deutschland auch künftighin eine wichtige gesellschaftliche Rolle zufalle. Die Seelsorge als zentrale Aufgabe der Volkskirche werde ebenso unverzichtbar bleiben wie die Vermittlung der christlichen Grundwerte durch die Kirchen. Ein friedliches Zusammenleben der Gesellschaft sei für ihn nicht denkbar »ohne die auf dem Boden des Christentums entwickelten Pflichten und Tugenden«; für Schmidt standen an erster Stelle Barmherzigkeit, Solidarität und der Respekt vor der persönlichen Würde des anderen. Die Kirchen trügen öffentliche Verantwortung, und deshalb nenne er sich »immer noch einen Christen und bleibe in der Kirche, weil sie Gegengewichte setzt gegen moralischen Verfall in unsrer Gesellschaft und weil sie Halt bietet«.[48] Oder, kurz und knapp in der Volksausgabe der Zigarettengespräche: »Die Kirchen gehören zum Kitt, der die Gesellschaft zusammenhält.«[49]

Durch seine Beschäftigung mit fremden Religionen sei er im letzten Drittel seines Lebens »religiös immer toleranter geworden«, glaubte Schmidt.[50] Aber stimmte das? In Bezug auf seine eigene Religion mit Sicherheit nicht. Durch seine religionsgeschichtlichen Betrachtungen begriff Schmidt vor allem die Grenzen des Christentums, das ihm als eine aggressive und militante Religion erschien, die historisch viel Schuld auf sich geladen hatte. Nicht zuletzt gegenüber dem Konfuzianismus, den Schmidt im Zuge seiner China-Begeisterung entdeckte und den er, weil angeblich ganz auf Rationalität gegründet, allen anderen Religionen vorzog, schnitt das Christentum schlecht ab. Bei seinen Vergleichen zwischen Christentum und Konfuzianismus – hier religiöser Fanatismus, dort ethischer Pragmatismus – konkurrierten aber weniger zwei Weltreligionen miteinander als vielmehr lebenslange eigene Glaubenszweifel mit dem Ideal einer Religion, die es so nie gegeben hat. Der Konfuzianismus sei ja in Wirklichkeit gar keine Religion, bekräftigte er. In seiner Verklärung des Konfuzianismus, in den er am Ende alles projizierte, was er am Christentum vermisste, liegt der Schlüssel zu Schmidts eigenwilliger, jeden Gedanken an das Jenseits scheuenden Religiosität.

9
Die schwere Hypothek

Nicht nur Bundespräsident Richard von Weizsäcker hielt am 8. Mai 1985 eine Rede zum 40. Jahrestag des Kriegsendes. Auch für Helmut Schmidt war das Datum Anlass, seine Beobachtungen und Erfahrungen aus vierzig Jahren Aufarbeitung der nationalsozialistischen Vergangenheit zusammenzufassen und zu fragen, ob die Deutschen ihre Lektion gelernt hatten. »Für diejenigen Deutschen, die damals schon erwachsen waren«, so begann Schmidt seine Rede auf einer Gedenkveranstaltung der SPD in Hamburg-Bergedorf, »bedeutete der 8. Mai 1945 das Ende des schlimmsten Teils unserer eigenen Lebenserfahrung.« Er bedeute »zugleich aber auch Erinnerung an Mord und Gewalt, die in deutschem Namen an anderen Völkern begangen worden sind«. Manche Deutsche hätten den 8. Mai, ohne viel nachzudenken, eine »Stunde Null« genannt. In Wahrheit sei der Sieg der Alliierten der Sieg über eine Barbarei gewesen, deren Anfänge lange vor dem 8. Mai lagen. Daraus ergäben sich für ihn vor allem zwei Fragen: »Wie konnte es zu der Katastrophe der zwölf Hitler-Jahre kommen? Was müssen wir tun, damit dergleichen sich nicht wiederholen kann?«

Er wolle gern ein wenig aus seiner eigenen Erinnerung berichten, sagte Schmidt, sprach von seinen inneren Zweifeln als Soldat und seiner Angst vor einem schrecklichen Ende. Besonders gut erinnere er sich an »die Qualen des Sommers 1945«, als man sich im Kriegsgefangenenlager untereinander austauschte – über die Frage der Schuld und über die Zukunft. »Die tiefgehenden streitigen Debatten« darüber habe er als »den Beginn neuer, bisher nicht erfahrener geistiger Freiheit erlebt«. Zwölf Jahre lang sei ihm eingeimpft worden, »dass Demokratie die Herrschaft des großen Geldes bedeute und dass sie etwas Schlechtes sei«. In Gesprächen mit älteren Mitgefangenen habe er zum ersten Mal sowohl die Grundzüge nationalsozialistischer Gewaltherrschaft und ihre Ursprünge als auch die Segnungen sozialer Demokratie begriffen. »Der 8. Mai bot ja bei allem Unglück eben doch auch die Chance, sich auf die elementaren Werte menschlichen Zusammenlebens, auf die Würde des einzelnen Menschen zurückzubesinnen.«

Ein Tag der Erlösung und Befreiung sei der Tag in erster Linie jedoch für alle diejenigen gewesen, die als politische Gegner, als Juden, Zigeuner, Homosexuelle verfolgt worden waren. »Für diejenigen, die an Hitler geglaubt hatten, für die war es die endgültige Katastrophe ihres Weltbildes … und für wieder andere war es der Verlust der Heimat.« Aber wie verschieden die Deutschen den 8. Mai auch erlebt hätten und wie verschieden sie sich heute daran erinnerten: Keiner, auch keiner der Nachgeborenen, könne der Scham und der Verantwortung entgehen. Die Deutschen hätten sich mit Erfolg bemüht, die Gräuel »in einem sehr schmerzlichen Prozess unseres Bewusstseins zu verarbeiten«. In diesem Zusammenhang müsse er allerdings davor warnen, die deutsche Geschichte nur noch »als eine einzige Kette von Verbrechen und Versagen und Versäumnissen« zu bewerten. Die deutsche Geschichte werfe lange Schatten, das sei wahr, aber »man kann die Deutschen aus der Kultur Europas nicht wegdenken«.

Am Schluss seiner Rede kam Schmidt auf diesen Punkt zurück: »Ich möchte Ihnen sagen, was ich einmal in Auschwitz sagen durfte: Es kann nicht darum gehen, unser eigenes Volk in den Schuldturm der Geschichte zu werfen. Die heute lebenden Deutschen sind als Personen zuallermeist unschuldig. Aber wir haben gemeinsam die politische Erbschaft der Schuldigen zu tragen, und wir haben aus dieser Erbschaft die Konsequenzen zu ziehen. Und hier liegt unsere gemeinsame Verantwortung.«[1]

Vergleicht man die Rede Schmidts zum 8. Mai mit der berühmten Weizsäcker-Rede, sind die unterschiedlichen Ansätze unschwer auszumachen. Prinzipielle Übereinstimmung herrschte eigentlich nur in der Erkenntnis, dass der 8. Mai 1945 vom 30. Januar 1933 nicht zu trennen sei und das Leid der einen deshalb auch nicht gegen das Leid der anderen aufgerechnet werden dürfe. Aber während der Bundespräsident den 8. Mai einen Tag der Befreiung für alle nannte – »er hat uns alle befreit von dem menschenverachtenden System der nationalsozialistischen Gewaltherrschaft«[2] –, differenzierte Schmidt. *Tatsächlich* befreit worden waren an diesem Tag in seinen Augen zunächst einmal die Verfolgten; befreit *fühlen* konnten sich Millionen anderer, die über Jahre in schweren Gewissennöten gelebt hatten, und zu diesen zählte er sich selbst. Aber was war mit denen, die an Hitler geglaubt hatten und für die der 8. Mai »die endgültige Katastrophe« gewesen war? Im Kriegsgefangenenlager habe es zwei etwa gleich große Gruppen gegeben, sagte Schmidt in seiner Rede: diejenigen, die nachdenklich wurden und dankbar waren – so wie er selbst –, und diejenigen, die die »Verurteilung der Nazis als Verrat und als Nestbeschmutzung« bezeichneten. In der Weizsäcker-Rede kamen sie nicht vor. Dessen retrospektive Feststellung, »den 8. Mai haben wir als gemeinsames Schicksal unseres Volkes erlebt«, deshalb sei dieser Tag »für alle Deutschen verbindlich«, fand keine Entsprechung in der historischen Wirklichkeit.

Auch in der Schuldfrage herrschte zwischen den Rednern nur scheinbar Einigkeit. Beide lehnten die These von einer Kollektivschuld ab. Dieser von Hannah Arendt 1944 erstmals verwendete Begriff spielte in der öffentlichen Meinung der westlichen Staaten eine weitaus größere Rolle als in der politischen und juristischen Praxis der Besatzungsmächte. Die Deutschen griffen ihn dankbar auf, bot ihnen doch die Vorstellung, sie seien »von den Siegermächten in der Stunde der Niederlage kollektiv für schuldig erklärt worden … einen trefflichen Vorwand, sich ungerecht behandelt zu fühlen – und die Frage nach der persönlichen Schuld beiseite zu schieben«.[3] Weizsäcker wie Schmidt unterschieden zwischen individueller Verstrickung und kollektiver Verantwortung. Aber der gemeinsamen Verantwortung stellte Schmidt einen ihm persönlich wichtigen, einen entscheidenden Begriff zur Seite: die generationenübergreifende gemeinsame Scham.[4] Das Wort Scham kam in der Rede Weizsäckers nicht vor.

Bei ihrer Suche nach einer Antwort auf die Frage von Verstrickung und Verantwortung gingen die beiden Redner unterschiedliche, ja entgegengesetzte Wege, und hier lag ihr Hauptdissens. Schmidt war der Auffassung, dass sich die Deutschen bei der Aufarbeitung der nationalsozialistischen Vergangenheit alles in allem bewährt hätten, manches sei dabei geradezu »mit deutscher Gründlichkeit« behandelt worden. Während sich ihm die Frage, was die Deutschen von den Verbrechen gewusst oder geahnt hatten, offensichtlich auch deshalb nicht stellte, weil sie sich nach dem Krieg zu ihrer Verantwortung bekannten, thematisierte Weizsäcker das Wegsehen: »Jeder Deutsche konnte miterleben, was jüdische Mitbürger erleiden mussten.« Wenn stimmte, was Weizsäcker sagte, dass die Verbrechen selbst nicht zu trennen waren von dem »Versuch allzu vieler ... nicht zur Kenntnis zu nehmen, was geschah«, dann war das deutsche Volk insgesamt mitschuldig geworden.

Diese bis dahin völlig ungewohnte Sicht auf das Verhältnis von Tätern und Opfern verdichtete sich jäh in einem einzigen Satz: »Wer seine Ohren und Augen aufmachte, wer sich informieren wollte, dem konnte nicht entgehen, dass Deportationszüge rollten.« Neben der Feststellung, der 8. Mai sei ein Tag der Befreiung gewesen, war es vor allem dieser Satz, der die Weizsäcker-Rede über den Tag hinaushob und sie zu einer erinnerungsgeschichtlichen Zäsur in der Geschichte der Bundesrepublik werden ließ. Zugleich war es der Satz, der bei vielen Zuhörern Widerspruch, ja Irritation hervorrief. Auch bei Helmut Schmidt – der an der Gedenkstunde im Bundestag allerdings gar nicht erst teilgenommen hatte.

Am Sonntag, dem 5. Mai 1985, war Schmidt nach Bonn geflogen, um am Empfang des Bundespräsidenten zu Ehren von Ronald Reagan auf Schloss Augustusburg teilzunehmen. Reagan hatte wenige Stunden zuvor mit Bundeskanzler Kohl den Soldatenfriedhof in Bitburg besucht; die Tatsache, dass dort auch Angehörige der Waffen-SS bestattet waren, ließ den gemeinsamen Besuch zu einem Politikum werden und erhöhte noch einmal den auf der Weizsäcker-Rede lastenden Erwartungsdruck. Am Montag und Dienstag widmete sich Schmidt in Bonn der Vorbereitung seiner vier Tage später beginnenden Reise nach Ägypten und Israel. Nach dem Treffen mit dem ägyptischen Botschafter flog er am 7. Mai um 18.20 Uhr zurück nach Hamburg.

Laut Terminkalender gab es in Hamburg weder einen Abendtermin, noch war für den 8. Mai ein anderer Termin eingetragen als die Gedenkfeier der SPD in Bergedorf, die um 19.30 Uhr begann; mit einer Nachmittagsmaschine wäre Schmidt also rechtzeitig in Hamburg eingetroffen. Offensichtlich wollte er aber an der Feierstunde im Plenarsaal nicht teilnehmen. Er scheint geahnt zu haben, dass er mit dem Inhalt der Rede, über die man in politischen Kreisen seit Wochen sprach, nicht einverstanden sein würde. Damit stand er in einer Reihe mit mehreren Politikern der CDU/CSU, die angekündigt hatten, der Veranstaltung fernzubleiben.[5] Während man sich in Kreisen der Union vor allem darüber empörte, dass für zwölf Millionen Heimatvertriebene der 8. Mai 1945 ganz bestimmt kein Tag der Befreiung gewesen sei, stieß sich Schmidt am meisten an dem Satz von den rollenden Deportationszügen. Akzeptiert hat er ihn bis zum Ende nicht.

Richard von Weizsäcker erinnerte sich noch 25 Jahre später, dass ihm Schmidt sofort nach der Rede einen kritischen Brief geschrieben habe.[6] Auch Schmidt vergaß nicht, dass er dem Bundespräsidenten umgehend widersprach.[7] Als er 2010 die Weizsäcker-Biographie von Gunter Hofmann las, die er mit vielen Anstreichungen versah, machte Schmidt auf Seite 191 neben den berühmten Satz, der dort zitiert wird, ein Frage- und Ausrufezeichen. Dieser Satz, so Hofmann, trug Weizsäcker »besonders heftige Widerworte ein. Für ihn beispielsweise gelte das nicht, gab ein indignierter Helmut Schmidt ihm spontan zu verstehen.« Hier setzte Schmidt noch einmal ein großes dickes Ausrufezeichen. Einige Seiten weiter unterstrich er den Satz: »Nahezu alles, was er [Weizsäcker] mit der Definitionsgewalt seines Amtes apodiktisch feststellte, war tatsächlich seinerzeit noch umstritten«, und notierte an den Rand ein »r« für richtig.[8]

Mit der Rede Weizsäckers zum 8. Mai 1985 verschoben sich in der öffentlichen Debatte über die Verantwortung für die Verbrechen des Nationalsozialismus die Gewichte. Gefragt wurde von nun an weniger, wer war persönlich in welcher Weise verstrickt, sondern: Was haben die Deutschen gewusst, was konnten sie wissen, und was hätten sie wissen können, wenn sie sich denn bemüht hätten, Genaueres wissen zu wollen. Den Höhepunkt medialer Aufmerksamkeit erreichte der Generalverdacht, dass alle Deutschen zu Mittätern geworden waren, gut zehn Jahre später in der Debatte über die These des amerikanischen Historikers Daniel Goldhagen von den Deutschen als »Hitlers willigen Vollstreckern«. Für diejenigen, die bei Kriegsende im Erwachsenenalter gewesen waren, wurde es immer schwieriger, dem Argwohn ihrer Kinder und Enkel zu begegnen. Hatten die 68er den Nationalsozialismus noch als Generationenthema begriffen, so ging es jetzt immer häufiger um das, was Fritz Stern »das feine Schweigen« nannte.

Schmidt wies die Feststellung Weizsäckers zurück, die Deutschen hätten angesichts der zunehmenden Entrechtung und Ausgrenzung der Juden gar nicht »arglos bleiben« und auch die 1941 beginnenden Deportationen nicht übersehen können. Die Frage, zu welchem Zeitpunkt er was wusste und ob er den Tatsachen möglicherweise aus dem Weg gegangen war, hatte sich Schmidt allerdings nie wirklich gestellt. Nach dem Krieg hatte es für ihn wie für Millionen Deutsche andere Notwendigkeiten gegeben: ein Dach über dem Kopf zu finden, Kohle und Brot zu beschaffen, kraftvoll und schnell den Wiederaufbau voranzutreiben, die Chance des demokratischen Neuanfangs zu nutzen. Um all das leisten zu können, bedurfte es »einer gewissen Selbstimmunisierung«, wie der Historiker Norbert Frei formulierte. »Mit ihrer reflexartigen Schuldabwehr« habe sich die Mehrheit der Aufbaugeneration zugleich »die Möglichkeit einer echten Trauer auch über das eigene Leid« verstellt.[9]

In den durch den Frankfurter Auschwitz-Prozess 1963 ausgelösten und durch die kritischen Fragen der 68er befeuerten Diskussionen der sechziger und siebziger Jahre war es in erster Linie um Karrierismus und die Bestimmung der Täter gegangen. Fassungslos reagierte das Land dann 1979 auf die Ausstrahlung der US-Fernsehserie »Holocaust«. Der dadurch markierte Perspektivenwechsel –

von der Sicht der Täter zur Sicht der Opfer – fand in der Weizsäcker-Rede seinen politischen Niederschlag und führte in der zweiten Hälfte der achtziger Jahre zu einer allgemeinen Verschärfung der Kriterien. Von nun an begründete das bloße Wegsehen eine Mitschuld. Jedermann konnte jetzt allein aufgrund seiner Zeitgenossenschaft verdächtigt werden, und damit lief die Diskussion für Schmidt endgültig in die falsche Richtung. Gefragt, was *er* denn von den Verbrechen gewusst oder zumindest geahnt habe, entschied sich Schmidt für die Totalverweigerung – weder gewusst noch in ihren Ausmaßen geahnt – und verwies, je drängender die Fragen wurden, desto nachdrücklicher auf seinen jüdischen Großvater. Am Ende stand die einfachste aller Lösungen: Weil er einen jüdischen Großvater gehabt habe, habe er gar kein Nazi werden können.

Im März 2015, bei einem der Gespräche, die ich während der Arbeit an diesem Buch mit Helmut Schmidt führen konnte, kamen wir auf die Vorwürfe der 68er an die Elterngeneration zu sprechen, und ich fragte ihn, wie sehr ihn diese Vorwürfe getroffen hätten. Ob das Thema für ihn persönlich von Bedeutung gewesen sei, könne er nicht sagen, er habe es schlichtweg für »Unfug« gehalten. »Ich habe natürlich als Angegriffener, der ich damals war, zurückgeschlagen und habe polemisiert, weit übertrieben wahrscheinlich.« Das werde durch die Quellen bestätigt, sagte ich. »Nein, feige war ich nicht«, fügte Schmidt hinzu, und nach einer kurzen Pause: »Ich habe damals [Ende der sechziger Jahre] ja übrigens von meinem jüdischen Großvater geschwiegen.«

Als seine Mutter ihm 1933 oder 1934 anvertraut habe, dass sein Großvater väterlicherseits jüdisch sei, habe sie ihm eingebläut: »Du darfst mit niemand darüber reden, auch nicht mit Vati.« Deshalb sei er 1937, als er Soldat wurde, sehr erleichtert gewesen: Gott sei Dank, habe er sich gesagt, jetzt können sie dir nichts mehr tun. »Ich hatte Angst. Ich habe die Angst verdrängt. Mein Vater muss sehr viel Angst gehabt haben.« Ich würde das nach wie vor nicht verstehen, sagte ich. Wenn die Bedrohung so real ist, liegt es doch auf der Hand, sich dafür zu interessieren, was mit den Juden passiert … »Das Gegenteil ist richtig«, unterbrach mich Schmidt. Das sei in meinen Augen schwer zu begründen. »Es war aber so. Ich wollte das nicht wissen. Ich wollte gar nichts wissen. Ich hätte vielleicht die Chance gehabt, mich kundig zu machen.« Er wurde nachdenklich – und zählte dann die Stationen seiner Laufbahn in der Wehrmacht vollständig vom Geschützführer bis zum Oberleutnant auf. Trotz wiederholter Aufforderung durch seine Vorgesetzten sei er nicht Berufsoffizier geworden und habe nie eine Offizierschule oder einen Offizierlehrgang besucht.

Er sehe also für sich keinen Widerspruch darin, fasste ich nach, dass man, wenn man sich bedroht fühlt, nicht wissen will, wie die Bedrohung aussieht. »Im Gegenteil«, wiederholte Schmidt, »wahrscheinlich hätte ich damit Argwohn erregt.« – »Mal angenommen, Sie gehen 1942 in Berlin über den Kurfürstendamm und sehen Menschen mit Judenstern … « – »Hab' ich nicht gesehen. Sie sind mir nicht aufgefallen.« Einmal habe er auf dem Kurfürstendamm Cato Bontjes van Beek getroffen (die Widerstandskämpferin, die er aus Fischerhude kannte und die 1943 hingerichtet wurde), im Übrigen habe es da zwei kleine Theater gegeben. »Wenn man jüdische Vorfahren hat und sieht einen Juden mit Stern, geht einem doch etwas durch den Kopf.« – »Es kann sein«, sagte Schmidt und hielt inne. »Vielleicht gab es keine Judensterne mehr, vielleicht sind die Juden nicht auf dem Ku'damm spazieren gegangen.« Die Deportationen hatten im Oktober 1941 begonnen und erstreckten sich über den gesamten Zeitraum, den Schmidt von August 1942 bis Juni 1943 in Berlin verbrachte. Seine Flak-Dienststelle lag in der Knesebeckstraße am oberen Ende des Kurfürstendamms.

Er habe ja nicht am Kurfürstendamm gewohnt und spazieren gegangen sei er dort eigentlich auch nie, ergänzte Schmidt, vielleicht sei er ein paar Mal auf dem Weg zum Bahnhof Zoo dort entlanggekommen. Er habe weiter südlich gewohnt, und um die Ecke habe er Orgelstunden bei Walter Scharwenka genommen.[10] Dann kam Schmidt auf seine Zeit an der Ostfront zu sprechen. Darüber habe er sich später mit dem Flieger Johannes Steinhoff unterhalten, nachdem sie festgestellt hätten, dass sie im Dezember 1941 beim Rückzug der 1. Panzerdivision beide in Klin eingesetzt gewesen waren, hundert Kilometer vor Moskau – »Meine Güte! Das wird plötzlich alles ganz präsent in meinem Gehirn.«[11]

1968 hatte Schmidt in einem Aufsatz über die Kriegsgeneration geschrieben, dass die Masse seiner Altersgenossen in der Wehrmacht »sehr stark isoliert« gewesen sei »vom alltäglichen normalen Leben«. Erläuternd hatte er damals hinzugefügt: »Auch unsere Kenntnisse von den Schreckenstaten der NS-Herrschaft, den Vergasungen in den Konzentrationslagern zum Beispiel, blieben vereinzelt oder minimal und nebulös.«[12] Was hieß das: vereinzelte oder minimale und nebulöse Kenntnisse von den Vergasungen? Was wollte Schmidt 1968 damit andeuten? Hatte Weizsäcker vielleicht doch recht? Auf jeden Fall bedeutete das, was Schmidt 1968 geschrieben hatte, etwas anderes als das, was dazu in den letzten dreißig Jahren seines Lebens von ihm zu hören und zu lesen war. Seit Mitte der achtziger Jahre ging es für ihn nur noch darum, dem Verdacht entgegenzuwirken – auch dem eigenen Verdacht, den man gemeinhin das schlechte Gewissen nennt –, er könnte sich durch Wegsehen mitschuldig gemacht haben.

Die Frage, was er gewusst hat, war – jedenfalls aus Schmidts Sicht – eine falsch gestellte, weil nachgeordnete Frage. Denn bevor er überhaupt irgendetwas von dem, was um ihn herum stattfand, hätte verdrängen können, stand für ihn die existentielle Notwendigkeit, sich mental von seiner jüdischen Herkunft freizumachen. Es ist also zuerst zu klären, ob und wie diese Verdrängung funktioniert haben kann und wie sie sich auf seine Wahrnehmung in den zwölf Jahren des Dritten Reiches auswirkte. Wenn man Schmidts Aussage, durch seinen jüdischen Großvater sei er gewissermaßen immunisiert gewesen, nicht grundsätzlich in Zweifel ziehen will, dann muss man einen einzigartigen Verkapselungsprozess konstatieren, der über das Kriegsende hinaus als seelische Blockade wirksam geblieben und erst 45 Jahre nach dem Gespräch Schmidts mit seiner Mutter aufgelöst worden wäre.

*

Helmut Schmidt hat seinen jüdischen Großvater nicht erfunden. Er hieß Ludwig Gumpel, war Bankkaufmann, später Teilhaber eines Bankgeschäfts in seiner Heimatstadt Bernburg, und hatte 1887 im Alter von 27 Jahren eine nächtliche Affäre mit einer Hamburger »Buffetmamsell«, die schwanger wurde. Die mit der werdenden Mutter befreundete Kollegin Catharina Schmidt und ihr Mann Gustav (Helmut Schmidts Nenngroßeltern) erklärten sich – vermutlich aufgrund finanzieller Zuwendungen des Herrn Gumpel – noch vor der Geburt des Kindes zur Adoption bereit. Der Name des Vaters wurde in der Geburtsurkunde nicht genannt, keiner aus der Familie Schmidt hat ihn nach Erledigung der Formalitäten je wieder gesehen. Ludwig Gumpel starb im Juli 1935 eines natürlichen Todes in Karlsbad. So weit die Fakten.

Schmidts zwei Jahre jüngerer Bruder Wolfgang konnte sich nicht vorstellen, dass die Mutter 1933 oder 1934 mit Helmut über den jüdischen Großvater gesprochen hat. Er war sich sicher, dass dessen Existenz erst nach dem Krieg bekannt wurde.[13] Tatsächlich erkundigte sich Schmidt zum ersten Mal im März 1978 nach dem Vorfahr. Er bat den ihm bekannten Hamburger Staatsrat Harald Schulze um Informationen zu einem »Hausmakler Gumpel«, der wohl zu der berühmten Gumpel-Familie gehört habe, die schon bei Heinrich Heine vorkomme. Zwei Wochen später teilte Staatsrat Schulze mit, es handele sich wahrscheinlich um den »Fondsmakler Ludwig Gumpel«, dessen Spuren in Hamburg sich nach 1900 verlören; Beziehungen zur Familie des Hamburger Bankiers Lazarus Gumpel seien nicht nachweisbar.[14] Der Hinweis auf den »Hausmakler Gumpel« konnte nur von Schmidts Vater stammen (die Mutter war 1968 gestorben). Da zwischen Vater und Sohn keine persönlichen Gespräche geführt wurden, muss es Loki gewesen sein, die von ihrem Schwiegervater den Namen erfuhr.[15]

Seine Mutter habe ihm von dem jüdischen Großvater 1933 oder 1934 nur deshalb erzählt – so erklärte es Schmidt später immer wieder –, weil er unbedingt in die Hitlerjugend habe eintreten wollen, was seine Eltern strikt abgelehnt hätten. Eine objektive Notwendigkeit, den Sohn über die jüdische Herkunft des Vaters aufzuklären, bestand 1933/34 nicht; die Mutter hätte demnach ausschließlich aus pädagogischen Gründen ein striktes Familientabu gebrochen. Als der Vater 1935 den so genannten »Ariernachweis« erbringen musste, um im Schuldienst verbleiben zu können, konnte er eine Geburtsurkunde »Vater unbekannt« vorlegen. Weil das Gesetz ihn verpflichtete, den Vater zu ermitteln beziehungsweise glaubhaft zu machen, dass alle Nachforschungen ergebnislos geblieben waren, zog sich der Prozess zwar in die Länge. Am 19. Januar 1940 erhielt Gustav Schmidt von der hamburgischen Gemeindeverwaltung jedoch die Bescheinigung, dass er und seine Ehefrau ihre »deutschblütige Abstammung nachgewiesen« hatten.[16]

Als Helmut Schmidt zweieinhalb Jahre später heiraten wollte und dafür bei der zuständigen Dienststelle im Reichsministerium für Luftfahrt ebenfalls einen »Ariernachweis« vorzulegen hatte, brauchte er lediglich die Bescheinigung von 1940 einzureichen. Es gab also auch 1942 keinen objektiven Grund, die väterliche Abstammung zu problematisieren; Schmidt selbst räumte ein, sein Vater habe damals »nur andeutungsweise« mit ihm darüber geredet.[17] Als Loki Glaser ihren künftigen Schwiegervater aufsuchte, um die für die Trauung nötigen Papiere bei ihm abzuholen, gestand er ihr »etwas zögernd, dass er unehelich geboren worden und sein Vater unbekannt sei« – dass er jüdisch war, sagte er nicht. Ihr Schwiegervater habe »unter seiner unehelichen Geburt mehr gelitten«, schrieb Loki in ihren Erinnerungen, »als unter den Schwierigkeiten, die ihm und seiner Familie hätten entstehen können, wenn seine jüdische Abstammung bekanntgeworden wäre«.[18]

Für Gustav Schmidt, für den alles Persönliche von jeher tabu war, bestand keine Veranlassung, mit seinen Söhnen über seine Herkunft zu sprechen. Weder vor noch nach 1945 seien solche Fragen mit dem Vater erörtert worden, bekräftigte der Bruder Wolfgang, aus dem Munde des Vaters habe er »kein einziges Wort über den gesamten Komplex erfahren, und wir haben es ihm gegenüber respektiert«.[19] Dies steht nicht im Widerspruch zu der Angst, die Gustav Schmidt auch über den Januar 1940 hinaus gehabt haben muss: Wäre herausgekommen, dass ihm sein leiblicher Vater sehr wohl namentlich bekannt war und er bei den Behörden wissentlich falsche Angaben gemacht hatte, wäre er zweifellos verhaftet worden.[20] Diese Angst – so Helmut Schmidt in der Rückschau – hat sein Leben zerstört: 1945 war Gustav Schmidt ein gebrochener Mann.

Ohne weiter in die Details gehen zu müssen, kann man an dieser Stelle drei Tatsachen als gesichert festhalten. Erstens: Welche Andeutungen die Mutter 1933/34 auch immer gemacht hat, Schmidt ging in den zwölf Jahren der Hitler-Herrschaft allem aus dem Weg, was für ihn hätte bedrohlich werden können. Zweitens: Wie immer das Gespräch mit dem Vater 1942 verlaufen sein mag: Über den jüdischen Großvater wurde dabei nicht gesprochen. Drittens: Von der Existenz Gumpels erfuhr Schmidt konkret zum ersten Mal Anfang 1978.

Im August 1978, lange bevor die genealogischen Nachforschungen richtig in Gang kamen und Gumpels Identität zweifelsfrei geklärt werden konnte, hatte Schmidt den jüdischen Großvater bereits vollständig in die Interpretation seines eigenen Werdegangs unter dem nationalsozialistischen Regime integriert. Dem Journalisten und ehemaligen SPD-Bundestagsabgeordneten Fritz Sänger schilderte Schmidt damals ausführlich einige für ihn heikle Situationen während der Kriegsjahre, in denen er sich durch die NS-Maschinerie bedroht gefühlt habe. Der zehnseitige Brief an Sänger endete: »Vielleicht sollte ich am Schluss noch erwähnen, was ich bisher allerdings mit Rücksicht auf meinen noch lebenden, in diesem Punkte sehr empfindlichen Vater kaum preisgegeben habe. Die Tatsache, dass mein Vater und damit auch mein Bruder und ich unter die Nürnberger Gesetze fielen und wir uns während der ganzen Nazizeit mit geschwindelten Abstammungspapieren durchmogeln mussten, und das damit verbundene Erlebnis der permanenten Angst *auf Seiten meiner Eltern* hat wahrscheinlich zu meiner Prädisposition gegen die Nazis beigetragen.«[21]

Zwei Jahre später, bei einem Staatsbesuch des französischen Präsidenten im Juli 1980, vertraute Schmidt seine jüdische Herkunft Valéry Giscard d'Estaing an. Schon bei der Begrüßung in Bonn habe Schmidt anders gewirkt als sonst, erinnerte sich Giscard, und auf der gemeinsamen Fahrt zum Kanzleramt sei er dann sehr ernst geworden. Er habe schon vor einiger Zeit beschlossen, ihm etwas zu sagen, eröffnete Schmidt das Gespräch geradezu feierlich. Giscard war von der Mitteilung, dass Schmidt einen jüdischen Vorfahr hatte, »wie betäubt«. Er versprach, Schmidts »Geständnis« als »Staatsgeheimnis« zu behandeln. Mit einem gewissen Pathos berichtete er darüber viele Jahre später in seinen Erinnerungen.[22]

Mitte der achtziger Jahre schob sich bei Schmidt das, was man die »jüdische Erinnerungsschicht« nennen könnte, immer stärker über die tatsächlichen Ereignisse. Vieles, was er sich nie richtig zu erklären vermocht hatte, erschien ihm mit einem Mal transparent. War es nicht das, was seine Mutter ihm 1933/34 anvertraut hatte? Hatte er nicht deshalb diese ungeheure Angst? Die zweifellos faszinierende Vorstellung, gefährdet und zugleich geschützt gewesen zu sein vor Verführung durch die nationalsozialistische Ideologie, ergriff vollkommen Besitz von ihm. Ein halbes Jahrhundert nach seinem Tod wurde der jüdische Großvater für Helmut Schmidt zum Anker in den aufgewühlten Debatten um die deutsche Schuld.

*

Zum 50. Jahrestag der Ausstellung »Entartete Kunst« brachte das *Zeit*-Magazin im Juni 1987 unter dem Titel »Dokumentation einer Schandtat« ein Themenheft. Die Werke deutscher Expressionisten und anderer von Schmidt verehrter Künstler wie Emil Nolde und Ernst Barlach waren von den Nationalsozialisten 1937 als »entartet« bezeichnet und aus den Museen entfernt worden. Von der berüchtigten Münchener Ausstellung, in der viele der verfemten Werke gezeigt wurden, konnte sich Schmidt anhand von Zeitungsberichten eine Vorstellung machen. Die Verächtlichmachung des deutschen Expressionismus sei ihm schwer »an die Nieren« gegangen, schrieb er, und habe sein »Entsetzen vor den Nazis« begründet.

Schmidt verknüpfte seine Erinnerungen an diese Zeit mit einigen grundsätzlichen Bemerkungen. »Wenn wir, meine Frau und ich, heutzutage Arbeiten von Historikern über die Nazizeit lesen, so sagen wir uns bisweilen: ›Mein Gott, der Mann hat ja keine Ahnung – allerdings, woher soll er sie auch haben? Er war ja nicht dabei.‹ … Trotzdem ärgern wir uns immer ein wenig, wenn heute einige kluge Intellektuelle jüngeren Lebensalters meinen, wir damaligen Zeitgenossen hätten doch wissen können und wissen müssen, dass Hitler und Goebbels und die Nazis Verbrecher waren.« Schmidt erzählte von den Besuchen bei seinen Künstlerfreunden in Fischerhude südlich von Worpswede. Dort habe man natürlich auch über die Münchener Ausstellung gesprochen. »Entartete Kunst? Für meine Fischerhuder Freunde war das meiste davon *große* Kunst. Für mich auch. Deshalb also konnte ich kein Nazi werden – wird ein späterer Historiker, der über Nazi-Deutschland schreibt, solchen Lebenslauf verstehen?«[23]

Er habe in seinem Artikel sehr schön gezeigt, »dass es auch in der NS-Zeit Nischen gab, in denen man angesichts der Zumutungen des Regimes weitgehend unbehelligt blieb«, schrieb eine Bremer Leserin. »Doch dies ist genau der Punkt, wo mich Ihr Bericht zugleich irritiert hat.« Wo es Nischen gebe, argumentierte die Briefschreiberin, da gebe es auch Handlungsspielräume. Diese seien im Dritten Reich allerdings »in den seltensten Fällen genutzt« worden, obwohl »der Terror und die Verfolgung sich in aller Öffentlichkeit vollzogen«.[24]

Schmidt fühlte sich offenbar getroffen. Nur acht Tage später antwortete er in einem fünfseitigen Brief, dem besonderes Gewicht zukommt, weil er hier zum ersten Mal die Argumente zu seiner Verteidigung zusammenträgt, auf die er in den folgenden Jahren immer wieder zurückgreifen wird. Der Brief gewährt zudem Einblicke in seine Verletzbarkeit, die sich in den sorgfältig redigierten späteren Veröffentlichungen so nicht mehr finden lassen. Schmidt leugnete nicht, dass es Handlungsspielräume gab, schloss aber sofort die Frage an, »ob diejenigen, für die ein Handlungsspielraum objektiv bestanden hat, sich dessen subjektiv auch bewusst waren«. Er wies darauf hin, dass die Angst eine sehr konkrete war – die Angst, »abgeholt« zu werden – und dass sie sich zumeist auf die gesamte Familie erstreckte. »Auch innerhalb der Nischen bewirkte die Angst vor

Denunziation in sehr vielen Fällen große Zurückhaltung im ›politischen‹ Gespräch. Erst wenn die Frage nach der allgemeinen und der individuellen Angst einigermaßen klar beantwortet ist, kann man für den einzelnen Fall den von Ihnen aufgestellten Satz prüfen, dass Handlungsspielräume nicht genutzt worden sind, um Unheil abzuwenden und Verfolgten zu helfen. Denn wer Angst hat, besitzt in der Regel keinen rational nutzbaren Handlungsspielraum – es sei denn, er wäre ein Held. Helden sind aber rar.«

Dann kam Schmidt auf die Frage der »Öffentlichkeit« im Dritten Reich. Öffentlichkeit sei im Wesentlichen das gewesen, was einem in der Schule und in den Jugendorganisationen als solche »dargeboten« wurde. In seinem Elternhaus habe es bis 1938 kein Rundfunkgerät gegeben, und das Zeitunglesen sei ihm als Kind verboten gewesen. Später als Soldat habe er Zeitungen »kaum je zu Gesicht bekommen. Die ›Öffentlichkeit‹ bestand für uns vielmehr im Wesentlichen aus dem ›Rumsprechverfahren‹ zwischen gleichen Dienstgraden in der Truppe und aus der Begegnung mit Freunden sowie mit Verwandten oder Freunden der Eltern.« Ältere seien vermutlich etwas besser informiert gewesen, aber er bezweifle, dass sie tatsächlich mehr gewusst haben; diejenigen, die wirklich etwas wussten, hätten aus Angst vor Denunziation kaum je darüber gesprochen. »Ich habe mich in ähnlichem Sinne auch einmal gegenüber unserem heutigen Bundespräsidenten geäußert, nachdem dessen ausgezeichnete Rede zum 17. Juni [*recte* 8. Mai] an einer Stelle den Eindruck aufkommen lassen konnte, als ob in der Nazizeit auch jedermann hätte wissen können, der nur wissen wollte. Es war eben ein großer Unterschied, ob jemand im Hause eines Staatssekretärs des Auswärtigen Amtes aufwuchs oder in der Familie eines kleinen Einzelhändlers oder eines Arbeiters oder eines kleinen Angestellten.«

Für Jüngere sei es offensichtlich schwer zu begreifen, »dass viele Millionen deutscher Soldaten gleichwohl die ihnen erteilten militärischen Befehle weitestgehend gehorsam befolgten. Ich verstehe, dass manche der Nachgeborenen dieses Phänomen als Schuld definieren möchten. Sie müssen sich aber entgegenhalten lassen, dass auch die meisten der Verschwörer des 20. Juli … ›ihre Pflicht erfüllt‹ haben … Hier liegen Fragen beschlossen, deren moralische Beurteilung durch die Geschichtsschreibung allein mir als kaum zulässig erscheint … Was mir an manchen heutigen Veröffentlichungen über das Verhalten der Menschen in der Nazizeit missfällt, ist der in undeutlichem Unterton herauszuhörende moralische Vorwurf an die große Mehrheit der damals Lebenden, dass sie nicht alle Widerstandskämpfer geworden sind.«[25]

Die Angst, abgeholt zu werden, angewiesen zu sein auf Gerüchte und Vermutungen, und schließlich der Mangel an Mut zum Entschluss: Diese drei Gründe führte Schmidt zu seiner Rechtfertigung ins Feld. Das Geständnis, kein Held gewesen zu sein, fiel ihm begreiflicherweise schwer – Helden sind eben rar. »Nur relativ wenige haben kraft eigener Urteilsfähigkeit eine höhere moralische Pflicht zum Widerstand erkennen können. Ich habe nicht zu diesen gehört – und ich weiß nicht, ob und wieweit ich dieser höheren moralischen Pflicht gefolgt wäre, sofern ich sie geahnt oder gar erkannt hätte.«[26] Mehr Einsicht in die Bedingtheit eigenen Handelns – mehr Selbstzweifel war schwer vorstellbar.

Wenn Schmidt später immer wieder von der Schizophrenie der Kriegsjahre sprach – des Nachts die Zweifel, am Tage die Pflicht –, so lief das auf nichts anderes hinaus als auf das Eingeständnis, dass er seinen eigenen Ansprüchen nicht genügt hatte, weder moralisch noch intellektuell. In den Beurteilungen durch seine militärischen Vorgesetzten war wiederholt von vorlautem Verhalten die Rede gewesen, Schmidt nehme sich manchmal zu viel heraus, seine Kritik sei nicht immer angebracht. Offenbar reichte seine kritische Intelligenz aber nicht aus, den Charakter des Unrechtssystems zu durchschauen. Das bedrückte ihn später mehr als die Tatsache, dass er den Mund gehalten hatte. Es hatte ihm nicht in erster Linie an Mut gefehlt, sondern an Einsicht.

Die Frage, wie konnte das passieren, geriet nach dem Krieg im politischen Raum nicht selten zur rhetorischen Leerformel. Schmidt bezog sie jedoch grundsätzlich zuerst auf die eigene Person: Wie konnte *mir* das passieren, oder genauer: Warum bin gerade *ich*, der ich stets bemüht war, aus sittlicher Verantwortung zu handeln, in diesen seelischen Zwiespalt geraten? Schmidt stellte sich diese Frage immer aufs Neue, wies aber zugleich jeden Schuldvorwurf vehement zurück. Schuld war in seinen Augen die falsche Kategorie, um das Ausmaß der Tragödie zu erfassen. Schmidt nahm sich das eigene Versagen übel, er schämte sich. Das Eingeständnis der Scham wog schwerer als die Bejahung einer Schuld.

Vor diesem Hintergrund lässt sich ermessen, welche Bedeutung Schmidt dem von ihm später oft zitierten Satz Martin Bubers beimaß, den dieser 1953 anlässlich der Verleihung des Friedenspreises in der Frankfurter Paulskirche gesagt hatte: »Mein der Schwäche des Menschen kundiges Herz weigert sich, meinen Nächsten deswegen zu verdammen, weil er es nicht über sich vermocht hat, Märtyrer zu werden.«[27] Schmidt war bei der Vorbereitung seiner Rede zum 40. Jahrestag der Reichspogromnacht am 9. November 1978 in der großen Synagoge von Köln auf diesen Satz gestoßen. Aber er zitierte noch einen weiteren Satz aus der Rede des jüdischen Gelehrten: »Was bin ich, dass ich mich vermessen könnte, hier zu ›vergeben‹!« Schmidt war sich sicher, dass die Erinnerung an die fabrikmäßige Ermordung von sechs Millionen europäischen Juden das Verhältnis der Juden zu den Deutschen noch über viele Generationen bestimmen werde. Er nannte den Holocaust die schwerste Hypothek der deutschen Geschichte, »die kein Deutscher jemals wird tilgen können«,[28] und erteilte jedem eine Absage, der dieses Kapitel zu relativieren suchte oder gar einen so genannten Schlussstrich forderte.

*

Wer der Frage nachgeht, wie stark Schmidt vom Geist der nationalsozialistischen Volksgemeinschaft infiltriert wurde und warum er über so vieles hinwegsah, was er hätte sehen können, wird in seinen späteren Darstellungen manche inneren Widersprüche ausmachen. Man sollte solche Ungereimtheiten nicht überbewerten. Mehr als ein Vierteljahrhundert lang hat sich Schmidt auf die immer gleichen

Fragen neu eingelassen – in Dutzenden Gesprächen und Interviews, in zahllosen Artikeln, in vielen Passagen seiner Bücher –, und jedes Mal war er bemüht, eine dem Anlass und dem Fragesteller gerecht werdende persönliche Antwort zu finden. Dabei wurde zwar vieles von ihm klischeehaft reproduziert, aber manches Stichwort reizte ihn eben auch zu neuem Nachdenken. Die Antworten sind nicht immer deckungsgleich. Hieraus abzuleiten, er habe versucht, seine Geschichte dem jeweiligen Wissensstand anzupassen, verkennt völlig Schmidts eigenes Erkenntnisinteresse. Weil er nichts zu verbergen hatte, ging er das Thema immer wieder mit Neugier an – vorausgesetzt, sein Gegenüber unterstellte ihm nicht von vornherein mangelnde Glaubwürdigkeit.

Der für die Biographie Schmidts maßgebliche Text über die Jahre 1933 bis 1945 erschien im Herbst 1992 unter dem etwas hölzernen Titel »Politischer Rückblick auf eine unpolitische Jugend«.[29] Streng genommen, handelt sich bei diesen 76 Druckseiten um den einzigen zusammenhängenden autobiographischen Text, den Schmidt geschrieben hat. Geschildert werden die zwölf Jahre Hitlerherrschaft chronologisch aus der Perspektive des Heranwachsenden. Das erzählerische Ich sucht nach Erklärungen: Warum habe ich mich in bestimmten Situationen so und nicht anders verhalten, wie bin ich der geworden, der ich heute bin. Das Manuskript ging zurück auf einen Vortrag über »Kindheit und Jugend in der Nazizeit«, den Schmidt am 13. Oktober 1989 bei der Hamburger Freitagsgesellschaft gehalten hatte. Die 29-seitige handschriftliche Disposition für diesen Vortrag lässt erkennen, welche Fragen für ihn die ausschlaggebenden waren und wie er sie glaubte beantworten zu können.

»Für Menschen meiner Generation« – so lautet der erste Satz – »[ist] immer wieder faszinierend zu erleben, wie Menschen, die nie eine totale Diktatur erlebt haben, an uns *falsche* Fragen stellen. a) z. B.: *Was habt Ihr gewusst?* Judenverfolgungen KZ's Menschenvernichtungen/Auschwitz b) z.B.: *Wieso wart Ihr so feige, keinen Widerstand zu leisten?* Verwechslung von Demonstrationen am Zaun zu Wackersdorf oder Brokdorf mit Widerstand = eigenes Heldentum.« Auf die anschließende Frage, die oft von besorgten Ausländern gestellt werde, ob seine Generation *»die deutsche Geschichte auch wirklich ›aufgearbeitet‹«* habe, gab er die Antwort umgehend selbst: »Millionen Deutsche, die als Soldaten draußen oder in den brennenden Städten zu Hause den Krieg erlebt hatten, *brauchten* nichts aufzuarbeiten! Sofern sie – Minderheit! – an die Naziideologie geglaubt hatten, waren sie zum großen Teil schon *vor* Kriegsende gründlich geheilt! Alle anderen sowieso!« Die harsche Apodiktik überrascht nicht weniger als die kühne Behauptung, die »Minderheit« der überzeugten Nazis sei bereits vor dem 8. Mai kuriert gewesen; in der späteren Druckfassung wurde die Stelle gründlich mit dem Weichzeichner überarbeitet.[30]

Einige Freunde, Loki und er hätten gemeinsam den Plan gefasst, ihre Kindheits- und Jugenderinnerungen aufzuschreiben und dabei insbesondere der Frage nachzugehen, »*wie* wir von unseren Erlebnissen geprägt worden sind«. Der Vortrag des heutigen Abends sei »ein erster Versuch« in diese Richtung, notierte Schmidt in seinem Konzept. Er unterteilte die zwölf Jahre in sechs Zeitabschnitte und ordnete jedem Abschnitt eine Reihe von Stichworten zu, von denen er einige ausführte. In Abschnitt V, den er überschrieb: »In Erwartung der Katastrophe Deutschlands – Sommer 41 bis Mai 45«, ging Schmidt auf die Frage der Pflichterfüllung ein. Hinter den beiden Stichworten »Hbgr [Hamburger] Katastrophe Juli 43/Stalingrad etc« notierte Schmidt: »*Pflicht tun*, auch wenn Krieg verloren ging, Adolf H. verrückter«.

Darunter setzte er in Klammern eine Frage, die erkennen lässt, wie weit er zu gehen bereit war, um herauszufinden, was Pflicht im Krieg eigentlich bedeutete: »*dies war vielleicht doch indirekt NS-Einfluss!?*« Schmidt hat diese Frage nicht vertieft und sie sich auch später nie wieder gestellt, denn sie rührte an sein Selbstverständnis als Soldat. Bereits in dem frei gehaltenen Vortrag vor der Freitagsgesellschaft änderte er das Stichwort aus seinem Konzept entscheidend ab: »Ich habe mich seither immer wieder gefragt, woher kam eigentlich unser verdammtes Pflichtgefühl während des Krieges? Kam es von der Schule … war es eine quasi funktionale, nicht intentionale Erziehung durch das Preußentum … War es die Erziehung durch die *Nicht*-Nazis in der Wehrmacht?«[31] Die Wehrmacht folgte ihrem traditionellen, ideologiefreien Kodex von Befehl, Gehorsam und Pflicht, dem so auch alle anderen Armeen der Welt verpflichtet sind – so sah es Schmidt. Deshalb war sie in seinen Augen ein weitgehend »anständiger Verein« geblieben, in dem es nur sehr wenige überzeugte Nazis gegeben hatte.

Schmidt argumentierte im Laufe der Jahre vor allem mit zwei Gegensatzpaaren, wenn es darum ging, die Gespaltenheit seines Bewusstseins während der Kriegsjahre zu begründen: mit der unauflösbaren Dichotomie (seinem Lieblingswort in diesem Zusammenhang) zwischen Zweifel und Pflicht einerseits und Pflicht und Angst andererseits. »*Möglicherweise* war das Phänomen des *Verantwortungsgleich Pflichtbewusstseins* ein psychologisch notwendiges *Korrelat zur Angst*«, hieß es dazu in dem Vortrag von 1989. Der zentrale Begriff für Schmidt war der der Pflicht. Die Pflicht war acht Wehrmachtjahre lang Schmidts kategorischer Imperativ. Weil er in Ausübung seiner Pflicht aber zugleich gegen besseres Wissen handelte, entstanden jene Gewissenskonflikte, die nicht nur sein Nachdenken über die eigene Rolle in diesen acht Jahren, sondern auch sein späteres Verständnis von Politik als Anwendung praktischer Vernunft zu sittlichen Zwecken nachhaltig prägten.

Schmidt hatte sich nach Absolvierung des Reichsarbeitsdienstes 1937 zur Wehrmacht gemeldet; nach der zweijährigen Dienstzeit wollte er ein Architekturstudium aufnehmen. Durch den Kriegsausbruch am 1. September 1939 wurden alle Berufspläne vereitelt, Schmidt musste die Uniform gleich anbehalten. Die Wehrmacht bot dem 18-Jährigen einen optimalen Bezugsrahmen: Er wurde akzeptiert, als zuverlässiger Kamerad geschätzt, mit Aufgaben betraut, die man normalerweise höheren Dienstgraden übertrug, und von seinen Vorgesetzten gefördert. Das »Erlebnis der Kameradschaft« und die »Notwendigkeit der Kameradschaft« prägten ihn so nachhaltig, dass ihm sein Eintritt in die Sozialdemokratie nach dem Krieg als geradezu »zwangsläufig« erschien. »Kameradschaft oder Solidarität oder Brüderlichkeit – das waren für mich Synonyme, verschiedene Namen für dasselbe Prinzip.«[32] Ganz so einfach gestaltete sich der Übergang allerdings nicht. Zwischen seiner Gefangennahme durch die Briten am 24. April 1945 und seiner Entscheidung zum Eintritt in die SPD am 22. Mai 1946 musste Schmidt einige Erfahrungen machen, die sein Bild von der Wehrmacht als einer gegen jede Ideologie resistenten Organisation eigentlich hätten erschüttern müssen.

Ende April 1945 war Schmidt in ein britisches Kriegsgefangenenlager vor den Toren Brüssels überstellt worden. »Waffenruhe an allen Fronten«, notierte er am 7. Mai in seinen Taschenkalender. »Es möchte wohl der folgenschwerste Tag unseres Lebens sein. Die Glocken in Brüssel läuten.«[33] Weder in Schmidts Kalender noch in den anderen Aufzeichnungen aus der vier Monate währenden Kriegsgefangenschaft finden sich Hinweise darauf, dass unter den gefangenen Offizieren über den Mord an den Juden gesprochen wurde. Er könne sich an solche Gespräche nicht erinnern, bekräftigte Schmidt noch in seinem letzten Buch, »das war unter den Kriegsgefangenen kein Thema«.[34]

Zwar wurde über die Schuldfrage vom ersten Tag an heftig gestritten. Dabei ging es aber nicht um die Frage der Mitschuld an Verbrechen, sondern darum, wer für den ganzen Schlamassel verantwortlich war. »Viele entdecken, dass sie nie Nazis gewesen sind: einige tun dies aus Opportunismus – andere empfinden bei dieser Feststellung jedoch ihre eigene Mitschuld an der Katastrophe des Deutschen Volkes« (Taschenkalender 3. Mai 1945). Es bildeten sich schnell zwei Gruppen heraus, die sich bis zum Ende der Lagerzeit unversöhnlich gegenüberstanden: »Ein von manchen hitzig geführtes Gespräch belehrt mich, dass die ganz überwiegende Mehrheit der Lagerinsassen von der Nichtschuld Hitlers am Kriege immer noch überzeugt [ist]. Der Nazismus sitzt – meist unbewusst – doch viel tiefer, als man meist hoffen möchte« (Taschenkalender 18. Juli 1945). Unter den jungen Jahrgängen, von denen sich Schmidt trotz des geringen Altersunterschieds distanzierte, gab es offenbar besonders viele Verblendete. Aber auch das Verhalten mancher älterer Offiziere irritierte ihn; damit sie bei der Brotverteilung nicht zu kurz kamen, bastelten sie sich kleine Waagen. »Viele Entgleisungen. Was bloß alles haben wir zu Offizieren gemacht« (Taschenkalender 10. Mai 1945).

Schmidt hat diese Gegensätze später egalisiert: »Auch wenn sicher ein paar überzeugte Nazis im Lager waren, so haben doch die meisten das Regime nicht verteidigt. Sie machten sich Sorgen, was aus ihnen werden würde, und sprachen ungern über das, was hinter ihnen lag.«[35] Er selbst machte sich jetzt ebenfalls Gedanken über die Zukunft und nutzte jede Gelegenheit zur Fortbildung: »Im Lager entwickelt sich … zu meiner großen Freude ein regelrechter Vorlesungsbetrieb« (Taschenkalender 12. Mai 1945). Schmidt belegte Kurse in Philosophie, Mathematik, Physik, Astronomie, Statik, Elektrotechnik, Buchhaltung, Jura, Französisch, Englisch, Musik- und Kunstgeschichte. Er las gern Gedichte, und die schönsten trug er in sein Kollegheft ein, darunter besonders viele Gedichte Friedrich Hölderlins. »Die verfügbare Hölderlinauswahl ist klein«, notierte er mit Bedauern, »ich muss mich später nochmal doch etwas ausführlicher mit Hölderlin beschäftigen« (Taschenkalender 12. Juli 1945). Mehr als alles aber interessierte Schmidt die Frage, wie es politisch mit Deutschland weitergehen sollte.

Am 10. Mai nahm er erstmals an einer Gesprächsrunde unter Leitung von Oberstleutnant Hans Bohnenkamp teil. Artillerieoffizier im Ersten Weltkrieg, 1939 reaktiviert, vor Stalingrad mit dem Ritterkreuz ausgezeichnet, war Bohnenkamp von Haus aus Pädagoge, in den dreißiger Jahren in der Lehrerbildung tätig. Nach dem Krieg gründete er die Pädagogische Hochschule in Celle, die auf sein Betreiben nach dem Widerstandskämpfer Adolf Reichwein benannt wurde, mit dem Bohnenkamp eng befreundet gewesen war. Der religiöse Sozialist, als den ihn Schmidt später charakterisierte, erklärte seinen Mitgefangenen verschiedene Staatsformen und eröffnete den Jüngeren unter ihnen erstmals eine Vorstellung von Demokratie. »Bohnenkamp: Prinzip jeder richtigen *Staatsform*: Führung von oben unter Verantwortung vor einer das Volk repräsentierenden Organisation, unter ständiger Erfüllung der im Volke vorhandenen Grundtendenzen.«[36] Schmidt war tief beeindruckt und suchte in den folgenden Tagen wiederholt das Gespräch mit

Bohnenkamp sowie dessen ehemaligem Vorgesetzten, Oberst Gerhard Grosan. Dieser war im Zivilleben Musikhistoriker und hielt im Lager Vorträge über Bach und Beethoven.

Die beiden Offiziere hatten in den letzten Kriegstagen eine heikle Aktion durchgeführt. Grosan war Kommandeur der taktischen Lehrgänge an der Panzertruppenschule Bergen in der Lüneburger Heide, Bohnenkamp unterrichtete dort Artillerietaktik. Anfang April war die Schule mobil gemacht und zur Verteidigung gegen die vorrückenden Engländer entlang der Aller eingesetzt worden. Im Abschnitt der Kampfgruppe Grosan lag das Konzentrationslager Bergen-Belsen, das wegen einer Typhusepidemie nicht geräumt werden konnte. Am Morgen des 12. April fuhren Bohnenkamp als Stellvertreter Grosans und Oberst Hanns Schmidt zum Gefechtsstand der Briten nach Buchholz, um ihnen die Lage im KZ zu schildern und eine kampflose Übergabe vorzuschlagen. Bei den anschließenden Verhandlungen der Briten mit Oberst Grosan wurde ein lokaler Waffenstillstand vereinbart. Die SS-Bewachungsmannschaften wurden abgezogen, ungarische und deutsche Soldaten übernahmen die Aufsicht, und am 15. April rückten die Briten in das Lager ein.[37] Die Aufnahmen, die sie machten – die ersten aus der Hölle der deutschen KZs –, gehörten zum Grauenhaftesten, was die Welt bis dahin gesehen hatte.

Bohnenkamp und Grosan, die auf eigene Verantwortung die Verhandlungen eingeleitet und die Übergabe an die Briten organsiert hatten, müssen die Leichenberge und die Zehntausende Verhungernden gesehen haben (fast jeder vierte der etwa 60 000 Überlebenden starb nach der Befreiung). Drei Wochen später sind beide in Camp 2224/6 bei Brüssel interniert – und verlieren über die Befreiung von Bergen-Belsen offenbar kein Wort. Helmut Schmidt jedenfalls war in höchstem Maße erstaunt, als er 1992 von Bohnenkamps Rolle bei der Übergabe des KZ erfuhr, sah durch diese Mitteilungen aber »die hohe Meinung bestätigt«, die er sich von seinem Mentor gebildet hatte.[38]

Für das Gros der Offiziere im Kriegsgefangenenlager wären Gräuelgeschichten aus Bergen-Belsen wohl einem Verrat gleichgekommen. Wie schnell man von der Lagergemeinschaft ins Abseits gestellt wurde, erfuhren Bohnenkamp und Grosan am ersten Juni-Wochenende bei einer von ihnen initiierten Vortragsreihe. Bohnenkamp sprach über die Ursachen der zwölfjährigen Gewaltherrschaft, Grosan über Hinrichtungen nach dem Attentat vom 20. Juli. Die Mehrheit der Zuhörer empfand diese Vorträge als Zumutung. Am 13. Juni, zehn Tage nach den Vorträgen, notierte Schmidt: »beide völlig kaltgestellt – haben sich nebenan völlig ins Privatleben zurückgezogen. Die Unterhaltung mit Bohnenkamp fehlt mir sehr.«

Im Sommer 2014, bei den vorbereitenden Gesprächen für sein letztes Buch, berichtete Schmidt, welch großen Eindruck insbesondere Bohnenkamps Vortrag auf ihn gemacht hatte. Der Titel lautete »Verführtes Volk«.[39] Ob er selber ein Verführter gewesen sei, fragte ich, einer, der jetzt zum ersten Mal eine Vorstellung davon bekam, warum er verführt worden ist. »Warum *wir Deutschen* verführt worden sind! Nicht ich, nicht ich persönlich. Ich bin kein Nazi gewesen. Ich war auch nie in Gefahr, einer zu werden. Aus Gründen, die woanders liegen.«[40] Schmidt meinte seinen jüdischen Großvater, auf den sich aber weder im Taschenkalender für 1945 noch in den anderen Aufzeichnungen aus dem Kriegsgefangenenlager irgendein Hinweis findet. Warum hat er sich die Frage, was aus seinem Großvater geworden war, nicht wenigstens jetzt gestellt? Weil die zwölfjährige Verdrängung auch über den 8. Mai hinaus wirksam blieb und andere Fragen jetzt wichtiger waren?[41]

Nicht nur Bohnenkamp und Grosan, auch Schmidt hatte am ersten Juni-Wochenende im Lager einen Vortrag gehalten. Er sprach über den Volksgerichtshofprozess gegen Beteiligte an der Verschwörung des 20. Juli 1944, dem er als Zuschauer beigewohnt hatte. Anders als Bohnenkamp und Grosan stießen Schmidts Ausführungen bei den Kameraden jedoch nicht auf massiven Protest. Zwar versuchte er später, es so darzustellen, als sei auch er »kaltgestellt« worden: »Ein Teil der jungen Offiziere tat uns drei in Acht und Bann, weil wir ›das eigene Nest beschmutzt‹ hätten.«[42] Er habe das Wort »Nestbeschmutzer« damals zum ersten Mal gehört – so wird sich noch der 95-Jährige erinnern: »Es hat sich mir eingeprägt, und es hat mir nicht gefallen.«[43]

Aber Schmidt selbst war kein Nestbeschmutzer. Er befand sich vielmehr in einem Gewissenskonflikt. Seine beiden wichtigsten Bezugspersonen im Lager, Grosan und Bohnenkamp, wurden von der Mehrheit geschnitten, weil sie gegen den Komment der Truppe verstoßen hatten. Als sie nach drei Wochen »Exil« am 23. Juni in die Lagergemeinschaft zurückfanden – das Lager war inzwischen nach Yabbecke westlich von Brügge verlegt worden –, war Schmidt erleichtert: »Heute waren Grosan + Bohnenkamp zu Gast. Wir haben sie ostentativ mit einer ›demokratischen‹ Beifallskundgebung begrüßt. – Die Freude war ehrlich und auf beiden Seiten. Lediglich unser anwesender Lagerältester dürfte säuerliche Gedanken gehabt haben« (Taschenkalender 23. Juni 1945).

Schmidts Vortrag über das gescheiterte Hitler-Attentat und den Prozess am 7. September wurde von der Mehrheit der Zuhörer mit Zustimmung aufgenommen, weil sie ähnlich darüber dachten. Mit Sicherheit ließ Schmidt die schrecklichen Demütigungen der Angeklagten durch den Volksgerichtshofpräsidenten Roland Freisler nicht unerwähnt, die er ein Jahr später in einem bewegenden Brief an die Witwe des am folgenden Tag zum Tode verurteilten und hingerichteten Diplomaten Ulrich von Hassell voller Abscheu schilderte. Im Kern aber ging es ihm um etwas anderes: »Halte vor dem Lager Vortrag über Prozess gegen die Männer des 20. Juli 44 – über meine Auffassung: Verbrechen liegt deswegen vor, weil die Männer, die einzig in der Lage waren, den Hebel anzusetzen, bei richtiger Lagebeurteilung und bei richtigem Entschluss durch mangelhafte Durchführung die Chance, dem Deutschen Volke das Schicksal des letzten Jahres zu ersparen, verspielt haben« (Taschenkalender 2. Juni 1945).

Diese Einschätzung entsprach seiner unmittelbaren Reaktion auf das Attentat. »So doch wohl nicht«, hatte Helmut Pleß, ein Freund aus der Schulzeit, hochdekorierter Flieger, am Abend danach zu Helmut und Loki Schmidt gesagt. »Mit diesem einen Satz brachte er zum Ausdruck, was auch ich empfand: Ein so dilettantischer Versuch musste schiefgehen.«[44] Welche Überheblichkeit! Und doch schoben die Freunde mit ihrer Kritik an der mangelhaften technischen Durchführung die eigentliche Frage dieses Tages nur beiseite: die nach der sittlichen Begründung des Attentats. Schmidt scheint sie auch in seinem Vortrag nicht gestellt zu haben.

Obwohl er sich mit dem reaktionären, stark vom Standesdenken des Adels bestimmten Gesellschaftsbild der Militäropposition und nicht zuletzt mit der Person des Grafen Stauffenberg ein Leben lang schwertat, trat Schmidt in späteren Jahren als SPD-Verteidigungsexperte, als Verteidigungsminister und Bundeskanzler dafür ein, dass die Bundeswehr sich zum Erbe des militärischen Widerstands bekannte. Als am 2. September 1993 Bundesverteidigungsminister Volker Rühe im Berliner Bendler-Block als einer der ersten Minister des Kabinetts Kohl einen zweiten Dienstsitz eröffnete, bezog er sich in seiner Ansprache explizit auf den militärischen Widerstand gegen Hitler, der hier, im ehemaligen Oberkommando des Heeres, am 20. Juli seine Schaltzentrale hatte. Er habe die Rede »mit innerer Zustimmung gelesen«, bedankte sich Schmidt drei Wochen später bei Rühe für die Zusendung: »Wenn Sie dem Gebäude gleichzeitig einen Namen gegeben hätten, der eindeutig auf den Widerstand Bezug nimmt, so wäre dies möglicherweise der I-Punkt auf Ihrer symbolischen Handlung gewesen.«[45] Von der Qualifizierung des gescheiterten Attentats als eines verbrecherischen Dilettantismus hin zu der Überzeugung, dass es gut gewesen wäre, den Sitz des Bundesverteidigungsministers nach einem der im Zusammenhang mit dem 20. Juli Hingerichteten zu benennen: Der Weg, den Schmidt in diesen fünf Jahrzehnten zurücklegte, hätte länger nicht sein können.

In der zweiten Hälfte der achtziger Jahre musste sich Schmidt mit dem Vorwurf auseinandersetzen, er sei im September 1944 als Zuschauer zum Volksgerichtshof abkommandiert worden, weil seine Vorgesetzten ihn als besonders zuverlässig eingestuft hätten. Schon die Nazis hätten Schmidt »für würdig befunden«, giftete Franz Josef Strauß 1975.[46] Drei Jahre später versuchte der CSU-eigene *Bayernkurier* eine Kampagne gegen den Bundeskanzler anzuzetteln; am 6. August 1978 nahm sich *Bild am Sonntag* des Themas an. Sollte er sich gezwungen sehen, dagegen vorzugehen, schrieb Schmidt am 25. August, werde er »gewiss keine Leserbriefe [schreiben] oder Presseerklärungen abgeben, auch nicht vor Gericht, sondern vor das Plenum des Deutschen Bundestages gehen«. Was Schmidt am meisten empörte, war »die widerwärtige Parallelisierung mit dem pathologisch guten Gewissen des ehemaligen Marine-Kriegsrichters«.[47] Gemeint war der baden-württembergische Ministerpräsident Hans Filbinger, der in der Endphase des Dritten Reiches an mehreren Todesurteilen beteiligt gewesen war und sich zu seiner Rechtfertigung auf geltendes Militärrecht berief; Anfang August 1978 hatte er zurücktreten müssen.

Aus Schmidts Stabstelle in Bernau waren im August und September 1944 mehrere Offiziere zu den Verhandlungen des Volksgerichtshofs abgestellt worden. Schmidt vermutete zutreffend, dass der Nationalsozialistische Führungsoffizier (NSFO) des Stabes, Oberleutnant Becker, die Auswahl getroffen hatte, und zog daraus den Schluss, dass es sich um eine Einschüchterungsmaßnahme handeln sollte. Beweisen ließ sich das nicht. Schmidt hatte jedoch berechtigten Grund zu der Annahme, dass Becker, den er stets als den einzigen Nazi bezeichnete, mit dem er in seinen acht Jahren bei der Wehrmacht in Berührung gekommen war, ihn auf dem Kieker hatte. Becker war es wohl auch, der Schmidt aufgrund abfälliger Bemerkungen über Göring im Herbst desselben Jahres wegen Wehrkraftzersetzung anzeigte, was zu Schmidts Versetzung zur Front führte. Weil Schmidt genauer wissen wollte, nach welchen Gesichtspunkten die Zuhörer damals ausgesucht worden waren, nahm er 1978 Verbindung auf zum ehemaligen Stabschef der 1. Flakdivision, Kurt Fischer, der inzwischen zum Brigadegeneral der Bundeswehr avanciert war und Schmidts Einschätzung mit persönlichen Erinnerungen stützte.[48] Damit war das Thema für den Bundeskanzler erledigt.

In der heißen Phase des Bundestagswahlkampfes 1980 kramte die CSU das Thema noch einmal hervor. Am 18. September soll CSU-Generalsekretär Edmund Stoiber laut einem Zeitungsbericht auf einer Wahlkampfveranstaltung angedeutet haben, dass die Union geheime Unterlagen darüber besäße, »wie der Bundeskanzler den Nazis und besonders dem Mordrichter Freisler geholfen habe«. SPD-Bundesgeschäftsführer Egon Bahr forderte Stoiber ultimativ auf, zu diesem Bericht schriftlich Stellung zu nehmen. Er sei nicht korrekt wiedergegeben worden, so Stoiber. Er habe über den »Schmutzwahlkampf« gesprochen, den die SPD gegen den Kanzlerkandidaten Franz Josef Strauß führe, und dann gesagt: »Wenn die Union einen ähnlichen Wahlkampf führen würde ... dann hätten wir – so führte ich aus – zum Beispiel die Bevölkerung stärker mit der Tatsache konfrontieren müssen, dass der jetzige Bundeskanzler Helmut Schmidt bei dem Prozess vor dem Volksgerichtshof ... anwesend war. Ich führte in diesem Zusammenhang aus, dass wir diesen Tatbestand nicht in den Wahlkampf eingeführt hätten, dass wir aber dies noch tun könnten und dass wir in diesem Zusammenhang noch einige Fragen an den jetzigen Bundeskanzler ... stellen würden.«[49]

Drei Tage vor dem Wahlsonntag unternahm Franz Josef Strauß einen letzten Versuch, Schmidt wegen seiner Teilnahme am Volksgerichtshofprozess doch noch zu Fall zu bringen. Am Morgen des 2. Oktober telefonierte er mit dem Verleger Axel Springer. Das Ministerium für Staatssicherheit der DDR hat das Gespräch mitgeschnitten und den Inhalt in einer Sofort-Meldung weitergeleitet: »Die Gesprächsteilnehmer sprechen über die Möglichkeit, den Bundeskanzler und Vorsitzenden der SPD [sic] SCHMIDT, Helmut erf[asst] zum Rücktritt zu zwingen, indem sie dessen Aktivitäten während des Naziregimes, womit er angeblich von der DDR in seiner Politik erpresst wird, veröffentlichen. Des weiteren wollen die Gesprächsteilnehmer den neuen ›Schießbefehl‹ der Grenztruppen der DDR gegen o[ben]g[enannte] Person benutzen.«[50]

Bis zum Wahlsonntag verblieben noch zwei Zeitungstage. Im Hause Springer gelangte man offenbar schnell zu der Erkenntnis, dass das vorhandene Material für ein Komplott nicht ausreichte, und blies die Sache ab. Bei den angeblich kompromittierenden Dokumenten dürfte es sich um jene Schriftstücke gehandelt haben, die nach Springers Tod in dessen »Giftschrank« gefunden wurden. Ernst Cramer, einer der Testamentsvollstrecker Springers, schickte sie 1993 vertraulich an Helmut Schmidt: »Das sollte wohl in den Reißwolf; aber ich meine, Sie sollten es da hineintun.«[51] Schmidt nannte die beiden Anlagen – einen angeblichen Bericht Schmidts an Hermann Göring über die Verhandlung des Volksgerichtshofs am 7. September und einen angeblichen Brief Görings an Hitler, in dem der Oberleutnant Schmidt lobend erwähnt wird – »erstaunliche Machwerke, offenbar aus übler Quelle«.[52] Er habe nicht die Absicht, so Schmidt in einem internen Vermerk, »in diesen Angelegenheiten weiteren Schriftwechsel zu führen oder die Quellen zu eruieren. Wohl aber liegt mir daran, dass die hier beigefügten Schriftstücke sorgfältig und griffbereit archiviert werden.«[53]

*

Helmut Schmidt hatte stets ein ausgezeichnetes Verhältnis zur Bundeswehr. Seine guten Beziehungen zur Truppe pflegte er auch über den Tag seines Abschieds hinaus. In der Korrespondenz mit hochrangigen Generalen wie Wolf Graf von Baudissin, Ulrich de Maizière oder Johann Adolf Graf von Kielmansegg, mit denen er schon als Verteidigungsminister dienstlich zu tun gehabt hatte, ging es nicht nur um Verteidigungs- und Sicherheitspolitik. Den Generalen fühlte sich Schmidt auf geradezu nostalgische Weise verbunden in der Überzeugung, »dass wir zusammen in unserer Zeit unserem Land anständig und wirksam und gut gedient haben«.[54] Sie ihrerseits brachten ihm weiterhin eine hohe Wertschätzung entgegen: »Was Sie für das Verhältnis Sozialdemokratie und Bundeswehr getan haben, wird seinen geschichtlichen Rang haben«, schrieb ihm General Schmückle. »Dies gilt umso mehr, als Sie diese Aussöhnung zu einem Zeitpunkt wagten, als dies nicht gerade karrierefördernd war.« Und General Kießling bekannte, »dass nicht zuletzt Sie es waren, der mich für strategische Fragen begeistert hat«.[55]

Eine besondere Beziehung bestand zu Johannes Steinhoff, dem ehemaligen Inspekteur der Luftwaffe und Vorsitzenden des NATO-Militärausschusses, dem Schmidt durch kurze gemeinsame Kriegserinnerungen verbunden war. 1986 hatte der Viersternegeneral a.D.

Schmidt aufgesucht, um ihm ein Buchprojekt vorzustellen, für das er zwei Jahre später um ein kurzes Vorwort bat. Es handelte sich um 161 Zeitzeugenberichte, in denen, so Steinhoff, diejenigen zu Wort kamen, »die im Gegensatz zu den meisten Historikern damals nicht wussten, wie es zu Ende gehen würde. Es lag uns daran, die ›Reservatio mentalis‹ der jungen Generation, die da lautet: ›Uns wäre das nicht passiert‹, auszuräumen.«[56] Keine drei Wochen später schickte Schmidt ein 16-seitiges Manuskript. Es erscheine ihm unmöglich, so begründete er die Überlänge des Textes, »dass ein ehemaliger Bundeskanzler sich angesichts der in diesem Buch zu behandelnden Fragen auf ein pro-forma-Vorwort beschränkt«.[57] General Steinhoff war begeistert – der Text sei wie »maßgeschneidert«.[58]

Schmidts Geleitwort ist in vieler Hinsicht bemerkenswert. Nach einigen einleitenden Bemerkungen über Vor- und Nachteile der »Oral History« ging der Autor frontal die 68er an. Sie hätten sich »moralische Maßstäbe« zugelegt, die es ihnen unmöglich machten, »den Gehorsam jener jungen Deutschen zu verstehen, die ... den Krieg durchzustehen hatten. Nach meinem Eindruck verstehen ehemalige Soldaten von der anderen Seite der vielen Fronten im Zweiten Weltkrieg das Verhalten ihrer damaligen deutschen Gegner besser als unsere eigenen Söhne und Töchter.« Diese verlangten von der Kriegsgeneration eine Rechtfertigung dafür, »dass wir keine Widerstandskämpfer waren«. Sie verwechselten jedoch Widerstand in einer Diktatur mit Widerstand in einer freiheitlich verfassten Gesellschaft, in der es »nur sehr wenig Mut verlangt, am Zaun eines Flughafens, eines Kraftwerkes oder einer Raketenstellung zu demonstrieren und dabei sogar – ein wenig – Gewalt zu üben«.

Dann kam Schmidt auf die wahren Widerstandskämpfer zu sprechen, die Frauen und Männer, die den Kampf gegen Hitler mit ihrem Leben bezahlt hatten. Schmidt unterschied zwischen Hochverrat und Landesverrat – eine Unterscheidung, die in der Diskussion um die Bewertung des deutschen Widerstands bis in die achtziger Jahre eine wichtige Rolle gespielt hatte – und eröffnete damit eine Möglichkeit, die Widerstandskämpfer in die militärische Tradition zu integrieren, ohne dass daraus den anderen, die bis zum

Schluss ihre Pflicht getan hatten, ein moralischer Vorwurf erwuchs. Er nannte sie Patrioten: »Sie waren bereit zum Hochverrat, das heißt zur Beseitigung Hitlers und der Nazi-Diktatur; aber sie waren nicht bereit zum Landesverrat, das heißt zur Auslieferung des Vaterlandes an den Kriegsgegner.« Sowohl diejenigen, die sich zum Widerstand entschlossen, als auch diejenigen, die an ihren Befehlen festhielten, hätten in einem Konflikt gestanden »zwischen staatlich verordneter Pflicht und selbst erkannter moralischer Pflicht«. Dieser Konflikt sei weder für die einen noch für die anderen auflösbar gewesen. Schmidt suchte nach einer Formel, die beiden Seiten Gerechtigkeit widerfahren ließ, und nannte den Zweiten Weltkrieg »eine Tragödie unseres Pflichtbewusstseins«.[59]

Den Lesern der von Steinhoff zusammengestellten Zeitzeugenberichte war eine solche Synthese zweifellos willkommen. Die Vorbehalte der kritischen Generation, die Schmidt unter dem Rubrum »68er« zusammenfasste, ließen sich damit freilich nicht entkräften, im Gegenteil. In einem pervertierten Pflichtbewusstsein der Deutschen glaubten viele der Jungen die eigentliche Wurzel der Barbarei zu erkennen. Noch richtete sich der Fokus des öffentlichen Interesses nicht auf die Wehrmacht, noch fragte keiner laut nach der Beteiligung von Wehrmachtverbänden an Verbrechen im Osten und Südosten Europas – an Massenerschießungen, der Ghettoisierung der Juden und der Duldung des Todes von drei Millionen sowjetischen Kriegsgefangenen. Aber das Bild von der sauberen Wehrmacht zeigte erste Risse.

Bereits 1978 hatte Schmidt in Anknüpfung an Willy Brandt vor einer Aufspaltung der deutschen Gesellschaft bei der Auseinandersetzung mit der Zeit des Nationalsozialismus gewarnt. Man könne diese zwölf Jahre nicht »wegdrängen, die Schuld und das Versagen nicht vergessen machen wollen«, sagte er in einer Rede vor dem Deutschen Bundestag, aber die Beschäftigung mit der deutschen Geschichte dürfe sich »auch nicht darin erschöpfen, nun die dunklen Jahre unserer Vergangenheit auszubreiten. Das geht auch nicht. Ich erinnere mich an meinen Freund Wolfgang Döring von den Freien Demokraten, der schon lange nicht mehr unter uns ist. Es liegt zwanzig Jahre zurück, als ich als junger Kreisvorsitzender der SPD in Hamburg-Nord den damals ebenso jungen Wolfgang Döring eingeladen habe … Er hat damals einen Satz geprägt, den ich mein Leben lang nicht wieder vergessen habe. Er hat gesagt: Wir müssen zusehen, dass wir unseren jungen Menschen das deutsche Geschichtsbuch nicht als ein einziges Verbrecheralbum darstellen. Das geht auch nicht.«[60]

Es war bittere Ironie, dass beim Aufblättern des Verbrecheralbums in den neunziger Jahren ausgerechnet die Redaktion der *Zeit* die Vorreiterrolle übernahm. Insbesondere drei Artikel trugen wesentlich dazu bei, die öffentliche Diskussion in Gang zu setzen. Im Januar 1992 schrieb Benedikt Erenz anlässlich der Eröffnung der Gedenkstätte in der Berliner Wannsee-Villa: »Was, bald fünfzig Jahre nach Kriegsende, immer noch fehlt, ist eine öffentliche Darstellung der größten Mord- und Terror-Organisation der deutschen Geschichte: der deutschen Wehrmacht.« Eine Aufforderung des CDU-Bundestagsabgeordneten und ehemaligen Hauptmanns der Wehrmacht Alfred Dregger, gegen diese »ungeheuerliche Verleumdung« auch im Namen derer zu protestieren, »die sich dagegen nicht mehr zur Wehr setzen können«, lehnte Schmidt zwar ab – Solidarität mit der Redaktion ging vor. Seine ausweichende Antwort an Dregger ließ jedoch erkennen, dass Erenz auch in seinen Augen weit über das Ziel hinausgeschossen war.[61] Einige Jahre später drängte Dregger Schmidt noch einmal, sich »als Vertreter einer beleidigten Generation … für die Ehre unserer Kameraden einzusetzen«. Es ging um den Satz »Soldaten sind Mörder«. Schmidt lehnte ab: »Genauso wie es keine kollektive Schuld und keine kollektive Unschuld gibt, so kann es auch weder eine kollektive Ehre von 18 Millionen deutschen Soldaten geben noch deren kollektive Schande.«[62]

Drei Jahre nach dem Erenz-Artikel entflammte nach einem Bericht von Karl-Heinz Janßen über seinen Besuch der Wehrmachtausstellung im Hamburger Kulturzentrum Kampnagel die Debatte über die Verbrechen der Wehrmacht: »Als Soldaten Mörder wurden«.[63] Hausintern ließ Schmidt wissen, »das rühre an die Grenzen dessen, was er zu tragen bereit sei«.[64] Im April 1996 schließlich war es Volker Ullrich, der mit einem Vorabdruck aus dem Buch von Daniel Goldhagen und einem hymnischen Begleittext – vier Monate vor Erscheinen der deutschen Ausgabe – die Tür zur Generalabrechnung weit aufstieß: »Die Deutschen – Hitlers willige Mordgesellen«.[65] Für den Herausgeber waren solche Artikel allein schon durch ihre provozierenden Überschriften skandalös. »Nach wie vor werde ich auf die vielfältigen Artikel, Stellungnahmen etc. in Sachen Goldhagen angesprochen, die bei uns im Blatt gestanden haben«, ließ er den Chefredakteur Anfang Oktober in einer Hausmitteilung wissen. Bei ihm verstärke sich der Eindruck, »dass manche unserer Kollegen die moralische Besserwisserei wesentlich zu weit treiben«. Er fürchte um das Ansehen der Deutschen – nicht nur im Ausland, sondern auch vor sich selbst.[66]

Goldhagen habe deshalb einen so großen Erfolg, schrieb Volker Ullrich über dessen Deutschland-Tournee im Sommer 1996, weil er seinem Publikum das Gefühl vermittle, »hier spricht einer endlich einmal aus, was so lange tabuisiert war: dass die Unterscheidung zwischen ›verbrecherischen Nazis‹ und ›normalen Deutschen‹ falsch ist«.[67] Dass sowohl Goldhagens wissenschaftliche Methode als auch seine suggestive Erzählweise bei der großen Mehrheit der Historiker auf Ablehnung stießen, war für Ullrich ein Beleg dafür, dass er einen Nerv getroffen hatte. »Je härter Goldhagen von den deutschen Historikern attackiert wird, desto stärker ergreift das Publikum für ihn Partei. Mit seinem Beharren auf der individuellen Verantwortung der Täter spricht Goldhagen die Gefühle der Menschen eher an als [deutsche Historiker] – und dies in einer Sprache, die den Opfern gleichsam noch einmal die Rolle des Objekts zuweist.«[68]

Für Schmidt grenzte diese Form der Selbstbezichtigung an Hysterie. Die Deutschen verhielten sich in seinen Augen wie Flagellanten – jene mittelalterlichen Büßer, die sich so lange den Rücken geißelten, bis sie blutüberströmt vor Erschöpfung zusammenbrachen. »Es gibt Tendenzen eines nationalen Flagellantentums, das bis zum Selbsthass reicht.«[69] Als die *Zeit* im März 1997 der ganzen Diskussion noch eine Laudatio auf Goldhagen von Jürgen Habermas hinterherschickte, beschwerte sich Schmidt ein letztes Mal beim Chefredakteur: »Ich dachte, wir hätten unser Soll gegenüber Goldhagen und der Goldhagen-Debatte inzwischen längst übererfüllt. Bei weiterer Fortsetzung wird eines Tages bei mir der Faden abreißen.«[70]

Die Goldhagen-Debatte war noch kaum abgeebbt, da eskalierte in München der Streit um die Wehrmachtverbrechen. Dass die Wanderausstellung, die bereits in 34 deutschen und österreichischen Städten zu sehen gewesen war, im Rathaus am Marienplatz gezeigt werden sollte, löste in den nationalkonservativen Kreisen der Bayern-Metropole Empörung aus. Angeführt wurde der Protest vom Vorsitzenden der Münchener CSU, Peter Gauweiler, der es sich nicht entgehen ließ, der SPD-Opposition im Bayerischen Landtag genüsslich Schmidts »Verbrecheralbum« vorzuhalten.

Schmidt hatte bereits Anfang 1995, noch vor Eröffnung der ersten Wehrmachtausstellung, in einer großen Diskussionsrunde seine Sicht dargelegt; die *Zeit* dokumentierte das Gespräch auf sieben Seiten unter dem Titel: »Wir hatten geglaubt, wir könnten anständig bleiben«. Er persönlich könne damit leben, sagte Schmidt zu Anfang der Diskussion, »wenn man mich – einer dieser 19 Millionen Soldaten – als Angehörigen einer verbrecherischen Organisation bezeichnet. Nur: Das führt zu einer doppelten Reaktion. Zum einen kriegen die nachwachsenden Deutschen eine falsche Vorstellung von der deutschen Geschichte. Das halte ich für sehr gefährlich [...] Die andere Reaktion ist, dass man Leute in eine Ecke treibt, wo sie anfangen, sich vehement dagegen zu wehren. Und das halte ich für ganz besonders gefährlich. Nationalismus stirbt nicht aus.« Was die politische Einstellung unter den Offizieren anging, stimmte er ausdrücklich Klaus von Bismarck zu, dass die Arroganz in der Truppe gegenüber Hitler »zu unserer politischen Blindheit« beigetragen habe. Aber Schmidt wies auch darauf hin, dass er 1933 erst 14 Jahre alt war: »Meine Generation und die nachfolgenden, die jüngeren Leute hatten überhaupt keine Maßstäbe, wir waren doch völlig hoffnungslos ausgeliefert.«

Aufgrund der nach dem Krieg gewonnenen Erkenntnisse über die eigenmächtige Rolle der Wehrmacht seien bei der Gründung der

Bundeswehr die richtigen Konsequenzen gezogen worden, so Schmidt weiter. Man habe verhindert, »dass die in Aufstellung begriffenen neuen deutschen Streitkräfte einen selbständig zum Agieren befähigten Generalstab bekamen«, und gegen viele Widerstände aus den Reihen der Militärs »den zivilen Verteidigungsminister zum Befehlshaber der deutschen Streitkräfte gemacht«. Des Weiteren sei der Gedanke der »Inneren Führung« in den Mittelpunkt gestellt und die Institution des Wehrbeauftragten eingeführt worden. Dies zu betonen, war Schmidt wichtiger als eine nachträgliche Bewertung verbrecherischer Wehrmachtbefehle. Wiederholt wies er darauf hin, dass er einfach Glück gehabt habe, nicht da eingesetzt gewesen zu sein, wo solche Befehle ausgeführt wurden: »Es hat viele Leute gegeben, die in diesem Sinne Glück gehabt haben.« Schmidts Fazit schloss ein Bekenntnis zur besonderen Verantwortung der Deutschen ein: »Dieser barbarische Krieg ist außerhalb der Genfer Konvention und außerhalb der Haager Landkriegsordnung geführt worden, auf allen Seiten. Und unsere Seite war die schlimmste … Ich glaube, dass die große Mehrheit aller Deutschen, nicht etwa nur der Wehrmachtsangehörigen, tatsächlich und objektiv zu Beihelfern des Hitler'schen Krieges geworden ist.«[71]

Schmidts Korrespondenzordner der Jahre 1995 bis 1999 sind voll mit seitenlangen Briefen aufgewühlter Bürger. Viele erzählten ihre eigene Geschichte oder die eines nahen Verwandten und bestätigten Schmidts Erinnerungen. Aber Skepsis überwog. Als im Frühjahr 1997 mit dem Streit um die Münchener Ausstellung die Emotionen hochkochten, nahm die Anzahl derjenigen, die ihm glaubten, nichts gewusst zu haben, merklich ab. Sofern es sich nicht um unflätige Beschimpfungen handelte, beantwortete Schmidt jeden der Briefe sorgfältig und individuell. Öffentlich mischte er sich jedoch nicht mehr in die Diskussion ein. Aus seiner Sicht war alles gesagt, es gab keine Notwendigkeit, sich noch einmal zu Wort zu melden.

Den unter den Zeithistorikern geführten Streit über die »demagogische Inszenierung von Quellenmaterial«[72] und den zweifelhaften wissenschaftlichen Ertrag der Wehrmachtausstellung verfolgte Schmidt nur am Rande. Dennoch dürfte er eine gewisse Genugtuung empfunden haben, als ihm Christian Hartmann vom Münchener Institut für Zeitgeschichte im Februar 2002 einen Vortrag über die Wehrmachtausstellung zuschickte, aus dem zwei Jahre später ein bilanzierender Aufsatz in den *Vierteljahrsheften für Zeitgeschichte* hervorging. Es bleibe »ein ungutes Gefühl, das die Frage evoziert, ob die Debatte … nicht weit hinter jene historiographischen, juristischen und schlichtweg auch menschlichen Standards zurückgefallen« sei, die in der Bundesrepublik bis dahin gegolten hätten, schrieb Hartmann am Ende seines Aufsatzes. »Von den vielen alten Männern, mit denen damals wenig verständnisvoll umgegangen wurde, sei einer für alle genannt, ein Oberleutnant der Flakartillerie, der spätere Bundeskanzler Helmut Schmidt. Wenn Heer [d.i. Hannes Heer, der Kurator der Ausstellung] diesem nach einer Diskussion attestierte, er habe sich ›für die Kriegszeit als Augenzeuge‹ abgemeldet, so ist dies angesichts der Biographie Schmidts nicht nur verletzend. Es zeugt auch von einer befremdlichen Arroganz gegenüber jeder Form der persönlichen historischen Erfahrung. Infamien dieser Art waren wohl der Preis für den Ertrag, den die Forschung schließlich doch gemacht hat.«[73]

*

Anfang 1991 teilte Schmidt seinem Verleger mit, dass Loki und er die Arbeit an ihren Kindheits- und Jugenderinnerungen weitgehend abgeschlossen hätten. Die anderen Beiträger des geplanten Bandes hinkten etwas hinterher und wurden von ihm am selben Tag ermahnt. Es waren enge persönliche Freunde, die versprochen hatten, mit eigenen Texten zur Stelle zu sein: Willi und Friedel Berkhan, Ruth Loah sowie Ursula Philipp, die Witwe seines Jugendfreundes Kurt Philipp, die als überzeugte BDM-Führerin noch bei der Nachricht von Hitlers Tod Tränen vergossen hatte. Verleger Siedler hätte gern den ehemaligen Wirtschaftsminister Karl Schiller dabei gehabt, der nach dem Krieg vier Jahre lang Schmidts Vorgesetzter beim Hamburger Senat gewesen war, aber Schiller, 1933 SA-Mann und später NSDAP-Mitglied, sagte postwendend ab. Schmidt bat den

Leipziger Maler Bernhard Heisig, den er Mitte der achtziger Jahre bei den Sitzungen für sein Porträt persönlich schätzen gelernt hatte, um Mitwirkung. Heisig hatte zwar Bedenken, »ob der Zustand einer Jugend, die so verführbar und schrecklicherweise auch opferbereit war, überhaupt begreifbar gemacht werden kann«, erklärte sich aber grundsätzlich bereit.[74]

Dann passierte etwas, was im Kleinen die Diskussion vorwegnahm, die 15 Jahre später um die SS-Mitgliedschaft von Günter Grass öffentlich entbrannte. Bernhard Heisig, zwei Jahre älter als Grass, hatte als Freiwilliger von 1942 bis zum Kriegsende in der SS-Panzerdivision »Hitlerjugend« gedient. Das war bekannt. Umso verlockender schien es Siedler, Heisig dafür zu gewinnen, »von einer nicht untypischen Wandlung vom SS-Mann zum Marxisten« zu berichten. Schmidt schickte eine Kopie des Briefes an Heisig, ohne zu ahnen, dass dieser es als inakzeptabel und verletzend empfinden musste, von einer Schublade in die andere gesteckt zu werden.

»Ich weiß nicht, ob der Verleger die Nazi-Zeit überhaupt erlebt hat«, so Heisig in einem langen Brief an Schmidt. »Aber wenn er von ›nicht untypischer‹ Wandlung spricht, so typisiert er gerade an dem Punkt, wo dieses Verfahren notwendig zum undifferenzierten Betrachten führt.« Weil »sich manches damals ganz anders abgespielt hat, als es sich mir heute darstellt«, misstraue er grundsätzlich jeder retrospektiven Deutung. Wenn jemand behaupte, er habe nicht gewusst, was er hätte wissen müssen – Heisig verwies beispielhaft auf Albert Speer –, dann zeige das nur, »dass der Verdrängungsmechanismus gut funktioniert«. Seine gesamte künstlerische Arbeit sei dem Nachdenken über den Nationalsozialismus gewidmet, aber außerhalb der Kunst falle es ihm schwer, die Zusammenhänge begreiflich zu machen – »und nur die Darstellung der meinetwegen missbrauchten Ahnungslosigkeit ist wohl zu wenig«. Er bitte Schmidt daher um Verständnis, dass er »doch nicht mitmachen kann«.[75]

Schmidt ging das Thema rationaler an. Um die Geschehnisse in den Jahren des Nationalsozialismus und seinen eigenen Entwicklungsgang besser zu verstehen, las er viel Literatur zum Dritten Reich: von der Rede des Reichsjugendführers Baldur von Schirach aus dem Winter 1935/36 über »Wesen und Aufbau der Hitler-Jugend« bis hin zu der umstrittenen Rede von Bundestagspräsident Philipp Jenninger vom 10. November 1988.[76] Das fertige Manuskript seiner Erinnerungen gab Schmidt schließlich einigen Vertrauten zur kritischen Durchsicht. Besonders gefreut hat er sich über die Begeisterung von Helmut »Nuggel« Pleß, jenem Freund, mit dem er am Abend nach dem gescheiterten Attentat auf Hitler einer Meinung gewesen war.

Die Lektüre habe bei ihm vieles in Erinnerung gerufen, schrieb Pleß. Sie habe ihn auch wieder an einige jüdische Lehrer der Lichtwarkschule erinnert – an Dr. Liebeschütz zum Beispiel, den Klassenlehrer der Parallelklasse, der 1933 mit dem Eisernen Kreuz in die Aula kam, an Dr. Adams, der nach seiner Entlassung »als Kaffeehändler seinen Musterkoffer herumtrug«, oder an den Englischlehrer Teddy Heine, dem Pleß kurz vor dessen Auswanderung »noch etwas Selbstgemaltes« in die Wohnung brachte. Schmidt strich sich die Passage kommentarlos an. Möglicherweise führten ihm die Beispiele vor Augen, dass mit seiner eigenen Erinnerung offensichtlich etwas nicht stimmte. Er konnte sich jedoch nicht dazu durchringen, sie wenigstens als Zitat in seinen Text zu übernehmen. Nein, er erinnerte sich an solche Geschichten nicht, und deshalb konnte er sich auch nicht wie »Nuggel« dafür schämen, die Zeichen der Zeit nicht erkannt zu haben. »Das Karussell unserer Jugend drehte sich noch immer weiter mit Figuren und Szenen, als Deine letzte Seite Manuskript längst gelesen war«, endete der Brief des Jugendfreundes. »Wie gut, dass einer von uns, der wirklich Geschichte gemacht hat, sich alles als kritischer Zeitzeuge von der Seele schreibt. Ja, so haben wir unsere Jugend erlebt.«[77]

Anders als Helmut Pleß und andere Schulfreunde reagierten die Fischerhuder. Die Künstlerkolonie um Otto Modersohn, Amelie Breling und Olga Bontjes van Beek war für Schmidt 1938/39 zu einem zweiten Zuhause geworden. Noch ein Dreivierteljahrhundert später nannte er das gastliche Haus von Olga Bontjes van Beek, in dem er damals viele Wochenenden verbrachte, »den Ursprungsort meiner geistigen Orientierung und in einem höheren Sinn meine eigentliche Heimat«.[78] In Fischerhude habe man sich völlig frei unterhalten können, alle seien sich einig gewesen in der Ablehnung des Nationalsozialismus; im Mittelpunkt der Gespräche habe aber immer die Kunst gestanden, um Politik sei es nur am Rande gegangen.[79] Mietje Bontjes van Beek, Tochter von Olga und Schwester der 1943 hingerichteten Widerstandskämpferin Cato, widersprach. Es habe in Fischerhude sehr wohl »heftige politische Diskussionen« gegeben, denn jeder sei damals gezwungen gewesen, politisch Stellung zu beziehen. »Nein, Fischerhude war nicht die quasi ›Insel der Seligen‹! Das konnte es nicht sein! Auch für junge und nach Deiner Beschreibung ›unpolitische Menschen‹ nicht.«[80] Schmidt überarbeitete seinen Text, blieb aber dabei, dass Politik in Fischerhude in seiner Wahrnehmung kaum eine Rolle gespielt habe.

Er sei sich bewusst, schrieb Schmidt am Ende seiner Kindheits- und Jugenderinnerungen, »dass Menschen in aller Regel nicht dazu neigen, die Versäumnisse und Fehler bloßzulegen, die sie begangen haben«. Niemand gebe gern zu, dass er »einer schwierigen Situation moralisch nicht gewachsen« war. Umso mehr aber müsse diese menschliche Schwäche Ansporn sein, »unsere damaligen Defizite zu erkennen«.[81] War mehr zu verlangen? Hätte Schmidt persönliche Scham und das Bekenntnis zur Mitschuld noch eindeutiger formulieren sollen?

Kindheit und Jugend unter Hitler erschien im Herbst 1992 und stieß, trotz mancher Vorbehalte gegen einzelne Beiträge, die als zu leichtgewichtig und unreflektiert bezeichnet wurden, bei der Kritik insgesamt auf eine positive Resonanz. »Das Buch verharmlost nichts, rechtfertigt nichts. Es beunruhigt vielmehr in hohem Maße. Das liegt daran, dass die Autoren auch heute noch, nach einem langen Leben, beunruhigt sind, nämlich über die Verführbarkeit jeder einzelnen Person, mithin eines ganzen Volkes.«[82] Der Gedanke, dass insbesondere die Deutschen ideologisch leicht verführbar seien, durchzog wie ein roter Faden Schmidts gesamtes politisches Wirken. Die zahlreichen politischen Umbrüche des 20. Jahrhunderts, der Mangel an staatspolitischen Traditionen und ein übertriebener Hang zum Idealismus machten sie in seinen Augen nach wie vor anfällig für Indoktrinationen jedweder Couleur. Weil er die Verführung an sich selbst erlebt hatte, war das Fazit seiner persönlichen Erinnerungen an Kindheit und Jugend im Dritten Reich am Ende identisch mit der vielleicht wichtigsten Maxime seines politischen Handelns: »Wir Deutschen sind immer noch ein gefährdetes Volk«.[83]

10
Die rot-grünen Jahre

Am 27. September 1998 war es so weit. Die Sozialdemokraten mit ihrem Spitzenkandidaten Gerhard Schröder kamen bei der Bundestagswahl auf 40,9 Prozent und stellten damit zum ersten Mal seit 1972 die stärkste Fraktion, die Grünen erreichten 6,7 Prozent. Helmut Kohl räumte noch am Abend seine Niederlage ein. Anders als beim Sturz Schmidts war der Machtwechsel nicht durch Verabredungen hinter den Kulissen, sondern durch das Votum der Wähler an der Urne herbeigeführt worden. Nach 16 Jahren würde es wieder eine sozialdemokratisch geführte Bundesregierung geben.

Die SPD hatte es unter der klugen Regie ihres Bundesgeschäftsführers Franz Müntefering geschafft, sich vom Image einer Partei der selbstgewählten Daueroppostion zu befreien und, wie es in einem internen Strategiepapier hieß, als »die Partei eines neuen gesellschaftlichen Grundkonsenses in Deutschland« aufzutreten.[1] Unter dem Slogan »Die neue Mitte« gelang es, vor allem viele Wechselwähler anzusprechen. Ausschlaggebend für den klaren Wahlsieg von Rot-Grün war das bedrückende, sich wie Mehltau über das Land legende Gefühl, dass die Regierung Kohl nichts mehr bewegte – »Reformstau« war zum Wort des Jahres 1997 gewählt worden.

Schmidt hatte Schröder im Wahlkampf in ähnlicher Weise unterstützt wie vier Jahre zuvor Rudolf Scharping – eher weniger. Auf dem Leipziger Parteitag im April 1998, auf dem der niedersächsische Ministerpräsident zum Kandidaten ausgerufen wurde, hielt er eine kraftvolle kurze Rede, in der er insbesondere die Intensivierung des Aufbauprogramms Ost anmahnte. Für weitere Aktivitäten stand er jedoch nicht zur Verfügung. Die Teilnahme an einer ARD-Dokumentation über den Wahlkämpfer Schröder von Thomas Schadt lehnte er ebenso ab wie alle anderen Medienanfragen. Als ihn Müntefering vier Wochen vor der Wahl um ein Interview für den *Vorwärts* bat, mit dem die eigene Basis noch einmal mobilisiert werden sollte, antwortete ihm Schmidt, er habe aufgrund zahlreicher Verpflichtungen »den Wahlkampf nur auf das Alleroberflächlichste verfolgt« und fühle sich deshalb für ein solches Interview »nicht ausreichend informiert«.[2]

Das Verhältnis zwischen Helmut Schmidt und Gerhard Schröder war bis zum Wahltag ein Nicht-Verhältnis gewesen. Dabei hatte es Schröder – anders als Oskar Lafontaine, der seit 1995 an der Spitze der Partei stand – immer vermieden, Schmidt direkt anzugreifen, im Gegenteil. Wegen Helmut Schmidt sei er 1963 in die SPD eingetreten, gab Schröder später wiederholt zu Protokoll: »Der konnte so gut reden, hat ordentlich ausgeteilt. Und dann ist der im Fernsehen immer bei ›Meet the Press‹ mit einem brillanten Englisch aufgetreten. Den habe ich bewundert.«[3] Als Schröder 1978 zum Juso-Vorsitzenden gewählt wurde, achtete er darauf, bei aller Kritik an der Regierungspolitik nicht »jeden zweiten Tag den Kanzler in den Hintern [zu] treten«.[4] Für Schmidt war der neue Juso-Vorsitzende einer von vielen jungen Leuten, die er nicht sonderlich ernst nahm; ihre persönliche Begegnung im Juni 1979 änderte daran nichts.

Anfang der achtziger Jahre, beim innerparteilichen Streit über den Doppelbeschluss, stand der inzwischen zum Bundestagsabgeordneten gewählte Schröder zwar auf Seiten der SPD-Mehrheit und machte auf breiter Front Stimmung gegen die geplante Stationierung neuer Mittelstreckenraketen. Als sich jedoch abzeichnete, dass über diesen Auseinandersetzungen die Regierungsmacht verlorengehen könnte, ermahnte er »diejenigen in der SPD, die sich zur Linken zählen … sich zu überlegen, was es bedeutet, wenn sie sagen, wir müssen in die Opposition gehen«.[5] In dieser Frage lag Schröder voll auf der Linie Schmidts. »Glaubt nicht, die Weltgeschichte werde von Delegiertentagen entschieden«, sagte Schmidt acht Monate nach dem Machtverlust auf einer Sitzung des SPD-Parteirates, an der auch Gerhard Schröder teilnahm. Wenn die Genossen sich weiterhin der Einsicht in die Realität verweigerten und immer nur kategorisch Nein sagten, statt Politik zu machen, werde es acht oder zehn oder noch mehr Jahre dauern, bis sie aus dem Status ihrer Einflusslosigkeit heraus fänden. »Aber irgendwann wird dann die Notwendigkeit kommen, die inzwischen eingetretenen Verhältnisse für Tatsachen anzuerkennen.«[6]

An den Inhalten der Schmidt'schen Politik sei er anfangs wenig interessiert gewesen, schrieb Schröder 1988 zu Schmidts 70. Geburtstag, später habe er das meiste für falsch gehalten und versucht, dagegen zu kämpfen. Er habe aber immer getrennt zwischen den Inhalten und der Person. Wer Schmidt für hart, distanziert und arrogant halte, sollte sich fragen, ob das nicht auch Selbstschutz sei, notwendig, um mit den Ansprüchen und Zumutungen, die von allen Seiten an einen Regierungschef herangetragen werden, besser fertig zu werden. Ihn jedenfalls habe die Person immer fasziniert: »Hier mischte sich Kompetenz mit sorgfältig eingesetzter Aggressivität. Hier wurde Professionalität ebenso sichtbar wie Überlegenheit.« So, das ließ sich unschwer herauslesen, wollte er auch gern sein.

Aber nicht nur »Schmidt-Schnauze« imponierte dem Autor des Geburtstagsartikels. Schröder kehrte auch jene Seite an Helmut Schmidt hervor, die nur selten gesehen und vor allem von den eigenen Leuten gern ignoriert wurde: den Sozialdemokraten. Schmidt biete den kleinen Leuten, denen, die sich zurückgesetzt fühlten, eine »Identifikationsmöglichkeit«. Zu diesen Unterprivilegierten zählte sich Schröder selbst: »Er führte – so glaubte ich es zu spüren – meine Auseinandersetzungen, meine Kämpfe.« Schmidt verkörpere den »Typ eines modernen sozialdemokratischen Politikers, der vermittelt hat, dass für Sozialdemokraten Leistungswillen und Effizienz keine Fremdwörter sind, unsere Vorstellungen von Politik sich nicht auf die Verwaltung des Mangels, sondern auf die gerechte Verteilung des Wohlstandes beziehen.« Schmidt habe die Herzen der Ballonmützenträger erwärmt und hätte doch zugleich auch »Manager des Jahres« werden können – das gefiel dem niedersächsischen Oppositionsführer besonders.[7]

Schmidt dankte für »den mir interessanten Artikel« und lobte dessen »Fairness«. »Die Felder, auf denen wir in vergangenen Zeiten verschiedener Meinung gewesen sind, werden sich Dir vermutlich im Laufe Deiner zukünftigen Ministerpräsidentschaft näher erschließen – und dann ergibt sich möglicherweise auf diesen Feldern eine größere Übereinstimmung, als Du gegenwärtig noch vermutest.«[8] Für Schröder war dieser Brief wie ein »Ritterschlag«: Seht her, Helmut Schmidt traut mir den Ministerpräsidenten zu.[9] Ein Jahr später, im Juni 1990, übernahm er die Regierungsgeschäfte in Hannover.

In den innerparteilichen Machtkämpfen der folgenden Jahre, in denen die so genannten Brandt-Enkel um die Vorherrschaft stritten, gehörten Schmidts Sympathien – wenn man überhaupt von Sympathien reden will – noch am ehesten Björn Engholm. Nach dessen Rücktritt von allen Ämtern im Mai 1993 wählte ein außerordentlicher Parteitag in Essen Rudolf Scharping zum neuen Vorsitzenden. Zum ersten Mal nach vielen Jahren sprach auch Helmut Schmidt. Er verlangte von den Frauen und Männern an der Spitze mehr Solidarität untereinander. »Wir waren keineswegs immer einer Meinung, weiß Gott nicht«, sagte er mit Blick auf die so genannte Troika Brandt-Wehner-Schmidt. »Aber, liebe Freunde, sehr, sehr, sehr selten hat einer von uns damals auch nur ein Wort darüber in den Kanälen der verschiedenen Fernsehanstalten verlauten lassen.« Vergleiche man die Bundestagswahlergebnisse der letzten zehn Jahre mit denen der 16 Jahre sozialdemokratischer Regierungszeit, lasse sich ermessen, welch ungeheure Aufgabe Scharping übernommen habe. Zu erfüllen sei diese Aufgabe nur, wenn sich jetzt alle geschlossen hinter ihn stellten.[10]

Schmidt nutzte seine Essener Rede zu einem offenbar weder mit der Parteiführung noch mit irgendjemandem sonst abgestimmten Vorstoß. Es ging um die Nachfolge Richard von Weizsäckers, dessen zweite Amtszeit im Mai 1994 ablief. Der Sozialdemokrat und Christ Johannes Rau, sagte Schmidt unter dem Beifall der Delegierten, wäre ein würdiger, hochgeeigneter Bundespräsident. Da die Regierungsparteien in der Bundesversammlung über die Mehrheit verfügten, hing jedoch alles von Helmut Kohl ab, der nach langem Gezerre um den von ihm favorisierten sächsischen Justizminister Steffen

Heitmann Ende 1993 schließlich den Präsidenten des Bundesverfassungsgerichtes Roman Herzog als gemeinsamen Kandidaten von CDU/CSU und FDP präsentierte.

Johannes Rau, Jahrgang 1931, war in den neunziger Jahren der prominenteste Vertreter jener Zwischengeneration, die nach dem Verlust der Regierungsmacht die Kontinuität der Sozialdemokratie sichern half. Während im Parteivorsitz zwischen 1991 und 1999 vier Wechsel erfolgten, blieb »Bruder Johannes« das, was er seit gefühlten Ewigkeiten war: Ministerpräsident von Nordrhein-Westfalen, bevor er 1999 als Nachfolger Herzogs doch noch zum Bundespräsidenten gewählt wurde. Als im Vorfeld der Nominierung der Chefredakteur der *Zeit* in einem brutalen Leitartikel Rau aufforderte, auf die Kandidatur zu verzichten – er solle ja wohl nur »aus Pietät« ins höchste Amt gehievt werden –, entschuldigte sich Schmidt am nächsten Tag mit einem Handschreiben bei Rau: Weder Marion Dönhoff noch er hätten ihre Meinung über seine »hervorragende Eignung« geändert.[11] Schmidt stand Rau menschlich immer näher als den Brandt-Enkeln, deren Hahnenkämpfe er aus großer Entfernung mit Unverständnis und oft genug auch mit Verärgerung verfolgte.

Mit der Vorstellung, dass ausgerechnet die 68er das Erbe der deutschen Arbeiterbewegung verwalten sollten, konnte sich Schmidt niemals anfreunden. Bereits 1988, ein Jahr nach Brandts Rücktritt vom Parteivorsitz, hatte er den 68ern, die inzwischen ja etwas älter geworden seien, empfohlen, sich »von der Anhänglichkeit an den Unfug, den sie 1968 verzapft haben«, zu lösen.[12] Jetzt waren sie noch mehr in die Jahre gekommen und würden demnächst wohl von einer jüngeren Generation abgelöst werden – so jedenfalls sah es Schmidt, und als er 1995 wieder auf einem Parteitag reden sollte, machte er daraus sein eigentliches Thema. Er wundere sich, dass ein so alter Mann wie er überhaupt eingeladen werde, begann er mit der ihm eigenen Senioreneitelkeit. Noch mehr wundere ihn jedoch, dass »fast alle Führungspositionen der heutigen Partei … in Händen von ehemaligen 68ern, Jusos und SDS-Leuten« lägen. »Wo aber sind heute die jungen Frauen und Männer in unserer Partei?« Als man ihn das erste Mal in den Bundestag geschickt habe, sei er noch nicht

35 gewesen – »und noch nicht 40, als ich am Godesberger Programm … mitarbeiten durfte«.

Angesichts der desolaten Politik der Regierung Kohl »müsste es eigentlich eine Lust sein, in Bonn Opposition zu machen … Es tut uns nicht gut, wenn die wirkungsvollsten Angreifer und Kritiker Gysi und Joschka Fischer heißen.« Damit war Schmidt bei seinem zweiten Kernthema: Opposition werde im Bundestag gemacht, organisiert von der Führung der Fraktion, nicht »von den Landeshauptstädten Saarbrücken oder Hannover aus … Eine fälschlich so genannte Troika, die über das ganze Bundesgebiet verstreut ist, kann unsere Bundestagsfraktion nicht führen, noch dazu, wenn die Diskussion zwischen drei Leuten weitgehend durch öffentliche Interviews inklusive hämischer Seitenhiebe geführt wird.« Schmidt wiederholte, was er schon in Essen gesagt hatte: Zu seiner Zeit habe es so etwas nicht gegeben.[13]

Nach der Niederlage Rudolf Scharpings bei der Bundestagswahl 1994 waren in Hannover und Saarbrücken erneut die Messer gewetzt worden. Der Mannheimer Parteitag im November 1995 stand unter keinem guten Stern. Dem saarländischen Ministerpräsidenten Lafontaine gelang es, mit einer leidenschaftlichen Rede am 15. November die Stimmung unter den Delegierten zu drehen; am nächsten Morgen setzte er sich in einer Kampfabstimmung um den Parteivorsitz gegen Scharping durch. Zum ersten Mal in der Geschichte der Partei wurde ein amtierender Vorsitzender abgewählt. Schmidt sollte am Mittag seine Rede halten. Als er um 10.55 Uhr in Frankfurt landete, rief sein Bonner Büro an und teilte ihm mit, was sich auf dem Parteitag abspielte; Schmidt ließ sich daraufhin gar nicht erst nach Mannheim fahren, sondern blieb in Frankfurt, wo am Abend ein *Zeit*-Kamingespräch im Union-International Club auf dem Programm stand.[14] Mit Oskar Lafontaine stand jetzt jener Mann an der Spitze der Partei, der seit seinem unvergessenen Wort von den Sekundärtugenden für Schmidt die Arroganz von 68 schlechthin verkörperte.

*

Nach dem Triumph vom 27. September 1998 wurden im Verhältnis Schmidt–Schröder die Gleise neu verlegt. Schon fünf Tage nach der Wahl bat Schröder über sein Büro um einen Termin bei Schmidt. Über das Treffen gibt es keinen Vermerk. Es ging um Personalfragen – Schröder suchte eine erfahrene Sekretärin, und Schmidt trat ihm Marianne Duden ab, die seit 27 Jahren für ihn arbeitete, seit Ende der Kanzlerzeit als Vorsteherin des Büros. Vor allem aber dürften die laufenden Koalitionsverhandlungen Thema gewesen sein. Die Grünen als der kleinere Partner bestanden auf einem umfangreichen Koalitionsvertrag, in dem das Regierungsprogramm möglichst präzise geregelt werden sollte. Sie waren gegenüber der SPD misstrauisch, mussten vor allem aber ihre eigenen Divergenzen ausräumen, bevor sie sich auf das Experiment des Regierens auf Bundesebene einlassen konnten. Damit wurde viel Zeit vertan.

Schmidt ermahnte die neuen Koalitionäre schon am 1. Oktober, es mit dem Papierkram nicht zu übertreiben. »Wir sind keine Basis- oder Parteitags- oder Funktionärsdemokratie. Der Abgeordnete hat nicht auf alle Zukunft der Ziffer X oder Y oder Z eines Koalitionsvertrages zu gehorchen. Sondern allein seinem Gewissen.« Das meiste komme anders als erwartet – und die Richtlinien der Politik bestimme bekanntlich ohnehin der Kanzler.[15] Weil Schmidt nicht mehr genau wusste, in welcher Form man seinerzeit die Vereinbarungen mit der FDP fixiert hatte, wandte er sich an Manfred Schüler. Der ehemalige Kanzleramtschef erinnerte sich: Da sich die FDP 1974 beim Kanzlerwechsel auf Absprachen berief, die zu Beginn der Legislaturperiode getroffen worden seien, aber keine autorisierten Aufzeichnungen vorlagen, habe man entschieden, die Gespräche 1976 zu formalisieren. Einen Koalitionsvertrag habe es aber auch dann nicht gegeben, sondern lediglich ein vom Chef des Bundeskanzleramtes angefertigtes Ergebnisprotokoll der Gespräche; genauso sei man auch 1980 verfahren. Seiner Erinnerung nach, so Schüler, habe »diese eher informelle Praxis« nie zu Problemen geführt.[16]

Als der Koalitionsvertrag am 20. Oktober 1998 endlich vorlag, »waren wir Grüne alle recht stolz«, erinnerte sich Joschka Fischer, weil er »eine mehr als deutliche grüne Handschrift trug: Atomausstieg, Ökosteuer, neues Staatsangehörigkeitsrecht«.[17] Eine Woche später konnte Gerhard Schröder vom Deutschen Bundestag zum Kanzler gewählt werden. Schmidt hielt sich in Japan auf und übersandte seinem SPD-Nachfolger per Fax aus Tokio gute Wünsche: »Wenn jemals Rat oder Hilfe nötig sein sollte, so kannst Du auf mich gern zurückgreifen. Glück auf den Weg!«[18] Ähnlich schrieb er an Peter Struck, den SPD-Fraktionsvorsitzenden, zu dem Schmidt in der Folge ein besonders herzliches Verhältnis entwickelte.

Viele Bürger gingen nach der gewonnenen Wahl davon aus, dass Schmidt als eine Art Mentor dem neuen Kanzler zur Seite stehen werde; in Briefen an ihn formulierten sie zum Teil recht eigenwillige Anliegen und baten ihn zum Beispiel, auf jeden Fall die Legalisierung von Haschisch zu verhindern. Schmidt kümmerte sich erst einmal um die Kunst, genauer gesagt, um die Skulptur »Large two forms« von Henry Moore, die er 1979 vor dem Bundeskanzleramt hatte aufstellen lassen und die bis heute mit seiner Amtszeit verbunden wird. »Vermittelt durch die alltägliche Fernsehberichterstattung«, schrieb er am 1. Dezember an Schröder, »ist diese Skulptur inzwischen ein Symbol für die zentrale Regierungsgewalt in Deutschland geworden.« Bei dem bevorstehenden Umzug der Regierung nach Berlin sollte sie »einen genauso würdigen Platz bekommen wie bisher in Bonn. Ich wünsche mir dafür einen angemessenen Ort ... am besten in Verbindung mit dem neuen Kanzleramt.«[19] Schröder wollte die noch unter der Regierung Kohl getroffene Entscheidung für eine Skulptur Eduardo Chillidas nicht rückgängig machen, zumal da er selbst zu den Bewunderern des baskischen Bildhauers gehörte. Weil Chillidas Stahlblock »Berlin« an die Formensprache von »Large two forms« anknüpfte und als eine Hommage an Henry Moore zu verstehen war, stellte er durchaus eine Verbindung her zwischen alter und neuer Bundesrepublik. Moores Plastik blieb in Bonn und steht noch immer vor dem ehemaligen Bundeskanzleramt, in dem heute das Bundesministerium für wirtschaftliche Zusammenarbeit und Entwicklung untergebracht ist.

Auch mit einem weiteren Vorstoß zur Frage der Selbstdarstellung des Staates im öffentlichen Raum scheiterte Schmidt. Am selben Tag, an dem er wegen Henry Moore an Gerhard Schröder schrieb, trug Schmidt in einem Brief an Kanzleramtsminister Bodo Hombach seine Bedenken gegen das geplante Holocaust-Mahnmal von Peter Eisenman vor. Es sei damit zu rechnen, dass es auf dem Gelände zu »Verunreinigungen aller Art« komme – »von neonazistischen Frechheiten ganz zu schweigen«. Nur durch ständige Polizeipräsenz werde sich verhindern lassen, dass hier »ein sozialer Brennpunkt« entstehe, und dies wiederum führe weltweit zu negativen Schlagzeilen. Er sei der Auffassung, »dass über das Projekt insgesamt neu nachgedacht und diskutiert werden muss«.[20] Zwei Tage später unterbreitete Schmidt Bundestagspräsident Wolfgang Thierse einen Vorschlag seines Freundes Gyula Trebitsch, im Foyer des Bundestages eine weithin sichtbare Erinnerungstafel anzubringen – allerdings nicht allein für die ermordeten Juden, sondern für alle Opfer der Tyrannei einschließlich derer, die im Widerstand ihr Leben ließen.

Die Entscheidung für das Holocaust-Mahnmal war, begleitet von heftigen öffentlichen Diskussionen, ebenfalls noch unter Helmut Kohl gefallen. Die neue Bundesregierung sah keinen Grund, von dem inzwischen mehrfach überarbeiteten Eisenman-Entwurf abzurücken.

Ende März 1999, drei Monate vor der abschließenden Debatte im Deutschen Bundestag, unternahm Schmidt einen letzten Versuch, das monumentale Stelenfeld in unmittelbarer Nähe zum Brandenburger Tor zu verhindern. Er stellte sich hinter den Vorschlag von Richard Schröder, der sich für ein schlichtes Mahnmal mit der Aufschrift in hebräischen Lettern »Nicht morden« einsetzte. Diesen Vorschlag unterstützen unter anderem der Regierende Bürgermeister von Berlin, der Kandidat für das Amt des Bundespräsidenten Johannes Rau und die beiden großen Kirchen. Auch Marion Dönhoff war mit Schmidt einer Meinung: »Lieber Helmut, nur ganz kurz: Ihre Stellungnahme zum Mahnmal ist bei weitem das beste, was dazu gesagt worden ist: Respekt, Respekt! Marion«.[21] Seinen Brief an Thierse vom 25. März, in dem er diesen bat, Schröders Vorschlag im Bundestag zur Diskussion zu stellen, gab Schmidt in

Kopie an die Fraktionsvorsitzenden und am Montag darauf an die Deutsche Presseagentur. Für die Alternative des Theologen fand sich im Bundestag keine Mehrheit.

Kurz vor Weihnachten 1998 schickte Schmidt an den Bundeskanzler, an die Minister Hans Eichel (Finanzen), Werner Müller (Wirtschaft) und Rudolf Scharping (Verteidigung) sowie an den SPD-Fraktionsvorsitzenden Peter Struck ein von ihm verfasstes Papier aus dem Jahr 1996, das er »jüngst zufällig« in seinen Akten entdeckt habe. Es »behandelt die strukturellen, wirtschaftlichen und sozialen Probleme unseres Landes aus der damaligen Sicht der Opposition. Mir will scheinen: Das meiste davon ist auch heute noch richtig – und gilt auch für eine sozialdemokratisch geführte Regierung. Allerdings mache ich mir keine große Hoffnung darauf, dass die Darlegungen große Beachtung finden, schließlich haben sie auch damals keine sonderliche Beachtung gefunden oder gar Konsequenzen ausgelöst.«[22]

Das war ein für Schmidt ungewöhnlicher, in dieser Form sicher nicht zu erwartender, geradezu wehleidiger Ton: Es hört zwar sowieso keiner auf mich, aber ich will wenigstens den Versuch gemacht haben, meine Expertise anzubringen. Der Ratschlag der Ehemaligen – das hatte Schmidt bei seiner Arbeit für den InterAction Council immer wieder leidvoll erfahren müssen – zählte wenig. Konnte er sich in den 16 Jahren seiner Opposition zu Helmut Kohl sagen, dass vielleicht nicht die SPD, aber ganz sicher er selber es besser machen würde, so stand er jetzt vor dem Dilemma, sich nicht mehr als der bessere Kanzler profilieren zu können. Im Gegenteil, von jetzt an war er gezwungen, sich öffentlich Zurückhaltung aufzuerlegen. Zumal Gerhard Schröder in vielem als ein Mann gesehen wurde, der aus ähnlichem Holz geschnitzt war wie Helmut Schmidt: als ein »Macher«, der Wert legte auf Effizienz und den die Seele der Partei wenig bekümmerte, solange der Laden lief. »Basta-Kanzler« – das Etikett, das Schröder trug, seit er im Juni 2000 eine Diskussion mit Gewerkschaftern über die geplante Rentenreform mit einem »Wir werden es machen, basta!« beendete – hätte gut auch auf Helmut Schmidt gepasst.

»Von den Leuten in Berlin will kaum einer meine Ratschläge annehmen«,[23] so oder ähnlich klagte Schmidt in den folgenden Jahren wiederholt. Das stimmte nicht ganz, denn von Fall zu Fall suchte der Kanzler sehr wohl das Gespräch mit Schmidt – etwa zur Vorbereitung auf den Berliner Parteitag, nach den Anschlägen vom 11. September oder im November 2001, als er die Vertrauensfrage stellte. Im März 2000 war der Posten des Direktors des Internationalen Währungsfonds (IWF) neu zu besetzen, das Vorschlagsrecht lag bei den Deutschen. Schröder hatte den Staatssekretär im Finanzministerium Caio Koch-Weser als Kandidaten benannt, ohne vorab zu klären, ob die USA, die im IWF das Sagen haben, mit diesem Vorschlag einverstanden wären. In Washington war man ob dieses ungeschickten Vorgehens brüskiert und lehnte den Kandidaten als inakzeptabel ab. Wollten die Deutschen eine diplomatische Schlappe verhindern, musste ein neuer Kandidat her – möglichst schnell und geräuschlos.

Schröder rief Schmidt an, und dieser versprach, ihm einen geeigneten Mann zu besorgen. Wenige Tage später meldete Schmidt Vollzug: Der Kandidat war der spätere Bundespräsident Horst Köhler, seit 1998 Präsident der Europäischen Bank für Wiederaufbau und Entwicklung in London. Schmidt hatte sich in Washington und New York umgehört: Köhler war dort angesehen, die USA würden seiner Kandidatur für den Posten des IWF-Chefs sicher nichts in den Weg legen. »Aber der ist von der CDU!«, sagte Schröder. Das Parteibuch spiele doch wohl keine Rolle, entgegnete Schmidt: »Du brauchst einen, den Du durchkriegst!«[24] Als Köhler Ende April von London nach New York wechselte, bedankte er sich bei Schmidt.

Der direkte Draht zwischen Kanzler und Ex-Kanzler funktionierte auch bei anderen Gelegenheiten. Anfang August 2000 erhielt Schmidt einen Brief des Kunstsammlers Heinz Berggruen. Der 1914 in Berlin geborene Berggruen, der als international tätiger Kunsthändler eine großartige Sammlung der klassischen Moderne aufgebaut hatte, war 1996 in seine Vaterstadt zurückgekehrt; die Sammlung, die er mitbrachte und die im Stülerbau gegenüber dem Charlottenburger Schloss gezeigt wurde, erwies sich schnell als ein

Publikumsmagnet der Berliner Museumslandschaft. Der Berliner Senat und die Stiftung Preußischer Kulturbesitz bekundeten von Anfang an die Absicht, den auf zehn Jahre befristeten Leihvertrag in einen Kaufvertrag umzuwandeln. Berggruen schwebte alsbald ein Kaufpreis von 200 Millionen DM vor.

Anfang August 2000 besuchte Gerhard Schröder zusammen mit Kulturstaatsminister Michael Naumann Heinz Berggruen im Stülerbau. Unmittelbar danach schrieb Berggruen an Schmidt. Er kannte Schmidt, seit er ihn durch sein Museum geführt hatte; im Jahr zuvor war Berggruen der Nationalpreis der Deutschen Nationalstiftung verliehen worden. Es wisse, wie sehr sich Schmidt für die klassische Moderne interessiere, er habe viel von seiner »Liebe und Kennerschaft« gehört, und deshalb wende er sich an ihn. Es beabsichtige, die Sammlung, die er sein »Lebenswerk« nannte, seiner Heimatstadt als »Schenkung« zu überlassen; um die Erbansprüche seiner vier Kinder abzugelten, sei jedoch »eine gewisse Summe aufzubringen, die aber nur einen Bruchteil des Gesamtwertes darstellt«. Ob es vermessen sei, wenn er Helmut Schmidt bitte, beim Kanzler in dieser Sache ein Wort einzulegen.[25]

Drei Wochen später schrieb Schmidt an Schröder. Ohne Berggruens Angaben zum Wert der Sammlung auch nur ansatzweise überprüft zu haben, empfahl er dem Bundeskanzler den Ankauf: »Nach meinem Eindruck würdest Du uns allen, der Stadt Berlin, aber auch Dir selbst einen großen Gefallen tun, wenn Du dafür sorgtest, die Sache in Gang zu bringen. Es handelt sich immerhin um über 80 Werke Picassos.«[26] Am 22. September telefonierten die beiden. Schmidt hielt das Ergebnis in einer handschriftlichen Notiz fest: »HS möge Hans Eichel anrufen wegen 200 Mio DM (geteilt auf 10 [?] Jahre); Gesamtwert der Sammlung 1,2 Mrd DM.« Wiederum drei Wochen später telefonierte Schmidt mit dem Bundesfinanzminister: »Eichel am 13/10 telefonisch: er wird sich bemühen.«[27] Da der Bundeskanzler gegenüber dem Finanzminister nicht weisungsbefugt ist und Schröder wusste, dass Eichel eine solche Bitte Schmidt kaum abschlagen würde, wählte man diesen Weg, um die Sache zu beschleunigen.[28]

Am 9. November wurde der Haushaltsausschuss des Bundestages unter Punkt 32 mit der »Beratung über den Einzelplan 04« befasst. Obwohl bis zu diesem Moment keiner der Abgeordneten wusste, um was es ging, wurde der Antrag bewilligt. Dahinter verbarg sich »der größte staatliche Kunsterwerb seit Fürstenzeiten«, wie die *Frankfurter Allgemeine Zeitung* einen Tag später berichtete. Auch wenn die Geheimniskrämerei »bei manchem Parlamentarier Irritation« ausgelöst habe, schrieb der *Tagesspiegel*, sei das diskrete Vorgehen doch zu loben, weil andernfalls alles nur zerrredet worden wäre. Als »der große Spindoktor des einmaligen Deals« (*Die Welt*) wurde der Kulturstaatsminister gefeiert, der, so die *Süddeutsche Zeitung*, den Finanzierungsplan »ganz im Geheimen ... ausgeheckt« habe.[29] Nur Heinz Berggruen wusste, bei wem er sich wirklich zu bedanken hatte: »Für Ihren großzügigen Einsatz bei Herrn Schröder möchte [ich] Ihnen von Herzen danken«, schrieb er auf einer Postkarte seines Museums drei Tage nach dem Beschluss des Haushaltsausschusses an Helmut Schmidt.[30]

Schmidt war bei solchen Manövern gern behilflich, sein politischer Gestaltungswille wurde dadurch jedoch keineswegs befriedigt. Was gab es nach 16 Jahren Kohl-Regierung nicht alles anzupacken! Schmidt konnte zwar in persönlichen Gesprächen mit Peter Struck, Hans Eichel, Rudolf Scharping und anderen erläutern, wo seiner Meinung nach die Prioritäten zu setzen waren, aber zu dem von ihm erhofften regelmäßigen Gedankenaustausch mit dem Bundeskanzler kam es nicht. Schröder war überaus freundlich zu ihm, betonte auch wiederholt, dass man sich doch gelegentlich mal wieder sprechen und demnächst mal wieder zusammenkommen sollte, aber alles, was Schmidt erhielt, waren Einladungen zu Parteitagen und SPD-Festveranstaltungen. Helmut Schmidt gehörte nicht zu denen, die anklopfen.

In meinem letzten Gespräch mit Schmidt zwei Wochen vor seinem Tod ging es um Gerhard Schröder. Ihr Verhältnis sei ja nie sehr herzlich gewesen, sagte ich. Dass Schröder ihn 1998 nach dem Wahlsieg aber nicht öfter und regelmäßig konsultiert habe, müsse doch eine große Enttäuschung für ihn gewesen sein. In der gerade erschienenen Schröder-Biographie von Gregor Schöllgen gebe es eine plausible Begründung für Schröders Verhalten: Der Kanzler habe auf Distanz achten müssen, um nicht als gelehriger Schüler des Altkanzlers dazustehen. Schmidt widersprach dieser Auslegung nicht. Ein klassisches Generationenproblem also? Vieles sei ja mit dem Generationenmodell zu erklären: Schmidts Aufstieg ebenso wie seine Auseinandersetzung mit der 68er-Generation. Er halte von solchen Modellen nicht viel, meinte Schmidt. »Ich bin Angehöriger von keiner Generation. Ich war Hitlerjugend.«[31]

*

Am Abend des 24. März 1999 hielt der Bundeskanzler eine Fernsehansprache: »Liebe Mitbürgerinnen und Mitbürger, heute Abend hat die NATO mit Luftschlägen gegen militärische Ziele in Jugoslawien begonnen. Damit will das Bündnis weitere schwere systematische Verletzungen der Menschenrechte unterbinden und eine humanitäre Katastrophe im Kosovo verhindern.«[32] Wollte die Regierung Schröder ihre außenpolitische Glaubwürdigkeit nicht bereits nach fünf Monaten verlieren, blieb ihr keine andere Wahl, als sich an der militärischen Aktion gegen Slobodan Milošević zu beteiligen: Deutschland – so das Signal – war auch unter Rot-Grün ein zuverlässiger Bündnispartner. Zum ersten Mal seit dem Zweiten Weltkrieg befanden sich deutsche Soldaten in einem Kampfeinsatz.

Am nächsten Tag gab Schmidt dem in Lausanne erscheinenden Magazin *L'Hebdo* ein seit längerem vereinbartes Interview. Er kenne den Krieg, er habe vor mehr als einem halben Jahrhundert selber Uniform getragen: Was in ihm vorgehe, wenn er höre, dass »deutsche Soldaten wieder auf einem Kriegsschauplatz« eingesetzt seien, lautete die erste Frage. »Unabhängig davon, ob wir Franzosen, Deutsche oder andere Europäer sind, wir müssen beklagen, dass wir uns unter der Vormundschaft der Amerikaner wiederfinden, im Schlamm des Balkan-Dilemmas stecken.« Das werde »als Konsequenz einen Bodenkrieg und eine Ausweitung des Konfliktes auf andere Regionen« zur Folge haben. Die Ignoranz der Amerikaner sei unvorstellbar: »Sie verstehen nichts von der Geschichte der Balkan-Völker.« Die Europäer aber hätten »einem Gefühl des Mitleids gehorcht« und dabei »weder das internationale Recht noch die Charta der Vereinten Nationen respektiert«.

Ob Deutschland mit der vorschnellen Anerkennung Sloweniens und Kroatiens 1991 nicht »das Feuer auf dem Balkan geschürt« habe und deswegen »einen Teil der Verantwortung für das aktuelle Chaos« trage? »Meine Antwort auf beide Fragen ist ja.« – Hätte er 1991 im Falle Sloweniens und Kroatiens anders entschieden? »Sehr wahrscheinlich hätte eine deutsche Regierung unter meinem Vorsitz eine eher zurückhaltende Position bezogen.« Allerdings, fügte Schmidt hinzu, wäre die aktuelle Krise um das Kosovo auch ausgebrochen, wenn man damals vorsichtiger agiert hätte.[33] Dass er »von unserem isolierten Vorpreschen zugunsten Kroatiens« im Dezember 1991 nicht begeistert war, hatte Schmidt in einer Rede vor der Atlantik-Brücke 1992 bereits in Gegenwart des Außenministers betont – »ich bitte um Vergebung, Herr Genscher«.[34]

Schmidt äußerte sich zwar nicht direkt zur Entscheidung der Bundesregierung, aber in einer weltpolitisch prekären Situation einer ausländischen Zeitschrift ein solches Interview zu geben, ohne den Bundeskanzler in Schutz zu nehmen, war schon ein mittlerer Affront. In der deutschen Presse wurden die Äußerungen sofort aufgegriffen. Der Bundeskanzler zeigte sich souverän: »Selbst ein so bedeutender Staatsmann wie Helmut Schmidt kann sich einmal irren.«[35] Langjährige politische Weggefährten und Freunde Schmidts reagierten weniger verständnisvoll. Schröder und Scharping hätten Anspruch auf Loyalität, schrieb ihm Heinz Ruhnau, ehemaliger Staatssekretär und Chef der Lufthansa. In einem ausführlichen Antwortbrief verteidigte Schmidt seine Position: »Du schreibst, für Dich stehe das Menschenrecht über dem Völkerrecht.« Das könne in dem einen oder anderen Fall zutreffen, machte man dieses Prinzip aber zur Regel, »so würden wir damit Tür und Tor öffnen für bewaffnete Interventionen unter Verletzung der Grenzen souveräner Staaten, und zwar selektiv, je nach den Motiven und Interessen der Interventionsmacht«.

Er verstehe, dass ein Eingreifen im Kosovo vielen Menschen »aus humanitären Gründen geboten« erscheine, schrieb Schmidt, dennoch bleibe die Berufung auf einen übergesetzlichen Notstand fragwürdig, zumal wenn »die Nothilfe im Effekt zusätzliche Opfer kostet«. Schmidt wies auf die besondere völkerrechtliche Bindung Deutschlands hin. Für Deutschland seien nicht nur die UN-Charta, die Charta des Nordatlantikvertrages und das Grundgesetz von Bedeutung, sondern zusätzlich eben auch der Zwei-plus-Vier-Vertrag, der in Artikel 2 bestimme, »dass das vereinte Deutschland keine seiner Waffen jemals einsetzen wird, es sei denn in Übereinstimmung mit ... der Charta der Vereinten Nationen«. Es sei nicht auszuschließen, »dass Moskau eines Tages diese Karte aus der Tasche ziehen wird«.[36]

Für Schmidt war die Verletzung des Zwei-plus-Vier-Vertrages Anlass zur Sorge. Er bat Karsten Voigt, der im Auswärtigen Amt die deutsch-amerikanische Zusammenarbeit koordinierte, um Erläuterung des Rechtsstandpunktes der Bundesregierung. Der Vorwurf sei »Anfang April von Außenminister Iwanow gegenüber Joschka Fischer schriftlich vorgebracht« und wenige Tage später von Staatssekretär Ischinger bei einer Moskau-Reise beantwortet worden, bestätigte Voigt. Da der Sicherheitsrat nicht in der Lage gewesen sei, geeignete Maßnahmen zu beschließen, und die deutsche Entscheidung zum Einsatz gemeinsam mit den NATO-Partnern getroffen worden sei, stehe sie in Übereinstimmung mit Artikel 2 des Vertrages.[37] Vertragstreue war für Schmidt die *conditio sine qua non* der internationalen Politik. Deshalb hatte er sich Anfang der neunziger Jahre auch gegen einen Beitritt Österreichs zur Europäischen Union ausgesprochen, weil er darin einen Bruch der immerwährenden Neutralität sah, zu der sich Österreich 1955 gegenüber der Sowjetunion verpflichtet hatte.

In seinem Brief an Heinz Ruhnau bezweifelte Schmidt, dass »die weiteren Auswirkungen« der NATO-Entscheidung tatsächlich »ausreichend bedacht« worden waren. Insbesondere »die Demütigung des russischen Militärs durch das seit 1990 ziemlich stetige Vorrücken der NATO in östlicher und jetzt in südöstlicher Richtung« könne sich noch einmal bitter rächen – »jedenfalls hat man bis in die letzten Tage Russland dilettantisch behandelt«. Der Westen sei »an der vertrackten Situation« nicht schuldlos. Zudem ließen die Luftoperationen »eine klare Zielsetzung« nicht erkennen, sodass die Gefahr der Ausweitung in einen Bodenkrieg nicht ausgeschlossen werden könne. Er habe sich in dem Interview mit *L'Hebdo* »sehr vorsichtig geäußert«, betonte Schmidt. Weil Ruhnau aber recht habe, wenn er Loyalität gegenüber der Regierung anmahne – Loyalität verdienten »gegenwärtig insbesondere auch unsere Soldaten« –, werde er sich »auch in Zukunft zurückhalten«.[38] Schmidt schickte Kopien des Briefes unter anderem an den Bundeskanzler und dessen außenpolitischen Berater Michael Steiner, an Peter Struck, Rudolf Scharping sowie an den Bundesaußenminister.

Nicht alle in der SPD waren von der Richtigkeit des Kosovo-Einsatzes überzeugt, es gab auch mahnende Stimmen, die Deutschland auf dem Weg in einen großen Balkankrieg sahen. In der Partei grummele es vernehmlich wegen der »Nibelungentreue der Regierung zur US-NATO-Spitze«, schrieb Hellmut Kalbitzer an Schmidt: »Lieber Helmut, Resignation geht um im Lande; meine lebenslange politische Weggefährtin, die Historikerin Susanne Miller, und ich bitten Dich deshalb: erhebe Deine Stimme so laut Du kannst.« – »Ich teile Deine Besorgnis«, antwortete Schmidt dem alten Hamburger Parteigenossen. »Gerhard Schröder kennt meine Meinung. Er weiß auch, dass ich mich dann öffentlich äußern werde, falls die Entwicklung auf einen Landkrieg zusteuern sollte.«[39] Zu den parteiinternen Skeptikern zählte auch Peter Glotz. Dessen Kritik richtete sich »nicht gegen die Tatsache, dass Gerhard Schröder sich dafür entschieden hat, in der Solidarität des Bündnisses zu bleiben … Dass danach aber keine eigene Politik, vor allem keine gemeinsame Politik mit Frankreich erfolgte und dass man nun alle Argumente nicht politisch beantwortet, sondern mit der Moralkeule, das ist etwas, was mir schon gewaltig gegen den Strich geht.«[40]

Am 22. April 1999 veröffentlichte Schmidt in der *Zeit* einen Artikel zum 50. Jahrestag der Gründung der NATO. Im zweiten Teil ging er auf die aktuellen Vorgänge in Jugoslawien ein und stellte zur

Frage der Bündnispflicht klar: »Kein Mitgliedsstaat des NATO-Bündnisses hat eine vertragliche Pflicht zur Mitwirkung auf dem Balkan. Die Beistandspflicht der Partner, die aus Artikel 5 des Nordatlantikvertrages folgt, bezieht sich allein auf Angriffe gegen die in Artikel 6 eindeutig definierten Territorien der Bündnispartner.« Der Einsatz gegen Jugoslawien war also eine Ausweitung der Bündnisbefugnisse – Schmidt hätte auch sagen können, eine klare Übertretung.

In Washington gebe es starke Bestrebungen, die NATO zu einem Instrument amerikanischer Außenpolitik zu machen, schrieb Schmidt. Die faktische Ausweitung von NATO-Befugnissen auf Jugoslawien sei jedoch eine nicht ungefährliche Provokation Russlands. Schmidt erinnerte sich gut an die Feierlichkeiten beim Begräbnis Titos 1980. Am Abend hätten einige westliche Regierungschefs zusammengesessen und über das Auseinanderbrechen Jugoslawiens gesprochen, das damals schon als wahrscheinlich galt; alle seien sich einig gewesen, dass dann mit einem bewaffneten Eingreifen der Sowjetunion zu rechnen sei, das man schwerlich werde verhindern können. Jetzt, nicht einmal zwanzig Jahre später, wurde Moskau im letzten Moment von den bevorstehenden Luftschlägen der NATO in Kenntnis gesetzt.

Die Kosovo-Aktion sei jedoch auch für die Europäer ein Menetekel. Wenn sie »nicht zu einem strategischen Satelliten Washingtons werden« wollten, müssten sie jetzt »auf genaue Definitionen bedacht sein«, nicht zuletzt weil es der amerikanischen Außenpolitik seit längerem an Kontinuität fehle und sie wohl auch künftig Schwankungen unterworfen sein werde. Die Vorstellung, dass Amerika »als globaler Friedensrichter und Friedensmacher mit Hilfe der NATO die Welt in Ordnung hält«, sei in jedem Fall eine Illusion. Wer sich zu stark von humanitären Gesichtspunkten leiten lasse, vergesse, dass die USA nur in den Fällen eingreifen würden, »in denen ein vitales Interesse der eigenen Nation auf dem Spiel steht«.[41]

Gerhard Schröder, der Schmidt nach Erhalt der Kopie des Ruhnau-Briefes zum Gespräch einlud, dürfte ihm in den meisten Punkten grundsätzlich zugestimmt haben. Aber was sollte er machen? Versucht man, sich einen Moment einen Rollentausch vorzustellen – Schmidt als Kanzler, Schröder als Sprecher der innerparteilichen Opposition –, dann hätten wohl beide die Argumente des jeweils anderen benutzt. Wahrscheinlich hätte Schmidt genauso um Verständnis geworben wie jetzt Schröder: dass bei aller Kritik an der amerikanischen NATO-Politik in der gegenwärtigen Situation das Bekenntnis zum Bündnis für die Bundesregierung absolute Priorität haben müsse. Schröder durfte auch deshalb Verständnis von seinem SPD-Vorgänger erwarten, weil er der deutschen Beteiligung am NATO-Einsatz nach außen zwar aus moralischen, im Kern aber aus pragmatischen Erwägungen zugestimmt hatte.

Bereits im zweiten Golfkrieg 1991, als die Amerikaner Saddam Hussein aus Kuwait vertrieben, hatte sich Schmidt gegen eine Beteiligung deutscher Truppen ausgesprochen, obwohl der Einsatz durch eine UN-Resolution gedeckt war. Eines der zentralen Probleme der Region sei der Dauerkonflikt zwischen dem Selbstbestimmungsrecht der Palästinenser und den legitimen Sicherheitsinteressen Israels, sagte er damals, und deshalb hätten die Deutschen im Nahen Osten grundsätzlich nichts zu suchen: »Dieses Problem geht die Deutschen wirklich nun nichts an – nach Auschwitz.«[42] Die spätere Feststellung Angela Merkels, dass Deutschland eine besondere Verantwortung trage für die Sicherheit des Staates Israel, nannte Schmidt »eine schwere Übertreibung«.[43]

Als im September 1992 der gerade neu ins Amt gekommene deutsche Außenminister Klaus Kinkel Forderungen nach einem ständigen Sitz im UN-Sicherheitsrat erhob, war das für Schmidt ein Zeichen aufkommenden Größenwahns. »Das Geschwätz von Herrn Kinkel« zeige, wie schnell »deutsche Kleinbürger wieder in den Wilhelminismus abgleiten könnten.«[44] Ein ständiger Sitz führe zwangsläufig zu einer stärkeren Heranziehung der Bundeswehr bei internationalen Einsätzen, dafür sei die Bundeswehr aber nicht geschaffen worden. Nachdrücklich warnte Schmidt vor einer Beteiligung deutscher Truppen an multilateralen Aktionen, »die sich auf dem Boden von Staaten vollziehen, die unter Hitler von Deutschen besetzt gewesen sind«. Man brauche sich nur »eine militärische Intervention der UN in Bosnien vorzustellen, bei der unter deutscher Beteiligung ein größeres oder ein schlimmeres Unglück passiert«. Sofort würde es heißen, die Deutschen waren ja schon einmal da, und die gesamte Weltpresse würde einstimmen.[45]

Vollkommen anderer Auffassung in den Fragen eines deutschen Engagements im Ausland war Außenminister Joschka Fischer. Während Schmidt in Anbetracht der deutschen Geschichte größte Zurückhaltung gerade bei Einsätzen in Ländern empfahl, in denen sich ältere Einwohner noch gut an die Jahre unter der Wehrmacht erinnerten, sah Fischer just wegen der deutschen Geschichte eine »Verpflichtung zum Handeln im Kosovo«. Dabei berief er sich auf seine »persönliche Erfahrung und Betroffenheit als ein Deutscher der unmittelbaren Nachkriegsgeneration«, die er zugleich eine Grunderfahrung der westdeutschen Linken nannte.[46] Auf dem Sonderparteitag der Grünen in Bielefeld am 13. Mai 1999, auf dem Fischer die Delegierten davon überzeugen musste, die Entscheidung zur Beteiligung am NATO-Einsatz gegen Milošević mitzutragen, bekräftigte er die doppelte Verantwortung, die sich für ihn aus der deutschen Geschichte ergab: »Ich stehe auf zwei Grundsätzen: Nie wieder Krieg! Nie wieder Auschwitz! … Beides gehört für mich zusammen.«[47]

Während Fischer in diesen Wochen, in denen die Koalition auf dem Spiel stand, immer wieder nach historischen Vergleichen suchte, mit denen er »den NATO-Einsatz zu einer Art antifaschistischem Widerstand überhöhte«,[48] trieben die Amerikaner die Neuausrichtung der NATO in ihrem Sinne voran. Der Kosovokrieg trug dazu dabei, dass das Völkerrecht neu interpretiert und die Pflicht zur humanitären Intervention in bestimmten Fällen höher gestellt wurde als die nationale Souveränität. Wenn zur Definition von Souveränität die Pflicht des Staates gehört, seine Bevölkerung zu schützen, dann verliert ein Staat, der Verbrechen gegen einzelne Bevölkerungsgruppen zulässt, vorübergehend seine Souveränität, so lautete die Argumentation. Die Schutzpflicht müsse dann von der Staatengemeinschaft übernommen werden. Seit 2005 bedarf es zur Anwendung dieses Prinzips – »Responsibility to Protect« – nicht einmal mehr einer Resolution des Sicherheitsrates; unter bestimmten

Bedingungen kann seither im Grunde jeder Staat für sich entscheiden, wann und zu welchen Bedingungen ein Einsatz zur Verhinderung einer humanitären Katastrophe gerechtfertigt ist.

Helmut Schmidt verfolgte die Entwicklung mit großer Sorge. Ob die UNO oder eine Sicherheitsorganisation wie die NATO in einen lokalen oder regionalen Konflikt eingreife, hänge nicht vom Ausmaß der dort zu beobachtenden Menschenrechtsverletzungen ab, sondern werde in erster Linie durch die strategischen Interessen der Weltmächte bestimmt. In den Kriegen auf dem Gebiet der ehemaligen Sowjetunion sei es seit Anfang der neunziger Jahre zu zahlreichen Verstößen gegen die Menschenrechte gekommen, aber niemand im Westen habe eine Einmischung am Kaukasus ernsthaft erwogen. Im Kosovokrieg müsse man hingegen die Frage stellen, ob sich Präsident Clinton wirklich aus Sorge um das Schicksal der Kosovaren zu Luftangriffen entschlossen habe oder doch eher, um Handlungsfähigkeit zu demonstrieren und damit seiner drohenden Amtsenthebung im Zuge der Lewinsky-Affäre wirksam zu begegnen.[49]

Dass es sich bei so genannten humanitären Einsätzen immer auch um Stellvertreterkriege der Weltmächte handelt, wurde am 7. Mai 1999 deutlich, als ein amerikanischer Bomber die chinesische Botschaft in Belgrad zerstörte. Schmidt wollte eine gezielte Provokation nicht ausschließen; möglicherweise sei auf einer unteren Ebene entschieden worden, aber an einen Zufall glaubte er nicht.[50] Es gab Befürchtungen, dass die Beziehungen zu China dadurch getrübt werden könnten. Bereits am 12. April, nach einem Besuch des chinesischen Botschafters bei ihm, hatte Schmidt dem Bundeskanzler bei dessen bevorstehender Chinareise Zurückhaltung in der Frage der Menschenrechte empfohlen. Konkret ging es um die bei der UN-Menschenrechtskommission eingebrachte Resolution zur Abschaffung der Todesstrafe. Schröder konnte Schmidt beruhigen: »In der Menschenrechtsfrage ›China‹ wird die B[undes]Reg[ierung] nicht als Mitantragsteller auftreten.«[51] Am 12. Mai traf der Bundeskanzler in Peking ein und entschuldigte sich bei der chinesischen Führung für den Raketenangriff – auch im Namen des NATO-Generalsekretärs.

Nachdem Milošević Anfang Juni einem von Russland mitgetragenen Friedensplan zugestimmt hatte, wurden die Luftangriffe der NATO eingestellt. Am 11. Juni bewilligte der Bundestag die Entsendung von bis zu 8500 Bundeswehrangehörigen zur internationalen Kosovo-Schutztruppe KFOR. Seither wurde das Mandat alle zwölf Monate erneuert, die Obergrenze wurde am 1. Juni 2016 auf 1350 gesenkt. Wenn die NATO Glück habe und ihr der Kampfeinsatz von Bodentruppen erspart bleibe, so hatte Schmidt im April 1999 prophezeit, werde es im besten Falle zur Einrichtung eines Protektorats kommen, das auf unabsehbare Zeit durch Zehntausende Soldaten gesichert werden müsse. Die Zahl war vielleicht ein wenig übertrieben, aber dass er im Prinzip recht hatte, ist 17 Jahre später kaum zu leugnen.

*

Kein Thema hat Helmut Schmidt länger und stärker beschäftigt als der Prozess der europäischen Integration. Bereits in seiner ersten Publikation vom Sommer 1948 – Schmidt war seit zwei Jahren Mitglied der Sozialdemokratischen Partei und studierte noch – forderte er eine Internationalisierung der Kohle- und Stahlproduktion an der Ruhr. Komme man den Franzosen in dieser Frage jetzt entgegen, werde man später zu einer wirtschaftlichen Koordinierung auf europäischer Ebene gelangen und damit »einen positiven Beitrag zur Konsolidierung Europas« leisten. Der SPD-Parteivorstand, der sich für eine Sozialisierung der Schwerindustrie auf nationaler Basis ausgesprochen hatte, rügte den Artikel, der in unzulässiger Weise polemisiere und in eklatantem Widerspruch stehe zu den Beschlüssen des Parteitages.[52]

Den anderen Europäern, insbesondere den Franzosen, ein Stück weit entgegenkommen und so mittel- und langfristig europäische Strukturen etablieren und ausbauen: Nach diesem Grundsatz betrieb Helmut Schmidt 35 Jahre lang Europapolitik. Dahinter stand die Überzeugung, dass Deutschland wegen seiner Mittellage, seiner Bevölkerungszahl und seiner Wirtschaftskraft integriert sein musste in einen nachbarschaftlichen Verbund. Die Bundesregierung durfte nicht den Eindruck zulassen, dass sie aus diesen Faktoren einen Führungsanspruch ableitete, und musste zugleich alles verhindern, was Deutschland hätte isolieren können. Hinzu kam das historische Argument: In vielen Völkern Europas waren die Schrecken der deutschen Gewaltherrschaft während des Zweiten Weltkriegs – und der Widerstand gegen die Besatzer – Teil der nationalen Erinnerungskultur geworden. Damit sich eine solche Katastrophe nicht wiederholen konnte, musste Deutschland fest in Europa verankert werden: Das war der Kerngedanke der Schmidt'schen Europapolitik.

Seit der Öffnung der Grenzen im Osten 1989/90 stand die Europäische Gemeinschaft vor der Frage, welche neuen Mitglieder sie nach welchen Kriterien aufnehmen wollte. Die Grundlagen hierfür wurden 1992 im Vertrag von Maastricht gelegt. Eine Woche vor Beginn der Verhandlungen formulierte Schmidt in einem Leitartikel seine Erwartungen: In Maastricht werde sich entscheiden, ob der »Prozess der Integration Europas bewusst und kraftvoll fortgesetzt wird oder ob wir die Europäische Gemeinschaft in ihrem halbfertigen Zustand um ein Dutzend weiterer Staaten erweitern und daraus einen Flickenteppich mit einigen Fransen entstehen lassen«. Es gebe keinen vernünftigen Grund, Länder wie die baltischen Republiken, Polen, Ungarn oder die Tschechische Republik auf Dauer auszuschließen. »Sehr wohl aber gibt es gute Gründe, vorher für die institutionelle Vertiefung der Gemeinschaft zu sorgen: durch eine einzige gemeinsame Währung und danach durch eine gemeinsame Außen- und Sicherheitspolitik. Denn was zu zwölft nicht zustande gebracht werden kann, das erscheint für später mit vierundzwanzig Teilnehmerstaaten erst recht unwahrscheinlich.«[53]

Der 172 Seiten umfassende Vertrag von Maastricht war für Schmidt mehr als enttäuschend. Seine Kritik richtete sich vor allem auf zwei Punkte. Statt die Zuständigkeiten zu straffen und die Entscheidunsgprozesse zu vereinfachen, habe man den bürokratischen Perfektionismus auf die Spitze getrieben. Die Europäische Gemeinschaft begreife noch immer nicht, »dass auch für sie das Subsidiaritätsprinzip gelten muss«, das heißt, »sie darf nur das europäisch gemeinsam regeln wollen, was die Nationalstaaten in eigener Regie nicht mehr regeln können«. Es gehöre nun einmal nicht zu den Aufgaben der Europäischen Kommission, über die Reinheit des Bieres, den Alkoholgehalt von Gin, über Tabakwerbung und Käsesorten zu wachen – das seien »bürokratische Albernheiten, für die aber die Politiker die Verantwortung tragen«.[54] Den Brüsseler Regulierungswahn hielt Schmidt für eine der wesentlichen Ursachen der sich in der Bevölkerung verbreitenden Europamüdigkeit.

Der schwerste Fehler von Maastricht war nach Ansicht Schmidts, dass die Währungsunion an Fortschritte in der politischen Union gekoppelt blieb. Zwar hatten die zwölf Staats- und Regierungschefs einen dreistufigen Automatismus zur Herbeiführung der Währungsunion vereinbart, den so genannten Delors-Plan. Aber die »Konvergenzkriterien«, die von den teilnehmenden Staaten erfüllt werden mussten, waren so eng gefasst, dass der Weg zur gemeinsamen Währung keineswegs unumkehrbar schien. Schmidt fürchtete, dass ihre Einführung auf den Sankt-Nimmerleinstag verschoben werden könnte. Ohne gemeinsame Währung aber würde die Europäische Gemeinschaft zu einer großen Freihandelszone verkümmern, in der die D-Mark alle anderen Währungen an die Seite drückte. Politische Verwerfungen zwischen Deutschland und seinen Nachbarn wären die Folge.

Die Hauptschuld gab Schmidt der Deutschen Bundesbank, die fortwährend auf die Bremse trete. »Sie hat die Bundesregierung dazu gedrängt, in Maastricht so hohe Bedingungen für den Eintritt eines EG-Mitgliedsstaates in die zukünftige Währungsunion durchzusetzen, dass Deutschland selbst sie gegenwärtig nicht erfüllen könnte.«[55] Seit sich die Bundesbank 1979 gegen das Europäische Währungssystem (EWS) gestellt hatte, mit dem Schmidt und Giscard d'Estaing seinerzeit eine gemeinsame europäische Währung initiierten, lag Schmidt in Dauerfehde mit den Zentralbankern. Mehrfach musste er sie daran erinnern, dass es ihnen nicht zustand, Geldpolitik nach eigenem Gusto zu betreiben, dass sie nach dem Bundesbankgesetz vielmehr verpflichtet waren, die Politik der

Bundesregierung zu unterstützen. In den achtziger Jahren hatte Schmidt eine Reihe von Artikeln publiziert, in denen er die Bundesregierung zu mehr Europaengagement aufforderte – »Europa braucht Fortschritte« (November 1984), »Europa muss jetzt handeln« (Januar 1985), »Europa braucht mehr Mut« (Dezember 1986), »Europa braucht Führung« (Dezember 1987).

Bereits 1985 hatte ihn der damalige Chef der Bundesbank, Karl Otto Pöhl, in scharfer Form darauf hingewiesen, dass die Bundesbank keine Sabotage des EWS betreibe. »Wir haben im Gegenteil wesentlich dazu beigetragen, dass das EWS bisher relativ gut funktioniert hat.« Pöhl unterstrich seinen proeuropäischen Standpunkt und bat Schmidt, »in Zukunft davon abzusehen, der Bundesbank zu unterstellen, dass sie die währungspolitische Zusammenarbeit in Europa behindere«.[56] Diese Argumentation könne ihn nicht überzeugen, antwortete Schmidt und blieb bei seiner Überzeugung, dass die Bundesbank den europäischen Integrationsprozess gefährde. Sie verhalte sich »ähnlich wie die Bürokratie in Moskau. Die hört Perestroika auch nicht so gern.«[57]

Höhepunkt seiner Auseinandersetzung mit der Bundesbank war im November 1996 ein offener Brief an deren Präsidenten Hans Tietmeyer, mit dem Schmidt bereits manchen Strauß ausgefochten hatte. Als Abteilungsleiter im Bundeswirtschaftsministerium war Tietmeyer Verfasser des so genannten Lambsdorff-Papiers gewesen, mit dem 1982 das Ende der sozialliberalen Koalition herbeigeführt werden sollte; 1990 trug er als persönlicher Berater Helmut Kohls Mitverantwortung für Entscheidungen, die nach Auffassung Schmidts zum frühzeitigen Zusammenbruch der DDR-Wirtschaft führten; als Mitglied des Direktoriums der Bundesbank war Tietmeyer schließlich beteiligt gewesen an der faktischen Abschaffung des Ecu, der Buchungswährung des EWS, der in den Augen Schmidts hervorragend geeignet gewesen wäre für die Implantierung des Euro. »Wenn ich jemals mein Ausscheiden aus dem Amt bedauern sollte, so allein wegen der Tatsache, dass Valéry Giscard d'Estaing und ich das EWS in halbfertigem Zustand hinterlassen mussten.«[58] Dass das Europäische Währungssystem samt Ecu –

neben dem NATO-Doppelbeschluss die wichtigste Hinterlassenschaft seiner Regierung – nicht weiterentwickelt worden war, lastete Schmidt vor allem Hans Tietmeyer an, der 1993 an die Spitze der Bundesbank gerückt war.

Anfang April 1996 hatte Schmidt in einem *Zeit*-Artikel »Der zweite Anlauf, die letzte Chance« noch einmal unterstrichen, dass die Zukunft der Europäischen Union nicht denen überlassen werden dürfe, die auf strikte Einhaltung der Kriterien pochten, die sie selbst formuliert hatten. Tietmeyer antwortete mit einem Leserbrief, in dem er sich gegen den Vorwurf verwahrte, er sei ein Gegner der Währungsunion – »wobei ich allerdings die Schaffung eines tragfähigen ökonomischen und politischen Fundamentes für unerlässlich halte«.[59] Diesen Punkt spießte Schmidt in seiner öffentlichen Replik sechs Monate später auf. Tietmeyer bekräftige unablässig, dass er weder die politischen noch die ökonomischen Fundamente für ausreichend halte. Ob er sich eigentlich der fatalen Wirkung seiner Zwischenrufe bewusst sei. Im Ausland, wo er häufiger zu hören sei als zum Beispiel der Außenminister, gewinne man den Eindruck, »Sie seien der Herr des europäischen Verfahrens«.

Währungspolitik ist Außenpolitik, nach diesem Grundsatz hatte Schmidt schon das Finanzministerium geleitet. »Die Bundesbank ist kein Staat im Staate«, belehrte er jetzt den Bundesbankpräsidenten. Vielmehr sei sie »verpflichtet, die Erfüllung des Maastrichter Vertrages zu unterstützen, den die Bundesregierung geschlossen und den der Bundestag in allen seinen Teilen ratifiziert hat«. Der Bundeskanzler habe seine politische Existenz zu Recht an die Durchsetzung dieses Vertrages geknüpft. »Zwar halte ich nicht viel von Kohls ökonomischem Wirrwarr; aber mit seiner Europapolitik bin ich zufrieden … Wenn aber Sie, verehrter Herr Tietmeyer, mit Ihrer Verweigerungspolitik Herrn Kohl einen Strich durch seine strategische Rechnung machen würden, so würde nicht nur Kohl seine einzige ihn für die Zukunft legitimierende Aufgabe verlieren, sondern Deutschland geriete abermals auf einen Sonderweg.«

Die Präzision der Argumente war nicht weniger eindrucksvoll als die Leidenschaft in der Sache. Ein ehemaliger Regierungschef, der sein politisches Vermächtnis in Gefahr sah, stauchte einen Bürokraten zusammen, der einer wahrhaft historischen Entscheidung mit dem Rechenschieber in der Hand zu widersprechen wagte. Am Schluss seines scharfen, an manchen Stellen auch beleidigenden Briefes ließ Schmidt den Bundesbankpräsidenten wissen, dass er ihn im Grunde noch immer für einen Ministerialbeamten hielt, der nur darauf bedacht sei, seine Kompetenzen nicht zu verlieren: »Es ist nicht angenehm, wenn einer vom De-facto-Währungskönig herabgestuft werden soll zum Filialdirektor der Europäischen Zentralbank.«[60] Bei aller Schärfe der Auseinandersetzung nahm das persönliche Verhältnis zwischen Schmidt und Tietmeyer erstaunlicherweise keinen Schaden, und Tietmeyers Kompetenz hat Schmidt nie in Zweifel gezogen.

Der Vorwurf, die Bundesbank torpediere die gemeinsame Währung, traf in dieser Form auch nicht zu. Der Niederländer Wim Duisenberg, der die Vorarbeiten zur Gründung der Europäischen Zentralbank koordinierte und 1998 deren erster Präsident wurde, widersprach: Schmidts Angriffe seien nicht gerechtfertigt und entsprächen auch nicht den Tatsachen, die Bundesbank habe stets eine konstruktive und loyale Rolle gespielt. Die einzige Bank, die sich immer wieder querstelle, sei die französische Zentralbank. Anlass für Duisenbergs Brief an Schmidt war dessen eigenwilliger Vorschlag, man solle seinen Freund Giscard d'Estaing zum ersten Präsidenten der Zentralbank machen – und Duisenberg zum Vize –, um auf diese Weise die Blockade Frankreichs gegen die Berufung Duisenbergs aufzuheben.[61]

Am 2. Mai 1998 beschloss der Europäische Rat, dass elf Mitglieder der EU die Voraussetzungen für eine gemeinsame Währung erfüllten und der Euro zum 1. Januar 1999 als gesetzliches Zahlungsmittel eingeführt werde. Er wolle dieses Datum nutzen, schrieb Valéry Giscard d'Estaing an Schmidt, um »den herausragenden Beitrag zu bezeugen, der Dir an dieser Entwicklung mit Recht zukommt ... Dank Deiner Entschlossenheit und Deiner Erfahrung und dank der Zuversicht, die Du in der Finanzwelt geweckt hast, konnte dieses Projekt vor zwanzig Jahren auf den Weg gebracht und jetzt vollendet werden. 1986, als die meisten europäischen Führer ihr Desinteresse an der Währungsunion bekundeten, hast Du im ›Komitee für eine Europäische Währungsunion‹ den Co-Vorsitz übernommen. Mit Deiner Hilfe waren wir in der Lage, dem Vorhaben neuen Schwung zu verleihen. Nicht zuletzt hast Du dich unbeirrbar dafür eingesetzt, dass die enge Beziehung zwischen Frankreich und Deutschland und die Gemeinsamkeit ihrer Positionen aufrechterhalten wurden – die wichtigsten Voraussetzungen für den anhaltenden Erfolg der Währungsunion.«[62]

Schmidt bedankte sich. Die Währungsunion wäre in der Tat niemals zustande gekommen ohne ihrer beider Vorarbeit. »Dass die gegenwärtigen Politiker diejenigen nicht erwähnen, die auf mancherlei Weise die Straße zum Ziel geebnet haben«, sei wohl nicht anders zu erwarten, aber »vielleicht werden spätere Historiker die Sache richtigstellen.«[63] Schon jetzt machte Schmidt auch öffentlich keinen Hehl daraus, welchen Anteil am Zustandekommen des Euro er für sich in Anspruch nahm und wie er die Rolle seines Nachfolgers einschätzte: »Kohl hat die gemeinsame Währung nicht erfunden, sondern er setzt die Politik seines Vorgängers fort.«[64]

Mit Österreich, Finnland und Schweden waren der Europäischen Union 1995 zuletzt drei starke Partner beigetreten. Dann, noch zu Zeiten der Regierung Kohl, hatte man die Aufnahme von Beitrittsverhandlungen mit zwölf Anwärtern beschlossen – zehn osteuropäischen Staaten sowie Zypern und Malta (die mit Ausnahme Rumäniens und Bulgariens 2004 aufgenommen wurden). Die neue rot-grüne Regierung begriff die Osterweiterung der Europäischen Union als historische Chance, den Kontinent dauerhaft zu befrieden, und machte sich zum Fürsprecher eines schnellstmöglichen Beitritts. Außenminister Fischer trieb das Projekt mit geradezu visionärer Kraft voran. Weil die Institutionen der EU nicht auf 25 und mehr Mitglieder angelegt seien, werde man die Erweiterung mit der längst überfälligen politischen Vertiefung verbinden müssen. »Die Notwendigkeit, diese beiden Prozesse *parallel* zu organisieren, ist die wohl größte Herausforderung, vor der die Union seit ihrer Gründung jemals gestanden hat.« Anzustreben sei eine europäische Föderation, in der ein Parlament und eine Regierung »tatsächlich die gesetzgebende und die exekutive Gewalt innerhalb der Föderation ausüben« – gegründet auf eine europäische Verfassung.[65]

So viel Europa-Euphorie war Schmidt unheimlich. Entsprach es wirklich dem Geist des Schuman-Plans, wie Fischer behauptete, die Union um eine Reihe von Staaten zu erweitern, die den Anschluss an den westeuropäischen Kulturkreis zum Teil schon vor Jahrhunderten verloren hatten? Und würde man nicht zwangsläufig ins Stolpern geraten, wenn man zu viele Schritte auf einmal tat? Wer bei der Erweiterung zu große Eile an den Tag lege, werde die institutionellen Reformen zwangsläufig vernachlässigen müssen, mahnte Schmidt. Hatte er im Fall der Währungsunion gefordert, auf die Bedenkenträger keine Rücksicht zu nehmen, sondern Fakten zu schaffen – wäre erst einmal die gemeinsame Währung da, würden sich bald auch Strukturen für eine gemeinsame Finanzpolitik herausbilden –, so mahnte er jetzt die Einhaltung der Reihenfolge an.

Die Entscheidungsfähigkeit der Gremien, schrieb er im Herbst 1999, würde »schwer beeinträchtigt, sofern jeder Mitgliedsstaat auch zukünftig Anspruch auf ein Kommissionsmitglied … in Brüssel haben sollte, sofern die Zahl der Abgeordneten des Europäischen Parlaments nochmals erhöht werden und sofern es im Rat der EU beim Einstimmigkeitsprinzip bleiben sollte«. Bevor neue Mitgliedsstaaten aufgenommen werden könnten, müssten die Verfahren gestrafft, die Stimmgewichte den tatsächlichen Größenverhältnissen der Staaten angepasst und die Entscheidungsprozesse insgesamt transparenter gemacht werden. Vor allem seien die Rechte des Parlaments zu stärken, und nicht zuletzt sei im Sinne der Subsidiaritätsregel dringend eine Beschneidung der Zuständigkeiten der EU erforderlich.

Die Aufnahme Polens, Tschechiens und Ungarns nannte Schmidt »gut, weil notwendig«, und auch den drei baltischen Staaten hatte er bereits Anfang der neunziger Jahre attestiert, dass sie eines Tages sicher willkommen wären. »Aber eine weit darüber hinausgehende, allzu schnelle Erweiterung der EU um beispielsweise Rumänien, Bulgarien und am Ende sogar die Türkei würde die Funktionsfähigkeit der gegenwärtigen Institutionen der EU und die ökonomische Leistungsfähigkeit der bisherigen Mitgliedsstaaten überfordern.« Dass man im Europäischen Rat bis an den Bosporus und darüber hinaus dachte – und bald auch die Ukraine, Weißrussland, ja selbst den Westen Russlands in die Überlegungen einbezog –, unterstrich in den Augen Schmidts den falschen Ehrgeiz der Erweiterungspläne.

Wenig durchdacht erschien ihm auch die Idee einer europäischen Verfassung. Der Wunsch, die bisherigen Verträge zu bündeln und so ein wenig Ordnung ins Wirrwarr zu bringen, sei verständlich, aber dazu brauche man keine Verfassung. Versuche man hingegen, mit Hilfe einer Verfassung die nötigen institutionellen Veränderungen durchzusetzen, werde es »viele Jahre und Jahrzehnte dauern, bis eine Einigung über den Text der Verfassung zustande käme«.[66] Da der Europäische Rat nun einmal beschlossen hatte, einen Verfassungskonvent einzusetzen, stellte Schmidt seine Bedenken zurück und sorgte dafür, dass wenigstens ein Mann mit Erfahrung an der Spitze stand. Am 13. November 2001 traf er sich mit Gerhard Schröder und empfahl ihm seinen Freund Valéry Giscard d'Estaing; Schröder war einverstanden und versprach Schmidt, dass er einer Nominierung Giscards durch Staatspräsident Jacques Chirac zustimmen werde.[67] Am Ende langwieriger Beratungen stand der »Vertrag über eine Verfassung für Europa«, der 2004 zwar von den inzwischen 25 Staats- und Regierungschefs der EU unterzeichnet wurde, bei der Bevölkerung jedoch nur neue Ängste vor Brüssel weckte. Niederschmetternde Ergebnisse bei Volksabstimmungen in Frankreich und den Niederlanden »ließen die Verfassungspläne in den Schubladen verschwinden«.[68]

*

Seit der Europäische Rat im Dezember 1999 beschlossen hatte, die Türkei als potentiellen Beitrittskandidaten zu betrachten, stand am Anfang und Ende aller Debatten um die Erweiterung der Europäischen Union immer häufiger die Frage: Wie hältst du's mit der Türkei? Gerhard Schröder sah die Türkei als strategisch wichtigen

Partner der EU und argumentierte ganz im Sinne der USA, die darauf drängten, das NATO-Mitglied in die EU einzubinden. Schmidt fragte zunächst einmal nach den Motiven der USA. Wollte man die Europäische Union tatsächlich über den Balkan hinaus ausdehnen und eine Außengrenze mit Syrien, dem Irak und dem Iran, Armenien und Georgien in Kauf nehmen, nur um dem Pentagon zu willfahren? »Nahezu zwangsläufig ist die Türkei indirekt an jedem künftigen Krieg im Mittleren Osten beteiligt, sie hat in dieser Region wichtige eigene Sicherheitsinteressen.«[69] Das damit verbundene Risiko sei für die Europäer unkalkulierbar, so Schmidt. Zudem würden die Amerikaner – wie übrigens auch die Briten – ein geschlossen auftretendes Europa nicht wollen und daher jede Schwächung und Aufweichung der EU unterstützen. Seit in Washington die Neokonservativen um George W. Bush das Sagen hatten, hielt er Vorsicht für umso mehr geboten.

Der Bundeskanzler suchte seine europäischen Partner davon zu überzeugen, dass eine baldige Konkretisierung der Gespräche mit der Türkei im Interesse der EU liege. Man müsse abwarten, erklärte hingegen die Mehrheit, ob die türkische Regierung die angekündigten Reformen auch umsetze. In Wirklichkeit machte vielen der wachsende Widerstand der Bevölkerung gegen eine Islamisierung Europas zu schaffen, der sich in Ländern wie Frankreich, Belgien oder Dänemark in den Wahlerfolgen neuer nationalistischer Bewegungen niederschlug. Die Europäer verhielten sich nicht ehrlich, so Schmidt, wenn sie der Türkei offene Gespräche anböten, insgeheim aber darauf hofften, dass die Bedingungen für einen Beitritt nicht erfüllt werden.

Seine Argumente gegen einen EU-Beitritt der Türkei fasste Schmidt im Herbst 2000 im Schlusskapitel seines Buches *Die Selbstbehauptung Europas* zusammen; die *Zeit* veröffentlichte die Seiten als Vorabdruck unter der Überschrift »Wer nicht zu Europa gehört«. Indem er an die gemeinsame europäische Substanz erinnerte, an die kulturellen, politischen, ökonomischen und rechtlichen Wurzeln Kerneuropas, machte Schmidt deutlich, wer auf jeden Fall nicht dazugehörte: weder der russische Kulturkreis noch die Türkei. Statt über Grenzen zu debattieren, sollte man die nachbarschaftlichen Beziehungen pflegen und ausbauen: »Was die Türkei braucht, ist ein weitreichender Vertrag über Assoziation, Kooperation und gegenseitige Zollfreiheit … Gute Nachbarschaft mit dem Islam wird im Laufe des neuen Jahrhunderts zu einer der Bedingungen für die Selbstbehauptung Europas werden. Es könnte sogar dahin kommen, dass der Frieden der Europäischen Union davon abhängt.«[70]

Zwei Jahre später druckte die *Zeit* auf ihrer Titelseite groß die Frage: »Sind die Türken Europäer?« Zwei nebeneinander stehende Artikel gaben konträre Antworten. Links plädierte der für Außenpolitik verantwortliche stellvertretende Ressortleiter Michael Thumann für einen baldigen Beginn der Beitrittsverhandlungen: Wenn man die Türkei auf ihrem Weg in die Moderne unterstütze und ihr eine klare Perspektive biete, werde auch die unbeweglich gewordene EU wieder etwas moderner und zukunftsfähiger werden. Vor allem die geopolitischen Möglichkeiten faszinierten den Autor: »Vor einer Außengrenze mit dem Irak und Iran muss sich die EU nicht fürchten. Oder will sie die Weltpolitik ganz den Amerikanern überlassen? Dort liegen strategisch wichtige Gebiete für Europas Versorgung: die riesigen Gasreserven Irans, die Reichtümer des Kaspischen Meers, die Ölreserven des Iraks. Die Türkei ist in dieser Region ein mächtiger Spieler, der ein ganzes Geflecht von Drähten zu den Nachbarländern neu gezogen hat. Mit der Türkei erhielte die EU-Außenpolitik deutlich mehr Gewicht als heute.«[71]

Helmut Schmidt hielt dagegen. Wer die vielfältigen geopolitischen Interessen Ankaras im Nahen Osten in ein gemeinsames außen- und sicherheitspolitisches Konzept der EU einbinden wolle, riskiere den Zusammenbruch der EU. Die jahrhundertelange Gegnerschaft zwischen der Türkei und Russland, die Feindschaft der Armenier, der Konflikt mit den Kurden – das alles bleibe dauerhaft unkalkulierbar. Was die politischen Verhältnisse in der Türkei angehe, müsse man wissen, dass die Türkei zwar eine demokratisch-parlamentarische Verfassung habe, die entscheidende Macht aber beim Militär liege. Das Militär als Hüter der laizistischen Reformen

Kemal Atatürks sei »ironischerweise« zugleich das stärkste Bollwerk gegen die drohende Re-Islamisierung des Landes durch die AKP von Recep Tayyip Erdogan, die bei den Wahlen Anfang November 2002 fast die Zweidrittelmehrheit im Parlament erobert hatte. In welche Richtung die Türkei sich entwickle, sei völlig offen. Zuletzt machte Schmidt geltend, dass eine Vollmitgliedschaft in der EU Freizügigkeit für alle Türken bedeute; damit werde »die dringend gebotene Integration der bei uns lebenden Türken und Kurden aussichtslos«.[72]

Unterstützung erhielt Schmidt von zwei namhaften deutschen Historikern. Im September 2002 hatte Hans-Ulrich Wehler »das bestürzende Demokratiedefizit« angeprangert, das der Europäische Rat und die Kommission an den Tag legten, indem sie sich in der Frage des Türkeibeitritts über die Ängste der Mehrheit der Bevölkerung einfach hinwegsetzten. Die EU gelange mit der bevorstehenden Aufnahme der osteuropäischen Staaten ohnehin an die Grenze ihrer Leistungsfähigkeit. »Wie aber kann man … politisch so von Sinnen sein, dass man sich die völlige Überdehnung aller restlichen Ressourcen auflädt, da doch die EU-Mitgliedschaft der Türkei geradewegs in die finale Zerreißprobe hineinführen muss?« Dieser »politische Masochismus«, so Wehler, »sucht in der neueren Geschichte seinesgleichen«.[73] Im November erinnerte sein Berliner Kollege Heinrich August Winkler daran, dass die politische Kultur des Westens auf jener im Mittelalter vollzogenen Trennung von geistlicher und weltlicher Gewalt basiere, »die zur Urform der Gewaltenteilung und des modernen Pluralismus geworden ist«. Der byzantinisch geprägte Osten Europas kenne eine solche Trennung nicht, die Türkei werde deshalb auch keine Demokratie nach westlichem Muster werden können: »Eine EU-Mitgliedschaft der Türkei würde beide Seiten, die Europäische Union und die Türkei, politisch und emotional überfordern. Historische Prägungen sind nicht auswechselbar.« Noch habe es die Europäische Union »in der Hand, ihre Selbstzerstörung zu verhindern«.[74]

Nachdem das Thema auf dem Kopenhagener Gipfel im Dezember 2002 vertagt worden war, stand die Aufnahme von Beitrittsverhandlungen mit der Türkei zwei Jahre später in Brüssel erneut auf der

Tagesordnung. Wieder meldete sich Schmidt mit zwei ausführlichen Artikeln im Vorfeld zu Wort. Die zehn neuen Mitgliedsstaaten, die im Mai 2004 der EU beigetreten waren, »produzieren im Durchschnitt pro Einwohner nur gerade halb so viel wie die 15 alten Mitgliedsstaaten«. Die dadurch entstehende zusätzliche wirtschaftliche Belastung der Gemeinschaft mache eine längere Pause erforderlich, ehe weitere Beitritte in Betracht kämen. Es sei deshalb angezeigt, die Verhandlungen mit Rumänien und Bulgarien nicht zu forcieren und Gespräche mit der Türkei gar nicht erst aufzunehmen. Schmidt, seit über einem halben Jahrhundert leidenschaftlicher Verfechter der europäischen Idee, hielt »ein Scheitern der EU« zum ersten Mal für »nicht mehr undenkbar«.[75]

Drei Wochen vor dem Brüsseler Gipfel, auf dem die Verhandlungen mit Rumänien und Bulgarien abgeschlossen und Gespräche mit der Türkei verabredet wurden, nahm Schmidt einen letzten Anlauf. Der für die Konsultationen mit Ankara zuständige EU-Kommissar Günter Verheugen vertrete die Ansicht, »mit dem Beitritt der Türkei würde die Europäische Union ein weltpolitischer Akteur werden«; komme der Beitritt nicht zustande, sei ein »Abrutschen der Türkei in einen antieuropäischen fundamentalistischen Islam« denkbar. Das eine zeuge von Größenwahn, das andere von missionarischem Eifer. Es könne »doch nicht Aufgabe der EU sein, ihren Mitgliedsstaaten den Rechtsstaat, Demokratie und persönliche Freiheit zu bringen. Alle bisherigen Mitgliedsstaaten haben diese Grundwerte entscheidend aus eigenem Antrieb im eigenen Land verwirklicht, bevor sie sich der EU angeschlossen haben – und nicht etwa zum Zwecke des Beitritts.«

Die Vorstellung, die offenbar auch der Bundeskanzler vertrete, ein EU-Mitglied Türkei könne »zu einem Vorbild für andere muslimisch geprägte Staaten werden, gar zu einer ›Brücke zum Islam‹«, nannte Schmidt »bloße Spekulation«. Zum Schluss erteilte er all denen eine Absage, die glaubten, durch Zuwanderung die gefährdeten Sozialversicherungssysteme stabilisieren zu können. Überall in der Europäischen Union gebe es »Angst vor ungesteuerter Zuwanderung und vor kultureller Überfremdung«. Statt durch Beitrittsverhandlungen mit der Türkei diese Ängste zu schüren, »ist einvernehmliche Begrenzung der Zuwanderungen aus anderen kulturellen Welten geboten!«[76]

Wie immer, wenn Schmidt wichtige Botschaften unters Volk bringen wollte, bediente er sich auch dieses Mal der Springer-Presse. Die *Bild*-Zeitung druckte Ende September in mehreren Folgen Auszüge aus seinem neuen Buch *Die Mächte der Zukunft*, im Oktober veröffentlichte die *Welt* ein ganzseitiges Gespräch mit längeren Passagen zu EU-Erweiterung und Zuwanderung, und am 24. November, einen Tag, bevor sein Artikel in der *Zeit* erschien, brachte das *Hamburger Abendblatt* ein langes Interview: »Wie viel Anatolien verträgt Europa?« Die Islambeauftragte der SPD-Bundestagsfraktion Lale Akgün empfand Schmidts Aussagen »als tiefe Kränkung«. In einem offenen Brief warf sie ihm vor, nicht nur die »Lebensleistung der Migranten der ersten Generation« zu missachten, sondern auch »ein fatales politisches Signal« zu setzen.[77] Schmidt hatte in dem Interview erklärt, es sei ein Fehler gewesen, »dass wir zu Beginn der sechziger Jahre Gastarbeiter aus fremden Kulturen ins Land holten«. Weil man sie nicht als Einwanderer betrachtet habe, sei keine Vorsorge für ihre spätere Integration getroffen worden, erläuterte er in seiner Antwort an Frau Akgün.

Seine Ablehnung einer türkischen EU-Mitgliedschaft begründete Schmidt mit einer Denkfigur, die er im Zusammenhang mit dem Thema Türkei immer wieder verwendete. Die ungeregelte Zuwanderung, die dann einsetze, löse »bei vielen Einheimischen Ängste aus [und] diese Ängste können zu Konflikten führen«.[78] Als Regierungschef hatte sich Schmidt von den Ängsten der Deutschen nie sonderlich beeindrucken lassen, im Gegenteil: Was die Regierung für richtig hielt, musste sie gegen den Widerstand auch der Mehrheit der Bevölkerung durchsetzen. Das war bei den Pershing-Raketen nicht anders gewesen als bei den Atomkraftwerken. Den Ängsten vor weiterer türkischer Zuwanderung maß Schmidt so viel Gewicht bei, dass die Vermutung naheliegt, dass er sie teilte.

Zu fragen wäre in diesem Zusammenhang auch, wie sich Schmidts Haltung zur Türkei mit seinem Aufruf zu religiöser Toleranz vertrug. Seit zwanzig Jahren warb er rund um den Globus unermüdlich für den interkulturellen Dialog, hielt Reden auf internationalen Symposien, bei denen Vertreter der Weltreligionen zum Gespräch zusammenkamen, und setzte das Thema regelmäßig auf die Agenda des InterAction Council. »Wo es um den Frieden geht, den Frieden zwischen den … Religionen und Kulturen, dort haben wir gegenseitigen Respekt nötig. Dort haben wir den Willen und die Fähigkeit zum Dialog nötig – und den Willen zur Zusammenarbeit.«[79] So endete 2011 Schmidts Sammelband *Religion in der Verantwortung*. Er selbst sei aufgrund der Beschäftigung mit fremden Religionen gegen Ende seines Lebens immer toleranter geworden, sagte er. Wo blieb diese Toleranz gegenüber den Türken?

Welchen Zusammenhang es gebe zwischen seinem Widerstand gegen eine Aufnahme der Türkei in die Europäische Union und seinem Bild vom Islam, hatte die türkische Boulevardzeitung *Hürriyet* schon Ende 2000 von Schmidt wissen wollen. Das eine habe mit dem anderen nichts zu tun, antwortete er. »Viele Male in meinem Leben habe ich schriftlich und mündlich meinen sehr ernst gemeinten Respekt gegenüber dem Islam zum Ausdruck gebracht.«[80] Schmidt sprach gern über das Kalifat von Cordoba, die Schriften von Avicenna und Averroës oder die Schreibschulen von Bagdad, und am liebsten erzählte er von jener nächtlichen Nilfahrt mit dem ägyptischen Präsidenten Anwar as-Sadat, der ihm unter dem Sternenhimmel die Geheimnisse Abrahams erschlossen hatte. Was sich an sozialen Brennpunkten wie Hamburg-Mottenburg oder Berlin-Neukölln abspielte, gehörte für ihn in einen anderen Zusammenhang und hatte erst einmal nichts mit der Religion zu tun. Wenn aber das Haupthindernis für die Integration von Türken in Deutschland aus Schmidts Sicht die kulturelle Unvereinbarkeit war: Worin unterschieden sich muslimisch und christlich geprägte Gesellschaften stärker als in ihrer Stellung zur Religion? Man kann es auch positiv wenden und konstatieren, dass Schmidt sich einfach weigerte, soziale Probleme auf die Frage der Religionszugehörigkeit zu reduzieren.

*

In drei Zentralfragen der deutschen Außenpolitik also – dem Kosovoeinsatz, der Osterweiterung und dem EU-Beitritt der Türkei – vertrat Schmidt grundsätzlich andere Positionen als die rot-grüne Regierung. Damit war die Bilanz der Regierung Schröder nach zwei Legislaturperioden in seinen Augen schwer belastet. Auf der Habenseite stand zum einen die Entscheidung, Deutschland nicht an einer Militäroffensive gegen den Irak zu beteiligen. Schröder hatte diese Entscheidung im Sommer 2002 getroffen, als sich abzeichnete, dass die USA, falls ein Mandat des UN-Sicherheitsrates nicht zustande kam, zum Alleingang entschlossen waren. Sein frühzeitiges und entschiedenes Nein führte zwar dazu, dass die Deutschen international vorübergehend isoliert waren. Als Anfang 2003 der französische Präsident Jacques Chirac und wenig später der russische Präsident Wladimir Putin ihrerseits bekundeten, weiterhin eine friedliche Entwaffnung des Irak anzustreben, zahlte Schröders Mut sich aus. Deutschland fand sich jetzt an der Seite von Paris und Moskau in einer Antikriegskoalition gegen die Vereinigten Staaten – ein Novum in der Geschichte.

Schmidt hatte bereits am 1. August, noch bevor Schröders Entscheidung öffentlich wurde, dem Kanzler Rückendeckung gegeben. Nach dem Zusammenbruch der Sowjetunion hätten die Amerikaner verlernt, Rücksicht auf die Interessen anderer Nationen und insbesondere die ihrer Partner zu nehmen – das gelte nicht erst seit dem Amtsantritt von George W. Bush. Sie vermittelten stattdessen den Eindruck, als einzig verbliebene Supermacht niemanden nötig zu haben, und Europa habe bisher »ziemlich würdelos auf diesen amerikanischen Unilateralismus reagiert«. Die Europäer hätten es aber »keineswegs nötig, sich selbst zu Instrumenten amerikanischer Weltpolizei zu machen oder machen zu lassen«. Vielmehr habe Europa schon wegen der geographischen Nachbarschaft »ein vitales Interesse an der Vermeidung eines globalen ›clash of civilizations‹ mit dem Islam«.[81]

Zum 40. Jahrestag des Élysée-Vertrages im Januar 2003 beklagte Schmidt das Fehlen eines gemeinsamen deutsch-französischen Konzepts. Es wäre besser gewesen, wenn Berlin sich mit Paris abgestimmt und dann den Franzosen den Vortritt gelassen hätte. Diese Mahnung verkannte, dass Schröder eine klare Entscheidung zum Irak *vor* den Bundestagswahlen brauchte, Chirac jedoch auf einen Sieg Edmund Stoibers setzte und selbst nach den Wahlen Schröder noch drei Monate zappeln ließ. Das deutsch-französische Tandem war bereits 1989 schwer beschädigt worden, als Mitterrand die Wiedervereinigung zu verhindern suchte, und seither nicht mehr richtig ins Rollen gekommen. Der Beschluss zur Einführung der gemeinsamen Währung 1992 sei »der letzte gemeinsame Führungsakt« gewesen, meinte Schmidt.[82] Das war ein Euphemismus, denn zustande gekommen war der Euro nur, weil Helmut Kohl mit Rücksicht auf Mitterrand bewusst den Eindruck zuließ, die gemeinsame Währung sei der Preis, den die Deutschen für die Vereinigung zu zahlen hätten – was in Deutschland zusätzliche Vorbehalte gegen den Euro schuf.

»Washington neigt zum Unilateralismus – wer auch immer dort regiert«, hatte Schmidt 1987 am Ende des USA-Kapitels in *Menschen und Mächte* konstatiert. »Solange Westeuropa sich nicht zu einem gesamtstrategischen Entwurf durchringen und diesen geschlossen vertreten kann, wird es immer wieder mit amerikanischen Alleingängen konfrontiert werden.«[83] 15 Jahre später gab es noch immer kein gemeinsames europäisches Sicherheits- und Verteidigungskonzept. Die Amerikaner hatten sich diese Lücke zunutze gemacht, indem sie das »alte« Europa gegen das »neue« ausspielten, zu dem sie neben Großbritannien, Italien und Spanien fast alle Staaten Osteuropas zählten, die der Europäischen Union anderthalb Jahre später beitreten sollten. Die Handlungsunfähigkeit Europas war für Schmidt das eigentliche Dilemma, das durch den Irakkrieg offenbar wurde und das ihn weit mehr bedrückte als der amerikanische Neo-Imperialismus, der unter Bush jun. allerdings besonders aggressive Züge trug.

Die zweite Entscheidung, für die Schmidt seinem SPD-Nachfolger Respekt zollte, war die so genannte Agenda 2010. Den Zusammenhang zwischen steigender Lebenserwartung und abnehmender Lebensarbeitszeit und die daraus zu ziehenden Konsequenzen für den Umbau der sozialen Sicherungssysteme hatte Schmidt erstmals 1998 in größerem Zusammenhang dargestellt. Die damals vielfach diskutierten Vorschläge, einen Teil der Altersversorgung zu privatisieren, beurteilte Schmidt skeptisch, denn »auch jede privat finanzierte Rente belastet die aktiven Generationen in voller Höhe«. Prinzipiell richtig seien Überlegungen, die beitragspflichtige Lebensarbeitszeit zu verlängern, aber dies scheitere einstweilen an einem zu geringen Angebot an Arbeitsplätzen. Vor allem müsse der Gesetzgeber bei Sozialleistungen darauf achten, »dass ein ausreichender Abstand der Sozialleistungen zu den regulären Netto-Einkommen der unteren Lohngruppen gewahrt wird«. Das Prinzip der sozialen Gerechtigkeit sei nicht zuletzt gegenüber »Asylanten, Asylbewerbern und Flüchtlingen« einzuhalten, »die unsere Großzügigkeit, besonders unsere sozialpolitische Großzügigkeit, ausnutzen ... Gleichzeitig muss vor der Illusion gewarnt werden, dass weitere Zuwanderungen aus dem Ausland uns zusätzliche Beitragszahler zur Sozialversicherung bescheren.«[84]

Im Januar 2001 bezeichnete es Schmidt als »dringend wünschenswert, dass Bundestag und Regierung sich zu Beginn der nächsten Legislaturperiode« den Grundfragen des Generationenvertrages zuwendeten. Die demographische Entwicklung und die Veränderung ökonomischer und sozialer Faktoren machten ein radikales Umdenken erforderlich, wenn man die Alterssicherung, »das Kernstück des Wohlfahrtsstaates«, auf dem gegenwärtigen Niveau erhalten wolle. Die Gesetzgebung der achtziger und neunziger Jahre sei allzu sehr darauf bedacht gewesen, dass entlassene Arbeitnehmer nicht als zusätzliche Arbeitslose in der Statistik auftauchten, und habe der Frühverrentung damit »gewaltig Vorschub geleistet«. Dieser Trend müsse rückgängig gemacht, die Lebensarbeitszeit wieder angehoben werden. Die gegenwärtige Regierung habe zwar »den jahrelangen gesellschaftspolitischen Stillstand überwunden, ein großer Berg an Arbeit liegt aber noch vor uns«.[85]

Als Schmidt ein Jahr später seinen Gesprächsband *Hand aufs Herz* abschloss, hatte der Wahlkampf bereits begonnen, und Sandra Maischberger erwartete von ihm eine Wahlempfehlung. Er beteilige sich »schon seit vielen, vielen Jahren an keinerlei Wahlkämpfen mehr«, erklärte Schmidt und verblüffte auf wiederholtes Nachfragen mit der Feststellung, Edmund Stoiber sei ein ernstzunehmender Gegner, dem er das Kanzleramt durchaus zutraue. Maischberger nahm noch einmal Anlauf: »Was kann denn Schröder besser als Stoiber?« Weder der eine noch der andere habe bisher klargemacht, wie er das Problem von mehr als vier Millionen Arbeitslosen angehen wolle: »Einstweilen haben sie beide meine Begeisterung nicht ausgelöst.«[86] In der SPD-Zentrale dürfte man solche Sätze mit Kopfschütteln zur Kenntnis genommen haben und froh gewesen sein, dass sie keinen größeren Schaden anrichteten.

Nach den Wahlen im September 2002, die Gerhard Schröder dank seiner unzweideutigen Haltung zum Irakkrieg (und dank seiner Gummistiefel beim Elbhochwasser) knapp gewann, nahm er die Reformen schnell in Angriff. Das vom Planungsstab des Bundeskanzleramtes unter Leitung von Heiko Geue vorgelegte Konzept, »die Keimzelle der späteren Agenda 2010«,[87] wurde Anfang Januar von Präsidium und Vorstand der Partei gebilligt und von Schröder am Politischen Aschermittwoch präsentiert: »Wir müssen neu definieren, was unter veränderten Bedingungen möglich ist.« Der Kanzler erinnerte daran, »dass nur verteilt werden kann, was zuvor erarbeitet wurde«. Da sowohl die Arbeitgeberverbände als auch die Gewerkschaften sich dem »Bündnis für Arbeit« verweigert hätten, »muss ich das eben machen. Mache ich auch. Aber eines ist klar. Das, was wir vorschlagen werden, das wird deutlich genug sein. Das darf keinem den Anlass bieten, sich vom Acker zu machen.«[88]

Am Ende ging die Agenda 2010 den einen zu weit, den anderen nicht weit genug. Der massive Widerstand, auf den die Ankündigung der Reformen allenthalben stieß, veranlasste Schmidt Mitte Mai zu einem ganzseitigen Aufmacher, der den Titel des Manifests von 1992 aufgriff: »Weil Deutschland sich ändern muss«. Während der Kanzler und seine Leute darum kämpften, »wenigstens einen Teil der drängenden gesetzgeberischen Schritte zu verwirklichen«, gebe sich die Mehrheit des Volkes dem Selbstmitleid hin, die

Deutschen seien dabei, »Weltmeister im Jammern« zu werden. Dabei ließen steigende Arbeitslosigkeit, veraltete Strukturen, leere Kassen und obendrein eine weltweite konjunkturelle Abflachung gar keine andere Wahl, als die Weichen umzustellen, wenn Deutschland nicht »Schlusslicht in Westeuropa« bleiben wolle. Schmidt zitierte aus der »Ruck-Rede« von Bundespräsident Roman Herzog von 1997: »Unser Land befindet sich aber in einer Lage, in der wir es uns nicht mehr leisten können, den Weg des geringsten Widerstands zu gehen.« Das sei »auch nach sechs Jahren brandaktuell«.[89]

Schmidt war zwar der Meinung, dass Schröder zu viel Zeit habe verstreichen lassen und das Maßnahmenpaket insgesamt auch nicht konsequent genug sei. Er hielt mit dieser Kritik aber zurück, zum einen, weil er kein Öl ins Feuer gießen wollte, zum anderen, weil sich alsbald erste Erfolge abzeichneten. Umso unverzeihlicher erschien ihm das Verhalten der eigenen Partei, die nach dem Regierungswechsel 2005 als Juniorpartner einer großen Koalition und erst recht nach dem abermaligen Wechsel in die Opposition 2010 Stück für Stück von den Reformen abrückte. »Dass sich die SPD die Reformagenda zusammenschießen ließ auf die Chiffre Hartz IV, ist einer der großen Fehler in der innerparteilichen Debatte gewesen, und daran waren einige Gewerkschaften nicht ganz unbeteiligt«, meinte Peer Steinbrück 2011 im Gespräch mit Schmidt, und dieser bekräftigte: »Das ist sehr freundlich ausgedrückt ... Richtig ist, dass die Agenda 2010 im Prinzip dringend notwendig war. Dass sie schlecht verkauft, nicht verteidigt und nicht erklärt worden ist, steht auf einem anderen Blatt.«

Es sei schon paradox, stellten die Gesprächspartner übereinstimmend fest, dass nur sozialdemokratische und linke Volksparteien die Kraft aufbringen würden, die Sozialsysteme den demographischen und ökonomischen Notwendigkeiten anzupassen; die Konservativen wären gar nicht in der Lage, die Gegenwehr aus dem Gewerkschaftslager aufzufangen. »Ich habe den Sozialstaat einmal die herausragende kulturelle Leistung der Europäer im 20. Jahrhundert genannt«, schloss Schmidt das Thema ab. »Und ich bleibe dabei, dass er ohne die Sozialdemokratie gefährdet sein könnte.«[90]

Bei den Landtagswahlen in Nordrhein-Westfalen am 22. Mai 2005 war die SPD für ihre Agenda-Politik vom Wähler schwer abgestraft worden. Eine halbe Stunde nach Schließung der Wahllokale erklärte der Partei- und Fraktionsvorsitzende Franz Müntefering, dass man für die Fortsetzung der Regierungsarbeit in Berlin klare Verhältnisse brauche und daher vorgezogene Neuwahlen im Bund anstrebe. Er wolle sich von den linken Genossen, »den Schreiners und wie sie alle hießen … nicht vom Hof jagen lassen«, hatte Gerhard Schröder Anfang April bei einem gemeinsamen Abendessen in Rom Joschka Fischer eröffnet, da suche er lieber vorher selber die Entscheidung. »Die SPD kam mit ihrer Rolle als Regierungspartei nicht mehr klar«, kommentierte Fischer mit Bedauern.[91] Der Satz wäre auch auf die SPD des Jahres 1982 anzuwenden gewesen. Und noch eine zweite Parallele zwischen dem Ende von Rot-Grün und dem Ende der sozialliberalen Koalition liegt auf der Hand. Schröder, der in vorgezogenen Neuwahlen die Chance auf eine große Koalition sah – unter seiner Führung! –, hielt das rot-grüne Projekt für ein Auslaufmodell: »Die Luft war raus.«[92]

Helmut Schmidt schwieg. Was hinderte ihn, Schröders Entscheidung mutig zu nennen und für den Kanzler eine Lanze zu brechen? War er mit dem bisher Erreichten tatsächlich so unzufrieden, dass er sich für einen Wahlsieg im September nicht mehr einsetzen mochte? War er verärgert, dass er in die Entscheidungen nicht einbezogen wurde? Allein schon die Tatsache, dass ein sozialdemokratischer Bundeskanzler sich mit Entschiedenheit dagegen wehrte, von Parteifunktionären und Gewerkschaftern vorgeführt zu werden, hätte Schmidt an die Seite Schröders bringen müssen. Stattdessen antwortete er Anfang August auf die Frage der *Zeit* »Was soll ich wählen?«, für ihn sei das zentrale Thema nach wie vor die Rentensicherung, aber dazu finde er in den Wahlprogrammen der Parteien leider nichts.[93]

Drei Tage vor der Wahl wiederholte Schmidt in einem Doppelinterview, das die *Zeit* mit ihm und Kurt Biedenkopf führte, er »sehe keine prinzipiellen Unterschiede zwischen den beiden großen Parteien. Beide verhalten sich überwiegend taktisch.« Er beklagte, was er schon oft beklagt hatte, dass in der Demokratie »normalerweise nur jemand gewählt wird, der sich den Wählern ausreichend angenehm präsentiert«. Damit meinte er auch den Bundeskanzler – und hätte doch im Gegenteil betonen können, dass Schröder allein schon dadurch, dass er eine unpopuläre Entscheidung durch den Wähler legitimieren lassen wollte, Anerkennung verdiene. Dann ritt Schmidt sein Steckenpferd, die Vernachlässigung der neuen Bundesländer, zählte seine wichtigsten Vorschläge zur Belebung der Wirtschaftskraft in Ostdeutschland auf und stellte abschließend fest, dass »weder Herr Schröder noch Frau Merkel« einen dieser Punkte in ihr Programm aufgenommen hätten.

Auch beim Thema EU sei unter der gegenwärtigen Regierung keine Besserung eingetreten. »Die Gremien der EU beschließen weiterhin am laufenden Band überflüssige Dinge. Vor ein paar Monaten musste sich die Hamburgische Bürgerschaft … mit der Umsetzung einer europäischen Richtlinie für die Gestaltung von Drahtseilbahnen in Hamburgisches Recht befassen. Obwohl es in ganz Hamburg keine Drahtseilbahn gibt.« War Spott über Brüssel weniger populistisch als der Populismus, den Schmidt denen vorwarf, die wiedergewählt werden wollten? In der anschließenden Frage eines EU-Beitritts der Türkei ging Schmidt dann auf direkte Konfrontation: »Der Beitritt der Türkei ist ein Unfug … Die Türken gehören einem uns völlig fremden Kulturkreis an! Ich bin in diesem Punkt absolut derselben Meinung wie Frau Merkel: Ökonomische Zusammenarbeit ja, Zollunion ja, Freihandelszone ja, aber keine Freizügigkeit für die Bevölkerungsüberschüsse, die in der Türkei entstehen.« Auf die Frage, ob der Reformprozess in der Türkei nicht zurückgeworfen werde, wenn man die Türkei jetzt allein lasse, antwortete Schmidt patzig: »Ist das mein Bier?« Und dann, noch einmal direkt gegen Schröder: »Der Irrtum einiger deutscher Politiker liegt darin, dass sie sich einbilden, mit einer Demokratisierung in der Türkei ein Beispiel für die ganze Vielzahl der 60 islamischen Staaten zu setzen.«[94]

Warum? Warum drei Tage vor der Wahl diese unnötige Distanzierung? Was trieb Schmidt, dass er die von ihm über Jahrzehnte beachtete Grundregel brach und den eigenen Leuten im Wahlkampf vors Schienbein trat? Rechnete er nicht mehr mit einem Wahlsieg Schröders? »Der Zweck der Wahl ist mir immer noch verborgen«, schrieb Schmidt gut drei Wochen nach der Wahl an Hans-Jochen Vogel. »Zunächst bin ich davon ausgegangen, der Kanzler wolle auf anständige Weise sein Amt loswerden – inzwischen hat sein fulminanter Wahlkampf mir einen anderen Eindruck gemacht.«[95]

Vielleicht missfiel ihm aber auch nur die Vorstellung, dass Schröder ihn mit einer dritten Legislaturperiode überrunden würde und mit dann denkbaren elf Jahren der am längsten regierende SPD-Kanzler in der Geschichte der Bundesrepublik werden könnte. Warm geworden waren sie miteinander nie. Je mehr sich Schröder als gradliniger und entschlossener Kanzler profiliert hatte, desto offensichtlicher wurden aber zugleich manche Parallelen zwischen ihm und Schmidt.

Vielleicht lebte Schmidt inzwischen auch auf einem anderen Stern. Der gewaltige Popularitätsschub rund um seinen 85. Geburtstag hatte ihn in eine Höhe gehoben, von der aus er das politische Geschehen mitunter nur noch wie durch ein Fernrohr wahrnahm. Das meiste von dem, was er sah, gefiel ihm nicht. Um gehört zu werden, brauchte er sich jedoch nicht mehr einzumischen. Helmut Schmidt war zum Maßstab seiner selbst geworden.

TEIL III

Wege des Ruhms

(2003–2015)

11
Das Gedächtnis der Nation

Die politische Laufbahn Helmut Schmidts begann mehr oder weniger mit der Gründung der Bundesrepublik Deutschland 1949. Neun Tage nach Inkrafttreten des Grundgesetzes am 23. Mai legte er sein Examen als Diplomvolkswirt ab; als der Bundestag im September zu seiner konstituierenden Sitzung zusammentrat, hatte er als persönlicher Referent des Hamburger Wirtschaftssenators Karl Schiller soeben seine erste Stelle angetreten. Weil Schmidt unter Schiller nicht weiterkam – »ich war es leid, wie sein Pudel behandelt zu werden« –,[1] kandidierte er 1953 für den Bundestag, dem er zwei Legislaturperioden angehörte. Von 1961 bis 1965 war Schmidt Hamburger Innensenator. Nach den Bundestagswahlen ging er zurück nach Bonn, wurde Fraktionsvorsitzender – bis zum Tod seines Vorbilds und Förderers Fritz Erler im Februar 1967 kommissarisch – und übernahm 1969 im ersten Kabinett Brandt den Posten des Verteidigungsministers. Im Juli 1972 wurde er als Nachfolger Karl Schillers Doppelminister für Wirtschaft und Finanzen, nach den Wahlen im November Finanzminister im zweiten Kabinett Brandt. Nach Brandts Rücktritt war Helmut Schmidt achteinhalb Jahre lang Bundeskanzler: vom 16. Mai 1974 bis zu seinem Sturz am 1. Oktober 1982.

Von 1949 bis 1982 sind es 33 Jahre. Und noch einmal 33 Jahre sind es von Schmidts Ausscheiden aus dem Amt bis zu seinem Tod am 10. November 2015. Will man Schmidts Aufstieg zum politischen Vorbild der Deutschen verstehen, muss man diese zweimal 33 Jahre getrennt voneinander betrachten, so als handele es sich um zwei verschiedene Karrieren. Der Sturz markiert die Zäsur. Das Leben außer Dienst ist für Schmidt nicht einfach die Fortsetzung seines Lebens als aktiver Politiker. Im Herbst 1982 beginnt für ihn etwas völlig Neues.

Die gleichen Maßstäbe, die bis dahin sein politisches Handeln bestimmt hatten, legte Schmidt zwar auch bei der Beurteilung späterer Ereignisse an. Aber er entwickelte sie nicht mehr weiter. Fast alle seine politischen Äußerungen nach 1982 basierten auf Erfahrungen und Erkenntnissen aus seiner aktiven Zeit. Die alte Bundesrepublik, deren Geschicke er über einen langen Zeitraum mitbestimmt hatte und die wenige Jahre nach seinem Ausscheiden aus der aktiven Politik mit der Wiedervereinigung zu Ende ging, blieb die unverrückbare Bezugsgröße, an der er die politische Gegenwart maß. Ob er über Konrad Adenauer oder Franz Josef Strauß, über den Parlamentarismus oder die 68er, über das schwierige Verhältnis zu den USA oder die Achse Bonn–Paris sprach: Anhand solcher Erinnerungen entschlüsselte er immer auch ein wenig das Zeitgeschehen. Ein bisschen Nachhilfe in Geschichte konnte den Deutschen seiner Meinung nach allerdings auch nicht schaden.

Äußerte sich Schmidt zu aktuellen Themen, stellte er durch Rückgriff auf eigene Erfahrungen einen Kontext her, der half, die Ereignisse zu entdramatisieren und langfristige Perspektiven aufzuzeigen. Der Irakkrieg, der Kollaps der Finanzmärkte, die Griechenlandkrise oder zuletzt der Streit um die Krim: Keines dieser Probleme war in seinen Augen die Aufregung wert, die es verursachte. Alles schon da gewesen, gab er zu verstehen, man muss die Sache nur richtig angehen. Auch in seinen tagespolitischen Einlassungen referierte Schmidt fortwährend sich selbst, ohne allerdings seine persönlichen Verdienste allzu sehr herauszustreichen – das überließ er seinem jeweiligen Gesprächspartner. Seine mediale Dauerpräsenz ab 2003 in Kombination mit seinem biblischen Alter führte dazu, dass die Erfolgsgeschichte der frühen Bundesrepublik am Ende in seiner Person zusammenschnurrte – auch und gerade bei denen, die seine Kanzlerschaft nicht mehr bewusst erlebt hatten.

Kein anderer Politiker – neben Richard von Weizsäcker – verkörperte das deutsche 20. Jahrhundert am Ende umfassender als Helmut Schmidt. Seine Erinnerungen deckten ja nicht nur die Geschichte der Bundesrepublik ab, sondern reichten noch über die zwölf Jahre des Nationalsozialismus hinaus, zurück bis in die Weimarer Republik. Wenn er in seinen späten Jahren im Fernsehen aufgetreten sei, hieß es in einem Nachruf der *taz*, habe er eine anheimelnde Wärme in die deutschen Wohnzimmer gebracht, »wie es sonst nur der ›Tatort‹-Vorspann am Sonntagabend schafft«.[2] Damit ist jedoch nur ein Teil seiner Popularität beschrieben.

Helmut Schmidt war kein Nostalgiker, kein lieber Großvater, der erzählte, dass zu seiner Zeit alles viel besser war. »Käse«, sagte er, »was war denn besser?«[3] Auch seine Verehrer zog es nicht aus Sentimentalität zu ihm. Mit aufgewärmten Geschichten von früher hätte er weder die Alten, die ihm zum Teil seit Jahrzehnten anhingen, noch gar die Fans aus der Enkelgeneration auf Dauer unterhalten können. Schmidt hatte sein Image nicht der Tatsache zu verdanken, dass man sich an ihn als einen mehr oder weniger erfolgreichen Politiker erinnerte, sondern weil er wahrgenommen wurde als ein unabhängiger Kopf, dem man immer schon zugetraut hatte, auch etwas anderes zu können als Politik.

Ruft man die Stichworte in Erinnerung, die den gesellschaftlichen Diskurs der siebziger und beginnenden achtziger Jahre bestimmten, waren die Zeiten alles andere als gemütlich: »Grenzen des Wachstums«, »Legitimationskrise«, »Unregierbarkeit«; »Paragraph 218«, »antiautoritäre Erziehung«, »Berufsverbot«; »Gesinnungsterror«, »Überwachungsstaat«, »deutscher Herbst«; »Brokdorf«, »Gorleben«, »Waldsterben«; schließlich das ganze bellizistische Vokabular von »Pershing« bis »atomarer Holocaust«. Vielen, die damals in der einen oder anderen Bewegung organisiert waren, ging noch Jahrzehnte später der Puls schneller, wenn sie das Gefühl hatten, die Parolen ihrer Jugend würden falsch wiedergegeben. »Kein Zweifel«, bilanzierte Gustav Seibt in der *Süddeutschen Zeitung*, »Schmidt regierte ein hysterisches, stark polarisiertes Land.«[4] Weil er über die parteipolitischen und weltanschaulichen Gräben hinweg stets den Standpunkt des Staates hervorhob, polarisierte auch der Kanzler selbst. Während ihn die große Mitte-Rechts-Mehrheit dafür verehrte, dass er den Staat stark machte, zog er am linken

Rand den Hass derer auf sich, die aufbegehrten, und wurde für viele zum Inbegriff staatlicher Repression.

Verglichen mit den acht Jahren der Kanzlerschaft Schmidts wirken die 16 Jahre unter Helmut Kohl – von dem einen großen Ereignis der deutschen Einheit abgesehen – im Rückblick fast wie eine geschichtslose Zeit. Für den Aufstieg Schmidts zur politischen Leitfigur der Deutschen nach der Jahrtausendwende ist allein die schiere Dauer der Kohl-Ära von nicht zu unterschätzender Bedeutung. 1982 hatte das Land nicht nur einen Wechsel des Politik- und Regierungsstils erlebt, sondern auch eine neue Form symbolbeladener Repräsentation des Staates, die vielen als sentimentaler Rückfall erschien – Bitburg, Verdun, die Umbettung Friedrichs des Großen. Solche Bilder mussten den Vergleich mit dem Vorgänger herausfordern, der Amt und Person vom ersten Tag an zur Deckung gebracht und den Staat stets mit wenigen knappen Gesten verkörpert hatte.

Als die Ära Kohl 1998 zu Ende ging, war Schmidt, der im Dezember seinen 80. Geburtstag feierte, in breiten Kreisen noch immer ähnlich beliebt wie zu Regierungszeiten. Er hatte die 16 Jahre gewissermaßen überwintert, jedenfalls schien er in dieser langen Zeit kaum älter geworden zu sein. Nach Kohls tiefem Sturz im Zuge der Spendenaffäre Anfang 2000 war dann schnell auch die Frage entschieden, wer von beiden künftig die Hauptrolle als Bundeskanzler außer Dienst übernehmen würde. Mit der Weigerung, die Namen angeblicher Spender bekanntzugeben, hatte Kohl sein Ehrenwort über das Gesetz gestellt und damit seine Reputation in weiten Teilen der Bevölkerung verspielt. Schmidt stand jetzt in umso hellerem Licht: nicht nur als ein dem parteipolitischen Hickhack längst entrückter Staatsmann, sondern eben auch als einer der wenigen Unbestechlichen – in Zeiten zunehmender Skandalisierung der Politik durch Spenden-, Bonusmeilen- und andere Affären ein hohes Gut.

Schmidt war es viele Jahre schwergefallen, Helmut Kohl als seinen Nachfolger zu akzeptieren. Schon 1976, als die Union bei den Bundestagswahlen wieder vorn lag, blieb es ihm ein Rätsel, »wie es ein Helmut Kohl als Herausforderer hatte schaffen können, ihn, den großen Staatsmann, zu überrunden«.[5] Mit einem anderen als Kohl wäre es ihm allerdings wohl ähnlich ergangen, Schmidt hätte jeden Nachfolger, schon rein intellektuell, als Zumutung empfunden.

Ein Jahr nach dem Machtwechsel, im September 1983, schrieb Schmidt einen langen Brief an Kohl, in dem er sich über Äußerungen von Familienminister Heiner Geißler beschwerte. Der CDU-Einpeitscher hatte die SPD in Anlehnung an einen Kampfbegriff aus dem spanischen Bürgerkrieg zur »fünften Kolonne der anderen Seite« erklärt. Schmidt empfahl Kohl, darüber nachzudenken, ob der Posten eines Generalsekretärs mit einem Ministeramt zu vereinbaren sei. Während Geißler wortreich erklärte, er habe lediglich darauf hinweisen wollen, dass die SPD in der Nachrüstungsdebatte zum verlängerten Arm Moskaus zu werden drohe, konterte Kohl geschickt, die Christdemokraten fühlten sich ihrerseits täglichen Diffamierungen durch die SPD ausgesetzt, nur »weil wir die von Ihnen wesentlich mitentworfene Politik des NATO-Doppelbeschlusses vertreten«.[6]

Im Dezember 1983 gratulierte Kohl seinem Vorgänger zum 65. Geburtstag in einem Handschreiben mit privatem Briefkopf und schenkte ihm eine kleine Plastik von Henry Moore. Auf die noble Geste reagierte Schmidt Wochen später mit einer vorgedruckten Karte; Kohl war enttäuscht und brachte dies gegenüber Johannes Rau und anderen zum Ausdruck.[7] Einladungen Kohls zu den Ausstellungen der von Schmidt begründeten Reihe »Kunst im Kanzleramt« wie auch zum jährlichen Kanzlerfest schlug Schmidt regelmäßig aus.[8] Ihre Wege kreuzten sich nur, wenn es sich nicht vermeiden ließ, etwa bei Staatsbanketten oder Begräbnissen.

Den gleichen Abstand hielt Schmidt in den ersten Jahren auch zu Hans-Dietrich Genscher. Obwohl er im November 1982 gern an den Trauerfeierlichkeiten für Leonid Breschnew in Moskau teilgenommen hätte, verzichtete Schmidt, weil er in derselben Maschine wie der Außenminister hätte fliegen müssen – »das wollte ich nicht«.[9] Sechs Jahre später unternahm Genscher mehrere Anläufe, mit Schmidt ins Gespräch zu kommen. Im Juni 1988 dankte er aus Toronto »sehr herzlich« für die Rede, die Schmidt auf dem Evangelischen Kirchentag in Rostock gehalten hatte: »Ich habe meinen

Außenministerkollegen hiervon erzählt.«[10] Schmidt ließ seinen Büroleiter eine kurze Antwort entwerfen. Drei Monate später kam ein neuerliches Signal. »Genscher, der aus seiner fortbestehenden Hochachtung für Dich kein Hehl macht«, so Manfred Lahnstein an Schmidt, sei an einem klärenden Gespräch mit ihm gelegen.[11] Genscher habe sein Interesse an einem Treffen bereits mehrfach bekundet, antwortete Schmidt, der »auch jetzt noch keine rechte Neigung dazu« verspürte. Genscher habe ihn im Sommer 1982 »getäuscht oder doch zumindest sehr unfair behandelt; daran ändert die Tatsache nichts, dass er im vorletzten Akt durch Graf Lambsdorffs Krawallpapier überrollt worden ist«.[12] Eine Woche zuvor hatte Genscher Schmidt die Todesanzeige für seine Mutter geschickt, und Schmidt hatte kondoliert.[13] Zu der von Genscher gewünschten Aussprache kam es wenige Jahre später. Seither seien sie beide der Meinung gewesen, so Genscher in seinem Nachruf, »dass der Anlass meines Besuchs, nämlich die Trennung damals 1982, nun keiner weiteren Erörterung bedürfe«.[14] Von Mitte der neunziger Jahre an standen Schmidt und er in loser Verbindung.

1992 eröffnete Schmidt seine Attacken auf Kohl, dessen Politik seit Herstellung der deutschen Einheit er öffentlich als »unzureichend, falsch, zum Teil sogar töricht« bezeichnete.[15] Entsprechend knapp und boshaft gratulierte er zum 1. Oktober: »Sehr geehrter Herr Kohl, zum zehnten Jahrestag Ihres Regierungsantritts meine Gratulation, dazu mein Wunsch, das elfte Jahr möge ebenso erfolgreich verlaufen wie das achte Jahr! Mit freundlichen Grüßen«.[16] Das achte Jahr war das Jahr der deutschen Einheit – seither hatte der Nachfolger nach Auffassung Schmidts Fehler auf Fehler gehäuft. Das elfte Jahr, so hatte er im Interview mit der *Frankfurter Rundschau* drei Wochen zuvor durchblicken lassen, könnte womöglich das letzte der Regierung Kohl werden.

Bedenkt man die kühle Herablassung, mit der Schmidt ihm von jeher begegnet war, ist es mehr als erstaunlich, dass Helmut Kohl fünf Jahre später einem Fernsehgespräch mit seinem Vorgänger zustimmte. Erstmals seit dem Machtwechsel sprachen sie überhaupt miteinander. Nachdem jeder sein Revier abgesteckt hatte, fanden sie rasch einige gemeinsame Themen – Verantwortung, Führung oder auch die Einsamkeit des Amtes – und stimmten in den meisten Punkten grundsätzlich überein. Noch bevor das im Rahmen einer TV-Serie zur Jahrhundertwende aufgenommene Gespräch am 11. März 1998 auf Arte ausgestrahlt wurde, versicherten sie sich in Briefen gegenseitig, dass es ihnen Freude gemacht habe.[17]

Selbst dem letzten Zuschauer sei ja wohl deutlich geworden, jubelten Schmidt-Anhänger, wer von beiden der wahre Kanzler sei. Er habe es an diesem Abend als »unbeschreiblich peinlich« empfunden, schrieb ein junger Diplomingenieur aus Passau ein Jahr später, von Kohl »16 Jahre lang in der Welt repräsentiert worden zu sein«. Schmidt dankte, distanzierte sich jedoch von Verunglimpfungen: Kohl sei ein Kanzler »von weltweitem Ansehen und ein geachteter Repräsentant unseres Landes« gewesen. »Insofern kann ich Ihr Empfinden von Peinlichkeit nicht teilen, wenngleich ich das Ende einer allzu langen Amtszeit sehr wohl begrüße.«[18] Weil Schmidt wusste, dass er auch nach 16 Jahren – zumal vor laufenden Kameras – noch immer eine bessere Figur machte als sein Nachfolger, zeigte er im Verhältnis zu ihm erstmals jene Gelassenheit, zu der er sich in Kohls Amtsjahren meist vergeblich ermahnt hatte.

Als ihm Helmut Kohl drei Monate nach seiner Wahlniederlage gegen Gerhard Schröder »von ganzem Herzen« zum 80. Geburtstag gratulierte, war Schmidt endgültig versöhnt. Auch wenn Kohl nicht jene Sympathie für ihn empfinden mochte, die er nach der Vereinigung für Willy Brandt entwickelt hatte – dafür hatte Schmidt seinen Nachfolger einfach zu schlecht behandelt –, so wollte er ihm doch seinen hohen Respekt zum Ausdruck bringen »für alles, was Sie für unser Vaterland geleistet haben. Viele Jahre standen wir uns als politische Gegner gegenüber, manches hat uns getrennt. Verbunden hat uns aber immer die gemeinsame Sorge um Deutschland.« Es habe stets seine »besondere Hochachtung« gefunden, fuhr Kohl fort, »wie unbeirrt Sie an Ihren als richtig erkannten Überzeugungen festhielten«, dies gelte sowohl für Schmidts Standhaftigkeit im Kampf gegen den Terror der Roten Armee Fraktion als auch für den NATO-Doppelbeschluss. »Es war dieser Beschluss, der am Anfang einer

Entwicklung steht, die letztendlich zum Zusammenbruch der kommunistischen Diktaturen und zur Wiedervereinigung unseres Vaterlandes in Frieden und Freiheit führte – und er wird auch mit Ihrem Namen verbunden bleiben.«[19]

Zu einer ähnlich noblen Würdigung der Leistungen seines politischen Widersachers konnte Schmidt sich nicht durchringen. Als er Ende Mai 2015 die Nachricht erhielt, dass Helmut Kohl auf der Intensivstation liege und sein Zustand kritisch sei, bereitete Schmidt einen kurzen Nachruf vor. Er beschränkte sich darauf, eine einzige Entscheidung Kohls als historisch relevant hervorzuheben: die Zehn-Punkte-Resolution vom 28. November 1989. Im Rückblick staune man über die »vorsichtige Bescheidenheit« des Programms, mit dem an diesem Tag »die deutsche Vereinigung entschieden« worden sei.[20] Ursprünglich hatte Schmidt Kohls Vorgehen Ende November 1989 alles andere als vorsichtig und bescheiden genannt, im Gegenteil, er hielt es schon deshalb für unverantwortlich, weil es nicht mit dem französischen Staatspräsidenten abgestimmt worden war.

Erst lange nachdem Kohls Rechnung aufgegangen war, schwenkte Schmidt um. Auch wenn ihm »die Glorifizierung des Bundeskanzlers Kohl als ›Kanzler der Einheit‹ nicht sonderlich« schmecke, so sei der Zehn-Punkte-Plan in einer Situation vollkommener Verunsicherung doch »ein entscheidender Anstoß in die richtige Richtung« gewesen.[21] In Schmidts späterer Bewunderung schwang indirekt auch das Eingeständnis mit, dass er selber im Winter 1989/90 wohl nicht den Mut aufgebracht hätte, sich über die mannigfachen Bedenken hinwegzusetzen und den Knoten auf diese Weise durchzuschlagen.

*

Schmidts kompromisslose Haltung gegenüber dem Terrorismus der Roten Armee Fraktion hatte 1977 nicht nur dem damaligen Oppositionsführer Helmut Kohl Respekt abgenötigt. Seine Entschlossenheit und sein kluges Agieren bei der Entführung des Arbeitgeberpräsidenten Hanns Martin Schleyer und der anschließenden Kaperung einer Lufthansa-Maschine mit 87 Personen an Bord begründeten das Ansehen Schmidts als »Kanzler des Staates« (Klaus von Dohnanyi). Der Staat hatte seine Wehrhaftigkeit unter Beweis gestellt, ohne die ihm in der Verfassung gesetzten Grenzen zu überschreiten. »All unser Sinnen und Planen ist darauf gerichtet«, hatte Schmidt am 15. September 1977, zehn Tage nach der Entführung Schleyers, vor dem Bundestag erklärt, »eine Lösung und ein Ergebnis zu erreichen, die mit unseren sittlichen und rechtlichen Grundüberzeugungen und mit unserem Glauben an die Grundwerte einer freiheitlichen Gesellschaft übereinstimmen.« Der Staat werde sich nicht auf einen Weg drängen lassen, auf den die Terroristen ihn haben wollten.[22]

Am 20. Oktober, in der Gedenkstunde des Bundestages für den zwei Tage zuvor ermordeten Hanns Martin Schleyer und den ermordeten Lufthansa-Kapitän Jürgen Schumann, erläuterte Schmidt sein Handeln. Die Regierung habe abwägen müssen zwischen der Schutzpflicht des Staates für den Einzelnen und der Schutzpflicht des Staates für die Gesamtheit aller Bürger. Verstrickt in diesen nicht auflösbaren Konflikt, übernahm Schmidt die Verantwortung, die ihn am Ende mitschuldig hatte werden lassen am Tod Schleyers. Wer wisse, dass er »trotz allen Bemühens mit Versäumnis und Schuld belastet sein wird, wie immer er handelt, der wird von sich selbst nicht sagen wollen, er habe alles getan und alles sei richtig gewesen … Wohl aber wird er sagen dürfen: Dieses und dieses haben wir entschieden, jenes und jenes haben wir aus diesen oder jenen Gründen unterlassen. Alles dies haben wir zu verantworten.«[23] Fünf Tage später saß ein nachdenklich in sich gekehrter Bundeskanzler beim Requiem in der Stuttgarter St. Eberhard Kirche zwischen der Witwe Schleyers und dem ältestem Sohn.

Die Menschen in der Bundesrepublik seien durch die Ereignisse »näher zueinander gerückt«, hatte Schmidt in seiner Rede am 20. Oktober gesagt. Umfrageergebnisse bestätigten diese Einschätzung: 89 Prozent der Bevölkerung gaben Mitte November an, dass sie die Entscheidungen der Regierung billigten. Der *Spiegel* hob

Schmidt auf den Titel – »Der bewunderte Deutsche« – und zollte seitenlang Beifall: »Noch niemals, seitdem die Deutschen wieder gewaltsam zivilisiert wurden, schlug ihnen eine derart ungestüme Welle von Verständnis, Solidarität, Zuneigung entgegen.« Die Aktion von Mogadischu habe gezeigt, zitierte der *Spiegel* das *Wall Street Journal*, »was die Welt von den Deutschen und viele Deutsche von sich selbst nicht erwartet hatten: dass die Deutschen gleichzeitig stark und menschlich sein können«.[24]

Um das Vertrauen der Öffentlichkeit »in die Autorität des Rechtsstaates und in die Handlungsfähigkeit seiner Organe nach innen und außen« zu sichern,[25] hatte Schmidt einen politischen Beraterkreis einberufen – von den Medien großer Krisenstab genannt –, dem neben drei Bundesministern, den Spitzen des Bundeskanzleramts, BKA-Präsident Horst Herold und Generalbundesanwalt Kurt Rebmann auch die Ministerpräsidenten der vier Bundesländer, in denen RAF-Terroristen inhaftiert waren, sowie die Partei- und Fraktionsvorsitzenden der im Bundestag vertretenen Parteien angehörten. Der Rechtsstaat demonstrierte Stärke durch Geschlossenheit und ging mit dem in der Öffentlichkeit heftig kritisierten Kontaktsperregesetz, das die Kommunikation der inhaftierten Terroristen untereinander wie auch mit ihren Anwälten und der übrigen Außenwelt unterband, bis hart an die Grenzen des Erlaubten. Umfassende Straßenkontrollen, morgendliche Haussuchungen, schwerbewaffnete Polizei an Flughäfen und Bahnhöfen, patrouillierende Panzerfahrzeuge im Bonner Regierungsviertel: Das Land schien kurz vor dem Ausnahmezustand zu stehen.

Im linksliberalen Bürgertum nannte man die Reaktion des Staates unverhältnismäßig. Der Bundeskanzler begreife die Auseinandersetzung mit dem Terrorismus offenbar als Krieg und trage damit zur Eskalation des Konfliktes bei. Später machte die Vorstellung die Runde, der Krisenstab habe vor allem aus ehemaligen Leutnants und Oberleutnants bestanden, die ihr Handwerk bei der Wehrmacht gelernt hätten. Schmidt hätte dem wohl nicht widersprochen, aber er hätte den Akzent anders gesetzt. Im Krieg habe man gelernt, die Nerven nicht zu verlieren und auch unter extremer

Anspannung den Verstand zu gebrauchen: Diese existentielle Erfahrung habe die gemeinsame Arbeit im Beraterkreis geprägt. Viele Jahre später setzte der damalige Vorsitzende der CSU-Landesgruppe Friedrich Zimmermann die Anekdote in die Welt, bei der letzten Sitzung des Krisenstabes hätten einige Mitglieder körperliche Bewegung gesucht und mit einem Spazierstock Exerzieren geübt. »Über unseren Präsentiergriff haben auch die (damals) alten Hasen gestaunt.«[26] Schmidt konnte sich nicht erinnern, daran beteiligt gewesen zu sein.[27]

Was in den so genannten »großen« und »kleinen« Lagen im Einzelnen besprochen wurde und wer sich mit welchen Vorschlägen hervortat, wurde schon bald Gegenstand von Spekulationen. Im Februar 1980 wartete der *Stern*-Redakteur Peter Koch mit der Nachricht auf, der bayerische Ministerpräsident Franz Josef Strauß habe den Vorschlag gemacht, »Standgerichte zu schaffen und für jede erschossene Geisel einen RAF-Häftling zu erschießen«.[28] Strauß ließ dementieren, ging aber weder gegen den *Spiegel*, der die Meldung zuerst publizierte, noch gegen Koch juristisch vor.[29] Der Kanzler sei über das, was Strauß vorgeschlagen habe, »entsetzt« gewesen, hieß es in dem *Spiegel*-Artikel unter Berufung auf eine anonyme Quelle, und habe endgültig begriffen, »wie dünn der Firnis bei dem anderen ist«.[30]

Der Bundesregierung würden gegenwärtig vielerlei Ratschläge erteilt – bis hin zu Maßnahmen, »die sich gegen das Leben einsitzender Terroristen richten«, hatte Schmidt am 15. September 1977 im Bundestag gesagt.[31] Der Satz scheint auf Strauß gemünzt gewesen zu sein, und auch später brachte Schmidt die Erschießung von Terroristen immer in Verbindung mit Franz Josef Strauß – ohne dessen Namen je zu nennen. Zehn Jahre nach den Ereignissen gelangte der *Spiegel* in den Besitz einer Aufzeichnung aus der kleinen Lage am Abend des 8. September 1977. Der damalige Regierungssprecher Klaus Bölling, der vom *Spiegel* um eine Stellungnahme gebeten worden war, schickte Schmidt eine Kopie. Er frage sich, ob das Dokument »tatsächlich echt ist«, schrieb Bölling, er könne sich an die ihm zugeschriebenen Aussagen überhaupt nicht erinnern.[32]

In der Aufzeichnung war von neun Szenarien die Rede, so genannten »Modellen«, nach denen die Bundesregierung auf die Forderungen der Schleyer-Entführer reagieren könnte. Am brisantesten war »Modell 6«. Danach sollte Artikel 102 des Grundgesetzes («Die Todesstrafe ist abgeschafft«) dahingehend geändert werden, »dass die Erschießung solcher Personen zulässig ist, die von Terroristen … befreit werden sollen. Die Erschießung solcher Personen soll auf Grund höchstrichterlichen Spruches zulässig sein.« Dieser Vorschlag kam laut Aufzeichnung von Generalbundesanwalt Rebmann. Schmidt erinnerte sich anders: »Das war Strauß!«, schrieb er an den Rand.

Schmidt hielt zeitlebens an der Vorstellung fest, dass es Franz Josef Strauß gewesen war, auf den im Krisenherbst 1977 jene extremen Vorschläge zurückgingen, die den Rechtsstaat ausgehebelt hätten. »Dieser Mann hat keine Kontrolle über sich, und deshalb darf er erst recht keine Kontrolle über unseren Staat bekommen«,[33] hatte er zweieinhalb Jahre später im Bundestagswahlkampf 1980 gesagt und diesen Satz später mit dem Hinweis auf Strauß' Auftreten im Krisenstab gerechtfertigt. Trotz wiederholter Befragung Manfred Schülers und weiterer Gewährsleute fand Schmidt jedoch keinen Zeugen, der ihm diese *idée fixe* bestätigte. Die Frage ließ ihm keine Ruhe. 2014, mehr als 35 Jahre nach den Ereignissen, erbat er sich vom Chef des Bundeskanzleramts eine Kopie der nach wie vor unter Verschluss gehaltenen Protokolle, aber seine Erinnerung wurde durch die Lektüre offenbar nicht bestätigt. Tatsächlich war Schmidt bereits 1958, also lange vor der Herausforderung durch den Terrorismus, in den Bundestagsdebatten um die atomare Bewaffnung der Bundeswehr zu der Erkenntnis gelangt, dass Strauß »ausschließlich vom Impuls gesteuert und deshalb ein gefährlicher Mann« sei.[34] In seiner Erinnerung war diese Überzeugung während der Sitzungen des Krisenstabes im Herbst 1977 lediglich bestätigt worden, sodass er Bölling im Bewusstsein vollkommener Aufrichtigkeit antworten konnte: »Ich erinnere mich genau, von wem jenes Modell stammte.«[35]

Als der Historiker Gerd Koenen 2001 in seinem Buch *Das rote Jahrzehnt* behauptete, die Überlegungen des Krisenstabs seien

»einen Moment lang *tatsächlich* bis zur Geiselnahme und Erschießung der Gefangenen in Stammheim gegangen«, empfahl der ehemalige Chef des Bundeskriminalamtes, Horst Herold, gerichtlich gegen die Darstellung vorzugehen. Schmidt war jedoch der Meinung, dass es »eher weiteren Schaden anrichten würde, wenn ich einen Rechtsstreit anhängig machte«. Getrennt marschieren, vereint schlagen: Herold übernahm es, eine einstweilige Verfügung zu erwirken, Schmidt schaltete Stefan von Holtzbrinck ein, den Inhaber des Verlags Kiepenheuer & Witsch, bei dem Koenens Buch erschienen war. Er gehe davon aus, so Schmidt am 16. Juli 2001 an Herold, dass Holtzbrinck »sich bemühen wird … die von uns beiden beanstandete Passage auf Seite 488 zu eliminieren«.[36]

Den Ausführungen Horst Herolds bei den Sitzungen des Krisenstabs war Schmidt immer mit besonderer Aufmerksamkeit gefolgt, hatte sich der BKA-Chef doch »besser als jeder andere von uns in die Gehirnwindungen der Terroristen versetzen« können.[37] Die Wertschätzung beruhte auf Gegenseitigkeit: »Als Zeitzeuge Ihrer Tatkraft und souveränen Führung in schweren Stunden unseres Landes hätte ich Ihnen gern im persönlichen Gespräch meinen tiefen Respekt bekundet«, schrieb Herold 2011, als er einen geplanten Besuch Schmidts bei ihm aus gesundheitlichen Gründen absagen musste.[38] Schmidts wichtigster Gesprächspartner in den Tagen der Schleyer-Entführung war jedoch, neben Kanzleramtschef Schüler und Hans-Jürgen Wischnewski, Hans-Jochen Vogel. Schmidt veranlasste nichts, ohne zuvor die Expertise seines Justizministers eingeholt zu haben. Darauf war Vogel immer stolz. Die sechs Wochen zwischen dem 5. September, der Entführung Schleyers, und der Befreiung der Lufthansa-Maschine in der Nacht zum 18. Oktober zählten, schrieb er in seinen Erinnerungen, »zu den angespanntesten und verantwortungsschwersten meines ganzen Lebens«.[39]

Deshalb überraschte es Vogel umso mehr, als er 2015 in Schmidts letztem Buch lesen musste, dass Wischnewski für seine Mogadischu-Mission vom Kanzler unbegrenzte Vollmacht erhalten hatte – »und wenn es dir notwendig scheint, reicht diese Vollmacht über das Grundgesetz hinaus«. Er habe sich seinem Freund Wischnewski damit »völlig ausgeliefert«, fügte Schmidt hinzu, »und er hat mein Vertrauen in großartiger Weise gerechtfertigt«.[40] Eine über das Grundgesetz hinausgehende Vollmacht für Wischnewski war für Vogel noch im Nachhinein unvorstellbar. »Die strikte Einhaltung des Grundgesetzes war ja damals nicht nur für uns beide die rote Linie schlechthin. Deshalb bin ich sehr froh, dass Jürgen von Deiner Ermächtigung keinen Gebrauch gemacht hat.«[41]

*

Der Gewaltexzess im Herbst 1977 hatte ein Umdenken der radikalen Linken bewirkt, die sich aus dem Sympathisantenstatus verabschiedete und nach neuen Wegen der Opposition suchte. Was blieb, war das Trauma der endgültigen Niederlage gegen einen übermächtigen Staat. Während die Erinnerungen an den zum Mythos verklärten »deutschen Herbst« mit der Zeit immer mehr verblassten, nutzte die Publizistik dankbar jeden Anlass, an alten und neuen Legenden zu stricken. Mit der Vorstellung, dass sich manches vielleicht doch anders abgespielt haben könnte, als es dargestellt wurde, ließ sich die Phantasie schon immer leicht erregen. Den Film »Der Baader Meinhof Komplex« (Regie Uli Edel, Produktion Bernd Eichinger), der im Sommer 2008 anlief, nannte Schmidt »eine Groteske. Die Sicht der Opfer fehlt total, und die Position des Staates kommt ziemlich lächerlich, ja teilweise komisch weg. Manche Leute, die inzwischen Ende 50 oder Anfang 60 sind, versuchen, ihre Jugend nachträglich schöner darzustellen, als sie gewesen ist.«[42]

Man könne nicht ausschließen, hatte der *Spiegel* zum Start des Films geschrieben, dass »die Gefahr für den Rechtsstaat damals noch größer war als bislang bekannt«. Die Gefahr, von der der *Spiegel* sprach, war wohlgemerkt nicht von den Terroristen ausgegangen, sondern vom Krisenstab, der sich bei seiner Suche nach Lösungen möglicherweise doch zu Übertretungen rechtsstaatlicher Grundsätze habe provozieren lassen – jedenfalls in Gedanken. Nur die vollständige Freigabe aller Dokumente könne »jenen Schleier lüften«, den die Bundesregierung »bis heute über die Ereignisse legt«.[43]

Das Bild des starken Kanzlers wurde in all den Jahren nicht in Mitleidenschaft gezogen, und das hatte einen einfachen Grund: So wie sich Schmidt den Deutschen in den dramatischen Wochen des Jahres 1977 präsentiert hatte, so wollten ihn die meisten auch später am liebsten sehen. Dass der Tod Hanns Martin Schleyers, für den er seinerzeit die Verantwortung übernommen hatte, nach wie vor schwer auf ihm lastete, wussten nur wenige. Vehement wehrte sich Schmidt allerdings gegen Vorwürfe, er habe den Arbeitgeberpräsidenten aus Gründen der Staatsräson geopfert. »Staatsräson« gehörte nicht zu den Kategorien, in denen er dachte. Seine Regierung habe nicht den Staat verteidigt, sondern Recht und Gesetz. Der Staat sei nicht um seiner selbst willen da und habe auch keine eigene Ratio, der sich die Bürger zu unterwerfen hätten, stellte Schmidt noch in seinem letzten Buch klar. Im Fall Schleyer habe nichts anderes stattgefunden als eine Güterabwägung im Interesse des öffentlichen Wohles: »Es ging nicht um eine Machtdemonstration des Staates.«[44] Als Klaus Bölling in einem Interview zum zehnten Jahrestag der Ereignisse im Herbst 1987 anklingen ließ, dass man mit der Dämonisierung der RAF möglicherweise zu weit gegangen sei und vielleicht doch das eine und andere Gespräch hätte suchen sollen, fiel er bei Schmidt vorübergehend in Ungnade. Er habe das Gefühl, in letzter Zeit kaum noch beachtet zu werden, schrieb Bölling zum Jahresende an Schmidt und bat um eine Erklärung.

»Die monatelange Kette von mörderischen Ereignissen, die mit Hanns Martin Schleyers Namen verbunden bleibt«, sagte Schmidt im April 2013 in seiner Dankesrede zur Verleihung des Hanns Martin Schleyer-Preises in Stuttgart, gehöre zu den erschütterndsten Erfahrungen seines Lebens. Hanns-Eberhard Schleyer, der älteste Sohn, der 1977 als letztes Mittel zur Rettung seines Vaters das Bundesverfassungsgericht angerufen hatte, das die Regierung zwingen sollte, auf die Forderungen der Entführer einzugehen, hatte ihn Ende 2012 in Hamburg besucht, um ihn zu fragen, ob er den Preis als persönliche Geste der Familie annehmen wolle. Schmidt war tief bewegt. Es sei ihm immer »sehr klar bewusst« gewesen, am Tod Schleyers mitschuldig zu sein, sagte er in Stuttgart. Deshalb verneige er sich an diesem Tag vor der Familie, die »öffentlich ihren Respekt gegenüber meiner damaligen Haltung zum Ausdruck« bringe.[45]

Es habe ihn sehr erleichtert, gab Schmidt drei Monate später im Gespräch mit dem Sohn Schleyer zu Protokoll, »nicht mit dem Bewusstsein weiterleben zu müssen, dass die Familie Schleyer mir die damaligen Entscheidungen übelnimmt«. Er seinerseits habe immer gespürt, antwortete Hanns-Eberhard Schleyer, »wie schwer Ihnen diese Entscheidung gefallen sein muss«.[46] Deshalb sei ihm die Preisverleihung wichtig gewesen. Zu Schmidts 95. Geburtstag im Dezember bekräftigte Schleyer noch einmal seinen großen Respekt vor Schmidts Haltung, »die gleichermaßen von politischen Überzeugungen und sich daraus ergebenden Verpflichtungen und einer auch für politisches Handeln unverzichtbaren Menschlichkeit geprägt ist«.[47]

Der Dissens zwischen beiden lag zum einen in der Gesamtbewertung. Schleyer vertrat die Auffassung, »dass unser Staat nicht schwächer, sondern stärker geworden wäre, wenn er 1977 anders gehandelt und den Forderungen der Terroristen nachgegeben hätte«. Er finde diesen Standpunkt »sehr sympathisch«, entgegnete Schmidt, »aber ich kann ihn nicht teilen«. Zum anderen plädierte Schleyer für eine Begnadigung von RAF-Häftlingen: »Die Größe des Rechtsstaates zeigt sich doch darin, dass man keinen Unterschied macht zwischen Mördern und Terroristen.«[48] Schmidt war nicht bereit, seine Haltung gegenüber RAF-Gewalttätern zu überdenken, ihre Begnadigung hielt er noch im Nachhinein für falsch.

Im Januar 1992 hatte der damalige Bundesjustizminister Klaus Kinkel erstmals zur »Versöhnung« des Staates mit inhaftierten Terroristen aufgerufen und damit eine heftige Kontroverse ausgelöst. Schmidt nahm öffentlich keine Stellung, schrieb jedoch »in dankbarer Erinnerung an unsere enge persönliche Zusammenarbeit bei der Bewältigung akuter Krisen in der Hochzeit des Terrorismus« einen eindringlichen Brief an den Bundeskanzler. Die »Vorstellung eines quasi kollektiven Gnadenangebots« erscheine ihm »in jeder Beziehung abwegig«. Das Gnadenrecht sei dem Bundespräsidenten vorbehalten, über vorzeitige Haftentlassungen hätten die Gerichte zu entscheiden; ein Bundesminister habe sich mit öffentlichen Äußerungen daher zurückzuhalten. Angeblich geläuterte Terroristen hätten offenbar ihre Bereitschaft erklärt, nach ihrer Freilassung zur Befriedung der linksradikalen Szene beizutragen. Die Spitzen des Staates dürften sich auf ein solches Angebot aber nicht einmal dem Anschein nach einlassen. Terrorismusbekämpfung »darf nirgendwo zu Lasten des Rechts gehen, und nirgendwo darf der Eindruck eines Tauschhandels mit Verbrechern entstehen ... In der Überzeugung, dass Sie meine Erwägungen im Grunde teilen, bitte ich Sie um Ihr Eingreifen.«[49] Schmidt schickte Kopien unter anderem an den Bundespräsidenten, an die Parteivorsitzenden Vogel und Waigel sowie an Hanns-Eberhard Schleyer.

Kohl antwortete umgehend: »Sie haben richtig vermutet, dass ich Ihre Meinung in allen Punkten teile ... Die Erklärungen aus dem Lager der RAF ... zeigen, dass weder von Reue noch von der Einsicht über frühere Gewalttaten etwas zu spüren ist ... Sie können sicher sein, dass ich auch in diesem Sinne meinen Einfluss geltend machen werde.«[50] Beide, Kohl wie Schmidt, fühlten sich vor allem den Familien der Ermordeten verbunden. Zehn Jahre nach den blutigen Attentaten hatte Schmidt den Hinterbliebenen der Opfer in persönlichen Schreiben versichert, dass er »heute immer noch, genau so wie damals, innerlich teilnehme an Ihrer Trauer«.[51]

Im April 1992 tauchte ein anonymes Schreiben auf, in dem die RAF erklärte, ihre bewaffneten Angriffe auf den Staat einstellen zu wollen. Der Brief sei als eine Antwort auf das Angebot Kinkels zu verstehen, hieß es in einem Leitartikel der *Zeit*, jetzt seien die »Härte-Prediger« aufgefordert, ihre Position zu überdenken. »All die zwanzig Jahre, in denen wir uns nun mit dem absurden RAF-Terrorismus und seinem eiskalten Hass herumschlagen, haben die Hardliner den Ton angegeben. Sie haben Gesetze bis zum Exzess verschärft und die Institutionen des Landes in Festungen verwandelt.« Wer heute an die Ereignisse des Jahres 1977 zurückdenke, erinnere sich vor allem an die vielfache »Schädigung von Bürgerrechten«. Gebracht habe das alles nichts, das Morden sei weitergegangen. Der Brief der RAF müsse als »ein politisches Signal« gewertet werden, als

»ein einmaliges Dokument in neuer Sprache und ungewohnter Denkweise«.[52]

Wieder einmal war Schmidt in seinem eigenen Blatt desavouiert worden. In der politischen Konferenz kritisierte er den Leitartikel heftig, stieß dabei allerdings »nicht auf viel Verständnis« und verdeutlichte seine Position deshalb anschließend schriftlich. »Tatsächlich waren es nicht die Hardliner, sondern es waren Bundestagsmehrheiten, welche einige Gesetze verschärft haben.« Die Notwendigkeit dieser Gesetze sei nicht zuletzt durch die späteren Ermittlungsergebnisse bestätigt worden. »Am erstaunlichsten« nannte Schmidt den Gedanken der »Versöhnung«. Der Staat habe mit Recht keinen Unterschied gemacht zwischen Mördern und Terroristen. Wer jetzt verlange, »gegenüber politischen Mördern andere Maßstäbe anzulegen als gegenüber sonstigen Mördern«, wolle rechtsstaatliche Grundsätze außer Kraft setzen – dagegen »aber wehrt sich mein Rechtsbewusstsein«.[53]

Man hat Schmidt schon früh vorgeworfen, dass er in der Auseinandersetzung mit der RAF seine eigentlichen Motive verschleiert habe. Der Kampf gegen den Terrorismus sei für ihn in Wahrheit der Kampf gegen die 68er gewesen, als deren verlängerter Arm ihm die RAF wohl erschienen sei. Wer so argumentiert, verkennt Schmidts Strukturkonservatismus. Er hielt sich an Recht und Gesetz und machte im Umgang mit politischen Gewalttätern keinen Unterschied zwischen linkem und rechtem Fanatismus. Als sich im Herbst 1992 fremdenfeindlich motivierte Angriffe auf Ausländer und Asylbewerber häuften, zögerte er nicht, Parallelen zum Terrorismus der RAF zu ziehen. Bund und Länder müssten »gegenüber diesem gewaltbereiten rechtsextremen Radikalismus mit der gleichen Entschlossenheit« auftreten, mit der seine Regierung »seinerzeit gegen die RAF« vorgegangen sei. Er habe damals »eine wütende Entschlossenheit« verspürt, sagte Schmidt in einem langen Gespräch mit dem *Stern*; den heute Verantwortlichen fehle es aber offensichtlich »an Augenmaß für die Gefahr, die hier entsteht«.[54]

Der Hamburger Bürgermeister Henning Voscherau hielt den Vergleich für völlig überzogen. Er nannte es problematisch, dass

Schmidt in der Öffentlichkeit den Eindruck erwecke, der Rechtsradikalismus sei mit den gleichen Methoden zu bekämpfen wie die RAF. Selbst schwerste Straftaten im rechten Milieu würden »typischerweise spontan und ohne strategische Planung begangen. Erst in den letzten Wochen sind ... Ansätze einer Systematisierung der Gewalt erkennbar geworden.«[55] Zwei Wochen später kamen bei einem Brandanschlag im schleswig-holsteinischen Mölln eine türkische Frau und zwei ihrer Enkelinnen ums Leben – die ersten Toten auf dem langen Konto des Rechtsextremismus in Deutschland, der sich Mitte der neunziger Jahre zu formieren begann.

Als im April 1998 eine neuerliche Erklärung der RAF verbreitet wurde – diesmal zu ihrer endgültigen Selbstauflösung – und die Debatte über den Umgang des Staates mit Terroristen erneut aufflammte, bezog Helmut Schmidt öffentlich Stellung. Carlchristian von Braunmühl, der Bruder des 1986 von der RAF ermordeten Diplomaten Gerold von Braunmühl, hatte ihm vorgeworfen, dass er sich zu wenig mit den Motiven der Täter auseinandergesetzt habe. Das sei wohl eher »die Aufgabe von Seelsorgern oder von Psychopathologen ... Es ist nicht die Aufgabe eines Bundeskanzlers. Das ist ein Irrtum des Herrn von Braunmühl.« Auf die Frage, ob er den Terrorismus der RAF als eine direkte Folge von 68 verstehe, antwortete Schmidt, er sehe vor allem eine gewisse Parallellität zwischen 1968 und der politischen Radikalisierung am Ende der Weimarer Republik, nämlich die gleiche »schreckliche Bereitschaft von jungen Deutschen, einer Ideologie anheimzufallen«. Irregeleiteter Idealismus als Rechtfertigung von Gewalt sei offenbar ein sehr deutsches Phänomen: »Die Deutschen neigen dazu, ihre Ideale für etwas Wirkliches zu halten.«[56] Das war nichts anderes als eine Umschreibung seines politischen *ceterum censeo*: Die Deutschen bleiben ein gefährdetes Volk.

Zwischen 1989 und 2003 waren insgesamt sechs RAF-Terroristen vorzeitig aus der Haft entlassen worden, sowohl Richard von Weizsäcker als auch seine beiden Amtsnachfolger Herzog und Rau hatten von ihrem Gnadenrecht Gebrauch gemacht. Anfang 2007 musste über die Gesuche der beiden letzten in Haft sitzenden RAF-Terroristen Christian Klar und Brigitte Mohnhaupt entschieden werden. Beide waren wegen neunfachen Mordes und mehrfachen Mordversuches zu fünfmal lebenslänglicher Haft verurteilt worden. Dreißig Jahre nach den Ereignissen spaltete die Diskussion noch einmal das ganze Land. Brigitte Mohnhaupt, deren Mindesthaftzeit im März 2007 endete, wurde aufgrund eines Beschlusses des Oberlandesgerichts Stuttgart am 27. März vorzeitig entlassen. Das Gnadengesuch Klars wurde von Bundespräsident Horst Köhler am 7. April abgelehnt.

Schmidt hatte öffentlich keine Stellung genommen, »weil ich mich als befangen weiß«.[57] Als jedoch die *Bild*-Zeitung Anfang Juni ein zweiteiliges Interview mit ihm zum G8-Gipfel von Heiligendamm veröffentlichte, ließ er sich die Steilvorlage von *Bild*-Chefreporter Hans-Jörg Vehlewald nicht entgehen: »›Herr Bundeskanzler, kaum ein Thema hat die Deutschen in diesem Jahr emotional so bewegt wie der Streit um die Freilassung der letzten RAF-Gefangenen [sic]. Was haben Sie empfunden bei der Debatte?‹ Helmut Schmidt: ›Brechreiz!‹«[58]

Schmidt wusste sehr genau, auf welcher Klaviatur er spielte, wenn er der *Bild*-Zeitung ein Interview gab. Dass das Massenblatt erheblich dazu beitrug, seine Popularität beim Volk zu festigen, war ihm bewusst. Er musste sich nicht einmal groß verstellen, er liebte die einfachen schlichten Antworten, die man bei *Bild* von ihm erwartete. In seinem eigenen Blatt war es ein wenig komplizierter. Zwar neigte auch Giovanni di Lorenzo, Chefredakteur der *Zeit* seit 2004, zu einfachen Fragen, und in ihren Zigarettengesprächen haben beide dieses verkürzte Pingpong zu wahrer Meisterschaft getrieben. Aber die *Zeit* war eben doch ein anderes Forum als *Bild*, ehrwürdig und auf eine Leserschaft zugeschnitten, bei der man ein gewisses Verständnis für die Komplexität von Zusammenhängen voraussetzen durfte.

Drei Monate nach seinem Interview mit *Bild* unterhielt sich Schmidt mit di Lorenzo über den deutschen Herbst. Er sprach über den Sündenfall, bei der Entführung des Berliner Politikers Peter Lorenz im Februar 1975 den Forderungen der Terroristen nachgegeben und Lorenz ausgetauscht zu haben – nie wieder, habe er sich damals geschworen –; er deutete an, dass er die Vorschläge von Strauß »befremdlich« gefunden habe, und erklärte, wie es dazu gekommen sei, dass er seine Bundestagserklärung nach der Befreiung der »Landshut« und der Ermordung Schleyers am darauffolgenden Tag mit dem Ausruf »Gott helfe uns!« beendet hatte. »Ich glaube, ich habe es nur ein einziges Mal in meinem Leben gesagt!«

Die 44 Tage der Schleyer-Entführung gehörten sicherlich zu den dramatischsten seiner gesamten Regierungszeit, meinte di Lorenzo. Schmidt relativierte: Das Ganze habe später »ein viel zu großes publizistisches Gewicht bekommen«. Aber es sei für ihn doch sicher nicht einfach gewesen damals, setzte di Lorenzo nach, ob Schmidt die Situation nicht als ungeheuer belastend empfunden habe. »Es ist ein Irrtum, zu glauben, dass dieser sogenannte deutsche Herbst eine ganz ungewöhnliche Aufregung für die Regierenden gewesen sei. Glauben Sie man ja nicht, dass der NATO-Doppelbeschluss etwas Einfacheres war! Glauben Sie ja nicht, dass es einfach war, im Jahre 1969 und 1970 die Verlegung von über einhundert atomaren Landminen quer durch Deutschland zu verhindern! Es gibt viele aufregende Dinge im Laufe des Lebens.«[59]

Ganz so cool, wie er dreißig Jahre später tat, war Schmidt nicht gewesen. Als ihn Hans-Jürgen Wischnewski am 18. Oktober kurz nach Mitternacht anrief, um zu melden, dass die Aktion im Mogadischu erfolgreich abgeschlossen sei, fragte Schmidt: »Wie viele Tote habt ihr?« Keinen, sagte Wischnewski. »Das hat mich beinahe von den Füßen geholt.«[60] Schmidt verließ den Raum. Niemand sollte ihn weinen sehen.

*

Mit Ausnahme des Schleyer-Dramas werde jede Erinnerung an diese Kanzlerschaft schnell verblassen, urteilte, nur vier Wochen nach dem Sturz Schmidts, vernichtend der berühmte Historiker Golo Mann. Von Schmidt werde wenig bleiben. Krisenmanagement? So etwas habe kein lang anhaltendes Echo. Gipfeltreffen? Daran würde sich schon heute kein Mensch mehr erinnern. Und Schmidts Versuch der Vermittlung zwischen den Weltmächten? Tatsache sei doch, »dass die beiden Weltmächte einen Vermittler nicht eigentlich brauchen«.

Golo Mann mochte den fünften deutschen Nachkriegskanzler nicht. Einen Vortrag auf Englisch könne er in freier Rede wahrscheinlich nur halten, wenn er ihn »vorher auswendig gelernt« habe, und weil er seinen Ehrgeiz nicht einmal in der Freizeit ablege, übe er wohl heimlich gegen einen Schach-Computer. Die Nacht der Sturmflut nannte Golo Mann »vermutlich die glücklichste Nacht, die er je durchlebte«. Das war weit unter Niveau und nicht einmal mit der politischen Einstellung des notorischen Grantlers zu entschuldigen, für den »ein Regierungswechsel schon im Jahre 1976 das Normale und Wünschbare gewesen wäre«. Na bitte! Dann hätte Schmidt gerade einmal zweieinhalb Jahre regiert und wäre tatsächlich eine Fußnote der Geschichte geblieben. So aber war Manns Diktum »Nicht Geschichte machen wollte er« vorläufig nicht mehr als eine Hypothese.[61]

Ein Jahr später, in den Artikeln zum 65. Geburtstag, wurde vor allem Schmidts schwieriges Verhältnis zur SPD thematisiert, das beim Kölner Parteitag auf dem Tiefpunkt angelangt war. Zu den wenigen, die sich vor diesem Hintergrund eine historische Einordnung zutrauten, gehörte Richard Löwenthal, der Politikwissenschaftler und Vorsitzende der Grundwertekommission der SPD, der zwei auf den ersten Blick unscheinbare Aspekte als die wichtigsten Leistungen der Ära Schmidt hervorhob. Innenpolitisch seien die Folgen der weltweiten Rezession durch Schmidt so abgefedert worden, dass der ökonomische Abschwung nicht »den sozialen Frieden gefährdete – er konnte dies, weil er bei Unternehmern und Gewerkschaftsführern gleiches Vertrauen genoss«. Außenpolitisch habe Schmidt »die von seinem Vorgänger Willy Brandt begonnene Ostpolitik der Normalisierung und Entspannung weitergeführt und dafür in zunehmendem Maße den Konsens der christlich-demokratischen Opposition gewonnen«. Schmidt unterstrich diesen Satz, markierte ihn am Rand doppelt und schrieb »richtig«. Leider habe es die Parteiführung versäumt – dies ging an die Adresse von Brandt –, die jüngeren Mitglieder in dieser Phase der Entspannung »hinreichend über die Natur des kommunistischen Herrschaftssystems und die dadurch bedingte Fortdauer eines grundsätzlichen Gegensatzes zwischen den westlichen Demokratien und der Sowjetunion aufzuklären«. Auch diesen Satz hob Schmidt durch Unterstreichung hervor.[62]

In einem winzigen Detail widersprach er: Im Zusammenhang mit dem Bruch der Koalition 1982 habe er »nie von ›Verrat‹ der FDP gesprochen – dies waren vielmehr andere«.[63] Schmidt selbst hat das Wort in der Tat nicht benutzt, durch Umschreibung den Verdacht des Verrats aber durchaus nahegelegt. Später widersprach er Theorien, wonach er selber beim Machtwechsel die eigentlich treibende Kraft gewesen sei – Theorien, die in der Behauptung gipfelten, er habe aus gesundheitlichen Gründen die Regierung beenden wollen. »Richtig ist, das ich im August und September 1982 im zunehmenden Maße mich vom Koalitionspartner hintergangen gefühlt habe und schließlich selber den Schlusspunkt gesetzt habe.« Dass er das Heft des Handelns in die Hand genommen hatte, leugnete er also keineswegs – zu diskutieren war allenfalls über den Zeitpunkt.[64]

Zu Schmidts 70. Geburtstag 1988 verschoben sich die Akzente in der Bewertung seiner Kanzlerschaft nur unwesentlich. Der gerade ins Amt gekommene CSU-Vorsitzende Theo Waigel versuchte sich die »kräfteraubenden innerparteilichen Auseinandersetzungen« vorzustellen, die Schmidt habe ertragen müssen, um »die grenzenlosen Ansprüche einer illusionären Reformpolitik mit den finanzpolitischen Erfordernissen in Einklang zu bringen«. Damit bestätigte Waigel indirekt, ohne es zu wollen, die Einschätzung Löwenthals. Bei aller Anerkennung war es der Strauß-Nachfolger seinem Idol und seiner Partei allerdings auch schuldig, darauf hinzuweisen, dass Schmidt sich immer großartig auf »Polit-Marketing« verstanden und jedem seiner Auftritte »unnachahmlichen telegenen Glanz zu verleihen« vermocht habe – trotzdem habe Strauß 1980 mehr Stimmen bekommen als Schmidt.[65] Als Waigel wenig später Bundesfinanzminister wurde, entwickelte Schmidt zu ihm bald eine ähnlich vertrauensvolle Beziehung wie zu seinem Vorgänger Gerhard Stoltenberg, der 1983 auf Schmidts Geburtstagsfeier die Rede im Namen der CDU gehalten hatte.

Medialer Höhepunkt des 70. Geburtstages war ein Interview, das Schmidt dem Chefredakteur des WDR, Fritz Pleitgen, gab und das am Abend des 23. Dezember im Ersten Programm ausgestrahlt wurde. Schmidt erreiche noch immer die besten Umfrageergebnisse, eröffnete Pleitgen das Gespräch, aber keinem der Befragten sei auf Anhieb eine bleibende Leistung Schmidts eingefallen, ob ihn das nicht schmerze. Die Deutschen seien unter seiner Regierung »überall ganz gut durchgekommen«, konstatierte Schmidt nüchtern, »besser als manche andere Länder«. Eine herausragende Persönlichkeit könne nur dann in Erscheinung treten, »wenn die öffentliche Meinung das Gefühl einer Krise hat oder das Gefühl einer besonderen Chance hat, und jemand da ist, der die Krise meistert oder die Chance ergreift«. Aber danach seien die Zeiten nicht gewesen, und Schmidt schien darüber nicht unglücklich.

Ob er sich denn nicht manchmal wenigstens über seinen Nachfolger aufrege? »Nein, aufregen tue ich mich nicht, Herr Pleitgen. Er bietet auch wenig Anlass zur Aufregung.« Für solche Antworten liebte ihn sein Publikum. Letzte Frage: Und was, glaube er, werde von ihm bleiben? »Lieber Freund, das weiß ich nicht. Das muss ich der Nachwelt überlassen.«[66] Er sei »ein guter Platzhalter« gewesen, antwortete Schmidt in diesen Tagen auf die Frage von Günter Stiller, seinem Hofberichterstatter beim *Hamburger Abendblatt*, wo in der »Weltrangliste« er sich selbst denn sehe: »ein guter Platzhalter, der das politische und wirtschaftliche, das strategische Gewicht der Bundesrepublik gewahrt und etwas gemehrt hat«.[67]

Werner Holzer, langjähriger Chefredakteur der *Frankfurter Rundschau*, versuchte in seinem Artikel, das Verhältnis von Schmidt und Brandt zurechtzurücken. Die Tatsache, dass beide innerhalb einer Woche runden Geburtstag feierten – Brandt war Schmidt noch immer fünf Jahre voraus –, könnte für die SPD doch Anlass sein, einmal darüber nachzudenken, »ob es am Ende nicht doch auch ein Vorteil ist, wenn eine politische Partei die Kraft hat, in sich

Gegensätze auszuhalten und verschiedene Temperamente und Denkschulen zu ertragen … Die Tatsache, dass eine Partei nacheinander gleich zwei Köpfe hervorgebracht hat, die dem eigenen Land hohes internationales Ansehen verschafft haben, sollte doch das Selbstbewusstsein der Sozialdemokraten stärken.«[68] So sahen es die beiden selbst und machten in diesen Tagen ihren Frieden.[69]

Die *Bild*-Zeitung blieb ihren Klischees treu. Graf Nayhauß, der *Bild*-Kolumnist, der in diesen Tagen mit einer eigenen Schmidt-Biographie aufwartete, behauptete, die »Willy-Anhänger« würden sich darüber empören, dass Schmidt, »der mit seinem letzten Buch Millionen verdiente … sich von der Partei einen Geburtstagsempfang für 2000 Gäste bezahlen lässt«, während die Schmidt-Anhänger ihrerseits verhindert hätten, dass der Ehrenvorsitzende mit einem Beitrag in der Festschrift für Schmidt vertreten sei.[70] So hatte das all die Jahre funktioniert: Empfindlichkeiten aus der Entourage des einen mit gekränkten Eitelkeiten aus der Entourage des anderen zu multiplizieren und daraus eine Krise der Sozialdemokratie zu basteln. Jetzt funktionierte das nicht mehr.

Fünf Jahre später, zum 75. Geburtstag, stand dann in fast allen Artikeln das Verhältnis Brandt–Schmidt im Mittelpunkt. Brandt war 1992 im Alter von 78 Jahren gestorben. »Die beiden gehören zusammen«, verkündete der neue Vorsitzende Rudolf Scharping mit dem ihm eigenen Pathos und noch die kleinsten Unebenheiten egalisierend: »Sie bezeichnen Gipfelpunkte in der Geschichte unserer Partei. Sie stehen … für eine Epoche, die man die klassische der Sozialdemokratie nennen könnte. Sie haben ein Erbe hinterlassen, von dem wir zehren.« Das alles klang so, als ob Schmidt auch schon tot wäre. »In der Kanzlerschaft Willy Brandts und Helmut Schmidts war unser Volk sein gutes Selbst. So soll es wieder sein«, hieß es am Ende des weichgespülten Textes, mit dem der neue Frontmann der SPD offenbar unterstreichen wollte, dass er sich zutraute, das Erbe *beider* anzutreten, und der ausgerechnet in der *Zeit* erschien.[71]

»Diejenigen, die als Enkel Willy Brandts in der Partei aufstiegen, wollen jetzt als Söhne Helmut Schmidts die Regierungsmacht in Bonn erobern«, kommentierte die *Frankfurter Allgemeine Zeitung* bissig solche Manöver, »als hätten sie nie gegen ihn aufbegehrt«. Für Schmidt sei es sicher eine Genugtuung, »auch in seiner Partei wieder als Vorbild zu gelten«, und die Tatsache, dass man ihn in den Wirbeln um die Engholm-Nachfolge im Frühjahr als Kanzlerkandidaten gehandelt habe, unterstreiche seine anhaltende Popularität. Aber Schmidt lasse sich davon zweifellos nicht blenden, auch von Altersmilde sei bei ihm wenig zu spüren. Hinter der Härte, mit der er in jüngster Zeit die politische Klasse insgesamt und nicht zuletzt Bundeskanzler Kohl persönlich angehe, vermutete man bei der *FAZ* womöglich auch Kummer darüber, dass ihm die Chance auf historische Größe versagt geblieben sei, weil er nun einmal »in Jahren eines schwierigen politischen Alltags, nicht aber in Zeiten geschichtlicher Zäsuren am Steuer des Staatsschiffes stand«.[72]

Die SPD-Linke war mehr als zehn Jahre nach dem Regierungswechsel noch immer nicht in der Lage, über ihren Schatten zu springen. Unter dem Titel »Der einsame Batteriechef« fasste Peter Glotz 1993 alle Vorbehalte gegen den einstigen »Wehrexperten« und »Weltökonomen« zusammen, der sich als »Kernenergie-Freak« obstinat geweigert habe, »die neue Bedeutung der Umwelt- und Ressourcenproblematik zur Kenntnis zu nehmen … Dahinter stand sein geradezu körperlich empfundener Widerwille gegen die Spaltprodukte der 68er-Bewegung, deren Freiheitssehnsüchte er nie akzeptiert, wohl nicht einmal verstanden hat. So wurde er – wider Willen – zum Mitbegründer der grünen Partei.«[73] Auch wenn man dem Argument auf den ersten Blick eine gewisse Berechtigung nicht absprechen kann, so ist zum einen die Arithmetik der Politik zweifellos komplizierter und zum anderen die Personalisierung eines so komplexen Themas wenig hilfreich. Nicht die mangelnde Integrationsfähigkeit des Kanzlers beschleunigte den Niedergang der Sozialdemokratie, sondern deren zerstörerischer und nicht enden wollender Selbstfindungsprozess.

Bundesverteidigungsminister Volker Rühe machte den Partei-Linken vor, wie man Schmidts Leistung historisch einordnen konnte, ohne sich parteipolitisch etwas zu vergeben: »Helmut Schmidt hat klassisches europäisches Gleichgewichtsdenken in die

Kategorien des Nuklearzeitalters übersetzt. Er hat den komplexen Zusammenhang von Abschreckung und Verteidigung durchleuchtet und weitergeführt: Zur wirksamen Abschreckung musste die Bereitschaft zum Dialog und zur Entspannung treten.« Zwar sei es Helmut Kohl gewesen, der den Doppelbeschluss am Ende durchsetzte, aber die intellektuelle Vorarbeit seines Vorgängers dürfe man dabei nicht unterschätzen: »Die Geschichte hat Helmut Schmidt recht gegeben.«[74] Einem solchen Urteil konnten sich die meisten Linken auch später, als sie unter Gerhard Schröder schließlich ihren Frieden mit Schmidt machten, nicht wirklich anschließen, zu tief saß bei ihnen der Glauben, dass eine Verständigung mit den Russen auch ohne neue Raketen möglich gewesen wäre.

Bei Schmidts nächstem runden Geburtstag, seinem 80., hatten die Sozialdemokraten das Regierungsheft seit ein paar Wochen wieder selber in der Hand. In seiner Rede bei der Gala im Hamburger Thalia Theater berief sich Gerhard Schröder explizit auf seinen SPD-Vorgänger: »Du hast gezeigt, dass es gelegentlich auch einsame Entscheidungen geben muss. Du wirst verstehen, dass ich mich daran orientiere.« Und, nach einer kleinen Pause, an Oskar Lafontaine gewandt (den Schmidt im letzten Moment persönlich auf die Gästeliste des Hamburger Senats gesetzt hatte): »Ich sehe den Vorsitzenden der SPD die Stirn runzeln. Aber leider, Oskar, das ist so.« Zwei Monate später war der Angesprochene nicht mehr im Amt.[75] Die vom ZDF live übertragene Gala am 6. Januar 1999 brachte einen Marktanteil von 19,9 Prozent, das entsprach 4,24 Millionen Zuschauern, meldete ZDF-Intendant Dieter Stolte am nächsten Tag dem Organisator der Geburtstagsfeier, Manfred Lahnstein.

Die Sozialdemokratische Partei war in der Realität angekommen und suchte den Schulterschluss mit dem Mann, über den sich jetzt, nach dem Ende der Ära Kohl, unmittelbar und direkt an dreizehn glorreiche Jahre sozialdemokratischer Regierungsverantwortung anknüpfen ließ. Schmidts Aufstieg sei ja wohl erst nach dem Tod Brandts möglich geworden, erläuterte dazu schmallippig Egon Bahr, zwei Säulenheilige auf einmal hätte die Partei nicht verkraftet. Bahr hat sich immer als Brandts Adlatus verstanden und musste schon aus Gründen des eigenen Überlebens auch über Brandts Tod hinaus daran festhalten, Schmidts historische Rolle zu relativieren. Seine Erklärung ging am Kern des Phänomens jedoch vorbei.

Ein glänzendes Comeback, wie es die SPD ihrem Vorsitzenden Willy Brandt gleich zwei Mal ermöglicht hatte – 1974 nach dem Regierungswechsel und 1982 nach dem Verlust der Regierungsverantwortung –, war Schmidt in der Tat nicht zuteilgeworden. Weil er jedoch in der bürgerlichen Mitte sehr viel populärer blieb, als es Brandt zu Kanzlerzeiten jemals gewesen war, konnte Schmidt den fehlenden Zuspruch seiner Partei nach 1982 wegstecken. Mehr noch: Den Ruf der politischen Geradlinigkeit, auf dem sein Ansehen beruhte, hatte er sich nicht zuletzt in den langjährigen Abwehrkämpfen gegen die Parteilinke erworben. Dass er zwanzig Jahre nach seinem Sturz zu einem Idol der Deutschen aufstieg, hatte er mitnichten der Partei zu danken. Es war eher umgekehrt: Die Partei konnte dankbar sein, dass er sich von denen, die sich Enkel und Söhne nannten, sein sozialdemokratisches Ideal nicht hatte nehmen lassen und an seinem späten Ruhm sogar diejenigen ein wenig teilhaben ließ, die es aus seiner Sicht am wenigsten verdienten.

*

Im Jahr 2005 kündigten Helmut und Loki Schmidt fast alle Mitgliedschaften in eingetragenen Vereinen und Fördereinrichtungen, denen sie zum Teil seit Jahrzehnten angehörten. Die Alzheimer-Gesellschaft, die Gesellschaft für christlich-jüdische Zusammenarbeit, der Marie-Schlei-Verein, der Verein Jordsand zum Schutze der Seevögel oder die Vereinigung Jugendheim Langenhorn-Fuhlsbüttel – sie alle erhielten höfliche Schreiben, in denen die Schmidts um Verständnis baten, dass sie wegen ihres hohen Alters ihre Mitgliedschaft beendeten. Die Mitgliedschaft in der SPD stand nicht zur Diskussion. Aus der SPD tritt man nicht aus, erklärte Schmidt getreu der Devise des Hamburger Bürgermeisters Herbert Weichmann, die SPD verlässt man nur im Sarg. Mit der SPD gehe es ihm ähnlich wie mit dem HSV, sagte er am Rande der Feier zur

Verleihung der Ehrenbürgerwürde für Uwe Seeler im Hamburger Rathaus 2003: Auch wenn der Verein meistens nur noch verliere, bleibe man ihm doch treu.

Aber wie kam diese Treue zum Ausdruck? Selbst langjährige persönliche Freunde wie Henning Voscherau oder Peter Schulz verzweifelten mitunter an der Kälte, mit der Schmidt über die Partei und deren Führungspersonal sprach. Wenn sie versuchten, ihn mit Argumenten für Positionen der SPD zu gewinnen, konnte es vorkommen, dass er ihnen »Parteilichkeit« vorwarf. Wenn sie ihn fragten, warum er es an Unterstützung für die Agenda 2010 fehlen lasse, bekamen sie zu hören, Schröder habe zu viel Zeit vertan und gehe die Reformen überdies halbherzig an. Außenpolitisch handele es sich ohnehin um einen Dilettanten, der »die Welt im Prinzip wie den Bundesrat« betrachte und Außenpolitik nach den gleichen Regeln betreibe, »die er während seines innenpolitischen Aufstiegs gelernt hat«.[76]

Er glaube, seit einiger Zeit »eine Veränderung in unserer Freundschaft zu spüren«, die mit ihrer unterschiedlichen Einstellung zur SPD zusammenhänge, schrieb ein trauriger Peter Schulz im Januar 2004 an Schmidt. Er gestehe, dass ihm »manchmal die eine oder die andere abschätzige Bemerkung über Regierung und Partei weh tut«, aber lieber verzichte er in Zukunft darauf, »bei Dir als eine Art sozialdemokratisches Gewissen zu fungieren«, als auf Schmidts Zuneigung, die ihm »unendlich viel wichtiger« sei als alles andere. Schmidt machte, wie immer wenn ihm Gefühle zu nahe kamen, die Schotten dicht. Er habe von einer Veränderung in ihrer Freundschaft nichts verspürt, antwortete er ziemlich knapp, aber »vielleicht bist Du etwas feinfühliger als ich«. Dass Schulz bei der Beurteilung politischer Vorgänge sehr viel stärker als er Standpunkte der Partei vertrete, sei im Übrigen »schon seit Jahrzehnten« so.[77]

Bei so viel innerer Distanz waren Solidaritätsbekundungen auch weiterhin nicht zu erwarten. Als ihn der Parteivorsitzende Kurt Beck im Juli 2007 einlud, auf dem nächsten Parteitag über die Verwerfungen an den globalen Finanzmärkten zu sprechen, antwortete Schmidt, dass eine solche Rede »erhebliche Medienaufmerksamkeit auslösen und mich dadurch in eine öffentliche Debatte ziehen« würde, die er sich in seinem Alter nicht mehr zumuten wolle.[78] Ein Jahr später trat Kurt Beck nach hässlichen Intrigen vom Parteivorsitz zurück. Die Art und Weise, wie man mit ihm umgegangen sei, bezeichnete Schmidt in einem Brief an Beck drei Wochen später als »teilweise weit unter der Gürtellinie«. Es erfülle ihn schon seit geraumer Zeit mit Sorge, »dass manche Sozialdemokraten nicht nur unsere Partei, sondern darüber hinaus ihre persönliche Karriere« höher stellten als das öffentliche Wohl. Dafür, dass Kurt Beck »das nicht mitgemacht« habe, gebühre ihm Dank.[79]

Auch der im November 2009 ins Amt gewählte Sigmar Gabriel – der zehnte Vorsitzende der SPD seit Brandts Rücktritt 1987 – erhielt von Schmidt im Frühjahr 2010 die Auskunft, dass er privat gern jederzeit um Rat fragen könne, dass aber öffentliche Auftritte nicht in Frage kämen.[80] Ein halbes Jahr später versuchte es Gabriel mit einer Einladung zum Parteitag trotzdem. Aber erst im Dezember 2011 gelangte er ans Ziel: Schmidt kam zum Berliner Parteitag und hielt die Eröffnungsrede. Allerdings tat er es weder Gabriel zuliebe noch für die Partei, sondern weil er Peer Steinbrück als Kanzlerkandidat unterstützen wollte. Nach Rücksprache mit Steinbrück hatte er Ende August zugesagt.[81] Als der Parteitag viereinhalb Monate später eröffnet wurde, war der Versuch der Kür des Kandidaten so gründlich danebengegangen, dass Schmidt kein Wort mehr darüber verlor.

Seine letzte Parteitagsrede hatte Schmidt im April 1998 gehalten, auf dem Sonderparteitag, auf dem Gerhard Schröder zum Kanzlerkandidaten nominiert worden war. Jetzt zoomte er sich nach über 13 Jahren – genau so lang hatte die SPD regiert – mit einer gut einstündigen Rede ins Herz der Partei zurück. Immer wieder aufbrandender Beifall, am Ende minutenlanger stehender Applaus. Hannelore Kraft, die stellvertretende Parteivorsitzende, die nach ihm ans Mikrofon trat, dankte für eine »bewegende Rede« – »Du hast uns wieder Richtung gegeben!« Dabei hatte Schmidt, von Gabriel im Rollstuhl hinter ein gläsernes Pult geschoben, nichts anderes getan, als sein Geschichtsbuch aufzuschlagen und zu erzählen, wie es in

Europa einmal ausgesehen hat – 1945, 1933, 1918. Und weil die Deutschen besonderen Grund zur Dankbarkeit hätten für den unglaublichen Fortschritt, den Europa seit dem letzten Krieg genommen habe, seien sie in der gegenwärtigen Krise aufgerufen, sich auch in besonderer Weise für die Vision eines vereinten Europa einzusetzen. Statt schwächelnden Partnern Sparprogramme zu diktieren, sollte sich die Bundesregierung vor Augen führen, dass die deutschen Zahlungsbilanzüberschüsse »in Wirklichkeit die Defizite der anderen« sind: »Ihre Schulden sind unsere Forderungen.« Vieles von dem, was die Regierung fordere und beschließe, sei »bloß schädliche deutsche Kraftmeierei«. Stattdessen wünsche er sich »ein mitfühlendes Herz gegenüber unseren Nachbarn und Partnern – und das gilt besonders für Griechenland«.[82]

Die Versöhnung auf dem Berliner Parteitag tat beiden gut: der Partei und ihm. Schmidt hatte nach fast dreißig Jahren seinen Frieden mit den Sozialdemokraten gemacht und neigte in den Jahren, die ihm noch verblieben, zu deutlich milderen Urteilen. Wenn er sein Schicksal mit dem Helmut Kohls verglich, der sich mit seiner Partei in einer Weise überworfen hatte, die sein Ansehen dauerhaft schwer beschädigte, konnte er nur dankbar sein, dass es zu einem Zerwürfnis zwischen ihm und der SPD nicht gekommen war, obwohl es zwischen 1983 und 2005 immer wieder einmal Gründe gegeben hätte. Er habe einen solchen Schlussstrich nie in Erwägung gezogen, betonte Schmidt im Frühjahr 2013 in der letzten Folge der Gesprächsreihe »Verstehen Sie das, Herr Schmidt?«. Giovanni di Lorenzo fragte nach: »Weil Sie so viel wegstecken konnten oder weil Sie gedacht haben, es werden schon wieder andere Zeiten kommen?« – »Aus beiden Gründen. Ich habe ein ganz dickes Fell. Mich pustet keiner aus dem Anzug!«[83] Nur keine emotionale Schwäche zeigen, das war auch im 95. Lebensjahr seine Parole.

Weil Schmidt die emotionale Komponente seiner Bindung an die Sozialdemokratie grundsätzlich ausblendete – manch einer fragte sich, ob es eine solche Bindung überhaupt gab –, fehlte es ihm auch an Phantasie, sich sozialdemokratische Ideale für die Gesellschaft von morgen auszumalen. Die Rationalität des Popper'schen

»Piecemeal Social Engineering« wärmte das Herz nicht. Ob er der SPD wenigstens dankbar sei, wollte di Lorenzo wissen. Schmidt bejahte die Frage, fügte aber gleich hinzu, dass er seinen Aufstieg, hätte er ihn nicht in der SPD machen können, ganz bestimmt woanders gemacht hätte.

Vier Tage nach dem Interview in der *Zeit* erschien im *Spiegel* ein Gespräch mit Helmut Schmidt und Gerhard Schröder zum 150. Jahrestag der Gründung des Allgemeinen Deutschen Arbeitervereins. Als Erstes wollten die *Spiegel*-Redakteure wissen, wie die beiden SPD-Kanzler die Chancen ihrer Partei bei den Bundestagswahlen im Herbst einschätzten. Die gemeinsame Antwort war ein rhetorisches Meisterstück.[84] In einem sich anschließenden kurzen Dialog mit Schröder stellte Schmidt erst einmal klar, wer der Platzhirsch war:

»*Schmidt:* Was war dein bestes Ergebnis?
Schröder: Wenn ich das wüsste! Ich glaube, fast 48.
Schmidt: Nein, ich glaube, kurz über 40.
Schröder: Stimmt, 1998 bei der Bundestagswahl. 48 Prozent waren es bei der Landtagswahl in Niedersachsen. Wir waren teilweise fulminant in Niedersachsen.
Schmidt: Ich habe Niedersachsen zumeist nicht so ernst genommen. [...]
Spiegel: (zu Schmidt) Wissen Sie denn genau, was Ihr bestes Ergebnis war?
Schmidt: 42,9 Prozent. Das war einen Tick besser als 1969 das Ergebnis von Willy Brandt.«

Schröder hätte Schmidt jetzt ärgern und ihn daran erinnern können, dass 42,9 Prozent im Jahr 1980 allerdings fast drei Prozentpunkte weniger waren als die 45,8 Prozent bei der Willy-Wahl 1972, aber er zeigte sich großzügig und ließ Schmidt auch im weiteren Verlauf des Gespräches den Vortritt. In fast allen Punkten mit Ausnahme des Einwanderungsthemas herrschte Übereinstimmung. Schmidt war nach wie vor »sehr skeptisch, was die Einwanderung aus islamischen Kulturen angeht«; Schröder verwies auf die Fortschritte in der Türkei und zeigte sich zuversichtlich, »dass wir mit der türkischen Einwanderung ohne Probleme fertigwerden«. Eine der wichtigsten Aufgaben lag für beide in der Sicherung des Sozialstaates. »Wenn wir angesichts der sich verändernden Wirklichkeiten die politisch-sozialen Systeme nicht anpassen«, so Schröder in seinem Schlussplädoyer, stehe der Wohlfahrtsstaat auf dem Spiel. Die sozialistischen Parteien, die den Wohlfahrtsstaat überall in Europa durchgesetzt hätten, ergänzte Schmidt, seien aufgerufen, »für europäische Institutionen zu sorgen, die wirklich funktionieren«.[85]

Bei so viel Harmonie zwischen Schmidt und den aus seiner Sicht endlich erwachsen gewordenen Enkeln konnte es nicht ausbleiben, dass am Ende auch die Familienchronik ein wenig glattgebügelt wurde. Er wolle sich im Namen seiner Generation bei Helmut Schmidt bedanken, sagte der Parteivorsitzende Sigmar Gabriel bei der Feier zum 95. Geburtstag Anfang Januar 2014 im Hamburger Thalia Theater, dass er sie damals, als sie ihm das Leben so schwer gemacht hätten, nicht rausgeworfen habe aus der Partei. Alle schmunzelten.

Schmidt wurde jetzt nachsichtiger. Aber die Altersmilde beeinträchtigte nicht sein Urteil über die Partei. Am 17. März 2015 schickte ihm Sigmar Gabriel den Entwurf seines Strategiepapiers für die Bundestagswahl 2017 mit der Bitte um Kritik. Er sei »weitestgehend mit den Ausführungen einverstanden«, antwortete Schmidt, der das Papier über Ostern sorgfältig durchgearbeitet hatte. Allerdings vermisste er »konkrete Vorschläge für die notwendige Umgestaltung der EU-Institutionen und ebenso für die tatsächliche Politik«. Er distanzierte sich von der »antirussischen Passage … Russen und Deutsche werden auch am Ende des 21. Jahrhunderts Nachbarn sein«. Und am Schluss bemängelte er die Tendenz des Ganzen: »Insgesamt macht der Entwurf den Eindruck, im Wesentlichen Forderungen zu stellen, die notwendigen Lösungen aber relativ offen zu lassen.«[86]

12
Deutungshoheit

Zwanzig Jahre nach seiner Abwahl als Kanzler klafften das öffentliche Bild und die Selbstwahrnehmung Schmidts noch immer auseinander. Noch hatte es Schmidt nicht geschafft, von einer Mehrheit der Deutschen so gesehen zu werden, wie er gesehen werden wollte. Im kollektiven Gedächtnis ganz oben stand nach wie vor das beherzte Eingreifen des Hamburger Polizeisenators bei der Sturmflut im Februar 1962. Die Verhinderung der Verlegung von Atomminen entlang der innerdeutschen Grenze durch den Verteidigungsminister Schmidt 1969/70 interessierte dagegen höchstens eine Handvoll Militärhistoriker. Auch die lange Geschichte des NATO-Doppelbeschlusses mitsamt der Frage, welche Konsequenzen für die Implosion der Sowjetunion sich daraus möglicherweise ergaben, war zu komplex und eignete sich nicht fürs Heldenepos. Ergiebiger war da Schmidts klare Unerbittlichkeit im Kampf gegen den Terrorismus. Sie hat – und insofern lag Golo Mann dann doch nicht ganz falsch – den Ruf der persönlichen und politischen Geradlinigkeit begründet und zu Schmidts Popularität unter den Deutschen am meisten beigetragen.

Mit Bildern, die mehr oder weniger den Klischees vom Krisenmanager und Zwischenkanzler entsprachen, wollte sich Schmidt nicht begnügen. Der Vorgänger und der Nachfolger hatten sich ins Buch der Geschichte eingetragen. Aber war er, Schmidt, deshalb ein weniger leidenschaftlicher Europäer, ein weniger überzeugter Deutscher? Würde es ihm gelingen, die Koordinaten und Kontinuitäten seiner Politik sichtbar zu machen, würde man am Ende auch ihm den Rang eines bedeutenden Kanzlers zusprechen müssen. Die großen Linien nachzuzeichnen, gehörte schon immer zu seinen Stärken.

Eine dieser Linien führte von seiner Freundschaft mit Giscard d'Estaing direkt zum Euro. Zwar war es den beiden nicht vergönnt gewesen, das von ihnen mühsam ausgeklügelte Europäische Währungssystem (EWS) mit einer gemeinsamen Währung erfolgreich zum Abschluss zu bringen, aber entscheidende Weichen waren gestellt worden; außerdem waren die Ausarbeitungen des von Schmidt und Giscard 1986 gegründeten »Komitees für eine Europäische Währungsunion« wenig später in den Delors-Plan zum Aufbau der Wirtschafts- und Währungsunion eingeflossen. Dass in Maastricht dann die notwendigen Sicherungsmaßnahmen vernachlässigt wurden, fiel nicht mehr in die Verantwortung der Vorgänger.

Eine andere lange Erzählung führte von der Bundestagsdebatte zur Wehrverfassung und den Redebeiträgen des Abgeordneten Schmidt 1958 über sein erstes Buch *Verteidigung oder Vergeltung*, die Helsinki-Konferenz und den Doppelbeschluss mehr oder weniger direkt zur deutschen Einheit. Wäre es denn ohne die entsprechende Standhaftigkeit gegenüber dem Osten einerseits und ohne das Festhalten an der deutschen Einheit andererseits zum Abbau der Mittelstreckenwaffen in Europa und folglich – so legte es Schmidt nahe – zur Vereinigung der Deutschen in Frieden und Freiheit gekommen? Mit dem Wort Doppelbeschluss war dieses Konzept ja exakt beschrieben: Zähne zeigen und gleichzeitig verhandeln. Schmidt war nicht gewillt, von den Historikern des Umbruchs 1989/90 bestenfalls mit einer Fußnote bedacht zu werden. Wer in größeren Zusammenhängen dachte, hatte gefälligst zur Kenntnis zu nehmen, dass die Entspannungspolitik »nicht von uns erfunden worden« ist – also nicht von Willy Brandt –, »sondern sie ist erfunden worden im NATO-Rat«.[1]

Für den Schmidt-Biographen Hans-Joachim Noack zeugten solche Klitterungen von »einer zuweilen fast schon grotesk wirkenden Rechthaberei«. Von nichts habe Schmidt lieber geredet als davon, »in den wesentlichen Entscheidungen seiner Zeit als Parlamentarier und Kanzler richtiggelegen zu haben«.[2] Statt hier und da einen Fehler einzuräumen, bog er sich die Dinge zurecht, bis sie passten. Ob er in den frühen neunziger Jahren den Euro nicht zu positiv beurteilt habe? »Meine Kritik an den unzureichenden Grundlagen für den Euro habe ich damals nicht öffentlich gemacht aus Begeisterung für die Einheit.«[3] Und wie beurteilte er im Nachhinein seine Zustimmung zur Aufnahme Griechenlands in die Europäische Gemeinschaft 1981? Das habe er »Giscard zuliebe getan … gegen meine Überzeugung. Ich hatte mich etwas mit der griechischen Ökonomie befasst und konnte mir schwer vorstellen, dass einer der milliardenschweren Reeder je auch nur eine Drachme Steuern nach Athen überwiesen hatte.«[4]

Während Schmidt auf der einen Seite seine große Erzählung in aller Ruhe zu entwickeln begann, intervenierte er auf der anderen gegen Behauptungen, die geeignet erschienen, seine Regierung in ein schlechtes Licht zu rücken. Meistens ging es um Kleinigkeiten in längeren Zeitungsartikeln. Ob sie dort mit Absicht platziert worden waren oder sich als Irrtum eingeschlichen hatten, war für Schmidt unerheblich; er wollte verhindern, dass sich bestimmte Interpretationen festsetzten und irgendwann womöglich verselbständigten. Allerdings wog er von Fall zu Fall ab. Schmidt war kein notorischer Leserbriefschreiber. Ein Leserbrief schien ihm eigentlich nur angebracht, wenn Hoffnung bestand, damit eine Diskussion in Gang setzen zu können. Dann schrieb er an die Chefredaktion und bat um Abdruck, in wenigen Ausnahmefällen drohte er mit juristischen Schritten für den Wiederholungsfall. »In Ihrer Ausgabe vom … behaupten Sie, die von mir geführte Bundesregierung habe im Jahre …« Schmidt ging es ausschließlich um die Zurückweisung falscher Tatsachenbehauptungen. Auf abstruse Meinungsartikel, politische Abrechnungen und gelegentliche Schmähungen reagierte er fast nie. »Was persönliche Verunglimpfung angeht, so habe ich nicht nur eine dicke Haut, sondern auch ein recht gutes Gewissen.«[5]

Einen besonderen Hinweis in diesem Zusammenhang verdient Schmidts leidenschaftliches Eintreten für Freunde, denen Fehlverhalten in politischen Ämtern vorgeworfen wurde und die daraufhin unter massiven öffentlichen Druck gerieten. Vier Namen seien stellvertretend genannt: Karl Wienand, Rainer Barzel, Manfred Stolpe und Wolfgang Vogel. Ihnen allen hielt Schmidt geradezu nibelungenhaft die Treue. Die Botschaft war immer die gleiche: Leute, denen er über Jahre sein Vertrauen geschenkt hatte, konnten keine Verbrecher sein. Die komplizierten langwierigen Verfahren sollen hier nicht im Einzelnen aufgerollt werden; im Kern verhandelte man stets das Gleiche – die moralische Integrität und Glaubwürdigkeit des Betreffenden. Genau die aber standen für Schmidt in jedem Fall außer Zweifel.

Am 13. Februar 1992 wurde der Ministerpräsident von Brandenburg, Manfred Stolpe, als Inoffizieller Mitarbeiter des ehemaligen Staatssicherheitsdienstes der DDR enttarnt (Deckname »Sekretär«). Vier Tage später berichtete der *Spiegel*, der Stolpes Stasi-Kontakte Ende Januar enthüllt hatte, ausführlich über die Nebentätigkeiten des früheren Konsistorialpräsidenten, der für Helmut Schmidt und andere westdeutsche Politiker bis 1989 der neben Wolfgang Vogel wichtigste Kontaktmann in die DDR gewesen war. Am Tag darauf fuhr Schmidt nach Potsdam, um sich »demonstrativ in aller Öffentlichkeit an die Seite von Manfred Stolpe zu stellen. Ich bin hergekommen wegen meiner Sorge über eine Kampagne, die in einer Reihe von Medien gegen Herrn Stolpe geführt wird.« Durch die Angriffe auf seinen Freund, dem er nach wie vor »vollständig und ungemindert« vertraue, fühle er sich persönlich verletzt.[6] Ähnlich medienwirksam inszenierte Schmidt im November 1993 einen Besuch bei Wolfgang Vogel im Untersuchungsgefängnis Berlin-Moabit.[7] Er beklagte den westdeutschen Mangel an Einfühlungsvermögen in die Lebensverhältnisse unter einer Diktatur und nannte den Eifer der Berliner Staatsanwaltschaft befremdlich.[8]

Hatte sich Schmidt einmal ein festes Urteil über den Charakter eines Menschen gebildet, ließ er sich davon im Grunde nicht mehr abbringen, auch wenn sich Hinweise häuften, dass er möglicherweise falsch lag. So wahrte er ein Leben lang eine geradezu rührende Anhänglichkeit an Karl Wienand, mit dem er in den fünfziger Jahren sein erstes Abgeordnetenbüro im Bundeshaus geteilt hatte. Von 1967 bis 1974 war Wienand Parlamentarischer Geschäftsführer der SPD und als rechte Hand Herbert Wehners im Frühjahr 1972 maßgeblich daran beteiligt gewesen, dass das Misstrauensvotum gegen

Willy Brandt scheiterte. 1996 wurde Wienand wegen Spionage für die DDR verurteilt und hätte, nachdem sein Antrag auf Revision abgelehnt worden war, 1999 eine zweieinhalbjährige Haftstrafe antreten müssen. In einem ausführlichen Schreiben an Bundespräsident Herzog bat Schmidt mit bewegenden Worten, dem von Wienands Anwalt eingereichten Gnadengesuch stattzugeben. Wienand habe zweifellos »Anlass zu Verdächtigungen gegeben … jedoch halte ich es aus meiner Kenntnis der Person für ausgeschlossen, dass Karl Wienand Verrat begangen haben könnte.« Es sei »eine geschichtliche Tatsache«, dass in der Zeit des Kalten Krieges manche westdeutsche Politiker, die private Kontakte in die DDR unterhielten, »abgeschöpft« worden seien. Am 22. April entschied Herzog, die Vollstreckung zur Bewährung auszusetzen.[9]

Wienand, der im Krieg ein Bein verloren und später ein schweres familiäres Schicksal zu tragen hatte, gehörte zu jener Gruppe von Menschen, denen Schmidt mit Milde und Nachsicht begegnete, weil ihnen, wie er es empfand, das Leben übel mitgespielt hatte. Er war in diesem Punkt ausgesprochen human. Auch in seiner Freundschaft mit Rainer Barzel spielte das Gefühl, dass diesem Mann viel Unrecht geschehen war, eine wichtige Rolle. Es waren nicht nur die Erinnerungen an ihre vertrauensvolle Zusammenarbeit als Fraktionsvorsitzende der Großen Koalition, die Schmidts spätere Zuneigung zu Barzel begründeten.[10] 1984 hatte Barzel, den Schmidt als eines der größten Talente in den Reihen der CDU/CSU ansah, im Zuge der Flick-Spendenaffäre als Bundestagspräsident zurücktreten müssen und war von einem auf den anderen Tag politisch erledigt. »Wer den Lebensweg des heute 80-Jährigen überblickt«, sagte Schmidt zwanzig Jahre später auf der Geburtstagsfeier der CDU für ihren ehemaligen Vorsitzenden, »der darf die üblen Machenschaften aus seinem eigenen Lager nicht verschweigen, die Rainer Barzel damals der Korruption verdächtigt und ihn zermürbt haben.«[11] Mitgefühl verdiente Barzel aus Sicht Schmidts nicht zuletzt wegen einer Reihe von privaten Tragödien – er hatte zwei Ehefrauen durch Tod und seine Tochter durch Selbstmord verloren: »Schrecklich, muss man sich mal vorstellen. Ein schweres Leben.«[12]

Für seinen Freund Barzel ebenso wie für den ehemaligen Kollegen Wienand oder seine DDR-Vertrauensleute Stolpe und Vogel setzte Schmidt sich ein, weil er es für menschlich geboten hielt. Sich öffentlich zu Personen zu bekennen, die am Pranger standen, verlangte eine gewisse Charakterfestigkeit. Schmidt sprach in diesem Zusammenhang gern von Anstand. Vielleicht verband er damit sogar die Vorstellung, denen, die weniger Glück gehabt hatten als er, etwas schuldig zu sein, schließlich war er selbst vom Schicksal außergewöhnlich gut behandelt worden. Auch gehörte es für ihn zu den selbstverständlichen Regeln der Politik, den Verlierer fair zu behandeln. Nachzutreten lag ihm nicht, Rachsucht oder Häme sind nicht einmal ansatzweise bei ihm zu finden. Und er kam ohne Indiskretionen aus, das wirksamste Gift der Politik.

Aber weil er das politische Geschäft kannte, wusste er auch, dass es leichter war, eventuellen Angriffen vorzubeugen, als hinterher Schadensbegrenzung betreiben zu müssen. Fast alles, was Schmidt in den achtziger Jahren in eigener Sache unternahm, diente dazu, sich die Deutungshoheit über sein politisches Wirken zu sichern. Hatte er das Gefühl, seine Rolle werde nicht angemessen oder gar in falschem Licht dargestellt, griff er ein – mit Leserbriefen, eigenen Artikeln, Diskussionsbeiträgen. Mit den beiden Bänden seiner Erinnerungen *Menschen und Mächte* legte er den ehrgeizigen Versuch vor, die von ihm verantwortete Politik im Gesamtzusammenhang strategischer, ökonomischer, sozialer und ethischer Komponenten umfassend darzustellen. Bei der Vorbereitung des abschließenden dritten Bandes *Weggefährten* entdeckte Schmidt allerdings eine schmerzliche Lücke: Er wusste zwar, was ihn mit Freunden und Partnern verband und wie er sie einzuordnen hatte, aber welches Bild sie sich ihrerseits von ihm gemacht hatten, war ihm in den meisten Fällen unbekannt geblieben.

Also regte Schmidt die 1992 zur Ordnung seines Nachlasses gegründete Helmut und Loki Schmidt-Stiftung zu einem ehrgeizigen Oral-History-Projekt an: Freunde, Gegner, in- und ausländische Gesprächspartner sollten über die gemeinsamen Jahre befragt werden. Schmidt schwebte eine umfassende Text- und Bild-Dokumentation vor, die nach dem Vorbild amerikanischer »Presidential Libraries« zu einem Herzstück seines Archivs werden sollte. Da der Aufwand die Möglichkeiten der Stiftung bei weitem überstieg, war man auf Kooperation angewiesen. Unter dem Titel »Am Ende des Jahrhunderts« produzierten der Norddeutsche Rundfunk und Studio Hamburg mit Unterstützung von arte eine zehnteilige Fernsehreihe, die 1998 ausgestrahlt wurde. Zu Schmidts prominentesten Gesprächspartnern zählten Jimmy Carter, Michail Gorbatschow, Henry Kissinger und Helmut Kohl.[13] Parallel dazu führte die von der Stiftung mit der Dokumentation beauftragte Journalistin Dorothea Hauser weitere Gespräche, sodass schließlich mehr als dreißig Konvolute Eingang in Schmidts Archiv fanden. 2005 startete die Helmut und Loki Schmidt-Stiftung dann eine eigene Schriftenreihe mit wissenschaftlichen Abhandlungen zu einzelnen Aspekten des öffentlichen Wirkens Schmidts (sowie einer Arbeit über die Botanikerin Loki Schmidt und einer Studie zur Lichtwarkschule), die inzwischen zehn Bände umfasst.

*

Als ein ideales Instrument, mit dem sich gezielt auf erinnerungspolitische Prozesse einwirken ließ, erwies sich die Zeitung, deren Herausgeber Helmut Schmidt 1983 geworden war. Viele seiner Artikel und Interviews in der *Zeit* boten ihm die Möglichkeit, mit einer kleinen Reminiszenz am Rande immer auch sein eigenes Bild ein wenig zurechtzurücken. Nicht nur in den etwa zwei Dutzend Nachrufen auf Freunde und politische Weggefährten, die Schmidt im Laufe der Jahre verfasste, konnte er die eigene Position noch einmal bekräftigen. Auch in seine politischen Kommentare ließ er gern einfließen, wie man ein vergleichbares Problem zu seiner Zeit gelöst hatte. So präsentierte sich Schmidt den Lesern der *Zeit* als ein Mann, der nicht Meinungen vertrat und Partei nahm, sondern aus der Verantwortung heraus urteilte, die er selber einmal getragen hatte.

Nachdem Schmidt 1990 die Schlagzahl seiner Beiträge deutlich erhöht und mit Alternativprogrammen für den Aufbau Ost die

Regierung Kohl bald auch direkt attackiert hatte, pendelte sich die Anzahl seiner Artikel ab Mitte der neunziger Jahre bei etwa sechs Veröffentlichungen pro Jahr ein. Eine Ausnahme bildete das Jahr 2001, in dem Schmidt 24 Beiträge in der *Zeit* publizierte, das heißt durchschnittlich zwei Artikel pro Monat. Seine beiden jüngsten Bücher – *Auf der Suche nach einer öffentlichen Moral* und *Die Selbstbehauptung Europas* – waren kurz hintereinander erschienen, ein neues Buchprojekt stand nicht an, und gesundheitlich ging es ihm gut. Also mischte er sich ein.

Das Themenspektrum des Jahres 2001 ist charakteristisch für Schmidts journalistische Arbeit während der letzten zwanzig Jahre. Neben acht Artikeln zur prekären ökonomischen Situation in Deutschland – Stichworte: Rentenreform, Tarifverhandlungen, Konjunkturflaute, Inflationsgefahr, Überregulierung – standen fünf Artikel zur Stabilität des Euro und zur Zukunft der Europäischen Union. Vier Tage nach den Anschlägen vom 11. September meldete sich Schmidt mit einem Kommentar zum »Mammutverbrechen« zu Wort, zwei Wochen später folgte ein Appell, das Bündnis des Westens gegen den islamistischen Terror dürfe nicht zu einem »Kampf der Kulturen« ausarten.

Neben diesen Beiträgen standen Erinnerungen zum hundertsten Geburtstag von Fritz Erler, ein Gespräch mit Dieter Buhl über die Jahre an der Lichtwarkschule sowie der Festvortrag zur Eröffnung der International University Bremen (heute Jacobs University). Im März gratulierte er Siegfried Lenz zum 75. Geburtstag, im Oktober rezensierte er die Lebenserinnerungen von Rainer Barzel. Außerdem verfasste Schmidt in diesem Jahr zwei Nachrufe – auf Tyll Necker, von 1987 bis 1994 Präsident des Bundesverbandes der Deutschen Industrie (BDI), und auf Gerhard Stoltenberg, den ehemaligen Ministerpräsidenten von Schleswig-Holstein und späteren Bundesminister für Finanzen und der Verteidigung. Schmidt hatte beide persönlich sehr geschätzt.

Wegen des Stoltenberg-Nachrufs kam es zu einem Disput mit der Chefredaktion. »Gerhard Stoltenberg hat sich um unser Land verdient gemacht«, hatte Schmidt am Ende seines Textes geschrieben. Chefredakteur Josef Joffe hielt die stehende Wendung im Fall Stoltenberg offenbar für unangebracht und änderte den Satz in: »Gerhard Stoltenberg wurde 73 Jahre alt.« Schmidt war empört: »Ich wäre dankbar, wenn Sie Gelegenheit nähmen, ein solches Verfahren gegenüber dem Herausgeber für die Zukunft zu unterbinden.« Er habe sich diesen Satz »sehr lange überlegt«, stellte Schmidt klar, als Joffe nach Ausflüchten suchte. »Denn außer dem Bundespräsidenten stand er möglicherweise nur noch mir zu.«[14] Ein halbes Jahr später wies Schmidt die Chefredaktion an, dass nicht nur Textkorrekturen, sondern, entgegen journalistischem Brauch, in Zukunft auch »Titel und Zwischentitel mit mir telefonisch abgestimmt werden« müssen.[15]

Verlag und Redaktion waren durch stürmische Zeiten gegangen. 1992 hatte Theo Sommer nach zwanzig Jahren den Posten des Chefredakteurs gegen den Posten eines dritten Herausgebers eingetauscht. Weder der von Sommer als Nachfolger empfohlene Robert Leicht noch dessen Nachfolger Roger de Weck, auf den Schmidt große Hoffnungen gesetzt hatte, konnten die Erwartungen erfüllen. Die Auflage sank kontinuierlich, von 500 000 Anfang 1993 auf unter 440 000 Anfang 2000. Zum Ende dieses Jahres musste auch de Weck den Stuhl des Chefredakteurs räumen und das Haus verlassen. Die an die Stelle von Theo Sommer neu in das Herausgebergremium einrückenden Josef Joffe, der von der *Süddeutschen Zeitung* kam, und Michael Naumann, der sein Amt als Kulturstaatsminister bei Gerhard Schröder an den Nagel hängte, übernahmen als Doppelspitze für vier Jahre auch die Chefredaktion.

Die anhaltenden Turbulenzen in der Chefredaktion standen in Zusammenhang mit der fälligen Modernisierung des Blattes unter dem neuen Eigentümer, der Stuttgarter Verlagsgruppe Georg von Holtzbrinck. Im September 1995 war der Gründungsverleger Gerd Bucerius im Alter von 89 Jahren gestorben. Er hatte an seiner Überzeugung festgehalten, dass die *Zeit* zur langfristigen Sicherung ihrer Unabhängigkeit einen ökonomisch starken Partner brauchte. Am liebsten wäre er mit Reinhard Mohn ins Geschäft gekommen; 1987 hatte der Bundesgerichtshof einer möglichen Übernahme der *Zeit* durch Bertelsmann jedoch definitiv einen Riegel vorgeschoben.

Zwei Jahre später bat Dieter von Holtzbrinck um ein Gespräch mit Schmidt. Bei einem Mittagessen am 19. Dezember 1989 trugen er und sein Generalbevollmächtigter Werner Schoenicke ihm ihren Wunsch einer Beteiligung am Zeit-Verlag vor. Schmidt erklärte sich für nicht zuständig. »Ich habe ihnen mein demnächstiges Ausscheiden aus der Geschäftsführung dargelegt und meine persönliche Meinung hinzugefügt, dass meines Erachtens gegenwärtig weder beim Zeit-Verlag noch bei Herrn Dr. Bucerius persönlich Geldbedarf besteht.«[16] Der Eigentümer der *Zeit* sah das nicht nur anders, er hatte zu diesem Zeitpunkt auch längst selber Gespräche mit Holtzbrinck geführt. Der Vorgang illustriert, dass Schmidt nicht einmal als Generalbevollmächtigter in die strategischen Überlegungen des Besitzers eingebunden war. Gut zwei Monate später, am 26. Februar 1990, unterbreitete Holtzbrinck ein erstes Angebot.[17] Ende 1993 stieg man in konkrete Verhandlungen ein.

Nach dem Tod von Bucerius hatte Hilde von Lang als Testamentsvollstreckerin die Verhandlungen zügig zu Ende geführt und im Frühjahr 1996 einen unterschriftsreifen Vertrag präsentiert. Während Helmut Schmidt den Eigentümerwechsel nach anfänglichem Zögern begrüßte, auch weil er Reformen des Blattes auf allen Etagen für dringend erforderlich hielt, kristallisierte sich um Marion Dönhoff der Widerstand der alten Garde. »Sie war die Anlaufstelle für die Unzufriedenen in der Redaktion, die keine Veränderungen wollten«, urteilte der neue Besitzer.[18] So wie Helmut Schmidt in den achtziger Jahren immer wieder den Ausgleich zwischen Verlag und Redaktion hatte suchen müssen, so musste er jetzt wiederholt seine Mitherausgeberin besänftigen, die fürchtete, dass das Erbe der schönen *Zeit* dem schnöden Mammon geopfert werde.

Marion Dönhoff befand sich ohnehin auf einem Kreuzzug gegen den »Raubtierkapitalismus« – ein Begriff, den sie von Schmidt entlehnte und den die Leserschaft am Ende mindestens ebenso stark mit ihr identifizierte wie mit ihm. Während Schmidt vor allem das Investmentbanking, den Derivatehandel und Wetten auf Kursschwankungen beklagte, weil solche Geschäfte bei gleichzeitig fehlender Banken- und Börsenaufsicht eine erhebliche Gefahr für die globalen Märkte darstellten, sah sich Marion Dönhoff mehr als Robin Hood. Für sie war die breiter werdende Kluft zwischen Arm und Reich in erster Linie ein gesellschaftliches Phänomen.

Im August 1997 verfassten Dönhoff und Schmidt gemeinsam einen Spendenaufruf für die Opfer des Hochwassers an der Oder. Als Schmidt den gedruckten Artikel »Hilfe tut not« zu Gesicht bekam, staunte er nicht schlecht über den ersten Satz: »Wir alle, die wir zuweilen darüber Klage führen, dass unter den heutigen Umständen die Reichen immer reicher und die Armen immer ärmer werden, sehen uns plötzlich vor eine Situation gestellt, in der die von der Flut betroffenen Menschen vor dem absoluten Nichts stehen, während wir unser normales Leben weiterführen.« – »Nicht mein Text!«, schrieb er mit seinem grünen Filzstift daneben. Die Gräfin hatte ihm den Satz, den er in dieser Form unter seinem Namen nicht hätte drucken lassen, schlicht untergeschoben.[19]

Die von Holtzbrinck eingesetzte neue Geschäftsführung machte viel Druck. Das Image der *Zeit* drohte durch aggressive Leserwerbung ernsthaft Schaden zu nehmen. In der *International Herald Tribune* wurde eine Anzeige geschaltet, die in verballhorntem Englisch neue Werbekunden locken sollte: Die *Zeit* sei »the biggest newspaper« in Deutschland, »opinion-forming«. Ende 1998 bat Schmidt um Auswechslung des Geschäftsführers. »Das jüngste Vorkommnis war *Zeit*-Werbung durch Anschlag auf Aborten von sogenannten Szene-Lokalen. Bitte verstehen Sie«, schrieb er an Dieter von Holtzbrinck, »dass es mir schwerfällt, mich mit dergleichen identifizieren lassen zu müssen.« Es war das einzige Mal in den 33 Jahren seiner Zugehörigkeit zur Zeitung, dass Schmidt sich dazu durchrang, eine Entlassung »freundschaftlich nahezulegen«.[20]

Ein halbes Jahr später schlug Gräfin Dönhoff Alarm wegen der von Holtzbrinck beabsichtigten Berufung von Josef Joffe zum neuen Herausgeber. Joffe sei viel zu stark auf Amerika fixiert und stehe alles in allem zu weit rechts. Sie halte die Entscheidung »für absolut desaströs«, schrieb sie an Holtzbrinck, weil sie den Eindruck vermittle, »dass Stuttgart entschlossen ist, eine ganz andere *Zeit* zu machen«.[21] Schmidt, der Dönhoffs Einschätzung im Prinzip teilte, blieb gelassen. Er arrangierte sich mit Joffe ebenso wie kurz darauf mit Michael Naumann, weil unter beider redaktioneller Leitung das Blatt ab 2001 wieder Fahrt aufnahm. Nach den bleiernen Jahren unter Robert Leicht, der die Kommunikation mit Redakteuren und Herausgebern in sträflicher Weise vernachlässigt hatte, und den zahlreichen Verunsicherungen durch Roger de Weck, der ebenfalls mit einsamen Entscheidungen glänzte, wehte auch in der Redaktion bald wieder ein frischer Wind. Schmidt registrierte es. Was fehlte, war jenes politische Grundvertrauen, das seine zehnjährige Zusammenarbeit mit Theo Sommer ausgezeichnet hatte und das selbst dann nicht verlorenging, wenn sie konträrer Meinung waren. Zu keinem der Nachfolger auf dem Posten des Chefredakteurs fand Schmidt noch einmal ein ähnliches Verhältnis.

Während bei der *Zeit* allerhand Neuerungen Einzug hielten, rückten Schmidt und Dönhoff immer enger zusammen. Sie gratulierten sich gegenseitig zu ihren Artikeln,[22] vertieften aber auch ihre persönliche Nähe. Im August 1993 hatte Schmidt zur Verleihung eines Preises der Stadt Herdecke an Gräfin Dönhoff die Laudatio gehalten, für die sie sich spät am Abend bedankte: »Für mich war es sehr bewegend, Sie so sprechen zu hören. Ich habe immer unsere Freundschaft als etwas ganz Wichtiges und mir sehr Nahes empfunden – meine Freundschaft für Sie – aber nun (lachen Sie nicht) wirklich zum ersten Mal zu erleben, dass dies keine one way Veranstaltung ist, empfinde ich als eine große Bereicherung dieses Tages … Helmut, mir ist ganz warm ums Herz, wenn ich an Sie denke.« Schmidt war bewegt: »In einem Punkte bitte ich Sie, ganz sicher zu sein: Es war nie eine one-way affair!«[23] Obwohl sie nun seit mehr als vierzig Jahren miteinander befreundet seien, schrieb ihm Gräfin Dönhoff nach einem gemeinsam verbrachten Nachmittag, hätten sie leider »selten Gelegenheit, festzustellen, wie sehr unsere Wertmaßstäbe sich gleichen, und zu spüren, dass wir aus den gleichen Quellen Kraft schöpfen«.[24]

Am 11. März 2002 starb Marion Gräfin Dönhoff im Alter von 92 Jahren. Schmidt verlor eine wirkliche Vertraute. Fragte man ihn in den neunziger Jahren, wer ihn am besten kenne, bei wem man zuverlässig Auskunft über ihn bekäme, nannte er zwei Namen: Klaus Bölling und Marion Dönhoff. Die Gräfin, deren Mutter zu den Hofdamen der Kaiserin zählte, und der Junge aus dem Barmbeker Kleine-Leute-Milieu waren sich in vielem ähnlich. Sie haben ihre unterschiedliche Herkunft gegenseitig akzeptiert und ihre Seelenverwandtschaft genossen. »Sie gibt sich gerne den Anschein großer Nüchternheit, lässt es nicht leicht zu, dass man vordringt zu ihren Gefühlen«, hatte Richard von Weizsäcker über sie gesagt.[25] Eine hohe Emotionalität unter einem undurchdringlichen Panzer: So ähnlich dürfte sie auch Schmidt gesehen und darin zweifellos ein Stück von sich selbst erkannt haben. Am 14. März trug er sich in das Kondolenzbuch ein: »Marion Dönhoff besaß alle vier Kardinaltugenden: Sie war klug, maßvoll, gerecht und immer wieder tapfer. Sie war konservativ in ihren Werten. Ihr oberster Wert, für den sie streitbar gefochten hat, waren die Freiheit und die Würde jeder Person. Dabei war sie liberal und tolerant gegen andere. Sie war ein Vorbild in der Erfüllung ihrer selbst gewählten Pflichten – getreu dem kategorischen Imperativ ihres preußischen Landsmanns Immanuel Kant. Wer sie gekannt hat, der wird sich ihrer immer erinnern. Alle Erinnerung ist Gegenwart.«[26]

*

»Als ich vor mehr als zwanzig Jahren zur *Zeit* kam, hat mir Theo Sommer (damals Chefredakteur) erklärt, der Wirtschaftsteil unserer Zeitung liege ein wenig rechts von der Mitte, die Politik im Zentrum und das Feuilleton ein wenig links von der Mitte. Dieser Sachverhalt hat sich trotz mehrfachen Wechsels der Chefredakteure und auch des sonstigen Personals nicht wesentlich geändert.«[27] Auch wenn es für ihn regelmäßig – nicht nur im Feuilleton – Ausschläge nach links zu beanstanden gab, so hat sich Schmidt mit der generellen Ausrichtung der *Zeit* im Laufe der Jahre doch weitgehend anfreunden können. Woche für Woche verfolgte er die gedruckten Ergebnisse wach und kritisch. Kritik verstand er in erster Linie als Anregung, ein Detail, das ihm aufgefallen war, im Interesse der Leser zu verbessern. Je älter er wurde, desto häufiger lobte er auch, sogar Artikel politischer Redakteure, deren Ansichten er sonst schwer erträglich fand.[28]

Nicht selten folgte dem Lob der Tadel. Im Juli 2015, vier Monate vor seinem Tod, dankte Schmidt dem Leiter des Ressorts Wissen für eine dreiteilige Serie über Intelligenz, die er mit »großem Interesse gelesen« habe. »Leider konnte die vielversprechende Qualität des ersten Teils nicht erhalten werden.« Man möge doch in Zukunft darauf achten, »dass möglichst alle Teile einer Serie vergleichbar stark sind«.[29] Am häufigsten kritisierte Schmidt nach wie vor mangelnde Verständlichkeit einzelner Artikel und ein unübersichtliches beziehungsweise zu buntes Layout. Ob es nicht leserfreundlich wäre, die vielen Namen und Begriffe in den Artikeln über Islam und Islamismus, mit denen nur Experten etwas anfangen können, zu erläutern – »dies könnte auch geschehen in Form eines Kastens zum jeweiligen Artikel«.[30]

So wie Schmidt manches an der Zeitung akzeptieren musste, was ihm nicht gefiel, so hatte sich die *Zeit* ihrerseits damit abzufinden, dass Schmidt publizistisch eigene Wege ging. Er gab viel beachtete Interviews in der *Bild*-Zeitung und anderen Blättern des Springer-Konzerns, machte Werbung für die *Frankfurter Allgemeine Zeitung* und drohte schon mal, einen Artikel, dessen Veröffentlichung die Chefredaktion mehrfach verschob, an anderer Stelle drucken zu lassen. Auch wenn er als Herausgeber die *Zeit* repräsentierte, so ließ er sich doch nicht verbieten, eine andere Meinung kundzutun. Ende 1996 äußerte die Redakteurin Petra Kipphoff ihre »Betroffenheit« darüber, dass Schmidt in einem Interview zum Thema Beutekunst eine völlig andere Auffassung vertreten habe als sie; damit habe er »nicht nur die *Zeit* in ein seltsames Licht gerückt«, sondern auch die Verhandlungen mit Russland »ins Zwielicht gebracht«. Schmidt antwortete, dass er die Verhältnisse in Russland genügend gut kenne, um sich ein eigenes Urteil zu bilden.[31]

Was Schmidt an der von ihm mitherausgegebenen Zeitung am meisten störte, war der Hang zum »Gesinnungsjournalismus«. Wenn er in der politischen Konferenz am Freitag wieder einmal der Reihe nach sich die Artikel vorknöpfte, in denen seiner Meinung nach zu viel Weltanschauung und zu wenig Substanz geboten wurde, konnte es vorkommen, dass der stellvertretende Chefredakteur türknallend den Raum verließ (und in der nächsten Sitzung gar nicht erst erschien). In den Augen Schmidts ließ ein guter Artikel zwar eine klare Haltung erkennen, in erster Linie aber hatte er die verschiedenen Standpunkte zur Geltung zu bringen, dabei auch die Argumente der Gegenseite gebührend zu berücksichtigen und sich mit einer eigenen Wertung zurückzuhalten.

Unter dem Strich zählte allein die Auflage – das wusste Schmidt besser als mancher Redakteur. Dass der unter Josef Joffe und Michael Naumann sich abzeichnende Aufwärtstrend der *Zeit* unter Giovanni di Lorenzo, der im August 2004 den Posten des Chefredakteurs übernahm, stetig fortgesetzt und ausgebaut werden konnte, nahm Schmidt stolz und erleichtert zur Kenntnis. Und fühlte sich zugleich immer ein wenig unwohl angesichts des Erfolges, der Woche für Woche nur eine Richtung zu kennen schien: die Kommerzialisierung der Themen durch Annäherung an den Boulevardjournalismus. Boulevardjournalismus war für Schmidt fast genauso schlimm wie Gesinnungsjournalismus.

Im Februar 2007 lud Schmidt seine beiden Mitherausgeber Joffe und Naumann und den Chefredakteur di Lorenzo zu einem Abendessen in den Neubergerweg. In einem Vermerk, den er für sich selbst anlegte, hielt er das Ergebnis des Gespräches fest: »1. Ich verstehe, dass wegen der erstrebten Entwicklung der Auflage … in zunehmendem Maße auch weiche Themen und entsprechende Aufmachung Platz beanspruchen. Ich bitte darum, die drei Teile Politik, Wirtschaft und Wissen davon freizuhalten.« Schmidt bemängelte den Trend zu weichen Themen insbesondere im Dossier, das sehr viel weniger als früher »der politischen, der ökonomischen oder der gesellschaftspolitischen Analyse gewidmet« sei. Er warnte vor effekthaschenden Überschriften und Fotos, konstatierte zunehmenden

»Herdenjournalismus«, der immer nur über das berichte, worüber die anderen auch berichteten, und kritisierte die Vielzahl nichtssagender Interviews.[32] Unter Punkt 8 fasste er zusammen: »Das Profil der *Zeit* war zeitweilig linksliberal; es ist vernünftig, dass dieses Image verlorengegangen ist, weil heute regelmäßig auch konservative Meinungen zu Wort kommen. Das Profil der *Zeit* muss aber im besten Sinne des Wortes liberal bleiben, es darf nicht zur Verwechselbarkeit verschwimmen.«[33] Das war sein Wunsch, von heute aus gesehen: sein letzter Wunsch.

Wie ernst es Schmidt damit war, dass ein gewisser politischer Standard nicht unterschritten wurde, zeigte sich im Sommer 2012 bei einem der letzten Gespräche mit Giovanni di Lorenzo für die Kolumne »Verstehen Sie das, Herr Schmidt?«. Es ging um China, um die Menschenrechte dort – ein für Schmidt schwieriges Thema. Was er sich dabei gedacht habe, 1975 dem »Massenmörder« Mao Zedong die Hand zu geben und ihm damit zur Reputation im Westen zu verhelfen – der Mann habe nun einmal »seine Hände in Blut gewaschen«? Schmidt blieb höflich und brach das Gespräch nicht ab. Als er den Ausdruck des Interviews bekam, verweigerte er jedoch die Veröffentlichung: »Die Fragen bringen mich überall in die Zwangslage, wenigstens zum Teil Mao Zedong verteidigen zu müssen. Das ist mir aber unerwünscht.«[34]

Giovanni di Lorenzo war wie vor den Kopf gestoßen. Er strich und redigierte und bat um Zustimmung zu einer entschärften Version. Bei den Interviews, die sie seit vielen Jahren führten, handele es sich ja um »ein Rollenspiel«, erklärte er Schmidt, »ein Rollenspiel, bei dem man sich etwas dümmer stellt, als man ist«. Es wolle dafür aber auf keinen Fall »unser bislang so gutes Verhältnis belasten«.[35] Schmidt schätzte die menschliche Haltung des Chefredakteurs ebenso hoch wie sein professionelles Gespür für Themen. Er versicherte ihm, dass er ihr »freundschaftliches Verhältnis« weiterhin als ungestört betrachte, fügte aber eine nicht unwichtige kleine Ermahnung an. »Rollenspiele« seien »für einen Talk-Master in Ordnung … Für den Chefredakteur unserer Zeitung habe ich Zweifel hinsichtlich der Angemessenheit.« Wer sich dümmer stelle, als er ist, erzeuge vielleicht Spannung – »der Chefredakteur der Zeitung soll aber nicht vor allem spannend zu lesen sein, sondern er soll führen.« Und wie zur Beschwichtigung fügte Schmidt hinzu: »Tut er ja in der Regel auch. Mit herzlichem Gruß«.[36]

*

Im Vorfeld seines 85. Geburtstages am 23. Dezember 2003 begann der Ruhm Helmut Schmidts geradezu überirdisch zu leuchten. Einige der Faktoren, die dazu beitrugen, wurden bereits erwähnt. Schmidt hatte die 16 Jahre der Ära Kohl überdauert, ohne in Vergessenheit zu geraten, und stand nach dessen schnellem Verglühen in den Schlacken der Parteispenden als Bundeskanzler außer Dienst konkurrenzlos da. Auch Gerhard Schröder, 1998 von vielen freudig als neuer Schmidt apostrophiert, hatte inzwischen Federn gelassen: Nachdem er sich im Wahlkampf 2002 mit seiner Festlegung auf eine deutsche Nichtbeteiligung am Irakkrieg außenpolitisch isoliert hatte, war er nach dem knappen Wahlsieg wegen der angekündigten Reformen der Sozialsysteme auch innenpolitisch in schweres Fahrwasser geraten. »Der einsame Kanzler« titelte der *Spiegel* nach den ersten hundert Tagen der zweiten Legislaturperiode.

Wichtiger für Schmidts Aufstieg zum Orakel der Deutschen als die innenpolitische Konstellation war die weltpolitische Unübersichtlichkeit nach den Anschlägen vom 11. September 2001. Zwar hielten die Deutschen Schröders Politik mehrheitlich für richtig – Solidarität mit den Amerikanern bis zum Afghanistan-Einsatz, danach Distanzierung von weiteren Kriegsplänen der Regierung Bush. Aber wie sollte man die Ereignisse einordnen, und welche Konsequenzen ergaben sich daraus für die Zukunft? Schmidt, der zu den wenigen zählte, denen sowohl der notwendige Überblick als auch genügend Distanz zugetraut wurde, hatte sich am Tag nach den Anschlägen von Sandra Maischberger auf n-tv befragen lassen. Er sehe nicht, dass der Bündnisfall nach Artikel 5 des Nordatlantikpaktes gegeben sei, beruhigte Schmidt – und wurde noch am selben Tag durch den NATO-Rat widerlegt.

Die Entscheidung, den Bündnisfall zu erklären, sei völlig überflüssig gewesen, bekräftigte Schmidt anderthalb Jahre später am Vorabend des Irakkrieges. »Ohne dass jemand sie darum ersucht hatte«, habe sich die NATO zu diesem Schritt entschlossen, nur um sich selbst zu beweisen, wie wichtig sie sei. »Aber wichtig ist sie weder im Kampf gegen Osama Bin Laden noch im Kampf gegen Saddam Hussein. Nein, die wird im Gleitflug niedergehen.« In diesem Zusammenhang nannte er Schröders Wort von der uneingeschränkten Solidarität der Deutschen mit Amerika übertrieben: »Solidarität wäre ausreichend gewesen, und die war auch ernst gemeint.«[37]

Die martialischen Töne, die nach dem 11. September vor allem aus Washington zu hören waren, beunruhigten Schmidt. Im Unterschied zu Kennedy, der selber noch im Krieg gewesen sei und in der Kubakrise daher verantwortungsbewusst gehandelt habe, wisse Bush offenbar nicht, was Krieg bedeute. Weil die gegenwärtige Politikergeneration mit Krieg keine eigenen Erinnerungen verbinde, würden unkalkulierbare Entscheidungen möglicherweise leichtfertig getroffen. Schmidt wollte nicht einmal ausschließen, dass das Pentagon über den Einsatz nuklearer Waffen nachdachte. Als Angehöriger einer Generation, die vom Krieg gezeichnet war, warnte er davor, die Büchse der Pandora zu öffnen.

Weil Washington wenig Bereitschaft zeigte, Rücksicht auf die Verbündeten zu nehmen, verschlechterte sich im Verlauf des Jahres 2002 das deutsch-amerikanische Verhältnis dramatisch. Im November kam die Idee auf, mit einem deutsch-amerikanischen Buchprojekt daran mitzuwirken, dass die Entfremdung nicht weiter fortschritt und der Dialog wieder in Gang kam: Helmut Schmidt sollte den Amerikanern den europäischen Standpunkt, Henry Kissinger den Europäern die amerikanische Perspektive erläutern. Schmidt ließ den Plan alsbald fallen, weil, wie er glaubte, Kissinger in bestimmten Fragen zu viel Rücksicht nehmen müsse und nicht schreibe, was er wirklich denke. Kissinger wiederum konnte Schmidts zunehmend kritische Haltung gegenüber den USA nur in Teilen nachvollziehen. Schmidt wachsenden Antiamerikanismus zu unterstellen, verkenne seine Einstellung zu den USA allerdings gründlich, betonte Kissinger in seinem Nachruf. Als Angehöriger jener »Nachkriegsgeneration, die zu Amerika aufblickte, weil sie in seinen besonderen Führungsqualitäten die beste und anfänglich die einzige Hoffnung für die freien Völker sah«, habe Schmidt jedoch »einen strengen Maßstab« angelegt und bestimmte amerikanische Tendenzen nur schwer akzeptieren können.[38]

Im September 2003 hielt Schmidt in New York einen Vortrag unter dem Titel »The Global Situation as seen from an European Point of View«. Dieser Vortrag diente ihm als Grundlage für das neue Buch, das jetzt alle von ihm erwarteten und das er im Februar auf Madeira in nur vier Wochen runterschrieb: *Die Mächte der Zukunft*. Kein Ereignis der letzten Jahre habe »unser Bild von der Welt in so dramatischer Weise verändert« wie die Anschläge vom 11. September, hieß es in der Vorrede. Aber weil die Regierung Bush mit dem von ihr proklamierten Krieg gegen den Terrorismus ihren »unzweideutigen Willen zum Alleingang bekundet« habe, sei »ohne Not amerikanisches Ansehen in der Welt aufs Spiel gesetzt« worden.[39] Man müsse diese Entwicklung schon deshalb zutiefst beklagen, weil drängende globale Probleme wie Überbevölkerung, Klimaschutz oder Rüstungsbegrenzung ohne die Autorität und das Gewicht der USA nicht gelöst werden könnten. Schmidt blickte überaus pessimistisch in die Zukunft. Er war von Natur Skeptiker, hatte sich einen übertriebenen Pessimismus aber noch nie gestatten wollen und rief sich deshalb jetzt im Nachwort selber zur Ordnung: »Weder Optimismus noch Pessimismus sind brauchbare Richtlinien für den, der Verantwortung für andere trägt. Er braucht vielmehr Realismus, kluge Vernunft und Urteilskraft.«[40]

Im Frühjahr 2002 war ein Gesprächsband erschienen, in dessen Mittelpunkt die Frage stand, welche Qualitäten und Eigenschaften Schmidt von einem Politiker erwartete und von welchen Kriterien er selbst sich in seiner Laufbahn hatte leiten lassen. Am Tag nach den Anschlägen war Schmidt der Bitte von Sandra Maischberger um ein Interview nur deshalb nachgekommen, weil er mit ihr über den Plan zu diesem Buch sprechen wollte. Die *Zeit* hatte ihn im

Frühjahr 2000 überredet, sich zwei Stunden lang von Lesern über Gott und die Welt befragen zu lassen. Bei diesem Potpourri war Schmidt zu Hochform aufgelaufen und hatte in kurzweiligen Antworten jenseits üblicher Routine viel Schlagfertigkeit bewiesen. Der Abdruck in der *Zeit* war mit Begeisterung aufgenommen worden, die Leser fühlten sich blendend unterhalten.[41] Schmidt verspürte große Lust, das ihn inspirierende Frage- und Antwortspiel mit der Enkelgeneration fortzusetzen und daraus ein Buch zu machen – Arbeitstitel: »Wozu Politik?« Ob Frau Maischberger sich vorstellen könnte, die Moderation zu übernehmen?[42]

In *Hand aufs Herz*, dem aus diesen Überlegungen hervorgegangenen Gesprächsband, fand Helmut Schmidt zu jenem lapidaren Altersstil, den er ab 2004 in den Fernsehsendungen von Sandra Maischberger und Reinhold Beckmann weiterentwickelte und in den Zigarettengesprächen mit Giovanni di Lorenzo ab 2007 schließlich zur Perfektion führte. Auf schnodderige Weise belehrend, auf eitle Art amüsant: Das ganze rhetorische Repertoire der späten Jahre kann hier bereits studiert werden. »Eines der Klischees über Sie ist das der Arroganz: Man sagt, Sie seien arrogant gegenüber denen, die nicht so intelligent sind wie Sie, und das sind ja dann doch eine ganze Menge.« – »Und was ist die Frage?«[43] Wer es unverkennbar darauf anlegte, ihn aufs Glatteis zu führen, musste erst einmal lernen, seine Frage ordentlich zu formulieren. Das erinnerte an die Zurechtweisungen, mit denen sich Schmidt in Bonn einst lästiger Journalisten erwehrte. Jetzt, in den Dialogen mit Sandra Maischberger, wurden sie Teil des Rituals. Frau Maischberger war souverän genug, scheinbar klaglos zu akzeptieren, dass Schmidt die Spielregeln vorgab. Er revanchierte sich, indem er gelegentlich durchscheinen ließ, dass er, wenn er wollte, auch charmant sein konnte.

Fast alle Themen, mit denen Schmidt in den folgenden Jahren beim breiten Publikum punktete, wurden in *Hand aufs Herz* abgehandelt, weder an den Argumentationsmustern noch an den Formulierungen hat er danach noch viel geändert. Auskunftsfreudig war er nicht zuletzt in Bezug auf seine politische Biographie, wobei er sich fortwährend absetzte vom gängigen Klischee des Berufspolitikers als Karrierist. »Ich habe nie die Absicht gehabt, Politiker zu werden.« – »Es gab zwei Ämter in meinem Leben, die ich gern ausgeführt und freiwillig auf mich genommen habe. Das eine war das Amt des Hamburger Innensenators, das andere war das Amt des Fraktionsvorsitzenden.« – »Ich bewundere sowieso alle Leute, die Bundeskanzler werden wollen.« – »Sie müssen sich freimachen von der Vorstellung, dass die Demokratie schlechtweg etwas Ideales sei.« – »In der Demokratie werden Sie nämlich nur gewählt, wenn Sie sich ausreichend angenehm gemacht haben. Das ist ein Satz zum An-die-Wand-Hängen.«[44]

Zum An-die-Wand-Hängen war jetzt vieles. Ob das, was er sagte, objektiv immer ganz richtig war oder doch eher seiner persönlichen Wahrheit entsprach, spielte dabei eine untergeordnete Rolle. Glaubwürdigkeit erlangte Schmidt zunächst einmal aufgrund seines Alters: Wer so alt war wie er, brauchte nicht eigens darauf hinzuweisen, dass er keine persönlichen Interessen mehr verfolgte, und konnte zudem das in der Mediengesellschaft selten gewordene Privileg für sich in Anspruch nehmen, nachzudenken, bevor er eine Antwort gab. Diesen natürlichen Altersvorteil hat Schmidt *in extenso* genutzt. Die schlichte Aussage, in der Demokratie müsse sich ein Politiker angenehm machen, wirkte aus seinem Munde aber nicht nur wie eine destillierte Altersweisheit, sondern enthielt unausgesprochen auch den Hinweis, er selber habe sich eigentlich nie der Mehrheitsmeinung angepasst.

Wollte er eine Frage nicht beantworten, sagte er, er wolle zunächst eine Anmerkung machen, setzte dann zu einem längeren Exkurs an und lenkte die Frage schließlich dorthin, wo er sie haben wollte. Er vermied es, sich mit Vorwürfen auseinanderzusetzen, die sich gegen Personen richteten, und sagte stattdessen lieber etwas zur Sache. Zur Eröffnung eines solchen Weges nutzte er gern die Floskel »Wenn ich die Frage richtig verstehe«. Unscharf blieb er nur da, wo er mit Absicht unscharf bleiben wollte. Ein Interviewer, der nachhakte, bekam dann schon mal zu hören: »Ich mag diese Art von Fragen nicht.« Schmidt gebot über vielfältige Möglichkeiten, ihm unangenehme oder auch töricht erscheinende Fragen zu umgehen.

Und er ließ sich reichlich Zeit, bevor er mit einem ersten Satz zu erkennen gab, wie gnädig oder ungnädig er antworten würde.

Fand das Gespräch auf der Bühne oder im Fernsehen statt, hielt das Publikum gelegentlich die Luft an. Nicht Helmut Schmidt war hier derjenige, der bestehen musste, sondern die Person, die ihm gegenübersaß. Wer die Partie ohne Gesichtsverlust hinter sich brachte, konnte von Glück reden. »Seine Arroganz hat Stil«, befand Julia Encke in der *Süddeutschen Zeitung* drei Wochen nach Schmidts erstem Auftritt in der Sendung »Menschen bei Maischberger«. »Was der Altkanzler zur Schau trägt, ist Distanzbewusstsein, dem immer auch ein Moment der Freiheit und Anarchie innewohnt.«[45]

Seine Interviewtechnik beherrschte Schmidt nicht nur im Fernsehen und auf der Bühne, nicht nur am Boulevard, sondern auch in politischen Gesprächen und Dialogen über schwierige Themen. Bundespräsident Roman Herzog hatte sich für eine Festschrift zu seinem 75. Geburtstag von Helmut Schmidt eine Interpretation des Satzes von Immanuel Kant gewünscht: »Die Notwendigkeit zu entscheiden reicht weiter als die Möglichkeit zu erkennen.« Frank Schirrmacher, Herausgeber der *Frankfurter Allgemeinen Zeitung*, sollte ihn zu diesem Satz befragen und fuhr zusammen mit dem Leiter des Feuilletons Patrick Bahners nach Hamburg. Bevor sich Schmidt auf eine Antwort einließ, fragte er: »Wo steht das Wort?« Schirrmacher und Bahners mussten passen: Sie konnten nicht sagen, wo in den Schriften von Kant der Satz zu finden war. Daraufhin übte Schmidt mit ihnen erst einmal Quellenkritik. Da jedes Zitat »offen für jedwede Interpretation« sei, komme es vor allem »auf den Zusammenhang an, aus dem dieses Zitat herausgenommen ist«. Als kritischer Rationalist interpretierte er den Satz schließlich nicht als ein Kant-Zitat, sondern wie einen Verfassungssatz.[46]

Schmidt hatte schon zu Kanzlerzeiten gern den Ausdruck »Publikum« verwendet, unabhängig davon, ob es sich bei diesem Publikum um Zuhörer, Zuschauer oder Leser handelte. Das Publikum wollte vor allem unterhalten werden, und ein Politiker, der dieses Bedürfnis nicht bediente, brauchte seiner Ansicht nach gar nicht erst anzutreten. Schmidt gebrauchte das Wort niemals abfällig. In den sechziger Jahren war er mit den Erfordernissen des neuen Mediums Fernsehen besser zurechtgekommen als die meisten Politiker seiner Generation. »Das Fernsehen hat mir eine hohe persönliche Akzeptanz durch das Publikum beschert. Das abzustreiten, wäre töricht. Trotzdem bleibe ich bei meinem Urteil, dass das Fernsehen für die Politik eine Verleitung zur Oberflächlichkeit ist.«[47] Dass er in späteren Jahren ausgerechnet das Fernsehen, dem er einen Großteil seiner Popularität verdankte, mit Verachtung strafte, gehörte zu den Paradoxien, die seinen Unterhaltungswert ausmachten.

Was hat er nicht geschimpft auf die Glotze – als Kanzler plädierte er 1978 für einen fernsehfreien Tag – und sich zugleich glaubhaft von ihr emanzipiert. Wenn Schmidt auf eine Frage von Sandra Maischberger oder Reinhold Beckmann tief an seiner Zigarette zog und dann lang in die Ferne guckte, bevor er zu einer Antwort ansetzte, entzog er sich demonstrativ dem Diktat der Beschleunigung, mit dem das Fernsehen alle Beteiligten zur Eile anhält. Manchmal sah es so aus, als ließe er jetzt erst einmal sein halbes Leben vor seinem inneren Auge vorüberziehen. Obwohl er genau registrierte, welche Kamera ihn gerade wie erfasste, schien er sie gar nicht wahrzunehmen, und dafür liebte ihn das Fernsehen, das unersättlich ist in seiner Gier nach authentischen Figuren. Wie er es schaffte, in einem engen Studio seinen Blick dermaßen in die Ferne schweifen zu lassen, blieb eines der vielen Geheimnisse, um die ihn mancher Profi beneidete.

Reinhold Beckmann hatte sich den Zugang zu Schmidt über Loki verschafft, die 2001 zum ersten Mal in seiner Sendung gewesen war. Im Januar 2002 schrieb er ihr, dass er sie aus Anlass ihres 60. Hochzeitstages gern wieder begrüßen würde – zusammen mit ihrem Mann, für den er einen Brief mit der Bitte um Weiterleitung beilege. Schmidt war einverstanden, der Termin musste aus Gesundheitsgründen jedoch abgesagt werden. Im September 2004 unternahm der Moderator einen neuerlichen Vorstoß: »Jahrelang hab' ich Sie gewählt, ich habe die *Zeit* abonniert, fast alle Ihre Artikel gelesen, und trotzdem kommen Sie meinem charmanten Drängen und Bitten, Gast meiner Sendung zu sein, nicht nach. Zuletzt, beim Besuch

Ihrer bezaubernden Gattin Loki, haben Sie sich ja schon bis in den Gästeraum unseres Studios gewagt. Ich habe die Hoffnung nicht aufgegeben, dass wir gemeinsam auch die letzte Schwelle bewältigen.«[48] Frau Maischberger schrieb nicht weniger reizende Briefe. Der solchermaßen Umschmeichelte hatte nicht mehr zu tun, als darauf zu achten, dass keiner der beiden zu kurz kam – *und* dass er nicht zu oft ins Fernsehen ging. Zwischen 2004 und 2015 trat Schmidt alternierend jeweils sechsmal in »Menschen bei Maischberger« und »Beckmann« auf.

Auch wenn das Fernsehen als Multiplikator für die Popularität Schmidts in den 2000er Jahren eine wichtige Rolle spielte, war es nicht das entscheidende Medium, dem er seine anhaltende Beliebtheit verdankte. Das entscheidende Medium war nach wie vor die *Bild*-Zeitung. Schmidt registrierte genau die Stimmung im Volk und wusste sich über knackige Verlautbarungen in *Bild* zum richtigen Zeitpunkt in Szene zu setzen: »Sagt dem Volk endlich die Wahrheit!« – »Die Politiker von heute haben es viel leichter!« – »Helmut Schmidt redet Klartext!«[49] Es spielte für ihn keine Rolle, über welches Medium er sein Publikum erreichte, entscheidend für ihn war, dass er die Botschaft zielgenau steuern konnte. In den *Bild*-Redakteuren Ulrich Rosenbaum, Helmut Böger und Hans-Jörg Vehlewald hatte er hintereinander drei Journalisten, die ihn verehrten und auf Zuruf vor seiner Bürotür standen.

Das Geschäft beruhte auf Gegenseitigkeit und funktionierte, weil die Schnittmenge zwischen den politischen Interessen der *Bild*-Chefredaktion und Schmidts eigenen Interessen groß genug war. Gleichzeitig achtete Schmidt darauf, dass genügend Abstand blieb zwischen ihm und dem Massenblatt, sodass seine politischen Freunde ihn nicht für alles, was dort stattfand, haftbar machen konnten. Vor allem ließ er sich von der Springer-Presse nicht vereinnahmen – schon gar nicht für Kampagnen gegen einzelne Sozialdemokraten, deren Hahnenkämpfe er grundsätzlich nicht kommentierte. Wie viel Rücksicht auf Schmidt die Verantwortlichen bei Springer nahmen, verdeutlicht ein Beispiel aus dem Bundestagswahlkampf 1998. Sechs Wochen vor der Wahl meldete sich bei ihm Claus Jacobi, Herausgeber der *Welt am Sonntag*: Ihm liege ein Bericht vor, Schmidt habe »in einem Gespräch mit drei alten hanseatischen SPD-Mitgliedern gesagt: ›Der Gerhard Schröder ist oberflächlich‹. Ich mag das nicht drucken, ohne Ihnen Gelegenheit zu einer Stellungnahme zu geben.« Schmidt bedankte sich für »die faire Anfrage« und versicherte, dass er in den letzten drei Jahren kein Gespräch mit drei alten Hanseaten geführt habe.[50]

*

Anfang 2005 befasste sich Schmidt erstmals mit der Konzeption eines Buches, von dem zunächst nichts feststand als der Titel: *Außer Dienst*. Kein zweiter Politiker in Deutschland konnte einen ähnlich begründeten Anspruch auf das Kürzel a. D. erheben wie er, und hätte man eine Umfrage nach dem beliebtesten Deutschen außer Dienst gestartet, wäre Schmidt mit Sicherheit auf Platz eins gelandet. Besonders gut gefiel ihm die Ironie, die in dem Titel lag, denn in Wirklichkeit war er ja alles andere als ein Politiker auf dem Altenteil. Sehr schnell stand für Schmidt fest, dass das Buch eine Art politisches Vermächtnis werden sollte, gerichtet an diejenigen, die jetzt und in der Zukunft Verantwortung trugen: »Gegen Ende des Lebens wollte ich einmal aufschreiben, was ich glaube, im Laufe der Jahrzehnte politisch gelernt zu haben«, hieß es später im Vorwort. »Denn vielleicht könnte doch einer von den Jüngeren daraus einen Nutzen ziehen.«[51]

An Schmidts Arbeitsmethode hatte sich seit *Menschen und Mächte* nichts geändert. Als Erstes legte er eine detaillierte Gliederung an, die er während des Schreibens aktualisierte, und ließ statistisches Material, das er benötigte, durch seine Mitarbeiter aufbereiten. Dann nahm er Arbeitsurlaub – so nannte er die zwei oder drei Wochen Auszeit, die er brauchte, um ungestört am Stück schreiben zu können, im Sommer am Brahmsee, im Winter auf Gran Canaria, später auch auf Mallorca. Er wusste genau, wie viele Seiten er bis wann fertigzustellen hatte, wenn er den Zeitplan einhalten wollte. »Fünf Wochen nacheinander, pro Tag etwa zehn Seiten, das sind in einem Urlaub 300 Seiten.«[52] Bis spät in die Nacht saß er so am Schreibtisch und schrieb – mit der Hand, am liebsten mit mittelfeinem grünen Filzstift oder Bleistift, aber auch mit jedem anderen Schreibgerät, das griffbereit war. Seine klare, gut lesbare Handschrift veränderte sich über die Jahrzehnte nur wenig und ließ bis zum Schluss nicht an Eindeutigkeit zu wünschen übrig. Niemand sollte das Geschriebene unnötigerweise in Frage stellen.

Weil ein solcher Schaffensprozess ein Höchstmaß an Konzentration und Ausdauer erforderte – zumal für einen Mann seines Alters –, war Schmidt in den letzten Jahren auf alternative Formate ausgewichen. Gesprächsbände wie der mit Sandra Maischberger (*Hand aufs Herz*, 2002) oder der mit Frank Sieren über China (*Nachbar China*, 2006) machten viel weniger Arbeit. Für den Sammelband mit Reden und Aufsätzen über das schwierige Zusammenwachsen der Deutschen in Ost und West (*Auf dem Weg zur deutschen Einheit*, 2005) war lediglich ein Nachwort nötig gewesen. Jetzt also noch einmal ein »richtiges Buch«: Schmidt stöhnte, aber er nahm die Herausforderung an. Was bedeutet es, ohne Amt und dennoch nicht aus der Verantwortung entlassen zu sein? Welche Wege der Einflussnahme stehen zur Verfügung? Kann man aus der Geschichte lernen? Wenn das Buch ein Vermächtnis werden sollte, war viel zu tun.

Dass sich die Arbeit am Manuskript über dreieinhalb Jahre hinzog, lag nicht an einem zu hohen Anspruch, sondern daran, dass Schmidt nach wie vor nicht gewillt war, autobiographisch zu schreiben. Wie schon zwanzig Jahre zuvor bei *Menschen und Mächte* sträubte er sich auch diesmal, von sich selbst zu reden und persönlich Erinnertes in den Mittelpunkt zu stellen. Wer seine Memoiren schreibe, wolle hübsch aussehen, schneide sich aber schnell – das sei wie beim Rasieren. Hinzu kam natürlich, unausgesprochen, die Angst, er könnte zu viel von sich preisgeben. Den Titel *Außer Dienst* verstand Schmidt durchaus auch als Aufforderung, ein bisschen von sich, ein bisschen von früher zu erzählen – Memoiren eines alten Zirkusgauls. Wie sehr ihn bei dieser Vorstellung grauste, offenbarte er Jahre später im Gespräch mit dem Verfasser: »Sie wissen, dass ich

Sie damals reingelegt habe?« Als ich ihm den Titel vorgeschlagen hätte, wäre mein Hintergedanke ja wohl gewesen, dass er jetzt Memoiren schreibe. »Den Gefallen habe ich Ihnen aber nicht getan.«[53]

Schmidt disponierte deshalb nicht chronologisch entlang den Ereignissen der 25 Jahre außer Dienst, sondern versuchte, die Themen, die ihm wichtig waren, in eine sinnvolle Ordnung zu bringen. Was ihm vorschwebte, war eine Mischung aus historisch-politischem Sachbuch – wie zuletzt *Die Mächte der Zukunft* – und Rechenschaftsbericht. Früh stand für ihn fest, dass er über Glaubensfragen und seine christlichen Prägungen nachdenken, aber zum Beispiel auch ein ganzes Kapitel schreiben wollte über Fehler, die er gemacht hatte. Immer wieder wurden die einzelnen Bausteine neu zusammengesetzt, wobei die »vielerlei persönlichen Erfahrungseinsprengsel« gewissermaßen als Mörtel dienten.[54] Je mehr Geschichten aus seinem eigenen Leben er beisteuerte, desto authentischer wurde das Ganze und – darüber war sich Schmidt vollkommen im Klaren – desto erfolgreicher.

Drängte man ihn allerdings, mit Blick auf die Auflage hier und da noch eine Anekdote hinzuzufügen, behauptete Schmidt, dass ihn die Verkaufszahlen seiner Bücher nicht interessierten. In der Tat kam es ihm zunächst einmal darauf an, dass sie von denen gelesen wurden, die an den Schaltstellen der Macht saßen, insbesondere von den Mitgliedern der Bundesregierung, in Bank- und Wirtschaftskreisen sowie von Teilen der Administration in Washington. Weil Letzteres daran scheiterte, dass nach 1989 keines seiner Bücher mehr in den USA erschien, ließ Schmidt hin und wieder ihm wichtige Kapitel aus späteren Publikationen mit Unterstützung des Auswärtigen Amtes übersetzen und verteilen. Dennoch blieb auch für ihn die Bestsellerliste der entscheidende Gradmesser. *Außer Dienst* erschien Anfang September 2008, schoss direkt auf Platz 1 der *Spiegel*-Liste und erreichte noch vor Weihnachten eine halbe Million Verkaufsauflage.

Im Sommer 1999 hatte sich Schmidt bei seinem Agenten zum ersten Mal erkundigt, ob er eigentlich »Auflagenmillionär« sei.[55] Das war er zu diesem Zeitpunkt bereits, wobei der Löwenanteil auf den ersten Band von *Menschen und Mächte* entfiel.[56] In den 2000er Jahren folgte dann ein Bestseller auf den anderen: *Die Mächte der Zukunft* (2004) brachte es auf 230 000 Exemplare, *Außer Dienst* (2008) auf 785 000 Exemplare, *Auf eine Zigarette* (2009) auf 450 000 Exemplare, *Unser Jahrhundert* (2010) auf 185 000 Exemplare und zuletzt *Was ich noch sagen wollte* (2015) auf 240 000 Exemplare (alle Zahlen nach dem Stand von Dezember 2015). Der Gesamtverkauf aller Titel lag bei weit über vier Millionen Exemplaren. Damit gehörte Helmut Schmidt zu den erfolgreichsten Autoren des Landes; von schreibenden Politikern kam keiner auch nur entfernt in seine Nähe.

Schmidt war »eine kompetente, oft erbarmungslose Arbeitsmaschine«,[57] und dies hat er nicht zuletzt als Buchautor immer wieder aufs Neue unter Beweis gestellt. Meist saß er an mehreren Projekten gleichzeitig. Parallel zu *Außer Dienst* bereitete er nicht nur den erwähnten China-Band und einen Band mit gesammelten Reden und Aufsätzen vor, der »auf Abruf« erscheinen sollte – im Klartext: nach seinem Tod –,[58] sondern auch eine zehnbändige Reihe unter dem Titel »Die Deutschen und ihre Nachbarn«, die er gemeinsam mit Richard von Weizsäcker im Herbst 2005 auf den Weg brachte. Die ersten Bände dieser Reihe, die helfen sollte, »das Verständnis für unsere europäischen Nachbarn zu vertiefen und auch uns selbst besser zu verstehen« (Schutzumschlag), erschienen drei Jahre später, zu den prominenten Autoren zählten Geert Mak (Niederlande), Gerd Ruge (Russland) und Johannes Willms (Frankreich).

Nur fünf Monate nach *Außer Dienst* kamen die Zigarettengespräche als Buch auf den Markt. Die Kolumne »Auf eine Zigarette …«, die seit Frühjahr 2007 im Magazin der *Zeit* erschien, hat das Schmidt-Bild dieser Jahre wahrscheinlich stärker geprägt als alle Bücher und TV-Auftritte zusammen. Schmidt war sich lange unsicher gewesen, ob er das Format, das ihm die *Zeit*-Redaktion auf den Leib geschneidert hatte, wirklich gutheißen sollte. Noch in *Außer Dienst* distanzierte er sich von dieser Form der Unterhaltung, die zwangsläufig zur Verflachung tendiere. Leider müsse auch die *Zeit* dem wachsenden Unterhaltungsbedürfnis der Leserschaft Rechnung tragen, und deshalb habe er sich auf diese Kurzinterviews eingelassen.[59] Kaum war die Serie auf Schmidts Wunsch im Januar 2009 eingestellt worden, trauerte er ihr nach. Mit der im Herbst desselben Jahres begonnenen neuen Kolumne »Verstehen Sie das, Herr Schmidt?« – längeren Gesprächen mit Giovanni di Lorenzo, die in unregelmäßigen Abständen bis ins Frühjahr 2013 erschienen – ließ sich an den Erfolg des Originals nicht mehr anknüpfen.

»Die Sehnsucht nach Leitfiguren, denen man noch vertrauen darf«, sei in Deutschland unendlich groß, schrieb di Lorenzo im Vorwort zum Zigarettenbuch, und keiner scheine sie »so sehr zu erfüllen wie Helmut Schmidt.«[60] Wenn er erklären sollte, warum er für viele zu einem Vorbild geworden war, sprach Schmidt selbst gern von seinen schönen weißen Haaren und meinte das nicht nur ironisch. Er genoss es, in diesen Jahren zum coolsten, weisesten, glaubwürdigsten und sonstwie ausgezeichneten Deutschen gewählt zu werden[61] – und zugleich behagte es ihm nicht. Wenn ein Land einen 95-Jährigen zum politischen Vorbild erklärte, dann konnte mit diesem Land etwas nicht stimmen. Es gefiel ihm, dass er über die Parteigrenzen hinweg als ein Politiker gesehen wurde, der es besser gemacht hatte als die, die gegenwärtig am Ruder waren, aber es war eben auch bedenklich und sagte einiges über den Zustand der politischen Klasse im Land, wenn einer, der seit einem Vierteljahrhundert in Pension war, als Maßstab für Kompetenz und Glaubwürdigkeit galt.

Die Wirkung der Zigarettengespräche beruhte zu einem großen Teil darauf, dass Schmidt fortwährend zwischen Vergangenheit und Gegenwart hin und her sprang. Als griffe er nur in seinen Baukasten, setzte er seine vielfachen Erfahrungen und Erkenntnisse auf geradezu jungenhafte Weise spontan, wie es ihm die Laune einzugeben schien, oft auch absichtsvoll provozierend zu den überraschendsten Antworten zusammen. Das gab den Gesprächen eine unglaubliche Dynamik. Natürlich leistete sich Schmidt hin und wieder auch eine starke Meinung, aber nicht das Was, sondern das Wie war ausschlaggebend für den Erfolg der Kolumnen. Indem Schmidt den Eindruck vermittelte, dass Politik einmal etwas anderes gewesen sein muss als das, was die Politiker zuletzt daraus gemacht hatten, ließ er die Sehnsucht des

Publikums nach Führung eins werden mit der Sehnsucht nach Vergangenheit.

»Fritz, wissen Sie, was ich an Helmut Schmidt immer gehasst habe«, fragte Joschka Fischer im Frühjahr 2012 den Historiker Fritz Stern. »Dass er die typische Väterreaktion drauf hat, wer nicht im Krieg, im Dreck gelegen habe, könne nicht mitreden. Und die Jungen taugten eh nichts ... Ich habe mir fest vorgenommen, zu meinem Grundsatz zu stehen und nicht so zu reden, wenn ich selbst zu den Alten gehöre. Aber ich muss heute leider zähneknirschend und gramgebeugt gestehen, ja, es gibt ein massives Führungsproblem.«[62]

Mit der Zeit wurden Schmidts Koordinaten immer klarer erkennbar, und weil er sie bei Lesern und Zuschauern irgendwann als bekannt voraussetzen durfte, konnte er sich am Ende mit Andeutungen begnügen. In den Zigarettengesprächen mit Giovanni di Lorenzo perfektionierte Schmidt diesen Minimalismus bis zur Einsilbigkeit. Genau wie sein Stichwortgeber wusste er, dass das Publikum jetzt ohnehin am liebsten nur noch im Schmidt-Kosmos unterwegs war.

Wurde er in den letzten Jahren im Rollstuhl auf irgendeine Bühne geschoben, setzte er sich die riesigen Kopfhörer auf, die fast zu seinem zweiten Markenzeichen wurden, und gab dem Auditorium damit zu verstehen, dass er sich ab jetzt ausschließlich in seiner eigenen Welt bewegen werde. Schlief er etwa? Hörte er überhaupt zu? War da nicht Musik in seinen Ohren? Dann kam der erste Halbsatz, meist ein wenig mürrisch, eher wie eine geknurrte Regieanweisung aus dem Off – »Stellt das Ding mal leiser!« Und dann stieg auf der Bühne Rauch auf. »Der Rauch diente dazu, zwei Halbsätze durch eine Kunstpause zu unterbrechen«, so hat es der Theaterkritiker der *Zeit* treffend beobachtet, »und er half ihm, das Private und das Staatsmännische zu verbinden: Denn hier rauchte einer sichtlich zum Genuss, aber er rauchte auch, um Höchstleistungen zu vollbringen – im Dienste der Sache. Man sah einen öffentlichen Denker, der sein Werkzeug auspackt: Hier bin ich, hier ist mein Tabak, beides muss nun zusammenkommen.«[63]

Die Geschichten über das Rauchen sind Legion, man könnte ein eigenes Buch damit füllen. Auch durch Schmidts Korrespondenz zieht sich das Nikotin als Dauerthema (und in manchem Ordner kann man es noch nach Jahren riechen). Es soll hier sein Bewenden damit haben, festzustellen, dass es zwei Gruppen von Briefschreibern gab: die einen, die es gut meinten und ihm allerlei zum Teil höchst kuriose Methoden empfahlen, mit denen er von seiner Sucht loskäme, und die anderen, die ihn nach jedem öffentlichen oder TV-Auftritt zurechtwiesen, dass er mit dem Rauchen in der Öffentlichkeit seinem Ruf als Vorbild nicht entspreche. Letzteren antwortete er, dass er die Rolle eines öffentlichen Vorbilds nie beansprucht habe und ihn im Übrigen jegliche Art von Bevormundung, ob von privater oder von staatlicher Seite, erbose. Wer sich hingegen Sorgen um seine Gesundheit machte, bekam eine freundliche Antwort: »Sie haben ja in allem recht, aber ich rauche seit über 60 Jahren, stehe nun im 80. Lebensjahr und bitte herzlich um Gnade für ein paar kleine verbleibende Freuden im Leben.«[64]

Seit er mit den Feiern zu seinem 90. Geburtstag endgültig zum Medienstar aufgestiegen war, rissen sich alle um ihn in der Hoffnung, an seinem Ruhm zu partizipieren – Fernsehsender, Verlage, Zeitungen, Zeitschriften und nicht zuletzt Redaktion und Geschäftsführung der *Zeit*. Für eine PR-Aktion, eine lange Nacht, ein Wirtschaftsforum, ein Interview, für irgendetwas sollte er immer zur Verfügung stehen. Im Herbst 2011 trat Schmidt fest auf die Bremse. »De Hamborger secht: Wat to veel is is to veel«, schrieb er an den Geschäftsführer der *Zeit*, Rainer Esser. »Es muss Schluss sein.« Das Ausmaß an Publizität, das man mit ihm betreibe, sei ihm inzwischen unheimlich – »ganz abgesehen davon, dass eines Tages in irgendeiner Zeitung oder Zeitschrift zu lesen sein wird: Schon wieder dieser selbe alte Mann!«[65]

Die Vorstellung, dass das Publikum seiner irgendwann überdrüssig werden könnte, war nicht abwegig. Allerdings beschlich Schmidt diese Sorge meist nur, wenn ihm der Rahmen nicht angemessen erschien oder ihm, wie einst Kaiser Wilhelm, die ganze Richtung nicht passte. Dann ließ er sein Büro antworten, man bitte mit Rücksicht auf das Alter und die zahlreichen Verpflichtungen Herrn Schmidts um Verständnis für die Absage. Hatte er sich hingegen in den Kopf gesetzt, an einer Veranstaltung teilzunehmen oder ein Interview zu geben, schlug er Mahnungen seiner Mitarbeiter gern in den Wind und sagte unter der Voraussetzung zu, dass es ihm zu dem geplanten Termin gesundheitlich gut ging und der Aufwand überschaubar blieb.

Obwohl ihm der ganze Rummel um seine Person manchmal ziemlich lästig wurde, ging Schmidt besonders gern auf Angebote ein, die seine Beliebtheit noch einmal zu steigern versprachen – sofern das überhaupt möglich war. Es gefiel ihm, seinen Ruhm zu genießen. »Sie wirken, als könnten Sie gar nicht aufhören, sich in die Politik einzumischen«, meinte die *Bild*-Zeitung im März 2012. »›Was treibt Sie an?‹ Schmidt: ›Ich tu doch gar nichts.‹ – ›Dafür strahlen Sie aber auf ziemlich vielen Zeitschriften- und Zeitungstiteln.‹ In der Tat geschehe das alles nicht ohne sein Zutun, ›das stimmt. Sagen wir es so: Es macht mir einfach Spaß.‹«[66]

Vier Monate später wandte sich die *Hörzu* an Schmidt: Man wolle eine Forsa-Umfrage zu den »50 Vorbildern der Deutschen« veröffentlichen. Schmidt führe die Liste an – vor Richard von Weizsäcker und dem Bundespräsidenten –, und man würde dazu gern ein Gespräch mit ihm führen. Schmidt war am Brahmsee. »Eilt« notierte er auf dem Brief der *Hörzu* und wies seine Büroleiterin an, umgehend einen Termin zu vereinbaren; am besten wäre es, wenn ihn der zuständige Redakteur gleich am nächsten Montag am Brahmsee besuchte.[67] Der Reporter Mike Powelz stellte artige Fragen an »das größte lebende Vorbild der Deutschen« und bekam launige Antworten im Stil der Zigarettengespräche: »Dass ein Mensch von 25 Jahren Autorität hat, ist äußerst selten. Es sei denn, er ist ein Boxweltmeister.« Dann wurde der Reporter etwas kecker: Ob Schmidt es wirklich vorbildhaft finde, in Talkshows zu rauchen? Er sei noch nie in seinem Leben in einer Talkshow gewesen, antwortete Schmidt, zog wortreich über die Oberflächlichkeit des Fernsehens her, und darüber vergaß der Reporter seine eigentliche Frage. Warum er keine Frau als Vorbild genannt habe? »Mir ist keine eingefallen.« Ob Frau Merkel vorbildhaft regiert? »Nein. Das tut sie nicht.«[68]

Es war eines jener routiniert beiläufig geführten Boulevard-Interviews, mit denen sich Schmidt in gewissen Abständen bei denen in Erinnerung brachte, die weder *Zeit* lasen noch Beckmann oder Maischberger schauten. Er wusste, dass er über Blätter wie die *Hörzu* viele treue Schmidt-Fans erreichte, die ihm einst Wahlergebnisse jenseits der 40 Prozent beschert hatten. Deshalb lag über diesen Interviews genauso wie über denen mit der *Bild*-Zeitung immer ein Hauch Nostalgie. Seht her, ich kann es noch, schien er zu sagen und redete dann mitunter so volksnah, als müsste er die Wahl gegen Franz Josef Strauß noch einmal gewinnen.

Er habe auf Meinungsumfragen nie etwas gegeben, schon gar nicht in seinen acht Jahren als Regierungschef, weil Umfragen dazu verführten, den Weg des geringsten Widerstands zu wählen, der in einer Demokratie meistens der falsche sei. So hat Schmidt immer wieder erklärt, und weil er in entscheidenden Situationen seiner politischen Karriere Gradlinigkeit bewiesen hatte, nahmen ihm viele diese scheinbare Unabhängigkeit vom Mainstream ab. Und doch war Schmidt nicht weniger empfänglich für hohe Popularitätswerte als andere Politiker auch. Als im Sommer 2014 eine von Forsa ermittelte Liste »Deutschlands Beste« – bei den Männern stand Schmidt, bei den Frauen die Bundeskanzlerin auf Platz 1 – stark angezweifelt wurde, weil das ZDF mit Rücksicht auf die zu erwartenden Studiogäste am Tag der Fernsehpräsentation die Reihenfolge manipuliert hatte, interessierten ihn die Details des Skandals. Das Ergebnis war beruhigend: An seinen Umfragewerten war nicht manipuliert worden, er hatte sich den ersten Platz bei »Deutschlands Besten« redlich verdient.

13
Lauter Abschiede

»Ich habe inzwischen beinahe das Sterbealter Adenauers erreicht und sitze im Rollstuhl.«[1] So beschrieb Helmut Schmidt Anfang 2010 in privaten Briefen seinen Zustand, und auch manchen Besucher begrüßte er um diese Zeit mit dem Hinweis, er habe den ersten Bundeskanzler, der 1967 im Alter von 91 Jahren und 104 Tagen gestorben war, jetzt bald eingeholt. Schmidt rechnete das Datum Anfang April genau aus und freute sich an diesem Tag, als hätte er Geburtstag. Als nächstes Etappenziel nahm er sich die 95 vor. Auch dieses Datum, den 23. Dezember 2013, schaffte er. Ganz Hamburg feierte mit: »Glückwunsch, Helmut Schmidt!« stand auf den Fahrzielanzeigen sämtlicher Busse und Bahnen des Hamburger Verkehrsverbunds. Seit 25 Jahren gab es zu seinen runden Geburtstagen fast immer eine zweifache Gratulationscour. So auch diesmal: Der Hamburger Senat und die *Zeit* veranstalteten Anfang Januar 2014 im Thalia Theater eine Matinee für ihn mit anschließendem Empfang im Rathaus, im März gab Bundespräsident Joachim Gauck zu Ehren Schmidts ein Essen im Schloss Bellevue.[2]

»Wer Helmut Schmidt und Loki Schmidt miteinander einherschreiten sieht, festen Schrittes, zumeist fest untergehakt oder Hand in Hand, buchstäblich beinahe lebenslang beisammen, der spürt die innige Zusammengehörigkeit«, hatte Bundespräsident Richard von Weizsäcker am Schluss seiner Ansprache zu Schmidts 70. Geburtstag 25 Jahre zuvor gesagt. »Selten habe ich in Bonn einen Politiker so unverstellt liebevoll seine Frau begrüßen sehen, wie gerade Helmut Schmidt, wenn er im Laufe irgendeines Arbeitstages mit seiner Frau zusammentraf. Dass Sie beide auf diese Weise noch lange durch die Welt gehen mögen, das ist unser herzlicher Wunsch für Sie zu diesem Tage.«[3]

Zwanzig Jahre später stellte Bundespräsident Horst Köhler das Lob Lokis an den Anfang seiner Geburtstagsrede im Bellevue. Er habe dieser Tage in dem Schmidt-Bildband von Jupp Darchinger geblättert; da sei ihm aufgefallen, dass Schmidt meist sehr ernst dreinschaue, sehr konzentriert, selbst in heiteren Momenten – »richtig gelöst wirkt er eigentlich nur, wenn Loki bei ihm ist«. Deshalb und weil zwischen Lokis Geburtstag und dem ihres Mannes nur zehn Wochen liegen, wolle er an dem heutigen Abend dem Ehepaar Schmidt gemeinsam gratulieren. »Sie beide haben die meiste Zeit Ihres Lebens Seite an Seite verbracht. ›Und das soll mal einer nachmachen‹ – hat Ihre Tochter Susanne vor einigen Wochen in einem wunderbaren Beitrag zum Geburtstag ihres Vaters voller Stolz gesagt. Dabei ist die lange Zeit bloß das eine. Das andere ist die Wertschätzung füreinander, das Verständnis, die Sorge umeinander, der Umgang miteinander, die Freude aneinander. Und die Dankbarkeit dafür. Die wirkt ansteckend – auch auf Außenstehende.«[4]

Nach Vollendung ihres 90. Lebensjahres am 3. März 2009 hatte sich Loki Schmidt als nächstes Ziel den 27. Juni 2012 vorgenommen, den 70. Hochzeitstag, auch Gnadenhochzeit genannt. Loki erreichte diesen Tag nicht, sie starb am 21. Oktober 2010. Menschen, die beiden nahestanden, hätten darauf gewettet, dass der eine den Tod des anderen nicht lange überleben würde. Ein gemeinsamer Tod wäre eigentlich am schönsten, hatte Loki 2009 einmal gesagt. Das liege weder in ihrer Hand noch in seiner, war sie von ihrem Mann sofort belehrt worden. Dabei hatte er vor der Einsamkeit des Sterbens nicht weniger Angst als sie. »Viele fürchten sich am Ende ihres Lebens davor, mit ihrem Leid allein zu bleiben, Schmerzen hilflos ausgeliefert zu sein oder anderen zur Last zu fallen.«[5]

In den achtziger und neunziger Jahren schien sich die Frage, wer von beiden im Tod voranging, nicht zu stellen, zu offensichtlich war der Raubbau, den Helmut Schmidt mit seiner Gesundheit betrieb. Nach der Jahrtausendwende wurde dann Loki von diversen Krankheiten heimgesucht, musste sich mehreren Operationen unterziehen und wurde immer wackliger. Ende September 2010 brach sie sich das Sprunggelenk des rechten Fußes; von den Folgen der Operation hat sie sich nicht mehr erholt. Schmidt sagte seine Teilnahme an der Reise des Bergedorfer Gesprächskreises nach Peking Mitte Oktober ab, machte sich jedoch Vorwürfe, ausgerechnet in der Nacht von Lokis Tod nicht in Hamburg gewesen zu sein.

Als Schmidt vier Jahre später seiner in England lebenden Tochter erzählte, dass er ein neues Buch vorbereite, in dem es um Menschen gehe, die sein Leben geprägt hätten, meinte Susanne Schmidt, dass in ein solches Buch unbedingt auch ein Kapitel über Loki gehöre. Er selber wäre niemals auf diesen Gedanken gekommen. Mark Aurel, Immanuel Kant, Karl Popper – das waren die Namen, die ihm einfielen, wenn er nach Personen gefragt wurde, denen er etwas zu verdanken hatte, und auch manchen Politiker nannte er ein persönliches Vorbild. Aber seine Frau? Je länger er darüber nachdachte, desto richtiger fand er jedoch den Hinweis seiner Tochter. Die Arbeit an diesem Kapitel fiel Schmidt allerdings nicht leicht.

In der Trauerrede auf seinen Freund Hans Matthöfer, der ein Jahr vor Loki gestorben war, hatte Schmidt einige Sätze über Traute Matthöfer formuliert, die auf sein Verhältnis zu Loki durchaus anzuwenden gewesen wären. Die »ausgezeichnet funktionierende Arbeitsteilung zwischen den beiden« habe sich wohl in den Nachkriegsjahren so eingespielt, später habe Traute Matthöfer dann den Wahlkreis ihres Mannes gepflegt und ihm »überhaupt alle täglich zu erledigenden kleinen Geschäfte abgenommen«. Ohne sie sei »die erstaunliche Lebensleistung Hans Matthöfers nur schwer vorstellbar. Denn sie hat ihm in allen Fährnissen und allen Widrigkeiten seines beruflichen und politischen Lebenslaufes immer zu Hause den Rücken freigehalten. Ich habe deshalb die beiden als eine Einheit aufgefasst.« Sein letzter Besuch bei Hans nach dem Tod seiner Frau im Mai 2008 sei »ein Besuch bei einem innerlich traurigen Mann« gewesen.[6] Genau das war Schmidt jetzt auch: ein innerlich trauriger Mann. Einer, der seine Trauer nicht in Worte fassen konnte, aber tief drinnen unendlich dankbar war für 68 gemeinsame Jahre.

Schmidt ging bei der Beschreibung des Lebens seiner Frau pragmatisch vor und unterteilte es, wie in einem Schulaufsatz, erst einmal in zwei Hälften. Der erste Teil umfasste für ihn die Jahre ihrer Tätigkeit als Hamburger Volksschullehrerin (von 1940 bis Ende der sechziger Jahre), der zweite Teil begann mit seiner Ernennung zum Bundeskanzler 1974. Von da an habe Loki sich ganz dem Naturschutz widmen können und sich als erstklassige Botanikerin weit über Deutschland hinaus einen Namen gemacht. Wenn Schmidt über Lokis Einsatz für die heimische Flora sprach, über ihre entbehrungsreichen Expeditionen in entlegene Weltgegenden oder ihr Aufspüren seltener Orchideen, geriet er jedesmal ins Schwärmen. Er freute sich über die zahlreichen Auszeichnungen, die sie erhielt, und darüber, dass der Botanische Garten in Hamburg an ihrem zweiten Todestag in Loki-Schmidt-Garten umbenannt wurde. Den Vorwurf, er habe für die Ökologiebewegung keinen Sinn gehabt, konterte er stets mit dem Hinweis, Loki habe praktischen Umweltschutz betrieben, lange bevor das Wort in Mode gekommen sei.

Loki hatte aus einem Hobby eine Berufung gemacht und sich im Laufe der Jahre ihr eigenes Reich aufgebaut. Schmidt redete ihr nicht hinein, unterstützte sie aber, wenn es darum ging, einen Kontakt herzustellen oder ihr bei einer Reise behilflich zu sein; die von ihr gegründete Stiftung zum Schutz gefährdeter Pflanzen erhielt in der Regel die Honorare aus seinen öffentlichen Vorträgen in Deutschland. Lokis lebendigen Reiseberichten hörte Schmidt fasziniert zu und lernte auf diese Weise viel, was er gern weitergab. Den Zusatz »Das hat mir meine Frau erzählt« verwendete er wie ein Gütesiegel. »Lokis Wissen über Pflanzen und Blumen habe ich schon im Alter von zehn Jahren bewundert«, heißt es in Schmidts letztem Buch. »Wir gingen in dieselbe Klasse, und sie zeigte mir, wie Gundermann aussieht und wie Günsel aussieht. Heute habe ich viele Pflanzennamen, die sie mir im Laufe der Zeit beigebracht hat, vergessen, letzthin fiel mir nicht einmal mehr ein, wie Schneeglöckchen heißen.«[7] Seine Aufmerksamkeit für die Natur bewahrte sich Schmidt bis in die letzten Monate seines Lebens. Bei schönem Wetter schob er dann seinen Rollator durch den

Garten, blieb vor dieser und jener Pflanze stehen und machte seine Beobachtungen.

Die beiden seien sehr voneinander abhängig gewesen, hatte Schmidt über Hans und Traute Matthöfer gesagt. In der Beschreibung seiner Beziehung zu Loki hätte er dieses Wort wohl nicht verwendet, aber gemeint hat er das Geiche, wenn er am Ende seines Lebens schrieb, dass ihm die vollkommene Übereinstimmung mit seiner Frau »im Laufe der Jahre zu einer Selbstverständlichkeit geworden« war. Weil sie sich im Grundsätzlichen einig gewesen seien, hätten sie nicht viel miteinander reden müssen, um sich zu verstehen. Zu den Eigenschaften, die Loki in seinen Augen vor allem auszeichneten, zählten Geduld und Empathie. »Loki war ein nachsichtiger, großzügiger und warmherziger Mensch … und hat immer ausgleichend gewirkt … So haben wir uns ergänzt.«[8]

Mehr Worte wollte er darüber nicht verlieren, oder besser gesagt, er konnte es nicht. Es war das väterliche Erbe, das es ihm unmöglich machte, über Gefühle zu reden, das Seelenleben war im Elternhaus kein Gesprächsthema gewesen, und so hielten er und Loki es wohl auch untereinander bis zum Schluss. Auf die Frage des *Stern*, ob sie mit ihrem Vater auch Emotionales besprechen konnte, antwortete die Tochter: »Na, gucken Sie sich ihn doch an. Würden Sie denken, dass er einer ist, mit dem man ständig über Befindlichkeiten redet?«[9] Im Hause Schmidt hatte man sich gefälligst zusammenzureißen. Nur die Leistung zählte, und deshalb war der Stolz auf das, was der andere zustande brachte, die höchste Form der Wertschätzung. Schmidt war auf die Pädagogin und Botanikerin Hannelore Schmidt nicht weniger stolz als diese auf seine Erfolge als Politiker. Und auch die Tatsache, dass seine Frau zwischen 2003 und 2010 mit eigenen Büchern auf den Bestsellerlisten stand – gelegentlich mit ihm zusammen, wenn auch in angemessenem Abstand –, gefiel ihm gut.

Er habe sich immer auf Loki verlassen können, war eine der stehenden Wendungen, mit denen Schmidt in späteren Jahren sein Verhältnis zu Loki charakterisierte. Verlässlichkeit war für ihn die wichtigste aller menschlichen Eigenschaften, nicht nur in der Ehe, aber da besonders. Und deshalb bedrückte es ihn nach ihrem Tod, dass er nicht immer so verlässlich gewesen war, wie Loki das hätte erwarten dürfen. Es lag ihm daran, diesen Punkt in seinem letzten Buch klarzustellen und ihr auf diese Weise im Nachhinein Abbitte zu leisten. Also formulierte er die folgenden Sätze: »Es hat in unserem gemeinsamen Leben ein einziges Mal etwas gegeben, was ein Außenstehender als Krise bezeichnen würde. Loki hat mir die Trennung angeboten. Ich war völlig fassungslos. Ich kann mich doch nicht von dir trennen. Das war eine Schnapsidee in meinen Augen, und in ihren Augen war es bitterer Ernst.« Er wisse noch nicht, ob er darüber schreiben wolle. Wenn, dann müsse er wohl erst einmal Lokis Tagebücher aus dieser Zeit lesen.[10]

Ende September lag das Rohmanuskript des Buches vor. Schmidt wollte die Entscheidung, ob der Passus über die Ehekrise veröffentlicht werden sollte, vom Votum seiner Tochter abhängig machen. Anfang Dezember telefonierten sie darüber. Sie redete ihrem Vater zu, bemängelte aber zu Recht, dass der Leser gar nicht verstehe, um was es denn bei dieser »Krise« gegangen sei, das müsse dann auch klar gesagt werden. Also notierte Schmidt an den Rand des Typoskripts, gut lesbar, wenn auch schon etwas krakelig: »Ich hatte eine Beziehung zu einer anderen Frau.« Drei Monate später, am 5. März 2015, war dieser Satz, groß und grell auf ein Altersporträt Schmidts montiert, an keinem deutschen Zeitungskiosk zu übersehen: Der *Stern* hatte einen Titel daraus gemacht.

Schmidt blieb vollkommen gelassen, als er das Titelblatt des *Stern* sah: »Die denken an ihre Auflage!«[11] Dass man sich in gewissen Kreisen in Hamburg noch einmal genauso das Maul zerriss wie in den sechziger Jahren, als die Geschichten hochkamen, ließ ihn kalt. Einem 96-Jährigen zu unterstellen, er wolle mit seinem Liebesleben prahlen, war dann doch wohl allzu grotesk. Aus der Luft geholt war auch die Vermutung, Schmidt habe die Initiative ergriffen, um einer von Klaus Harpprecht im *Spiegel* lancierten Indiskretion die Spitze zu nehmen.[12] Sein Manuskript war zu diesem Zeitpunkt bereits abgeschlossen. Außerdem hatten die Betroffenen Harpprecht sofort nach seinem Interview Anfang Dezember zur Rede gestellt und von ihm die Zusicherung erhalten, dass er seine wahrheitswidrigen

Behauptungen nicht wiederholen werde. Die Deutsche Presse-Agentur reduzierte die 230 Seiten des neuen Schmidt-Buches als Vorabmeldung zu der *Stern*-Publikation auf eine einzige Zeile: »Helmut Schmidt schreibt über seine Geliebte«, und der Boulevard stimmte fröhlich ein in den Frühjahrshit: »Helmut Schmidt betrog seine Loki« (*tz* München, 5. März), »Wie viele Geliebte waren es wirklich?« (*Bild*, 5. März), »Seitensprung-Beichte mit 96 – muss das sein? (*Das Neue Blatt*, 11. März), »Die Schmidt-Geliebte: Ihre wahre Geschichte« (*Bild am Sonntag*, 15. März 2015). Es tue ihm heute noch weh, wenn er an jenen Tag denke, hatte Schmidt geschrieben und sein Geständnis in eine späte Liebeserklärung an Loki verpackt. Ohne dieses doppelte Bekenntnis hätte dem Buch aus seiner Sicht etwas Wesentliches gefehlt. Aber für diesen Kontext interessierte sich keiner. Fast sah es so aus, als hätte das Gros der deutschen Presse dankbar die Gelegenheit genutzt, endlich einmal ein bisschen Druck aus dem Schmidt-Kessel abzulassen. Schon nach wenigen Tagen stand *Bild* allerdings wieder fest an seiner Seite.

Schmidt begriff, dass er Menschen, die ihm wichtig waren, durch diese nicht beabsichtigte »Enthüllung« verletzt hatte, und es schmerzte ihn. Er wollte ein Zeichen senden, dass es ihm leid tue, und entschloss sich deshalb, im April noch ein Mal in die Sendung von Sandra Maischberger zu gehen. Die Moderatorin kannte seine Beweggründe und baute ihm mehrere Brücken. Aber das Gespräch lief schief, Schmidt fühlte sich plötzlich unter Rechtfertigungszwang. Er sah überhaupt nicht ein, dass er irgendetwas zu bereuen oder gar sich zu entschuldigen hätte – noch dazu vor laufenden Kameras. Wofür eigentlich? Für die Komplikationen der Einehe? »Die Einehe hat sich in Europa zu einer Zeit durchgesetzt, als das durchschnittliche Sterbealter der Männer bei 40 Jahren lag, vor etwa zweitausend Jahren. Die Eliten, die sehr viel älter wurden, verhielten sich schon damals anders. Mein Freund Marcus Aurelius hat offenbar häufiger die Partnerinnen gewechselt, seine Frau übrigens auch ihre Männer. Vornehme Römer hatten damit keine Probleme.«[13]

*

Ein vornehmer Römer hätte sich schon im Herbst 2011 gewundert, wie schnell die Presse wegen Nichtigkeiten außer Rand und Band geriet. »Was wird hier eigentlich gespielt?«, fragte die *Frankfurter Allgemeine Zeitung* am 28. Oktober 2011 auf Seite eins und bildete ein Schachbrett mit 32 Figuren ab. Die Spieler, die an diesem Tisch säßen, spielten ganz offensichtlich falsch, stellte die Zeitung fest, denn wie jeder Schachspieler wisse, befinde sich unten rechts stets ein weißes Feld und nicht, wie auf diesem Brett, ein schwarzes. Das Brett war um 90° gedreht! Keine deutsche Zeitung, die »Helmut Schmidts peinliches Spiel« (*Welt am Sonntag*, 30. Oktober) in diesen Tagen nicht ausführlich und mit Häme kommentierte. Was war passiert?

1996 hatte Hans Matthöfer einen Journalistenpreis gestiftet und seinen Freund Schmidt als Namenspatron gewonnen. Matthöfer war als Vorsitzender des Vorstands der Gewerkschaftsholding BGAG zugleich Aufsichtsratsvorsitzender der mehrheitlich in Gewerkschaftsbesitz befindlichen Allgemeinen Deutschen Direktbank (DiBa), die den Helmut Schmidt Journalistenpreis 1996 zum ersten Mal auslobte. Der Preis für kritischen Verbraucherjournalismus insbesondere auf dem Gebiet der Wirtschafts- und Finanzberichterstattung wird seither jedes Jahr vergeben. Schmidt nahm bis 2014 alljährlich im Herbst an der Preisverleihung teil und führte ein Podiumsgespräch.

1998 war die niederländische ING-Gruppe bei der DiBa eingestiegen und hatte sie 2003 vollständig übernommen (seit 2005 firmiert die Bank als ING-DiBa). Zu dem damaligen Vorstandsvorsitzenden Ben Tellings fand Schmidt schnell einen Draht. Er schätzte den bescheiden auftretenden Holländer auch deshalb als klugen Gesprächspartner, weil sich Tellings anders als viele Bankvorstände kritisch mit den hochriskanten Geschäften auseinandersetzte, mit denen die Banken in den frühen 2000er Jahren dicke Gewinne einfuhren. Tellings gehörte für ihn zu den wenigen glaubhaften Spitzenbankern in Deutschland, und dies erst recht nach Ausbruch der Finanzkrise im Sommer 2007, durch die Schmidt sein Misstrauen gegenüber manchen Vorständen deutscher Geschäfts- und Landesbanken auf vielfache Weise bestätigt fand.

Fünf Wochen nach der Insolvenz von Lehman Brothers gab Schmidt in einem Zigaretteninterview zum ersten Mal jene Geschichte zum Besten, die von da an zum stehenden Repertoire vieler seiner Auftritte gehörte. Er teile die Menschheit in drei Kategorien: Es gebe normale Menschen, die in ihrer Jugend mal einen Apfel geklaut hätten, es gebe Menschen mit einer kriminellen Ader, die ins Gefängnis gehörten – und es gebe Investmentbanker. »Dabei ist das Wort Investmentbanker nur ein Synonym für den Typus Finanzmanager, der uns alle, fast die ganze Welt, in die Scheiße geritten hat und jetzt schon wieder dabei ist, alles wieder genauso zu machen, wie er es bis zum Jahre 2007 gemacht hat«, erläuterte Schmidt drei Jahre später in einem *Zeit*-Artikel zum bevorstehenden Wechsel an der Spitze der Deutschen Bank.[14]

Dass Anshu Jain, der aus London das Investmentbanking der Deutschen Bank dirigierte, an die Spitze von Deutschlands größtem Geldinstitut berufen werden sollte, war für Schmidt Ausdruck eines unheilvollen Mentalitätswandels. Belohnt werde damit das Prinzip des »Moral Hazard«, das riesige Gewinne in die Taschen weniger schleuse und Verluste auf die Gemeinschaft abwälze – Schmidt nannte es schlicht unanständig. Nicht weniger beunruhigte ihn freilich die fortschreitende Internationalisierung der deutschen Bankenlandschaft. Früher habe es nach einer stillschweigenden Übereinkunft zwischen Wirtschaft und Politik zu den selbstverständlichen Aufgaben einer großen deutschen Geschäftsbank gehört (damals gab es noch drei), in internationalen Verhandlungen die Interessen Deutschlands zu vertreten. Heute habe die Bundesregierung keinen nationalen Ansprechpartner mehr. Schmidt war davon überzeugt, dass eine den nationalen Interessen verpflichtete Großbank im Ernstfall den drohenden Verkauf eines wichtigen deutschen Unternehmens an kapitalkräftige ausländische Investoren, etwa aus China oder den Golfstaaten, verhindern könne.

Anfang 2010 begannen Schmidt und Tellings über ein gemeinsames Buch nachzudenken, in dem nichts weniger als »Die Zukunft des Kapitalismus« verhandelt werden sollte. Vor dem Hintergrund der Finanzkrise wollten sie sich gegenseitig befragen, den Ursachen der Krise auf den Grund gehen und Vorschläge entwickeln, wie sich weitere schwere Verwerfungen an den Finanzmärkten am ehesten vermeiden ließen. Woher kommen die globalen Ungleichgewichte? Wem kann man die notwendige Regulierung der Finanzindustrien am ehesten anvertrauen? Wie lässt sich die Kreditversorgung des Mittelstandes sicherstellen? Reden wollte man über die volkswirtschaftliche Bedeutung der Sparquote, über Inflation, Deflation und Stagflation, über die gesamte Palette des Investmentbanking, über Derivatehandel, Leerverkäufe und Subprime-Hypotheken und nicht zuletzt über die Verantwortung der Funktionseliten. Es war ein ehrgeiziges Projekt, und so wurde zunächst ein umfangreicher Fragenkatalog mit dazugehörigem statistischen Material erarbeitet.

Schmidt hatte in diesem Jahr nicht über mangelnde Beschäftigung zu klagen. Im Februar erschien unter dem Titel *Unser Jahrhundert* ein Gesprächsband mit Fritz Stern. Im Herbst wurden zwei Sammelbände veröffentlicht: ausgewählte Aufsätze aus der *Zeit* (*Einmischungen*) und ein von Schmidt herausgegebener neuer Band mit Vorträgen der Freitagsgesellschaft (*Vertiefungen*). Im Sommer begann sich Schmidt intensiv mit einem Buch über das prekäre Verhältnis von Politik und Religion zu beschäftigen, das für 2011 in Vorbereitung war (*Religion in der Verantwortung*). Trotzdem enttäuschte es ihn, dass Tellings Ende des Jahres absagte. Er war zum Aufsichtsratsvorsitzenden der ING-DiBa und gleichzeitig zum Vorsitzenden des niederländischen Komitees für die Bewerbung um die Olympischen Spiele 2020 ernannt worden und hatte keine freie Minute mehr. Aber musste man das Projekt beerdigen, nur weil der Gesprächspartner abhandengekommen war?

Wenige Wochen zuvor war Peer Steinbrück, Finanzminister der ersten Großen Koalition unter Angela Merkel von 2005 bis 2009, mit Aplomb als Buchautor in die Arena getreten. In *Unterm Strich* beschrieb er nicht nur exakt, was in der Finanzkrise schiefgelaufen war, er begriff die Krise auch als Chance, die Stellschrauben neu zu justieren, und unterbreitete detaillierte Vorschläge zur Neuordnung der internationalen Finanzmärkte. Steinbrück hatte Ende der siebziger Jahre als Hilfsreferent im Kanzleramt gearbeitet; später, als Ministerpräsident von Nordrhein-Westfalen, holte er gelegentlich Schmidts Rat ein und gewann bei dieser Gelegenheit meist auch eine Partie Schach. An Schmidts Hochschätzung für ihn änderte das nichts. Als Bundesfinanzminister tauschte sich Steinbrück ab Sommer 2007 mit Schmidt öfters über die Krise am US-Hypothekenmarkt und die Milliardenverluste deutscher Landesbanken aus. Wäre Steinbrück nicht der richtige Mann für ein Gespräch über die Zähmung des Raubtierkapitalismus und die Zukunft des Sozialstaates? Steinbrück sagte sofort zu.[15]

Als nach ausgiebigen Vorbereitungen im Juni 2011 die erste Gesprächsrunde eröffnet wurde, standen Schmidt und Steinbrück vor einem Problem. Steinbrück war von Teilen der deutschen Presse inzwischen zum SPD-Spitzenkandidaten für die Bundestagswahl 2013 hochgeschrieben worden, was den Zeitplan der Parteiführung durcheinanderzubringen drohte. Im Mai 2011 hatte ihn das Magazin *Cicero* in Admiralsuniform auf den Titel gehoben und gefragt: »Wer, wenn nicht Peer?« Wie sollte man damit umgehen? Im Nachhinein betrachtet, wäre es wohl klug gewesen, das Buchprojekt abzusagen beziehungsweise ruhen zu lassen, bis sich der Lärm verzogen hätte. Stattdessen wurde diskutiert, ob man die »K-Frage« thematisieren solle oder nicht. Schmidt schien fast ein wenig ungehalten. Er lasse sich nicht den Mund verbieten: Wenn es sich im Verlauf des Gespräches ergebe, werde er seine Meinung zum Kanzlerkandidaten Steinbrück kundtun. Es war einer der seltenen Momente, in denen ihn sein politischer Instinkt verließ.

Wer A sagt, muss auch B sagen, und so zündeten Schmidt und Steinbrück zum Erscheinen des Buches Ende Oktober 2011 ein mediales Feuerwerk: Am Sonntag, dem 23., traten sie gemeinsam in der ARD-Sendung von Günther Jauch auf, am Montag druckte der *Spiegel* ein großes Gespräch mit den beiden, am Donnerstag brachte die *Zeit* einen mehrseitigen Vorabdruck. Damit begann, wie der *Spiegel* schrieb, »ein neues Kapitel in der Geschichte des politischen Marketings der Bundesrepublik: die von einem Mentor geförderte Kanzlerkandidatur«.[16] Der mediale Overkill löste sofort heftige Gegenwehr aus, auch weil es für viele so aussah, als ob Schmidt und

Steinbrück sich nicht an die Spielregeln hielten. SPD-Politiker aus der zweiten Reihe äußerten ihren Unmut über die Inszenierung. »Wenn der Eindruck entsteht, dass an allen Gremien der SPD vorbei Fakten geschaffen werden sollen«, empörte sich etwa der Berliner Landesvorsitzende Michael Müller, »dann kann das sehr schnell zum Bumerang werden.«[17]

»Er kann es«, hatte Schmidt auf dem Titel des *Spiegel* verkündet und sich damit nach Meinung vieler ein Recht angemaßt, das niemandem zustand – nicht einmal ihm. Schmidt vertrat den Standpunkt, dass ein ehemaliger Bundeskanzler jederzeit ein persönliches Urteil über einen möglichen Nachfolger abgeben dürfe, und vergaß dabei den Status, den er inzwischen in der Öffentlichkeit erlangt hatte. Mit seinem Bekenntnis zu Steinbrück schien der Mann, den die Deutschen sich zum Ersatzkaiser erkoren hatten, ihnen den Erbprinzen präsentieren zu wollen – und das ging den meisten dann doch zu weit. Helmut Schmidt war ein Bühnenkaiser, einer, der alles durfte, weil er eben keine wirkliche Macht mehr besaß. Peer Steinbrück hingegen war nur ein Politiker wie jeder andere Politiker auch, der sich gefälligst anzustrengen hatte, wenn er ins wichtigste Amt wollte, statt sich protegieren zu lassen. Theater und Wirklichkeit – hier stießen sie hart aneinander, und deshalb ging die Krönungsmesse gründlich daneben.

Das gemeinsame Buch trug den Titel *Zug um Zug* und zeigte auf dem Schutzumschlag die beiden Matadore beim Schachspiel im Hause Schmidt. Die Fotografin hatte den Schachtisch ans Fenster gestellt und die Szene für ihre Zwecke so arrangiert, wie sie es brauchte; nachdem Schmidt endlich saß – wie bei allen Fototerminen demonstrativ schlecht gelaunt –, hätte niemand sich getraut, den Tisch noch einmal zu drehen. Am Tag des Erscheinens verbreitete sich binnen Minuten via Internet die Erkenntnis, dass der Schachtisch falsch stand, und am nächsten Morgen kippte die deutsche Presse ihren Spott kübelweise über die beiden Schachexperten: Wer nicht einmal seine Figuren richtig aufstellen kann …

Steinbrück hatte in dem Gespräch mit Schmidt zweifellos den schwierigeren Part übernommen, urteilte die *Frankfurter Allgemeine*

Zeitung. Ohne Schmidts Autorität anzweifeln zu dürfen, musste er dennoch, wenn er politisch heil aus der Sache rauskommen wollte, an vielen Stellen Widerspruch formulieren, nicht nur bei den Themen Menschenrechte, China, Demokratiedefizite.[18] Er hat sich mitnichten, wie die Berliner Redaktion derselben Zeitung drei Tage später schrieb, zum Statisten der Schmidt-Show machen lassen, im Gegenteil.[19] Als Schmidt auf Seite 155 des Buches das Gespräch geradezu tollkühn auf die Kandidatenfrage lenkte – so als habe er nur auf die Gelegenheit gelauert, es endlich ansprechen zu können –, gab er Steinbrück eine reelle Chance, das Thema zu beenden: »Ich gehe davon aus, Peer, dass Sie sich zu dieser Frage nicht äußern wollen.« In der Tat sei die Zeit nicht reif für die Kandidatenfrage, antwortete Steinbrück, und mitten in der Legislaturperiode könne die SPD Personaldebatten auch gar nicht gebrauchen. Wäre er konsequent gewesen, hätte er die gesamte Passage vor Drucklegung streichen müssen. Die Initiative war zwar von Schmidt ausgegangen, aber die Entscheidung lag allein bei Steinbrück.

Schmidt erholte sich schnell von der Schlappe. Zwei Wochen nach Erscheinen des Buches nahm er in Wiesbaden den Millennium-Bambi entgegen, den Oscar des deutschen Unterhaltungsjournalismus. Die Kritiker in den Reihen der Sozialdemokratie versöhnte er Anfang Dezember, als er zur Eröffnung des SPD-Parteitages in Berlin eine bewegende Rede über die Notwendigkeit der Solidarität in Europa hielt. In der Kandidatenfrage äußerte er sich jetzt nicht mehr öffentlich. Ein Jahr später, auf dem Wahlparteitag in Hannover, entfiel sein geplanter Auftritt, weil die Vorredner ihre Redezeiten stark überzogen hatten – ein persönliches Wort zu Steinbrück enthielt das Redemanuskript nicht.

Schmidt hatte sich in Wahlkämpfen immer zurückgehalten, aber diesmal wirkte er fast noch ein wenig zugeknöpfter als sonst. Glaubte er, mit seinem »Er kann es« gleich zu Anfang seine Pflicht getan zu haben? Schwieg er, weil Steinbrück nicht als braver Schmidt-Famulus erscheinen durfte und jedes Wort zu viel dem Kandidaten gefährlich werden konnte? Oder spürte er schon früh – auch diese Möglichkeit ist nicht auszuschließen und fände ihre

Parallele im Schröder-Wahlkampf 2005 –, dass Steinbrück nicht gewinnen würde? Später fragte er sich, ob Steinbrück überhaupt hatte gewinnen wollen, den unbedingten Willen zu siegen habe er nicht immer erkennen können. Schmidt ging grundsätzlich mit den Siegern. Seinen einzigen Wahlkampfauftritt absolvierte er am 6. September 2013 in Brandenburg an der Havel – dem Wahlkreis von Frank-Walter Steinmeier.

*

»In meinem fortgeschrittenen Alter sterben einem die Freunde weg«, hatte Schmidt bei der Gedenkveranstaltung der Friedrich-Ebert-Stiftung für Hans Matthöfer im Dezember 2009 gesagt.[20] Nach Matthöfers Tod war Schmidt auf die Idee gekommen, eine Sammlung von Geburtstags-, Trauer- und Gedenkreden herauszugeben, die er im Laufe seines Lebens gehalten hatte. Die Übersicht, die seine Archivarin zusammenstellte, verzeichnete mehr als 75 Texte, von der Trauerrede bei der Beerdigung von Karl Theodor zu Guttenberg 1972 bis zu der Rede beim Staatsakt für Rainer Barzel im Deutschen Bundestag 2006. In vielen dieser oft sehr persönlich gehaltenen Abschiedsreden steckte ein Stück Autobiographie, und der Gedanke, die wichtigsten als Buch zu veröffentlichen, eröffnete für Schmidt auch eine Möglichkeit, das eigene Leben noch einmal Revue passieren zu lassen – gewissermaßen im Spiegel der Toten. Weil andere Buchpläne Vorrang hatten, zerschlug sich die Idee.

Je mehr alte Freunde starben, desto mehr beschäftigte sich Schmidt auch mit dem eigenen Tod. Im September 2009 musste er sich auf Bitten seines Freundes Peter Schulz, der als Schmidts Notar auch für die Testamente zuständig war, mit den Verfügungen hinsichtlich seiner eigenen Trauerfeier befassen. Schmidt hatte zunächst bestimmt, dass die Feier im Rathaus stattfinden und höchstens zwei Reden gehalten werden sollten; in den folgenden Jahren wurden die Verfügungen wiederholt geändert. Nach der Trauerfeier für Loki im Michel wünschte auch Schmidt, in der Kirche verabschiedet zu werden; ein Pastor sollte allerdings so wenig wie möglich in Erscheinung treten. Wenige Wochen vor seinem Tod darauf angesprochen, ob er nicht einen Staatsakt im Bundestag für angemessen halte, meinte Schmidt: »Mir ist der Michel recht.« – Sein Vorgänger Willy Brandt habe großen Wert gelegt auf einen Staatsakt mit militärischem Zeremoniell einschließlich des Saluts. »Das kann ich nachempfinden«, sagte Schmidt. Nach allen Diffamierungen durch den politischen Gegner habe Brandt den Staatsakt wohl als eine »letzte Genugtuung« verstanden.[21]

Wie schnell die Reihen sich lichteten, wird deutlich beim Blick auf den engsten Freundeskreis von Helmut und Loki Schmidt. Seit vielen Jahren feierten sie den 23. Dezember in Langenhorn gemeinsam mit vier Ehepaaren: Hans und Traute Matthöfer, Hans und Ingrid Apel, Walter und Liebgard Tormin (Hamburger Sozialdemokraten der ersten Stunde) sowie Peter und Sonja Schulz. Traute Matthöfer starb als Erste, im Mai 2008, anderthalb Jahre später ihr Mann; im Oktober 2010 folgte Loki, ein knappes Jahr später Hans Apel; drei Monate darauf, im Dezember 2011, starben kurz hintereinander Walter und Liebgard Tormin und im Mai 2013 Peter Schulz – das waren sieben Tote in fünf Jahren. Bei der Nachricht von Hans' Tod, schrieb Schmidt an Ingrid Apel, sei ihm »der ganze Jammer über Lokis Tod wieder ins Bewusstsein getreten – und ich habe dieses Bewusstsein auf Dich und Eure Töchter übertragen«.[22]

Nach Lokis Tod überkam Schmidt große Einsamkeit. Hinter seiner scheinbaren Unverwüstlichkeit, meinte das *Hamburger Abendblatt*, dem er vier Wochen später ein Interview gab, würden »Zeichen von Erschöpfung« sichtbar, als sei ihm mit Lokis Tod »der Panzer abhandengekommen«.[23] Schon seit vielen Jahren führte Schmidt sein Leben nach der Devise, dass er morgen oder übermorgen nicht mehr da sein könnte. Diese Nüchternheit gegenüber dem Unausweichlichen bewahrte ihn vor heftigen Stimmungsschwankungen aufgrund seines jeweiligen Gesundheitszustandes. Egal wie gut oder wie schlecht es ihm ging, der Tod war ständig präsent – ohne dass er auf Schmidts Denken Einfluss zu haben schien. Wenn er Verabredungen unter den Vorbehalt stellte, dass er ein alter Mann sei, so tat er dies in erster Linie aus Höflichkeit: Möglicherweise werde er die eben getroffene Verabredung nicht einhalten können. Buchverträge unterschrieb er grundsätzlich erst, wenn er das Manuskript abgeschlossen hatte.

Lokis Tod wirkte allerdings auch befreiend. Seit ihrer Wirbelsäulenoperation 2007 hatte Schmidt seine sämtlichen Aktivitäten reduziert, sich fürsorglich um seine Frau gekümmert und sie ungern länger als einen Tag allein gelassen; auch psychisch hatten ihn ihre zunehmende Schwäche und Gebrechlichkeit während der letzten Jahre belastet. Jetzt, nach ihrem Tod, konnte er wieder arbeiten, ohne Rücksicht nehmen zu müssen, zugleich bot ihm die Arbeit aber auch Gelegenheit, der Einsamkeit zu entfliehen: »Ich arbeite immer noch beinahe 50 Stunden in der Woche … Seit Lokis Tod habe ich nichts außer der Arbeit.«[24] Ein prall gefüllter Terminkalender war für ihn seit Jahren ein bewährtes Mittel, um das Gefühl, möglicherweise weniger gefragt zu sein als früher, gar nicht erst aufkommen zu lassen.

Neben der Arbeit hatte er allerdings auch noch Ruth Loah. Knapp zwei Jahre nach Lokis Tod, Anfang August 2012, machte Schmidt die Beziehung öffentlich. Wäre Ruth Loah nicht gewesen, »zu der ich seit über einem halben Jahrhundert ein vertrauensvolles, enges Verhältnis habe, hätte ich den Tod von Loki wahrscheinlich nicht überlebt«, schrieb er dankbar in seinem letzten Buch.[25] Er kannte Ruth Loah seit 1955, als sie in seinem Bonner Abgeordnetenbüro als Sekretärin anfing; 1957 und 1961 hatte sie für ihn den Wahlkampf in Hamburg organisiert, dann geheiratet und in den siebziger Jahren wieder für ihn im Wahlkreis gearbeitet. Von 1983 an war sie einige Jahre für Schmidt bei der *Zeit* tätig, später übernahm sie die Betreuung seines Archivs.

Frau Loah kam meist am Wochenende in den Neubergerweg. Ihr Zuhause hatte sie im Augustinum-Wohnstift in Neumühlen. Wenn Schmidt sie dort besuchte, beobachtete er gern die Schiffe auf der Elbe. Einmal entzifferte er mit dem Fernglas den Namen eines schönen alten Hafenstreifenbootes: »Hans Ottenstreuer«. Schmidt erinnerte sich sofort. Ottenstreuer war bei der großen Flut im Februar 1962 der Leiter der Wasserschutzpolizei gewesen, und weil

Schmidt gerade einen Hamburg-Band vorbereitete, musste der Name dieses tüchtigen Mannes noch schnell ins Manuskript eingefügt werden.[26] Frau Loah liebte das Wasser genauso wie Schmidt, und so unternahmen die beiden viele Schiffsreisen – mit Hurtigruten ans Nordkap oder mit der Donaudampfschifffahrtgesellschaft ins Eiserne Tor. Sie machten Ausflüge durch Schleswig-Holstein, besuchten das Nolde-Museum in Seebüll oder Siegfried Lenz auf Fünen. Im August 2011 fuhr Schmidt mit dem Wagen die Ostsee entlang bis Danzig, weil er unbedingt noch Lech Wałęsa kennenlernen wollte.[27]

Grundsätzlich galt aber auch für die letzten Jahre: Die Arbeit hatte Vorrang. Anfang Januar 2011 hielt Schmidt zum 100. Jahrestag der Gründung der Max-Planck-Gesellschaft den Festvortrag, in dem er die aus seiner Sicht wichtigsten Forschungsgebiete des 21. Jahrhunderts beschrieb. Wenige Tage später gab er grünes Licht für das Gesprächsbuch mit Peer Steinbrück. Im Februar fuhr er zwei Wochen nach Mallorca, um letzte Hand an den Religionsband zu legen, der Anfang Mai erschien. Um ein bisschen für das Buch zu werben, erklärte er sich bereit, gemeinsam mit Peter Scholl-Latour in die Sendung von Reinhold Beckmann zu gehen und dort über den Islam zu reden. Scholl-Latour sei ja fast so alt wie er, meinte Schmidt, der sich jetzt gern mit »Gleichaltrigen« unterhielt; je weniger sie wurden, desto mehr schienen sie zusammenhalten zu müssen. Drei Jahre später sprach Schmidt bei der Feier von Scholl-Latours 90. Geburtstag im China Club Berlin.

Ende Mai 2011 reiste Schmidt noch einmal nach Amerika. In New York traf er sich mit alten Freunden wie Henry Kissinger und George Shultz und führte Gespräche mit Richard Haass, dem Präsidenten des Council on Foreign Relations, Ex-Finanzminister Robert Rubin oder dem Journalisten und Autor Fareed Zakaria. Von New York flog Schmidt nach Québec, um an der 29. Jahrestagung des InterAction Council teilzunehmen. Drei Themen standen auf dem Programm: der weltweite Wassermangel, das Verbot von Massenvernichtungswaffen und die Fortführung der Diskussion über die Allgemeine Erklärung der Menschenpflichten. Anschließend ging es mit einem gemieteten Kleinbus zweieinhalb Stunden von Québec nach Montreal; dort besuchte Schmidt das Grab seines Freundes Pierre Trudeau, des kanadischen Premierministers, und flog am Abend nach Deutschland zurück.

Drei Wochen später begannen die Gespräche mit Peer Steinbrück, der Schmidt als Erstes nach seinen jüngsten USA-Eindrücken fragte. Die USA befänden sich in einer Phase zunehmender Polarisierung, die einerseits zurückzuführen sei auf die innere Unsicherheit der Republikanischen Partei, sagte Schmidt. Andererseits habe »der als Redner glänzende Obama große Erwartungen geweckt«, die er »nur zu einem ganz kleinen Teil erfüllen kann. Für mich persönlich gehört zu den enttäuschendsten Ergebnissen seiner Politik, dass er Guantánamo nicht wirklich hat auflösen können.«[28] Schmidt verglich Obamas Ausstrahlung gern mit der Willy Brandts: »Er ist wie Willy Brandt. Nur nicht so wirksam.«[29]

Schon 2007 war Schmidt pessimistisch aus den USA zurückgekehrt. Fast alle seine Urteile über die jüngste Entwicklung der politischen Klasse in Amerika seien bestätigt worden, von seiner Kritik der Bush-Administration habe er nichts zurückzunehmen, bekräftigte er anschließend bei einer Zigarette mit di Lorenzo. Bei allem berechtigten Ärger über die Rücksichtslosigkeiten der USA war Schmidt jedoch nicht gewillt, in jenen Antiamerikanismus einzustimmen, den sich zunehmend auch die politische Rechte zu eigen machte. In den im Sommer 2008 begonnenen Gesprächen mit dem amerikanischen Historiker Fritz Stern war – neben der Frage, wie es zu Hitler hat kommen können – die gemeinsame Sorge um die künftige Rolle der Weltmacht Amerika das zentrale Thema. Während sich Stern zuversichtlich zeigte, dass mit der Präsidentschaft Obamas nicht nur ökonomische Verantwortung und außenpolitisches Augenmaß zurückkehrten, sondern auch der moralische Niedergang der politischen Kultur des Landes aufgehalten werde, war Schmidt deutlich zurückhaltender.

Schmidt hatte die USA-Reise 2007 als seine letzte große Auslandsreise angekündigt. Lange Flüge sollte der 90-Jährige auf ärztlichen Rat nicht mehr antreten. Nach Lokis Tod flog er aber dann doch wieder – im Mai 2012, ein Jahr nach der USA-Reise, sogar noch einmal nach Singapur und China (in Begleitung eines leitenden Arztes aus dem Bundeswehrzentralkrankenhaus). Er wollte sich von Lee Kuan Yew verabschieden, einem alten Freund, der dreißig Jahre lang ein streng autoritäres Regime über Singapur geführt und den Stadtstaat etwa so regiert hatte, wie Schmidt es sich auch für sich selbst wohl gut hätte vorstellen können. Drei Tage unterhielten sie sich über den Wiederaufstieg Chinas zur Weltmacht und die historische Bedeutung Deng Xiaopings, der bei der Einrichtung der Sonderwirtschaftszonen Lee wiederholt um Rat gebeten und sich vom Beispiel Singapur hatte inspirieren lassen. Wie alt er denn inzwischen sei, wollte Schmidt zu Anfang des Gespräches wissen. Alter, Krankheit und Tod waren als Thema jetzt dauernd präsent. 89, antwortete Lee. Er sei jetzt 94, sagte Schmidt, aber er habe das Gefühl, dass er bald abtreten werde. Am Ende überlebte er auch Lee noch um ein gutes halbes Jahr.

Im Herbst 2006 war ein Band mit Gesprächen über China erschienen, mit dem Schmidt erklärtermaßen drei Ziele verfolgte: für Respekt vor dieser uralten Kulturnation zu werben, vor moralischer Überheblichkeit zu warnen und den Menschen in Deutschland die Angst vor dem ökonomischen Wettbewerb mit China zu nehmen, die in Schmidts Augen vor allem von den Gewerkschaften geschürt wurde. Sechs Jahre später, im Gespräch mit dem langjährigen Regierungschef des wohlhabendsten Staates der Region, wirkte Schmidt über weite Strecken wie ein aufmerksamer Schüler, der dankbar war für jeden Hinweis zum besseren Verständnis Chinas. Er brachte seinem Gastgeber nicht nur ein Höchstmaß an Verehrung entgegen, sondern akzeptierte auch bereitwillig, dass Lee in ihrem Dialog der Kulturen auf behutsame Weise die Führung übernahm.

Von Singapur flog Schmidt zur 30. Jahrestagung des InterAction Council nach Peking, wo er zum Abendessen mit Zhu Rongji verabredet war, dem ehemaligen Ministerpräsidenten Chinas, der seit zwanzig Jahren zu seinen wichtigsten Gesprächspartnern in China zählte. Am nächsten Morgen wurde die IAC-Delegation in der

Großen Halle des Volkes von Vizepräsident Xi Jinping empfangen, der ein halbes Jahr später neuer Generalsekretär wurde; am Mittag traf Schmidt den amtierenden Ministerpräsidenten Wen Jiabao. Zehn Tage dauerte die Reise, und der Ertrag war ein weiteres Gesprächsbuch unter dem Titel *Ein letzter Besuch*.

Im Frühjahr 2013 machte Schmidt Abschiedsbesuche in Großbritannien und Frankreich; er traf seine alten Freunde Peter Carrington und Denis Healey und fuhr anschließend zu seiner Tochter nach Kent. Im Juni veranstaltete die deutsche Botschaft in Paris eine von Ulrich Wickert moderierte Podiumsdiskussion zwischen Schmidt und Valéry Giscard d'Estaing zum Thema »Europa 2030«. Am Morgen gab Schmidt dem Magazin *Le Point* ein Interview – auf die Frage, wie er die deutsche Seele definieren würde, antwortete er lachend, das sei eine viel zu philosophische Frage für ihn, »ich bin ein Mann fürs Konkrete«.[30] Am Mittag traf er den französischen Ministerpräsidenten Jean-Marc Ayrault zum Gespräch. Zur Vorbereitung hatte Schmidt den ihm vom Auswärtigen Amt zur Verfügung gestellten Politischen Halbjahresbericht nicht weniger gründlich durchgearbeitet als seinerzeit die Kabinettsvorlagen des Bundeskanzlers.

*

Schmidts letzte große Auslandsreise führte ihn sechs Monate später nach Moskau. Er wollte noch einmal den ehemaligen russischen Ministerpräsidenten Jewgeni Primakow treffen, zu dem er seit Jahren ein vertrauensvolles Verhältnis unterhielt, sowie den ehemaligen Botschafter in Bonn, Valentin Falin. Gerhard Schröder hatte die Vermittlung eines Gespräches mit Wladimir Putin angeboten. Kennengelernt hatte Schmidt den russischen Präsidenten bei dessen erstem Staatsbesuch in Deutschland Ende September 2001 im Amtszimmer des Regierenden Bürgermeisters von Berlin, Klaus Wowereit. Die Begegnung war offenbar spontan zustande gekommen; eine Woche später bat Schmidt Wowereit um Verständnis, dass er unfreiwillig in das Gespräch mit Putin »hineingeplatzt« sei.[31] Im

Juni 2003, bei der Jahrestagung des InterAction Council in Moskau, empfing Putin eine IAC-Delegation im Kreml und traf sich anschließend zum Vieraugengespräch mit Schmidt.

Im September 2007 hatte Schmidt einen Vortrag am Deutschen Historischen Institut in Moskau gehalten. Der deutsche Botschafter fragte, wen Schmidt bei seinem Moskau-Aufenthalt gern sprechen würde, und schickte eine Liste mit möglichen Gesprächspartnern. Auf der Liste stand auch Putin. Schmidt ließ durch sein Büro antworten: »nein, nicht als Initiative von Herrn Schmidt; ja nur, wenn Präsident Putin selbst anfragt«.[32] Es war für Schmidt keineswegs nur aus Prestigegründen relevant, von wem die Initiative zu einem Treffen ausging, sondern auch eine Frage der Höflichkeit. Gesprächspartner, die so volle Terminkalender hatten wie Putin, sollten wissen, dass er in der Stadt war, sich aber nicht genötigt fühlen, sich mit ihm zu treffen. Sechs Jahre später nahm Schmidt gern das Angebot Schröders an, beim Einfädeln zu helfen.

Er sei nach Moskau gekommen, um Abschied zu nehmen von den russischen Nachbarn, sagte Schmidt zur Eröffnung ihres Gespräches am 10. Dezember 2013 bei einem gemeinsamen Abendessen in Putins Residenz in Nowo-Ogarjowa. Dass es zwischen Russen und Deutschen keinen Hass gebe, zähle für ihn zu den schönsten Erfahrungen am Ende seines Lebens. Schmidt habe recht, wenn er betone, dass Nachbarn in guten wie in schlechten Zeiten zusammenhalten müssten, bekräftigte Putin; Russen und Deutsche hätten sicherlich viel mehr Gemeinsamkeiten, als man denke, man müsse sie aber auch gestalten. Schmidt fragte nach Eckdaten des russischen Bevölkerungswachstums. »In diesen Tagen feiert Russland einen Festtag«, sagte Putin, »zum ersten Mal seit zwanzig Jahren ist die Geburtenzahl höher als die Zahl der Todesfälle, und zwar sowohl in traditionell christlichen als auch in muslimischen Regionen.« Vor sechs Jahren habe man ein Belohnungssystem für die Geburt des zweiten Kindes eingeführt, rund 10 000 Euro, und dies sei in traditionell christlichen Regionen ein wichtiger Anreiz gewesen. »So etwas kann nur Russland machen, andere Länder haben dafür kein Geld.«

Der Anteil der muslimischen Bevölkerung sei in Russland nicht größer als in Europa, betonte Putin, in Frankreich zum Beispiel lebten prozentual mehr Muslime als in Russland. Aber während es sich bei den europäischen Muslimen mehrheitlich um Einwanderer handele, sei es in Russland »die eigene Bevölkerung, die hier seit tausend Jahren lebt und sich teilweise zum Islam bekennt«. In Russland habe die Nation nie eine Rolle gespielt, sondern immer nur die Religion – sie habe »die vielen Nationen in diesem riesigen Gebiet zusammengehalten«.

Bereits in seinem Gespräch mit Primakow hatte sich Schmidt am Mittag nach den Geburtenraten von Muslimen und Christen erkundigt und dann das geopolitische Lieblingsszenario seiner letzten Jahre entfaltet: Sibirien werde im Zuge der globalen Erderwärmung bewohnbar werden und die muslimische Bevölkerung aus der Kaukasusregion, aus Kasachstan und Usbekistan, Tadschikistan und Kirgisistan, aber auch aus noch ferneren Gegenden anlocken. Das eigentliche Problem der Russen sei daher nicht die Behauptung Sibiriens gegen die Chinesen, sondern gegen die Muslime. Als Schmidt das Gespräch mit Putin in diese Richtung lenken wollte, nahm ihm der Präsident mit einem schönen Kompliment souverän den Wind aus den Segeln: »Sie wissen alles.«

Putin ließ sich auf kein kontroverses Thema ein. Schmidt erinnerte an seine konstruktiven Gespräche mit Leonid Breschnew und meinte, der Mann habe ein großes Herz gehabt. Breschnews Politik werde in Russland heute unterschiedlich bewertet, entgegnete Putin kühl, er sei sicherlich ein guter Mensch gewesen, das reiche aber nun einmal nicht aus. Fragen zum Verhältnis Moskau–Peking oder zur Israel-Politik Moskaus überging er ebenso wie kritische Äußerungen Schmidts zu Obama. Dass Angela Merkel sich bei Obama wegen des abgehörten Telefons beschwert habe, fand Putin indes merkwürdig. Er habe mit den Geheimdiensten nie etwas zu tun haben wollen, entgegnete Schmidt, er habe ihnen nie vertraut. »Auch nicht als Verteidigungsminister?« – »Nein, auch nicht.« Als ehemaliger Offizier des Geheimdienstes KGB amüsierte sich Putin köstlich über diese Antwort.

Am Ende des dreistündigen Gespräches gaben Putin und Schmidt ihrer Hoffnung Ausdruck, dass der kalte Krieg der Vergangenheit angehöre. »Aber wir müssen trotzdem aufpassen«, sagte Schmidt. »Ich stimme Ihnen zu«, entgegnete Putin. »Man muss rechtzeitig stoppen können. Unsere christliche Welt wird langsam eingeengt. Deshalb haben wir gemeinsame Aufgaben. Es geht um die Denkweise, nicht um die Religion. Wir Russen müssen um nichts feilschen, nichts teilen, wir haben fast alles und sind damit zufrieden.« Putin überreichte Schmidt als Geschenk zum bevorstehenden 95. Geburtstag eine Flasche Tokaier, Jahrgang 1918. Schmidt hatte als Gastgeschenk ein Buddelschiff mitgebracht, ein traditionelles Geschenk seiner Vaterstadt, über das sich Putin sehr freute. »Es passt genau in meine Sammlung. Grüßen Sie Hamburg, es ist eine sehr schöne Stadt. Wenn Sie nichts dagegen haben, rufe ich Sie an Ihrem Geburtstag an.«[33] Für den Rückflug stellte Putin seinem Gast eine Regierungsmaschine zur Verfügung.

Auf Empfehlung Putins nahm Schmidt gleich nach dem Treffen Kontakt zu dem Schriftsteller Daniil Granin auf. Granin war 1941 bei der Verteidigung Leningrads eingesetzt gewesen – zur selben Zeit, als an diesem Abschnitt der Front auf deutscher Seite der Leutnant Schmidt kämpfte – und hatte über seine Kriegserlebnisse einen bewegenden autobiographischen Roman geschrieben. Als er Ende Januar 2014 nach Berlin kam, um im Deutschen Bundestag die Rede zur Erinnerung an die Opfer des Nationalsozialismus zu halten, traf er sich mit Schmidt. Mehr als siebzig Jahre nach den Ereignissen begegneten sich der ehemalige Rotarmist und der ehemalige Wehrmachtsoldat als Freunde: Für Schmidt wurde das Gespräch zu einem der emotionalen Höhepunkte seiner letzten Lebensjahre.[34] Er schrieb ein Vorwort für die deutsche Ausgabe von Granins Roman *Mein Leutnant* und freute sich auf ein Wiedersehen, aber das geplante Treffen im April 2015 entfiel, weil Granin stürzte und absagen musste.

Nur zwei Monate nach Schmidts Rückkehr aus Moskau kam es zum offenen Konflikt zwischen der Ukraine und Russland, im März wurde der Anschluss der Krim an die Russische Föderation erklärt, die Europäische Union und die USA verhängten daraufhin umgehend Sanktionen. In den Hauptstädten des Westens war man sich allenthalben einig, diesen offensichtlichen Bruch des Völkerrechts nicht hinnehmen zu dürfen. Während man noch darüber beriet, wie man Putin wirkungsvoll entgegentreten solle, schürte Moskau im Osten der Ukraine schwere kriegerische Auseinandersetzungen, die über Monate andauerten und erst im Februar 2015 mit dem zweiten Minsker Abkommen beendet werden konnten. Nichts hat Helmut Schmidt in den letzten anderthalb Jahren seines Lebens mit größerer Sorge erfüllt als der Konflikt zwischen Russland und der EU, der für ihn freilich nicht erst mit den Protesten auf dem Kiewer Maidan Ende 2013 begonnen hatte. Die Ursachen reichten nach seinem Verständnis vielmehr zurück in die frühen neunziger Jahre, als es Europäische Union und NATO nach dem Zusammenbruch der Sowjetunion versäumten, Moskau angemessen in die Überlegungen zur sicherheitspolitischen Neugestaltung Osteuropas einzubeziehen.

Im August 1993 hatte Schmidt in einem Vortrag über die neue europäische Sicherheitsordnung in Warschau nachdrücklich vor einer Osterweiterung der NATO gewarnt. »Wenn ich ein sowjetischer Marschall wäre oder ein Oberst, würde ich die Ausdehnung der NATO-Grenzen, erst von der Elbe bis an die Oder und dann über die Weichsel hinaus bis an die polnische Ostgrenze, für eine Provokation und eine Bedrohung des Heiligen Russland halten. Und dagegen würde ich mich wehren. Und wenn ich mich heute dagegen nicht wehren kann, werde ich mir vornehmen, diese morgen zu Fall zu bringen … Wer für Ostöffnung plädiert, dem geht das Gefühl dafür ab, dass Russland, wenngleich als sowjet-imperialistische Macht zur Zeit non-existent geworden, eine Weltmacht vom Bug bis nach Kamtschatka bleibt, ausgestattet mit immer noch Zehntausenden von Nuklearwaffen und Millionen Soldaten.«[35]

Es sei nachvollziehbar, dass die Visegrád-Staaten (Polen, Tschechien, Slowakei und Ungarn) und die drei baltischen Republiken in die NATO strebten, schrieb Schmidt im Frühjahr 1994. Und wenn die Visegrád-Staaten demnächst Mitglied der EU würden, sei es »nur logisch«, sie auch unter den Schutz der NATO zu stellen. »Zum anderen ist aber die Forderung Moskaus nach Anerkennung seines Weltmachtstatus und nach institutionalisierter Zusammenarbeit mit dem Westen vernünftig.« Schmidt griff Anregungen des russischen Verteidigungsministers und des russischen Außenministers auf, gemeinsam – zum Beispiel unter stärkerer Einbeziehung der KSZE – über ein neues Sicherheitskonzept nachzudenken, bei dem Russland aber nicht mit den kleinen Staaten auf eine Stufe gestellt werden dürfe. Russland wolle in Europa mitreden, schrieb Schmidt, und darauf habe es ein Recht – »trotz aller gegenwärtigen ökonomischen und politischen Schwächen«.[36]

1999 traten Polen, Tschechien und Ungarn der NATO bei. Zum 50. Jahrestag der Gründung des Bündnisses im April dieses Jahres nahm Schmidt den von den USA propagierten Begriff der »neuen NATO« kritisch unter die Lupe. Neu an der NATO sei zunächst einmal die Brutalität, mit der Washington seine Interessen gegenüber den eigenen Verbündeten durchsetze. So hätten die USA die jüngste Erweiterung der NATO vor allem aus innenpolitischen Gründen betrieben: »Es ging um die Wählerstimmen von Amerikanern polnischer, tschechischer und ungarischer Abstammung und ebenso um Aufträge für die amerikanische Verteidigungsindustrie und um deren Arbeitsplätze.« Aber im Rahmen welcher Gesamtstrategie? Und gegen welchen Feind eigentlich? Dass der Kreml die NATO-Erweiterung nicht habe verhindern können, sitze wie ein Dorn im Fleisch der Russen. »Viele Russen empfinden die Ostverschiebung der Grenze des NATO-Territoriums als Demütigung.« Der Westen wäre deshalb gut beraten, ihnen zum Ausgleich etwas anzubieten.[37]

Nachdem die NATO 2004 um sieben weitere osteuropäische Staaten gewachsen war, begann sie zwei Jahre später ernsthaft eine Mitgliedschaft der Ukraine und Georgiens zu diskutieren. Im September 2008 tagte der NATO-Rat in Tiflis, der Hauptstadt Georgiens, das in der Auseinandersetzung um Abchasien und Südossetien soeben eine militärische Niederlage gegen Russland hatte hinnehmen müssen. Was die NATO im Kaukasus zu suchen habe, fragte Schmidt und nannte das Ganze »eine Provokation ohnegleichen. Wenn ich

Russe wäre, wäre ich empört! Das ist genauso, als ob zu Breschnews oder Chruschtschows Zeiten der Warschauer Pakt seine Ministerratstagung auf Kuba abgehalten hätte.« Er beklagte die »Bedenkenlosigkeit, mit der man die russischen Gefühle verletzt«, und sprach von einer gefährlichen Entwicklung.[38]

Wer die Russen dafür verurteile, dass sie in Georgien eingegriffen hätten, sagte Schmidt eine Woche später im Zigarettengespräch mit di Lorenzo, solle sich an die Angriffe der USA auf Serbien, Irak und Afghanistan erinnern, man dürfe nicht mit zweierlei Maß messen. Ob er da nicht zu nachsichtig mit den Russen sei, meinte der *Zeit*-Chefredakteur, der die Deutschen »ein Volk von Russland-Verstehern« nannte. Jedenfalls hätten viele Deutsche »eine etwas größere Sensibilität für die politischen Gefühle der Russen« als etwa die Amerikaner, antwortete Schmidt und führte dies nicht zuletzt auf den Zweiten Weltkrieg zurück. Allerdings sorgten auch die schrecklichen Bilder aus dem Irakkrieg, aus Abu Ghraib und Guantánamo dafür, dass die Amerikaner bei den Deutschen zur Zeit nicht in besonderem Ansehen stünden, was wiederum das Verständnis für die Russen begünstige.[39]

Im September 2014, drei Wochen nach dem Waffenstillstand in der Ostukraine (der sich alsbald als brüchig erweisen sollte), schrieb Schmidt seinen ersten und einzigen Artikel für die *Zeit* in diesem Jahr. Die Überschrift »Wir Schlafwandler« war gewählt in Anspielung auf den Titel des Buches von Christopher Clark über den Ausbruch des Ersten Weltkrieges, in den nach dem Urteil des australischen Historikers die europäischen Großmächte 1914 hineingeschlittert waren, ohne dass eine von ihnen ein tatsächliches Interesse an einem Waffengang gehabt hätte. Die Eskalation des Ukraine-Konfliktes im Verlauf des Jahres 2014 ließ die Möglichkeit eines europäischen Krieges nicht mehr undenkbar und damit die historische Parallele zum Sommer 1914 angebracht erscheinen.

Kein Deutscher bezweifle ernsthaft, hatte Schmidt in seinem Gespräch mit Putin erklärt, dass die Ukraine immer zu Russland gehört habe. Schließlich sei der erste russische Staat, die Kiewer Rus, in Kiew gegründet worden. Zur Kiewer Rus gebe es verschiedene

Versionen, meinte Putin, aber im Prinzip habe Schmidt recht – alles russisch. Ähnlich argumentierte Schmidt jetzt in seinem *Zeit*-Artikel: Man dürfe die Geschichte der Ukraine nicht mit der Erklärung ihrer Selbständigkeit 1992 beginnen lassen, sondern müsse mindestens zurück bis ins 18. Jahrhundert, in die Zeiten Katharinas II. »Noch 1990 hat niemand im Westen die seit Jahrhunderten bestehende Zugehörigkeit der Ukraine zu Russland in Zweifel gezogen.« Vor allem dürfe man den Ukraine-Konflikt nicht isoliert betrachten. Schmidt sah einen direkten Zusammenhang zwischen dem Scheitern der Maidan-Bewegung und der institutionellen Krise der Europäischen Union: In ihrem Größenwahn habe sie der Ukraine ein Assoziierungsabkommen angeboten, das man nur als »eine törichte Herausforderung der Russen« bezeichnen könne.[40]

Anfang Dezember schrieb Schmidt einen offenen Brief an Helmut Kohl. Kohl hatte in einem schmalen Band unter dem Titel *Aus Sorge um Europa* dargelegt, dass für eine stabile europäische Sicherheitsordnung die Einbindung Russlands unabdingbar sei. Europa habe die Chance auf ein gemeinsames Haus bis heute nicht genutzt. Schmidt schloss sich dem Appell Kohls an: Die Ukraine dürfe nicht »vor die Wahl gestellt werden, sich zwischen Russland und dem Westen entscheiden zu müssen. Vielmehr muss für die Ukraine sowohl die Annäherung an Europa als auch die gleichzeitige Verbindung mit Russland möglich sein.« Der Westen »hätte sich klüger verhalten können« und müsse jetzt »aufpassen, dass wir nicht alles verspielen, was wir schon einmal erreicht haben«.[41] – Schmidts letzte Äußerung zu dem Thema, veröffentlicht zwei Monate vor seinem Tod, ließ an Eindeutigkeit nichts zu wünschen übrig: »Die gegenwärtige Kontroverse mit den Russen über die Ukraine und über die Krim ist eine antieuropäische Politik.«[42]

14
Die letzten Monate

Am 5. März 2014 besuchte Schmidt seinen Freund Siegfried Lenz im Altenwohnheim an der Elbchaussee. Die beiden hatten sich dort mit dem Autor Jörg Magenau verabredet, der an einem Buch über ihre Freundschaft arbeitete. Das Projekt, das auf eine Idee des Verlages Hoffmann und Campe zurückging, hatte Schmidt nicht zuletzt deshalb begrüßt, weil er die Verbindung mit Lenz auf diese Weise wieder zu intensivieren hoffte. Auch in diese Freundschaft waren von Anfang an die Ehepartner eingebunden gewesen. Nach dem Tod seiner Frau Lilo 2006 hatte Lenz noch einmal geheiratet, aber an die schöne Regelmäßigkeit der ursprünglichen Konstellation ließ sich nicht ohne weiteres anknüpfen, und zuletzt war Lenz überdies durch Krankheit stark eingeschränkt. Schmidt machte sich ernsthaft Sorgen um den Freund, dessen Schicksal ihn bedrückte. Er schickte ihm seinen Arzt Heiner Greten mit dem Auftrag, einmal nach dem Rechten zu sehen. Greten habe ihm schon vor Jahren beigebracht: »Schmerzen auszuhalten ist bloß dummes Heldentum.«[1]

Nun also sollte dieses Buch über sie geschrieben werden, und das gab ihnen Gelegenheit, sich noch einmal über alte Briefe zu beugen und vergangene Zeiten wieder aufleben zu lassen. Die Freundschaft von Schmidt und Lenz stand im Schatten der berühmteren Freundschaft zwischen Willy Brandt und Günter Grass, ließ sich aber schon deshalb schwer damit vergleichen, weil die Schriftsteller unterschiedlich über das Verhältnis von Kunst und Politik dachten. Während sich Grass als Kompassnadel des Bundeskanzlers verstand – und wohl tatsächlich glaubte, dass Brandt ohne ihn das große Ganze aus dem Blick verlieren könnte –, war Lenz überrascht und dankbar, dass Schmidt auch nach dem Wechsel ins Kanzleramt gelegentlich das vertrauliche Gespräch suchte. Was ihre Freundschaft ausmache, wollte Magenau wissen. Schmidt erinnerte an ein Zitat der Schriftstellerin Marie Luise Kaschnitz, das er einst in seinem Erinnerungsband *Weggefährten* verwendet hatte: »Die Sympathie ist das irrationalste aller Freundschaftsmotive.« Und fügte hinzu, »dass das Geheimnis der Sympathie ein Geheimnis bleibt«.[2]

Das Buch über die Freundschaft Schmidt–Lenz war buchstäblich in letzter Minute verabredet worden: Am 7. Oktober 2014, wenige Tage nach der Veröffentlichung, starb Siegfried Lenz im Alter von 88 Jahren. Bei der Trauerfeier im Hamburger Michel hielt Schmidt eine kurze, bewegende Rede. Wo auch immer sie sich in den letzten dreißig Jahren getroffen hätten: »Immer haben wir aufs Neue über Gott und die Welt gesprochen … Siegfried hat mich ausgefragt, und ich habe Siggi ausgefragt. Er hat sich selbst einen Schriftsteller genannt, aber hinter dem Schriftsteller blieb ein Philosoph verborgen – und in dem Philosophen steckte ein stringenter Moralist … Für Loki und mich war Siegfried Lenz der Ombudsmann des menschlichen Anstands.« Zu ihren vielen Gemeinsamkeiten zählte Schmidt die gleiche Auffassung von Pflicht und Verantwortung und »die Tugend der Gelassenheit … nicht zuletzt gegenüber dem Alter mit all seinen Misslichkeiten«. Verbunden habe sie aber auch »ein skeptischer Blick auf die Menschen« und die Überzeugung, dass es besser sei – Schmidt sagte dies in Gegenwart hoher Kirchenvertreter in der Hauptkirche Sankt Michaelis – »keinen metaphysischen Trost zu erhoffen … Ich verneige mich vor meinem Freund Siggi Lenz – ich werde ihn sehr vermissen.«[3] Die Trauerrede auf Siegfried Lenz Ende Oktober 2014 war die letzte öffentliche Rede, die Helmut Schmidt gehalten hat.[4]

Vier Tage später starb Klaus Bölling. »Sie waren einer derjenigen, die mich davor bewahrten, vollends in der operativen Politik zu ertrinken«, hatte Schmidt seinem Regierungssprecher am Tag vor dem Misstrauensvotum 1982 geschrieben. »Unsere vielfältigen langen Gespräche über Ereignisse der Geschichte, über Menschen, über die Gefühle, Empfindungen und Hoffnungen anderer werde ich nicht vergessen. Ihre Sensibilität und meine Robustheit haben sich gegenseitig sehr ergänzt.«[5] Bölling hatte nicht nur siebeneinhalb Jahre lang die Politik des Bundeskanzlers kongenial an die Presse vermittelt, er hatte unmittelbar nach dem Ende der sozialliberalen Koalition mit der Veröffentlichung seines »Tagebuches« auch dafür gesorgt, dass der Schwarze Peter bei den Liberalen landete, die sich vergeblich gegen die Verratsthese wehrten. Der stets als Ehrenmann geltende Bölling nahm dafür den Vorwurf der Eitelkeit und der Indiskretion in Kauf, zwei Etiketten, die er nie mehr ganz loswurde.

1983 war Bölling bei der Herstellung inoffizieller Kontakte zu Erich Honecker behilflich gewesen und hatte im September an Schmidts Treffen mit dem Generalsekretär teilgenommen; Ende des Jahres arbeitete er mit an Schmidts Reden für den Kölner Parteitag und die anschließende Bundestagsdebatte zum Nachrüstungsbeschluss. Danach fiel er in ein großes Loch. Bölling war jetzt Mitte fünfzig und hatte viele Ideen – sogar einen Roman wollte er schreiben –, aber jedesmal, wenn es ernst wurde, zuckte er zurück. Auch depressive Züge machten sich bald bemerkbar. Schmidt baute ihn immer wieder auf: Er habe nicht die geringsten Zweifel an seinen journalistischen Qualitäten, bescheinigte er ihm, nur mit der »Selbstvermarktung« hapere es.[6]

Schmidt vermittelte Bölling ein Angebot nach dem anderen: Führungspositionen bei diversen Rundfunkanstalten, die Leitung einer von *Zeit* und ZDF gemeinsam geplanten Fernsehproduktion, den Posten des Pressesprechers der Europäischen Kommission bei Jacques Delors. Aber weil Bölling einen Maßstab anlegte, der nicht zum Vergleich taugte – die Jahre als Sprecher Schmidts –, fand er immer etwas auszusetzen. »Ohne Not möchte ich auch nicht mehr eines anderen Diener sein«, schrieb er an Schmidt, nachdem dieser ihm das Empfehlungsschreiben an Delors in Kopie geschickt hatte. »Bei Helmut Schmidt war das ganz anders. Das war freiwilliges Dienen, verzeih' die großen Worte.«[7] An der Seite Schmidts hatte er seine berufliche und menschliche Erfüllung gefunden, in den Jahren danach kam er nur noch schwer zurecht. Er galt als hypersensibel, schwierig und arrogant und war doch in Wahrheit ein tragischer Fall. Schmidt verteidigte ihn und hielt ihm die Treue.[8] Weil er sich körperlich außerstande sah, zur Beerdigung von Bölling nach Berlin zu fahren, bat er Jürgen Schmude, der die Trauerrede hielt, einige Sätze als letzten Gruß einzubauen.

Nur drei Monate später, im Februar 2015, beim Tod Richard von Weizsäckers, stand Schmidt wieder vor der Frage, ob er sich die Reise zumuten dürfe. Selbst die zweistündige Bahnfahrt von Hamburg nach Berlin war für ihn jetzt mit Schmerzen verbunden, und er entschied, nicht am Staatsakt teilzunehmen.

Das Verhältnis zwischen Schmidt und Weizsäcker war immer ein höchst diffiziles gewesen. Anfang der 2000er Jahre waren sie in eine Rivalität gedrängt worden, die sie nicht wollten und schon deshalb als unsinnig empfanden, weil das Amt, das man ihnen gern übertragen hätte, gar nicht zu vergeben war: das Amt der höchsten politischen und moralischen Autorität im Land. Dabei ging es nicht um die Frage, wer den anderen ausstach, wer Platz eins und wer Platz zwei belegte; in der Gunst des Publikums lagen sie über Jahre etwa gleichauf – mit weitem Abstand vor allen anderen. Vielmehr bestand das Problem darin, dass sie aufeinander angewiesen waren und die oberste Stufe am Altar des Vaterlandes nur gemeinsam betreten konnten. »Schmidt und Weizsäcker zusammen sind so etwas wie der ideale deutsche Gesamt-Elder-Statesman, wahrscheinlich noch immer unübertroffen als Inbegriff von Kanzler und Präsident«, schrieb Jan Roß 2004 in der *Zeit.*[9]

Die Autorität Weizsäckers war, ähnlich wie die Schmidts, nach dem Ende seiner Amtszeit 1994 noch gewachsen. Sie gründete im Wesentlichen auf seiner Distanzierung von einem Parteienstaat, in dem, wie er gegen Ende seiner Amtszeit formuliert hatte, »Machtversessenheit und Machtvergessenheit« dominierten. Auch Schmidt verdankte einen nicht unerheblichen Teil seines Ansehens der Tatsache, dass er seit den neunziger Jahren mehr Gemeinsinn und eine neue Moral im öffentlichen Raum anmahnte. Die beiden lagen in vielem auf einer Linie. Sie begegneten sich auf Augenhöhe, und wenn sie gemeinsam auftraten – bei unzähligen Podiumsdiskussionen, nicht selten auch zu zweit –, agierten sie in dem Bewusstein, dass sich mit dem, was sie sagten, eine große Mehrheit der Deutschen identifizieren konnte.

Bei diesen gemeinsamen Auftritten, von denen beide gleichermaßen profitierten, wurde allerdings auch deutlich, dass der eine einmal oberster Repräsentant des Staates und der andere Regierungschef gewesen war. Schmidt argumentierte stets politisch, bewusst auch Widerspruch weckend, während Weizsäcker, meist auf Konsens und Zusammenführung bedacht, sich immer noch gern präsidial gab. Weil Schmidt beweglicher war und mehr riskierte, bekam er in der Regel auch etwas stärkeren Applaus, was wiederum zur Folge hatte, dass der Moderator oder die Moderatorin Schmidt häufiger ins Gespräch brachte als Weizsäcker. Fast körperlich spürbar wurde der dadurch entstehende Druck in der Sendung »Menschen bei Maischberger« am 12. Juni 2007, als Weizsäcker nach einer Viertelstunde die Contenance verlor und die Moderatorin darüber belehrte, wozu er bitteschön hier sei und wozu nicht. Schmidt war die Sendung äußerst unangenehm: »Das mache ich nie wieder mit Richard!«[10]

Näher kennengelernt hatten sich die beiden 1992, als Schmidt den amtierenden Bundespräsidenten für die Deutsche Nationalstiftung als Schirmherrn gewinnen wollte. Weizsäcker kam aus dem südwestdeutschen Liberalismus, für den die Ideale des Hambacher Festes von 1832 – Freiheit, Einheit und Europa – immer wichtiger gewesen waren als die Nation. Anders als Schmidt war er davon überzeugt, dass der Nationalstaat überwunden sei und nationalstaatliches Denken im 21. Jahrhundert keine Rolle mehr spielen werde. Aber nicht ihre unterschiedliche Beurteilung der deutschen Geschichte des 18. und 19. Jahrhunderts trennte sie, sondern ihre unterschiedliche Sicht auf die zwölf Jahre Nationalsozialismus.

Schmidt hatte irgendwann akzeptiert, dass Weizsäckers Rede zum 8. Mai 1985 ein Datum war, hinter das man nicht mehr zurückfallen durfte. »Mit seiner in die Tiefe der Seele unseres Volkes nachwirkenden Rede« habe Weizsäcker vierzig Jahre nach Kriegsende »auch in der öffentlichen Meinung unseres Landes endlich den Durchbruch zur realistischen Erkenntnis unserer mit schrecklichen

Hypotheken belasteten nationalen Geschichte zustande gebracht«, hieß es in Schmidts Laudatio zu Weizsäckers 90. Geburtstag. Er sprach von einer »auch zukünftig denkwürdig bleibenden Rede«. Das klang alles ziemlich gewunden und ließ erkennen, dass sich Schmidt noch 2010 nicht dazu durchringen konnte zu sagen, der Bundespräsident habe damals auch für ihn gesprochen.[11]

Was Schmidt an der Weizsäcker-Rede missfiel, war nicht nur der implizite Vorwurf, dass alle Deutschen hätten wissen können, was passierte. Mindestens ebenso störte ihn der gesellschaftliche Dünkel, der seiner Meinung nach diesem Denken zugrunde lag. Zum 50. Jahrestag des Attentats auf Hitler hatten Marion Dönhoff, Weizsäcker und er im Juli 1994 ein Gespräch geführt, bei dem auch die Frage der Mitwisserschaft diskutiert wurde. »Jemand, der der gesellschaftlichen Oberschicht in Deutschland angehörte, konnte sehr viel mehr wissen als jemand, der ein einfacher kleiner Muschkote war wie ich«, gab Schmidt zu Protokoll und nannte die Wehrmacht den »einzigen anständigen Verein im Dritten Reich«, der Leuten wie ihm Schutz geboten habe. »Wir hatten keine Ahnung von den Deportationszügen. Wir haben in der Kaserne nicht einmal die ›Reichskristallnacht‹ mitgekriegt.« Weizsäcker quittierte das mit einem trockenen »Na ja«. Daraufhin Schmidt: »Das glauben Sie nicht, aber so war es.« Weizsäcker: »Natürlich glaube ich es Ihnen, da Sie es so schildern.«[12] Eigentlich, hieß das, glaubte er ihm nicht.

Wenige Monate später kam es in der gleichen Frage zu einem Disput mit Marion Dönhoff. Es ärgerte Schmidt, dass sie einerseits so tat, als sei man in ihren Kreisen gleichsam durch Geburt gegen die braunen Proleten geimpft gewesen, andererseits aber leugnete, dass die gesellschaftlichen Privilegien eine Rolle spielten. An diesem Punkt kam fast ein anarchischer Zug in Schmidts Argumentation. Anders als andere am Tisch, sagte er in einer Diskussion über die Wehrmachtausstellung, »stamme ich nicht aus dem preußischen Adel«. Es sei eben ein ganz großer Unterschied, wie man aufgewachsen sei und in welcher Schicht man gelebt habe. Da fiel ihm die Gräfin ins Wort, das stimme nicht, und dann geriet er mit ihr aneinander: »Machen Sie sich doch nichts vor.«[13]

Mit der Feststellung, dass man unterschiedlicher Meinung sei, hätte es sein Bewenden haben können, wäre da nicht der moralische Druck gewesen, der seit der Weizsäcker-Rede zum nationalen Standard geworden war: »Wer seine Ohren und Augen aufmachte, wer sich informieren wollte, dem konnte nicht entgehen, dass Deportationszüge rollten.« Schmidt verzweifelte an diesem Satz. Gegen Ende seines Lebens war er bereit, anzuerkennen, dass viele weggehört, weggeschaut, sich weggeduckt hatten. »Die Deutschen wollten es eigentlich nicht wissen«, räumte er im Gespräch mit Fritz Stern ein, der 1938 mit seinen Eltern aus Breslau geflohen war. Das sei eine wichtige Erkenntnis, bestätigte Stern, man könnte sie fast als Motto über das ganze Jahrhundert stellen, und zitierte den Satz aus der Weizsäcker-Rede. Da brach es noch einmal aus Schmidt heraus: »Ja, Richard Weizsäcker gehörte zur deutschen Oberschicht. Der brauchte seine Ohren nicht anzustrengen, der lebte in familiären Verhältnissen ähnlich wie Marion Dönhoff. Das war oberste gesellschaftliche Schicht. Die wussten über alles Bescheid.«[14]

Man schenkte sich gegenseitig nichts. Sowenig Weizsäcker ihm den »kleinen Muschkoten« abnahm, so wenig akzeptierte Schmidt die adelige Attitüde, man sei eigentlich mit einem Fuß immer im Widerstand gewesen. Diese Haltung empörte ihn. Sie empörte ihn umso mehr, als Weizsäcker behauptete, nicht nur er selber habe vor dem Frühjahr 1945 nichts von der Vernichtung der Juden geahnt, sondern auch sein Vater. Ernst von Weizsäcker war als Staatssekretär im Auswärtigen Amt von 1938 bis 1943 einer der ranghöchsten Beamten des Reiches gewesen und in den Nürnberger Nachfolgeprozessen wegen seiner Beteiligung an der Deportation französischer und staatenloser Juden nach Auschwitz zu fünf Jahren Haft verurteilt worden. Schmidt hatte Verständnis dafür, dass der Sohn den Vater, dem er als Hilfsverteidiger in Nürnberg zur Seite stand, nicht verleugnen konnte. Aber den schwer belasteten Vater von Schuld freizusprechen und »kleine Muschkoten« wie ihn unter Generalverdacht zu stellen – das nahm er übel.

Mitte Februar 2015 versuchte die *Zeit* in einer Diskussionsrunde mit Helmut Schmidt, zwanzig Jahre nach der Wehrmachtausstellung eine Bilanz zu ziehen. Schmidt räumte ein, sich die Ausstellung damals gar nicht angeschaut zu haben – schließlich »stand mein Urteil über die Nazis und über die Wehrmacht längst fest«. Er blieb im Wesentlichen bei seiner Auffassung und bekräftigte: »Die Wehrmacht insgesamt war nicht verbrecherisch … Die meisten Soldaten haben sich weder an Verbrechen beteiligt noch Kenntnis davon gehabt.« Dennoch fiel sein Resümee nach zwanzig Jahren versöhnlich aus: »Der Stil der Ausstellung war nicht in Ordnung. Aber sie hat ein großes Verdienst, denn sie hat eine Diskussion ausgelöst und die Frage ins Bewusstsein gehoben: Was ist mit den Deutschen passiert? Wie kam es, dass diese grauenhaften Verbrechen von Deutschen verübt wurden?« Der Kurator der Ausstellung, Hannes Heer, zeigte sich darüber erfreut: »Genau das wollten wir ja 1995. Wir wollten das Schweigen brechen, das zu lange Verdrängte ans Licht holen.«[15]

In dem Gespräch ging es auch um ein kürzlich erschienenes Buch *Helmut Schmidt und der Scheißkrieg*, in dem aus belastenden Dokumenten der 1. Panzerdivision zitiert wurde, der Schmidt angehört hatte. Sabine Pamperrien, die Autorin, hatte im Sommer 2013 von ihm die Genehmigung erhalten, seine Wehrmachtakte im Freiburger Militärarchiv einzusehen. Da die ihm unbekannten Dokumente ihn auch persönlich interessierten, ließ sich Schmidt Kopien aus Freiburg kommen; alles, was er dort las, deckte sich mit seinen Erinnerungen. Als Schmidt im Herbst Kenntnis erhielt von einem Exposé, mit dem Pamperrien in sensationsheischender Weise einen Verlag für ihr noch zu schreibendes Manuskript suchte, wies er sein Büro an, weitere Anfragen der Journalistin zu ignorieren. Warum sollte er eine Arbeit unterstützen, die ganz offensichtlich darauf angelegt war, ihm etwas anzuhängen? Schmidt blieb bei seiner Linie gegenüber Kritikern: nur nichts erklären, nur nicht sich wehren.

Weil seine militärischen Vorgesetzten ihm bescheinigt hatten, er stehe auf dem Boden der nationalsozialistischen Weltanschauung, lag für Pamperrien der Verdacht nahe, dass Schmidt stärker von der Ideologie »kontaminiert« gewesen sein müsse, als er nach dem Krieg zugeben wollte. Hätte sie die Zeugnisse in den historischen Kontext eingebettet, wäre ihr wohl kaum entgangen, dass solche Beurteilungen millionenfach geschrieben wurden und nichts über die tatsächliche politische Haltung des Soldaten aussagten. Den inneren Zwiespalt, von dem Schmidt immer wieder gesprochen hatte – den Nationalsozialismus abzulehnen, aber als Soldat seine patriotische Pflicht für Deutschland erfüllen zu müssen –, wollte Pamperrien in dieser Form ebenfalls nicht akzeptieren. »Warum war es überhaupt notwendig, für Deutschland zu kämpfen – das wäre die eigentlich interessante Fragestellung. Patriot zu sein hätte ja auch bedeuten können, den Nationalsozialisten die Gefolgschaft zu verweigern oder nach Möglichkeiten zu suchen, den sinnlosen Krieg bald zu beenden.«[16]

Von Sandra Maischberger im April 2015 auf das Buch angesprochen, meinte Schmidt, das sei »alles dummes Zeug«. – »Dummes Zeug« war jetzt sein Lieblingsausdruck für alles, was seiner Meinung nach indiskutabel war. Er hatte geschossen, weil er überleben wollte – so einfach und schlicht war die Logik des Krieges für ihn. Wie fasziniert vom Nationalsozialismus er denn gewesen sei, setzte Frau Maischberger nach. Faszination sei das falsche Wort. »Begeistert« halte er auch für einen zu starken Ausdruck. »Verführt« sei vielleicht angemessen, wenn auch wohl ein bisschen zu verharmlosend. »Trotzdem mache ich mir keine Vorwürfe, kein Held gewesen zu sein.«[17]

Der Satz war in dieser Form nicht ganz korrekt. Den Vorwurf, kein Held gewesen zu sein, hatte Schmidt nämlich zuerst gegen sich selbst erhoben, ohne eine ihn befriedigende Antwort auf die Frage zu finden, warum er moralisch versagt hatte. Als er später von Nachgeborenen deswegen kritisiert wurde, sprach er ihnen das Recht ab, das Leben unter einer Diktatur beurteilen zu können. Er sei bei der Machtübernahme Hitlers erst 14 gewesen, führte er in der Maischberger-Sendung zu seiner Entlastung an, deswegen hätten ihm die moralischen Maßstäbe gefehlt, den verbrecherischen Charakter des Regimes rechtzeitig zu erkennen. Dann verwies er, wie immer in solchen Situationen, auf seinen jüdischen Großvater. Nach einem Gespräch mit der Mutter Ende 1933 oder Anfang 1934 habe er begriffen, dass sein Vater unter ständiger Angst lebte wegen der gefälschten Familienpapiere. Das Schicksal seines Vaters, der 1945 ein gebrochener Mann war, wurde ihm in den letzten Monaten seines Lebens fast zur Obsession. »Glauben Sie, dass mein Vater feige war?«, fragte er eine Woche vor seinem Tod eine Besucherin.[18]

*

Am 27. Februar 2015 verkündete Schmidt das Ende der Freitagsgesellschaft. Sein fortgeschrittenes Alter erlaube es ihm nicht, schrieb er an die Mitglieder, »weiterhin Gastgeber und Organisator unserer Gesellschaft zu sein«. Da niemand diese Aufgaben zu übernehmen bereit war – Schmidt hatte seine Hoffnungen vor allem auf Michael Otto gesetzt –, konnte der Gründer die Mitglieder in seinem Abschiedsbrief nur auffordern, »den Gedanken der Bereicherung durch Vorträge und Gespräche im Freundes- und Bekanntenkreis fortleben zu lassen«.[19] Mit der 183. Sitzung am 10. April wurden die Treffen nach dreißig Jahren eingestellt – Thema des letzten Vortrages: »Europa als Zielland für Einwanderung«. An der anschließenden Diskussion beteiligte sich Schmidt aus Kräftemangel nicht mehr. In seinem Schlusswort zeichnete er die Zukunft der Europäischen Union in düstersten Farben: »Die Tatsache, dass Europa im Niedergang ist, ist nirgendwo besser abzulesen als an dem Unvermögen der Europäer, sich zusammenzuschließen.«[20]

Die Flüchtlingsproblematik tauchte am Horizont des politischen Berlin gerade erst auf. Am 3. Februar hatte sich Schmidt bei der Bundeskanzlerin für Glückwünsche zu seinem 96. Geburtstag bedankt: »Auch ich wünsche Ihnen ein gutes und erfolgreiches Jahr 2015. Die Zahl der Konflikte und Probleme, mit denen Deutschland und Europa konfrontiert sind, wird sich nicht verringern. In besonderem Maße bereiten mir die Flüchtlingsströme Sorgen, die Europa und Deutschland 2014 aufnehmen mussten und die 2015 noch anwachsen werden. Wenn es nicht gelingt, eine gesamteuropäische Lösung zu finden, dann sind zunehmende innereuropäische und innerdeutsche Spannungen nicht ausgeschlossen. Es wäre dringend wünschenswert, dass sich die Europäische Union auf eine umfassende und vorausschauende europäische Migrationspolitik verständigt, die auf Solidarität gründet. Die Regierung unter Ihrer Führung hat die deutsche Bevölkerung richtigerweise zur Gelassenheit gemahnt und an den christlichen Wert der Nächstenliebe erinnert. Ich wünsche Ihnen und unserem Land, dass es in Zukunft gelingt, dieses Problem gemeinsam mit unseren Nachbarn zu bewältigen.«[21] Mit wenigen Sätzen hatte Schmidt das Problem, das ein Dreivierteljahr später nicht nur die Europäische Union, sondern auch die christlichen Schwesterparteien zu zerreißen drohte, in seiner ganzen Komplexität auf den Punkt gebracht – und wie nebenbei die christliche Nächstenliebe als Motiv politischen Handelns sanktioniert.

Vier Wochen nach der Freitagsgesellschaft beendete Schmidt seine Mitarbeit beim InterAction Council. Ein Jahr zuvor hatte man sich in Wien auf seinen Wunsch zu einem zweitägigen Symposion »Ethics in Decision-Making« getroffen. Das eigentliche Problem hinter allen Naturkatastrophen sei doch, dass man sich neun Milliarden Menschen auf diesem Globus nicht erlauben könne, so Schmidt. Die Frage, wie in einer Welt, in der Milliarden Menschen nicht genügend Wasser und nicht genügend Nahrung haben, mehr Gerechtigkeit und Frieden erreicht werden sollen, gehöre für ihn zu den ungelösten Fragen am Ende seines Lebens. Obwohl in den dreißig Jahren seit Bestehen des IAC die Zahl religiöser Konflikte weltweit dramatisch zugenommen hatte, setzte Schmidt nach wie vor auf die Dialogbereitschaft der Weltreligionen, die in Wien hochkarätig vertreten waren.[22] Er betrachte das Wiener Symposion zu Ehren seines 95. Geburtstages als das letzte Treffen und den Band mit den Wiener Vorträgen als letzte Veröffentlichung des IAC im Geist der Gründungsmitglieder, verabschiedete sich Schmidt am 31. März 2015, wenige Tage nach dem Tod des ehemaligen australischen Premierministers Malcolm Fraser, der den IAC viele Jahre geleitet hatte, von den beiden stellvertretenden Vorsitzenden.[23]

Weil die Kraft nachließ, musste Schmidt sich in den letzten Jahren immer stärker auf das konzentrieren, was ihm wirklich wichtig war. Bald nach Ausbruch der globalen Finanzkrise 2008 war ihm zum ersten Mal bewusst geworden, wie viel Anstrengung es ihn kostete, sich in einer komplexen Materie umfassend kundig zu machen und das Problem zu durchdringen. Hinzu kam, dass vertrauliche Gespräche mit Entscheidungsträgern – für Schmidt immer die bevorzugte Informationsquelle – aufgrund seiner eingeschränkten Mobilität seltener wurden. Zwar lehnte niemand eine Einladung zu ihm nach Hamburg ab. Aber weil Schmidt es als unhöflich empfand, fortwährend derjenige zu sein, der einlud, ohne sich mit einem Gegenbesuch revanchieren zu können, verzichtete er lieber, zumal da er ungern als Bittsteller auftrat.

Schmidt stemmte sich gegen das drohende Verlöschen seiner Schaffenskraft und ergriff dankbar jede Chance, das Feuer neu zu entfachen. Als ihn der Beck Verlag Anfang 2014 als Herausgeber für einen Sammelband über Vorbilder gewinnen wollte, meinte er spontan, das sei doch eigentlich sein Thema, darüber würde er gern selbst ein kleines Buch schreiben. *Was ich noch sagen wollte*, das Anfang März 2015 erschien, wurde ein letzter Kraftakt. Einerseits reichten die Erinnerungen jetzt weiter zurück denn je, Kindheit und Jugend, die Schulzeit und nicht zuletzt die acht Jahre als Soldat nahmen daher verhältnismäßig viel Raum ein. Andererseits suchte er die wichtigsten Begegnungen seines Lebens unter der leitmotivischen Frage »Was ist ein Vorbild?« zusammenzufassen.

Das signifikante Nachlassen seiner Produktivität nahm Schmidt mit Unwillen zur Kenntnis. Wie schwer ihm das Schreiben zuletzt fiel, lässt sich daran ermessen, dass in den letzten drei Jahren gerade einmal vier Originalartikel von ihm in der *Zeit* erschienen. Bei den übrigen Beiträgen handelte es sich um Vorabdrucke aus den letzten Büchern, Interviews, Reden sowie Nachrufe – auf Peter Schulz (Mai 2013), Berthold Beitz (August 2013), Siegfried Lenz (Oktober 2014), Richard von Weizsäcker (Februar 2015) und zuletzt auf Egon Bahr (August 2015). Den wenigsten Lesern dürfte allerdings deutlich gewesen sein, wie sehr gerade die in den vier selbständigen Artikeln behandelten Themen Schmidt am Herzen lagen.

Im Oktober 2013 hatte er die Aufregung um das abgehörte Telefon der Kanzlerin zum Anlass genommen, noch einmal sein lebenslanges Misstrauen gegen Geheimdienste zu bekunden. Er sei stets davon ausgegangen, schrieb er, dass seine Telefongespräche »von fremden Händen mitgeschnitten wurden«. Nach einem Gespräch mit dem späteren Chef des Bundesnachrichtendienstes Reinhard Gehlen in Pullach 1954 habe er seiner Partei empfohlen: »Mit dem sollten wir nichts zu tun haben.« In seiner Zeit als Hamburger Innensenator habe er seine Vorurteile dann in allen Punkten bestätigt gefunden. Weil Berichte von Geheimdiensten immer wichtigtuerisch daherkämen und politisch stark gefärbt seien, habe er auch später als Regierungschef auf die Lektüre verzichtet. Er empfinde die gegenwärtige Aufregung als künstlich und empfehle der Bundeskanzlerin Gelassenheit.[24]

Schmidt hatte sich vor allem mit dem Bundesnachrichtendienst immer schwergetan. Von dessen Berichten habe er »nichts gehalten« und sie deshalb auch »niemals regelmäßig« gelesen, sagte er 1992 als Zeuge vor dem Stolpe-Untersuchungsausschuss des Brandenburgischen Landtages. Der Präsident des BND, Konrad Porzner, widersprach umgehend: »Du warst als Bundesminister der Verteidigung und als Bundeskanzler immer bis ins Einzelne ausführlich und zutreffend über Rüstung, Strategie, Taktik und Aktivitäten der Truppen des früheren Warschauer Paktes … informiert … Mir liegt daran, dass über den Bundesnachrichtendienst nicht billige und unangemessene Vorurteile gepflegt werden, vor allem nicht von jemandem, der Bescheid weiß.« Auch Ex-Kanzleramtschef Manfred Schüler erinnerte sich durchaus positiv an die Zusammenarbeit mit dem BND und hätte sich »ein etwas freundlicheres und gerechteres Urteil« vor dem Untersuchungsausschuss gewünscht. Schmidt gelobte Besserung, aber irgendeine Verletzung saß so tief, dass er zwanzig Jahre später noch einmal in genau dieselbe Kerbe hieb.[25]

Keine zwei Monate nach dem Artikel zu den »Überflüssigen Diensten« veröffentlichte Schmidt einen Aufruf zur Begrenzung deutscher Rüstungsexporte. Angeregt durch die Diskussionen im InterAction Council, hatte Schmidt Mitte der achtziger Jahre begonnen, sich mit der Problematik des internationalen Waffenhandels zu beschäftigen; 2004 hatte er dem Thema in *Mächte der Zukunft* sogar ein eigenes Kapitel gewidmet. Während die Nichtverbreitung von nuklearen Waffen und waffenfähigem Uran international geregelt sei und gegen drohende Verstöße sofort Sanktionen eingeleitet würden, unterliege der Handel mit allen anderen Waffen keinen völkerrechtlichen Bestimmungen. Jeder kann bei jedem kaufen, jeder darf an jeden liefern. »Ich habe einmal selbst nachgerechnet: Zu Beginn dieses Jahrhunderts gaben die Entwicklungsländer zusammen für Militär etwa sechsmal so viel Geld aus, wie sie an Entwicklungshilfe von fremden Staaten erhalten haben.«[26]

Leider habe er nicht den Eindruck gewonnen, dass das Thema Waffenexporte bei den jüngsten Koalitionsverhandlungen zwischen CDU/CSU und SPD eine Rolle gespielt habe, schrieb Schmidt. Da Deutschland nach den USA und Russland der drittgrößte Waffenexporteur der Welt sei, erwarte er von der neuen Regierung in dieser Frage ein Umdenken. So könnte zum Beispiel das Auswärtige Amt vom Wirtschaftsministerium die Federführung bei den Ausfuhrgenehmigungen übernehmen, »weil Waffenexporte in Wirklichkeit Außenpolitik sind«. Dadurch ließe sich insbesondere der Export von so genannten Kleinwaffen zurückführen. Waffenausfuhren seien für die deutsche Wirtschaft zwar »ökonomisch nicht ganz irrelevant«, die deutsche Außenpolitik dürfe sich davon aber nicht beeindrucken lassen. Immerhin würden durch Kleinwaffen – »die Massenvernichtungsmittel der heutigen Zeit« – pro Jahr mehr als eine halbe Million Zivilisten getötet. Das politische Argument, es sei besser, »Waffen zu liefern, als Soldaten zu schicken«, nannte Schmidt schlicht abwegig.[27]

Ein Dreivierteljahr später, im September 2014, folgte der bereits erwähnte Artikel zur Ukrainekrise, »Wir Schlafwandler«. Im Juni 2015 erschien dann Schmidts letzter Originalbeitrag für die *Zeit*: ein nochmaliger Aufruf zur Solidarität mit den Griechen, verbunden mit der Forderung nach einem Schuldenerlass und einem europäischen Investitionsprogramm für Griechenland.[28]

Schon vier Jahre zuvor hatte Schmidt in der *Zeit* eine Art Marshallplan für Griechenland gefordert. Geld allein genüge nicht, vielmehr benötigten die Griechen über die Finanzhilfen hinaus ein Langzeitprogramm, das orientiert sein müsse an »Leitideen wie

Beschäftigung, Produktivität und Volkseinkommen. Es muss den griechischen Bürgern eine Wohlstandsperspektive eröffnen.« Schmidt nannte eine Reihe von Beispielen, etwa die Gründung von »Beschäftigungsgesellschaften, die einen Teil der enormen Jugendarbeitslosigkeit aufsaugen«. Und er warnte: »Wenn die EU zulässt, dass einer ihrer Mitgliedsstaaten in Konkurs geht, dann wird damit ein politisches und psychologisches Präjudiz geschaffen, das künftig die Union als Ganzes gefährden könnte.«[29]

Schmidt wiederholte es in diesen Monaten ein ums andere Mal: Es gehe bei der Griechenlandkrise nicht, wie viele glaubten, um eine Eurokrise, sondern um eine Krise der Europäischen Union, nicht um eine Währungskrise, sondern um eine Krise der politischen Institutionen der Gemeinschaft. Der Bundeskanzlerin seien diese Zusammenhänge offenbar nicht bewusst, jedenfalls handele sie gegenüber den Griechen fahrlässig und schüre antigriechische Stimmungen. Als die ersten Nachrichten über die Schieflage Griechenlands Anfang des Jahres bekannt geworden seien, habe Merkel viel zu zögernd reagiert, schrieb Schmidt im Mai 2010. Sie hätte gemeinsam mit dem französischen Staatspräsidenten umgehend ein klares Bekenntnis zum Verbleib Griechenlands in der Euro-Zone abgeben müssen. Weil sie dies versäumt habe, sei aus einer Griechenlandkrise binnen weniger Wochen eine Krise der gemeinsamen Währung geworden.[30]

Am Jahresende 2010 bekräftigte Schmidt seine Kritik an Merkel. Berlin habe es nicht nur an Zeichen der Solidarität fehlen lassen, deutsche Unentschlossenheit habe auch dazu geführt, dass an den Märkten gegen andere Länder wie Irland und Portugal spekuliert worden sei. Die Überzeugung, dass die Einheit Europas im Interesse Deutschlands liege, sei sechzig Jahre lang einer der Grundpfeiler deutscher Politik gewesen. In der Griechenlandkrise habe die Regierung zum ersten Mal den Eindruck erweckt, als stehe dieses Prinzip zur Disposition, falls eine Lösung nicht zu den Bedingungen der Deutschen zu haben sei.[31]

Am 5. März 2012 äußerte sich Schmidt in einem Interview mit der *Bild*-Zeitung zur Griechenlandpolitik der Bundeskanzlerin. Sie sei »recht geschickt im Taktieren«, aber ein »strategisches Ziel« könne er nach wie vor nicht erkennen. Zum Glück habe Merkel ihre Position seit Beginn der Krise »grundlegend« verändert, ohne dass dies irgendjemandem besonders aufgefallen sei. »Anfang 2010 hat sie noch verkündet, die Griechen müssten raus aus der Euro-Zone. Inzwischen ist sie – zumindest nach außen – für den Verbleib der Griechen im Euro.«[32] Die Bundeskanzlerin reagierte auf diesen Vorwurf prompt. Er möge ihr doch bitte mitteilen, schrieb sie ihm, auf welcher ihrer Aussagen diese Behauptung beruhe – »um sie somit belegen zu können«.[33] Schmidt verwies auf seine früheren Artikel in der *Zeit*, listete einen ganzen Katalog mit Belegstellen auf und meinte zum Schluss: »Dass eine Bundeskanzlerin ihre Meinung in Bezug auf Griechenland geändert hat, ist gewiss keine Schande!«[34] In dem *Bild*-Interview hatte Schmidt noch einmal betont, dass die Aufnahme Griechenlands in die Euro-Gruppe seinerzeit falsch gewesen sei, dass ein Ausschluss jetzt aber ein katastrophales Signal wäre.

Im Zuge der Griechenlandkrise waren immer wieder Forderungen laut geworden, Deutschland müsse in Europa mehr Führung übernehmen. Eine solche Führungsrolle sei schon aus historischen Gründen gefährlich und liege nicht im deutschen Interesse, mahnte Schmidt. »Wir dürfen Zuverlässigkeit nicht mit Führung verwechseln.«[35] Es könne nur eine *europäische* Führung geben, schrieb er ein Dreivierteljahr später, und die müsse vom deutsch-französischen Tandem ausgehen. Offensichtlich fehle es den entscheidenden Personen in Paris und Berlin jedoch an Willen und Leidenschaft. Die Bundeskanzlerin sei inzwischen zwar »zu einer Europäerin aus Vernunft geworden«, das aber war seiner Ansicht nach zu wenig.[36] Für Schmidt hing die mangelnde Europabegeisterung Merkels mit ihrer DDR-Vergangenheit zusammen. »Groß geworden in der Opposition gegenüber den Kommunisten«, habe sie ihren Blick stets nach Amerika als den »Hort der Freiheit« gerichtet, sagte er im Mai 2015. »Heute lebt sie in der Enttäuschung über diesen Hort der Freiheit. Und findet im gegenwärtigen Bundespräsidenten einen Gesinnungsgenossen.«[37] Vier Wochen später, in seinem letzten Artikel, zollte Schmidt der Bundeskanzlerin dann aber doch noch höchste Anerkennung für ihr zurückhaltendes Agieren in der Griechenlandkrise. Merkel sei »mit der deutschen Führungsrolle in dieser Krise sehr vorsichtig umgegangen«, ja sie habe ihn »mit ihrer Vorsicht beeindruckt«.[38]

Was den erreichten Kompromiss anging, blieb Schmidt allerdings skeptisch. Er halte es für völlig ausgeschlossen, dass Griechenland seine Schulden jemals werde bezahlen können, sagte er eine Woche zuvor im Interview mit der griechischen Nachrichtenagentur ANA, deshalb wäre ein Schuldenschnitt eine vernünftige Lösung. Mit Begeisterung las er in diesen Wochen die Betrachtungen des streitbaren Philosophen Nikos Dimou über das komplizierte Verhältnis von Deutschen und Griechen – *Die Deutschen sind an allem schuld* – und nannte Überlegungen des griechischen Finanzministers, Schulden an die Deutschen mit griechischen Reparationsforderungen aus dem Zweiten Weltkrieg zu verrechnen, nachvollziehbar. Zu denen, die solche Stimmen aus Deutschland gern hörten, zählte der neue Staatspräsident Prokopis Pavlopoulos, der Anfang September, als Schmidt ins Krankenhaus eingeliefert wurde, seine guten Wünsche zur baldigen Genesung nach Hamburg schickte.

*

Am Dienstag, dem 1. September 2015, wurde Schmidt wieder einmal ins Krankenhaus gebracht. Er hatte in den letzten Jahren häufig die Klinik aufsuchen müssen, war aber meist, weil er es dort nur schwer aushielt, nach wenigen Tagen wieder entlassen worden. Diesmal dauerte es länger, und diesmal war es ernst. Es handelte sich um einen arteriellen Verschluss im rechten Bein, das nicht mehr durchblutet wurde und abzusterben drohte. Eine Amputation kam wegen des hohen Alters des Patienten nicht infrage – und Schmidt hätte dem wohl auch nicht zugestimmt. Seit er 1941 an der Front gestanden hatte, war der Verlust der Beine das Schlimmste, was er sich überhaupt vorzustellen vermochte. Am 17. September wurde Schmidt in den Neubergerweg zurückgebracht. Einem anderen

Menschen in seinem Alter und seiner Verfassung hätte man keine vier Wochen Lebenszeit mehr eingeräumt, aber Schmidt war ein Kämpfer. »Er hat eine erstaunliche Konstitution, wie ein belgischer Ackergaul«, hatte Loki einmal über ihren Mann gesagt.[39]

Seit ihm im Oktober 1981 ein Herzschrittmacher eingesetzt worden war, wurde der Gesundheitszustand Helmut Schmidts in den Medien als eine Angelegenheit von dringlichem Interesse behandelt. Die »obersten Kanzlerhelfer« hätten die Öffentlichkeit über den wahren Zustand des Regierungschefs lange genug getäuscht, spitzte der *Spiegel* die Lage dramatisch zu und stellte nach ausführlichen Expertisen über Herzrhythmusstörungen und Adams-Stokes-Anfälle eine düstere Diagnose: Lange werde es Schmidt wohl nicht mehr machen, die Nachfolgediskussion habe bereits begonnen.[40] Zwei Wochen nach der Operation stand ein demonstrativ gutgelaunter Kanzler fit wieder auf der Kommandobrücke. Gelegentlich musste die Batterie des Schrittmachers ausgewechselt werden, und 1993 wurde ein dem neuesten Stand der Medizintechnik entsprechendes Gerät eingesetzt. Es handele sich um ein amerikanisches Modell, merkte Schmidt an, und daran könne man sehen, wie sehr die deutsche Industrie hinterherhinke.[41]

Zu diesem Zeitpunkt hatte Schmidt seinen ersten Herzinfarkt lange hinter sich. Am 25. Juli 1990 war er am Brahmsee zusammengebrochen; man hatte ihn ins Kreiskrankenhaus Rendsburg gebracht und von dort mit dem Hubschrauber in die Universitätsklinik Kiel geflogen.[42] Für Anfang August war seit langem der Termin für die Endredaktion des zweiten Bandes von *Menschen und Mächte* im Kalender eingetragen, und Schmidt dachte keinen Moment daran abzusagen. Als der Verfasser die Beobachtungsstation der Inneren Medizin betrat – Schmidt lag in einer grünen Kittelschürze auf einer Art Pritsche, angeschlossen an mehrere Schläuche –, musste er aus Schmidts Aktentasche, die an der Tür abgestellt war, erst einmal die Zigaretten hervorholen. Offiziell begnügte sich Schmidt danach einige Wochen mit der Pfeife, aber weil er inhalierte, vertrug er sie nicht. Der zweite schwere Infarkt erfolgte zwölf Jahre später, wiederum im Hochsommer und wiederum am Brahmsee. In einer mehrstündigen Notoperation in der Kieler Universitätsklinik wurden ihm vier Bypässe gelegt. Diesmal dauerte die Genesung etwas länger, aber Ende Oktober 2002 war der Patient auf dem Weg der Besserung.

Von seinem 80. Lebensjahr an trug Schmidt einen Stock. Er sei jetzt, schrieb er im Frühjahr 1998 als Trost an einen Freund, der über die Gebrechen des Alters klagte, »beim Gehen und Stehen ständig mit Schmerzen ausgestattet«.[43] Vier Wochen nach seinem 80. Geburtstag erlitt er einen Hörsturz, im Mai musste er bereits wieder für einige Tage ins Krankenhaus. So ging das jetzt ständig. 2007 wäre aufgrund einer schweren Arthrose eigentlich eine Hüftoperation nötig gewesen, aber das Risiko einer solchen Operation wollte niemand eingehen, also kamen starke Schmerzmittel auf Morphiumbasis zum Einsatz. Im Sommer 2009 musste Schmidt den Stock gegen einen Gehwagen eintauschen. Kaum hatte er sich daran gewöhnt, befiel ihn ein Herpes Zoster, eine äußerst schmerzhafte Gürtelrose im Auge, von der die linke Gesichtshälfte schwer betroffen war. Ein Jahr später setzte er sich in den Rollstuhl, sobald er das Haus verließ. Es war bequemer so, und er schämte sich nicht.

Als besonders lästig empfand Schmidt die permanente Schlaflosigkeit. Im Laufe der Jahre lernte er, auch damit umzugehen. Abstimmungsprobleme zwischen den ihn behandelnden Ärzten ausnutzend, verschaffte er sich zusätzliche schwere Schlafmittel, die ihn für einige Stunden in Morpheus' Reich entführten, am folgenden Tag aber vollkommen außer Gefecht setzten. Unter der Voraussetzung, dass er ordentlich geschlafen hatte und einigermaßen schmerzfrei war, konnte er bis in die letzten Monate einen gewöhnlichen Arbeitstag ab etwa 11.00 Uhr bis zum frühen Abend gut durchhalten und dabei durchaus zwei oder drei Termine wahrnehmen. Ende April 2015, ein halbes Jahr vor seinem Tod, saß er, ein wenig durchsichtig und zusammengeknautscht zwar, aber wach und konzentriert in der Sendung »Menschen bei Maischberger«. Die am Nachmittag aufgezeichnete Sendung, wegen eines Fußballspiels erst zu mitternächtlicher Stunde ausgestrahlt, erreichte mit 2,88 Millionen Zuschauern einen Marktanteil von knapp 30 Prozent.[44]

Vier Wochen später war Schmidt mit dem Ersten Bürgermeister Olaf Scholz zum Gespräch verabredet. Drei Stunden unterhielten sich die beiden über die Zukunft Hamburgs: über die Größe von Containerschiffen und die Notwendigkeit einer Elbvertiefung; über die Verbindungen nach Shanghai und die Konkurrenz mit Rotterdam; über das Dreieck der Metropolen Barcelona, Mailand, Hamburg, aber auch darüber, wie die Stadt mit dem Widerstand von Schrebergärtnern gegen Wohnungsbauprojekte umgehen sollte. Während der Bürgermeister mannhaft die Errungenschaften sozialdemokratischer Stadtpolitik verteidigte, listete Schmidt auf, was er alles vermisste. Schon zweimal in seinem Leben hatte er einen solchen Hamburger Wunschkatalog formuliert: 1962 in einem anonym erschienenen Brief des neuen Innensenators und 1984 in einem *Zeit*-Artikel an die Adresse Klaus von Dohnanyis: »Hamburg muss neu anfangen«. Dass seine Bilanz 2015 insgesamt sehr viel positiver ausfiel, lag an dem ihm sympathischen Olaf Scholz, dem Schmidt auch für die Zukunft eine Menge in Hamburg zutraute – und natürlich am Alter. Das vollständige Gespräch erschien Mitte September als Nachwort zu einem Sammelband mit ausgewählten Hamburg-Texten Schmidts. Die *Zeit* druckte es am 10. September im neuen Hamburg-Teil ab: Es wurde Schmidts letzte Veröffentlichung im Blatt.

Anfang Oktober hielt Schmidt bereits wieder nach einem neuen Buchprojekt Ausschau. Ihm schwebte ein ähnliches Format vor wie die Zigarettengespräche, mit denen er sich in den letzten Jahren immer mehr identifiziert hatte. Ein Gesprächspartner, der ihn animierte, würde ihn doch wohl dazu verleiten können, über Fragen nachzudenken, die er jetzt interessant fand. Am meisten beschäftigte ihn, was mit seinem eigenen Altwerden zusammenhing: der körperliche Alterungsprozess als solcher, die gesellschaftlichen Veränderungen aufgrund einer zunehmenden Vergreisung – und die Vereinsamung. Giovanni di Lorenzo und Sandra Maischberger hatten es auf unterschiedliche Weise verstanden, ihn gelegentlich aus sich herauszulocken. Auf so ein Experiment hätte er sich gern noch einmal eingelassen, aber wiederholen ließ sich dergleichen nicht.

Schmidt machte sich keinerlei Illusionen über seinen Zustand – und wehrte sich dennoch gegen den Tod. In Hamburg nenne man einen wie ihn »ein zähes Aas«.[45] Am Dienstag, dem 27. Oktober, spielte er mit einem Mitarbeiter der *Zeit* seine letzte Partie Schach. Eine Dreiviertelstunde schlug er sich wacker, und hinterher wollte er genau wissen, mit welchem Zug er den entscheidenden Fehler gemacht habe.[46] Am Mittwoch wurde Schmidt im Zustand vollkommener Erschöpfung ins Krankenhaus gebracht, das er zum Wochenende auf eigenen Wunsch verließ; ab jetzt wurde er mit Infusionen ernährt. In der Woche darauf empfing er die *Zeit*-Redakteurin Iris Radisch, mit der er sich über jene Altersthemen unterhielt, die ihn jetzt beschäftigten. Unter dem Titel *Die letzten Dinge* hatte die Journalistin Gespräche mit Schriftstellern und Intellektuellen veröffentlicht, in denen es um solche Fragen am Ende des Lebens ging. Das Gespräch am 4. November war das letzte Gespräch, das Schmidt führte. In den Tagen danach trat eine dramatische Verschlechterung ein. Selbst langjährige Weggefährten, die spontan nach Langenhorn fuhren und bei der Wache am Neubergerweg klingelten, wurden nicht mehr vorgelassen. Zum Wochenende kam, wie so oft in den letzten Monaten, Schmidts Tochter aus England. Am Dienstag, dem 10. November 2015, um 14.45 Uhr wurde Helmut Schmidt von seinen Qualen erlöst.

Beim Staatsakt im Hamburger Michel am 23. November herrschte Kaiserwetter: Bei Temperaturen nahe am Gefrierpunkt strahlte am herrlich blauen Himmel die Sonne. Das Protokoll hatte sich auf drei Redner verständigt: Es sprachen der Erste Bürgermeister Olaf Scholz, Henry Kissinger und Bundeskanzlerin Angela Merkel. »Perfektionistisch, launisch, stets auf der Suche, inspirierend, immer zuverlässig« – mit diesen fünf Eigenschaften fasste der amerikanische Freund zusammen, wie Schmidt ihm in Erinnerung bleiben werde. Knapper und treffender hätte in diesem Moment wohl keiner unter den 1800 Trauergästen den Verstorbenen zu charakterisieren vermocht.

Schmidt hatte für die Gestaltung der Trauerfeier eine Reihe von Wünschen hinterlassen: Hanseatisch schlicht sollte alles sein, nicht einmal ein Foto von ihm, ein Vaterunser zur Erfüllung der kirchlichen Pflichten musste genügen. Dazu Musik von Johann Sebastian Bach. Wenn alles vorbei war, sollten die Sargträger von Sankt Michaelis den Sarg schultern und am Portal den Angehörigen der Streitkräfte übergeben – dies Zeichen der Trennung von Staat und Kirche über den Tod hinaus war Schmidt wichtig.

Am Ende des kirchlichen Teils der Trauerfeier, bevor mit Musik von Pachelbel übergeleitet wurde zu den Rednern, sang der Chor von Sankt Michaelis auf Schmidts Wunsch das »Abendlied« von Matthias Claudius. Ein sehr deutscher Text, eingängig und schlicht, unterlegt von einer ebenso eingängigen Melodie, ein wirkliches Volkslied. Aber für Schmidt war »Der Mond ist aufgegangen« mehr. Ihm kam es vor allem auf die letzte Strophe an: »So legt euch denn, ihr Brüder,/ In Gottes Namen nieder;/ Kalt ist der Abendhauch./ Verschon' uns, Gott! mit Strafen,/ Und lass uns ruhig schlafen!/ Und unsern kranken Nachbarn auch!« Die letzte Zeile war für Schmidt gewissermaßen die Quintessenz des Ganzen, alle sieben Strophen liefen für ihn auf diese Zeile zu: »Und unsern kranken Nachbarn auch!«

Wer sich fragt, warum Helmut Schmidt nach dem Krieg gerade in die Sozialdemokratische Partei eingetreten und deren Idealen siebzig Jahre treu geblieben war, findet hier eine mögliche Antwort. Schmidt selbst hat sich mit persönlichen Bekenntnissen immer schwergetan: Idealismus und Politik vertrugen sich nach seinem Dafürhalten schlecht. »Ich hege ganz großen Argwohn gegenüber begeisterten Leuten in der Politik. Je größer die Begeisterung, desto geringer der Verstand.«[47] Ihm genügte es, dass sich die SPD im Godesberger Programm 1959 auf drei Grundwerte festgelegt hatte, mit denen er sich identifizieren und auf die er notfalls zurückgreifen konnte: Freiheit, Gerechtigkeit, Solidarität. »Schrittweise, Zentimeter für Zentimeter, die Verhältnisse zu bessern, aus denen menschliches Leid erwächst – dieses menschliche Leid zu mindern und zu vermeiden – das finde ich als sozialdemokratisches Credo gut.«[48] Dieser Satz, Anfang der neunziger Jahre formuliert in Anknüpfung an ein Zitat seines britischen Freundes Denis Healey, war das

Äußerste an Sentimentalität, das er sich gestattete. Er hätte auch die letzte Zeile des »Abendliedes« zitieren können, in der es so ähnlich ausgedrückt ist, nur kürzer und schöner: »Und unsern kranken Nachbarn auch!«

Als das »Abendlied« nach sieben Strophen in der sonnendurchfluteten Kuppel von Sankt Michaelis verklungen war, trat ein Mann mit Gitarre an die Empore und sang »Mien Jehann«. Das Lied des niederdeutschen Dichters Klaus Groth auf seinen Bruder hatte Schmidt als Kind von seinem Großvater gelernt und später bei der einen und anderen Beerdigung mitgesungen. »Ik wull, wi weern noch kleen, Jehann/ Do weer de Welt so groot!« Nach dem Tod von Loki summte Schmidt die Verse oft leise vor sich hin.[49] Für den Dichter scheint alles noch immer so zu sein, wie es damals war, als sie die Welt gemeinsam entdeckten, und doch ist es nur ein Traum. Er vermag die Ebenen nicht auseinanderzuhalten und wechselt fortwährend von der Erinnerung in die Beschwörung. Aber fasst ihn da nicht jemand an der Schulter? Da dreht er sich so hastig um, als wär' er nicht alleen:

»Doch allens, wat ik finn, Jehann,
Dat is – ik sta un ween.«

Anhang

Danksagung

Mein erster Dank geht an Susanne Schmidt, die seit Ende der siebziger Jahre in Großbritannien lebende Tochter Helmut und Loki Schmidts. Sie hat mir über den Tod ihres Vaters hinaus ihre Sympathie bewahrt und die Entstehung dieses Buches mit Wohlwollen begleitet.

Mit Theo Sommer, der große Teile des Manuskripts las, gab es viele Gespräche über Schmidt und die *Zeit*. Dass der langjährige Chefredakteur gelegentlich anderer Auffassung sein musste, habe ich respektiert. Birgit Krüger-Penski, seit 1999 Schmidts Büroleiterin, hat das Manuskript mit zahlreichen Hinweisen versehen und mich vor manchem Irrtum bewahrt; ähnliches gilt für Jens Fischer, Büroleiter bis 1991. Manfred Bissinger und Norbert F. Pötzl haben als journalistische Profis gelesen, Henrik Eberle als kritischer Zeithistoriker. Ihnen allen gilt mein herzlicher Dank.

Meik Woyke, der Herausgeber des 2015 erschienenen Briefwechsels Brandt–Schmidt, war nicht nur ein aufmerksamer Leser des ersten und zweiten Teils, sondern hat mir auch bei der Friedrich-Ebert-Stiftung manche Tür geöffnet. Hartmut Soell, dessen grundlegender Schmidt-Biographie auch das vorliegende Buch unendlich viel verdankt, hat den ersten Teil und das Kapitel über Schmidts Umgang mit seiner Jugend im Nationalsozialismus einer kritischen Durchsicht unterzogen. Beiden danke ich gern.

Ein besonderer Dank gilt Detlef Felken, dem Cheflektor des Beck Verlags. Helmut Schmidt war seit 2008 als Herausgeber der Reihe *Die Deutschen und ihre Nachbarn* (zusammen mit Richard von Weizsäcker) und dann auch als Autor dem Beck Verlag verbunden. Detlef Felken hat uneigennützig seine Erfahrung eingebracht.

Das Buch in der zur Verfügung stehenden Zeit zu schreiben, wäre nicht möglich gewesen ohne die aufopferungsvolle Hilfe von Heike Lemke, der Leiterin des Archivs Helmut Schmidt in Hamburg-Langenhorn. Sie hat nicht nur mehrere Tausend Kopien angefertigt und Listen angelegt, mit deren Hilfe sich später jedes Dokument wiederfinden ließ; sie war auch unermüdlich beim Auffinden abgelegener Schriftstücke, die ich fast schon abgeschrieben hatte. Behilflich in jeder Weise war auch Axel Schuster, Archivar der Bucerius Law School in Hamburg, der die schriftlichen Nachlässe Bucerius und Dönhoff betreut. Ein archivalischer Dank geht nicht zuletzt an Sven Haarmann im Archiv der sozialen Demokratie der Friedrich-Ebert-Stiftung in Bonn.

Ausführliche Gespräche habe ich geführt mit: Norbert Gansel, Alfons Pawelczyk, Volker Rühe, Bundeskanzler a.D. Gerhard Schröder, Peer Steinbrück, Hans-Jochen Vogel und Henning Voscherau sowie mit Sandra Maischberger. Ihnen allen danke ich für große Offenheit. Anfang September 2015 traf ich im Waldhaus in Sils-Maria Fritz Stern zum Gespräch; er las später den ersten und zweiten Teil des Manuskripts und schickte mir Ende März sein Urteil. Fritz Stern, der mit Schmidt zusammen 2010 den wunderbaren Gesprächsband *Unser Jahrhundert* veröffentlichte, starb am 18. Mai 2016 in New York.

Ich danke Nina Grunenberg und Gunter Hofmann, die als *Zeit*-Redakteure Helmut Schmidt viele Jahre aus der Nähe erlebten, sowie Dirk Reimers für wertvolle Auskünfte zur Deutschen Nationalstiftung. Ich habe weiteren Hamburgern zu danken: Rainer Esser, Michael Göring, Heiner Greten, Reimar Lüst und Olaf Schulz-Gardyan. Wichtige Hinweise gaben Magnus Brechtken und Gregor Schöllgen. Nicht zuletzt danke ich den Mitarbeitern Schmidts in Hamburg und Berlin: Andrea Bazzato, Peter Lambertz, Marcella Masiarik und Armin Rolfink sowie den stillen Helferinnen Eva Bontzas, Ulrike Dams, Sabine Doering, Sylvia Gräfe, Helga Mügge, Iris Weniger und Astrid Zipfel.

Für die Unterstützung der ING-DiBa bedanke ich mich bei Ulrich Ott. In diesem Zusammenhang gern auch ein Dank an die frühere Oberbürgermeisterin meiner Heimstadt Frankfurt am Main, Petra Roth.

Für die Erlaubnis, aus unveröffentlichten Briefen von Marion Gräfin Dönhoff zu zitieren, danke ich der Marion Dönhoff Stiftung. Aus unveröffentlichten Briefen von Gerd Bucerius wird mit Genehmigung der Zeit-Stiftung zitiert, aus den Briefen des Verlegers Wolf Jobst Siedler mit Erlaubnis seines Sohnes.

Warum dieses Buch im Siedler Verlag erscheint, ist im Vorwort nachzulesen. Ich danke Thomas Rathnow für seine spontane Entscheidung, dieses Buch zu verlegen, Jens Dehning für ein kluges Lektorat, Markus Desaga für eine engagierte Pressearbeit und Ditta Ahmadi, die ich vor 32 Jahren als Kollegin beim Siedler Verlag kennengelernt habe, für ihre Gründlichkeit bei der Herstellung des Werkes.

Berlin, den 4. Juli 2016

Anmerkungen

1 Inszenierung eines Verrats

1 Deutscher Bundestag, 9. Wahlperiode, 115. Sitzung, 17. September 1982, S. 7076.

2 Bölling, Tagebuch, S. 70.

3 Kohl, Erinnerungen 1930–1982, S. 622.

4 Hans-Dietrich Genscher auf dem Wahlparteitag der FDP am 6. Juni 1980; von Schmidt zitiert in seiner Rede am 1. Oktober, Deutscher Bundestag, 9. Wahlperiode, 118. Sitzung, 1. Oktober 1982, S. 7159.

5 Hans-Dietrich Genscher am 13. September 1982 im so genannten »Ruderclub«, einem der CDU nahestehenden Bonner Journalistenzirkel, nach Soell II, S. 886 u. 1056, Anm. 264. Vgl. Bölling, Tagebuch, S. 52ff.

6 Gruselkatalog sozialistischer Marterwerkzeuge. Zeit-Gespräch mit Bundeswirtschaftsminister Otto Graf Lambsdorff über die Zukunft der Bonner Koalition, Die Zeit, Nr. 19, 7. Mai 1982.

7 Bölling, Tagebuch, S. 50. Am 2. September hatte Lahnstein den Bundeskanzler in einem leidenschaftlichen Brief noch gedrängt, das angekündigte Lambsdorff-Papier, von dem er annahm, dass es »bis weit in unsere Anhängerschaft hinein attraktiv« sein könnte, zu nutzen, um »das Gesetz des Handelns wieder umfassend in die Hand [zu] bekommen«. Schmidt müsse sich über den parteiinternen Widerstand hinwegsetzen, der in erster Linie von Funktionären getragen werde, »denen es primär um eine gute Startposition in der SPD-Opposition geht«; Manfred Lahnstein an HS, 2. September 1982, AHS, Korr. 1982/III, L–R.

8 Entwurf der Ansprache bei der Vorstellung des Buches von Helga Timm [mit handschriftlichen Ergänzungen von HS und eigenhändigem Hinweis: »Rede wurde stattdessen frei gehalten«], AHS, Eigene Arbeiten, 1982; vgl. Terminplan 9. September 1982.

9 Für seine Schilderung dieses Abends danke ich Norbert Gansel. – Helga Timm erinnerte sich an diesen Abend noch 2006 in einem Brief an Schmidt.

10 Vgl. Bölling, Tagebuch, 31. August und 7. September, S. 14 u. 34.

11 Karl Dietrich Bracher, Die Auflösung der Weimarer Republik. Eine Studie zum Problem des Machtverfalls in der Demokratie, Düsseldorf 1984, S. 267. – Bracher und Schmidt hatten sich 1961 in Bologna kennengelernt. »Karl Dietrich Bracher könnte ich beinahe meinen Freund nennen«; er habe ihm klargemacht, »dass man niemals wieder den Oberbefehl über die Streitkräfte so organisieren dürfe, wie es damals in der Weimarer Verfassung stand«; Hand

aufs Herz, S. 99. – Bracher seinerseits betonte, er habe in seinen Gesprächen mit Schmidt »vieles gelernt, was weder in Büchern noch in Seminarräumen zu finden ist, nicht zuletzt auch über das prekäre Verhältnis von Ideen und Politik bei uns ›Intellektuellen‹«, Karl Dietrich Bracher an HS, 21. März 2002, AHS, Private Korrespondenz 2002, A–B. Vgl. auch Weggefährten, S. 129–133.

12 Unser Jahrhundert, S. 242–246, Zitat S. 244.

13 Deutscher Bundestag, 9. Wahlperiode, 111. Sitzung, 9. September 1982, S. 6753.

14 Ebda., S. 6757 u. 6759.

15 Ernst-Wolfgang Böckenförde an HS, 21. September 1982, AHS, Korr. Privatpolitisch 1982 I.

16 HS an Ernst-Wolfgang Böckenförde, 28. September 1982, ebda.

17 Bölling, Tagebuch, S. 71.

18 Marion Dönhoff an HS, 18. September 1982, AHS, Korr. Privat-politisch 1982 I.

19 Vermerk Marianne Duden, Erneuter Anruf von Rudolf Augstein, 16. September 1982, 17.50 Uhr, ebda.

20 Telegramm Böll an HS, 17. September 1982, 21.17 Uhr, ebda.

21 Kohl, Erinnerungen 1930–1982, S. 627; vgl. Schwarz, Kohl, S. 281. Schmidt hat über das Gespräch mit Kohl keinen Vermerk angefertigt.

22 Kohl, Erinnerungen 1930–1982, S. 627.

23 Bölling, Tagebuch, S. 66.

24 Gedächtnisprotokoll über das Gespräch Bundeskanzler/BM Graf Lambsdorff am 17. 9. 1982 im Bundeskanzleramt [Staatssekretär Konow], 17. September 1982, AHS, Tagesgeschäft September 1982.

25 Johannes Merck, Von der sozial-liberalen zur bürgerlich-liberalen Koalition, in: Wolfgang Mischnick (Hg.), Verantwortung für die Freiheit. 40 Jahre F.D.P., Stuttgart 1989, S. 246-281, Zitat S. 266.

26 Die Darstellungen der Abläufe am Vormittag des 17. September weichen bis heute zum Teil erheblich voneinander ab. Ins Reich der Fabel gehört die Schilderung Helmut Kohls, der unter Berufung auf Genscher in seinen Erinnerungen schreibt, nach dem Gespräch Lambsdorffs mit Schmidt habe sich »die FDP endlich zum Handeln gezwungen« gesehen und um einen Gesprächstermin beim Kanzler gebeten, der diesem Wunsch »sofort« nachgekommen sei. Die vier FDP-Minister hätten sich daraufhin zu Schmidts Büro begeben und dort geschlossen ihren Rücktritt erklärt. Kohl, Erinnerungen 1930–1982, S. 629.

27 Skizze für Ansprache bei der Abschlussveranstaltung des hessischen Wahlkampfes in Frankfurt am 24. 9. 1982, Typoskript mit zahlreichen handschriftlichen Zusätzen von HS, AHS, Eigene Arbeiten, September 1982. Vgl. Soell II, S. 890.

28 Bölling, Tagebuch, S. 96; vgl. auch S. 85f. und 100f.

29 HS an Lothar Löffler, 29. September 1982, AHS, Korr. Privat-politisch 1982 V.

30 Deutscher Bundestag, 9. Wahlperiode, 118. Sitzung, 1. Oktober 1982, S. 7159–7166.

31 Ebda., S. 7196.
32 Ebda., S. 7198.
33 Ebda., S. 7199.
34 Bölling, Tagebuch, S. 92.
35 Ebda., S. 116.

2 Die langen Schatten der SPD

1 Bahr, Zu meiner Zeit, S. 493.
2 HS an Willy Brandt, 11. Oktober 1965, WB/HS, S. 123.
3 Willy Brandt an HS, 25. Oktober 1965, WB/HS, S. 125. – Potentieller Nachfolger für die Kanzlerkandidatur und Hoffnungsträger der Partei nach der verlorenen Wahl von 1965 war der Fraktionsvorsitzende Fritz Erler.
4 Vermerk für den Bundesfinanzminister vom 15. März 1974, zit. nach WB/HS, S.568, Anm. 1.
5 Merseburger, Brandt, S. 720.
6 HS an Willy Brandt, 3. Mai 1974, WB/HS, S. 585.
7 HS an Marion Dönhoff, 17. Februar 1972, NL Dönhoff F 48.
8 Willy Brandt an HS, 20. Dezember 1974, WB/HS, S. 615.
9 Willy Brandt an HS, 12. Juni 1989, WB/HS, S. 969. Schmidt erhob keinen Einwand gegen das Zitat, das Brandt in seinen Erinnerungen verwenden wollte; im Buch kam es dann nicht vor; vgl. Brandt, Erinnerungen, S. 343.
10 Werner A. Perger, Noch ein Lernprozess, Die Zeit, Nr. 15, 8. April 1999. Schmidt versah diesen Passus in Pergers Artikel zur bevorstehenden Übernahme des Parteivorsitzes durch Gerhard Schröder im Frühjahr 1999 mit einem dicken Fragezeichen.
11 HS an Hans Apel, 20. Mai 2005, mit Randbemerkungen Schmidts nach Gespräch mit Apel, AHS, Korrespondenz prpr. 2005, A–Z.
12 Ehmke, Mittendrin, S. 262.
13 HS an Willy Brandt, 20. Juli 1974, WB/HS, S. 600.
14 Willy Brandt an HS, 3. Oktober 1975, WB/HS, S. 639.
15 Willy Brandt an HS, 13. Juni 1976, WB/HS, S. 672 u. 678.
16 Willy Brandt an Egon Bahr, September 1980, zit. nach Bahr, Zu meiner Zeit, S. 494f.
17 Rede auf der Landesdelegiertenversammlung der SPD in Hamburg, 29. Mai 1967, SOPADE-Rednerdienst 5/67, S. 28. – Ganz ähnlich formulierte es Willy Brandt in seiner ersten Regierungserklärung 1969: Kritik von jungen Menschen, die »nicht mit den Hypotheken der Älteren belastet sind und belastet werden dürfen«, sei willkommen; sie müssten jedoch wissen, »dass auch sie gegenüber Staat und Gesellschaft Verpflichtungen haben«; Deutscher Bundestag, 6. Wahlperiode, 5. Sitzung, 28. Oktober 1969, S. 20.
18 Zitate nach Soell I, S. 642f.
19 Rede auf dem SPD-Parteitag in Nürnberg, 18. März 1968; unter dem Titel »Treue zu den Grundsätzen« in: Tatsachen – Argumente Nr. 240/68, Zitat S. 17f.

20 Was ich noch sagen wollte, S. 23.
21 Vehement und unversöhnlich noch 2002 in Hand aufs Herz, S. 188–195.
22 Johano Strasser, Die Politik versackt in der Wende, Vorwärts, 15. Juli 1982.
23 Mein Sozi für die Zukunft, Stern, 15. Juli 1982, S. 55-60. – Für Bundesbauminister Dieter Haack war »die Grenze des Erträglichen erreicht«. Er sehe »in dieser Entwicklung auch einen moralischen Verfallsprozess unserer Partei mit noch unübersehbaren Konsequenzen«, schrieb er am selben Tag an Willy Brandt und fragte ihn, wie er auf »die unglaublichen Vorwürfe« zu reagieren gedenke; Dieter Haack an Willy Brandt, 15. Juli 1982, AHS, Korr. Privat-politisch 1982 II.
24 HS an Oskar Lafontaine, 15. Juli 1982, AHS, Korr. Privat-politisch 1982 III.
25 Mitteilung für die Presse, 16. Juli 1982, SPD-Pressedienst 330/82.
26 Handschriftl. Notiz HS über ein Telefonat mit Willy Brandt, 19. Juli 1982, AHS, Korr. Privat-politisch 1982 III.
27 Protokoll über die gemeinsame Sitzung von Parteirat, Parteivorstand und Kontrollkommission am Freitag, 7. November 1980, in Bonn, Erich-Ollenhauer-Haus, S. 12. Die Kopie des Protokolls in AHS trägt den Datumstempel 13. August 1982.
28 Zu den Unruhen, die Karl-Heinz Hansen und die Parlamentarische Linke in den Reihen der SPD auslösten, vgl. Soell II, S. 830f.
29 Gunter Hofmann, Opfer und Priester zugleich, Die Zeit, Nr. 23, 1. Juni 1984.
30 Weggefährten, S. 128 u. 512.
31 Hartmut Soell an den Verfasser, Ende Januar 2016. – Der Gegensatz zwischen Schmidt und Eppler sei für ihn, so Schmidts langjähriger Büroleiter Jens Fischer, der Gegensatz gewesen »zwischen norddeutschem lutherischem Protestantismus und schwäbischem sektenorientiertem Evangelismus«; Jens Fischer an den Verfasser, 16. Juni 2016.
32 Eppler war »völlig konsterniert«, als ihm Hartmut Soell dies viele Jahre später aus den Akten berichtete; Soell an den Verfasser, Ende Januar 2016. Eppler blieb bei seiner Meinung, Schmidt habe sich schon damals gegen ihn gestellt: »Niemand konnte überhören, wie wenig er davon hielt«; Eppler, Links Leben, S. 131. Eppler trat als Minister die Nachfolge von Hans-Jürgen Wischnewski an, der Bundesgeschäftsführer der SPD wurde.
33 Erhard Eppler an HS, 23. November 1976, AHS, Erhard Eppler 1966–1995.
34 Eppler, Komplettes Stückwerk, S. 94, 106, 109, 114, 146.
35 Von meiner Sorte verträgt die Partei bestenfalls zwei, Spiegel-Gespräch mit Erhard Eppler, Der Spiegel 10/2016 (5. März 2016).
36 HS an Willy Brandt, 16. September 1981, WB/HS, S. 866f.
37 Ebda.
38 Willy Brandt an HS, 21. September 1981, WB/HS, S. 869.
39 Ehmke, Mittendrin, S. 316.
40 Willy Brandt an HS, 30. Mai 1960, WB/HS, S. 94.
41 HS an Willy Brandt, 6. Februar 1961, WB/HS, S. 96–98.
42 Ehmke, Mittendrin, S. 278.

43 Bahr, Zu meiner Zeit, S. 504.
44 Ebda., S. 520.
45 Ehmke, Mittendrin, S. 319.
46 HS an Greta und Herbert Wehner, 30. Juli 1983, AHS, Korr. Wehner.
47 HS an Willy Brandt, 3. Februar 1986, WB/HS S. 950. – Ähnlich in einem Brief an Rudolf Augstein vom 4. November 1986: »Falls ich noch im Amt gewesen wäre, hätte ich über die Ablehnung der Waldspaziergangsformel durch Washington sicherlich einen erheblichen Konflikt ausgelöst«, AHS, Korr. Inland 1986, A–F (II). Augstein hatte in einem Kommentar zum Reykjavik-Gipfel Schmidts Rolle beim Zustandekommen des Doppelbeschlusses massiv angegriffen; Monopoly oder wie man Milliarden verpulvert, Der Spiegel 43/1986 (20. Oktober 1986). Schmidts Antwort: Reykjavik ging viel weiter als Waldspaziergang, Der Spiegel, 48/1986 (24. November 1986); vgl. Soell II, S. 856–858 und 915f.
48 Vgl. Soell II, S. 1049, Anm. 108.
49 Horst-Eberhard Richter, Moral in Zeiten der Krise, Berlin 2010, S. 36–40.
50 Rede auf dem SPD-Parteitag München, 20. April 1982, zit. nach dem vom Pressedienst der SPD verbreiteten Manuskript.
51 Brandt, Erinnerungen, S. 363.
52 Ebda., S. 355 u. 357.
53 Willy Brandt an HS, 11. Oktober 1982, WB/HS, S. 911.
54 HS an Willy Brandt, 27. Oktober 1982, WB/HS, S. 914.
55 Willy Brandt an HS, 2. November 1982, WB/HS, S. 914f.
56 HS an Marion Dönhoff, 29. September 1982, AHS, Korr. Privat-politisch 1982 V.
57 Karl Hauenschild an HS, 3. Oktober 1982, AHS, Korr. Privat-politisch 1982 V.
58 Hans Hermsdorf an HS, 13. Oktober 1982, AHS, Korr. Privat-politisch 1982 V.
59 Richard Löwenthal an HS, 17. Oktober 1982, AHS, Korr. Privat-politisch 1982 V.
60 HS an Peter von Oertzen, 29. Oktober 1982, AHS, Korr. Privat-politisch 1982 VI.
61 Egon Franke an HS, 26. Oktober 1982, AHS, Korr. Privat-politisch 1982 V.
62 Volker Hauff an HS, 11. Oktober 1982, AHS, Korr. Privat-politisch 1982 V.
63 Heinz Kühn an HS, 19. Oktober 1982, AHS, Korr. Privat-politisch 1982 V.
64 Harm-Peer Zimmermann, Stimmen aus dem Volk. Bürgerbriefe an Helmut Schmidt anlässlich des Konstruktiven Misstrauensvotums 1982, Vokus 15 (2005), Heft 1, S. 4–38, hier S. 4. Dort alle folgenden Zitate.
65 Ebda., S. 27.
66 Informationen der Sozialdemokratischen Bundestagsfraktion, Ausgabe 1124, Tagesdienst vom 26. Oktober 1982.
67 HS an Rudolf Dreßler, 1. Juni 1983, AHS, Korr. Inland 3.6.83–31.7.83.
68 HS an Willy Brandt, 11. November 1982, WB/HS, S. 920–923.
69 Willy Brandt an HS, 3. Dezember 1982, WB/HS, S. 923f.

3 Zurück in Hamburg

1 Schmidt wurde mit dem Satz zitiert: »Mir ist auch klar geworden, dass manche Genossen die vorgenannten Kontroversen [über Arbeitsbeschaffungsmaßnahmen] nur vorübergehend zurückgestellt hätten«; NL Bucerius 237.

2 Vgl. Leser-Reaktion auf »Herausgeber Helmut Schmidt«, NL Bucerius 237.

3 Marion Dönhoff an HS, 5. Oktober 1982, AHS, Korr. Privat-politisch 1982 V.

4 HS an Marion Dönhoff, 27. Oktober 1982, AHS, Korr. Privat-politisch 1982 V. Das Gespräch fand am 9. Oktober statt.

5 Gerd Bucerius an Karl Klasen, 10. Dezember 1982, NL Bucerius 238; vgl. auch Bucerius an Marion Dönhoff, 7. Dezember 1982, NL Bucerius 238.

6 Gerd Bucerius an HS, 31. Dezember 1982, NL Bucerius 238.

7 Marion Dönhoff an HS, 7. Januar 1983, AHS, Korr. Inland 3.6.83–31.7.83.

8 HS, Welch ein Leben!, Börsenblatt für den deutschen Buchhandel Nr. 96, 1. Dezember 1989.

9 Die übrigen Teilnehmer waren der Bankier Alwin Münchmeyer, der Reeder Rolf Stödter, der Unternehmer Otto A. Friedrich, Karl Schiller, Karl Klasen, Gerd Bucerius und Carl Friedrich von Weizsäcker.

10 HS an Helga Stödter, 9. September 1993, NL Dönhoff F 1382.

11 HS an Marion Dönhoff, 17. Februar 1972, AHS, Material Gräfin Dönhoff, 1963–1989; vgl. Soell II, S.151f.

12 HS an Marion Dönhoff, 15. September 1982, AHS, Innenpolitik September 1982.

13 Marion Dönhoff an HS, 23. September 1982, AHS, Korr. Privat-politisch 1982 V. – In seiner Antwort vom 29. September griff HS das Wort »Elder Statesman« dankbar auf; vgl. S.61.

14 Gerd Bucerius an HS, 25. April 1983, NL Bucerius 238. – »Ich bin mit allen sechs Punkten einverstanden«, antwortete Schmidt am 3. Mai, »von mir aus bedarf es außer diesem Briefwechsel weiter keiner Formalitäten«; AHS, Zeit, Schriftwechsel Dr. Bucerius bis 1995.

15 Marion Dönhoff an Hilde von Lang, 18. August 1986, AHS, Zeit VI, Schriftwechsel Gräfin Dönhoff bis 1996.

16 Gerd Bucerius an Günter Grass, 19. April 1985, NL Bucerius 322.

17 Fritz J. Raddatz, Das Boot ist leer, Die Zeit, Nr. 14, 8. März 1985.

18 Gerd Bucerius an Fritz J. Raddatz, 15. März 1985, NL Bucerius 322.

19 Gerd Bucerius, Sind Soldaten Verbrecher?, Die Zeit, Nr. 12, 15. März 1985.

20 Marion Dönhoff an Gerd Bucerius, 21. Juli 1983, NL Bucerius 225.

21 HS, Der Westen ist nicht schwach, Die Zeit, Nr. 19, 6. Mai 1983.

22 Marion Dönhoff an HS, Forio, 3. Mai 1983, AHS, Korr. Inland A–O, 16.3.83–1.6.83. Marion Dönhoff griff einen Ausdruck von Heinrich Böll auf, der ihrem Einsatz für die Brandt'sche Ostpolitik einen »Hauch von Tauroggen« bescheinigt hatte.

23 Gerd Bucerius an HS, 31. Oktober 1983, NL Bucerius 225. Eine Kopie des Handschreibens erhielten sowohl Marion Dönhoff als auch Theo Sommer.

24 Gerd Bucerius an HS, 6. Juli 1987, zit. nach Dahrendorf, Bucerius, S. 228.

25 Gerd Bucerius an HS, 26. August 1986, NL Bucerius 240.

26 Gerd Bucerius an Theo Sommer, 16. Dezember 1982, NL Bucerius 238.

27 Vgl. das interne »Wahlergebnis« der *Zeit*-Redaktion Anfang März 1983 bei Schwelien, Schmidt, S.15f.

28 Sommer, Unser Schmidt, S. 47f.

29 Mainhardt Graf Nayhauß, Schmidts neuer Job. Ein Arbeitstag im Leben des Ex-Kanzlers, Quick, Nr. 50, 4. Dezember 1986.

30 Theo Sommer, Rede am 4. Mai 1983; ich danke Theo Sommer für die Überlassung einer Kopie.

31 Marion Dönhoff an HS, 26. November 1985, AHS, Zeit VI, Schriftwechsel Gräfin Dönhoff bis 1996.

32 Sommer, Unser Schmidt, S. 49.

33 Ebda., S. 48.

34 Ebda., S. 56.

35 Gerd Bucerius an HS, 15. April 1983, NL Bucerius 238.

36 Dieter von Holtzbrinck, Ein Geschenk für unser Blatt, Zeit Extra, 11. November 2015, S. 7.

37 Dahrendorf, Bucerius, S. 256. – Der Anstellungsvertrag vom 14. Juli 1985 wurde im Januar 1990 umgewandelt in einen Herausgebervertrag, der auf Wunsch Schmidts zunächst bis 1993 befristet war; vier Wochen vor Schmidts 75. Geburtstag wurde er auf unbefristete Zeit verlängert.

38 Dahrendorf, Bucerius, S. 261.

39 Gerd Bucerius an Marion Dönhoff, 20. Juli 1983, NL Bucerius 322; vgl. u.a. die beiden Glossen Verlegerpoesie bzw. Mangel an Mut, Die Zeit, Nr. 29, 15. Juli 1983.

40 Dahrendorf, Bucerius, S. 263.

41 HS an Ebelin Bucerius, 4. Februar 1987, NL Bucerius 322.

42 HS an Ralf Dahrendorf, 28. September 1999, AHS, Private Korr. 1999, C–D.

43 Sommer, Unser Schmidt, S. 37–40, 51–53; Schmidt-Zitate S. 39 u. 53.

44 HS, Hausmitteilung an Theo Sommer, 20. Februar 1987, NL Bucerius 322.

45 Hans Schueler als Sprecher des Redaktionsausschusses an HS, Hausmitteilung 12. Dezember 1986, AHS, Zeit VI, Schriftwechsel Gräfin Dönhoff bis 1996; vgl. Nayhauß (wie Anm. 29).

46 HS, Hausmitteilung an Marion Dönhoff, Hilde von Lang, Gerd Bucerius, Theo Sommer, 30. Mai 1988, NL Bucerius 323.

47 Vgł. die differenzierte Darstellung von Kuno Kruse, Auf ein Bewerbungsgespräch bei Helmut Schmidt, Zeit Extra, 11. November 2015.

48 Theo Sommer, Hausmitteilung an HS, 3. Oktober 1988, AHS, Zeit VII/2.2, Redaktion Feuilleton bis 1997.

49 HS, Hausmitteilung (wie Anm. 46).

50 HS, Hausmitteilung an Ulrich Greiner und Aloys Behler, 9. April 1987, AHS, Allg. Schriftwechsel 1987, H–L.

51 Theo Sommer, Hausmitteilung an HS, 1. Juni 1988, NL Bucerius 323.

52 HS an Gerd Bucerius, 6. Juni 1988, NL Bucerius 323. Schmidt vertrat diese

Position kompromisslos auch nach außen; vgl. seinen Brief an den Bosch-Chef Hans L. Merkle vom 16. Februar 1989, zit. bei Sommer, Unser Schmidt, S. 41.

53 Marion Dönhoff an HS, 8. Juli 1988, NL Dönhoff F 48/92.

54 HS an Marion Dönhoff, 2. September 1988, NL Dönhoff F 48/92.

55 HS, Hausmitteilung an Theo Sommer, 29. März 1989, nachrichtlich an Marion Dönhoff, Hilde von Lang, Gerd Bucerius und Roger de Weck. Ich danke Theo Sommer für eine Kopie.

56 Dahrendorf, Bucerius, S. 256. Dahrendorf ging in seinem Buch, aus welchen Gründen auch immer, nicht auf Schmidts Kontroverse mit dem Eigentümer ein. Schmidt habe früher oder später begriffen, so kürzte er die Sache kühl bilanzierend ab, »dass die Position des Verlegers für ihn eine Fiktion war«; ebda.

57 Deutscher Bundestag, 10. Wahlperiode, 228. Sitzung, 10. September 1986, S. 17668, 17670 u. 17675.

58 Ebda., S. 17677f.

59 Ebda., S. 17684f.

60 Philipp Jenninger an HS, 10. September 1986, AHS, Korr. Inland 1986, G–M (II). Schmidt nahm das Angebot an, das Gespräch fand am 4. November statt. – Zu den »Gegenleistungen« vgl. S. 154.

61 Jürgen Leinemann, Trauerarbeit kann nicht vollständig sein, Der Spiegel 38/1986 (15. September 1986). – Marion Dönhoff kam nach Lektüre der Rede, die am 11. September auszugsweise in der *Frankfurter Allgemeinen Zeitung* abgedruckt worden war, zu einem völlig anderen Ergebnis: »Nicht nur für die Zeitgenossen vorbildlich, auch die Nachwelt eindrucksvoll. Schön, dass unsere derzeitige Welt des Mittelmaßes mal sieht, wie's auch sein kann«; Marion Dönhoff an HS, 11. September 1986, AHS, Zeit VI, Schriftwechsel Gräfin Dönhoff bis 1996.

62 Rede anlässlich des Prognos-Forums in Basel am 19. September 1986, AHS, Eigene Arbeiten, September–Oktober 1986 (6).

63 HS an Verehrte Freunde, 1. Juli 1986, NL Bucerius 240.

64 HS an Volker Rühe und acht weitere Empfänger, 17. März 1985, AHS, Freitagsgesellschaft.

65 Siegfried Lenz an HS, 25. März 1985, AHS, Freitagsgesellschaft.

66 Volker Rühe im Gespräch mit dem Verfasser, 3. Dezember 2015. Vgl. auch Volker Rühe, Der Schöpfer der Freitagsgesellschaft, Welt am Sonntag, 10. Oktober 1999.

67 Gespräch mit dem Verfasser, 4. Februar 2015. – Ähnlich bereits im Gespräch mit Dieter Balkhausen am 9. November 1989: Sein Nachfolger rede leider »nur noch mit Leuten, die er für unverdächtig hält«, AHS, Eigene Arbeiten, Januar–März 1990.

68 Beide Vorträge wurden veröffentlicht in den Protokollen der Freitagsgesellschaft, die einen repräsentativen Querschnitt durch die Themenvielfalt der 183 Sitzungen bieten: Band I Erkundungen (1999), Band II Vertiefungen (2010).

69 Weggefährten, S. 543.

70 Trauerfeier für Herrn Dr. h.c. Kurt A. Körber im Hamburger Rathaus, 14. August 1992, S. 7f.

71 HS an Kurt A. Körber, 2. Februar 1984, AHS, Inland 1984, A–N.

72 Schmidt hatte das Projekt im Vorfeld mit Reimar Lüst besprochen. Körber, der sich in seinem Haus in Bad Wiessee aufhielt, besuchte Lüst wenige Tage später in München; freundliche Mitteilung Reimar Lüst.

73 Handschriftliche Notiz HS auf der ersten Seite des Briefes vom 2. Februar 1984 (wie Anm. 71).

74 Marion Dönhoff an Kurt A. Körber, 2. September 1987, AHS, Allgemeiner Schriftwechsel 1987, H–L.

75 Schmidt selbst war diese Ehre im Dezember 1983 zuteilgeworden, nachdem er im Oktober bereits Ehrenbürger von Bonn geworden war; 1989 wurde er erster Ehrenbürger von Berlin nach der Wiedervereinigung und 1998 schließlich erster Ehrenbürger des Landes Schleswig-Holstein. Außerdem war Schmidt Ehrenbürger von Bremerhaven (1983 zum Dank für seinen Einsatz bei der Gründung des Alfred-Wegener-Instituts für Polar- und Meeresforschung) sowie von Güstrow (1995 wegen seiner Verdienste um den Nachlass von Ernst Barlach).

4 Einmal um die Welt

1 Deutschlandfunk, 25. Dezember 1983, Interview der Woche, Fragen von Bernhard Wördehoff; Kommentarübersicht Bundespresseamt, 27. Dezember 1983, Deutscher Bundestag Pressedokumentation.

2 Klaus Wirtgen, Was ich tun soll, weiß ich wohl, Der Spiegel 12/1983 (21. März 1983).

3 Zit. nach Klaus Wirtgen, Schmidt – der »Dr. Kimble der SPD«, Der Spiegel 46/1983 (14. November 1983).

4 HS, Politik und Bundeswehr, Die Zeit, Nr. 7, 10. Februar 1984. – Verteidigungsminister Wörner hatte gleich nach dem Regierungswechsel Kontakt zu Schmidt gesucht; kurz vor Ausbruch der Kießling-Affäre, Anfang November 1983, war man zuletzt zum vertraulichen Gespräch zusammengekommen.

5 HS, Politisches Leichtgewicht, Bergedorfer Zeitung, 12. Februar 1984.

6 HS, Gefährlicher Gewichtsverlust, Bergedorfer Zeitung, 2. Juni 1984.

7 Die Zitterpartie der Liberalen, Der Spiegel 26/1984 (25. Juni 1984).

8 HS, Erinnerungen an einen Freund, Bergedorfer Zeitung, 2. Oktober 1986.

9 Manfred Schüler an HS, 4. November 1982, AHS, Korr. Privat-politisch 1982 VI. »Ich habe es begriffen und werde mich bemühen«, antwortete Schmidt am 11. November; ebda.

10 Schwarz, Kohl, S. 338.

11 HS an Greta und Herbert Wehner, 30. Juli 1983, AHS, Korr. Wehner. Dort auch alle folgenden Zitate.

12 Armin Rolfink/Heike Lemke, Übersicht H.S.-Papiere für Herbert Wehner 1973–1982, 4. August 2005, Archiv des Verfassers. Vgl. WB/HS, S. 649, 702, 752.

13 Die Zahl der Erwerbslosen stieg real von 1,83 Mio. (1982) auf 2,26 Mio. (1983) bzw. 2,27 Mio. (1984).
14 HS an Greta und Herbert Wehner, 30. Juli 1983, AHS, Korr. Wehner.
15 HS an Herbert Wehner, 21. November 1982, AHS, Korr. Privat-politisch 1982 VI.
16 Rede vor der SPD-Landesorganisation, CCH Hamburg, 2. März 1983, AHS, Korr. Wehner.
17 HS an Björn Engholm, 24. Februar 1993, AHS, H. Wehner 1978–1995.
18 HS, Gefährlicher Gewichtsverlust, Bergedorfer Zeitung, 2. Juni 1984.
19 Bis zum 6. März kann sich noch vieles ändern, Interview mit HS, Stern, Nr. 52, 22. Dezember 1982.
20 HS, Die Weltwirtschaft ist unser Schicksal, Die Zeit, Nr. 9, 25. Februar 1983.
21 Vereinbarung zwischen der Körber-Stiftung, Hamburg-Bergedorf und HS, 22. Dezember 1982, AHS, Korr. Inland ab 1.1.83 (I).
22 Theo Sommer an HS, 2. März 1983, AHS, Korr. Inland 1983, P–Z.
23 HS an Theo Sommer, 12. März 1983, ebda.
24 HS, Die Weltwirtschaft ist unser Schicksal (wie Anm. 20).
25 Mächte der Zukunft, S. 84. Schmidt schrieb diesen Satz Anfang 2004, unter dem Eindruck der amerikanischen Reaktion auf die Angriffe des 11. September.
26 Weggefährten, S. 298f.
27 Gespräch mit dem Verfasser, 12. August 2014.
28 Zug um Zug, S. 177.
29 Vgl. Menschen und Mächte, S. 204, wo die Formulierung im Zusammenhang mit den SALT-Verhandlungen und den Wiener Gesprächen über eine Truppenreduzierung in Mitteleuropa benutzt wird.
30 Außer Dienst, S. 19.
31 Dass Kissinger 2006 sein Buch *Nachbar China* mit viel Zustimmung gelesen hatte und als »wichtigen Beitrag« bezeichnete, war für Schmidt eine hohe Auszeichnung; er gab Loki eine Kopie des Briefes. Henry Kissinger an HS, 9. November 2006, Archiv des Verfassers.
32 Außer Dienst, S. 19.
33 HS an Henry Kissinger, 2. September 1998, AHS, Private Korrespondenz 1998, J–K.
34 Rede zur Ehrenbürgerwürde für Henry Kissinger, Fürth, 20. Mai 1998, AHS, Eigene Arbeiten, Mai–August 1998 (Nr. 5).
35 Magnus Brechtken, Geschichte und Erinnerungspolitik bei Helmut Schmidt und Henry Kissinger, in: Franz Bosbach, Magnus Brechtken (Hg.), Politische Memoiren in deutscher und britischer Perspektive. Political Memoirs in Anglo-German Context, München 2005, S. 159–193, hier S. 165.
36 Peter Schellschmidt, Gesprächsvermerk über den Termin mit Henry A. Grunwald und Roland Flamini am 2. November 1982, 3. November 1982, AdsD, HSA, 1/HSAA011337.
37 Rudolf Augstein an HS, 25. Oktober 1982; HS an Rudolf Augstein, 11. November 1982, AHS, Korr. Privat-politisch 1982 V.

38 James Reston, A Talk with Schmidt, New York Times, 17. November 1982.

39 Menschen und Mächte, S. 302–313, hier S. 304. Schmidts Besuch habe zur »Erosion seines … Einflusses auf die Politik in Washington« beigetragen, urteilt Soell und nennt die Treffen mit den Freunden »eine kalte Dusche«; Soell II, S. 854.

40 Peter Schellschmidt, Gesprächsvermerk über ein Treffen mit Harry Walker in Puerto Vallarta am 10. Januar 1983, 21. Januar 1983, AdsD, HSA, 1/HSAA 011334. Schmidt akzeptierte die von Walker geforderten 30 Prozent Provision, nachdem Walker ihm förmlich versichert hatte, dass Henry Kissinger der einzige seiner Klienten sei, der weniger Provision zahle. – Erstaunlich, dass Walker im Dezember 1990 ausgerechnet Helmut Schmidt um ein Empfehlungsschreiben an die aus dem Amt geschiedene Margaret Thatcher bat; Vermerk Marianne Duden, 21. Dezember 1990, AdsD, HSA, 1/HSAA011636.

41 Trauerfeier für Herrn Dr. h.c. Kurt A. Körber im Hamburger Rathaus, 14. August 1992, S. 12.

42 Shepard Stone an HS, 10. Februar 1983, mit anliegendem Gedächtnisprotokoll über das Gespräch von 1974 nach Tagebuchnotizen Stones, AHS, Korr. Ausland ab 1.1.1983, A–Z. Stone nahm aus dem halbstündigen Gespräch gleichwohl den Eindruck mit, »dass Sie tatsächlich Bundekanzler werden wollten«. – Zu Schmidts Pensionsansprüchen und seinen Rückzugsabsichten 1972 vgl. Soell II, S. 191, sowie seinen Brief an Brandt vom 11. November 1982, WB/HS, S. 919.

43 NN an HS, 9. April 1984, AHS, Inland 1984, F–M.

44 Vgl. Schwelien, Schmidt, S. 351.

45 Harry Ristock, Klaus Riebschläger an HS, 9. Juli 1985; HS an den SPD-Landesverband Berlin, 2. August 1985, AHS, Korr. Inland 1985, R–Sch.

46 NN an HS, 4. April 1991; HS an NN, 16. April 1991, AHS, Private Korr. 1991, A–F.

47 Gespräch mit dem Verfasser, 4. Februar 2015.

48 Polizeigewerkschaft Hamburg im Deutschen Beamtenbund, Landesvorsitzender Hermann-J. Friedrich, an HS, 9. Juni 1983, AHS, Inland+Ausland 3.6.83–31.7.83.

49 HS, Hausmitteilung an Theo Sommer, 25. September 1986, NL Bucerius 240.

50 HS an Willy Brandt, 30. Januar 1984, WB/HS, S. 939.

51 HS, Notiz für P. Sch[ellschmidt], 7. Juli [1983], AHS, Inland+Ausland 3.6.83–31.7.83.

52 Helmut Schmidt: Ich habe jetzt 2 Millionen, Bild am Sonntag, 29. März 1987. Schmidt hatte den unverzeihlichen Fehler begangen, ihm von der *Bild*-Zeitung präsentierte Zahlen zu korrigieren: »Nicht brutto, netto«. – Noch in ihrer Ausgabe am Tag nach Schmidts Tod fragte *Bild*: »War Helmut Schmidt Millionär?«.

53 HS an Jens Fischer, Gran Canaria, 10. Januar 1991, mit beigefügtem Entwurf des Briefes, den Fischer an die *Bild*-Chefredaktion schreiben sollte, AHS, Pri-

vate Korrespondenz 1991, A–F; vgl. Die billigen Traumreisen des Lothar Späth, Bild am Sonntag, 6. Januar 1991.

54 Helmut Schmidt wieder bei Justus Frantz, Bild, 11. Januar 1987.

55 Deutscher Bundestag, 10. Wahlperiode, 77. Sitzung, 28. Juni 1984, S. 5603. – Kohl und Schmidt sympathisierten gleichermaßen mit der Vorstellung eines »Europa der zwei Geschwindigkeiten«, hielten sich öffentlich jedoch mit entsprechenden Äußerungen zurück; vgl. Die Selbstbehauptung Europas, S. 196ff., und Schwarz, Kohl, S. 406f.

56 Ebda. – Die Idee, Bonn und Paris über eine militärische Kooperation enger zusammenzubringen und die »force de frappe« auch für Deutschland einzusetzen, hatte Schmidt bereits in einem *Zeit*-Gespräch Anfang Mai öffentlich gemacht: Wir reden uns in den Pessimismus hinein, Die Zeit, Nr. 20, 11. Mai 1984.

57 Jens Fischer, Vermerk über das Gespräch mit Präsident Mitterrand am 19. Juni 1984 im Elysée-Palast, AHS, Frankreich ab 1983 (1).

58 HS an Peter Glotz, 19. März 1987, AHS, Inland 1987, F–K. – Vgl. Schmidts ausführliche Schilderungen seiner Gespräche mit Mitterrand in Die Deutschen und ihre Nachbarn, S. 286–288.

59 Peter Glotz an HS, 12. März 1987, AHS, Korr. Inland 1987, F–K. Glotz legte das Manuskript seiner Rezension von Schmidts Buch *Eine Strategie für den Westen* für das April-Heft der Neuen Gesellschaft/Frankfurter Hefte bei.

60 HS an Helmut Kohl, 3. Februar 1983; Helmut Kohl an HS, 2. März 1983; AHS, Korr. Inland ab 1.1.83, A–Z. Schmidt hatte sich zuvor der Unterstützung des BDI-Präsidenten Rodenstock versichert.

61 Wirtgen (wie Anm. 3).

62 Die delikaten Mitschriften, in denen das Stichwort Waffenlieferungen allerdings nicht vorkam, reichten von Februar 1981 bis August 1982 und erschienen in Spiegel 23/1983 (6. Juni 1983) unter dem Titel »Ich lag in Kissingers Badewanne«.

63 Notiz Jens Fischer, 31. Oktober 1983, AHS, Korr. Inland 1984, F–M. – Als der *Spiegel* acht Jahre später im Zusammenhang mit dem Golfkrieg berichtete, es sei Genscher gewesen, der seinerzeit die von Schmidt befürwortete Lieferung von Leopard 2 an Saudi-Arabien erfolgreich hintertrieben habe, ließ sich Schmidt vom Wissenschaftlichen Fachdienst des Deutschen Bundestages ein Dossier zusammenstellen, um diese Behauptung zu widerlegen; eine Gegendarstellung unterblieb offenbar; vgl. Die Deutschen an die Front, Der Spiegel 6/1991 (4. Februar 1991), und AHS, Korr. Inland 1991, L–R.

64 Margaretha Sudhof an HS, 6. Dezember 2000, AHS, Private Korrespondenz 2001, R–S.

65 HS an Margaretha Sudhof, 2. Januar 2001, AHS, Private Korrespondenz 2001, R–S. – Acht Jahre später nahm Schmidt in Form eines Leserbriefes in der *Zeit* ein letztes Mal Stellung: Keine Panzerlieferung, Die Zeit, Nr. 14, 26. März 2008.

66 Für Hinweise danke ich Schmidts langjährigem Referenten Armin Rolfink.

67 Ernst Engelberg, Bismarck. Das Reich in der Mitte Europas, Berlin 1990, S. 582.
68 HS an Willy Brandt, 15. April 1983, WB/HS, S. 927.
69 Menschen und Mächte, S. 421.
70 Ebda., S. 431.
71 Schmidt war als Mitglied des Bundestages vorschlagsberechtigt; die Legislaturperiode endete offiziell am 18. Februar, Schmidt datierte seinen Brief an das Komitee in Oslo auf den Wahlsonntag, 6. März 1987. Da die Nominierungsfrist für 1987 am 1. Februar abgelaufen war, hätte Fukuda ohnehin erst 1988 berücksichtigt werden können.
72 Weggefährten, S. 379.
73 Hand aufs Herz, S. 84.
74 InterAction Council, 16-seitige Broschüre, New York, Oktober 1988.

5 Schwierige Verwandte

1 Marianne Duden, Vermerk Anruf Klaus Bölling, 30. Mai 1983, AHS, Korr. Inland, 3.6.83–31.7.83. – Das Interview war am 16. Mai von Honecker abgesagt worden, NL Bucerius 225; es kam erst zweieinhalb Jahre später zustande, vgl. Die Zeit, Nr. 6, 31. Januar 1986.
2 Vermerk Dr. Hans-Jochen Vogel, 30. Mai 1983, AHS, Reise DDR 3.9.–5.9.1983.
3 Wolfgang Vogel an HS, 5. Oktober 1982, AHS, Korr. Privat-politisch 1982 VI.
4 Wolfgang Vogel an Jürgen Stange, 4. Oktober 1982, AHS, Korr. Privat-politisch 1982 VI.
5 Schwarz, Kohl, S. 342.
6 Manfred Stolpe an HS, 21. Juni 1983, AHS, Reise DDR 3.9.–5.9.1983.
7 Jens Fischer, Vermerk betr. Anruf von Prälat Binder, 22. Februar 1983, AHS, Korr. Inland 16.03.–01.06.1983, A–O.
8 HS an Erich Honecker, 13. März 1983, SAPMO-BA, Büro Erich Honecker, 2.5 Beziehungen DDR-BRD, DY 30/2409, Blatt 68f.
9 HS, Vermerk über Begegnungen im Rahmen der Berlin-Brandenburgischen Kirche und des Bundes der Evangelischen Kirchen in der DDR, 13. September 1983, AHS, Vermerke DDR ab 1982.
10 Süddeutsche Zeitung, 31. August 1983.
11 Schmidt schätzte die Anzahl der Gottesdienstbesucher an diesem Morgen auf 1500. HS, Vermerk vom 13. September 1983 (wie Anm. 9).
12 HS, Vermerk vom 13. September 1983 (wie Anm. 9).
13 Deutscher Bundestag, 10. Wahlperiode, 228. Sitzung, 10. September 1986, S. 17676f.
14 [Klaus Bölling] Vermerk über das Gespräch zwischen HS und Erich Honecker am 5. September 1983 im Gebäude des Staatsrates zu Ostberlin, 12. September 1983, AHS, Vermerke DDR ab 1982; abgedruckt bei Heinrich Potthoff, Die »Koalition der Vernunft«. Deutschlandpolitik in den 80er Jahren, München 1995, S. 165–176.

15 Niederschrift über das Gespräch [zwischen Honecker und HS] am 5. September 1983, SAPMO-BA, Büro Erich Honecker, 2.5 Beziehungen DDR–BRD, DY 30/2409, Blatt 70–81; abgedruckt bei Potthoff (wie Anm. 14), S. 177–185.

16 HS, Gespräche um des Friedens willen, Die Zeit, Nr. 38, 16. September 1983.

17 Wolfgang Vogel an HS, 1. Januar 1985. Loki Schmidt schrieb Vogels Karte am 6. Januar für ihren Mann ab, der auf Gran Canaria an seinem ersten Buch arbeitete: »Mein Lieber! Ich freue mich, dass es Dir gut geht und Dir die Arbeit anfängt wieder Spaß zu machen. Hier nun der Brief von Dr. Wolfgang Vogel … Nun lass es Dir weiter gut gehen, geh auch mal an die Luft und ruf mal wieder an«; Loki Schmidt an HS, 6. Januar 1985, AHS, Vermerke DDR ab 1982.

18 Klaus Bölling, Vermerk für HS, 4. Januar 1985, AHS, Vermerke DDR ab 1982.

19 Vermerk über das Gespräch mit Rechtsanwalt Vogel am Teupitzer See, 13. Februar 1985, AHS, Vermerke DDR ab 1982.

20 HS, Vermerk über das Gespräch mit Erich Honecker im Palais unter den Linden am 14. Februar 1985, AHS, Vermerke DDR ab 1982. Die Vermerke vom 13. und 14. Februar wurden, mit wenigen Ausnahmen, über den gleichen Verteiler verbreitet wie der Vermerk vom September 1983; vgl. S. 155.

21 HS an Wolfgang Schäuble, 2. August 1985, AHS, Korr. Inland 1985, G–J. Die Aufforderung, einen Künstler zu benennen, der ihn für die Kanzleramtsgalerie porträtieren soll, hatte HS schon am 11. November 1983 vom damaligen Kanzleramtschef Jenninger erhalten.

22 Der stellvertretende Minister für Kultur an Erich Honecker, 4. Juli 1986, SAPMO-BA, Büro Erich Honecker, 2.5 Beziehungen DDR-BRD, DY 30/2392, Blatt 105f.

23 Ich danke für diesen Hinweis Jens Fischer.

24 Vermerk über ein Gespräch […] im Schloss Benrath am 9. September 1987, SAPMO-BA, Büro Erich Honecker, 2.5 Beziehungen DDR-BRD, DY 30/2397, Blatt 212f.

25 Erich Honecker an HS, 23. Dezember 1988; HS an Erich Honecker, 6. März 1989, AHS, Allgemeiner Schriftwechsel 1989, H–L; auch in SAPMO-BA, Büro Erich Honecker, 2.5 Beziehungen DDR-BRD, DY 30/2409, Blatt 96–99.

26 Eppler, Komplettes Stückwerk, S. 173–188, Zitat S. 181. In Epplers 19 Jahre später veröffentlichten Erinnerungen ist von einer solchen Distanzierung nichts mehr zu spüren; vgl. Links leben, S. 237–251.

27 Weggefährten, S. 520.

28 HS, Das gemeinsame Dach bleibt das Ziel, Die Zeit, Nr. 45, 31. Oktober 1986; wieder in: Religion in der Verantwortung, Zitate S. 102 u. 112.

29 Manfred Stolpe an HS, 12. November 1986, AHS, Evangelischer Kirchentag Rostock Marienkirche, 18.06.1988.

30 Landesbischof Christoph Stier an HS, 11. April 1988, AHS, Evangelischer Kirchentag Rostock Marienkirche, 18.06.1988.

31 Manfred Stolpe an HS, 17. April 1988, AHS, Evangelischer Kirchentag Rostock Marienkirche, 18.06.1988.

32 Manfred Stolpe an HS, 21. März 1988, AHS, Evangelischer Kirchentag Rostock Marienkirche, 18.06.1988.

33 Jens Fischer, Ergebnisvermerk über Gespräche am 8. 6. und 9. 6. 1988 in Berlin/DDR, 11. Juni 1988, AHS, Evangelischer Kirchentag Rostock Marienkirche, 18.06.1988.

34 Helmut Schmidt am Kirchentag in Rostock, Neue Zürcher Zeitung, 21. Juni 1988.

35 Kraft Wetzel, Ein Mensch, eine Frau von ungeheurer Leuchtkraft, Vorwärts, 5. April 1986; zit. nach WB/HS, S. 953, Anm. 4.

36 HS an Willy Brandt, 14. April 1986, WB/HS, S. 951f.

37 Willy Brandt an HS, 23. April 1986, WB/HS, S. 954.

38 HS an Willy Brandt, 23. April 1986, WB/HS, S. 955f.

39 HS an Lothar Löffler, 23. Juni 1987, AHS, Allgemeiner Schriftwechsel 1987, H–L.

40 Bild am Sonntag, 29. März 1987; Brandt hatte am 23. März seinen Rücktritt erklärt.

41 Gespräch mit dem Verfasser, 19. Mai 1987.

42 Gespräch mit dem Verfasser, 7. April 1987.

43 Frankfurter Allgemeine Zeitung, 22. Oktober 1971, zit. nach Soell II, S. 968, Anm. 106.

44 HS im Gespräch mit Peter Koch und Klaus Körner, 3. September 1988, Tonbandabschrift, AHS, Eigene Arbeiten August–Oktober 1988.

45 HS an Willy Brandt, 18. Dezember 1988, WB/HS, S. 962 u. 964.

46 Willy Brandt an HS, 23. Dezember 1988, WB/HS, S. 964.

47 Willy Brandt an HS, 18. Dezember 1983, WB/HS, S. 936.

48 Weggefährten, S. 128.

49 Merseburger, Brandt, S. 858; ähnlich Hofmann, Brandt und Schmidt, S. 275; dort, S. 271ff., ein einfühlsamer Vergleich der beiden Reden.

50 Weggefährten, S. 452; vgl. Hand aufs Herz, S. 244.

51 Kempski, Um die Macht, S. 292.

52 Apel, Der Abstieg, S. 225.

53 Brief an die Hamburger Wähler, Entwurf, 10. Dezember 1982, AHS, Korr. Privat-politisch 1982 V.

54 Walther Leisler Kiep, Rede auf dem Parteitag der Hamburger CDU am 30. Oktober 1982. Leisler Kiep schickte das Manuskript seiner Rede am 11. November 1982 an HS, der die zitierte Stelle am Rand mit »Ist unverzeihlich!« kommentierte. Das gehe »über die Grenzen des Anstandes hinaus«, so Schmidt in seiner Antwort an Leisler Kiep, 24. November 1982, AHS, Korr. Privatpolitisch 1982 V.

55 HS an Peter Glotz, 17. Mai 1983, AHS, Korr. Inland 16.3.83–1.6.83, A–O.

56 Rede vor der Bundestagsfraktion, 8. März 1983, Redemanuskript, AHS, Eigene Arbeiten, BT-Fraktion 1982–1987.

57 HS an Hans-Jochen Vogel, 14. September 1983, AHS, Inland 1.8.1983–31.10.1983, N–Z.

58 HS an Horst Grunenberg, 27. Oktober 1983, AHS, Inland + Ausland 1.8.1983–31.10.1983, A–M.

59 Rolf Böhme an HS, 27. September 1983, AHS, Inland + Ausland 1.8.1983–31.10.1983, A–M.

60 Gespräch mit dem Verfasser, 25. August 2015.

61 Willy Brandt an HS, 18. Dezember 1983, WB/HS, S. 935. Vgl. Deutscher Bundestag, 10. Wahlperiode, 35. Sitzung, 21. November 1983.

62 Weggefährten, S. 234.

63 Ich gehöre nicht mehr dauernd auf die Bühne, Die Welt, 19. September 1983.

64 Zur Lage der Sicherheitspolitik, Rede auf dem Außerordentlichen Parteitag der SPD, Köln, 18.–19. November 1983, Pressedienst der SPD.

65 Der Satz ist mehrfach überliefert, u.a. von dem ehemaligen Hamburger Bürgermeister Herbert Weichmann; vgl. Elsbeth Weichmann, Das Schiff hat den Lotsen verlassen, Hamburger Morgenpost, Extra, Dezember 1983.

66 [Vermerk HS] Gespräch Gromyko/HS in Moskau (Kreml) am 27. März 1987, AHS, Eigene Arbeiten, Januar–April 1987 (Nr. 14). Schmidt war in Moskau, weil dort der Bergedorfer Gesprächskreis tagte.

67 HS an Horst Ehmke, 7. April 1987, AHS, Inland 1987, A–E.

68 HS, If the Missiles Go, Peace May Stay, New York Times, 29. April 1987.

69 Interview mit Peter Ellgaard anlässlich der Ratifizierung des INF-Vertrages in Moskau, Bonn Direkt, ZDF, 29. Mai 1988, 19.15 Uhr, Abschrift, AHS, Eigene Arbeiten, Mai–Juli 1988 (Nr. 5).

70 Ortwin Runde, SPD-Landesorganisation Hamburg, Rundschreiben Dezember 1987.

71 HS an Ortwin Runde, 23. Dezember 1987 und 1. September 1988, AHS, Allgemeiner Schriftwechsel 1988, M–S.

72 Rede Engholms vor der Fraktion am 23. Juni 1992, Typoskript. Weil er der Meinung sei, »dass Helmut Schmidt einen Anspruch auf eine Geste hat«, habe er Engholm die Passage ins Redemanuskript geschrieben; Norbert Gansel an Willy Brandt, 25. Juni 1992, mit anliegendem Redeauszug; ich danke Norbert Gansel für eine Kopie. – Zum Gespräch Schmidt–Gorbatschow und zu Schmidts eigener Rede vor der Fraktion vgl. S. 213f. u. 220f.

73 HS an André Glucksmann, 12. Mai 1992, AHS, Korr. Inland 1992, F–R.

74 HS an Hellmut Kalbitzer, 15. November 1983, AHS, Inland 1983, A–M.

75 HS an Herbert Wehner, 9. Juli 1984, AHS, Wehner-Briefe.

76 HS an Johannes Rau, 12. Juli 1985, AHS, Korr. Inland 1985, R–Sch. – Der Inhalt des Briefes gelangte durch Indiskretion an die Medien; anderthalb Jahre später, am Tag nach der Bundestagswahl, wurde er im *Spiegel* abgedruckt: »Du kannst die Aufgabe nicht erfüllen«. Aus einem vertraulichen Brief Helmut Schmidts an Johannes Rau, Der Spiegel 5/1987 (26. Januar 1987).

77 Der stellvertretende Minister für Kultur an Erich Honecker, 4. Juli 1986, SAPMO-BA, Büro Erich Honecker, 2.5 Beziehungen DDR-BRD, DY 30/2392, Blatt 105f. Zu der Zusammenkunft in der Wohnung des Malers Bernhard Heisig vgl. S. 158.

78 Parteitag der SPD in Nürnberg, 25.–29.8.1986, Presseservice der SPD. – Auch Willy Brandt war skeptisch, was die Wahlchancen Raus anging, und stiftete mit seiner Bemerkung, 43 Prozent wären doch auch ein schönes Ergebnis, viel Verwirrung.

79 HS an Karl Haehser, 20. März 1987, AHS, Korr. Inland 1987, F–K.

80 HS an Heinz Rapp, 4. Juli 1988, AHS, Korr. Inland 1988, L–Z.

81 HS an Herbert Wehner, 27. Januar 1984, AHS, Wehner-Briefe.

82 HS an Hans-Jürgen Wischnewski, 9. September 1985, AHS, Korr. Inland 1985, V–Z.

83 Marianne Duden, Vermerk für HS, 13. März 1991, AHS, Korr. Inland 1991, S–Z.

84 Helmut Kohl hat fast alles richtig gemacht, Bild am Sonntag, 11. November 1990.

85 Elke Leonhard an HS, 12. November 1990, AHS, Korr. Privat I/2 1990, H–L.

86 HS an Elke Leonhard, 19. November 1990, AHS, Korr. Inland 1990, L–R.

87 Er is geen nieuw Duitsland, Algemeen Dagblad, 17. November 1990; deutsche Übersetzung zit. nach WB/HS, S. 981, Anm. 2.

88 WB/HS, S. 981f.

89 Burkhard E. Tiemann an HS, 22. November 1990, AdsD, HSA, 1/HSAA 011779. Die Korrespondenz zu Schmidts Lafontaine-Äußerungen füllt sechs Behälter in der Ebert-Stiftung; die Reaktionen reichen von großer Sorge wegen der demotivierenden Wirkung auf die Wahlkämpfer bis hin zur Beantragung eines Parteiordnungsverfahrens; ebda., 1/HSAA011778 bis 1/HSAA011783.

6 Keine Memoiren?

1 Hardy Krüger an HS, 4. Juni 1982, AHS, Korr. Privat-politisch 1982 II.

2 HS an Hardy Krüger, 2. Juli 1982, ebda.

3 HS an Herbert von Karajan, 9. Februar 1983, AHS, Korr. Inland 16.3.1983–1.6.83, A–O.

4 HS an Peter Scholl-Latour, 11. März 1983, AHS, Korr. Privat Ausland, ab Juni 1983 II.

5 Manfred Lahnstein an HS, 21. Juli 1983, AHS, Korr. Inland + Ausland, 1.8.1983–31.10.1983, A–M.

6 Manfred Lahnstein an HS, 1. September 1983, ebda.

7 Wolf Jobst Siedler an HS, 7. April 1983, AHS, Korr. Inland 1983, N–Z. – Speers *Erinnerungen* waren 1969, die *Spandauer Tagebücher* 1980 im Propyläen Verlag erschienen, Fests *Hitler* 1973.

8 Zu Siedlers Darstellung, nachzulesen u.a. in einem Interview im Deutschlandfunk am 22. Juli 2001, vgl. Magnus Brechtken, Geschichte und Erinnerungspolitik bei Helmut Schmidt und Henry Kissinger, in: Franz Bosbach und Magnus Brechtken (Hg.), Politische Memoiren in deutscher und britischer Perspektive. Political Memoirs in Anglo-German Context, München 2005, S. 159–193, hier S. 172.

9 Vermerk Peter Schellschmidt, 19. Juli 1983, AHS, Korr. Inland 1983, N–Z.

10 Wolf Jobst Siedler an HS, 7. September 1983, AHS, Korr. Inland 1983, N–Z.

11 Peter Schellschmidt an Wolf Jobst Siedler, 15. September 1983, AHS, Korr. Inland 1983, N–Z.

12 Wolf Jobst Siedler an HS, 28. März 1984, AHS, Schriftwechsel Siedler Verlag, 1984–1987; dort auch alle folgenden Zitate.

13 Ebda.

14 Vermerk Peter Schellschmidt, 4. Juni 1984, AHS, Schriftwechsel Siedler Verlag, 1984–1987.

15 HS, Vermerk für Gespräch mit Manfred Lahnstein und W. Jobst Siedler, Brahmsee 16.7.1984, 3 Seiten, AHS, Schriftwechsel Siedler Verlag, 1984–1987. Weitere handschriftliche Notizen von HS auf der letzten Seite des Briefes von Siedler an HS, 13. Juli 1984, ebda.

16 HS, Ergebnisse; am Ende des gleichen Vermerks wie Anm. 15, Seiten 4 u. 5.

17 Jonathan Carr, Eine Jugend im Dritten Reich, Die Zeit, Nr. 37, 7. September 1984. Die englische Originalausgabe der Biographie von Carr, *Helmsman of Germany*, erschien einen Monat später im Verlag Weidenfeld & Nicolson. – Über seinen jüdischen Großvater hatte Schmidt auch mit dem amerikanischen Journalisten Craig R. Whitney gesprochen, der ihn im Juli 1984 am Brahmsee besuchte. Whitney, der Schmidt für die *New York Times* interviewte, fragte ihn, ob der israelische Ministerpräsident Menachem Begin von dem jüdischen Vorfahren wisse. »Er weiß es.« Im Gespräch mit dem Verfasser 2015 nannte Schmidt die Passage eine freie Erfindung Whitneys. Eine deutsche Übersetzung des Artikels in der *New York Times* in: Das Beste aus Reader's Digest, Februar 1985, S. 54ff. Zu dem jüdischen Großvater vgl. S. 289ff.

18 Unwahrscheinlich, Rubrik Leserbriefe, Die Zeit, Nr. 40, 28. September 1984.

19 HS an Jürgen Remé, 26. Juni 1985, AHS, Inland 1985, R-Sch.

20 HS an Jürgen Remé, 29. August 1985, ebda. Remés Erinnerungen sind nicht erschienen.

21 Gerd Bucerius, Hausmitteilung an HS, 25. Februar 1987, AHS, Schriftwechsel Siedler Verlag, 1984–1987.

22 Wolf Jobst Siedler an HS, 27. Februar 1987, AHS, Schriftwechsel Siedler Verlag, 1984–1987; Kopie mit Randbemerkungen von Loki Schmidt.

23 Menschen und Mächte, S. 10 u. 445.

24 Gespräch mit dem Verfasser, 7. April 1987.

25 Wolf Jobst Siedler an Gerd Bucerius, 4. März 1987, AHS, Schriftwechsel Siedler Verlag, 1984–1987.

26 Wolf Jobst Siedler an HS, 27. Februar 1987 (wie Anm. 22).

27 HS an Kriminalhauptkommissar Günter Warnholz, Leiter des Sicherheitskommandos, 4. März 1987, AHS, Schriftwechsel Siedler Verlag, 1984–1987.

28 Wolf Jobst Siedler an HS, 16. April 1987, AHS, Schriftwechsel Siedler Verlag, 1984–1987.

29 Wolf Jobst Siedler, Aktennotiz nach einem Telefonat mit HS, 10. Dezember 1986, AHS, Schriftwechsel Siedler Verlag, 1984–1987.

30 Hand aufs Herz, S. 80.
31 Brechtken (wie Anm. 8), S. 190.
32 Weggefährten, S. 17.
33 Wolf Jobst Siedler an HS, 15. Dezember 1988, AHS, Schriftwechsel Siedler Verlag, 1988–1990.
34 HS an Wolf Jobst Siedler, 31. August 1987, Archiv des Verfassers. Der Ausdruck »Schande« bezog sich sowohl auf den Zeitdruck als auch auf den Umstand, dass Schmidt die verschiedenen Redaktionsstufen seines Manuskripts oft nur schwer auseinanderhalten konnte – »bei den Seiten 152a bis 307 hatte ich Anlass, meinen eigenen Text zugrunde zu legen«; HS an den Verfasser, 9. Juni 1987, 4.00 früh, AHS, Schriftwechsel Siedler Verlag, 1984–1987. Am 6. Juli 1987 fanden sich der Verfasser und Schmidts Büroleiter Jens Fischer zur Schlussredaktion am Brahmsee ein.
35 Zu Einzelheiten der Entstehungsgeschichte vgl. Brechtken (wie Anm. 8), Einleitung, S. 34–37.
36 Wolf Jobst Siedler an HS, 21. Dezember 1988, AHS, Schriftwechsel Siedler Verlag, 1988–1990.
37 Strauß hatte diese Chance bekanntlich nicht mehr. Sätze wie das herrliche Bonmot seiner Frau über Erich Honecker – »Das ist ein beeindruckendes Mannsbild!« – wären nach dem 9. November garantiert dem Rotstift zum Opfer gefallen; Franz Josef Strauß, Die Erinnerungen, Berlin 1989, S. 491. – Im Herbst 1989 erschienen auch die Erinnerungen Willy Brandts. Schmidt war über die drei Stellen, an denen er zitiert bzw. erwähnt werden sollte, vorab von Brandt unterrichtet worden; vgl. WB/HS, S. 969f.
38 HS, Kap. X, 6. Zwischentitel, S. 125–145, handschriftl. Manuskript, datiert August 1989, AHS, Die Deutschen und ihre Nachbarn Kap. VIII–XI. In der geänderten Druckfassung die Seiten 80–87.
39 Die Deutschen und ihre Nachbarn, S. 87–90, Zitat S. 87.
40 Wolf Jobst Siedler an HS, 14. März 1990, AHS, Schriftwechsel Siedler Verlag, 1988–1990.

7 Weil das Land sich ändern muss

1 Theo Sommer, Der Geist ist ein Wühler, Die Zeit, Nr. 20, 11. Mai 1990. Vgl. zum Folgenden: Konrad H. Jarausch, Von der Geschichte belehrt. Die Schwierigkeiten der *Zeit* mit der Vereinigung, in: Haase/Schildt (Hg.), Die Zeit, S. 280–294.
2 Janßen/von Kuenheim/Sommer, Die Zeit, S. 307.
3 Zit. nach ebda., S. 308.
4 Gerd Bucerius, Die deutsche Einheit ist unaufhaltsam, Die Zeit, Nr. 35, 24. August 1984.
5 HS an Theo Sommer, 29. November 1984, NL Bucerius 322.
6 Theo Sommer, Die Einheit gegen Freiheit tauschen, Die Zeit, Nr. 27, 26. Juni 1987. Gerd Bucerius, Die Nation aufkündigen?, Die Zeit, Nr. 28, 3. Juli 1987.

7 HS an Gerd Bucerius, 2. Juli 1987, NL Bucerius 322. – HS, Immer ein verlässlicher Freund. Zum Tode von Arthur Burns, Die Zeit, Nr. 28, 3. Juli 1987.

8 Bucerius an HS, 24. Januar 1989, NL Bucerius 323.

9 Marion Dönhoff, Von der Geschichte längst überholt, Die Zeit, Nr. 4, 20. Januar 1989.

10 Theo Sommer, Quo vadis Germania?, Die Zeit, Nr. 26, 23. Juni 1989. Den später viel zitierten Satz »Wer heute das Gerippe der deutschen Einheit aus dem Schrank holt, kann die anderen nur in Angst und Schrecken versetzen« versah Schmidt am Rand mit einem großen Fragezeichen und einem »A!« für »Ausdruck«. Sein annotiertes Exemplar des Artikels in AHS, Zeit III/1, Chefredaktion Schriftwechsel bis 93.

11 Theo Sommer an HS, 11. Juli 1989, AHS, ebda.

12 HS, Gespräche um des Friedens willen, Die Zeit, Nr. 38, 16. September 1983.

13 HS, Einer unserer Brüder, Die Zeit, Nr. 31, 24. Juli 1987.

14 Neben Marion Dönhoff und Theo Sommer gehörten dem Reisekader an: Rudolf Walter Leonhardt, Peter Christ, Nina Grunenberg und Gerhard Spörl sowie die DDR-Korrespondentin Marlies Menge.

15 Hubertus Knabe, Der diskrete Charme der DDR. Stasi und Westmedien, Berlin 2001, S. 53.

16 Zit. nach Christoph Klessmann, Die deutsche Frage in der *Zeit*, in: Haase/ Schildt (Hg.), Die Zeit, S. 264–279, Zitat S. 276.

17 HS, Vorwort, in: Sommer (Hg.), Reise ins andere Deutschland, S. 12 u. 9.

18 Am Mittag des 10. November antwortete Brandt auf eine Frage, die ihm der Berlin-Reporter des Senders Freies Berlin bei seinem Eintreffen vor dem Schöneberger Rathaus stellte: »Jetzt sind wir in einer Situation, in der wieder zusammenwächst, was zusammengehört.« Brandt hat den Satz, der in der zweiten Novemberhälfte zum geflügelten Wort wurde, nachträglich in die Druckfassung seiner Rede auf dem Balkon des Schöneberger Rathauses eingefügt; vgl. Günter Bannas, In der Erinnerung zusammengewachsen, Frankfurter Allgemeine Zeitung, 14. Oktober 2014.

19 Rede zum zweiten Jahrestag der deutschen Vereinigung, Frankfurt, 3. Oktober 1992, Typoskript, AHS, Eigene Arbeiten, Oktober–November 1992.

20 Gespräch mit dem Verfasser, 4. Februar 2015; ähnlich schon 2002 in Hand aufs Herz, S. 251f.

21 HS an Berndt von Staden, 26. Juni 1989, AHS, Inland 1989, Sch–Z.

22 HS, Chaos oder Diktatur – oder beides?, Die Zeit, Nr. 35, 23. August 1991.

23 Uwe Plachetka, Gesprächsvermerk 5. März 1992, 31. März 1992, AHS, UdSSR nach 1982. – Andrei Gromyko hatte bereits im März 1987, noch vor Abschluss des INF-Vertrages, Schmidt bestätigt, dass man in Moskau wisse, dass die Null-Null-Lösung ursprünglich von ihm stamme; vgl. S. 175f.

24 Rede vor der SPD-Bundestagsfraktion am 23. Juni 1992, in Argumente, Juli 1992.

25 HS an Axel von dem Bussche, 19. Dezember 1991, AHS, Private Korrespondenz 1991, A–F.

26 HS, Was jetzt in Deutschland geschehen muss, Die Zeit, Nr. 51, 15. Dezember 1989.
27 Rede zum 3. Oktober 1992 (wie Anm. 19).
28 HS, Der Kanzler muss nun Klartext reden, Die Zeit, Nr. 47, 16. November 1990.
29 Freundliche Mitteilung Jens Fischer.
30 HS, Ein Aufstand gegen Zwang und Lüge, Die Zeit, Nr. 46, 10. November 1989.
31 Sommer, Unser Schmidt, S. 108.
32 Die Deutschen und ihre Nachbarn, Epilog, S. 566 u. 570f.; die Seiten wurden im Mai 1990 geschrieben.
33 HS, Deutschlands große Chance, Die Zeit, Nr. 41, 5. Oktober 1990; unter dem Titel »With all its Might, Germany can be a Power for Good« am 2. Oktober in der Londoner *Times*.
34 Schmidt täte sich mit einem solchen Bekenntnis keinen Gefallen: »Mitwirken tun Sie ja auch, indem Sie Leitartikel für die *Zeit* schreiben«; Sommer, Unser Schmidt, S. 73f. Der Artikel erschien – ohne den Schlussabsatz – unter der Überschrift »Das große Glück der Freiheit« in der Zeit, Nr. 34, 17. August 1990.
35 HS, Vermerk betreffend ökonomische Aspekte des »Deutschland-Plans«, 17. Dezember 1989, AHS, Eigene Arbeiten, November–Dezember 1989. Das Gutachten war ihm so wichtig, dass Schmidt es ein Jahr später einem Sammelband für den Ostberliner Verlag der Nation voranstellte: HS, Mit Augenmaß und Weitblick. Reden und Aufsätze, Berlin 1990.
36 Auf dem Weg zur deutschen Einheit, Nachwort, S. 207.
37 HS an Hans-Georg Wieck, 25. August 1989, AHS, Allgemeiner Schriftwechsel 1989, Sch–Z. Schmidt schätzte Wieck, der bereits auf der Hardthöhe für ihn gearbeitet hatte und von 1977 bis 1980 deutscher Botschafter in Moskau gewesen war.
38 HS, Uns Deutsche kann der Teufel holen, Die Zeit, Nr. 21, 17. Mai 1991; wiederabgedruckt in dem Sammelband *Auf dem Weg zur deutschen Einheit*, S. 63–75, der die wichtigsten Reden und Aufsätze Schmidts zum Thema enthält.
39 HS an Heinz-Werner Meyer, 21. Januar 1991, AHS, Inland 1991, L–R.
40 Theo Waigel an HS, 10. Dezember 1991, AHS, Inland 1991, S–Z. In einem *Bild*-Interview unter der Überschrift »ECU wird stabilste Währung der Welt« hatte Schmidt an diesem Tag für den Gipfel von Maastricht geworben und der Regierung Kohl bescheinigt, dass sie auf dem richtigen Weg sei: »Es wird höchste Zeit für die Währungsunion.«
41 Rede vor der SPD-Bundestagsfraktion am 23. Juni 1992, in Argumente, Juli 1992.
42 Interview mit Fritz Pleitgen, ARD, 23. Dezember 1988, zit. nach Frankfurter Rundschau, 27. Dezember 1988.
43 Handeln für Deutschland, S. 178, 13, 185.

44 Hermann Rudolph, Berlin – Wiedergeburt einer Stadt, Berlin 2014, S. 15 u. 18.

45 Die Deutschen und ihre Nachbarn, S. 89f.

46 HS an Helmut Herles, 4. Mai 1991, AdsD, HSA, 1/HSAA011788. Herles hatte Schmidt gefragt, ob er sich vorstellen könne, eine regelmäßige Kolumne für den Bonner *General-Anzeiger* zu schreiben; Schmidt lehnte mit Hinweis auf die *Zeit* ab; »wenn Sie jedoch an einzelnen gelegentlichen Artikeln interessiert sein sollten, so lassen Sie es mich bitte wissen«.

47 HS an Gerhard Konow, 29. Mai 1991, AHS, Private Korrespondenz 1991, G–K. Schmidts ehemaliger Kanzleramtschef bezog sich auf Äußerungen Schmidts bei der Präsentation von *Die Deutschen und ihre Nachbarn* am 14. Mai in der Ebert-Stiftung. Vgl. Schmidts düsteren Ausblick auf die weitere Entwicklung in der Sowjetunion: Der Niedergang des roten Reiches, Die Zeit, Nr. 19, 3. Mai 1991.

48 Gespräch mit dem Verfasser, 19. August 2015.

49 Walter Momper an HS, 10. Juli 1990 mit handschriftl. Vermerk von HS: »Krü[ger]: telefonisch dem Büro Momper sagen, HS sei bis Ende Juli im Urlaub und nicht erreichbar … 13.7.«; AHS, Korrespondenz Privat 1990, M–S.

50 Gunter Hofmann, Am liebsten ein Konsens, Die Zeit, Nr. 25, 14. Juni 1991.

51 Gunter Hofmann, Laute Töne, leise Zweifel, Die Zeit, Nr. 31, 26. Juli 1991.

52 Handeln für Deutschland, S. 187. »In meinen Augen ist es ein Skandal, dass gegenwärtig in Bonn mehr Baukräne stehen als jemals in den 33 Jahren, die ich hier war«, sagte Schmidt im Interview mit dem Bonner General-Anzeiger, 4./5. Dezember 1993.

53 Schon nahe am Pogrom, Der Spiegel, Nr. 14, 2. April 1990; Bartholomäus Grill, Auferstanden aus Ruinen, Die Zeit, Nr. 25, 14. Juni 1991.

54 Vgl. Ulrich Herbert, Geschichte Deutschlands im 20. Jahrhundert, S. 1171–1180, hier S. 1174.

55 Immer nur über Geld zu reden, ist oberflächlich [Interview mit HS], Frankfurter Rundschau, 12. September 1992. – Die Vorstellung einer multikulturellen Gesellschaft nannte Schmidt auch später »eine intellektuelle Spielerei. Leute, die in Blankenese wohnen, haben es leicht, religiöse Toleranz zu üben … Ich glaube, wir haben viel zu viele Leute aus dem Ausland hereingeholt, die sich hier in Wirklichkeit nicht einfügen und Deutsche werden wollen«, Hand aufs Herz, S. 91.

56 Frankfurter Rundschau, 12. September 1992 (wie Anm. 55).

57 Vermerke zu drei Gesprächen Schmidts mit Demirel am 28. Mai 1976 in Ankara in: Akten zur Auswärtigen Politik der Bundesrepublik Deutschland (AAPD) 1976, Band I, München 2007, S. 724–736.

58 In späteren Jahren wehrte sich Schmidt gegen den vor allem in CDU-Kreisen erhobenen Vorwurf, er habe zu wenig getan, um die Zuwanderung einzudämmen. Nach einer Berechnung seines Büros vom April 2002 betrug der Ausländer-Saldo in den acht Jahren der Regierung Schmidt 57.769 Personen insgesamt.

59 Die Selbstbehauptung Europas, S. 221.
60 Hand aufs Herz, S. 102 u. 104.
61 Der Satz stammte aus einer Rede Schmidts auf einer DGB-Veranstaltung im November 1981 in Hamburg und lautete wörtlich: »Wir können nicht mehr Ausländer verdauen. Das gibt Mord und Totschlag«; vgl. Sommer, Unser Schmidt, S. 168.
62 HS an Werner Loewe, 26. Juli 2001, AHS, Private Korrespondenz 2001, L.
63 Manfred Lahnstein an HS, 5. September 2001; HS, Notiz 7. September 2001, AHS, Private Korrespondenz 2001, L.
64 Handeln für Deutschland, S. 180 u. 186.
65 Auf der Suche nach einer öffentlichen Moral, S. 30.
66 Handeln für Deutschland, S. 181; vgl. wenige Jahre später die Variante: »Die Europäische Union liegt in unserem patriotischen Interesse«, Die Selbstbehauptung Europas, S. 116.
67 Handeln für Deutschland, S. 218.
68 Vgl. Erst vereint, nun entzweit, Der Spiegel 3/1993 (18. Januar 1993).
69 Klaus Hartung, Die Nation gehört nicht der Rechten, Die Zeit, Nr. 43, 22. Oktober 1993. – Vgl. den ungewöhnlich scharfen Gegenartikel von Gunter Hofmann, Mach's nicht noch mal, Deutschland!, Die Zeit, Nr. 44, 29. Oktober 1993.
70 Petra Rosenbaum, Protokollnotiz über ein Gespräch zum Thema National-Stiftung in Weimar am 4. 6. 1992, AHS, DNS Ordner 4, Gesprächsprotokolle. Vgl. HS an Heinz Dürr, 13. Dezember 1991.
71 Petra Rosenbaum, Protokollnotiz über ein Gespräch zum Thema National-Stiftung/Schirmherrschaft des Bundespräsidenten in Bonn am 15.6.1992, AHS, DNS Ordner 4, Gesprächsprotokolle.
72 Dirk Reimers, Entwicklung der Diskussion über einen Nationalpreis 2008, Besuch bei Herrn von Weizsäcker am 29.01.2008, Vermerk o.D. [wohl März 2008], Archiv DNS.
73 Petra Rosenbaum, Gespräch zum Thema Nationalstiftung am 2. Juli 1992, Ergebnisprotokoll, 10. August 1992, AHS, DNS Ordner 4, Gesprächsprotokolle. Außer den Genannten nahm an dem Treffen noch Bosch-Chef Marcus Bierich teil.
74 HS, Gesprächsnotiz [über ein Gespräch mit Reimar Lüst am] 27. August in Hamburg, 2. September 1992, AHS, DNS Ordner 4, Gesprächsprotokolle.
75 HS, Vermerk über Gespräch mit Dr. Hermann Josef Abs in Kronberg am 19. März 1993, 23. März 1993, AHS, DNS Ordner 4, Gesprächsprotokolle. Abs nannte keine Namen.
76 HS, handschriftl. Vermerk, 29. 6. 2002, AHS, DNS Ordner 7, Fundraising.
77 Was ich noch sagen wollte, S. 193.
78 Zur Lage der Nation, S. 39 u. 42.
79 Vgl. Deutsche Nationalstiftung, Alle Organe berufen, Pressemitteilung vom 4. Juli 1994, AHS, DNS Ordner Öffentlichkeitsarbeit/Presse.

80 Zur Lage der Nation, S. 72, 79 u. 87.

81 Thomas Assheuer, Kein Sonderweg. Niemals, Frankfurter Rundschau, 23. April 1994.

82 Roman Herzog, Rede zur Verleihung des Nationalpreises der Deutschen Nationalstiftung, Bulletin des Presse- und Informationsamtes der Bundesregierung, Nr. 32, 29. April 1997.

83 Eine vollständige Übersicht der Preisträger unter http://www.nationalstiftung.de/nationalpreis.

84 Dirk Reimers an Kurt Biedenkopf, 7. September 2013, Archiv DNS.

85 Dirk Reimers, Zur Lage der Deutschen Nationalstiftung. Status und Entwicklungsperspektiven, 4. Oktober 2010, Archiv DNS.

86 Kurt Biedenkopf an Dirk Reimers, 29. August 2013, Archiv DNS.

87 Eine Themenübersicht unter http://www.nationalstiftung.de/jahrestagungen.

88 Frankfurter Rundschau, 12. September 1992 (wie Anm. 55).

89 Die sechs Autorennamen erschienen in alphabetischer Reihenfolge: Marion Dönhoff, Meinhard Miegel, Wilhelm Nölling, Helmut Schmidt, Richard Schröder, Wolfgang Thierse: Weil das Land sich ändern muss. Die einzelnen Abschnitte des Bandes waren nicht namentlich gekennzeichnet; Schmidt trug die redaktionelle Verantwortung für den Abschnitt »Die Deutschen in der Welt«, S. 77–97.

90 Handeln für Deutschland, S. 15.

91 Ebda., S. 29, 39, 241.

92 Klaus Bölling an HS, 11. August 1983, AHS, Inland + Ausland, 1.8.83–31.10.83, A–M. Bölling hatte auf Bitten des *Spiegel*-Chefredakteurs Erich Böhme versucht, Schmidt für ein *Spiegel*-Gespräch zu gewinnen; »die *Bild*-Zeitung … reicht für die ›Transportage‹ Ihrer Gedanken kaum«.

93 Es gibt drei große Krisen, Der Spiegel 14/1993 (5. April 1993).

94 Wolfgang Schäuble an HS, 7. Juli 1993, AHS, Private Korrespondenz 1993, S–Sch.

95 Vortrag in Glasgow, 16. September 1993 [auf Einladung des Schaffhauser Pharmaunternehmens Cilag], AHS, Eigene Arbeiten, August–September 1993 (Nr. 14).

96 HS an Wolfgang Schäuble, 6. März 2000, AHS, Private Korrespondenz 2000, Sch–St.

97 Rede im Hamburger Dom – Gasthof »Zum Ochsen«, 1. April 1993, AHS, Eigene Arbeiten, April–Mai 1993 (Nr. 2); vgl. auch Lehrstunde mit Helmut Schmidt, Hamburger Kurs, Nr. 2, Mai 1993, dort auch die bayerische »Musi und Hax'n«.

98 Henning Voscherau an HS, 4. Juni 1991, AHS, Inland 1991, S–Z. In seiner Bremer Rede nannte Engholm in einer langen Aufzählung verdienter Sozialdemokraten auch den anwesenden Helmut Schmidt; viele Deutsche würden ihn sich heute zurückwünschen – »Hätten wir den doch mal auf dem Stuhl des Kanzlers«; das Protokoll verzeichnete lediglich »Beifall«; Protokoll vom Parteitag Bremen 28.–31. Mai 1991; S. 179.

99 Rolf Hochhuth, Helmut Schmidt zurück!, Die Welt, 8. März 1993. Schon zu Schmidts 70. Geburtstag hatte Hochhuth ein großes Porträt verfasst: Helmut Schmidts Vision: Ein vereintes Europa als vierte Weltmacht, Welt am Sonntag, 18. Dezember 1988.

100 Marion Dönhoff an HS, 5. Februar 1993, AHS, Materialsammlung Dönhoff 1990–2009.

101 Hans-Joachim Noack, Grauer Panther im Affentheater, Der Spiegel 18/1993 (3. Mai 1993).

102 Max Thomas Mehr, Ohnmacht der Macht. Helmut Schmidt und die Krise des Politischen, Wochenpost, Nr. 15, 7. April 1993.

103 Focus, Nr. 16, 19. April 1993; dpa-Meldung 28. April 1993.

104 Wenn ich Kanzler wäre, wäre ich bereits in Berlin [Interview mit HS], Die Weltwoche, Nr. 17, 29. April 1993.

105 Hausmitteilung Betr.: Helmut Schmidt, Der Spiegel 18/1993 (3. Mai 1993); zu dem Artikel von Hans-Joachim Noack (wie Anm. 101).

106 Fall Engholm – Heute Rücktritt von allen Ämtern?, Hamburger Abendblatt, 3. Mai 1993.

107 Zit. nach Hamburger Kurs, Nr. 2, Mai 1993, S. 27.

8 Entdeckung einer Weltmacht

1 HS an Ortwin Runde, 20. März 1984, AHS, Inland 1984, N–Z. Mit Kopie an den Ersten Bürgermeister Klaus von Dohnanyi.

2 Nachbar China, S. 20f. – Vgl. dagegen Schmidts Reisebericht für Willy Brandt, in dem er sehr viel zurückhaltender urteilte, HS an Willy Brandt, 9. Dezember 1971, WB/HS, S. 421–426, sowie Soell II, S. 512f.

3 Kohl, Erinnerungen 1982–1990, S. 613f.

4 Interview mit Peter Ellgaard anlässlich der Ratifizierung des INF-Vertrages in Moskau, Bonn Direkt, ZDF, 29. Mai 1988, 19.15 Uhr, Abschrift, AHS, Eigene Arbeiten Mai–Juli 1988 (Nr. 5).

5 HS, Geleitwort zur chinesischen Ausgabe von Menschen und Mächte, März 1989, Typoskript, AHS, Eigene Arbeiten Januar–März 1989 (Nr. 12).

6 HS, Das größte Experiment der Geschichte, Die Zeit, Nr. 15, 5. April 1985.

7 HS an Karl Otto Pöhl, 29. Oktober 1984, AHS, Korr. Inland 1984, N–Z. Schmidt bedankte sich bei Pöhl für die Unterlagen, die ihm die Bundesbank zur Vorbereitung seiner Reise zur Verfügung gestellt hatte.

8 Nachbar China, S. 94.

9 So zuletzt in: Was ich noch sagen wollte, S. 143. – Im Vermerk über das Gespräch Schmidts mit Deng Xiaoping am 27. September 1984 in der Halle des Volkes findet sich ein entsprechender Passus nicht.

10 Sabine Dabringhaus, Geschichte Chinas im 20. Jahrhundert, München 2009, S. 189.

11 Menschen und Mächte, S. 413.

12 Nachbar China, S. 46.

13 Unser Jahrhundert, S. 36.

14 HS, Am Ende ein Drama, Die Zeit, Nr. 22, 26. Mai 1988.

15 An dieses Detail erinnerte sich Schmidt noch 17 Jahre später; vgl. Nachbar China, S. 67.

16 HS an Hans-Ulrich Klose, 21. Juli 1989, AHS, Allgemeiner Schriftwechsel 1989, H–L.

17 Richard Nixon, China darf nicht isoliert werden, Die Zeit, Nr. 27, 30. Juni 1989.

18 Jens Fischer, Vermerk über die Gespräche mit Vertretern der chinesischen Führung während des Aufenthalts in Beijing von Sonntag, dem 20. Mai, bis Dienstag, den 22. Mai 1990, 1. Juni 1990, AHS, China ab 1984.

19 HS, Vermerk betreffend meinen Vortrag in Beijing am 21. Mai 1990, 1. Juni 1990, AHS, China ab 1984.

20 Jens Fischer, Vermerk vom 1. Juni 1990 (wie Anm. 18), S. 17–26. Der Vermerk über dieses Gespräch ist vollständig abgedruckt in Ein letzter Besuch, S. 177–185; vgl. die ausführliche Bewertung des Gesprächs zwischen Schmidt und Deng in Nachbar China, S. 62–78.

21 Jens Fischer, Vermerk vom 1. Juni 1990 (wie Anm. 18), S. 27–35.

22 Deng wirft politischer Führung Chinas Fehler vor, Agenturmeldung Reuters, 22. Mai 1990, 12.01 Uhr, zit. nach Bundespresseamt, Ostinformationen, 23. Mai 1990, S. 50. – Dengs Rüge für die Parteiführung wurde in Hongkong als Kritik an Ministerpräsident Li Peng interpretiert, dem Vertreter der harten Linie.

23 Helmut Schmidt in China, Neue Zürcher Zeitung, 25. Mai 1990.

24 HS, Antwortschreiben auf Briefe von *Zeit*-Lesern zu meiner jüngsten China-Reise, 4. Juli 1990, AHS, Eigene Arbeiten, Juli–September 1990 (Nr. 3).

25 Nachbar China, S. 86.

26 HS, Aufbruch im Land des Gelben Kaisers, Die Zeit, Nr. 23, 29. Mai 1992.

27 Nachbar China, S. 272 u. 288.

28 Was ich noch sagen wollte, S. 149; vgl. auch Nachbar China, S. 292f., und Die Mächte der Zukunft, S.88.

29 HS in: Hans Küng (Hg.), Ja zum Weltethos. Perspektiven für die Suche nach Orientierung, München-Zürich 1995, S. 68–72.

30 Auf der Suche nach einer öffentlichen Moral, S. 197.

31 Die Kritik am Entwurf, den HS in der Zeit Nr. 41 vom 3. Oktober 1997 vorstellte, zog sich über mehrere Wochen; vgl. Die Zeit, Nr. 42, 10. Oktober 1997 (»Die gefährlichen achtzehn Gebote«) bis Nr. 48, 21. November 1997 (»Rechte bedingungslos verteidigen«); die Autoren der sieben umfangreichen Beiträge waren Constanze Stelzenmüller, Thomas Kleine-Brockhoff, Susanne Gaschke, Hans Küng, Norbert Greinacher, Carl Amery und Volkmar Deile.

32 HS an Wolfgang Schüssel, 3. Februar 1998, AHS, Private Korrespondenz 1998, S–St.

33 So im Sommer 2000 auf der »World Conference on Religion and Peace« in Kyoto; Religion in der Verantwortung, S. 166. – Die Allgemeine Erklärung der Menschenpflichten vollständig auf Deutsch in: Auf der Suche nach einer öffentlichen Moral, S. 259–268.

34 Gerhart Baum an HS, 23. Dezember 1997, AHS, Private Korrespondenz 1998, A–B.

35 Deutsche Botschaft Kairo, Persönlichkeitsbild Prof. Dr. Mohamed Sayed Tantawi, Auswärtiges Amt an HS, 6. März 1997, AHS, Private Korrespondenz 1998, J–K. – Vgl. auch das *Spiegel*-Gespräch mit Tantawi im Vorfeld seines Deutschland-Besuches, Islam heißt Menschlichkeit, Der Spiegel 3/1997 (13. Januar 1997).

36 Religion in der Verantwortung, S. 138 u. 140.

37 Der Vortrag ist abgedruckt in Religion in der Verantwortung, S. 29–45.

38 Nell-Breuning hatte Schmidt für den Hamburger Vortrag zugearbeitet und ihm ein Kompendium der katholischen Soziallehre erstellt, vgl. Hering, Gebote, S. 142.

39 Oswald von Nell-Breuning an HS, 29. September 1986, AHS, Korr. Inland 1987, L–P/Q. Vgl. Oswald von Nell-Breuning an HS, 27. Dezember 1983, AHS, Korr. Inland 1984, N–Z.

40 Oswald von Nell-Breuning an HS, 10. März 1987, AHS, Allg. Schriftwechsel 1987, M–S.

41 Was ich noch sagen wollte, S. 165f.

42 Außer Dienst, S. 287–298, Zitat S. 287. – Schmidt stellte das Kapitel drei Jahre später seinem Band mit Aufsätzen zum Religionsthema als Einleitung voran, Religion in der Verantwortung, S. 13–22; aus seiner Sicht gab es nichts mehr hinzuzufügen.

43 Außer Dienst, S. 288.

44 Kindheit und Jugend unter Hitler, S. 253.

45 Auf der Suche nach einer öffentlichen Moral, S. 75.

46 Axel Schildt, Vorwort, in: Hering, Gebote, S. 8.

47 Religion in der Verantwortung, S. 229. Der Satz »Ich bin ein sehr distanzierter Christ« findet sich auch im Gespräch mit Giovanni di Lorenzo vom 10. Juni 2010, Verstehen Sie das, S. 91.

48 Außer Dienst, S. 295; vgl. Auf der Suche nach einer öffentlichen Moral, S. 75.

49 Verstehen Sie das, S. 101.

50 HS im Gespräch mit Rainer Hering, Februar 2007, in: Hering, Gebote, S. 194.

9 Die schwere Hypothek

1 Rede zum 8. Mai bei einer SPD-Veranstaltung in Hamburg-Bergedorf, Typoskript, AHS, Eigene Arbeiten, April–Juni 1985 (Nr. 12). Dort auch die folgenden Schmidt-Zitate. – In den Presseberichten wurde hervorgehoben, dass Schmidt »häufig von meist jungen Zwischenrufern gestört« wurde; Hamburger Abendblatt, 9. Mai 1985; vgl. auch Die Welt, 10. Mai 1999.

2 Richard von Weizsäcker, Der 8. Mai 1945 – 40 Jahre danach, zit. nach der ersten Buchausgabe: Richard von Weizsäcker, Von Deutschland aus, Berlin 1985, S. 13–35, hier S. 15. Dort auch alle weiteren Weizsäcker-Zitate.

3 Frei, 1945 und wir, S. 154.

4 Theodor Heuss, aus dessen Rede zum 8. Mai 1949 vor dem Parlamentarischen Rat Schmidt zitierte, hatte im Dezember 1949 das Wort »Kollektivschuld« als »eine simple Vereinfachung« bezeichnet und stattdessen das Wort »Kollektivscham« empfohlen; vgl. Frei, 1945 und wir, S. 154.

5 Es bestand an diesem Tag keine Präsenzpflicht. Falls Schmidt gefehlt haben sollte, so der Fraktionsvorsitzende Hans-Jochen Vogel, dann habe sein Fehlen »seinerzeit kein besonderes Aufsehen erregt«; für ihn wäre Schmidts Rede am selben Tag in Hamburg »sicherlich ein hinreichender Entschuldigungsgrund« gewesen; Hans-Jochen Vogel an den Verfasser, 6. Februar 2016. – Zu den Boykottankündigungen im Vorfeld vgl. Auf höchstem Niveau, Der Spiegel 7/1985 (11. Februar 1985).

6 Ich danke für diesen Hinweis Gunter Hofmann. Den Brief selbst hat Hofmann nicht gesehen.

7 Möglicherweise nur mündlich. Eine Kopie des Briefes war weder in AHS noch in AdsD zu finden; das Bundesarchiv konnte den Brief weder im Nachlass Weizsäcker noch im Bestand Bundespräsidialamt ermitteln; Auskunft Bundesarchiv 13. Mai 2016.

8 Gunter Hofmann, Richard von Weizsäcker. Ein deutsches Leben, München 2010, S. 191 u. 195. – Auch in der Redaktionskonferenz der *Zeit* tat Schmidt seine Verärgerung über den Passus kund, es kam zu einer erregten Debatte über die Weizsäcker-Rede; freundliche Mitteilung Gunter Hofmann. – Die Frage stellt sich, warum Schmidt seine eigene Rede zum 8. Mai nicht veröffentlichte.

9 Frei, 1945 und wir, S. 12f. Frei bezieht die »Selbstimmunisierung« auf die so genannte »skeptische Generation«, für die er stellvertretend die Namen Hans-Ulrich Wehler, Martin Walser, Günter Grass und Jürgen Habermas nennt.

10 Am 15. November 1942 meldete sich Schmidt beim Musikkonservatorium Klindworth-Scharwenka für den Orgelunterricht an; der Unterricht wurde in der Lukas-Kirche erteilt, das Unterrichtsgeld betrug monatlich 50 Reichsmark; AHS, Korrespondenz prpr. 2006, A–Z (Epp).

11 Gespräch mit dem Verfasser, 19. März 2015.

12 HS, Die Kriegsgeneration. Mein Weg in die Sozialdemokratie, Die neue Gesellschaft, 15. Jahrgang, Heft 6, November/Dezember 1968, S. 479–483, Zitat S. 480.

13 So 1996 im Gespräch mit Hartmut Soell, vgl. Soell I, S. 870, Anm. 86.

14 HS an Harald Schulze, 16. März 1978; Harald Schulze an HS, 30. März 1978; AHS ohne Signatur. – Dass er den Gesuchten für seinen Großvater hielt, schrieb der Bundeskanzler wohlweislich nicht.

15 »Viele Jahre später, als mein Schwiegervater schon über achtzig war, berichtete er mir von seinem Herkommen«, Loki Schmidt in: Kindheit und Jugend unter Hitler, S. 60. Im April 1978 wurde Gustav Schmidt neunzig.

16 Gemeindeverwaltung der Hansestadt Hamburg, Schulverwaltung, Bescheinigung, 19. Januar 1940; laut diesem Schreiben hat eine Geburtsurkunde des Vaters vorgelegen. – Ich danke Helga Mügge, Staatsarchiv Hamburg, für

freundliche Auskünfte zur Personalakte Gustav Schmidt. – In Helmut Schmidts »Ahnenpass« blieb die Ziffer 4 (Großvater väterlicherseits) leer, während die Einträge zu seiner leiblichen Großmutter väterlicherseits, Friederike Wenzel, bis zur Ururgroßmutter (1772/73–1843) in Ziffer 47 zurückreichten; AHS, ohne Signatur.

17 Kindheit und Jugend unter Hitler, S. 232. – Auch in späteren Ausführungen über die Beschaffung des »Ariernachweises« 1942 deutet Schmidt die damit verbundenen Ängste an, behauptet aber nirgendwo, dass sein Vater mit ihm über den jüdischen Großvater gesprochen habe.

18 Loki Schmidt in: Kindheit und Jugend unter Hitler, S. 60.

19 Wolfgang Schmidt an Irmgard Stein und Gerrit Aust, 16. Februar 1994, in: Gerrit Aust, Irmgard Stein, Gumpel, Wenzel, Schmidt. Die unbekannten Vorfahren von Helmut Schmidt, Hamburg 1994, S. 48.

20 Wohl um sich abzusichern, ließ er sich im Juni 1942 von seiner leiblichen Mutter Friederike Wenzel in einem Brief bestätigen, dass sie den Vater nicht kenne; vgl. Soell I, S. 51f. u. 867, Anm. 14. Eine solche Versicherung müsste allerdings bereits spätestens im Januar 1940 vorgelegen haben.

21 HS an Fritz Sänger, 25. August 1978, AHS, Inland 1987, R–T. Hervorhebung des Verfassers. – Schmidt hat später wiederholt betont, dass er erst nach dem Tod seines Vaters über seinen jüdischen Großvater habe sprechen können. Sein Vater starb am 26. März 1981.

22 Valéry Giscard d'Estaing, Macht und Leben. Erinnerungen, Frankfurt-Berlin 1988, S.137–141. – Giscard nannte es »eine Art Revanche der Toten«, dass dreißig Jahre nach dem Holocaust an der Spitze sowohl der Bundesrepublik als auch Österreichs (Bruno Kreisky) Männer jüdischer Abstammung standen. – Die Nachricht von Schmidts jüdischem Großvater war bereits 1983 an die Öffentlichkeit gelangt, nicht erst durch Giscards Erinnerungen, wie sich Schmidt erinnerte; Hand aufs Herz, S. 175. Vgl. S. 191.

23 HS, Die »Entarteten« – ein deutscher Glücksfall, Die Zeit, Nr. 26, 19. Juni 1987. Dieselbe Passage in überarbeiteter Form – ohne den Seitenhieb auf die klugen Intellektuellen – später in Weggefährten, S. 67f.

24 Inge Marßolek an HS, 9. Juli 1987, AHS, Allgemeiner Schriftwechsel 1987, M–S.

25 HS an Inge Marßolek, 17. Juli 1987, AHS, Allgemeiner Schriftwechsel 1987, M–S.

26 Kindheit und Jugend unter Hitler, S. 279.

27 Das Zitat erstmals in: Kindheit und Jugend unter Hitler, S. 286. Schmidt glaubte irrtümlich, Buber habe die Rede in Hamburg gehalten, vgl. Religion in der Verantwortung, S. 174.

28 Außer Dienst, S. 83; vgl. auch ebda., S. 86.

29 Veröffentlicht in dem Sammelband Kindheit und Jugend unter Hitler, S. 213–288.

30 Kindheit und Jugend in der Nazizeit, Freitagsgesellschaft 13. 10. 89 [Konzept], AHS, Eigene Arbeiten, September–Oktober 1989 (Nr. 16); dort auch alle fol-

genden Zitate. Die kursiv gesetzten Satzteile sind im handschriftlichen Original unterstrichen. – Ein textkritischer Vergleich mit der Druckfassung von 1992 hätte den Rahmen dieses Buches gesprengt; zu der zitierten Stelle vgl. Kindheit und Jugend unter Hitler, S. 213f.

31 Kindheit und Jugend in der Nazizeit [Abschrift des Tonbandmitschnitts], AHS, Eigene Arbeiten, September–Oktober 1989 (Nr. 16), S. 45.

32 Kindheit und Jugend unter Hitler, S. 266.

33 Schmidts Taschenkalender für das Jahr 1945 im Format 10,5 x 16,5 cm zeigt zwei Tage pro Seite; er liegt mit weiteren Notizheften und Aufzeichnungen aus diesem Jahr in seinem Nachlass, AHS ohne Signatur.

34 Was ich noch sagen wollte, S. 60.

35 Ebda.

36 Copybook [Kollegheft Kriegsgefangenenlager], Eintrag vom 10. Mai 1945, AHS ohne Signatur.

37 Vgl. Ulrich Saft, Krieg in der Heimat. Das bittere Ende zwischen Weser und Ems, Walsrode ^{5}1996, S. 202ff.

38 Franz-Alfred Wooge an HS, 5. Oktober 1992, mit vielen Unterstreichungen Schmidts; HS an Franz-Alfred Wooge, 13. Oktober 1992, AHS, Private Korrespondenz 1992, T–Z. – Wooge, ehemaliger Major an der Panzertruppenschule, erinnerte sich, dass Bohnenkamp eigens nach Reinbek gefahren sei, um die Zustimmung Himmlers zu erwirken; in Wirklichkeit war er nach Wolterdingen gefahren, um die Einwilligung des Oberbefehlshabers General der Infanterie Günther Blumentritt einzuholen, die ihm aber verweigert wurde. – Als Schmidt später erfuhr, dass Bohnenkamp seit 1933 der SA angehört hatte, zuletzt im Rang eines Obersturmführers, und auch Parteimitglied gewesen war, schob er diese Nachricht als weniger erfreulich beiseite.

39 Zu diesem Vortrag vgl. Barbara Stambolis, Hans Bohnenkamp, in: Barbara Stambolis (Hg.), Jugendbewegt geprägt, Göttingen 2013, S. 137–148.

40 Gespräch mit dem Verfasser, 12. August 2014.

41 In einem neunseitigen Stichwortverzeichnis (»Index«) zu einer geplanten Autobiographie, die Schmidt unter dem Titel »Verwandlungen in der Jugend« im Kriegsgefangenenlager zu schreiben begann, findet sich am Ende des Jahres 1934 der Eintrag »Ein dunkler Schatten«; AHS, ohne Signatur. Soell deutet das Stichwort als Hinweis auf den jüdischen Großvater, Soell I, S. 870, Anm. 86. Diese Interpretation scheint mir auch deshalb falsch, weil Soell die von ihm vertretene »Verdrängungsthese« damit selbst unterläuft.

42 Kindheit und Jugend unter Hitler, S. 266; die Quellenangabe bei Soell I, S. 881, Anm. 272, ist falsch.

43 Was ich noch sagen wollte, S. 59f.

44 Ebda., S. 56. – Das Datum 21. Juli 1945 korrigiert nach Schmidts Vortrag vor der Freitagsgesellschaft.

45 HS an Volker Rühe, 23. September 1993, AHS, Private Korrespondenz 1993, N–R.

46 Schmidt wäre unter Hitler ebensoviel geworden, Der Spiegel 17/1975 (21. April 1975).

47 HS an Fritz Sänger, 25. August 1978, AHS, Inland 1987, R–T. Sänger hatte auf Bitten Schmidts Material zu den Prozessen vor dem Volksgerichtshof zusammengestellt. Schmidt erinnerte sich an den Brief, den er kurz nach dem Krieg an die Witwe Ulrich von Hassells geschrieben hatte, und bat Sänger, die Nachkommen ausfindig zu machen und ihm eine Abschrift zu besorgen.

48 Vgl. Soell I, S. 148f.

49 SPD-Pressemitteilung Nr. 684/80 vom 22. September 1980.

50 Eine Kopie der Meldung, die bei der Behörde des Bundesbeauftragen für die Stasi-Unterlagen entdeckt worden war, leitete der *Spiegel* im Oktober 2001 an Schmidts ehemaligen Kanzleramtschef Manfred Schüler mit der Frage weiter, ob damals tatsächlich versucht worden sei, Schmidt mit Vorgängen aus dem Dritten Reich unter Druck zu setzen. Schüler konnte sich an dergleichen nicht erinnern; Schmidt bestätigte ihm, dass er »von solchem Versuch auch außerhalb des im Stasi-Bericht genannten Telefonats zwischen Springer und Strauß niemals etwas bemerkt« habe; Manfred Schüler an HS, 31. Oktober 2001, mit anliegenden Kopien; HS an Manfred Schüler, 19. November 2001, AHS, Private Korrespondenz 2001, Sch–St.

51 Ernst Cramer an HS, 24. März 1993, AHS, Private Korrespondenz 1993, A–C.

52 HS an Ernst Cramer, 13. April 1993, ebda.

53 HS, Vermerk für Frau Loah, 10. September 1993, AHS, Private Korrespondenz 1993, A–C. – Anfang 1988 hatte die *Berliner Morgenpost* behauptet, im Berlin Document Center seien Helmut Schmidt betreffende Unterlagen verschwunden; Schmidt ließ sich von der US-Mission in Berlin bestätigen, dass es im BDC niemals ihn betreffende Dokumente gegeben hat.

54 HS zum 90. Geburtstag an Ulrich de Maizière, 24. Februar 2002, AHS, Private Korrespondenz 2002, M–Q.

55 Gerd Schmückle an HS, 22. Dezember 1983, AHS, Inland 1984, N–Z; Günter Kießling an HS, 19. April 1987, AHS, Inland 1987, F–K.

56 Johannes Steinhoff an HS, 16. August 1988, AHS, Eigene Arbeiten, Vorwort Buch Steinhoff, Dezember 1988.

57 HS an Johannes Steinhoff, 5. September 1988, ebda.

58 Johannes Steinhoff an HS, 12. September 1988, ebda.

59 Geleitwort in: Johannes Steinhoff/Peter Pechel/Dennis Showalter (Hg.), Deutsche im Zweiten Weltkrieg. Zeitzeugen sprechen, München 1989, S. 7–16. Auf die Formulierung »Tragödie unseres Pflichtbewusstseins« griff Schmidt später mehrfach zurück.

60 Deutscher Bundestag, 8. Wahlperiode, 104. Sitzung, 21. September 1978, S. 8211f. – Schmidt hat das Bild vom »Verbrecheralbum« in späteren Jahren in Wort und Schrift vielfach verwendet.

61 Benedikt Erenz, Was fehlt, Die Zeit, Nr. 6, 31. Januar 1992. Dreggers Brief an Schmidt und dessen Antwort auf der Leserbriefseite, Die Zeit, Nr. 10, 28. Februar 1992. – Auch Gräfin Dönhoff rügte Erenz: »Das ist in der Tat eine sehr

unglückliche Formulierung«, und erlegte ihm »zur Strafe« auf, Dreggers Brief zu beantworten; Marion Dönhoff an Benedikt Erenz, o. D., AHS, Die Zeit VII/2.2, Redaktion Feuilleton bis 1997.

62 HS an Alfred Dregger, 24. August 1999, AHS, Private Korrespondenz 1999, A–B (Apel). Die gleichen Formulierungen auch in: HS, Pauschalierung verfehlt, hlz – Zeitschrift der GEW Hamburg, Nr. 12, Dezember 1999.

63 Karl-Heinz Janßen, Als Soldaten Mörder wurden, Die Zeit, Nr. 12, 17. März 1995.

64 Zit. nach Hofmann, Schmidt, S. 409.

65 Volker Ullrich, Die Deutschen – Hitlers willige Mordgesellen, Die Zeit, Nr. 16, 12. April 1996.

66 HS, Hausmitteilung an Robert Leicht, 2. Oktober 1996, NL Dönhoff F 1028.

67 Diesen Satz zitierte nicht nur Schmidt in seiner Hausmitteilung an Robert Leicht (wie Anm. 66), sondern auch Gräfin Dönhoff in einem Brief an Volker Ullrich: »Das können Sie doch im Ernst nicht glauben. Muss man denn alle Moden mitmachen? Schade, wirklich schade«; Marion Dönhoff an Volker Ullrich, 16. September 1996, AHS, Zeit, Schriftwechsel Gräfin Dönhoff bis 1996.

68 Volker Ullrich, Daniel J. Goldhagen in Deutschland. Die Buchtournee wurde zum Triumphzug, Die Zeit, Nr. 38, 13. September 1996. – Unter den zahlreichen, seit April in der *Zeit* veröffentlichten Artikeln zu Goldhagen waren allerdings auch einige kritische zu finden.

69 Handeln für Deutschland, S. 184; dort auch zum weiteren Mal das »Verbrecheralbum«.

70 HS, Hausmitteilung an Robert Leicht, 27. März 1997, AHS, Zeit III/2, Chefredaktion Schriftwechsel ab 94.

71 Wir hatten geglaubt, wir könnten anständig bleiben, Die Zeit, Nr. 10, 3. März 1995; unter dem Titel »Gehorsam bis zum Mord? Der verschwiegene Krieg der deutschen Wehrmacht« wieder in Zeit-Punkte, Nr. 3, 1995, S. 70ff.

72 Gerhard Kaiser, Aufklärung oder Denunziation?, Merkur, Mai 1996, zit. nach Heribert Prantl (Hg.), Wehrmachtsverbrechen. Eine deutsche Kontroverse, Hamburg 1997, S. 52–60, Zitat S. 53.

73 Christian Hartmann, Verbrecherischer Krieg – verbrecherische Wehrmacht?, Vierteljahrshefte für Zeitgeschichte, Jg. 52, Heft 1, Januar 2004, S. 1–75. Zitat S. 75. – Hartmann hatte den Aufsatz an Schmidt geschickt und angeregt, dass er noch einmal öffentlich Stellung nehmen solle, »sehr gern auch in eben unserer Zeitschrift«; Christian Hartmann an HS, 7. November 2003, AHS, Private Korrespondenz 2003, H–J. Schmidt ging auf das Angebot nicht ein.

74 Bernhard Heisig an HS, 12. August 1991, AHS, Private Korrespondenz 1991, G–K.

75 Ebda.

76 Schmidt hat seine Kopie des stenographischen Berichts der Jenninger-Rede mit zahlreichen Kommentaren, Anstreichungen, Frage- und Ausrufezeichen versehen, die eine eigene Untersuchung lohnen; AHS, Kindheit und Jugend unter Hitler 1992.

77 Helmut Pleß an HS, 23. Februar 1992, Private Korrespondenz 1992, L–R.

78 Was ich noch sagen wollte, S. 42. – »Du, liebe Olga, Du warst in Wahrheit der große Magnet, der mich immer wieder in jene einzigartige Oase in der Wüstenei des Dritten Reiches gezogen hat«, sagte Schmidt 1986 bei der Eröffnung einer Ausstellung mit Werken von Olga Bontjes van Beek in der Bremer Kunsthalle; AHS, Eigene Arbeiten, September–Oktober 1986 (Nr. 13).

79 »Aus ihrem Künstler-Sein entsprang ihr unbedingter Wille zu Unabhängigkeit und Freiheit der Person. Hier lag der gemeinsame Nenner«, so Schmidt 1985 zur Eröffnung des Erweiterungsbaus des Modersohn-Museums in Fischerhude; AHS, Eigene Arbeiten, August–Dezember 1985 (Nr. 13).

80 Mietje Bontjes van Beek an HS, 25. März 1991, Anlage o.D.; AHS, Kindheit und Jugend unter Hitler 1992; unter dem Datum 2. April 1991 vollständig zit. bei Soell I, S. 112. Dort, S. 108-120, eine ausführliche Darstellung des Fischerhuder Kreises, in der auch die abweichenden Erinnerungen Schmidts thematisiert werden.

81 Kindheit und Jugend unter Hitler, S. 272.

82 Hans Heigert, Gedanken über die Verführbarkeit, Süddeutsche Zeitung, 10. November 1992.

83 Kindheit und Jugend unter Hitler, S. 285. Die Formel verwendete Schmidt von da an immer wieder, vgl. Handeln für Deutschland, S. 13, Unser Jahrhundert, S. 51 u. 56.

10 Die rot-grünen Jahre

1 Zit. nach Wolfrum, Rot-Grün, S. 30.

2 HS an Franz Müntefering, 10. September 1998, AHS, Inland 1998, A–M.

3 Zit. nach Matthias Micus, Die ›Enkel‹ Willy Brandts. Aufstieg und Politikstil einer SPD-Generation, Frankfurt am Main 2005, S. 69.

4 Immer an der Grenze des Konflikts, Der Spiegel 8/1978 (20. Februar 1978).

5 Zit. nach Schöllgen, Schröder, S. 115.

6 Ausführungen Helmut Schmidt bei der Sitzung des Parteirates am 31. Mai 1983, in Bonn, AHS, Eigene Arbeiten, Mai–Juni 1983 (Nr. 11).

7 Gerhard Schröder, Eine Bekräftigung und eine Herausforderung, Süddeutsche Zeitung, 23. Dezember 1988.

8 HS an Gerhard Schröder, 20. Februar 1989, AHS, Allgemeiner Schriftwechsel 1989, Sch–Z.

9 Gespräch mit dem Verfasser, 1. Februar 2016.

10 HS, Rede anlässlich des a.o. SPD-Parteitages in Essen am 25. Juni 1993, AHS, Eigene Arbeiten, Juni–Juli 1993 (Nr. 6).

11 HS an Johannes Rau, 9. Oktober 1998, AHS, Private Korrespondenz 1998, N–R. – Vgl. Roger de Weck, Johannes Rau und die Schweigespirale, Die Zeit, Nr. 42, 8. Oktober 1998.

12 HS im Gespräch mit Peter Koch und Klaus Körner, 3. September 1988, Tonbandabschrift, AHS, Eigene Arbeiten, August–Oktober 1988.

13 HS, Eine ungehaltene Rede an die SPD, Die Zeit, Nr. 48, 24. November 1995.

14 Die Deutsche Presseagentur verbreitete, dass Schmidt »offenbar aus Verärgerung« habe umkehren lassen, »nachdem er im Autoradio von der Wahl Lafontaines erfahren hatte«; Mannheimer Morgen, 17. November 1995. In Schmidts Wagen wurde kein Autoradio gehört, wenn Schmidt im Fond saß. Schmidt selbst erzählte später, Johannes Rau habe ihn eigens angerufen; Verstehen Sie das, S. 279f. (nur in der Taschenbuchausgabe). – Eine Woche später ließ Schmidt seine für den Parteitag vorbereitete Rede in der *Zeit* veröffentlichen; vgl. Anm. 13.

15 HS, Des Kanzlers Mutprobe, Die Zeit, Nr. 41, 1. Oktober 1998.

16 Manfred Schüler an HS, 2. Dezember 1998, AHS, Inland 1998, N–Z. Nochmals bestätigt im Brief Schülers an HS vom 3. November 2002, AHS, Private Korrespondenz 2002, Sch–St.

17 Fischer, Die rot-grünen Jahre, S. 62.

18 HS an Gerhard Schröder, 28. Oktober 1998, AHS, Inland 1998, N–Z.

19 HS an Gerhard Schröder, 1. Dezember 1998, AHS, Private Korrespondenz 1998, S–St.

20 HS an Bodo Hombach, 1. Dezember 1998, AHS, Inland 1999, A–M.

21 Marion Dönhoff an HS, o. D. [vor Juli 1999], AHS, Private Korrespondenz, C–D. Aller Wahrscheinlichkeit nach unter Bezugnahme auf Schmidts Brief an Thierse vom 25. März 1999.

22 HS an Gerhard Schröder [und andere], 20. Dezember 1999, AHS, Private Korrespondenz 2000, Sch–St.

23 HS an Heinz Ruhnau, 9. Juli 2003, AHS, Private Korrespondenz 2003, R–S. – »›Ich glaube, es ist ihm schwergefallen‹, sagt Helmut Schmidt über die zwei, drei Male, in denen der Bundeskanzler sich an ihn gewandt hat«; Jan Roß, Großvater Staatsmann erzählt, Die Zeit, Nr. 39, 16. September 2004.

24 Ich danke Bundeskanzler a. D. Gerhard Schröder für seine Bestätigung des Vorgangs.

25 Heinz Berggruen an HS, 8. August 2000, AHS, Private Korrespondenz 2001, A–B.

26 HS an Gerhard Schröder, 30. August 2000, Kopie an Michael Naumann, AHS, ebda.

27 HS, Vermerk 22. September 2000, ergänzt 16. Oktober 2000, AHS, ebda.

28 Ich danke Bundeskanzler a.D. Gerhard Schröder.

29 Alle Zeitungszitate nach: Vivien Stein, Heinz Berggruen – Leben und Legende, Zürich 2011, S. 375–381.

30 Heinz Berggruen an HS, 12. November 2000, AHS, Private Korrespondenz 2001, A–B.

31 Gespräch mit dem Verfasser, 26. Oktober 2015.

32 Zit. nach Wolfrum, Rot-Grün, S. 64.

33 L'Allemagne porte une responsabilité, L'Hebdo, Nr. 13, 1. April 1999.

34 HS, Würdigung von Dr. Henry A. Kissinger [zur Verleihung des Eric-M.-Warburg-Preises], 25. Mai 1992, AHS, Eigene Arbeiten, Mai–Juni 1992 (Nr. 4). Genscher widersprach der Darstellung, Deutschland sei mit der Anerkennung

Sloweniens und Kroatiens vorgeprescht; vgl. Genscher, Erinnerungen, S. 959–964.

35 dpa-Meldung, zit. nach Deutscher Bundestag, Tickerdienst, 6. April 1999.

36 HS an Heinz Ruhnau, 16. April 1999, AHS, Private Korrespondenz 1999, N–R; ausführlich zit. bei Wolfrum, Rot-Grün, S. 73–75 (nach einem Exemplar im Besitz von Thomas Steg).

37 Karsten Voigt an HS, 30. Juni 1999, AHS, Private Korrespondenz 1999, T–Z. – Schmidt hatte sich im Dezember 1998 bei Peter Struck und Bodo Hombach dafür eingesetzt, dass Karsten Voigt, dessen außen- und sicherheitspolitisches Urteil er schätzte, nach seinem Ausscheiden aus dem Bundestag eine Stelle im Regierungsapparat erhielt.

38 HS an Heinz Ruhnau, 16. April 1999 (wie Anm. 36).

39 Hellmut Kalbitzer an HS, 9. Mai 1999; HS an Hellmut Kalbitzer, 27. Mai 1999, AHS, Private Korrespondenz 1999, I–K.

40 Peter Glotz an HS, 3. Mai 1999, AHS, Private Korrespondenz 1999, A–H.

41 HS, Die Nato gehört nicht Amerika, Die Zeit, Nr. 17, 22. April 1999.

42 Deutsche Blauhelme unter UN-Kommando – das wäre ein Fortschritt, Bild, 2. März 1991. – Vgl. auch Jammern allein hilft nicht, Die Zeit, Nr. 5, 25. Januar 1991: »Das Letzte, was eine deutsche Bundesregierung riskieren darf, ist ein prinzipieller deutscher Konflikt mit den Interessen Israels«; sowie: Endlich Farbe bekennen, Die Zeit, Nr. 9, 22. Februar 1991.

43 Unser Jahrhundert, S. 49.

44 Es gibt unlösbare Probleme in der Politik. Gespräch zwischen Helmut Schmidt und Peter Glotz, Die Neue Gesellschaft/Frankfurter Hefte, Nr. 1, Januar 1994, S. 4–12.

45 HS an Karl Kaiser, 21. Dezember 1993, AHS, Private Korrespondenz 1993, H–K. Vgl. Vom Auftrag der Bundeswehr, Die Zeit, Nr. 16, 16. April 1993.

46 Fischer, Die rot-grünen Jahre, S. 185.

47 Ebda., S. 225.

48 Wolfrum, Rot-Grün, S. 82.

49 Vgl. Die Selbstbehauptung Europas, S. 70.

50 Vgl. Nachbar China, S. 108.

51 HS an Michael Steiner, 14. April 1999; Gerhard Schröder an HS, 22. April 1999, Postskriptum, AHS, Private Korrespondenz 1999, S–St.

52 HS, Europäische Möglichkeiten [Juni 1948], wieder abgedruckt in: Mein Europa, S. 15–24, Zitat S. 19f.

53 HS, Europa muss die Weichen stellen, Die Zeit, Nr. 50, 6. Dezember 1991.

54 Möglichkeiten europäischer Politik, Vortrag auf einer Veranstaltung der Vereinigung »Austria Tabak« zum Thema »500 Jahre Tabak in Europa«, Wien, 13. Juni 1992; zit. nach dem auszugsweisen Abdruck der Rede in der *Schweizerzeit* vom 14. August 1992 unter dem Titel »Die Fehler von Maastricht«. Die rechtskonservative Zeitung wollte mit dem Beitrag Stimmung machen gegen einen vom Bundesrat in Bern angestrebten Beitritt der Schweiz zur EG.

55 HS, Ein Pakt für die Einheit, Die Zeit, Nr. 8, 14. Februar 1992.

56 Karl Otto Pöhl an HS, 6. Dezember 1985, AHS, Korr. Inland 1986, N–R. Schmidts Antwort vom 20. März 1986 ebda. Pöhl hatte Bezug genommen auf Schmidts Bundestagsrede vom 5. Dezember 1985.

57 Interview mit Fritz Pleitgen, ARD, 23. Dezember 1988, zit. nach Frankfurter Rundschau, 27. Dezember 1988.

58 Die Deutschen und ihre Nachbarn, S. 241; als Vorabdruck unter dem Titel »Am Sankt-Nimmerleinstag?«, Die Zeit, Nr. 37, 31. August 1990.

59 Hans Tietmeyer, Leserbrief, Die Zeit, Nr. 18, 26. April 1996.

60 Offener Brief an Bundesbankpräsident Hans Tietmeyer, Die Zeit, Nr. 46, 8. November 1996. Ein Jahr später sorgte Tietmeyer mit einem Interview, in dem er sich auf Spekulationen über eine mögliche Verschiebung des Euro einließ, noch einmal europaweit für Schlagzeilen; Europas Himmel stürzt nicht ein, Die Woche, Nr. 37, 5. September 1997.

61 Wim Duisenberg an HS, 21. Januar 1998, AHS, Private Korrespondenz 1999, C–D. – Vgl. Ein Franzose für Frankfurt, Die Zeit, Nr. 46, 7. November 1997. Am Ende musste Duisenberg das Amt nach vier Jahren vorzeitig an den von Frankreich nominierten Jean-Claude Trichet übergeben.

62 Valéry Giscard d'Estaing an HS, 5. Mai 1998, AHS, Private Korrespondenz 1998, G–H.

63 HS an Valéry Giscard d'Estaing, 19. Mai 1998, AHS, Private Korrespondenz 1998, G–H.

64 HS, Ein Franzose für Frankfurt, Die Zeit, Nr. 46, 7. November 1997.

65 Fischer, Die rot-grünen Jahre, S. 306 u. 308 (Rede in der Berliner Humboldt-Universität, 12. Mai 2000).

66 HS, Wege aus Europas Krise, Die Zeit, Nr. 42, 14. Oktober 1999.

67 HS an Valéry Giscard d'Estaing, 15. November 2001, AHS, Private Korrespondenz 2001, F–G.

68 Wolfrum, Rot-Grün, S. 391–394, Zitat S. 393.

69 Die Selbstbehauptung Europas, S. 222.

70 Ebda., S. 225 u. 227.

71 Michael Thumann, Ja, sie gehören in die EU, Die Zeit, Nr. 51, 12. Dezember 2002.

72 HS, Nein, sie passen nicht dazu, ebda.

73 Hans-Ulrich Wehler, Das Türkenproblem, Die Zeit, Nr. 38, 12. September 2002.

74 Heinrich August Winkler, Wir erweitern uns zu Tode, Die Zeit, Nr. 46, 7. November 2002.

75 HS, Erweitern? Erst braucht Europa einen Kern, Die Zeit, Nr. 39, 16. September 2004.

76 HS, Bitte keinen Größenwahn, Die Zeit, Nr. 49, 25. November 2004.

77 Lale Akgün an HS, 29. November 2004, AHS, Korrespondenz prpr. 2005, A–Z.

78 HS an Lale Akgün, 23. Dezember 2004, AHS, Korrespondenz prpr. 2005, A–Z.

79 Religion in der Verantwortung, S. 251.

80 Antworten auf Fragen von Celal Özcan, Redakteur der türkischen Zeitung *Hürriyet*, 14. Dezember 2000, AHS, Eigene Arbeiten, Dezember 2000.

81 HS, Europa braucht keinen Vormund, Die Zeit, Nr. 32, 1. August 2002.

82 HS, Freunde ohne Ziele, Die Zeit, Nr. 4, 16. Januar 2003.

83 Menschen und Mächte, S. 335.

84 Auf der Suche nach einer öffentlichen Moral, S. 155–161. Die Anpassung der sozialen Sicherungssysteme war für Schmidt einer von acht Schwerpunkten zur strukturellen Erneuerung des Landes.

85 HS, Alle müssen länger arbeiten, Die Zeit, Nr. 2, 4. Januar 2001. – Schmidt wusste, dass die Reformgegner vor allem in den eigenen Reihen zu finden waren. Die innerparteiliche Kritik an der Regierung, schrieb er in einem Leserbrief an das Informationsblatt Kreis Nord der SPD, »schießt in unanständig polemischer Form über das Ziel hinaus«; Nordwind 1, Mai 2001 (zum Artikel »Demontage des Sozialstaates«).

86 Hand aufs Herz, S. 128–135, Zitat S. 133.

87 Wolfrum, Rot-Grün, S. 531. Das Thesenpapier trug den Titel »Auf dem Weg zu mehr Wachstum, Beschäftigung und Gerechtigkeit«.

88 Zit. nach Wolfrum, Rot-Grün, S. 535.

89 HS, Weil Deutschland sich ändern muss, Die Zeit, Nr. 22, 22. Mai 2003.

90 Zug um Zug, S. 125–130.

91 Fischer, I am not convinced, S. 336f.

92 Gespräch mit dem Verfasser, 1. Februar 2016.

93 HS, Unsere Rentensünden, Die Zeit, Nr. 32, 4. August 2005.

94 Kommen Sie uns nicht mit 1945! Helmut Schmidt und Kurt Biedenkopf über notwendige Reformen, die im Wahlkampf gern verschwiegen werden, Die Zeit, Nr. 38, 15. September 2005.

95 HS an Hans-Jochen Vogel, 13. Oktober 2005, AHS, Korrespondenz privat 2005, T–Z.

11 Das Gedächtnis der Nation

1 Dann wäre ich Hafendirektor geworden, S. 7.

2 Tobias Schulze, Der rauchende Großvater aus der Glotze, taz, 11. November 2015. – Die *taz* hatte die originellste Titelseite zum Tod: Sie zeigte ganzseitig einen überdimensionierten Aschenbecher, in dem die Hand Schmidts eine Zigarette ausdrückte, und titelte »Friede seiner Asche«.

3 Verstehen Sie das, S. 239.

4 Gustav Seibt, Siebzig, verweht, Süddeutsche Zeitung, 12. November 2015.

5 Kempski, Um die Macht, S. 266.

6 Soell II, S. 917.

7 Vermerk Duden, 13. März 1984, AHS, Inland 1984, F–M. – Schmidt hatte auf seine Glückwünsche zu Kohls Geburtstag im April 1983 keine Antwort erhalten und sich vielleicht deswegen nicht bedankt.

8 Schmidt war in den ersten zehn Jahren nach seinem Ausscheiden dreimal im Kanzleramt gewesen: einmal zu einem Konzert, einmal zu einer Ausstellung

und schließlich zur Übergabe des Heisig-Porträts; Vermerk Duden, 7. April [1993], AHS, Presseecho Januar–Juni 1993.

9 Gespräch mit dem Verfasser, 4. Februar 2015. – Fünfeinhalb Jahre später hat er Breschnew an dessen Grab seine »Reverenz erwiesen«; Die Deutschen und ihre Nachbarn, S. 541.

10 Hans-Dietrich Genscher an HS, 20. Juni 1988, AHS, Inland 1988, A–K. Zur Rostocker Rede vgl. S. 161ff.

11 Manfred Lahnstein an HS, 21. September 1988, AHS, Inland 1988, L–Z.

12 HS an Manfred Lahnstein, 21. Oktober 1988, AHS, Inland 1988, L–Z.

13 HS an Hans-Dietrich Genscher, 17. Oktober 1988, AHS, Allgemeiner Schriftwechsel 1988, A–G.

14 Hans-Dietrich Genscher, Ja, eine komplizierte Beziehung, Der Spiegel 47/2015 (13. November 2015).

15 Immer nur über Geld zu reden, ist oberflächlich [Interview mit HS], Frankfurter Rundschau, 12. September 1992.

16 HS an Helmut Kohl, 1. Oktober 1992, AHS, Private Korrespondenz 1992, H–K. – Zwei Tage später würdigte Schmidt Kohls Verdienste bei der Herstellung der Einheit 1989/90 erstmals öffentlich als historische Leistung; vgl. S. 215.

17 Zur Druckfassung des von Christoph Bertram moderierten Gespräches vgl. Kanzler trifft Altkanzler, Die Zeit, Nr. 11, 5. März 1998.

18 NN an HS, 20. Februar 1999; HS an NN, 16. März 1999, AHS, Private Korrespondenz 1999, R–V.

19 Helmut Kohl an HS, 17. Dezember 1998, AHS, Private Korrespondenz 1999, I–K. Schmidt markierte die zitierte Stelle und gab eine Kopie des Briefes an seine Frau. Sein Dank an Kohl war kurz und förmlich. – Zum 90. Geburtstag bekräftigte Kohl seine hohe Wertschätzung für Schmidts »Geradlinigkeit und Stehvermögen« und nannte ihn »eine der großen Persönlichkeiten der deutschen Politik der Nachkriegsgeschichte«, Helmut Kohl an HS, zum 23. Dezember 2008, AHS, Korrespondenz prpr. 2009, A–Z.

20 In memoriam Helmut Kohl [Juni 2015], AHS, Korrespondenz prpr. 2015, A–Z.

21 HS an Burkhard Hirsch, 15. Oktober 2010, AHS, Korrespondenz prpr. 2010, A–Z. – Es sei ihm »völlig unerklärlich«, dass Schmidt den Zehn-Punkte-Plan als ein besonderes Verdienst Kohls würdige, hatte ihm der FDP-Politiker Burkhard Hirsch geschrieben. Bei Kohls Rede am 28. November im Bundestag sei er »geradezu erstarrt« und habe sich gefragt, ob der Kanzler »seinen Verstand verloren« habe; heute sei er überzeugt, dass Kohl schlicht »keine Ahnung« davon hatte, was sich in der DDR abspielte. »Ich kann nicht einmal erkennen, womit Bundeskanzler Helmut Kohl die Bezeichnung ›Kanzler der Einheit‹ verdient hat«; Burkhard Hirsch an HS, 6. Oktober 2010, ebda.

22 Deutscher Bundestag, 8. Wahlperiode, 42. Sitzung, 15. September 1977, S. 3165.

23 Deutscher Bundestag, 8. Wahlperiode, 50. Sitzung, 20. Oktober 1977, S. 3760.

24 Deutsche können stark und menschlich sein, Der Spiegel 44/1977 (24. Oktober 1977).

25 Notiz Schmidts, vermutlich 6. September 1977, zit. nach Soell II, S. 662.

26 Friedrich Zimmermann an HS, August 2005, AHS, Private Korrespondenz 2005, T–Z. Zimmermann hatte die Anekdote bereits im Oktober 1997 in der *Süddeutschen Zeitung* zum Besten gegeben.

27 Auskunft HS auf Anfrage von Willi Winkler, November 2004.

28 Exotische Lösung, Der Spiegel 7/1980 (11. Februar 1980).

29 Vgl. Peter Siebenmorgen, Franz Josef Strauß. Ein Leben im Übermaß, München 2015, S. 574f. Ohne der Sache nachzugehen, tut Siebenmorgen anhand von Unterlagen Friedrich Zimmermanns das Ganze als Wahlkampfgetöse ab.

30 Exotische Lösung (wie Anm. 28).

31 Deutscher Bundestag, 8. Wahlperiode, 42. Sitzung, 15. September 1977, S. 3165.

32 Klaus Bölling an HS, 18. März 1987, mit Anlagen, AHS, Allgemeiner Schriftwechsel 1988, A–G. Schmidt notierte auf dem ihm vorliegenden Auszug »Protokollant Dr. jur. Busse«. Volker Busse, Referent für öffentliche Sicherheit, war der offizielle Protokollant der Besprechungen des Krisenstabs; den Namen bekam Schmidt vermutlich von Manfred Schüler, den er um Auskunft gebeten hatte.

33 Zit. nach Zipfel, Medien, S. 111.

34 Soell I, S. 573.

35 HS an Klaus Bölling, 21. September 1988, AHS, Allgemeiner Schriftwechsel 1988, A–G. – Aus nicht ersichtlichen Gründen hat Schmidt Böllings Brief erst nach anderthalb Jahren beantwortet. Zu seinen eigenen Notizen vom 8. September 1977 vgl. Soell II, S. 667. – Vgl. Die Deutschen sind irrsinnig geworden, Der Spiegel 36/1987 (31. August 1987); die angekündigte Fortsetzung ist nicht erschienen.

36 HS an Horst Herold, 16. Juli 2001, AHS, Private Korrespondenz 2001, H–J. – Der Verlag unterwarf sich am 28. August einer Unterlassungserklärung, am 18. September schickte Herold eine Kopie der Unterlassungserklärung Koenens an Schmidt.

37 Ich bin in Schuld verstrickt, Gespräch mit Giovanni di Lorenzo, Die Zeit, Nr. 36, 30. August 2007.

38 Horst Herold an HS, [Eingang] 20. September 2011, AHS, Korrespondenz prpr. 2011, A–Z.

39 Hans-Jochen Vogel, Nachsichten. Meine Bonner und Berliner Jahre, München-Zürich 1996, S. 67.

40 Was ich noch sagen wollte, S. 27.

41 Hans-Jochen Vogel an HS, 11. April 2015, AHS, Korrespondenz prpr. 2015, A–Z.

42 Schmidt/Bahr, Rückblick, S. 29. Schmidt scheint sich den Film unmittelbar nach dem Kinostart Anfang September angesehen haben.

43 Georg Bönisch, Klaus Wiegrefe, Massive Gegendrohung, Der Spiegel 37/2008 (8. September 2008).

44 Was ich noch sagen wollte, S. 117.
45 Hanns Martin Schleyer-Preis 2012/2013, Veröffentlichungen der Hanns Martin Schleyer-Stiftung, Stuttgart 2013, S. 41f.
46 Ich würde wieder genauso handeln [Hanns-Eberhard Schleyer und Helmut Schmidt im Gespräch], Süddeutsche Zeitung Magazin, Nr. 30, 26. Juli 2013.
47 Hanns-Eberhard Schleyer an HS, 23. Dezember 2013, AHS, Private Korrespondenz 2014, Sch–St.
48 Ich würde wieder genauso handeln (wie Anm. 46).
49 HS an Helmut Kohl, 22. Mai 1992, AHS, Private Korrespondenz 1992, H–K.
50 Helmut Kohl an HS, 1. Juni 1992, ebda.
51 HS an Lina Brändle, 4. November 1987, AHS, Korrespondenz Inland 1987, A–E; gleichlautend an die nächsten Angehörigen der 1977 bei den Attentaten auf Jürgen Ponto, Siegfried Buback und Hanns Martin Schleyer ermordeten Polizeibeamten und Fahrer.
52 Hanno Kühnert, Stählernes Gehabe, eiskalter Hass, Die Zeit, Nr. 18, 24. April 1992.
53 HS, Hausmitteilung an Robert Leicht u.a., 12. Mai 1992, AHS, Zeit III/1, Chefredaktion Schriftwechsel bis 1993. – Der Staat hatte zwischen Mördern und Terroristen in der Praxis sehr wohl unterschieden: Mord wird von einer Schwurgerichtskammer am Landgericht verhandelt, die Zugehörigkeit zu einer terroristischen Vereinigung fiel aufgrund des 1976 eingeführten Paragraphen 129a in die Gerichtsbarkeit des Bundes und wurde an Oberlandesgerichten abgeurteilt.
54 Der Kanzler muss handeln, Stern-Gespräch, Stern, Nr. 45, 29. Oktober 1992.
55 Henning Voscherau an HS, 9. November 1992, AHS, Private Korrespondenz 1992, T–Z.
56 Von Moral nichts kapiert, Gespräch mit Thomas Kleine-Brockhoff und Dirk Kurbjuweit, Die Zeit, Nr. 18, 23. April 1998.
57 HS an Klaus Bölling, 7. März 2007, AHS, Korrespondenz prpr. 2007, A–Z. Er werde auch dem Bundespräsidenten, der ihn um ein Gespräch gebeten habe, »meine Antwort verweigern«, schrieb Schmidt; sehr wohl aber werde er ihm schildern, welche Auswirkungen der Terrorismus auf das Familienleben der Schmidts gehabt habe und dass seine Tochter deswegen nach England gegangen und dort geblieben sei.
58 Bei der RAF-Debatte empfinde ich nur noch Brechreiz, Bild, 5. Juni 2007. – Zwei Tage später wurde in einem Bericht der *Welt* bestätigt, dass am Abend des 17. Oktober 1977 auf persönliche Intervention des Bundeskanzlers die an den Bahnhofskiosken in Bonn bereits erhältlichen Andruckexemplare der Ausgabe vom 18. Oktober zurückgeholt worden waren. Die vorschnelle Schlagzeile »Somalia: ›GSG 9‹ befreite alle 86 Geiseln« basierte auf einer Spekulation von AFP. Gernot Facius, Helmut Schmidts Mogadischu-Legende, Die Welt, 7. Juni 2007.
59 Ich bin in Schuld verstrickt, Gespräch mit Giovanni di Lorenzo, Die Zeit, Nr. 36, 30. August 2007.

60 Ex-Terroristen die Hand reichen? Nein!, Die Zeit, Nr. 28, 4. Juli 1997. – Anlass des Interviews war die Ausstrahlung des ARD-Films »Todesspiel« von Heinrich Breloer. Schmidt fand Gefallen an dem Film, der ihn und Loki »in die Anspannung der damaligen Wochen zurückversetzt« habe, und lobte Breloers Objektivität. – 25 Jahre später setzte sich Schmidt bei Bundeskanzler Schröder dafür ein, dass der ehemalige somalische Botschafter in der Bundesrepublik, der im Herbst 1977 vermittelt hatte und inzwischen von Sozialhilfe in Deutschland lebte, eine Zuwendung des Auswärtigen Amts erhielt.

61 Golo Mann, Nicht Geschichte machen wollte er, Der Spiegel 44/1982 (1. November 1982).

62 Richard Löwenthal, Ein Kanzler, der die Republik regierte, Stuttgarter Nachrichten, 22. Dezember 1983.

63 HS an Richard Löwenthal, 13. Februar 1984, AHS, Korr. Inland 1984, F–M. Die entsprechende Passage in Löwenthals Artikel hatte Schmidt unterstrichen und kommentiert: »habe ich nicht getan«.

64 Interview mit Fritz Pleitgen, ARD, 23. Dezember 1988, vollständig dokumentiert unter dem Titel »...ansonsten hat sich die Bundesrepublik ganz normal entwickelt« in Frankfurter Rundschau, 27. Dezember 1988.

65 Strauß bekam vor allem weniger Stimmen als Kohl 1976: Deshalb reichte es nicht. – Theo Waigel, Schmidt hat Verantwortungsgefühl, Leidenschaft und Augenmaß, Die Welt, 22. Dezember 1988. Der Artikel steht am Anfang einer Reihe mehrerer grundsätzlich zustimmender Schmidt-Artikel von Waigel. Die Sympathie war gegenseitig und hielt bis zum Schluss. Dieser Tage sei er daran erinnert worden, schrieb Schmidt ein halbes Jahr vor seinem Tod an Waigel, »dass ich in Ihrer Person immer noch einen zusätzlichen Freund in Bayern habe. Mein Brief soll Ihnen nur meine Anhänglichkeit in Erinnerung rufen«; HS an Theo Waigel, 23. Mai 2015, AHS, Korrespondenz prpr. 2015, A–Z.

66 Interview mit Fritz Pleitgen (wie Anm. 64).

67 Günter Stiller, Über Schmidt und die Welt, Hamburger Abendblatt 17./18. Dezember 1988.

68 Werner Holzer, Zwei kantige Männer und eine Partei, Frankfurter Rundschau, 17. Dezember 1988. – Auch Martin E. Süskind unternahm einen klugen, auf Ausgleich zielenden Vorstoß: Frei von den Fesseln einer langen Partnerschaft, Süddeutsche Zeitung, 22. Dezember 1988.

69 Vgl. S. 168f.

70 Mainhardt Graf Nayhauß, Schmidt wird 70, Brandt 75, Bild, 15. Dezember 1988.

71 Rudolf Scharping, So soll es wieder sein, Die Zeit, Nr. 51, 17. Dezember 1993. Das Editorial des Chefredakteurs Robert Leicht verstärkte noch den Eindruck, dass es sich um einen redaktionellen Fehlgriff handelte.

72 Eckhard Fuhr, Nicht in der Milde des Alters, Frankfurter Allgemeine Zeitung, 23. Dezember 1993.

73 Peter Glotz, Der einsame Batteriechef, Die Woche, 22. Dezember 1993.

74 Volker Rühe, Der Mut, die Dinge beim Namen zu nennen, Rheinischer Merkur, 17. Dezember 1993.

75 Zit. nach Große Worte sind dem Hamburger zuwider, Frankfurter Rundschau, 7. Januar 1999.

76 Kurt Kister, Schröders Welt, Süddeutsche Zeitung, 11./12. Dezember 2004. Schmidt hatte den überaus kritischen Leitartikel »mit großer Zustimmung gelesen (dies allerdings nur zu Ihrer persönlichen Kenntnis)«; HS an Kurt Kister, 16. Dezember 2004, AHS, Korrespondenz privat 2004, K–L.

77 Peter Schulz an HS, 9. Januar 2004; HS an Peter Schulz, 23. Januar 2004, AHS, Korrespondenz privat 2004, Sch–St.

78 HS an Kurt Beck, 27. Juli 2007, AHS, Korrespondenz prpr. 2007, A–Z.

79 HS an Kurt Beck, 25. September 2008, AHS, Korrespondenz prpr. 2008, A–Z.

80 HS an Sigmar Gabriel, 25. März 2010, AHS , Korrespondenz prpr. 2010, A–Z.

81 HS an Sigmar Gabriel, 26. August 2011, AHS, Korrespondenz prpr. 2011, A–Z. Auf Gabriels Anfragebrief vom 28. Juli hatte Schmidt notiert: »Entscheidung *nach* Gespräch mit Peer Steinbrück«. Zu Schmidts Einsatz für Steinbrück vgl. S. 443ff.

82 Rede auf dem SPD-Bundesparteitag am 4. Dezember 2011 in Berlin, zit. nach Mein Europa, S. 289–303.

83 Das letzte Interview der Reihe erschien im Zeitmagazin Nr. 19, 2. Mai 2013; Verstehen Sie das, S. 273–284 (nur in der Taschenbuchausgabe).

84 43 Prozent – sagte Schmidt, und Schröder ergänzte den Satz – wären auch ein schönes Ergebnis. Das hatte Willy Brandt 1987 im Wahlkampf von Johannes Rau gesagt und damit seinerzeit viel Unruhe ausgelöst, weil Rau die absolute Mehrheit als Ziel vorgegeben hatte. Für Peer Steinbrück waren 43 Prozent 2013 so unerreichbar wie der Mond.

85 Willy verstand nichts von Wirtschaft. Spiegel-Gespräch mit Helmut Schmidt und Gerhard Schröder, Der Spiegel 19/2013 (6. Mai 2013).

86 HS an Sigmar Gabriel, 10. April 2015, AHS, Korrespondenz prpr. 2015, A–Z.

12 Deutungshoheit

1 Es gibt unlösbare Probleme in der Politik. Gespräch zwischen Helmut Schmidt und Peter Glotz, Die Neue Gesellschaft/Frankfurter Hefte, Nr. 1, Januar 1994, S. 4–12, hier S. 12.

2 Noack, Schmidt, S. 261.

3 Gespräch mit dem Verfasser, 19. März 2015.

4 Was ich noch sagen wollte, S. 212–214.

5 HS an Matthias Walden, 22. Februar 1983, AHS, Korr. Inland ab 1.1.83, A–Z. – Zu den wenigen Fällen, in denen Schmidt auf persönliche Beleidigungen reagierte, zählte ein Interview von Fritz J. Raddatz im *Tagesspiegel* vom 28. August 2011. »Herr Raddatz, heute 80 Jahre alt, könnte für seine Verunglimpfungen die ›Gnade der späten Geburt‹ in Anspruch nehmen. Sie sei ihm gegönnt«; Klärende Worte, Tagesspiegel, 4. September 2011.

6 Presseinformation des Landes Brandenburg, 18. Februar 1992.

7 Schmidt hatte über seine Absicht, Vogel im Gefängnis zu besuchen, unter anderem mit Hans-Dietrich Genscher gesprochen, der ihn darin bestärkte und ihm am Tag danach seinen Respekt zum Ausdruck brachte; Hans-Dietrich Genscher an HS, 16. November 1993, AHS, Wolfgang Vogel, Presse und Korrespondenz. – Zu denen, die Schmidt baten, sich für Vogel einzusetzen, gehörte kurioserweise auch Egon Krenz: »Die Familie Vogel darf nicht zum Opfer einer Justiz werden, die Rache an den Unterlegenen in der Systemauseinandersetzung nimmt«; Egon Krenz an HS, 10. August 1993, AHS, ebda.

8 Vier Wochen vorher hatte Schmidt in eigener Sache interveniert. Der Historiker Manfred Wilke hatte, gestützt auf Papiere der SED, vor der Enquêtekommission des Bundestages behauptet, Schmidt habe der DDR im Dezember 1981 Zustimmung für die Ausrufung des Kriegsrechts in Polen signalisiert; vgl. Schmidts Leserbrief in der Frankfurter Rundschau vom 25. Oktober 1993. Vgl. zu dem Gesamtkomplex auch das im Winter 1993/94 entstandene Kapitel »Stasiakten und Blitzableiter« in: Das Jahr der Entscheidung, S. 112–119.

9 HS an Roman Herzog, 22. Januar 1999; Roman Herzog an HS, 26. April 1999, AHS, Karl Wienand, 1994–1999. – Noch Jahre später, in seinem Kondolenzschreiben zum Tod von Wienands Frau, betonte Schmidt, »dass das Düsseldorfer Urteil wegen Landesverrat ein absolutes Fehlurteil war«; HS an Karl Wienand, 2. August 2006, AHS, Korrespondenz prpr. 2006, A–Z. Inzwischen war Wienand wegen Schmiergeldzahlungen beim Bau der Kölner Müllverbrennungsanlage ein weiteres Mal rechtskräftig verurteilt worden.

10 »Etwas Vergleichbares hat es meines Erachtens nur noch ein einziges anderes Mal gegeben, nämlich zwischen Herbert Wehner und Wolfgang Mischnick; freilich hatte dieses letztere Duo nicht die gleiche politische Wirksamkeit«; HS an Rainer Barzel, 6. September 1999, AHS, Private Korrespondenz 1999, A–B.

11 HS, Rede zum 80. Geburtstag von Rainer Barzel, München, 20. Juni 2004, AHS, Eigene Arbeiten, Mai–Juni 2004 (Nr. 11). – Am 22. September 2006 sprach Schmidt beim Staatsakt für Rainer Barzel im Bundestag.

12 Gespräch mit dem Verfasser, 1. Juli 2014. – Schmidt zeigte sich sogar für die Lebensschicksale ihm Unbekannter empfänglich. Als ihn ein Herr K. um eine Videokassette mit Schmidt-Aufnahmen bat, vermerkte er für seine Büroleiterin: »Liebe Marianne, geben Sie sich bitte große Mühe. Herr K. ist zwar ein Dauerschreiber, aber ein an den Rollstuhl gefesselter Mann, der des Zuspruchs bedarf«; HS an NN, 15. Januar 1998, mit Vermerk für Marianne Duden, AHS, Korr. Inland 1998, A–M.

13 Vgl. die Buchausgabe unter dem Titel: Helmut Schmidt, Jahrhundertwende, hg. von Dorothea Hauser, Berlin 1998.

14 HS, Hausmitteilung an Josef Joffe und Michael Naumann, 28. November 2001, mit handschriftl. Erwiderung Joffes; Hausmitteilung an Josef Joffe, 5. Dezember 2001, AHS, Zeit I/1, Korrespondenz 2003–2005, A–Z.

15 HS, Hausmitteilung an Josef Joffe und Michael Naumann, 26. Juli 2002, AHS, Zeit I/1, Korrespondenz 1999–2002, A–K.

16 HS, Vermerk, 20. Dezember 1989, Herrn Dr. Bucerius, Hilde von Lang, jeweils persönlich verschlossen, AHS, Zeit IV, Schriftwechsel Dr. Bucerius.

17 Dieter von Holtzbrinck an Gerd Bucerius, 26. Februar 1990, NL Bucerius 323. Holtzbrinck veranschlagte den Unternehmenswert auf gut 100 Millionen DM; der endgültige Übernahmepreis im Juni 1996 betrug 140 Millionen DM.

18 Helmut Schmidt hat mich gegrillt, Interview mit Dieter von Holtzbrinck, Die Zeit, Nr. 8, 15. Februar 2016.

19 Hilfe tut not, Die Zeit, Nr. 33, 8. August 1997, AHS, Eigene Arbeiten, Juli–September 1997 (Nr. 8).

20 HS an Dieter von Holtzbrinck, 16. November 1998, AHS, Private Korrespondenz 1998, A–H. Im Jahr darauf wurde Axel Gleie durch Rainer Esser ersetzt.

21 Marion Dönhoff an Dieter von Holtzbrinck, 8. Juli 1999, AHS, Private Korrespondenz 1999, G–H.

22 Schmidt schätzte besonders Dönhoffs Reflexionen über den Beruf des Journalisten, etwa den Artikel »Journalismus – Beruf ohne Moral«, Die Zeit, Nr. 44, 28. Oktober 1994.

23 Marion Dönhoff an HS, 28. August 1993; HS an Marion Dönhoff, 10. September 1993, AHS, Materialsammlung Gräfin Dönhoff, 1990–2009.

24 Marion Dönhoff an HS, o. D. [Paraphe HS 29/10/2000], AHS, ebda.

25 Alice Schwarzer, Marion Dönhoff. Ein widerständiges Leben, Köln 1996, S. 32. – Marion Dönhoff sei »ein Mensch, der kaum Ich sagen kann«, urteilte ihre Biographin, ebda. S. 21, und auch darin war sie Schmidt wesensverwandt.

26 Eintrag ins Kondolenzbuch für Marion Gräfin Dönhoff, 14. März 2002, AHS, Materialsammlung Gräfin Dönhoff, 1990–2009. – In seiner Trauerrede im Hamburger Michel am 22. März verwendete Schmidt die Sätze ähnlich.

27 HS an Klaus Bölling, 4. Februar 2005, AHS, Korrespondenz privat 2005, A–B.

28 Zum Beispiel den Artikel »Wer sind wir, heute?« von Bernd Ulrich, Die Zeit, Nr. 36, 30. August 2012; AHS, Korrespondenz prpr. 2012, A–Z.

29 HS an Andreas Sentker, 10. Juli 2015, Archiv des Verfassers.

30 HS, Hausmitteilung an Giovanni di Lorenzo, Juli 2015, Archiv des Verfassers.

31 Petra Kipphoff, Hausmitteilung an HS, 5. Dezember 1996; HS, Hausmitteilung an Petra Kipphoff, 10. Dezember 1996, AHS, Zeit VII/2.2, Redaktion Feuilleton bis 1997. Vgl. Petra Kipphoff, Unter Freunden gibt es keine Beute, Die Zeit, Nr. 11, 10. März 1995.

32 Die Abneigung gegen Interviews teilte er mit Gräfin Dönhoff, die Interviews schon in den achtziger Jahren meist langweilig fand; AHS, Zeit VI, Schriftwechsel Gräfin Dönhoff.

33 HS, Vermerk betreffend Abendessen am 12. Februar 2007, 16. März 2007, AHS, Korrespondenz prpr. 2007, A–Z.

34 HS an Giovanni di Lorenzo, 9. Juli 2012, AHS, Korrespondenz prpr. 2012, A–Z.

35 Giovanni di Lorenzo an HS, 30. Juli 2012, AHS, ebda.

36 HS an Giovanni di Lorenzo, 14. August 2012, AHS, ebda. Die redigierte Fassung des am 13. September 2012 in der *Zeit* erschienenen Gesprächs in: Verstehen Sie das, S. 241–252.

37 Das ist grober Unfug, Spiegel-Gespräch mit Helmut Schmidt, Der Spiegel 6/2003 (3. Februar 2003). Vgl. Hand aufs Herz, S. 50f. u. 57.

38 Henry Kissinger, Das Gewissen unserer Zeit, Zeit Extra, 11. November 2015.

39 Die Mächte der Zukunft, S. 11, 58 u. 123. – Auf einer Reise nach China im Dezember 2003 hatte Schmidt mit Zhu Rongji und anderen chinesischen Gesprächspartnern die Auswirkungen des 11. September diskutiert.

40 Die Mächte der Zukunft, S. 227.

41 Sagen Sie mal, Herr Schmidt, Die Zeit, Nr. 23, 31. Mai 2000. – Die *Zeit* wollte für die Ausgabe eigens werben, und Schmidt steuerte Vorschläge für die Werbeslogans bei: »Wenn Sie schon immer den Unterschied zwischen Männern und Frauen wissen wollten, dann lesen Sie Helmut Schmidts Antwort … in der neuen Zeit.« Oder: »Wenn Sie wissen wollen, warum Helmut Schmidt Gregor Gysi lieber im Rotary Club als in der SPD aufnehmen würde, dann lesen Sie die neue Zeit«; HS, Hausmitteilung an Roger de Weck, 29. Mai 2000, AHS, Zeit I/1, 1999–2002.

42 Gespräch mit dem Verfasser, 16. August 2001. Am 12. September trug Schmidt die Buchidee Sandra Maischberger vor, die gern die Moderation übernahm. Daraus wurde dann über weite Strecken *de facto* ein Zwiegespräch, weil den jungen Leuten, die für die Gesprächsrunde ausgewählt worden waren, die journalistische Routine fehlte.

43 Hand aufs Herz, S. 259. Die Passage findet sich auch in dem am 10. Dezember 2001 auf n-tv ausgestrahlten Mitschnitt.

44 Hand aufs Herz, S. 19, 68, 31, 36, 45.

45 Julia Encke, Der Snob auf dem Parkett, Süddeutsche Zeitung, 11. Februar 2004.

46 Patrick Bahners, Schmidt, Frankfurter Allgemeine Zeitung, 11. November 2015. Vgl. So sicher waren die Verhältnisse gar nicht, Ein Gespräch mit HS, Frankfurter Allgemeine Zeitung, 22. Dezember 2008. In dem gedruckten Interview war die Diskussion über die Textstelle weggelassen worden.

47 Hand aufs Herz, S. 47.

48 Reinhold Beckmann an HS, 7. September 2004, AHS, Private Korrespondenz 2004, A–B. Schmidt sagte zu, weil er für sein im Herbst erscheinendes neues Buch *Die Mächte der Zukunft* werben konnte. Auch bei allen folgenden Beckmann-Sendungen stand jeweils ein neues Schmidt-Buch im Mittelpunkt.

49 Aufmacher der Bild, 21. September 2004, 17. Juni 2008, 5. März 2012.

50 Claus Jacobi an HS, 15. August 1998; HS an Claus Jacobi, 21. August 1998, AHS, Private Korrespondenz 1998, J–K.

51 Außer Dienst, S. 7.

52 Wo zum Teufel bleiben die Europäer? Ein Gespräch mit HS, Die Welt, 23. Februar 1991.

53 Gespräch mit dem Verfasser, 12. August 2014. Wie schon *Menschen und Mächte* durfte auch *Außer Dienst* weder im Untertitel noch in der Werbung als »Erinnerungen« bezeichnet werden.

54 HS an den Verfasser, 16. August 2006, Archiv des Verfassers.

55 Der Verfasser, der Schmidts Bücher seit 1987 als Lektor betreute, hatte sich 1997 selbständig gemacht und vertrat seither als Agent auch die Buchrechte Schmidts gegenüber Verlagen.

56 Gesamtverkauf 735.000 Exemplare bis Ende 2015; zu den Zahlen im Erscheinungsjahr vgl. S. 198.

57 Kempski, Um die Macht, S. 234. Vier Eigenschaften begründeten für den Doyen der politischen Reportage bei der *Süddeutschen Zeitung* die Effizienz dieser Arbeitsmaschine: »seine hyperscharfe Intelligenz, seine unfehlbare Sachkunde, seine stramme Menschenführung, seine überlegene Dynamik«, ebda., S. 233. Deshalb war die Zusammenarbeit mit ihm bis zum Schluss ein Vergnügen.

58 Dass Schmidt konkret über postume Veröffentlichungen nachdachte, zeigt, mit welcher Selbstverständlichkeit er den Tod antizipierte; ein von Schmidt autorisierter Nachlassband ist nicht zustande gekommen.

59 Vgl. Außer Dienst, S. 125.

60 Auf eine Zigarette, S. 9.

61 Im Sommer 2001 lag Schmidt in einer vom *Focus* veröffentlichten Umfrage – »Welche in Deutschland lebenden Personen halten Sie geistig für besonders fit?« – noch weit abgeschlagen hinter Günther Jauch, Gerhard Schröder und Thomas Gottschalk, aber immerhin knapp vor Verona Feldbusch, die auf Rang 10 landete. Schmidt riss die Seite für Loki heraus, kringelte Schmidt- und Feldbusch-Foto ein und schrieb darunter: »Armes Deutschland!« Der Genie-Streich, Focus Nr. 30, 23. Juli 2001; Anlass der Umfrage war der bevorstehende Start einer neuen RTL-Show »Der große IQ-Test«. – Zu den Umfragen vgl. Zipfel, Medien, S. 270–272.

62 Joschka Fischer, Fritz Stern, Gegen den Strom. Ein Gespräch über Geschichte und Politik, München 2012, S. 75.

63 Peter Kümmel, Der Mann in Hut und Mantel, Zeit Extra, 11. November 2015.

64 HS an Sieglinde Banse, 7. Mai 1998, AHS, Korr. Inland 1998, A–M.

65 HS an Rainer Esser, 17. Oktober 2011, AHS, Korrespondenz prpr. 2011, A–Z.

66 Die Griechen hätte ich nicht in den Euro aufgenommen, Bild, 5. März 2012.

67 Mike Powelz an HS, 11. Juli 2012, mit Notizen von HS und Birgit Krüger-Penski, AHS, Eigene Arbeiten, August 2012 (Nr. 1).

68 Ich rede immer Klartext [Interview mit HS], Hörzu, Nr. 34, 17. August 2012.

13 Lauter Abschiede

1 HS an Annette Renken, 2. Februar 2010, AHS, Korrespondenz prpr. 2010, A–Z.

2 So hatten es schon die Amtsvorgänger Richard von Weizsäcker zum 75., Johannes Rau zum 85. und Horst Köhler zum 90. Geburtstag gehalten; am

80. Geburtstag hielt Roman Herzog die Festansprache bei der Gala des Hamburger Senats im Thalia Theater.

3 Bundeskanzler a. D. Helmut Schmidt zum 70. Geburtstag. Ansprache des Bundespräsidenten, Presse- und Informationsamt der Bundesregierung, Bulletin, 28. Dezember 1988, Nr. 178, S. 1571.

4 Politik mit Klarheit und Moral, Laudatio von Bundespräsident Horst Köhler auf Bundeskanzler a. D. Helmut Schmidt aus Anlass seines 90. Geburtstages, Berlin, 11. März 2009, unter www.bundespraesident.de.

5 HS, Grußwort für das geplante Hospiz der Hoffbauer-Stiftung in Potsdam, 9. Oktober 2009, AHS, Eigene Arbeiten, Juli–Dezember 2009 (Nr. 5).

6 In memoriam Hans Matthöfer, Gedenkveranstaltung der Friedrich-Ebert-Stiftung, Berlin, 9. Dezember 2009, AHS, Eigene Arbeiten, Juli–Dezember 2009 (Nr. 12).

7 Was ich noch sagen wollte, S. 86.

8 Ebda., S. 84f.

9 Nee, innere Befindlichkeiten, das war nicht so angesagt [Interview mit Susanne Schmidt], Stern, Nr. 52, 17. Dezember 2008.

10 Gespräch mit dem Verfasser, 12. August 2014. Schmidt machte sich eine Notiz, dass er Lokis Tagebücher lesen wolle, fand sie aber offenbar nicht. Zur endgültigen Fassung der Textstelle vgl. Was ich noch sagen wollte, S. 85.

11 Gespräch mit dem Verfasser, 4. März 2015.

12 Vgl. Da brachen alle Dämme, Spiegel-Gespräch mit Klaus Harpprecht, Der Spiegel 49/2014 (1. Dezember 2014). – Nachdem der Pressesturm losgebrochen war, erklärte Schmidt der Einfachheit halber, er sei »durch journalistische Indiskretionen provoziert« worden; Ich wurde provoziert, Bild, 12. März 2015. – Harpprecht hatte sicher vergessen, dass er 1983 Helmut Schmidt gebeten hatte, ihm einen Job bei der *Zeit* zu vermitteln; vgl. WB/HS, S. 930 und AHS.

13 Was ich noch sagen wollte, Typoskript, September 2014, von Schmidt gestrichen; Archiv des Verfassers. – »Natürlich ist es bei meiner Frau und mir wie bei allen Ehen, die so lange dauern: Natürlich ist das das Verdienst der Frau und nicht das Verdienst des Mannes, das muss man deutlich sagen«; Schmidt in »Menschen bei Maischberger«, 12. Juni 2007.

14 HS, Das Geldhaus, Die Zeit, Nr. 29, 14. Juli 2011. Die Einteilung der Menschheit in drei Kategorien hier mit leichten Varianten gegenüber der Erstfassung von 2008; vgl. Auf eine Zigarette, S. 241.

15 Peer Steinbrück im Gespräch mit dem Verfasser, 16. Dezember 2010.

16 Paarlauf der Weltweisen, Der Spiegel 43/2011 (24. Oktober 2011).

17 Steinbrück – jetzt schon?, Frankfurter Allgemeine Sonntagszeitung, 30. Oktober 2011.

18 Vgl. Christian Geyer, Reisen Sie eigentlich genug, Peer?, Frankfurter Allgemeine Zeitung, 27. Oktober 2011.

19 Vgl. Julia Encke, Der Dunst der Stunde, Frankfurter Allgemeine Sonntagszeitung, 30. Oktober 2011.

20 In memoriam Hans Matthöfer (wie Anm. 6).

21 Gespräch mit dem Verfasser, 19. August 2015.

22 HS an Ingrid Apel, 8. September 2011, AHS, Korrespondenz prpr. 2011, A–Z. – »Ich bin noch nicht über den Berg«, hatte Schmidt am 24. März 2011 an Hertha Melzer geschrieben, eine von zwei noch lebenden Klassenkameradinnen an der Lichtwarkschule; ebda.

23 Jens Meyer-Odewald, Atem holen, weitermachen, Hamburger Abendblatt, 20./21. November 2010.

24 Ein letzter Besuch, S. 30.

25 Was ich noch sagen wollte, S. 78.

26 Dann wäre ich Hafendirektor geworden, S. 82.

27 Zu der geplanten Reise vgl. Zug um Zug, S. 297–302; zu Schmidts Gespräch mit Wałęsa vgl. Magenau, Schmidt-Lenz, S. 118.

28 Zug um Zug, S. 11.

29 Gespräch mit dem Verfasser, 30. Juni 2014. – »Willy Brandt war ein hochbegabter Gefühlsmensch, ähnlich wie Barack Obama. Obama wollte überall das Beste, und seine Reden ließen vermuten, dass er die Kraft dafür hatte, sich gegen Widerstände durchzusetzen«; Willy verstand nichts von Wirtschaft. Spiegel-Gespräch mit Helmut Schmidt und Gerhard Schröder, Der Spiegel 19/2013 (6. Mai 2013).

30 Helmut Schmidt – confidences pour l'Histoire, Le Point, Nr. 2126, 13. Juni 2013.

31 HS an Klaus Wowereit, 2. Oktober 2001, AHS, Private Korrespondenz 2001, T–Z. Vgl. Klaus Wowereit an HS, 15. Oktober 2001, ebda. – Schmidt war bei einem Empfang im Berliner Rathaus angeblich spontan auf die Idee gekommen, dem Regierenden Bürgermeister einen Besuch abzustatten; Wowereit empfing am Eingang des Rathauses gerade Putin. Als beide ins Amtszimmer kamen, wurde Schmidt vom Regierungssprecher dazugebeten; Personalien, Der Spiegel 40/2001 (1. Oktober 2001).

32 Marcella Masiarik (Büro Schmidt) an Nikolai von Schoepff, Deutsche Botschaft Moskau, 28. Juni 2007, Mail; Archiv des Verfassers. – Über seine Gespräche mit Jewgeni Primakow, Igor Iwanow und Valentin Falin unterrichtete Schmidt anschließend u.a. den Bundesaußenminister; vgl. Frank-Walter Steinmeier an HS, 22. November 2007, AHS, Korrespondenz prpr. 2007, A–Z.

33 Marcella Masiarik, Vermerk über das Gespräch HS/Wladimir Putin am 10. Dezember 2013 in Moskau, 12. Dezember 2013, Archiv des Verfassers. – Am 6. Januar 2014 bedankte sich Schmidt bei Putin für das Treffen in Moskau und für den Anruf an seinem Geburtstag, AHS, Korrespondenz prpr. 2014, A–Z.

34 Ehemalige Kriegsgegner zeigten oft mehr Verständnis als die eigenen Kinder, hatte Schmidt schon 25 Jahre zuvor geschrieben; vgl. S. 309.

35 So Schmidts Zusammenfassung seines Warschauer Vortrags in: Es gibt unlösbare Probleme in der Politik. Gespräch zwischen Helmut Schmidt und Peter Glotz, Die Neue Gesellschaft/Frankfurter Hefte, Nr. 1, Januar 1994, S. 4–12, hier S. 10.

36 HS, Den Knoten lösen, Die Zeit, Nr. 23, 3. Juni 1994.

37 HS, Die NATO gehört nicht Amerika, Die Zeit, Nr. 17, 22. April 1999.
38 Schmidt/Bahr, Rückblick, S. 36.
39 Auf eine Zigarette, S. 227–230.
40 HS, Wir Schlafwandler, Die Zeit, Nr. 40, 25. September 2014.
41 HS, Ich teile Ihre Besorgnis. Ein Brief an Helmut Kohl, Die Zeit, Nr. 50, 4. Dezember 2014.
42 In einem Ende Mai 2015 geführten, Anfang September veröffentlichten Gespräch mit Olaf Scholz; Dann wäre ich Hafendirektor geworden, S. 232. Schmidt fragte Scholz, warum Hamburg als »der wichtigste Hafen Russlands« seine Stimme in der deutschen Politik nicht etwas häufiger für Russland erhebe; ebda., S. 216.

14 Die letzten Monate

1 HS an Siegfried Lenz, 21. Juni 2013, Archiv des Verfassers.
2 Weggefährten, S. 559; Magenau, Schmidt–Lenz, S. 236.
3 Rede anlässlich der Trauerfeier für Siegfried Lenz, 28. Oktober 2014, AHS, Eigene Arbeiten, Januar–Dezember 2014 (Nr. 14).
4 Nicht öffentlich sprach Schmidt am 17. November 2014 noch zur Verabschiedung von Kurt Biedenkopf vom Amt des Senatspräsidenten der Deutschen Nationalstiftung; am 26. Januar 2015 dankte er für die Verleihung des erstmals vergebenen Stresemann-Preises der Freimaurer im Logenhaus Hamburg.
5 HS an Klaus Bölling, 30. September 1982, AHS, Korr. Privat-politisch 1982 V.
6 HS an Klaus Bölling, 4. September 1985, AHS, Inland 1985, A–C.
7 Klaus Bölling an HS 30. September 1987, AHS, Allg. Schriftwechsel 1987, A–G.
8 »Was immer B[ölling] tut, wird kritisch angesehen«, urteilte Gerd Bucerius nach ersten Bemühungen Schmidts, ihn bei der *Zeit* unterzubringen. »Sie werden's mit B[ölling] schwer haben ... [Er] hat den Abschied aus dem öffentlichen Dienst schwer genommen«; Gerd Bucerius an HS, 18. August 1986, NL Bucerius 240.
9 Jan Roß, Großvater Staatsmann erzählt, Die Zeit, Nr. 39, 16. September 2004.
10 Gespräch mit dem Verfasser, 14. Juni 2007.
11 Körber-Stiftung, Festakt zum 90. Geburtstag von Richard von Weizsäcker, 25. April 2010, Konzerthaus Berlin. – 15 Jahre zuvor, in einer Laudatio auf Weizsäcker in Stuttgart, war Schmidt das Kunststück gelungen, Weizsäckers politischen Werdegang zu schildern, ohne die Rede mit einer einzigen Silbe zu erwähnen; Richard von Weizsäcker. Reden bei der Festveranstaltung aus Anlass der Ernennung zum Ehrenbürger der Universität Stuttgart, 18. Dezember 1995, Universität Stuttgart, Reden und Aufsätze, Heft 52.
12 Im Namen der Moral [Diskussion zwischen Marion Dönhoff, Richard von Weizsäcker und HS], Die Zeit, Nr. 29, 15. Juli 1994.
13 Wir hatten geglaubt, wir könnten anständig bleiben, Die Zeit, Nr. 10, 3. März 1995.
14 Unser Jahrhundert, S. 82.
15 Deutschstunde, Die Zeit, Nr. 10, 5. März 2015.

16 Sabine Pamperrien, Helmut Schmidt und der Scheißkrieg. Die Biografie 1918 bis 1945, München 2014, S. 204. – Der moralische Rigorismus der Autorin wird sehr schön deutlich an ihrer Relativierung der Nürnberger Rassengesetze. Man dürfe die Diskussion um Schmidts jüdische Abstammung nicht übertreiben, die schließlich »nur nach den Nazigesetzen eine ›jüdische Abstammung‹ gewesen wäre« – man muss sich den Irrealis und das »nur« auf der Zunge zergehen lassen! Um ihren Standpunkt ganz deutlich zu machen, setzt sie hinzu, dass natürlich auch »jüdisch Versippte« nicht immun gewesen seien gegen die nationalsozialistische Ideologie; ebda., S. 232f.

17 Menschen bei Maischberger, ARD, 28. April 2015.

18 Freundliche Mitteilung Iris Radisch; vgl. S. 480.

19 HS an die Mitglieder der Hamburger Freitagsgesellschaft, 27. Februar 2015, Archiv des Verfassers.

20 Freitagsgesellschaft, 183. Sitzung, 10. April 2015, Diskussion zum Vortrag von Steffen Angenendt, S. 11, Archiv des Verfassers. – Ähnlich pessimistisch schon im Oktober 2013 im Gespräch mit Joschka Fischer: »Es steht in keiner Bibel geschrieben, dass die Europäische Union in ihrer heutigen Gestalt das Ende des 21. Jahrhunderts erlebt ... Der Fehler ist in Maastricht gemacht worden, da wurde jedermann eingeladen, Mitglied der EU zu werden«; Mein Europa, S. 311 u. 336.

21 HS an Angela Merkel, 3. Februar 2015, Archiv des Verfassers.

22 Vgl. HS, Foreword, in: Ethics in Decision-Making. Interfaith Dialogue. In Honour of Helmut Schmidt's 95th Birthday, 26-27 march 2014. Edited by Jeremy Rosen, Wien 2015.

23 HS und Yasuo Fukuda an Jean Chretien und Franz Vranitzky, 31. März 2015, Archiv des Verfassers.

24 HS, Überflüssige Dienste, Die Zeit, Nr. 45, 31. Oktober 2013.

25 Konrad Porzner an HS, 3. Dezember 1992; HS an Konrad Porzner, 17. Dezember 1992; Manfred Schüler an HS, 12. Januar 1993; HS an Manfred Schüler, 24. Februar 1993, Private Korrespondenz 1993, S-Sch. – Zu denen, die Schmidt am Tag des Misstrauensvotums 1982 »Dankbarkeit, menschliche Hochachtung und Bewunderung« zum Ausdruck brachten, zählte der damalige Präsident des BND, Klaus Kinkel. Er wolle Schmidt »nochmals für die Unterstützung und vor allem für das Vertrauen danken, das Sie dem Bundesnachrichtendienst und mir persönlich entgegengebracht haben«; Klaus Kinkel an HS, 1. Oktober 1982, AHS, Korrespondenz Inland, ab 1.1.83/I, A–Z.

26 Schmidt/Bahr, Rückblick, S. 49.

27 HS, Bremst die Rüstungsexporte!, Die Zeit, Nr. 51, 12. Dezember 2013. – Es war nicht ohne Ironie, dass im Frühjahr 2005 ausgerechnet Heckler & Koch, Deutschlands führender Hersteller von Handfeuerwaffen, mit einem Zitat von Helmut Schmidt für die Vernichtung von Altbeständen werben wollte; Schmidt lehnte ab.

28 Schmidt war weder mit dem Titel seines letzten Aufsatzes für die *Zeit* einverstanden – »Geld reicht nicht« statt, wie es im Text hieß, »Geld *allein* reicht

nicht« –, noch fand er den Untertitel angemessen: »Europa muss Solidarität mit den Griechen zeigen. Aber auch mit den Flüchtlingen«, denn von Solidarität mit Flüchtlingen war nirgendwo im Text die Rede; Die Zeit, Nr. 16, 25. Juni 2015, mit Anmerkungen in: AHS, Eigene Arbeiten, Januar 2015ff.

29 HS, Griechenland gehört zu uns, Die Zeit, Nr. 26, 22. Juni 2011. Zum Thema Griechenland vgl. Zug um Zug, S. 234–241, und Verstehen Sie das?, S. 195–205 (6. Oktober 2011). Im Oktober 2014 verlieh die Universität Athen Schmidt in Anerkennung seines Einsatzes einen Ehrendoktor.

30 HS, Wer führt Europa?, Die Zeit, Nr. 20, 12. Mai 2010.

31 HS, Ohne den Euro ist alles nichts!, Die Zeit, Nr. 51, 16. Dezember 2010.

32 Die Griechen hätte ich nicht in den Euro aufgenommen, Bild, 5. März 2012. – Die Kritik an Merkel fast wortgleich im August in der Sendung »Menschen bei Maischberger«: Er müsse »das taktische Geschick« anerkennen, sei sich aber nicht sicher, ob Frau Merkel auch »Gesamtüberblick« habe; ARD, 7. August 2012.

33 Angela Merkel an HS, 14. März 2012, AHS, Korrespondenz privat 2014, M–Q.

34 HS an Angela Merkel, 22. März 2012, AHS, ebda.

35 Die Griechen hätte ich nicht in den Euro aufgenommen (wie Anm. 32).

36 HS, Pflicht zur Solidarität, Die Zeit, Nr. 1, 27. Dezember 2012.

37 Im Gespräch mit Olaf Scholz, Mai 2015; Dann wäre ich Hafendirektor geworden, S. 234f.

38 HS, Geld reicht nicht, Die Zeit, Nr. 16, 25. Juni 2015.

39 Dann rumpelt es in der Brust, Der Spiegel 43/1981 (19. Oktober 1981).

40 Der herzkranke Kanzler, lautete der Titel des Spiegel vom 19. Oktober 1981, eine Woche nach der Operation.

41 Roland Timm, Das Bild von einem Kanzler, Süddeutsche Zeitung, 21. Dezember 1993.

42 Schmidt bedankte sich zwei Monate später bei der Mannschaft des Krankentransporters und beim Hubschrauberteam.

43 HS an Adolf Schmidt, 28. März 1998, AHS, Private Korrespondenz 1998, S–St.

44 Sandra Maischberger an den Verfasser, 29. April 2015. – Wie schon in der vorigen Maischberger-Sendung 2012 und wie bei den meisten öffentlichen Auftritten gegen Ende seines Lebens trug Schmidt auch diesmal keine Krawatte. Denjenigen, die sich erinnerten, wie gut er in früheren Jahren immer angezogen war, fielen solche Veränderungen auf.

45 Gespräch mit dem Verfasser, 19. März 2015.

46 Vgl. Ulrich Stock, Ein riskantes Spiel, Zeit Extra, 11. November 2015.

47 Schmidt/Bahr, Rückblick, S. 32.

48 HS, Rede im Hamburger Dom – Gasthof »Zum Ochsen«, 1. April 1993, AHS, Eigene Arbeiten, April–Mai 1993 (Nr. 2).

49 Jens Meyer-Odewald, Atem holen, weitermachen, Hamburger Abendblatt, 20./21. November 2010. – Das von Jochen Wiegandt beim Staatsakt gesungene Lied ist auf Youtube abrufbar.

Quellen- und Literaturverzeichnis

A. Archive

AdsD — Archiv der sozialen Demokratie der Friedrich-Ebert-Stiftung, Bonn, Depositum Helmut Schmidt (HSA)

AHS — Archiv Helmut Schmidt, Hamburg-Langenhorn
Private Korrespondenz (ab 1. Oktober 1982)
Eigene Arbeiten (ab 1. Oktober 1982)
diverse sonstige Bestände (Reiseordner, Presseecho, *Zeit*)

NL Bucerius — Nachlass Gerd Bucerius, Depositum der Zeit-Stiftung Ebelin und Gerd Bucerius in der Bucerius Law School

NL Dönhoff — Nachlass Marion Gräfin Dönhoff, Depositum der Stiftung Marion Dönhoff in der Bucerius Law School

SAPMO-BA — Stiftung Archiv der Parteien und Massenorganisationen im Bundesarchiv, Berlin
Büro Erich Honecker

B. Helmut Schmidt – Buchveröffentlichungen

(*chronologisches Verzeichnis der Titel, die im Text mehrfach erwähnt werden*)

Schmidt, Helmut: Verteidigung oder Vergeltung. Ein deutscher Beitrag zum strategischen Problem der NATO, Stuttgart 1961

– Menschen und Mächte, Berlin 1987

– Die Deutschen und ihre Nachbarn. Menschen und Mächte II, Berlin 1990

– und Loki Schmidt: Kindheit und Jugend unter Hitler. [Mit Beiträgen von] Willi und Willfriede Berkhan, Ruth Loah, Ursula Philipp, Dietrich Strothmann, mit einem Vorwort von Wolf Jobst Siedler, München 2012 [Erstausgabe Berlin 1992]

– Handeln für Deutschland. Wege aus der Krise, Berlin 1993

– Das Jahr der Entscheidung, Berlin 1994

– Kurt Biedenkopf, Helmut Schmidt, Richard von Weizsäcker: Zur Lage der Nation. Mit Beiträgen von Klaus Büttner, Reimar Lüst, Richard Schröder und Fritz Stern, Reinbek 1994

– Weggefährten. Erinnerungen und Reflexionen, Berlin 1996

– Auf der Suche nach einer öffentlichen Moral. Deutschland vor dem neuen Jahrhundert, Stuttgart 1998

– Die Selbstbehauptung Europas. Perspektiven für das 21. Jahrhundert, Stuttgart 2000

– Hand aufs Herz. Helmut Schmidt im Gespräch mit Sandra Maischberger, München 2002
– Die Mächte der Zukunft. Gewinner und Verlierer in der Welt von morgen, München 2004
– Auf dem Weg zur deutschen Einheit. Bilanz und Ausblick, Reinbek 2005
– Nachbar China. Helmut Schmidt im Gespräch mit Frank Sieren, Berlin 2006
– Außer Dienst. Eine Bilanz, München 2008
– und Giovanni di Lorenzo: Auf eine Zigarette mit Helmut Schmidt, Köln 2009
– und Egon Bahr: Die Erinnerung an Willy Brandt und ein Rückblick auf die gemeinsame Zeit. Gespräch am 25. September 2008 im Willy-Brandt-Haus Lübeck, Berlin 2009 [Schriftenreihe der Bundeskanzler-Willy-Brandt-Stiftung, Heft 17]
– und Fritz Stern: Unser Jahrhundert. Ein Gespräch, München 2010
– Einmischungen. Ausgewählte *Zeit*-Artikel von 1983 bis heute, Hamburg 2010
– Religion in der Verantwortung. Gefährdungen des Friedens im Zeitalter der Globalisierung, Berlin 2011
– und Peer Steinbrück: Zug um Zug, Hamburg 2011
– und Giovanni di Lorenzo: Verstehen Sie das, Herr Schmidt?, Köln 2012
– Ein letzter Besuch. Begegnungen mit der Weltmacht China. Gespräch mit Lee Kuan Yew, München 2013
– Mein Europa. Reden und Aufsätze. Mit einem Gespräch zwischen Helmut Schmidt und Joschka Fischer. Vorwort von Matthias Naß, Hamburg 2013
– Was ich noch sagen wollte, München 2015
– Dann wäre ich Hafendirektor geworden. Hamburger Ansichten. Mit einem Gespräch zwischen Helmut Schmidt und Olaf Scholz, Hamburg 2015
– Willy Brandt und Helmut Schmidt: Partner und Rivalen. Der Briefwechsel (1958–1992), hg. und eingeleitet von Meik Woyke, Bonn 2015 (zit. als **WB/HS**)

C. Ausgewählte Literatur
(*weitere Literaturangaben in den Anmerkungen*)

Albrecht, Henning: »Pragmatisches Handeln zu sittlichen Zwecken«. Helmut Schmidt und die Philosophie, Bremen 2008 [Studien der Helmut und Loki Schmidt-Stiftung Band 4]

Apel, Hans: Der Abstieg. Politisches Tagebuch 1978–1988, Stuttgart 1990

Bahr, Egon: Zu meiner Zeit, München 1996

Bölling, Klaus: Die letzten 30 Tage des Kanzlers Helmut Schmidt. Ein Tagebuch, Reinbek 1982

Brandt, Willy: Erinnerungen, Berlin/Frankfurt am Main 1989

Brandt, Willy: Die Partei der Freiheit. Willy Brandt und die SPD 1972–1992. Bearbeitet von Karsten Rudolph, Bonn 2002 [Willy Brandt, Berliner Ausgabe, Band 5]

Dahrendorf, Ralf: Liberal und unabhängig. Gerd Bucerius und seine Zeit, München 2000

Dönhoff, Marion Gräfin, und Gerd Bucerius: Ein wenig betrübt, Ihre Marion. Ein Briefwechsel aus fünf Jahrzehnten, hg. von Haug von Kuenheim und Theo Sommer, Berlin 2003

Ehmke, Horst: Mittendrin. Von der großen Koalition zur Deutschen Einheit, Berlin 1994

Encke, Julia: Charisma und Politik. Warum unsere Demokratie mehr Leidenschaft braucht, München 2014

Eppler, Erhard: Komplettes Stückwerk. Erfahrungen aus fünfzig Jahren Politik, Frankfurt am Main/Leipzig 1996

Eppler, Erhard: Links leben. Erinnerungen eines Wertkonservativen, Berlin 2015

Fischer, Joschka: Die rot-grünen Jahre. Deutsche Außenpolitik – vom Kosovo bis zum 11. September, Köln 2007

Fischer, Joschka: »I am not convinced«. Der Irak-Krieg und die rot-grünen Jahre, Köln 2011

Frei, Norbert: 1945 und wir. Das Dritte Reich im Bewußtsein der Deutschen, München 2005

Genscher, Hans-Dietrich: Erinnerungen, Berlin 1995

Haase, Christian, und Axel Schildt (Hg.): *Die Zeit* und die Bonner Republik. Eine meinungsbildende Wochenzeitung zwischen Wiederbewaffnung und Wiedervereinigung, Göttingen 2008

Herbert, Ulrich: Geschichte Deutschlands im 20. Jahrhundert, München 2014

Hering, Rainer: »Aber ich brauche die Gebote ...« Helmut Schmidt, die Kirchen und die Religion, Bremen 2012 [Studien der Helmut und Loki Schmidt-Stiftung Band 8/9]

Hofmann, Gunter: Willy Brandt und Helmut Schmidt. Geschichte einer schwierigen Freundschaft, München 2012

Hofmann, Gunter: Helmut Schmidt. Soldat, Kanzler, Ikone. Biographie, München 2015

Janßen, Karl-Heinz, Haug von Kuenheim, Theo Sommer: Die Zeit. Geschichte einer Wochenzeitung von 1946 bis heute, München 2006

Kempski, Hans Ulrich: Um die Macht. Sternstunden und sonstige Abenteuer mit den Bonner Bundeskanzlern. 1949–1999, Berlin 1999

Kohl, Helmut: Erinnerungen 1930–1982, München 2004

Kohl, Helmut: Erinnerungen 1982–1990, München 2005

Lehberger, Reiner: Loki Schmidt. Die Biographie, Hamburg 2014

Magenau, Jörg: Schmidt – Lenz. Geschichte einer Freundschaft, Hamburg 2014

Merseburger, Peter: Willy Brandt. 1913–1992. Visionär und Realist, Stuttgart/München 2002

Meyer, Kristina: Die SPD und die NS-Vergangenheit. 1945–1990, Göttingen 2015

Noack, Hans-Joachim: Helmut Schmidt. Die Biographie, Reinbek 2010 (zuerst Berlin 2008)

Pamperrien, Sabine: Helmut Schmidt und der Scheißkrieg. Die Biografie 1918 bis 1945, München 2014

Pötzl, Norbert F.: Mission Freiheit. Wolfgang Vogel. Anwalt der deutsch-deutschen Geschichte, München 2014

Rupps, Martin: Der Lotse. Helmut Schmidt und die Deutschen, Zürich 2015

Schoellgen, Gregor: Gerhard Schröder. Die Biographie, München 2015

Schwarz, Hans Peter: Helmut Kohl. Eine politische Biographie, München 2012

Schwelien, Michael: Helmut Schmidt. Ein Leben für den Frieden, München 2008 (zuerst Hamburg 2003)

Soell, Hartmut: Helmut Schmidt. 1918–1969. Vernunft und Leidenschaft, München 2003 (zit. als **Soell I**)

Soell, Hartmut: Helmut Schmidt. 1969 bis heute. Macht und Verantwortung, München 2008 (zit. als **Soell II**)

Sommer, Theo: Unser Schmidt. Der Staatsmann und der Publizist, Hamburg 2010

Sommer, Theo (Hg.): Reise ins andere Deutschland, Reinbek 1986

Vogel, Hans-Jochen: Nachsichten. Meine Bonner und Berliner Jahre, München/Zürich 1996

Wolfrum, Edgar: Rot-Grün an der Macht. Deutschland 1998–2005, München 2013

Zipfel, Astrid: Der Macher und die Medien. Helmut Schmidts politische Öffentlichkeitsarbeit, Stuttgart 2005

Sachregister

Namenregister

Bildnachweis

Seite 14: Wolfgang Wilde (1982)
Seite 206: Picture Press/Robert Lebeck (1992)
Seite 366: picture alliance/dpa/Tim Brakemeier (2011)